KB106078

지식패권

1 | 보이지 않는 족쇄와
달콤한 복종

김성해

지식패권

知
識
霸
權

차례

2권 차례

프롤로그

강산이 두 번이나 변했다. 1998년 8월 폭풍우를 뚫고 김포공항을 벗어날 때는 정말 착잡했다. 잿더미 위에 겨우 피웠던 장미는 모질게 꺾였다. 대공황이란 단어가 심심찮게 들렸고, 장마철에 접어든 하늘에서는 비가 폭포처럼 쏟아졌다. 막상 미국에서 어떻게 먹고살아야 할지, 이제 막 두 살을 넘긴 아들 녀석을 보면서 절로 한숨이 나왔다. 그래도 한 가지 소망은 분명했다. 스스로 일어선다는 이립(而立)의 나이에 들어섰으니 제대로 된 '길'을 찾고 싶다는.

지금이 2019년이다. 그간 많은 사람을 만났다. 잘나고 못난, 배우고 그러지 못한, 직위가 높거나 낮은 분들을 국적에 상관없이 겪었다. 외환위기와 관련한 공부를 하다 보니 국제관계, 금융, 언론과 대외정책을 아울러야 했다. 얼추 8년간의 유학을 마치고 2006년 봄에 귀국했다. 연구원으로 또 대학 교수로 좌충우돌한 게 그때부터 10년이다. 원래부터 정해진 정답이 있는 게 아니라 만들어 가야 한다는 것도 깨달았다. 『지식패권』은 그간 몸으로, 마음으로, 머리로 헤맸던 꽤나 긴

방황의 산물이다. 무엇이 우리를 힘들게 하고, 왜 그렇게 노력해도 제자리에 머물 수밖에 없고, 우리를 둘러싼 본질적인 문제가 무엇이며, 앞으로 어떻게 해야 할지에 대한 고민을 담았다.

 1998년에 개봉한 영화 「트루먼 쇼(The Truman Show)」가 있다. 「죽은 시인의 사회」를 제작한 피터 위어가 감독을 맡았다. 뉴질랜드 출신의 앤드루 니콜이 각본을 썼는데 그의 대표작으로는 「터미널」과 「인타임」 등이 있다. 코믹 배우로 잘 알려진 짐 케리가 주인공 '트루먼 버뱅크'로 나온다. 트루먼은 태어난 직후 방송국에 입양되어 결혼을 한 현재까지 자신이 극중 인물이라는 것을 전혀 모른 채 살아간다. 그의 취향, 욕망, 인맥과 심지어 기억조차 제작자의 '의도'와 무관하지 않다. 직장은 물론 그가 일상에서 접하는 모든 것은 세트장의 일부이며, 아내와 엄마, 아빠와 친구도 모두 배우다. 천국을 뜻하는 '헤븐(heaven)'이라는 거대한 스튜디오에 살고 있는데 무려 5000개의 카메라가 그의 일상을 촬영한다. 극중에서 그는 단 한 번도 이 섬을 벗어난 적이 없는 인물로 나온다.
 전 세계 시청자를 대상으로 24시간 365일 상영된다. 제작자는 '크리스토퍼'라는 인물로, '달에 있는 방'을 뜻하는 '루나룸(loona room)'에서 지휘한다. 트루먼은 그가 만든 시나리오에 의해 만들어졌고 그 방법은 교묘하고 영리했다. 장차 마젤란과 같은 탐험가가 되고 싶다고 했을 때, 학교 선생님은 "더 이상 탐험할 곳은 남아 있지 않다."고 설득한다. 평생 친구인 '말런'의 입을 빌려 '헤븐'은 천국이며 세상 어디에도 이보다 더 좋은 곳은 없다고 믿게 만들었다. 폭풍우를 만난 아버지가 익사한 것처럼 조작해 평생 죄책감에 시달리도록 하는 '채찍'도 활용된다. 직장 상사가 정리해고로 위협하며 다른 섬으로 출장을 가도록 만들어 트루먼의 물에 대한 공포를 강화시키는 것 역시 '정기적'으로 이루어진다. 그럼에도 진정한 자유인이 되려 하는 트루먼의 희망은 꺾지 못한다.

몇 가지 사건이 문제를 일으킨다. 출근길에 트루먼은 하늘에서 떨어진 조명등을 발견한다. 비행기에서 떨어진 잔해라는 방송을 듣지만 쉽게 납득하지 못한다. 라디오 주파수에서 자신의 동선이 방송되고 불쑥 들린 옆 건물이 세트장이라는 것도 발견한다. 자신을 둘러싸고 뭔가 의심스런 일이 일어나고 있다는 확신은 '피지'로 떠나기로 결심한 이후 더욱 뚜렷해진다. 항공권을 구입하기 위해 들른 여행사에서는 벼락을 맞고 있는 비행기 사진이 걸려 있다. 몇 달이 지나야 예매가 가능하다는 얘기도 했다. 대중교통을 이용해 시카고로 가려 했지만 버스는 갑작스레 고장이 나고 만다. 공포심으로 인해 교량을 한 번도 건너 보지 못했던 그는 아내의 손을 빌려 이웃 섬으로 건너간다. 그러나 난데없는 '원자력 발전소' 유출 사건이 앞길을 막는다. 결국 그가 선택할 수 있는 유일한 길은 궁극적인 공포의 대상이던 '바다'와 '배'였다.

'쇼' 이해 당사자들에게 트루먼의 탈출은 악몽이었다. 당장 많은 출연진은 직장을 잃게 된다. 방송국으로서는 천문학적인 투자비는 물론 막대한 방송 수익을 포기해야 한다. 제작자인 크리스토퍼 역시 명성은 물론 안정된 직장과 존재 의미를 잃는다. 폭풍우로 배가 전복되어 트루먼이 목숨을 잃게 되더라도 '탈출'을 막고자 한 것은 이런 까닭에서다. 끝내 비상구로 향하는 트루먼을 향해 그는 "네가 속할 곳은 여기다. 바깥은 지옥이다. 이곳에서 나와 함께 쇼를 계속하자."고 설득한다.

정확하게 일치하지는 않지만 『지식패권』의 핵심 주장은 이 영화와 닮았다. 당연한 말이지만 국가와 개인은 다르다. 지배와 피지배, 차별과 갈등이 불가피한 국가와 달리 생명체에서 그 혜택은 모든 기관에 골고루 돌아간다. 역할이 다른 두뇌와 손발이 차별 대우를 받지도 않는다. 그러나 이런 차이를 빼면 닮은 점이 많다. 극중 주인공 트루먼처럼 많은 약소국은 패권질서에 얽매여 있다. 한국도 예외가 아니다. 모든 상황을 100퍼센트 통제하지는 못하지만 '쇼'의 최종적인 결정권자는 '루나룸'에 있는 미국과 핵심 우방이다. 반공국가의 모범생 한국이 해방을 맞은 직후인 1945년부터 휴전을 한 1953년까지 미국의 대통령은 공교롭게도 해리 트루먼이다.

극중 주인공 트루먼처럼 한국은 자율성을 한껏 누렸고, 한미관계는 '강압'이 아닌 '자발적 협력'이었다. 게다가 한국은 극중 트루먼처럼 최선을 다해 노력했고, 꽤나 영리했으며, 지금은 남들이 모두 부러워하는 중산층의 지위를 쟁취했다. 미국 입장에서는 경제적으로 또 군사적으로 도움을 주는 동맹국으로 성장했으며, 결정적인 이해관계를 훼손하지 않는 한 추방당하거나 박해받을 일도 없다. 그래서 한국의 주류는 현 상황을 보기 드문 '상생관계'로 보고 있으며, 현재의 질서를 유지하는 것에 더 관심이 많다. 간혹 1980년 광주 민주화운동이나 1997년 외환위기와 같은 '문제'가 발생해도 '루나룸'에서 전달되는 '설명'에 만족한다. 미국의 부당함, 냉혹함과 이기심을 확인했으면서도 여전히 지금까지의 리더십을 믿고 따른다. 그러나 영화에서 감독이 트루먼의 죽음을 자의적으로 결정할 수 있었던 것처럼 한국의 운명은 위태롭다.

흥미롭게도 생존이 걸린 남북 문제조차 미국의 '허락'을 구한다. 북한과 합의한 '민족우선' 원칙은 미국 앞에만 가면 무력해진다. 지구상 가장 호화롭다는 미군기지를 제공하고 지상 최대의 군수무기 전시 쇼라는 한미군사훈련을 연례행사로 치른다. 전쟁 위협이 높아지면서 미국의 군수산업은 때아닌 특수를 누린다. 외환위기를 겪으면서 알짜배기 기업은 헐값으로 팔려 나갔다. 곳간에는 쓰지도 못하는 달러를 쌓아 둔다. 일국의 장관이 일개 신용평가 회사의 훈수를 듣고, 국내 지식인은 상상도 못 할 특강료를 주면서 미국 출신 전문가를 모신다. "누구를 위해 종은 울리나?"라고 진지하게 물어야 할 상황인데 침묵한다. 성숙한 동맹국이 될 자격도 능력도 갖추었지만 변화를 두려워한다.

두 권으로 된 이 책은 총 여섯 개의 부와 열여덟 개의 장으로 구성되어 있다. 『지식패권』 1권 1부는 '알의 세계'다. 극중 트루먼이 '자발적'으로 또 '즐거운' 마음으로 스튜디오에 갇혀 있었던 것과 2019년 한국의 상황이 크게 다르지 않다는 것을 상징하는 단어다. 미국으로 대표되는 자유자본주의 진영에서 한국은 모범생이다. 1950년대 냉전이 본격적으로 시작되는 과정에서 한국은 불쏘시개였다. 비유적 표현이 아니라 물리적으로 그랬다. 일본 식민지를 거치면서 공들여 세웠던 지상의 모든 것이 잿더미가 되었다. 목숨도 재물로 바쳤다. 공식적으로 확인된 국군 사망자만 14만 명이고, 45만 명이 크고 작은 부상을 당했다. 북한군 전사자는 52만 명이 넘고, 실종되거나 포로가 된 사람은 12만 명이다.

국제사회도 보탰다. 사망자 중 미국은 3만 3000명, 중공군은 15만 명 정도가 된다. 민간인 사망자 수는 제대로 파악도 안 된다. 공식적으로 사상자 규모는 500만 명 정도로 알려진다. 그중 100만 명 정도가 남한 민간인이다. 폭탄에 찢기고, 동포의 죽창에 찔려 죽고, 미군의 기관총에 죽어 나갔다. 냉전이 지속되는 동안 한국은 반공국가의 선두 주자였다. 미국조차 실수라고 하는 베트남전쟁에는 1964년부터 1972년까지 참전했다. 무려 28만 명의 육군과 3만 6000명의 해병(대)이 투입된다. 안정효의 『하얀 전쟁』, 박영한의 『머나먼 쏭바강』, 황석영의 『무기의 그늘』에 나오듯 결코 '정의'로운 전쟁은 아니었다. 전두환 정부 때는 레이건 행정부와 함께 '악의 제국' 소련 타도에도 적극 나섰다.

북한 방어 수준을 훨씬 뛰어넘는 팀스피리트 훈련도 본격적으로 시작했다. 1983년 9월과 10월에 일어난 대한항공 007편 격추사건과 아웅산 묘역 테러사건은 이런 대외정책과 결코 무관하지 않았다. 냉전 이후에도 별로 안 달라졌다. 미국 내부에서도 최악의 재앙이라고 평가받는 2003년 이라크전쟁 때도 군대를 보냈다. 전후 질서에 대한 도전이 있을 때마다 미국의 혈맹으로 선두에 나섰다. 2010년대 이후에는 '중국 때리기'에도 적극 나서고 있다.* 덕분에 지금은 경제, 군사

---

* 김성해, 정연주, 「누구를 위해 좋은 울리나: 중국 때리기 담론을 통해서 본 한국의 미국 사대주의, 커뮤니케이션 이론」, 12(3), 49-97쪽, 2016.

와 정보, 문화 등 다방면에서 국제적인 경쟁력을 갖추었다. 평화적인 방법으로 대통령을 탄핵시킬 정도로 민주주의 토양 역시 견고하다.

그러나 한국의 현재 상황은 고약하다. 막대한 달러 보유고와 혹독한 구조조정에도 불구하고 반복적으로 경제위기를 맞는다. 전쟁의 최대 희생자임에도 불구하고 주도적으로 평화협상에 나서지 못한 채 미국만 바라본다. 병원에서 퇴원을 한 다음에도 의사와 약에 대한 의존성을 더 높이는 환자와 비슷하다. 무엇이 문제일까?

먼저 발병의 원인이 된 내부 문제를 여전히 해결하지 못하고 있다는 진단이 가능하다. 더 열심히 운동하고, 술도 줄이고, 스트레스를 받지 말고, 약도 잘 챙겨 먹어야 하는데 환자의 잘못으로 그렇게 하지 못하고 있다는 말이다. 현실에 적용하면 가령 외환위기 직후 강조되었던 구조개혁 조치를 더 강력하게 추진하고 국제기준에 맞도록 더 확실하게 체질을 바꾸어야 한다는 주문이 있다. 군사적으로는 스스로 독립할 수준의 역량이 없기 때문에 미국의 무기를 더 많이 수입하고 군대를 주둔시키면서 힘센 형님에게 기대야 한다는 논리다. I 장 '자화상'은 평범한 국민 입장에서 봤을 때 지금 우리가 어디에, 어떤 모습으로 서 있는지를 살펴본다. 다들 힘든지? 나만 그런지? 다른 사람은 왜 힘든지 등을 돌아본다.

2장은 좀 길다.「누구를 위하여 좋은 울리나?」가 제목이다. 그동안 우리 사회에서 제기된 문제점이 무엇이며, 어떠한 처방전이 주어졌고, 그에 따라 무슨 사회적 실천이 뒤따랐는지에 대해 살펴본다. 의사 말을 정말 잘 따랐는데도 문제가 계속된다면 다른 것에서 원인을 찾아야 한다. 그래서 환자가 아닌 의사, 나아가 처방전이 제대로 되었는지에 대해 따져 본다. 대표적 사례로 한국에 대한 IMF의 처방은 처음부터 문제가 많았다. 말레이시아는 우리와 전혀 다른 처방으로 더 좋은 결과를 낳았다. 미국 또한 2008년 자국에서 금융위기가 발생했을 때 한국식 처방은 내리지 않았다. 단순한 위궤양 환자에 불과했던 한국은 돌팔이 의사의 충고를 진지하게 받아들였고, 하지 않아도 될 '위암' 수술을 자발적으로 했다. 정상적으로 잘 작동하던 장기의 상당 부분이 절개되었고, 그 결과는 성장 동력의 상실과 막대한 국부 유출이었다. 금융시장에 대한 추가적 개방과 과감한 노동시장 개혁은 일상적인 위기와 청년실업, 비정규직과 계약직 노동자로 대표되는 직업 안정성 붕괴로 이어졌다.

처방전과 상관없이 환자의 상황을 악화시키는 다른 이유가 무엇인지에 대해서도 탐색한다. 가정 불화로 인해 정신적 안정이 방해받고 있는지, 신체적 위협을 받는지, 격무로 스트레스를 받는지 등을 살펴보는 작업이다. 구체적으로는 외환위기 이후 재벌 (또는 대기업)이 직면하고 있는 '모순'이 무엇인지, 정부는 왜 무기력해졌는지, 또 한국 경제를 이끌어 가는 경제 관료의 한계는 무엇인지 등을 살펴본다. 한국 사회가 직면하고 있는 문제는 비단 경제에 그치지 않는다. 반복되는 전쟁 위기도 그렇고, 국제사회를 제대로 따라잡지 못하는 문제도 심각하다. 분단으로 인해 우리가 어떤 기회비용을 치르는지, 또 경제주권, 정보주권, 문화주권이 무엇이고, 현재 어떤 상황에 있는지도 살핀다.

3장 「흔들리며 피는 꽃」에서는 우리가 처한 많은 문제들이 왜 반복되는지 질문한다. 눈에 보이지 않는 족쇄가 있다면 무엇이 있는지,

특히 미국에 대한 맹목적 사대주의가 어떤 병폐를 낳는지를 고민한다. 많이 흔들렸고, 무척 아팠던 덕분에 성숙했다는 점도 얘기한다. 다른 세상을 꿈꿀 수 있는 준비가 되었다는 얘기를 하고 싶었다.

패권질서! 2부의 제목이다. 만약 한국이 트루먼처럼 '알의 세계'에 갇혀 있는 것이라면, 그것도 자발적으로 그렇다면 이 세계를 어떻게 규정해야 할까? 21세기 국제사회는 미국을 정점으로 하는 제국일까? 제국이 아니라면 미국은 어떤 방식으로 영향력을 행사하고 있을까? 또 국제사회의 다양한 구성원들은 왜 미국에 협력하고 있으며, 미국의 지도력을 승인하고, 나아가 미국이 원하는 방식대로 행동하는 것일까? 패권질서는 이를 설명하기 위한 이론이다. 국제사회의 본질은 국가 간 경쟁과 협력에 있고 '안보, 생명, 명예와 지식'과 같은 희소자원은 국가별로 우선 배분된다는 입장에서 출발한다.

2003년 미국의 이라크와 아프가니스탄 침공에서 보듯 전쟁의 피해는 일방적으로 약소국 국민이 부담한다. 외환위기를 맞아 환율이 폭락하면 해당 국가의 자본가와 노동자가 함께 파산한다. 필리핀, 베트남과 알제리 독립전쟁에서 보듯, 미국과 프랑스의 노동자와 식민지 노동자는 '형제'가 아니다. 종이에 불과한 달러를 찍어 내는 혜택은 기본적으로 미국 국민에게 돌아가고, 펜타곤의 무력도 국익을 위해 사용된다. 북한이 목숨 걸고 핵과 미사일을 가지려 하는 것은 강대국과 약소국의 갈등 때문이다. 또 최근 트럼프 대통령이 잘 보여준 것처럼 한진그룹처럼 노동자에게 '갑질'을 하는 대기업도 미국 정부가 불공정 무역으로 고발하고, 관세를 높이거나 보안조치 강화와 같은 비관세 장벽을 세우면 기댈 건 한국 정부밖에 없다.

국제사회를 거대한 하나의 게임으로 봤을 때 미국은 설계자이면서 창조자로, 임의로 규칙을 바꿀 수 있는 유일한 권력이며, 자신의 의지에 따라 게임의 참가자를 결정할 수 있는 힘이 있다. 또한 영화 속 '루나룸'이 작동하는 방식에서 보듯, 미국 정부는 감독으로서 결정적인 영향력을 행사하지만 방송국의 주주(자본가 계급), 자신의 명령을 집행하는 무수한 스태프들(동맹세력)과 전 세계 시청자(국제사회)에 대한 일정한 책임을 지고 있으며, '오락'의 제공이라는 일종의 공공선(public goods)을 제공한다. 그리고 이 게임(쇼)은 트루먼을 비롯한 모든 이해 당사자의 '자발적'이고 '능동적'인 참여로 지속되고 있기에, 권력의 민낯은 결정적인 국면이 아니면 드러나지 않는다. 2부는 이를 설명하기 위한 것으로 한국이 속한 국제사회를 크게 안보질서, 경제(금융)질서, 정보질서 및 담론질서 등으로 구분해 접근한다.

4장의 제목은 「지식패권」이다. 국제사회가 자발적 동의와 능동적 협력을 통해 작동하는 것은 '두뇌(brain)'의 장악과 관련 있다는 관점이다. 일상에서 쉽게 접하지만 잘 안 보이는 질서를 통해 하나씩 설명한다. '교통질서'에서 보듯 누군가는 기획을 하고, 질서를 집행하고, 또 각종 법률과 규범 및 상식이 두루 작동한다는 것을 보여 준다. 질서가 유지되는 데 결정적인 작용을 하는 '헤게모니(hegemony)'와 '정체성 정치(identity politics)'와 같은 개념도 살펴본다.

5장은 「미국패권」과 관련한 얘기다. 국제사회를 이끌어 가는 핵심 권력이 '글로벌 자본가 계급'이 아니라 '미국'이라는 제국임을 주장하고 있다. 관점의 차이가 왜 나는지, 어떤 점에서 다른지 등을 설명한다. 패권국가라는 개념을 도입해야만 설명이 되는 '대외정책'과 '달러체제' 등도 다루어진다.

　제국으로서 미국이 행사하는 복합적 영향력은 6장 「구조적 권력」에 담겨 있다. 관련 증거로 먼저 '안보질서(Security Order)'를 다룬다. 인류 역사상 가장 강력하다고 알려진 미국의 군사력이 어느 정도인지, 다른 국가의 능동적인 협력을 어떻게 얻어 내는지, 국제연합(UN)과 국제원자력에너지기구(IAEA)의 의사결정에 개입하는 방식은 무엇인지 등을 다룬다. 냉전질서의 기반이 된 북대서양조약기구(NATO)를 비롯해 '바그다드 협약'이나 '미·일'과 '한·미상호방위조약' 등이 무슨 목적으로 시작되었고, '국제군사교육훈련(International Military Education and Trainings, IMET)'과 같은 프로젝트를 통해 약 50만 명에 달하는 해외 군사 엘리트를 어떻게 육성했는지 등을 찾을 수 있다.

　그다음은 '경제질서'다. 천문학적인 군사비가 가능한 배경으로 미국의 달러가 어떻게 기축통화로 자리를 잡고 금(gold) 보유량과 무관하게 세계화폐로 기능할 수 있는지에 대해 다룬다. 또 1948년에 설립된 국제통화기금(IMF)과 세계은행 그룹(WB)의 역할이 무엇이며, 미국이 거부권 등을 통해 통제하는 방식에 대해서도 설명한다. 막대한 군사력과 달러가 불가분의 관계라는 것과 대외정책의 목표를 위해 경제력을 활용하는 방식, 또 세계무역기구(World Trade Organization) 등을 통해 관철되고 있는 무역질서도 다룬다. 그 밖에 천문학적인 적자에도 불구하고 미국의 국가신용등급은 여전히 최고 수준이고, 무디스(Moodys)와 에스앤피(S & P) 등 국제적 신용평가

회사들은 왜 모두 미국 기업인지 등에 관한 논의는 '금융질서'에 포함되어 있다.

'정보질서'는 세 번째 단계로 다루어진다. 인류는 커뮤니케이션 기술의 발달을 통해 글로벌 공동체를 형성했다. 그러나 개별 국가와 달리 국제사회의 소통에는 막대한 비용과 고도의 기술이 필요하다. 미국은 이 분야에서 선두 주자였다. 인공위성의 절반 이상은 미국이 소유하고 있으며 국제사회 다수는 미국민의 세금으로 운용되는 지구위치시스템(Global Positioning System, GPS)을 무료로 이용한다. 인류를 실시간으로 묶어 주는 인터넷 역시 미국이 개발했다. 여기서는 권력의 핵심 자원으로서 정보가 어떤 역할을 하고, 정보의 생산과 유통을 누가 관리하며, 이를 통해 얻어지는 효과는 무엇인지를 분석한다. 2013년 에드워드 스노든이 폭로한, 전 세계를 대상으로 한 미국 정부의 방대한 정보 수집이 어떻게 가능했고, 이것이 안보와 경제질서에 미치는 영향에 대해서도 설명한다.

끝으로 '지식, 감성 및 규범질서'를 포괄하는 '담론질서'가 소개된다. 인체에 비유하면 담론은 정치, 사회, 경제 구조에 해당하는 뼈대와 결합해 온전한 신체가 되도록 만들어 주는 '근육과 살점'에 해당한다. 치아와 잇몸을 분리할 수 없는 것처럼 미국의 군사력, 경제력, 정보력은 담론 없이는 제 역할을 할 수 없다는 말이다. 미국의 역할을 '슈퍼맨'이나 '착한' 보안관으로 인정하고, 위기가 닥치면 미국 출신 전문가를 더 신뢰하는 것은 담론질서가 작용한 결과다. 평등, 평화, 포용 등 많은 보편적 가치 중 유독 자유가 강조되고, 특정한 국가에 대해서는 독재자 이미지가 형성되는 것도 이것과 관련이 깊다. 미국에 본사를 둔 미디어 기업과 인터넷 사이트가 전 세계 시장점유율을 상당 부분 독점하고 있으며, 이를 통해 본능의 영역으로 알려진 취향과 욕망조차 미국의 영향권에 있다는 내용을 다룬다.

지도자(leader)는 자신을 따르는 사람보다 비전이 있고, 의지가 굳으며, 용기가 있고, 더 지혜로우며, 책임감과 동정심이 있는 사람을 뜻한다. 국가든 회사든 단체든 훌륭한 리더가 있으면 번성하고, 그러지 못하면 모두 고통을 당한다. 단일정부는 없지만 국제사회가 유지되는 것 또한 누군가 '리더'의 역할을 하고 있기 때문이다.

3부 '중심축'에서는 지식패권을 행사하고 있는 미국의 속살을 들여다본다. 7장은 「전쟁영웅」이다. 제국으로 성장하는 과정에서, 또 미국의 독특한 정치와 문화에서 '전쟁'과 '영웅신화'가 얼마나 중요한 부분을 차지하고 있는지 살펴본다. 구체적으로는 국가의 얼굴이라 할 수 있는, 화폐에 나와 있는 인물이 주요 전쟁과 얼마나 관련되어 있으며 전쟁영웅 출신의 대통령이 누구인지, 왜 미국 사람들은 군사적 리더십(military leadership)을 높이 평가하는지 등이 포함된다.

8장은 「대외정책」과 관련한 내용이다. 독립전쟁부터 세계대전을 거쳐 냉전과 현재에 이르는 미국의 역사를 종합적으로 살폈다. 제국으로 전환되는 1898년의 미국-스페인전쟁과 시어도어 루스벨트의 '큰 막대(Big Stick)' 전략 등이 모두 다루어진다. 세계대전이 끝난 직후 등장한 트루먼 독트린, 아이젠하워 독트린, 레이건 독트린 등도 같이 분석했다.

9장에서는 「복합체(Complex)」에 대해 설명한다. 제국의 토대를 닦은 것으로 알려진 아이젠하워 대통령이 고별 연설을 통해 말했던 '군산복합체(MIlitary-Industry Complex)'를 포함해 1930년대를 전후해 급성장하는 '싱크탱크'를 다루었다. 미국의 경우, 국내에서는 민주적인 운영 방식을 고집하지만 대외정책에 있어서는 극소수 엘리트가 중심이 된다는 내용은 10장 「파워 엘리트」에 나온다. 크게 '안보, 경제, 정치, 담론, 언론' 집단으로 구분했다. 거의 30년 동안 FBI 국장을 역임한 존 후버, CIA의 아버지로 불리는 윌리엄 도노반과 최고의 조직으로 키운 앨런 덜레스, 또 헨리 키신저와 도널드 럼즈펠드 등의 활동과 인맥, 그들이 추진한 대외정책에 대한 일화가 여기에 포함된다.

『지식패권』 2권에 담겨 있는 4부의 제목은 '작동방식'이다. 냉혹한 약육강식의 법칙이 작동하는 국제사회에서 패권질서가 어떤 기제(mechanism)를 통해 관철되고 있는지를 보여 준다. 안토니오 그람시가 제안한 것으로 알려진 패권(hegemony)이란 개념은 '강압적' 폭력을 뜻하는 정치사회와 '설득과 회유'를 맡는 시민사회를 모두 포함한다. 스티븐 룩스 또한 타인이 무엇을 하게 하거나 못하게 하는 일차원적 권력, 본인이 원하지 않는 일은 일어나지 않도록 하는 이차원적 권력 및 남들이 자발적이고 능동적으로 협력하게 만드는 삼차원적 권력을 통해 이 질서를 설명한다.

11장은 이 관점을 기초로 '패권국'에 의해 강제된 '물리적 폭력'의 실체를 다룬다. 제목은 「권력의 일차원」이다. 북한과 중국을 겨냥한 미국의 세균전을 비롯해 CIA가 주도했던 인도네시아, 이란, 칠레 쿠데타 등 광범위한 불법 행위가 여기에 포함되어 있다. 이 절에서는 또 2005년에 불거진 이라크 '아부그라이브 교도소' 고문 사례가 일회성이 아니었다는 점, 미국이 고문을 전략적으로 활용해 왔다는 점을 분석한다. 마지막 부분은 미국이 행사하는 '채찍'에 반드시 등장하는 '당근'과 관련한 내용이다. 구체적으로 2019년 현재에도 북한, 베네수엘라와 중국 등을 겨냥해 활동하는 민주화국가기금(National Endowment for Democracy)과 한국을 비롯한 아시아 국가의 반공 지식인과 문인들을 지원해 온 포드 재단(Ford Foundaion)과 세계문화자유회의(Congress for Cultural Freedom) 등을 살펴본다.

12장 「권력의 이차원」은 몇 가지 사례를 통해 패권국 미국이 '거부권'으로 알려진 2차 권력을 실제 어떤 방식으로 활용하는지를 보여 준다. 크게 세 부분으로 구성된 이 절에서는 먼저 미국 정부가 국제사회에서 진행되고 있는 다양한 차원의 개혁 운동에 대해 어떤 전략을 취하고 있는지 분석한다. UN이나 IMF 등 국제기구의 인사권에 개입함으로써 미국이 원하지 않는 개혁을 저지하는 전략은 다음 단계에서 다룬다. 국내에서는 성공한 한국인으로 널리 소개된 반기문 UN사무총장과 김용 세계은행 총재를 둘러싼 '권력' 작용이 분석된다. 13장은 반복되는 경제 위기와 내전 등에도 불구하고 약소국이 '자발적'으로 패권질서에 포섭된 사례를 제시한다. 「권력의 삼차원」이 제목이다. 먼저 '프로파간다'를 다룬다. 공개적인 부분과 은밀하게 진행된 작업을 두루 포함했다. 미국 CIA가 1950년대에 진행한 '작전명 앵무새(Operation Mockingbird)'를 비롯해 국무부가 맡았던 '공공외교'의 배경과 활동 또한 소개된다. 한국에서는 프로파간다 매체라는 인식이 별로 없는 미국의 소리(Voice of America), 자유아시아방송

(Radio Free Asia)의 성장 과정과 '문화냉전' 전략도 분석한다. 끝으로 '지식 아바타' 부분에서는 미국에서 유학을 한 경제학자들이 '군부정권'과 결탁하게 되는 '맥락'을 짚어 준다. 분석 사례는 칠레의 '시카고 보이즈'와 인도네시아의 '버클리 마피아'다. 한국 사회와 닮은 점과 차이점이 무엇인지에 대한 설명도 담겨 있다.

문하생! 5부의 제목이다. 자신이 모시는 스승에 대해 외경심을 갖고 있을 뿐만 아니라 그 가르침을 맹목적으로 수용하며, 정성을 다해 지근거리에서 보좌하는 제자를 뜻한다. 패권을 행사하는 미국에 대한 한국의 일반적인 태도를 압축해서 보여 주는 단어다. 물론 자신이 의지하는 존재를 알고 있는 한국과 달리 영화에서 트루먼은 루나룸의 존재를 모른다. 그러나 '쇼'의 책임자인 크리스토퍼와 나눈 마지막 대화에서 나온 것처럼, 트루먼의 일거수일투족은 모두 감시 대상이었고, 심지어 그의 생각과 욕망도 상당 부분 '인위적'으로 만들어졌다는 점은 부정할 수 없다. 정부 수립 직후 전쟁을 겪고 그 이후 '반공국가'라는 집단 정체성을 형성한 한국과 크게 다르지 않다. 트루먼이 입양 이후 성년이 될 때까지 특정한 목적에 의해 '제약'을 받았던 것과 거의 유사한 과정을 한국도 겪어 왔다.

이승만 대통령의 최측근 중 한 명이던 프레스턴 굿펠로는 CIA 2인자였다. 김종필, 전두환, 노태우 등 군부 엘리트 상당수는 미국 군대에서 교육을 받았다. 백낙준과 김준엽 등 국내에서 존경받는 지식인들 또한 본인이 알았든 몰랐든 CIA가 지원했던 포드 재단과 아시아재단의 하수인 역할을 했다. 14장 「객토작업」은 트루먼이 입양 직후 청소년기를 거치는 동안 '훈육'을 받았던 것처럼 한국 역시 이와 상당히 유사한 경험을 했음을 보여 준다. 미국이 한국이라는 문하생을 길들이는 방식을 크게 '경성 권력(hard power), 연성 권력(soft power), 지적 권력(smart power)'으로 구분했으며, 여기에는 비판적 정치인과 지식인에 대한 대대적인 탄압, 영화와 잡지를 통한 공감대 만들기 및 대학 설립과 유학 등을 통한 지적 설득 등이 담겨 있다.

「해바라기」라는 제목의 15장은 객토작업의 결과물로 나타나게 된 '패권'의 우호세력을 다룬다. 한국은 펜타곤과 국무부가 공동으로 관리하는 국제군사교육훈련(IMET)의 최대 수혜국가 중 하나다. 국내에서 합참의장이나 국방부 장관 등 고위직을 지낸 장교들 중 절대다수는 이 프로그램에 참가했다. 5·16 군사 정변을 비롯해 12·12 군사반란 등을 거칠 때마다 한국 정부가 반공정책을 강화한 것과 무관하지 않다. 국내에서 이 프로그램에 참가한 인물은 누구이며, 어떤 직책을 맡았고, 이들 간 어떤 연결고리가 있는지 등에 대한 정보를 여기에서 파악할 수 있다. 국내 관료들 중에는 버클리대학교와 위스콘신대학교 출신이 많다. 미국이 한국의 엘리트 공무원을 특별히 관리하기 위한 목적으로 우대정책을 폈던 것과 관련이 깊다. 부총리를 역임했던 조순, 나웅배, 이한빈을 포함해, 황병태 전직 주중대사, 김기환 골드만삭스 고문, 안승철 전 한국개발연구원(KDI) 원장 등이 모두 이곳 출신이다.

그 밖에도 국내 경제정책의 주요 책임자는 대부분 미국에서 석사와 박사를 마친 경우로, 1990년대 시장개방과 그 이후 외환위기와 관련이 깊다. 미국의 입장을 가장 적극적으로 대변하고 있는 외무부

(특히 북미국)도 크게 다르지 않다. 패권질서 옹호에 앞장서고 있는 또 다른 세력으로는 대학 교수, 싱크탱크 연구원과 금융대기업 임원 등이 있다. 끝으로 '반공 (친미) 복합체'를 다룬다. 해방 공간에서 평안도 출신의 개신교 신자들이 '권력'의 핵심으로 부각된 배경과 활동 등이 소개된다. 경동교회의 한경직 목사, 《사상계》의 장준하, 연세대학교 총장 백낙준, 《조선일보》의 선우휘가 동향이라는 것, 그리고 미군정과 밀접한 관계가 있다는 내용도 다룬다. 정치계, 학계와 종교계를 이끌었던 한국의 파워 엘리트들이 일종의 '앵무새'로 활약했을 개연성도 자세히 들여다본다.

6부 '줄탁동시(啐啄同時)'는 병아리가 알을 깨고 부화하기 위해서는 연약한 부리로 '떠드는' 줄(啐)과 바깥에서 어미 닭이 부리로 '쪼아대는' 탁(啄)이 동시에 일어나야 한다는 뜻을 갖고 있다. 지식패권이란 관점에서 현재의 한국을 진단했을 때 우리가 무엇을 어떻게 해야 하는지를 담고 있는 결론으로 보면 된다. 트루먼이 알지는 못했지만 실비아는 밖에서 질서의 부당함을 얘기했고, 트루먼은 그 단초를 통해 자신이 갇혀 있었음을 깨달았다. 마찬가지로 지난 반세기 이상 철옹성처럼 견고하게 유지된 패권질서이지만 국제사회에는 실제로 많은 저항자들이 있었다.

16장 「국제사회의 도전자」는 이런 배경에서 대안질서를 모색하는 국가와 정치 지도자를 다루었다. 상대적으로 큰 영향력을 남겼던 덩샤오핑(중국)과 자와할랄 네루(인도)를 우선 소개한다. 말레이시아의 마하티르 모하맛 총리와 베네수엘라의 우고 차베스는 최근까지도

패권질서를 거부하는 대표적인 지도자라는 점에서 선정했다.

「국내의 촛불들」은 17장의 제목이다. 국내에서 활약하고 있는 저항적 지식인과 문인들을 소개했다. 패권질서에 의해 분단이 고착되고 있으며 한반도 평화를 위해서는 미국의 본질을 제대로 알아야 한다고 주장해 온 강정구와 리영희 등이 여기에 해당한다. 1997년 외환위기를 겪으면서 달러 헤게모니와 국제금융질서가 갖는 구조적 문제를 꾸준히 지적해 온 이찬근과 정운영과 같은 경제학자도 다룬다. 국내 문인 중에서는 「나의 칼 나의 피」를 쓴 시인 김남주와 『태백산맥』의 조정래 등을 소개한다. 공통적으로 이념을 넘어 민족을 우선하고, 제국주의 미국을 비판하고, 노동자와 농민 등이 좀 더 인간답게 대접받는 세상을 꿈꾼다.

목숨을 건 탈출을 시도한 이후 트루먼은 마침내 눈에 보이지 않았던 스튜디오의 외곽 보호벽에 도달한다. 크리스토퍼의 마지막 제안에도 불구하고 비상구를 여는 것으로 영화는 끝이 난다. 만약 한국이 트루먼과 같은 선택을 한다면 장차 무슨 일이 닥칠까? 미국의 우방으로서 한국이 누려 온 특혜는 적지 않았다. 그러나 기회비용은 항상 존재했다. 분단전쟁으로 인해 500만 명이 죽거나 다쳤고, 1000만 명의 이산가족이 생겼다. 1983년 미국의 지원으로 얻은 40억 달러의 차관을 통해 외환 위기에서 벗어났지만 1980년 광주학살의 핏값이었다.

마지막에 해당하는 18장 「백년대계(百年大計)」는 이런 상황에서 한국이 무엇을 해야 할지를 묻고 가능한 전략을 모색한다. 2019년 한국에 필요한 국가 정체성으로 '성숙국가'의 비전을 제시하고 이를 추진하기 위한 방안이 주로 다루어진다. 그중에서 첫째 전략은 '지피지기(知彼知己)'로, 문하생이 아닌 주체적인 국가 입장에서 국제사회는 물론 우리 자신에 대한 보다 체계적인 지식을 축적하는 것을 목표로 한다.

둘째는 '유수불부(流水不腐)' 전략이다. "흐르는 물은 썩지 않는다."는 진리처럼 우리 사회의 '고인 물'을 흘려 보내자는 제안이다. 5부 '문하생'에서 본 것처럼, 한국이 트루먼처럼 '섬'을 벗어나지 못했던 것은 '서울대, 미국 유학파와 대구 경북'과 같은 특정 집단이 너무 오랫동안 권력을 독점한 것과 무관하지 않다. 김기환, 사공일, 박영철 등에서 보듯, 특정인이 '요직'을 독점하고 '견제'를 받지 않았던 것도 문제였다.

'진실복원'은 셋째다. 반공을 앞세운 군부독재를 거치면서 진실이 억압받았다는 문제의식에서 출발했다. 국가보안법과 명예훼손 등 '사상의 자유' 경쟁을 가로막는 장애물을 치우자는 얘기다. 국내 지식사회에 '고용된 지식'이 너무 많으며, '누가 이익을 보고 손해를 보는지'와 같은 관점으로 진실을 밝혀야 한다는 내용도 담았다. 마지막은 '화쟁(和諍)' 전략이다. 종북집단이나 빨갱이와 같은 이념 갈등은 외부에서 이식된 것으로, 불필요한 싸움은 중단하고 '화해'할 수 있는 방안을 찾아야 한다는 입장이다.

1부

알의 세계

왜 나는 조그마한 일에만 분개하는가

저 왕궁 대신에 왕궁의 음탕 대신에

50원짜리 갈비가 기름덩어리만 나왔다고 분개하고

옹졸하게 분개하고 설렁탕집

돼지 같은 주인년한테 욕을 하고

옹졸하게 욕을 하고

한번 정정당당하게

붙잡혀 간 소설가를 위해서

언론의 자유를 요구하고

월남 파병에 반대하는

자유를 이행하지 못하고

20원을 받으러 세 번씩 네 번씩

찾아오는 야경꾼들만 증오하고 있는가

(……)

아무래도 나는 비켜서 있다

절정 위에는 서 있지 않고

암만해도 조금쯤 비켜서 있다
그리고 조금쯤 옆에 서 있는 것이 조금쯤
비겁한 것이라고 알고 있다!

그러니까 이렇게 옹졸하게 반항한다
이발쟁이에게
땅주인에게는 못하고 이발쟁이에게
구청직원에게는 못하고 동회직원에게도 못하고
야경꾼에게 20원 때문에 10원 때문에
우습지 않으냐 1원 때문에
모래야 나는 얼마큼 작으냐
바람아 먼지야 풀아 나는 얼마큼 작으냐
정말 얼마큼 작으냐……

                    ──김수영, 「어느 날 고궁(古宮)을 나오면서」에서

1

자화상

평화주의자로 잘 알려진 독일 출신의 소설가 헤르만 헤세. 자살 시도 두 번에 결혼도 세 번이나 했다. 그러나 아픈 만큼 성장한다는 말이 있는 것처럼 『유리알 유희』로 노벨문학상을 탔다. 그의 작품 『데미안』에 이런 얘기가 나온다. "새는 알을 깨고 나온다. 알은 곧 세계다. 태어나려고 하는 자는 하나의 세계를 파괴하지 않으면 안 된다." 인간은 누구나 자신이 만들지 않은, 그래서 통제할 수 없는 '알의 세계'에 갇혀 있으며, 자기 운명의 주인공이 되기 위해서는 이 껍질을 깨야 한다는 충고다. 잿더미에서 장미꽃 밭을 일구어 낸, 그렇지만 국민 다수는 지쳐 있고 핵전쟁의 두려움에 떠는 한국이라는 '국가'에도 이 문구는 적용된다.

2018년 한국의 국내총생산(GDP) 규모는 세계 12위다. 잘 사는 나라로 알려진 스페인, 호주, 네덜란드와 사우디아라비아보다 더 크다. 국내 최대 기업인 '삼성'은 브랜드 가치 순위에서 세계 4위로 아마존, 애플과 구글 다음이다. 현대자동차그룹을 비롯해 LG그룹, SK그룹, KT, 한국전력, KB금융, 기아자동차, 롯데그룹, 두산그룹 등도 500

헤르만 헤세, 『데미안』

대 기업에 속해 있다. 대략 4000억 달러에 달하는 외환보유고는 세계 8위 수준이며, 1997년 외환위기 당시보다 열 배나 많다. 국방비 역시 330억 달러 정도로 세계 10위다. 인도, 프랑스, 중국, 독일 등과 비슷하다. 한국은 또 중국, 미국, 일본 다음으로 특허를 많이 신청한다. 2014년까지 미국에서 박사학위를 취득한 한국인은 얼추 4만 명이 넘는데, 중국과 인도 다음으로 많다. 국내 영화를 비롯해 드라마와 대중음악은 동유럽, 중동, 남미와 아프리카에서도 높은 인기를 누린다.

"동방을 보라!" 말레이시아의 마하티르 모하맛 총리가 자국의 경제발전 모델로 일본과 한국 등을 꼽으면서 내세운 구호다. 미국 대통령 버락 오바마의 한국 교육에 대한 찬사도 잘 알려져 있다. 한때 소련의 지배를 받았던 우즈베키스탄에서 한국어는 가장 인기 있는 외국어로, 한국 기업은 최고로 선망받는 직장이고, 텔레비전에서는 「대장금」, 「해신」, 「겨울연가」와 같은 드라마가 종일 방송된다.

제국주의 국가와 달리 식민지 자원을 수탈하지 않고 이룩한 성공이기에 더욱 돋보인다. 게다가 한국은 가장 빠른 시간 안에 외환위기를 극복하고 반기문 UN사무총장과 김용 세계은행 총재 같은 인물도 배출했다. 지난 2010년에는 G20 의장국이 되어 국제금융질서의 규칙 제정에도 앞장섰다. 그러나 해외에서 한목소리로 한국을 칭찬하는 것과 달리 내부의 '평가'는 극단적으로 갈라진다.

　보수 쪽에서는 현재 상황을 긍정적으로 본다. 우선 이들은 폭포의 물이 떨어져 그 혜택이 모두에게 골고루 돌아간다는 '낙수 효과'를 믿는다. 양극화, 불평등, 직업 안전망 붕괴 등은 나누어 먹을 수 있는 먹거리(pie)가 커지면 점차 개선될 것으로 본다. 국제통화기금이 처방했던 구조개혁은 올바른 방향이며, 대중적 인기에 영합하는 정치인과 분배만 요구하는 노동자의 저항은 극복 대상으로 인식된다. 미국의 주도권을 인정하는 가운데 한미동맹을 강화해야 한다고 생각하며, 항상 풍파를 일으키는 것은 북한 독재정권이다. 미리 '제거'되거나 '제재와 봉쇄'를 통해 억제되어야 하는 질병 혹은 악마로 본다. 국가경쟁력을 높이고 외국 자본을 유치하기 위해서는 글로벌 표준을 적극 수용하는 한편 영어도 모국어 수준으로 배워야 한다. 평등보다 경쟁을 강조하는 것도 잘못된 게 아니다.

　진보 진영은 이와 다르다. 외환위기의 원인과 구조개혁 방향에 대한 입장은 크게 다르지 않다. 관치금융과 문어발 경영, 재벌 총수의 권력 남용은 청산 대상이다. 그러나 개혁의 부작용으로 인한 양극화, 빈부격차 확대, 대량 실업과 비정규직의 확산 등에 더 주목한다. 경제민주화는 이를 위한 처방이다. 정부가 최저임금 인상, 복지 확대, 비정규직 폐지, 동반성장과 독과점 규제 등에 좀 더 적극적으로 나서야 한다는 입장이다. 국가안보에 대한 관점 역시 차이가 있다. 정치적 목적을 위해 간첩 사건은 조작되었고, 북한은 대화와 협력의 대상이라고 본다. 또한 인권, 평등, 투명성, 다양성과 같은 가치를 옹호한다. 영어광풍과 입시지옥으로 표현되는 교육에 대해서도 비판적이다.

과연 2019년 한국은 어디에 있는 것일까? "인간은 누구나 자신이 보고 싶은 것을 보고 듣고 싶은 대로 듣는다."는 말처럼 결국은 각자 판단할 몫일까? 또는 자신이 서 있는 자리에 따라 풍경이 달리 보이는 것처럼 모든 게 상황논리일까? 몇 가지 징후를 고려하면 '한국병'의 실체가 있다는 쪽에 무게를 두게 된다. 먼저 '흙수저'나 '헬조선'과 같은 말에 공감하는 사람들이 너무 많다. 현직 대통령을 탄핵시킨 촛불시위는 그 증거다. 무려 800만 명이 넘는다는 비정규직으로 인해 주변에서 흔하게 가슴 아픈 사연을 만난다.

또 경제협력개발기구(OECD) 회원국 중 자살률은 가장 높고 출생률은 가장 낮은 곳이 한국이다. 젊은 세대는 결혼을 안 하고 해외로 이민을 가는 사람은 줄어들지 않는다. 외환보유고로 무려 4000억 달러 정도의 돈을 쌓아 두면서도 툭하면 외환위기 망령을 만난다. 국내 알짜 기업의 주식과 배당금 중 상당 부분이 외국계 기업으로 넘어가는 것도 문제다. 국가 예산의 10퍼센트에 해당하는 43조 원이라는 막대한 돈을 국방에 쓰면서도 전쟁을 걱정해야 한다. 국민은 지쳐 있고, 기업은 진퇴양난이며, 정부는 힘이 딸린다.

웃픈 현실

한창때인 삼십 대를 미국에서 보냈다. 뻔한 유학생 형편에 정기적인 '건강검진'은 고사하고 병원에서 진찰도 한 번 받은 적이 없다. 그래서 얼추 10년 만에 하게 된 정밀검사 결과에 자못 긴장했다. 과거에 비해 속도 자주 쓰린 것 같고, 술을 많이 안 마셔도 회복은 늦었다. 진난 결과는 혼자 생각한 것과는 달랐다. 성인 남자 평균치를 벗어나는 항목은 많지 않았다. 위 점막에 붉은 반점이 몇 개 있고 또 지방간 수치는 좀 높지만 그것만으로 문제가 있는 것은 아니라고 했다. 게다가 정확한 진단을 위해서는 현재 상황만 검사하는 것으로는 부족하다는 얘기도 들었다. 과거에 어떤 병을 앓았는지, 부모와 가족은 무슨 병력을 갖고 있는지, 또 현재 어떤 직업에 종사하고 있는지 등도 알아야 제대로 된 진단이 가능하다고 했다. 실체에 다가서기 위해서는 주관적인 평가, 객관적 지표와 전후좌우 맥락을 두루 고려해야 한다는 것을 배웠다. 자기 몸은 자기가 제일 잘 안다는 말이 있다. 편견일 수도 있고 주관이 개입되지만 그래도 주변을 한번 살펴보는 것은 이런 까닭에서다.

한국의 일상은 고단하다. 만족하고 여유 있게 지내는 지인은 별로 안 보인다. 직장에 다니는 선후배들은 오십 대 중반에 접어들면서 퇴직을 걱정한다. 정규직으로 다시 취업하는 경우는 드물고 자영업을 하거나 비정규직을 맴돌아야 한다. 전세나 월세를 사는 친구도 많다. 매년 인상되는 집값으로 다들 외곽으로 밀려난다. 평균 한 시간 이상을 시달려야 직장에 간다. 매달 애들 학원비만 100만 원 이상을 지출한다. 그래도 서울에 있는 대학에 보내기 어렵다. 결혼을 미룬 채 부모와 같이 사는 자녀도 많다. 고향 친구들 형편은 더 못하다.

일모도원(日暮途遠). '해는 벌써 저물고 갈 길은 멀다.'는 뜻이다. 하늘의 뜻을 알 만한 나이라는 오십 줄에 들어선 지인들 상황을 잘 보여 준다. 고향 친구들 대부분은 대구와 경북, 부산과 서울 등지에 흩어져서 산다. 명절이 되어야 얼굴 한 번 볼 정도고, 그나마 매년 내려올 형편도 아니다. 질병으로 죽었거나, 이혼을 하고 혼자 살거나, 아예 결혼을 못 한 친구도 있다. 대학을 졸업한 일부는 그래도 지역 중소기업에 다니지만 자영업을 하거나 서비스업에 종사하는 경우가 더 많다. 여학생 동기도 많은데 전업주부는 거의 없다. 보험회사에 다니거나 이마트나 식당에서 주로 부업을 한다. 부동산으로 돈을 번 친구는 거의 없고 노후 준비는 엄두도 못 낸다. 사는 게 너무 힘들다고 이민을 떠난 가정도 있다. 제자들 사정도 별반 다르지 않다.

「여우의 신포도」라는 이솝 우화가 있다. 담장 너머에 탐스럽게 매달린 포도가 있고 여우는 군침을 삼켰다. 온갖 궁리를 다 했지만 포도를 따는 것은 불가능했다. 결국 포기하고 돌아서면서 "저 포도는 분명 실 거야."라고 중얼거린다는 얘기다. 나름 꿈을 안고 대학에 들어왔지만 현실의 높은 벽 앞에서 좌절하는 아이들과 겹쳐진다. 집안 형편이 넉넉한 경우는 별로 없고, 당연하지만 영어는 물론 다양한 경험을 쌓을 수도 없다. 방학 때 열리는 특강에도 거의 참석하지 않는데 그 이유는 등록금을 벌어야 하는 현실 때문이다. 대기업이나 공사에서 요구하는 수준의 토익이나 토플 성적은 기대하기 어렵다. 그래서 공무원이나 경찰을 준비하거나 일은 좀 고되지만 취업은 잘 되는 사회복지사 등에 관심이 많다. 남자의 경우 입학 후 곧바로 입대한다. 군대라도 빨리 갔다 와야 취업 준비에 매달릴 수 있기 때문이다.

문학, 역사와 철학과 같은 교양 공부는 거의 하지 못한다. 시나 소설을 읽고 있으면 취업 준비하라는 핀잔만 듣는다. 고학력이나 전문 자격증을 요구하는 직업은 아예 괄호 밖이다. 대구와 경북 지역에 마땅한 일자리가 많지 않기 때문에 부득이 서울에 올라간다. 동기들

혹은 선배들과 같이 지내는 경우가 많은데 정이 많아서라기보다 생활비를 아끼기 위해서다. 외환위기 이전만 하더라도 상황은 전혀 달랐다. 지역에서 대학을 다닌 친구들은 굳이 서울로 가지 않았다. 은행 등 제1금융 기관도 많았고, 투자금융이나 투자신탁 또는 증권회사와 같은 곳도 많았다. 정말 마땅치 않을 때는 단위농협에 들어갔다. '청구'나 '우방' 등 일부 기업은 대기업에 비해 급여 수준도 나쁘지 않았고, 집에서 출퇴근할 수 있다는 장점도 있었다.

그나마 형편이 좋다고 평가를 받는 교수 사회도 고민이 많다. 1998년 유학을 떠날 당시만 해도 교수가 되기 위해 반드시 유학을, 그것도 미국으로 나갈 필요는 없었다. 그런데 언제부터인가 미국 학위가 대세가 되면서 영국, 프랑스와 독일로 유학을 다녀와도 자리 잡기 어려워졌다. 공대나 자연계와 달리 문과에서 장학금을 받기도 쉽지 않다. 박사 학위를 취득하려면 최소한 강남 아파트 한 채 정도는 든다고 말한다. 국내에 돌아와서도 버틸 여유가 있어야 한다. 학교 몇 군데를 떠돌면서 시간강사를 하면 실적 경쟁에서 밀린다. 전공도 잘 선택해야 한다. 잘나간다는, 취업이 잘 되고 학생도 몰리는 그런 전공이 아니면 강사 자리도 얻기 어렵다. 전공으로 공부한 것과 대학에서 강의하는 과목이 일치하지도 않는다. 대학경쟁력 평가에서 영어가 중요한 평가 잣대가 되면서 영어로 수업하고 영어로 논문을 쓰는 것은 일상이다. 겨우 대학 교수 자리를 얻어도 상황은 녹록지 않다.

명문대를 비롯해 서울에 있는 대학에서 정년을 보장받기 위해서는 대부분 미국에서 발행되는 SCI(Science Citation Index, 과학기술 논문 인용·색인)나 SSCI(Social Science Citation Index, 사회과학 논문 인용

색인)급 저널에 논문을 내야 한다. 당연히 미국과 관련되어 있거나 최소한 국가 간 비교를 하는 주제일 수밖에 없다. 모국어 수준으로 영어를 쓰는 것도 극소수만 가능하다. 미국 유학파 출신일수록 인터뷰와 같은 질적방법이 아닌 설문조사와 같은 양적방법을 선호하고, 특히 통계를 많이 활용하는 것은 이와 관련이 있다. 겨우 지방에 있는 대학에 자리를 잡아도 문제다. 무엇보다 연구를 함께 할 수 있는 대학원생이 거의 없어서 결국 혼자 할 수밖에 없다. 지방에 있는 학생은 서울로 가고, 웬만한 수도권 대학에서는 명문대로 가고, 또 이곳 출신은 미국으로 유학을 가는 게 현실이다.

언제부터인가 '연구'에 대한 비중이 낮아지면서 평가항목에서 빠지고 '교육' 점수만 돋보인다. 논문을 쓰는 것조차 호사스럽다는 인상을 받는다. 연구는 명문대학에 맡기고 직업훈련 교육에만 치중하라는 압력이 일상적이다. 매년 학과 정원을 채우는지, 입학한 이후 학과에 남아 있는지, 또 졸업 후 곧바로 얼마나 취업을 하는지 등에 따라 학과 점수가 달라진다. 학교에서 정한 기준에 미달하면 학과는 없어지고 정년도 위태로워진다. 각종 지표와 언론을 통해 확인되는 국민의 삶도 이런 관찰과 크게 다르지 않다.

"살아남은 자의 슬픔"으로

국문과 대학원까지 졸업하고 고향에 들어가 농사를 짓는 친구가 있다. 부업으로 학원강사도 뛴다고 한다. 늘 술에 취하면 "더 불행한 인간을 보면서 위로받아야" 하는 현실이 너무 싫다고 했다. 심리학에서 말하는 '상대적 박탈감' 얘기다. 페이스북을 많이 하는 사람일수록 불행하다고 느끼는 비중이 높은 것도 이 때문이다. 다행인지 불행인지 한국 사회는 전반적으로 행복하지 않다. '세계행복지수'라는 게 있다. UN 자문기구 지속가능발전해법네트워크(SDSN)라는 곳에서 매년 발표하는 '세계행복지수'다. 전 세계 157개 나라를 대상으로 국내총생산(GDP), 건강한 기대 수명, 정부와 기업의 투명성, 개인의 자유, 사회적 지원, 그리고 주변에 의지할 사람이 있는지 등을 종합해서 평가한다.

2018년 보고서에 따르면 한국은 57위다. 작년에는 55위였다. 1위는 핀란드다. 노르웨이, 덴마크, 아이슬란드, 스위스, 네덜란드, 캐나다 등이 그다음이다. 민주화, 경제와 군사 모든 면에서 우리보다 못한 태국, 대만, 말레이시아, 카자흐스탄보다 못하다. 지극히 주관적인 행복을 몇 개 지표로, 그것도 외국에서 조사한 것이라고 흠잡고 싶지만 국내 조사 결과도 크게 다르지 않다. 2017년 1월 9일에 발표된 '현대경제연구' 보고서에는 한국인의 '경제행복지수' 중 '경제적 평등'과 '경제적 불안'이 가장 낮다는 얘기가 나온다. 한겨레경제사회연구원이 2015년 11월에 실시한 조사 결과도 거의 동일하다. 행복을 측정하는 항목 중에서 공정성, 사회적 신뢰, 계층 상승 가능성 등이 유독 낮다. 일하는 시간도 너무 길고, 직장을 잃는 것에 대한 두려움도 크다.

경제협력개발기구(OECD)의 2016년 자료에 따르면, 한국 사람의 근무시간은 2124시간으로 34개 회원국 중 멕시코(2228시간)에 이어 가장 길다. OECD 평균보다 매주 6.8시간을 더 일한다. 불행한 이유 중에는 항상 '시간적 여유가 너무 없다.'가 꼽힌다. 국내 모 정치인이 '저녁이 있는 삶'을 공약으로 내세운 이유가 있다. 못 배워서, 노력을 안 해서, 흥청망청 살아서 불행한 것도 아니다. 범인은 외환위기다.

2017년 11월 1일. 문재인 대통령은 국회 연설을 통해 "국민은 피눈물 나는 세월을 견디고 버텨 위기를 극복해 냈고 국가 경제는 더 크게 성장했지만, 외환위기가 바꿔 놓은 사회경제 구조는 국민의 삶을 무너뜨렸다."고 말했다. 한국개발연구원(KDI)이 전국 성인 1000명을 대상으로 한 조사에서도 무려 57.4퍼센트가 1997년의 외환위기를 지난 50년간 최대의 사건으로 꼽는다. 당시 위기와 관련이 없는 사건으로는 1970년대의 석유파동이 유일한데 그나마 5.1퍼센트에 불과하다. 도대체 뭐가 문제였을까? 전쟁도 아닌데 외환위기는 어떤 식으로 우리 삶을 파괴했을까?

2017년 기준으로 무려 840만 명, 전체 노동인구의 43퍼센트에 달한다는 '비정규직 증가'가 첫 번째 문제로 꼽혔다. 정리해고제, 파견근로제와 계약직 등이 늘어나면서 많은 사람들이 정규직에서 밀려났기 때문이다. 통계청이 발표한 2017년 고용 현황에 따르면, 실업자 규모는 102만 8000명이고 실업률은 3.7퍼센트에 달한다. 그중 열다섯 살에서 스물아홉 살에 해당하는 청년층은 43만 5000명이라고 한다. 2000년 이래 최악이다.

1997년 외환위기 이전까지는 그 단어조차 생소했던 비정규직의 실태는 참담하다. 편의점에서 일하다 봉투값 20원 때문에 죽임을 당하고, 감정노동에 시달리던 고교생은 지쳐서 자살한다. 구의역에서 스크린도어를 수리하던 이십 대 청년도, 에어컨을 설치하다 추락한 기술자도, 아파트 주민의 갑질에 분신 자살을 택한 경비원도 모두 비정규직이다. 대기업들이 인건비를 절약하기 위해 꼭 필요한 부분만 빼고 외부로 용역을 주었기 때문이다.

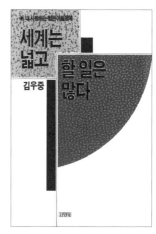

아웃소싱(outsourcing)이라는 멋진 이름이 붙은 이 경영전략을 통해 삼성물산의 총무와 복리후생을 담당하는 '편리한세상'을 비롯해 LG전자의 '휴먼풀' 등이 생겼다. 무선통신과 금융기업들은 주로 고객상담 업무를 이들 업체에 맡긴다. 같은 노동을 해도 더

김우중, 『세계는 넓고 할 일은 많다』

적은 임금을 주고, 노조도 못 만들고, 상여금 같은 과욋돈을 주지 않아도 된다면 누가 정규직을 뽑을까? 직장에서 떠난 사람들이 할 수 있는 것도 뻔하다. 명색이 자영업이지만 주로 자신과 가족의 노동력으로 운영하는 치킨집, 식당, 커피전문점 정도가 전부다. 자체 브랜드로 경쟁하는 것은 거의 불가능에 가깝기 때문에 대기업 프랜차이즈에 속한다. 매출은 높아도 결국 손에 쥐는 돈은 뻔하다.

두 번째로 거론되는 것은 '공무원 등 안정적 직업 선호'다. 미국으로 이민을 가서 지금은 마이크로소프트 협력사에서 일하는 친구가 있다. 서울시 9급 전산직 공무원으로 일하다 얼마 안 있어 지금은 SK로 바뀐 선경건설 전산실로 옮겼다. 한번은 그 좋은 공무원을 왜 그만두었냐고 물어봤다. 정해진 시간에 출퇴근하지, 공무원연금공단과 같은 공공시설도 이용할 수 있지, 크게 노력하지 않아도 때 되면 승진하지…… 장점을 죽 나열했지만 친구의 대답은 간단했다. "젊은 사

람이 할 일은 아니지!" 정년도 보장되고, 나름 편하고, 하는 일도 어렵지 않지만 크게 보람을 느끼거나 도전이 될 만한 일은 아니라는 얘기였다.

외환위기 이전까지 사회적 분위기는 실제 그랬다. 대우 김우중 회장의 『세계는 넓고 할 일은 많다』와 허영만의 만화 『아스팔트의 사나이』 등이 베스트셀러였고, 공무원이나 교사가 되려는 친구는 적었다. 대부분 민간 영역에서 뭔가를 성취하려 했고, 자신감이 넘쳤으며, 시행착오를 두려워하지 않았다. IMF 위기가 몰고 온 대량실업 사태, 노동유연성을 높인다는 명분으로 도입된 정리해고제와 정년단축 등으로 모든 게 변했다. '안전(security)'이 보장된 '가늘고 길게' 가는 문화 속에서 용서에는 인색해지고 실수에는 엄격하면서 '함께'가 아닌 '각자' 살길을 모색하기 시작했다. 또 다른 부작용으로는 '빈부격차가 갈수록 벌어진다.'는 점이다.

재산은 크게 동산(動産)과 부동산(不動産)으로 나뉜다. 현금, 주식이나 채권처럼 움직일 수 있는 재산인지, 토지나 아파트처럼 한자리에 머물러야 하는지에 따라 구분한다. 물론 선박이나 항공기 등은 움직일 수는 있지만 등기를 해야 한다는 점에서 부동산에 포함된다. 재물을 불리는 방법은 이런 자산과 임금, 또 이자 수익 정도다. 금융위기 한가운데 IMF가 금리를 대폭 올리라고 한 적이 있었다. 현금이 많았던 사람들은 그때 떼돈을 벌었다. 20년이 지난 지금은 은행에 돈을 맡기고 그 이자로 먹고살기는 어렵다. 뭉뚱그려서 기업하는 사람들이 떼돈을 벌었을 거라고 생각하지만 그것도 사실과는 거리가 있다.

경영자가 돈을 벌기 위해서는 주가가 올라야 한다. 코스피(KOSPI) 지수는 1980년 100으로 시작해 1989년에는 1000까지 올랐다. 1997년 한때 300으로 떨어졌지만 지금은 2500 언저리에 머물러 있다. 얼핏 주식만 갖고 있으면 부자가 된 것 같지만 내막은 좀 복잡하다. 코스피 지수는 삼성전자, SK하이닉스, 현대자동차, 포스코, LG화학, 네이버, KB금융 등 시가총액이 높은 기업이 좌우한다. 다른 중소형 기업의 주가와 상관없이 삼성전자 등 일부 상위 기업에 따라 지수가 상승하는 구조다.

1998년 5월. 정부는 주식시장을 전면 개방했다. 외국인이 주식을 보유할 수 있는 한도는 일반법인은 100퍼센트까지, 공공법인의 경우는 30퍼센트까지 높아졌다. 그러나 외국 자본의 혜택은 삼성전자, 현대자동차와 같은 수출 대기업, 독점적 서비스를 제공하는 통신사와 금융기관, 또 한국담배인삼공사(KT&G), KT(한국통신)와 한국전력 등 민영화된 공기업으로만 몰렸다. 들쑥날쑥하지만 2017년 기준으로 봤을 때 외국계가 지분의 50퍼센트 이상을 보유한 기업에는 삼성전자, 포스코, 신한금융지주, KT&G, 한국기업평가, 한국유리, 동양생명 등이 있다. 그러나 국내 기업 중 상당수는 외환위기 이전의 주가도 회복하지 못했다. 꽤 괜찮은 증권사로 8000원 정도 하던 동부투자금융(동부증권)과 SK증권의 2019년 2월 28일 자 주식 가격은 각각 4670원과 724원이다. 평균 1만 원 이상은 했던 쌍방울은 1050원, 태평양물산은 2715원, 대성산업은 4810원, 광동제약은 7250원에 불과하다. 외국계 자본이 들어온 기업은 이와 달리 몇 배나 올랐다. 주식 가격으로 봤을 때 국내 기업 내부적으로 상당한 양극화가 진행되었음을 보여 준다.

지난 20년간 가장 많이 오른 상품은 부동산, 그중에서도 아파트다. 한 예로 서울 구로동의 33평짜리 우성 아파트 가격은 1억 2000만원에서 6억 2000만 원으로 올랐다. 같은 평수 송파 주공아파트는 1억 3500만 원에서 재개발 이야기가 나오면서 15억 4000만 원으로 뛰었다. 게다가 한국에서 부동산은 특정 집단이 독점하는 대표적 자산이다. 2015년 기준으로 국민순자산은 1경 2360조 원 정도이고 그중 토지자산이 54.3퍼센트이고 건물자산은 21.1퍼센트로, 국부의 75.3퍼센트가 부동산으로 알려져 있다. 최상위 10퍼센트 계층이 전체 소득에서 차지하는 비중은 1999년 32.9퍼센트에서 2015년 48.5퍼센트로 높아졌다.

또 전체 국민 세 명 중 한 명 정도만 토지를 소유하고 있고, 인구의 1퍼센트에 불과한 50만 명이 전체 토지의 55.2퍼센트를 소유하고 있다는 자료도 있다.(국토교통부, 2013) 통계청이 공개한 「2016년 주택소유통계」에서도 전체의 85퍼센트는 한 채의 집만 갖고 있는 반면, 약 11만 명 정도는 다섯 채 이상을 갖고 있는 것으로 알려진다. 정확하게 계산을 할 수는 없지만 단순한 부동산 가격 상승으로 얻는 이익은 1년에 400조 원 정도로 알려져 있다. "조물주 위에 건물주 있다." 또는 "다음 생에는 건물주로 태어나고 싶다."는 말은 현실을 정확히 반영한다.

10대 그룹의 부동산 자산은 2017년 기준으로 72조 원이 넘는다. 삼성그룹이 12조 7000억 원으로 가장 많고, 롯데그룹(12조 3000억), 현대차그룹(11조 2000억), SK그룹(8조 9000억), 한화그룹(6조 4000억)

순서다. 새벌닷컴의 조사에 따르년 기존에 갖고 있던 땅값이 오른 결과라고 한다. 힘겹게 하루를 살아가는 노동자들이 좌절감을 갖는 것은 당연하다. 대한항공 조양호 회장 일가의 '갑질'에 대한 분노나 재벌 총수들에 대한 적대감은 이런 상황과 관련이 깊다. 자본가와 노동자 계급의 대결 구도로 세상을 보면 지극히 당연하다.

그러나 여기에 '국적'을 대입하면 계산식이 복잡해진다. 자본에는 국적이 없지만 자본가에게는 있다. 미국에도 유럽에도 중국에도 현지 법인이 있지만 삼성의 본사는 서울에 있고, 임원진은 한국 사람이며, 한국 법의 적용을 받고, 한국에 세금을 낸다. 외환위기 이후 재벌이 직면하고 있는 '억울함'도 있다.

2

누구를 위하여 종은 울리나?

적과의 동침

국내 기업인 중 나름 존경을 받는 사람은 포항제철의 박태준, SK의 최종현, 유한양행의 유일한 등으로 많지는 않다. 얼핏 보면 탐욕스럽고, 노동자를 탄압하고, 재산을 대물림하고, 좋은 일에는 인색한 것 때문으로 보인다. 그러나 경제 분야가 아닌 정치인, 군인, 학자, 법조인과 종교인에 대한 태도 역시 크게 다르지 않다. 미국과 일본과 같은 외세와 결탁하지 않은 토착 엘리트가 없는 것과 관련이 깊다. 일본 식민지 시대는 말할 것도 없고, 분단 이후 지금까지 '친일(親日)' 또는 '친미(親美)' 인사가 되는 것이 출세와 성공의 지름길이었다. 그리고 무주공산에 깃대를 먼저 꽂으면 주인이 되는 것처럼 일단 권력을 잡고 나면 학연, 지연, 혈연 등의 '유착관계'를 통해 기득권을 보호해 왔다. 게다가 많은 신생 독립국가에서 공통적으로 발견된 것처럼 '자금, 기술, 인력'을 배분할 수 있는 권력은 정부가 독점했다.

2015년 11월 18일부터 3회에 걸쳐 《뉴스토마토》는 「대한민국 재벌의 뿌리」라는 제목의 기획기사를 실었다. 보도에 따르면, 삼성의 이건희, LG의 구인회, GS의 허정구, 효성의 조홍제 등은 경남의 지주들이었고, 박인천(금호그룹), 이원만(코오롱그룹), 이재준(대림그룹), 박승직(두산그룹) 등도 적극적으로 일본에 협력했다. 그러나 재벌이 성장할 수 있는 물질적 기초는 정부수립 이후 진행되었던 '적산불하'와 '정경유착'이다.

적산불하(敵産拂下)는 일본이 항복하면서 한국에 두고 간 재산을 분배한다는 의미다. 일본은 다른 식민지와 달리 조선을 자기들의 생산기지로 삼으려 했으며, 철도, 공장, 항만 등 인프라에 상당한 투자를 했다. 미 군정과 이승만 정권은 무려 2821개에 달하는 이들 업체를 공짜나 다름없는 가격으로 민간에 넘겼다. 현대 정주영은 '조선이연금속 인천공장'을, 한화그룹 김종희는 '조선유지 인천공장'을, OB맥주 박두병은 '소화기린맥주'를 받았다. 또 '미쓰코시 백화점 경성점'은 삼성의 이병철에게, '오노다 시멘트 삼척공장'은 동양시멘트 이양구에게, '선경직물'은 SK 최종건에게 넘어갔다.

정경유착(政經癒着)은 정치권력과 경제 엘리트가 일종의 운명공동체를 형성한다는 의미다. 우선 중화학공업을 통해 경제발전을 추구했던 박정희 정권은 1964년 삼성이 '한국비료공업주식회사'(현 삼성정밀화학) 설립에 필요한 차관 교섭을 지원했다. 뒤이어 1967년에 설립된 대우(김우중)가 매물로 나온 부실기업을 인수해 자동차, 전자, 중공업과 금융 분야로 진출할 수 있도록 도왔다. 경영 합리화를 목적으로 1968년부터 실시된 공기업을 민영화하는 과정에도 개입했다. 대표적인 수혜자는 한진그룹이었다. 조중훈은 1969년 대한공항공사(현 대한항공), 대한해운공사(현 한진해운), 대한조선공사

(현 한진중공업)를 잇따라 인수했다. SK 역시 5공화국 이후 대한석유 공사(1980, 현 SK에너지), 한국이동통신(1994, SK텔레콤) 등을 넘겨 받았다.

흔히 정부와 기업의 결탁은 아시아를 비롯한 후진국의 특징으로 알려져 있다. 족벌자본주의(crony capitalism)란 말이 대표적이다. 그러 나 미국, 유럽과 일본도 결코 예외가 아니다. 미국과 영국은 경제권 력이 정부를 통제했다는 점에서 차이가 있지만 유착관계는 더 심하 다. 독일, 프랑스, 일본, 러시아 등에서 정부는 특정 기업을 전략적으 로 육성했고, 국가발전 방향에 맞도록 통제했다. 인간이 태어나서 성 인이 될 때까지는 부모의 보호와 간섭을 받아야 하는 것과 같은 이치 다. 형식적으로나마 국가와 자본이 분리된 ─ 또는 자본이 독립을 하 는 ─ 계기는 자본주의가 고도로 성장한 이후였다.

한국도 그랬다. 1990년에 접어들어서야 재벌은 정부의 과도한 간섭을 비판하기 시작했고, 더 많은 자율성을 요구했으며, 정부 정책 에 영향력을 행사하기 시작했다. 그 결과 1990년대 중반에는 개방정 책이 추진되었다. 미국식 자유주의를 배우고 돌아온 유학파 경제학 자들과 한국 시장에 눈독을 들이던 미국 등 선진국, 그리고 정부의 자신감이 상호작용한 결과였다. 외환위기가 터진 건 그 직후다. 한국 만 그랬던 것이 아니라 비슷한 경로를 걸어온 필리핀, 인도네시아, 태 국과 말레이시아도 덮쳤다. 1980년대 남미를 덮친 외채위기와 본질 적으로 동일했다.

독재에도 불구하고 박정희 대통령이 경제는 잘했다고 말한다. 많은 후발국가 중에서 한국만큼 성공한 나라가 별로 없다는 점에서 리더십의 역할은 부정할 수 없다. 박형아 교수가 쓴『유신과 중화학공업: 박정희의 양날의 선택』이라는 책에 잘 나와 있다. 유신헌법과 긴급조치, 베트남전 참전, 국방자주화와 중화학공업 중심의 경제전략 등이 불가분의 관계였다는 것을 보여 준다. 자주국방은 북한의 청와대 습격과 미국 푸에블로 호 납치 사건을 처리하는 과정에서 박 대통령이 느꼈던 '버려질 수 있다.'는 두려움이 계기가 되었다. 자동차, 석유화학, 조선, 기계, 전자, 철강 등을 선택해 당시 가용자원의 80퍼센트를 투입했다. 자동차는 탱크를 만들 수 있는 기반이 되고, 배는 군함으로, 비료는 화약으로 만들 수 있다는 점을 감안한 전략이었다. 재벌이 그렇게 탄생했고, 시장에서 살아남을 때까지 각종 특혜를 주었다. 그러나 남미, 아프리카와 아시아 국가 중 한국만 특별하지는 않았다.

2차 세계대전이 끝났을 때 많은 신흥 독립국들은 혼자 살아남는 법을 배워야 했다. 누구를 모방할 것인가? 미국과 유럽은 그들이 배울 수 있는 국가가 아니었다. 자신들을 지배했던 국가라는 정서적 거부감도 있었다. 게다가 몇 백 년에 걸쳐 꾸준히 축적해 온 자본도 기술도, 특히 착취할 수 있는 식민지도 없었다. 1917년 볼셰비키혁명(10월 혁명) 이후 놀라운 속도로, 심지어 대공황도 겪지 않았던 소련의 모델이 주목을 받았던 것은 당연했다. 정부가 중심이 되어 '계획'을 세우고, '선택과 집중'을 통해 희소자원의 효율성을 극대화하는 것이 핵심이었다. 민주주의를 채택했던 인도, 미국에도 소련에도 치우치지 않는 비동맹을 택했던 인도네시아와 이집트, 반공진영에 속했던 한국은 모두 '경제개발 5개년 계획'과 같은 정책을 추진했다. 중국, 베트남, 북한, 쿠바와 같은 사회주의 국가는 말할 것도 없었다.

정치적으로는 독립되었지만 경제는 아니었다. 전쟁만 없었다면 한국은 좀 더 일찍 부흥할 수 있었다. 많은 개발도상국에는 이 정도의 호사도 없었다. 제국주의 국가들은 인도와 같은 거대한 국가조차 면화를 생산하는 대규모 농장(플랜테이션)으로 바꾸었다. 그러나 커피, 고무와 설탕을 팔아 국민을 먹여 살릴 수는 없었다. 일상생활에 필요한 전자제품은 말할 것도 없고, 자동차와 항공기는 모두 수입해야 했다. 팔 물건이 없다는 게 문제였다. 자동차 한 대를 사기 위해 도대체 얼마나 많은 인력이, 얼마나 오랫동안 커피 농장에서 일해야 할까? 자기 몸을 지키기 위해서는 최소한의 무기가 있어야 하는데 공짜로 줄 나라는 없었다.

몇 가지 전략이 등장했다. 꼭 필요한 것만 수입하고 국내 생산을 장려하는 '수입대체 공업화'와 값싼 노동력 등 경쟁력 있는 분야를 집중 육성해 수출을 늘리는 방안이 그중 하나였다. 외국 기업을 위한 창원이나 마산과 같은 '자유무역지대'도 만들었다. 국내 기업을 인수하거나 새로 공장을 짓고 또 일자리도 만드는 직접투자(Foreign Direct Investment, FDI)는 적극 환영하면서도 잘나가는 국내 기업의 주식이나 채권에 투자해 주가 차익이나 배당만 노리는 '간접투자'는 제한했다. 한국전력이나 코레일(전 철도청)이 외국 기업이라고 생각하면 쉽게 이해된다. 국가가 존속하는 한 이런 기업은 망하지 않는다. 막대한 수익은 해외에 있는 주주들에게 송금된다. 가격을 마음대로 올려도 통제할 방법이 없다. 외채위기를 맞은 후 전기, 수도와 통신기업을 외국 기업에 팔아 넘겼던 남미 국가들이 직면하고 있는 현실이다.

국내 재벌과 정부는 협력할 수밖에 없다. 경북 포항의 영일만 건너편에 포항제철이 들어선 것은 1968년 4월 1일이었다. 미국 투자단의 협력을 받으려던 계획은 실패했다. 1965년 한일수교를 통해 일본의 차관과 기술이 들어오면서 겨우 시작될 수 있었다. 최초의 국산차로 알려진 현대자동차의 '포니'는 1975년에야 등장했다. 협력업체였던 미국의 포드 자동차는 기술이전을 거부했지만 일본 미쓰비시공업의 도움을 받아 만들었다. 1974년에는 일반 유조선과 특수선 등을 제작하기 위해 삼성중공업이 설립된다. 자본금을 마련하고, 부지를 선정하여 공장을 짓고, 제품을 생산해 판매하고, 원재료를 수입하고 완제품을 수출하는 모든 단계에 정부가 개입한다.

국민의 역할도 컸다. 푼돈을 모아 저축을 했고, 정부는 이 돈을 활용해 특정 산업을 키웠다. 외국 제품에 비해 품질도 낮고 가격도 그렇게 싸지 않았던 텔레비전과 자동차 등은 '국산품 애용' 덕분에 살아남을 수 있었다. 정부는 또 외국산에 대해 높은 관세를 물리거나 진입 장벽을 만들었다.

국내 소비자 입장에서는 억울하다고 할 수 있지만 덕분에 1990년대를 넘어서면서 한국 기업은 국제 경쟁력을 갖추기 시작했다. 정부의 효율적인 정책, 은행과 기업의 전략적 협력, 그리고 국민의 애국심이라는 동맹이 이루어 낸 성과였다. 외환위기 이후 '족벌자본주의'라는 조롱을 받기 전까지 이 모델은 '연대자본주의(alliance capitalism)'로 부러움의 대상이었다. 그러나 "개구리 올챙이 시절 모른다."는 말처럼 재벌은 이런 역사적 경험을 너무 쉽게 망각했다.

정부의 보호가 더 이상 필요없다고 생각한 점이 재벌의 첫 실수였다. 관치금융이라는 말에서 알 수 있는 것처럼 재벌은 정부의 간섭을 '통치'로 봤다. 더 이상 어린애가 아니었고, 국제시장에서 얼마든지 혼자 힘으로 돈을 빌릴 수 있다는 자신감 때문이었다. 한때 남미 기업들이 정부의 눈치를 보지 않고 런던 금융시장에서 단기로 돈을 마음껏 빌렸던 것과 다르지 않았다. 금융자유화 확대로 인해 홍콩에서는 달러가 넘쳐 났다. 국내에서 정부의 눈치를 보면서 돈을 빌릴 때보다 이자도 훨씬 낮았다. 한국투자금융, 한양투자금융, 서울투자금융 등 단기 금융거래에 특화된 제2금융권이 창구 역할을 했다.

그러나 이 모든 거래가 대한민국이 가진 '후광효과'의 일부였다는 것, 경제주권과 직결되어 있는 화폐의 '교환가치(환율)'와 맞물려 있다는 것을 깨닫지 못했다. 미국 회사인 '무디스(Moody's)'와 에스앤피(S&P) 등이 국가채무등급을 부도 수준으로 낮췄을 때 이 영향을 받지 않을 기업은 없었다. 1달러에 800원 정도에 머물렀던 환율이 1800원으로 폭락했을 때도 마찬가지다. 재벌의 과도한 부채비율이 문제였다는 주장도 있지만 사실과 거리가 있다.

재벌 입장에서는 당장의 수익률보다는 시장점유율을 높이는 게 더 좋은 전략이었다. 돈을 버는 것은 시장에 성공적으로 진입한 이후에 해도 될 일이었다. 더구나 미국, 유럽과 일본 기업에 비해 한국은 후발 주자였고, 일정 기간 손실을 감당할 준비가 되어 있었다. 동네에 술집이 하나 더 생길 때 일어나는 상황과 동일하다. 영업을 막 시작한 가게는 출혈을 감수하고라도 손님을 끌기 위해 할인 행사를 하고 사은품을 준다. 먼저 자리를 잡은 쪽에서는 단골을 뺏기지 않기 위해 맞불을 놓는다. 국제무대는 이보다 훨씬 더 치열하다.

대출 규모 자체는 문제가 아니었다. 한국 경제는 연평균 10퍼센트 성장을 하고 있었으며, 세계 경제는 호황 국면이었다. 정부가 보증을 선 상태였고, 은행 입장에서도 대출이자를 제때 내는 기업에게 원금을 갚으라고 요구할 필요가 없었다. 만약 정부와 IMF가 200퍼센트라는 부채비율을 일방적으로 제시하고 단기간에 이를 맞추라고 하지 않았다면 상당수 기업은 살아남았을 가능성이 높다. 노무현 정권에서 보건복지부 장관을 하고, 지금의 더불어민주당에서 주도적 역할을 했던 작고한 김근태 고문이 "한마디로 우리가 세상 물정을 너무나 몰랐다고 할까요. (……) 당시 전 세계를 풍미하던 세계화와 신자유주의 열풍에 말려들어 너무나 큰일을 저지르고 만 것입니다. 당시 한국 경제가 IMF로부터 받은 처방전인 초고금리와 초긴축 정책, 고강도 재벌해체, 무차별적 외자도입은 참으로 끔찍한 결과를 가져왔습니다."라고 말한 것도 이런 까닭에서다.[1] 재벌은 또 반기업 정서로 알려진 국민의 분노를 다독이는 데 실패했다.

광고 중에는 상품이나 서비스를 직접 알리는 것과는 거리가 먼 이미지 전달을 목적으로 하는 경우가 많다. 브랜드 가치를 높임으로써 자연스럽게 광고 효과를 달성하기 위한 전략이다. 삼성전자가 내보낸 「또 하나의 가족」은 그중 하나다. 1997년 4월에 첫 방송이 나간 후 무려 11년간 계속되었다. 국내 최대 재벌이지만 한진그룹과 달리 삼성에 대한 일반 국민의 정서가 그렇게 나쁘지 않은 것은 이런 노력과 관련이 있다.

그러나 족벌(族閥)이라는 단어의 역사가 비교적 짧다는 것에도 주목할 필요가 있다. 정실자본주의, 패거리자본주의 또는 족벌자본주의가 환란의 주범이라는 인식이 확산되면서 지금의 악명을 얻었다. 1997년 이전만 하더라도 '문어발식' 경영이나 '세습경영'이라는 말은 자주 했지만 '족벌경영'은 낯설었다. 전문경영인과 대비되는 개념으로 '오너경영' 혹은 '가족(친화)경영'이라는 말은 있었지만. 왜일까? 적당한 구실이 생기기를 잔뜩 기다린 사람처럼 국민은 재벌에 '족벌'이라는 낙인을 선명하게 찍었다. '장남론'을 적용해 보면 꽤나 많은 것이 설명된다. 장남은 재벌이고, 부모는 정부와 국민이다. 동생들은 많은 중소기업으로 보면 된다.

고향 출신으로 일찍 고시에 합격해서 부장판사까지 한 분이 계신다. 지금으로 치면 엄친아에 해당하는 분으로 동네 어른들은 말끝마다 이분과 풋내기 우리를 비교했다. 부친도 예외는 아니었다. 성적이 조금만 떨어져도, 농사일에 게으름을 부려도, 학교에서 혼날 짓을 해도 "K판사는 그러지 않았다."라는 말로 기를 죽이셨다. 원래 집안은 무척 가난했던 모양이다. 당신의 부모님과 형제들은 '장남'이 출세하면 집안을 일으킬 것이라는 데 의심하지 않았다. 출세한 형이 못 배운 동생들 직장도 알아봐 주고 집안 살림에도 보탬을 주는 것은 당연했다. 판사로서 승진하는 데 도움이 되도록 부잣집 딸과 결혼도 시켰다. 아파트며 혼수도 모두 처가 쪽에서 준비하니 데릴사위 비슷했다. 돈 많은 며느리를 본 것만 좋아했지 아들이 처가 쪽 눈치도 봐야 한다는 것은 생각하지 못했다.

K판사 자신도 변했다. 잘난 처가 쪽 사람들과 비교했을 때 못 배우고 교양도 없는 자기 가족이 좀 부끄럽기 시작했다. 형이 보기에는 좋은 직장이었지만 동생들은 성에 차지 않아 하니 서운한 감정이 늘

었다. 좀 더 여유가 생긴 뒤에 모시려 했지만 부모님은 함께 살기를 원하셨다. 애초 문화가 달랐던 며느리와 갈등을 했고 급기야 고향으로 내려오고 말았다. K판사 칭찬을 입에 달고 살던 부친도 그 이후로는 말씀을 아끼셨다. 이후 어떻게 되었는지는 잘 모른다. 가족 간 화해를 했을 수도 있고, 남보다 못한 채 살았을 가능성도 있다. 뭐가 잘못되었을까? 애초 장남에게만 모든 자원을 쏟아붓는 게 틀린 것일까? 잘난 장남이 날개를 달도록 귀찮게 하지 않았어야 했을까? 그래도 주변을 돌아보면 판사가 되지는 못했지만 사업에 성공한 큰아들이 가족은 물론 친척까지 건사한 경우도 꽤 많다. 성숙한 협력관계가 답이었던 것 같다.

재벌과 국민의 관계에도 적용된다. 제국을 경영했던 일부 국가를 제외하고 세계적 브랜드를 가진 기업을 소유한 나라는 많지 않다. 흙수저는 금수저와 경쟁 자체가 안 된다. 개천에서 용이 날 수가 없다. 국가도 다르지 않다. 그런 점에서 자동차, 가전제품, 반도체, 철강과 영화 등에서 선진국과 경쟁할 수 있다는 것은 대단한 성공이다. 문제는 이렇게 온 국민이 협력해서 키운 알짜기업이 이제 더 이상 '한국' 기업이 아니라는 점이다. 대응책은?

제3세계의 많은 국가들은 부당하게 뺏겼다고 생각하는 핵심 기업들을 강제로 '국유화'했다. 수에즈운하를 국유화한 이집트는 그래서 영국과 프랑스의 침공을 받았고, 이란과 칠레에서는 쿠데타가 일어났다. 민영화된 국영기업의 임원을 비리 혐의로 구속하고 정부 자산으로 되돌린 러시아와 같은 사례도 있다. 국내 주요 기업을 소유한 외국인은 이와 다르다. 위기라는 특수한 상황에서 이루어진 것이지

프랑스 ADP그룹의 배당은 무려 50퍼센트나 되지만, 최대 주주는 50.6퍼센트를 소유한 프랑스 정부라는 점을 간과해서는 안 된다.

만 '민영화' 또는 공개적인 '주식' 매입을 통했다.

환율이 큰 폭으로 하락하면서 수출 중심의 대기업은 횡재를 만났다. 국내 원화가치가 떨어지면 모든 수입품의 가격은 높아진다. 반대로 수출업체로서는 더 낮은 가격으로 더 좋은 물건을 생산할 수 있다. 당장 외환보유고를 늘려야 한다는 정부 입장에서도 달러를 벌어오는 기업에 각종 특혜를 주는 게 당연했다. 현대자동차가 10년 무상수리라는 파격적인 조건으로 미국 시장을 공략하고, 삼성전자가 급성장할 수 있었던 데는 환율과 정부 지원이 큰 몫을 했다. 내수용 기업, 중소기업과 국민은 외환위기 극복을 위해 희생을 강요받았다. 정부나 국민, 아니면 다른 국내 기업이나 은행이 이런 주식을 사야 했다.

문제는 돈과 자신감이었다. 틈새를 파고든 것은 외국인이었다.

하필이면 그렇게 어려웠던 1998년 5월 정부는 외국인에게 주식시장을 완전히 개방했다. 누구를 위한 것인지 모르지만 그 덕분에 알짜 기업은 모두 외국계로 넘어갔다. 외국인의 영향력이 커지면서 적은 지분으로 지배권을 행사하던 재벌도 비상이 걸렸다. 벌어들이는 돈은 자기 회사 주식을 사 모으는 데 다 투자했다. 적과의 동침은 이 과정에서 당연했다. 물론 아주 잠깐 현대증권의 이익치 회장 같은 이를 중심으로 '한국'을 사자는 운동이 있었다. 1999년 바이코리아(Buy Korea) 펀드는 무려 12조 원을 모아 저평가된 한국 주식에 투자했다. 정부도 못하는 일을 일개 회사가 할 수는 없었다. 결국 현대증권도 2016년에 문을 닫았다. 엄격하게 말하면, 잘난 장남을 처가에 팔아 버린 것과 다르지 않다.

삼성전자, 현대자동차와 포스코 등의 주가가 높아지면 그 이득은 주주만 본다. 수조 원의 이익을 내도 배당금으로 먼저 나간다. 재벌닷컴이 10대 그룹 상장사의 배당금을 분석한 자료가 있다. 2017년 한 해에만 전체 15조 원이 넘는 돈이 배당금으로 지급되었는데 이 중 외국인 몫은 7조 1108억 원이다. 2016년보다 31.4퍼센트나 늘어났다. 그중 삼성전자는 3조 5000억 원, SK는 1조 151억 원, 현대자동차그룹은 9938억 원, LG는 5097억 원이다. 공기업 중 상당수가 외국 소유가 되면서 정부로서는 막대한 '수익'을 포기해야 한다.

예를 들어 한국담배인삼공사(KT&G)는 국민의 건강을 담보로 돈을 번다. 특혜도 이런 특혜가 없다. 원래는 정부 예산으로 사용되는 돈이었다. 2018년 3월 12일 기준으로 외국인 지분은 53.19퍼센트다. 순이익 중 얼마를 배당으로 나누어 주느냐를 나타내는 배당 성향은 무려 43.3퍼센트다. 그것도 해마다 늘었다. 100원의 이익이 남으면 그중 43.3원을 배당으로 준다는 말이다. 담배, 인삼과 부동산 임대업을 하는 기업이라 굳이 연구개발비(R&D)나 신규 투자를 위해 현금 자산을 모아 둘 필요가 없기 때문이다. 임직원은 월급만 받는다. 좋은 건 외국인이다. 한 주당 4000원씩 받으니 외국인에게 돌아가는 몫은 2018년 기준으로 봤을 때 5050억 원의 53퍼센트인 2676억 원이다.

국내 언론을 보면 심심치 않게 국내 상장사들의 배당 성향이 외국에 비해 낮다는 얘기가 나온다. 본질을 호도하는 전형적인 이념 공세다. 누가 이런 주장을 하는지 잘 살펴보면 이해가 된다. 주로 경제지에서 이런 얘기를 다룬다. 주주의 이해관계를 대변하는 집단과 그들의 목소리를 대변하는 지식인 집단도 한몫을 한다. 외피를 한 꺼풀만 벗겨 보면 실체가 잘 드러난다. 먼저 국내 기업 중 외국인 투자 비중이 높은 기업은 그렇게 많지 않다. 만약 외국계 투자지분이 높은 기업만 따로 떼어내 통계를 내면 배당성향은 상당히 높다. 해외에서도 공공이익을 담보로 돈을 버는 KT&G와 같은 공공기업 중 외국계 지분이 이렇게 높은 곳이 없다는 점 또한 주목할 필요가 있다.

2011년 한국조세연구원이 발표한 「정부배당정책 적정성 연구」에서 배당성향 상위 기업으로 소개된 프랑스의 Group ADP(Aeroports de Paris)가 대표적인 사례. 무려 50퍼센트에 달하는 배당을 준다. 최대 주주는 50.6퍼센트를 소유한 프랑스 정부다. 그다음으로 많은 지분은 가진 곳은 네덜란드계 스히폴(Schiphol Group)과 역시 프랑스 건설업체인 빈치(Vinci)로 지분은 각각 8퍼센트에 불과하다. 배당 성향이 무려 121.36퍼센트로 소개된 '캐나다수출개발('Export

Development Canada)'은 거의 100퍼센트 정부가 소유한다. 경영진은 민간에서 초빙하지만 연방정부가 관련법을 통해 주요 의사결정을 한다. 배당을 통한 수익은 고스란히 국고 수입으로 잡혀 국민의 복지와 경제발전에 사용된다.

은행의 상황은 더 안 좋다. 2018년 1월 5일 기준으로 봤을 때 외국인의 지분율은 신한금융지주 69.04퍼센트, DGB금융지주 60.8퍼센트, 하나금융지주 74.19퍼센트, KB금융지주 69.48퍼센트 정도다. 연간 1조 원이 넘는 돈이 배당금으로 나간다. 은행이 고유한 기능을 안 한다는 게 더 문제다. 금융기관의 원래 목적은 신용을 제공하는 것으로, 신체로 치면 일종의 피를 공급하는 역할이다. 경제학 용어로는 유동성이라 한다. 그런데 선진금융이라는 이름으로 외국계가 은행을 장악하면서 아파트를 담보로 하는 소비자 대출에 목을 멘다. 대기업에 비해 신용이 낮을 수밖에 없는 중소기업 입장에서는 그림의 떡이다.

경제협력개발기구(OECD)가 발표하는 「중소기업 및 기업가 융자 2017」 보고서에 관련 내용이 나온다. 국내 은행의 중소기업 대출 거부율은 40.9퍼센트(2015년 기준)로 주요 24개국 중 가장 높다. 1998년 기준 27.7퍼센트에 불과하던 은행권의 총대출 대비 가계대출 비중은 2016년 기준으로 43.4퍼센트로 높아졌다.[2] 주식시장을 통해 투자 자금을 마련하는 것도 불가능했다. 외국인도 국민도 외면하는 가운데 주가는 바닥을 헤맨다. 신용점수가 낮은 개인은 하는 수 없이 대부업체를 찾는다. 금리는 훨씬 높고 대출금은 얼마 안 된다. 텔레비전만 틀면 러시앤캐시, 산와머니, 리드코프, 미즈사랑과 웰컴론 광고가 쏟아지고, 대학생 세 명 중 한 명이 신용불량자가 된 것은 이런 까닭에서다.

국내 기업은 현재 대략 난감한 상황에 처해 있다. 문재인 정부가 들어서면서 재벌개혁을 강조해 왔던 공정거래위원장과 금융감독원장이 임명되었다. 재벌의 불공정 거래와 독과점 행위 및 탈세 등에 대한 전방위 압박이 진행 중이다. 국민 여론도 최악이다. 외국 자본과 결탁해 국민을 착취한다고 본다. 현금은 쌓아 둔 채 신규 투자를 하지 않고, 비정규직만 고용하고, 족벌경영을 유지하기 위해 온갖 불법을 마다하지 않는다고 생각한다. 온갖 갑질로 악명 높은 조현아와 조현민을 비롯한 한진그룹 일가는 이런 분노에 기름을 부었다.

그래서 삼성의 이재용은 다시 감옥에 보내고, 한진의 조양호는 퇴진시키고, 전문경영인에게 맡기면 모두 해결될까? 속은 후련할지 모르지만 문제는 생각보다 복잡하다. 당장 장남이 마음에 들지 않아 발길을 끊으면 피해는 고스란히 가족 전체에 퍼진다. 부모와 동생은 당장 든든한 후원자를 잃는다. 장남 또한 외톨이가 되는 한편 패륜이라는 멍에를 안고 살아야 한다. 미안한 마음이야 들겠지만 처가 입장에서는 귀찮은 혹을 떼어 냈다는 시원함을 가질 법하다. 의지할 데가 없어진 사위를 다루기는 더 쉽다.

SK 임원 중에 한 다리 건너 아는 분이 있다. 최태원 회장과 그룹사 임원이 함께 한 자리였다고 한다. 혹시 애로사항이 있으면 편하게 얘기하라는 회장님의 요청으로 한 임직원이 물었다. "일이 고된 것은 괜찮은데 언제 잘릴지 모를 불안감이 너무 큽니다. 장기적으로 소신껏 일할 수 있는 여건을 좀 만들어 주십시오."라고. 밖에서 볼 때는 월급도 많고 성과급으로 주는 주식으로 떼돈을 버는 것처럼 보이지만 언제 잘릴지 모르는 임원의 현실을 반영한 질문이었다. 최 회장의 답변은 바로 나왔다. "저도 그런 걱정 안 하고 살았으면 좋겠습니다." 무슨 소리? 창업주의 손자이자 재벌의 총수가 이런 걱정을 한다고? 과장이 아니다.

2003년 최태원 회장은 분식회계 혐의로 구속된다. 집행유예로 감옥에 들어가지는 않았지만 실형을 선고받았다. 기업 사냥꾼으로 알려진 소버린자산운용은 폭락한 SK 주식을 14퍼센트까지 매입했다. 자신이 선임한 이사진을 통해 '금고' 이상의 형을 받은 사람은 이사를 맡지 못하도록 하는 정관 개정을 시도했다. 발등에 불이 떨어진 건 최태원 회장이었다. 있는 돈 없는 돈 다 모아서 주식을 사모았다. 당연히 평소보다 훨씬 비싼 가격이었다. 재벌의 행태에 분노한 소액주주와 SK 노조도 소버린 편을 들었다. 우여곡절 끝에 정관 개정은 막았다. 소버린은 얼마 후 1조 원 정도의 차익을 남기고 SK주식을 팔았다. 외국인을 달래는 최선의 방법은 결국 수익을 많이 남기고 배당을 많이 해 주는 것밖에 없다.

2017년 10월 31일. 삼성전자는 향후 3년간 매년 9조 6000억 원을 배당하겠다고 발표했다. KT&G의 백복인 사장은 정부가 대주주로 있는 IBK기업은행의 반대에도 불구하고 연임에 성공했다. 2018년 3월 16일이었다. 현대차그룹은 2018년 4월 27일에 "1조 원 상당의 자사주를 소각해 주주 가치를 제고하겠다."고 발표했다. 얼핏 보면 별로 상관없어 보이지만 50퍼센트 이상의 주식을 확보하고 있는 외국 투자가를 겨냥한 선심정책이라는 공통점이 있다. 삼성의 경우, 이재용 회장이 구속된 상태에서 자칫 불거질지 모를 외국인을 달래기 위한 조치였다. 백 사장은 2015년 취임 당시 한 주당 3400원이던 배당금을 4000원으로 늘리겠다고 약속한 다음 주총에서 이겼다. 또 현대의 발표는 1.4퍼센트의 지분을 갖고 있는 헤지펀드 엘리엇이 '현대차와 현대모비스 합병, 배당확대, 자사주 소각' 등을 요구한 지 나흘 만에 나왔다. 그런데 현대는 왜 배당이 아닌 자사주 소각을 선택했을까?

총 발행된 주식이 모두 100주가 있다고 생각해 보자. 자사주를 매입한다는 것은 시중에 유통되는 주식 중 일부를 산다는 의미다. 만약 50퍼센트를 샀다고 하면 그 자체로 거래되는 주식이 적어지기 때문에 주당순이익(Earning per Share, EPS)은 높아진다. 이것만 해도 기존 주주의 재산은 늘어나는 효과가 있다. 그런데 이만큼을 소각한다는 것은 전체 발행 주식이 50주만 남는다는 의미다. 같은 액수를 배당하더라도 기존 주주에게 할당되는 돈이 두 배가 된다. 또 지분율이 10퍼센트였던 주주는 자연스럽게 20퍼센트의 지분을 갖게 된다. 한진그룹의 조양호나 삼성의 이재용처럼 가족 지분이 낮을 경우에는 이렇게 해서 자기가 갖고 있는 지분율을 높여야 SK 같은 험한 꼴을 안 당한다. 결국 주주만 좋은데, 이들 회사 대부분 외국인 지분이 50퍼센트를 넘어선다.

재벌총수를 다 쫓아내고 능력 있고 청렴한 전문경영인 체제로 바꾼다는 것도 답은 아니다. 재벌. 족벌. 세습은 모두 부정적인 의미로 쓰인다. 그러나 비즈니스 세계에서 가족기업은 예외가 아니라 주류다. 가족기업 비중은 미국 54.5퍼센트, 영국 76퍼센트, 호주 75퍼센트, 한국 68.3퍼센트로 알려져 있다. 대한상공회의소가 2006년에 발표한 보고서인 「주요국의 가족기업 현황과 시사점」에 나와 있다.

한 번쯤 들어 봤을 법한 기업 중에도 다수가 있다. 가령 포드자동차, 월마트, 카길, 미셰린, 《뉴욕타임스》, SC존슨, 이케아, 에스티로더 등은 미국에 본사를 두고 있는 가족기업이다.

대표적인 자동차 회사인 도요타(일본), BMW(독일)와 폭스바겐(독일)도 오너가 경영한다. 그중 일본은 특히 가족이 승계하는 장수 기업이 많다. 무려 5만 개 정도의 기업이 100년을 넘겼고, 200년 이상은 3146개, 500년 이상은 124개, 1000년이 넘은 기업도 열아홉 개로 알려진다. "오너 가문의 투철한 주인의식과 강력한 리더십, 그리고 눈앞의 이익을 좇기보다는 장기적 관점에서 경영을 한다."는 장점 때문이다.[3]

경영컨설팅으로 잘 알려진 매킨지 사가 2014년 발표한 자료에 따르면, 《포춘》 500대 기업 중 가족경영이 차지하는 비중은 2005년 15퍼센트에서 2014년에는 19퍼센트로 증가했다. 전 세계에서 차지하는 비중은 70~90퍼센트에 달하며, 신흥국에 있는 연매출 100억 달러 이상의 민간기업 중 60퍼센트를 차지한다. 전문경영자와 달리 노조의 눈치나 단기실적에 연연할 필요가 없고, 보다 장기적 관점에서 과감하고 신속한 결정을 내릴 수 있는 것이 장점이라고 한다. 물론 그중 30퍼센트만 2세대까지 생존하고, 3세대와 4세대로 내려가면 성공 비율은 4퍼센트대로 떨어진다.

재벌 3세 시대를 맞은 재벌이 위기를 맞는 것도 자연스러운 현상으로 보인다. 무엇이 답일까? 목욕물과 함께 아기를 버리는 잘못은 없어야 한다. 능력도 없어 보이고 인품도 갖추지 못한 재벌 3세들이 문제이지, 국민이 피땀 흘려 이룬 삼성, 현대, SK와 대한항공이 문제는 아니다. 굳이 양자택일을 할 필요도 없다. 오너경영, 전문경영, 오너와 전문가 혼합경영 등 다향한 방법이 있다. 장남이 책임을 분담하고, 동생들도 자립하고, 늙은 부모는 노후를 즐길 묘안을 찾으면 된다. 정부가 믿음직하고 유능하고 존중받으면 가능한 일이지만 상황은 결코 녹록지 않다.

관치금융

칭찬은 고래도 춤추게 한다. 외환위기를 맞기 전까지 정부는 자부심을 가졌다. 1993년 세계은행은 「동아시아의 기적」이라는 제목의 보고서를 내기도 했다.[4] 민주화 이후 억눌린 욕망이 분출되었지만 정부의 권위와 능력 자체를 부정하지는 않았다. 덩치가 커진 재벌과 금융기관들이 말을 잘 안 듣기는 했다. 그래도 부모의 눈치를 봤고 가출할 엄두는 내지 않았다. 대한민국이라는 선단은 정부, 기업과 금융, 국민이 연합한 체제였고 선장은 여전히 정부였다. 역시 외환위기가 문제였다. 물리적으로 잿더미가 된 6·25전쟁만큼이나 파급력이 컸다. 당시 한국은 지금까지 한 번도 가 보지 않았던 해역으로 항해를 떠났다.

미국의 설득과 압박은 상당했다. 클린턴 행정부는 로널드 브라운 상무부 장관의 주도로 일종의 전쟁상황실(War Room)을 설치했다. 미국이 경쟁력을 갖고 있는 금융, 통신, 서비스 분야에서 미국 기업이 보다 자유로운 영업을 할 수 있도록 돕기 위해서였다. 미국의 무역적자를 줄이는 것을 목적으로 한 자율변동환율제와 금융과 노동 분야의 국제기준 도입도 요구했다. 선진국경제협력회의(OECD)의 정식 회원이 될 수 있도록 도와주겠다는 것이 미국의 제안이었다. 물론 정부가 주도한다는 인상을 주는 경제기획원(Economic Planning Board)은 폐지하고 자본시장을 과감하게 개방해야 한다는 조건이 달려 있었다.

개혁과 개방을 내세운 김영삼 정부로서는 마다할 이유가 없었다. 국가의 장래에 도움이 된다는 얘기도 많이 들었다. 미국 정부만 그렇게 얘기한 것이 아니라 정부 내 호응도 상당했다. 그들이 미국에서 경제학을 공부하고, 미국 및 IMF와 친했으며, 정치는 모르고 경제만 잘 알았다는 것은 별 문제가 되지 않았다. 자칫하면 단기자본의 극심한 유출로 환란이 올 수 있고, 국내에 저축을 하지 않고 해외로 자금이 유출되며, 안정적으로 경제개혁을 추진하기 어렵다는 우려는 묵살되었다.[5]

만선의 꿈에 부풀어 주변을 살피지 않았다. 먼저 길을 떠난 다른 선단의 얘기도 떠돌았다. 남미 외채위기로 알려진 사건이었다. 민간기업이 런던에서 값싼 달러를 빌렸다가 원금과 이자 상환을 못 하게 된 위기였다. 달러화 가치를 유지하기 위해 미국 연방준비위원회가 금리를 큰 폭으로 인상하고 은행 금리도 자동적으로 올랐기 때문이다. 환율이 폭락해서 발생하는 외환위기와 다르다고 할 수 있지만 자본시장 개방의 부작용이라는 점은 동일했다.

그러나 남미와 한국을 비교한다는 게 자존심 상하는 일이었다. 남미와 한국은 너무 달랐다. 당장 선장의 리더십, 선단의 규모, 선원의 자질과 항해 경험에서 차이가 났다. 브라질, 칠레, 아르헨티나, 페루 등이 차례로 전복되던 1980년대 초반에 한국은 멀쩡했다. 더구나 당시 한국은 1990년대 중반보다 더 가난했다. 1986년부터 한국은 무역흑자 국가로 전환했다. 포퓰리즘(populism)이라 하는, 국민의 인기만을 위한 선심성 국가 프로젝트도 없었다. 한국의 화학, 철강, 조선과 자동차 산업은 이미 세계 무대에서 경쟁하고 있었다.

1992년 9월. 유럽은 이때를 '검은 9월'로 부른다. 환율의 급격한 변동을 막기 위해 제정한 유럽통화시스템(Euprean Monetary System, EMS)이 붕괴 직전까지 몰린 시기였다. 발단은 환차익을 노리는 국제 투기자본의 공격이었다. 독일을 제외한 거의 모든 국가의 환율이 공격을 받았다. 영국의 파운드(pound)와 이탈리아의 리라(lira)는 끝내 환율방어를 포기하고 EMS에서 탈퇴했다. 북유럽에 있는 스웨덴, 핀란드와 노르웨이도 휩쓸렸다. 급격하게 금융자유화를 실시했고 대출이 늘고 부동산값의 폭락이 뒤따랐다는 공통점이 있었다. 1994년에는 멕시코가 풍랑에 휩쓸렸다는 얘기가 들려왔다. 남미의 독주인 테킬라에 빗대어 '테킬라 효과'라 불린 페소화 위기였다. 미국은 서둘러 구조 선박을 보냈고, 다들 운전 미숙 또는 배가 낡아서라고 생각했다.

미지의 땅을 밟는 것 자체는 결코 잘못된 게 아니다. 나이가 찬 아들이 결혼을 해서 독립된 가정을 원하는 것처럼 뭔가 변화가 필요한 때였다. 충분히 준비가 되었다고 생각했지만 지나치게 서둘렀다. 위급한 상황에 처했을 때 어떻게 대처해야 하는지에 대해서도 제대로 배우지 못한 상태였다. 뭉치면 살고 흩어지면 죽는다는 것도 몰랐다. 그간 사령부 역할을 착실하게 수행하던 기획원을 없앤 것도 큰 실수였다.

1997년 7월 태국이 먼저 파산했다. 뒤이어 인도네시아와 필리핀이 무너지고, 한국도 가을부터 폭풍우 속으로 끌려 들어갔다. 대통령은 장관을 못 믿었고, 장관은 부하 직원을, 관료들은 기업을, 또 국민은 이들 모두를 불신했다. 불과 몇 달 전까지 정부를 편들던 언론조차 미국, IMF와 서방 언론의 말만 들었다. 한국의 경제체력(Economic Fundamental)은 문제가 없다고 했던 강경식 재정경제부 장관 겸 부총리는 조롱감이 되었다. 국가부도의 직접적 원인을 제공한 재벌과 함께 정부는 한순간에 '역적'이 되고 말았다. 국제투기금융인 핫머니를 비난하는 사람도 있었지만 소수였다. 같은 해역에 있는 다른 배들은 멀쩡한데 유독 동아시아 선단만 좌초했다. '기적'으로 불리던 아시아 모델은 '족벌자본주의', '패거리자본주의', '친족자본주의'로 손가락질을 받았다. 달리 선택의 여지가 없었다. 조난 구조 전문가로 알려진 IMF에 도움의 손길을 내밀었고, 그 대가는 엄청났다.

관치금융! 오너경영이 족벌경영이라는 낙인을 받는 과정과 비슷한 일이 진행되었다. 문제가 발생했으니 누군가는 책임을 져야 했다. 평생 달러를 본 적도, 손에 만진 적도 없는 국민에게 책임을 전가할 수는 없는 일이었다. 외부 요인이 아니라면 결국 내부적인 문제일 수밖에 없었다. 재벌의 문어발식 경영과 정부의 지나친 개입. 미국 정부가 일찍부터 비판해 오던 문제였다. 억울하기는 했지만 '내 탓이오.'를 고백하지 않으면 개혁에 저항하는 수구집단으로 내몰렸다. IMF와 합의한 내용을 기반으로 '원인'을 다시 만들었다. 샴페인을 너무 일찍 터뜨린 국민, 제 밥그릇만 챙기려 했던 전투적인 노조, 경제민족주의에 빠져 개방을 반대했던 여론. 신자유주의로 불리는 일련의 정책이 이런 배경에서 국민의 자발적인 참여를 통해 관철되었다. 그러나 관치금융에 책임을 묻는 것 자체가 엉터리였다는 것은, 그 당시에도 지금도 분명하다.

관치는 정부와 관청을 뜻하는 '관(官)'과 다스린다는 뜻의 '치(治)'가 결합된 단어다. 김석동 전 금융위원장이 재직 당시 "관(官)은 치(治)하기 위해 있다."고 말한 건 전혀 비난받을 일이 아니다. 정부는 오히려 시장에 개입하기 위해 만들어진 제도다. '보이지 않는 손'은 머릿속에서만 존재하지 실제로는 없다고 봐야 한다. 정부의 간섭으로 인한 문제를 뜻하는 '정부의 실패'도 있지만, 자연 상태의 시장이 결국 독과점과 환경오염과 같은 외부 효과를 낳는다는 '시장의 실패'도 엄연히 존재한다. 정부 간섭을 항상 비판하는 미국도 전혀 예외가 아니었다. 1900년대 초반 미국은 JP모건, US스틸과 스탠더드오일과 같은 트러스트(미국판 재벌) 세상이었다. 삼성의 이건희나 현대의 정몽구와는 비교가 안 되는, 그래서 '철강왕' 또는 '석유왕' 등으로 불린 앤드루 카네기와 존 록펠러 등이 지배했다.

열 살도 안 된 아이들이 노동자로 일했고 중소 자영업자들은 몰락했다. 부자는 더 부자가 되고 가난한 사람은 더 비참해졌다. 1901년에 테디 루스벨트(Teddy Roosevelt)가 25대 대통령에 당선된다. 사회주의자라는 비난을 들으면서도 그는 셔먼 반독점법(Sherman Antitrust Act)을 적극 활용했다. 문재인 정부가 최근 추진하고 있는 경제민주화와 본질적으로 동일하다. 독과점을 규제하고, 정부가 직접 철도를 운영하고, 사용자와 노동자 간 대화를 중재하며, 노동자의 권리를 보호하기 위한 법안을 제정하는 것이 핵심이었다. 그 결과 록펠러의 스탠더드오일(Standard Oil)은 엑슨, 세브론, 모빌 등 서른네 개 독립회사로 해체된다. 1929년부터 시작된 대공황과 그 이후의 정부 개입 역시 잘 알려져 있다.

물론 미국의 기업인들은 정부의 이런 간섭을 결코 환영하지 않았다. 자신들이 애써 모은 재산을 강제로 분할하는 정부를 좋아할 리 없었다. 그래서 정부의 영향력이 점차 커질 수밖에 없다면 관료로서 성공 가능성이 높은 인물을 육성하는 것으로 전략을 바꾼다. 1913년 록펠러의 브루킹스재단(당시 이름은 Government Reserach Institute)이 처음 설립된 이후, 지금은 약 1800개 이상이 된다는 싱크탱크(think tank)는 이렇게 해서 등장했다. 한국과 관련이 깊은 미국 관료들 대부분이 속해 있다.

한 예로 1997년 외환위기 당시 미국의 재무부 장관이던 로버트 루빈은 미국외교협회(Council on Foreign Relations, CFR) 이사장을 맡았고, 골드만삭스와 시티그룹 총재를 역임했다. IMF의 실권을 쥐고 있었던 스탠리 피셔는 시티그룹 부회장으로 승진한 다음 국립 이스라엘은행 총재를 맡았다. 당시 재무부 차관보로 IMF를 지휘했다. 그 이후 재무부 장관이 된 티머시 가이트너의 후원자는 헨리 키신저로, 그는 록펠러 가문과 밀접한 유대관계를 맺고 있다. 피셔와 가이트너 역시 CFR 회원이다. 관치의 또 다른 형태는 국가 기획으로 알려진 정부의 리더십이다.

국제사회는 서로 배운다. 민주주의가 미국의 발명품처럼 보이지만 유럽의 계몽주의에서 나왔다. 중동은 중국에서 배웠고, 유럽은 다시 중동에서 배웠다. 중국의 화약 덕분에 유럽은 군사 강대국이 될

독일의 황제 빌헬름 1세(1884년)　　　　오토 폰 비스마르크(1873년)

수 있었고, 아랍에서 건너온 제지술 덕분에 르네상스가 가능했다. 1800년대 미국은 유럽을 교과서처럼 배웠다. 특히 독일의 성공은 인상적이었다. 프랑스의 보나파르트 나폴레옹이 당시만 해도 '독일'로 통일되지 못했던 프로이센을 함락시킨 것은 1807년이었다. 그로부터 64년 뒤인 1871년에 독일은 베르사유 궁전에서 빌헬름 1세를 독일제국 황제로 추대하는 통쾌한 복수를 한다. 불과 60년 만에 독일에서는 무슨 일이 일어났던 것일까? 철혈재상이라는 별명을 가진 폰 비스마르크가 열쇠다. 대학교육을 전면 무상으로 바꾸고, 철강산업을 통해 군비를 증강하고, 정부 주도의 경제발전을 이끌었다.

　　독일의 성공은 정확하게 일본에 의해 모방된다. 1871년 메이지 유신에 성공한 일본은 서구 12개국을 시찰하기 위한 '이와쿠라' 사절단을 파견했다. 미국을 시작으로 영국, 프랑스, 네덜란드, 독일과 러시아 등을 둘러보았다. 당시 사절단은 모두 100명 정도로 구성되었으며 그중에는 안중근 의사에 의해 암살된 이토 히로부미도 있다. 일본이 빠른 속도로 근대화에 성공할 수 있었던 것은 이때의 경험과 관련이 깊다.

미국 정부에서 국가 기획이 본격적으로 시작된 시기는 대공황 때다. 테디 루스벨트의 조카였던 프랭클린 루스벨트는 연방조직으로 국가기획위원회(National Planning Committee)를 설립했다. 2차 세계대전 이후에는 유럽이 뒤따랐다. 프랑스, 네덜란드, 노르웨이 등이 이 제도를 정착시켰다. 식민지에서 막 독립한 후진국들은 대공황의 영향을 전혀 받지 않고 농업 후진국에서 공업국으로 성장한 소련에 주목했다. 박정희 대통령이 혁명 직후인 1961년 '경제기획원'을 설립한 이유다. 말레이시아로부터 1965년에 독립한 싱가포르가 성공할 수 있었던 배경에도 경제개발청(EDB, Economic Development Board)이 있다. 프랑스 국가계획위원회, 대만 산업개발청, 일본 통산산업성의 경우도 운영 방식은 조금씩 다르지만 역할과 목적은 비슷한 곳으로 보면 된다.

문제는 '관치'가 아니었다는 다른 증거도 많다. 1998년 5월 14일에 인도네시아 자카르타는 대규모 폭동에 휩싸였다. 수하르토 대통령이 정부의 빚을 줄이기 위한 조치로 석유값에 대한 정부 보조를 중단한 게 문제였다. 분노한 시민들이 거리로 쏟아졌고, 애꿎은 화교들이 희생당했다. 대략 5000명 이상이 죽었다. 미국의 강권에 못 이겨 퇴진하는 자리에서 수하르토는 "내 인생에서 가장 후회스러운 것은 미국과 IMF의 말을 곧이곧대로 들은 것"이라는 말을 남겼다고 한다.

1965년 미국 CIA의 도움으로 권력을 잡은 지 33년 만에 도달한 결론이었다.

말레이시아의 마하티르 총리는 이 상황에서 교훈을 얻었다. 곤경에 처한 은행을 폐쇄하고, 정부의 지원을 줄이고(긴축재정), 알짜기업을 외국에 매각하는 민영화로는 위기를 극복할 수 없다는 사실을 의심하지 않았다. 그래서 핫머니로 유명했던 조지 소로스를 공개적으로 비난했다.

외부 압박이 잇따랐다. 먼저 무디스, S&P글로벌, 피처 등 국제신용평가사들이 반복해서 국가신용도를 낮추었다. 미국과 영국 언론도 마하티르가 자기 패거리를 보호하기 위해 구조개혁에 저항한다고 비판했다. 결단이 필요한 순간이 왔다. 그는 경제정책을 총괄하던 안와르 아브라힘 부총리를 해임하고 9월 1일 자본통제를 선언했다. 곧 파산할 것 같았던 말레이시아 경제는 가장 성공적으로 위기에서 벗어났다. 인도네시아와 필리핀, 한국처럼 정부가 엄청난 공을 들여 키웠던 공영기업과 알짜기업을 매각하는 일은 없었다. 연대자본주의로 알려진 아시아 모델의 문제가 아니라는 것이 이를 통해 드러났다. 뒤이어 터진 위기도 관치금융을 더 이상 비난할 수 없는 이유다.

1998년 루블화 폭락 사태가 일어났다. IMF식 개혁을 받아들이는 대신 러시아는 지불유예선언(모라토리엄)을 했다. 붕괴 직전까지 내몰린 러시아 경제는 1999년 이후 정상을 되찾았다. 2000년 대통령 선거를 통해 '강한 러시아'를 외쳤던 푸틴이 당선된다. 푸틴은 자신의 두뇌 역할을 했던 '전략연구센터'를 중심으로 일련의 과제를 추진했다. 정부의 리더십을 다시 확립하고, 빈부격차 해소를 위해 정부가

말레이시아 전 총리 마하티르 모하맛

적극 개입하고, 외환시장을 통제하며, 특히 민영화된 국영기업을 환수함으로써 국가재정을 확보하는 방안이 포함되었다. 적극 모방할 만한 사례가 이웃에 있었다. 운용자산이 무려 1026조 원에 달하는 세계 1위 규모의 노르웨이 국부펀드(Government Pension Fund Global, GPFC)다. 80퍼센트에 달하는 재원은 석유수출 대금에서 마련된다. 경영은 중앙은행의 산하 기관인 노르웨이 투자운용 은행(Norges Bank Investment Management)이 맡고 있지만 정치권의 간섭을 법적으로 금지한다. 가장 행복한 국가 중 하나로 복지천국이 가능한 배경이다. 2018년 3월 18일에 러시아는 푸틴을 대통령으로 다시 선출했다. 2024년에 끝나는 이번 임기를 감안하면 그가 현직에 머무르는 기간은 무려 20년이다.

'잃어버린 30년'을 걷고 있는 남미에서도 위기는 일상이 되었다. 1998년 11월 브라질은 IMF 구제금융을 신청했다. 2000년 12월 18일에는 아르헨티나가 406억 달러 규모의 금융지원을 받았다. 터키 또한 2001년과 2006년에 외환위기를 맞았다. 2006년 위기는 아이슬란드와 헝가리에도 영향을 미쳤고, 2018년에는 아르헨티나가 다시 구제금융을 맞았다. 관치를 못하게 한 것이 위기를 악화시켰다는 주장도 설득력을 얻고 있다.

미국 역사상 워싱턴DC가 공격을 당한 것은 딱 두 번 있다. 그 중

한 번은 우리가 잘 아는 9·11 테러다. 펜타곤 건물이 무너졌고, 약 200명 정도가 숨졌다. 그러나 1814년 영국의 공격을 받았을 당시는 더 심각했다. 백악관을 비롯한 주요 공공시설이 모두 불에 탔다. 특별한 승자도 없이 전쟁이 끝난 후 미국은 서둘러 복구 작업에 나섰다. 건물을 새로 지을 수 있는 상황은 아니었고, 불탄 부분을 흰색 페인트로 칠하는 게 고작이었다. 대통령 집무실인 '백악관(White House)'은 이렇게 해서 붙여진 이름이다. 백악관을 중심으로 왼쪽에는 국제통화기금(IMF)과 세계은행(WB)이 자리를 잡았다. 재무부는 오른쪽에 있다. 우리에게 잘 알려진 IMF가 작동하는 방식을 잘 보여 주는 건물 배치다.

전통적으로 IMF의 총재는 유럽이, 수석부총재는 미국이 맡는다. 세계은행은 좀 다르다. 총재는 항상 미국이 맡는다. 그 아래 부총재 겸 수석경제학자(Chief Economist)가 있다. 한국의 외환위기와 밀접한 관련이 있는 스탠리 피셔, 로런스 서머스와 조지프 스티글리츠가 모두 이 자리를 거쳐 갔다. 승진해서 옮겨 가는 자리는 IMF 또는 재무부다. 가령 서머스는 세계은행을 떠난 뒤 국제문제 차관보, 재무부 차관과 재무부 장관을 두루 거쳤다. 피셔는 1994년 IMF 부총재로 승진했다. 스티글리츠의 운명은 이들과 달랐다. 부총재로 재직하던 시절, IMF의 정책이 틀렸다는 보고서를 작성한 게 문제였다.

1990년대 동유럽은 미국식 개혁정책을 집중 도입했다. '충격요법(Shock Theraphy)'으로 불린 IMF식 개혁정책이다. 본질적으로 한국에 적용한 것과 유사하다. 열심히 운동해서 비만을 조절하는 대신 지방제거 수술을 받는 것으로 이해하면 된다. 한국에 적용된 처방도 다르지 않았다. 스티글리츠는 「동아시아, 회복으로 가는 길(East Asia: The Road to Recovery)」이라는 보고서 작성을 주도했고, IMF 정책을 공개적으로 비판하기 시작했다. 금융위기를 맞은 한국과 인도네시아 등에 '고금리'와 '긴축재정' 또 금융기관 폐쇄를 요구하는 정책이 잘 못이라는 주장이었다. 수석경제학자라는 지위를 한껏 활용한 작업이었다. 미국 재무부와 IMF로서는 난감했다. 직속 상관에 해당하는 재무부 차관 서머스가 사태 수습에 나섰다. 당시 총재는 미국 국적을 취득한 제임스 울편슨이었다.

2000년 재임을 앞두고 있었기에 울편슨은 결국 서머스 편을 들었다. 결국 스티글리츠는 연임을 못하고, 퇴임 한 달을 앞두고 사임했다. 재직 중 그는 인도네시아 수하르토 대통령을 만나 서머스의 충고를 듣지 말라고 경고한 적도 있다. 관치금융의 또 다른 병폐로 알려진 부실기업을 지원함으로써 '도덕적 해이'를 조장한다는 비판도 미국에는 적용되지 않았다. 2008년 오바마 행정부는 막대한 규모의 구제금융을 발표했다. 제너럴모터스, 포드, 크라이슬러 등 '빅3' 자동차 회사는 물론 위기를 촉발시켰던 패니메이, 아메리칸익스프레스카드, 아메리칸인터내셔널그룹(AIG) 등이 대표적인 수혜자였다. 미국식 이중 잣대를 잘 보여 준 사례다. 《뉴욕타임스》의 칼럼니스트이면서 MIT 교수인 폴 크루그먼은 이와 관련해 "미국이 하는 말을 듣지 말고, 미국이 하는 행동을 보라."는 유명한 말을 남겼다. 흥미롭지만 한국 사회에서 이 충고는 전혀 먹히지 않는다.

2017년 11월 9일 《한국일보》는 "우리은행장 선임에 또 '관치금융' 그림자"라는 제목의 기사를 내보냈다. "한 사외이사는 '관치 논란이 불거지며 주가도 급락하고 있다.'며 '정부가 다시 칼자루를 쥐겠다는 건 결국 행장 선임을 정부가 하겠다는 것'이라고 비판했다." 또 "금융시장을 뒤덮는 신 관치의 그림자"라는 제목의 글도 있다. 언론학 박사이면서 경제신문 차장이 쓴 기사다. "한국 금융 경쟁력이 후진국 수준에 머무는 배경에는 '관치(官治)'가 자리 잡고 있다…… 주류 경제학의 시각에서 보면 관치금융은 자원배분의 비효율을 뜻한다. 저리의 특혜성 자금은 부정부패를 키우는 온상을 제공해 필연적으로 경제개발을 저해하게 된다고 주장한다. 실제로 대부분 개발도상국에서 관치금융은 주류 경제학자들의 경고대로 심각한 폐해를 초래해 왔다."(《기자협회보》 2018년 1월 3일 자) 관치금융을 대하는 태도를 잘 보여 준다. 안 배우거나 못 배운다 외에 다른 이유는 없을까? 관치 자체가 문제라기보다 이를 악용하는 '사람들' 때문일 수 있다.

모피아란 말이 있다. 재정경제부를 뜻하는 'MOFE(Ministry of Finance and Economy)'와 범죄집단을 뜻하는 마피아(mafia)의 합성어다. 서울대학교와 경기고를 정점으로 하는 '기득권' 집단을 달리 부르는 말이다. 《미디어오늘》 대표이사를 맡고 있는 이정환 기자가 자세히 소개한 바 있다. 그에 따르면, 우리금융지주 회장으로 옮겨 간 박병원 전 재경부 차관, 금융위원장을 역임한 김석동 재경부 차관, 전 론스타 어드바이저 코리아 사장 유회원, 전 청와대 경제보좌관 정문소, 전 서울대 총장 정운찬 등이 대표적 인물이다. 전윤철, 이헌재, 김용환, 진념, 강봉균도 있다. 단순히 요직만 독식하는 게 아니다. 준비를 제대로 갖추지 못한 상태에서 자본시장 개방을 준비하고 미국 정부와 적극 협력했던 ― 그래서 최소한의 책임은 져야 할 ― 인사들이

봄날을 한껏 누린다.

재경부 장관을 역임했던 강만수는 당시 국제금융국장으로 한미 협상을 주도했다. 그는 "외국은행 서울 지점이 우리의 은행이라는 사고의 전환이 없으면 금융개방 협상에서 끌려다녀야 하고, 외국은행에 대한 적대의식으로는 지구촌 시대의 경쟁을 이겨 나갈 수 없다."고 주장했다.[6] 지금은 김앤장에서 법률고문을 하는 구본영, 골드만삭스의 자문 김기환, 한국무역협회장을 지낸 사공일, 금융연구원장을 역임했던 박영철도 있다. KDI 원장과 포스코 회장을 지낸 김만제, OECD 대사 출신의 양수길, KDI 원장과 한국은행 총재를 지낸 김중수 역시 여기에 해당하는 인물이다. 모두 미국 유학파 출신이면서 정부에서 핵심 보직을 지냈다. 그중에서 김기환을 발탁한 사람은 신혁확 전 총리다. 서울대 출신이면서 경북 칠곡 사람이다.

또 김기환, 김만제, 사공일의 고향은 경북 의성, 선산, 군위로 동향 출신에 가깝다. UC버클리(캘리포니아대학교 버클리)에서 같이 공부한 인연으로는 김기환, 사공일, KDI(한국개발연구원) 원장을 지낸 안승철 등이 있다. 부총리를 역임한 조순, 나웅배, 이한빈과 주중대사를 지낸 황병태도 버클리 동문이다. 사공일과 박영철은 전두환 정부에서 번갈아 가면서 경제수석을 맡았고, 서울대 상대 58학번 동기다. 서울대 상대 '쌍육학번' 얘기도 잘 알려져 있다. 국무총리를 역임한 정운찬, KDI 원장 김중수, 구본영과 이경태 OECD 대사 등이 이 그룹에 속해 있다.

한국에서만 보이는 특이 현상은 아니다. 필리핀과 인도네시아도 거의 동일한 양상을 보인다. 미국 유학을 다녀온다. 정부에서 요직에 오른다. 미국에서 배운 대로 금융자유화와 자본시장 개방에 앞장선다. 외환위기를 맞으면 미국과 IMF를 잘 아는 전문가라는 점에서 오히려 대접을 받는다. 구조개혁이 진행되는 동안 외국 기업의 인수와 합병을 돕는다. 민간 경력을 인정받아 다음 정부에 다시 고위직으로 복귀한다. 미국 정부가 인정하는 전문가로 구분되어 각종 세미나와 행사에 초청된다. 국내에서는 쉽게 갖지 못하는 미국 인맥을 형성하고 권위는 높아진다. 김앤장, 골드만삭스, 주한상공회의소 등에서 보통 사람은 상상도 하지 못할 자문료를 받으면서 산다.

필리핀에서 여기에 속하는 인물로는 로버트 오캄포와 라몬 로사리오가 있다. 재무부 장관을 역임했고, 미국 하버드대학교와 미시간대학교에서 공부했다. 인도네시아는 정도가 좀 더 심해 '버클리 마피아'로 불리는 그룹이 있다. 조순 부총리 겸 서울대 교수가 박사과정을 받을 때와 비슷한 시기에 공부했다. 대학과 정부 등에서 영향력을 발휘한 인물로는 위드조조 니티사스트로, 알리 와드하나, 모하맛 사들리와 에밀 살림 등이 있다.

학벌과 지연과 이해관계로 결합한 집단을 '패거리'라 한다. 위기가 터졌을 때 서방 언론은 이 문제를 집중 비판했다. 정상적인 정부의 조정 역할이 '관치'라는 이름으로 매도당했다. 관치금융과 패거리 문화가 희석된 것은 이 때문이다. 고인 물은 썩는다. 동일한 부류만 모일 때 결국 '집단사고'의 오류가 발생한다.

통계를 통해서도 확인되는데, 곽진영(2017)은 이승만 정부 이후 최근 박근혜 정부까지 장관을 역임한 사람들에 대해 조사한 적이 있다.[7] 역대 장관은 모두 844명인데 그중 경상도 지역은 248명으로 29.8퍼센트다. 서울과 경기 지역은 189명으로 22.7퍼센트다. 미국에서 오랜 시간을 보내 지역 연고가 별로 없었던 이승만 정부에서 경상도 비중은 21.8퍼센트에 불과했다. 전체 인구에서 이 지역이 차지하는 비중과 대강 맞다. 경북 선산이 고향이던 박정희 이후 달라졌다. 경상도 출신은 34.5퍼센트(박정희), 38.3퍼센트(전두환), 31.2퍼센트(노태우), 30.8퍼센트(김영삼)를 차지한다. 김대중과 노무현 정부에서 좀 낮아졌지만 이명박 정부에서 33.3퍼센트, 박근혜 정부에서 32.6퍼센트로 다시 높아졌다. 정부 부처별로도 특징이 있다. 기획재정부, 교육부, 외교부와 통일부는 그래도 서울 경기와 경상도 비중이 엇비슷하다. 검찰과 경찰을 갖고 있는 법무부와 행정자치부에서는 41.4퍼센트와 43.4퍼센트다.

견지망월(見指忘月)

탁월한 혜안과 능력이 있다면 특혜를 누릴 자격이 있다. 현실은 상당히 다르다. '견지망월'은 '달은 안 보고 손가락만 쳐다본다.'는 뜻이다. 본질은 전혀 이해하지 못한 채 변죽만 울릴 때 쓴다. 패거리 내에서는 서로 잘났다고 추켜세우지만, 정작 국제 무대에서는 별로 지혜롭지 못한 국내 엘리트에 딱 맞는 표현이다.

　　정부 관료는 뛰어난 축에 든다. 국민 세금으로 유학도 보내 주고, 기회가 될 때마다 해외 시찰도 나간다. 한국을 찾아오는 무수한 해외 귀빈을 만나는 특혜도 있다. 전 세계 공무원을 대상으로 미국 정부가 각별한 공을 들이고 있는 연수를 다녀올 수도 있다. 한국을 이 정도로 성장시키는 데 있어 중요한 역할을 했다는 것도 맞다. 그렇지만 유럽이나 일본 혹은 중국과 비교했을 때 국제사회를 이해하는 수준은 상당히 낮다. 미국이라는 거인의 어깨 너머로 세상을 보는 데는 아주 능숙하지만 스스로 생각하고 해결책을 찾아내는 능력은 떨어진다. 허우대는 멀쩡한데 엄마 품을 못 벗어나는 '마마보이'라고 보면 된다.

귀국 후 바로, 지금은 고인이 되신 박세일 교수를 찾아뵌 건 이유가 있었다. 미국 코넬대학교에서 박사를 마친 서울대 출신으로 학계와 정부, 기업체를 두루 잘 아는 몇 안 되는 분이었다. 박사 논문을 쓰는 동안 화두였던 'IMF의 진단과 처방이 문제가 있다는 것을 알면서도 왜 우리는 자발적으로 협력하는가?'에 대한 의견을 듣고 싶었다. UC버클리 다음으로 미국 박사 학위자를 많이 배출하는 곳은 서울대학교라고 한다. 최고의 두뇌 집단이 모인 한국이 뭘 몰라서 그렇게 했을 리는 없다고 생각했다. 높은 자리에서 정보도 훨씬 많이 갖고 있는 분들이 어련히 알아서 했을까 생각했다. 박사 논문을 쓰는 풋내기로서는 도저히 알 수 없는 복잡한 속내가 있고 모두 드러내지 못하는 부분도 있을 것 같았다.

국내에 와서 10년 이상 부대끼는 동안 환상이 많이 깨졌다. 박 교수의 반응도 비슷했다. 당신도 외환위기 직후 재경부 관료들에게 전후 사정을 물었다고 한다. 그런데 상황을 정확하게 파악하고 있는 사람이 없었다고 말했다. 한국의 위기는 총체적 위기로 덩치가 너무 커버린 한국 선단을 이끌 만한 엘리트가 없다는 진단이었다. 설마?

분명 한국으로서는 낯선 길이었다. 무슨 일이 생길지 정확하게 예측하기도 어려웠다. 하지만 주변을 조금만 둘러봤으면 상당 부분 예상할 수 있는 위기였다. 국제통화질서는 1970년대 미국 달러가 금(gold)과 더 이상 연동되지 않으면서 일종의 무정부 상태로 되었다는 것은 이 분야를 조금이라도 아는 사람에게는 상식이다. 1990년대 초반 금융자유화 직후 잘 사는 유럽 국가도 핫머니라는 외환 투기꾼의 공격을 받았다는 것도 잘 알려진 사실이다. 게다가 멕시코의 위기는 한국과 거의 동일한 양상으로 진행되었다. 또 동아시아 국가들이 비슷한 시기에 자본시장을 개방했다는 점, 미국 정부의 압력과 회유가 있었다는 점, 구제금융에는 상당한 대가가 따른다는 것쯤은 상식이었다. 몰랐다면 직무유기다.

공무원은 영혼이 없다는 말은 경제 관료에게는 적용되지 않는다. 공무원에 대한 환상은 연구위원으로 재직하는 동안 많이 무너졌다. 농담 삼아 IMF의 본사가 어디에 있는지 물었을 때 제대로 답하는 분은 많지 않았다. 워싱턴에 있다는 것을 아는 사람도, 재무부와 무슨 관계가 있는지도 잘 몰랐다. 국제기구의 자율성과 전문성을 무시한다고 핀잔을 주는 분도 있었다. 물론 당시 정책을 결정하고 미국과 직접 협상을 주도한 고위직과 면담한 적은 없다. 직접 쓴 책, 기고문, 언론에 나오는 인터뷰 등을 통해 간접적으로 짐작하는 정도다. 고시에 패스하고 미국에서, 그것도 최고 대학에서 박사까지 받았는데 뭔가 다르지 않을까? 그중 일부는 아예 미국에서 태어났거나 아주 어릴 때 미국으로 건너온 사람도 있다. 명문고와 명문대를 두루 거쳤고, 당연히 영어도 잘하고, 미국에서도 경쟁력을 갖고 있다. 그런데도 한계가 많다고? 몇 가지 경험 덕분에 이 의문도 풀 수 있었다.

메가스터디 출신으로 나중에 곽노현 교육감을 도왔던 교육 전문가를 한 분 안다. 그분이 한국에서는 왜 서울대 출신만 유독 대접을 받는지 설명한 적이 있다. 한국에서 고등고시는 대학입학 시험과 본질적으로 같다. 학력고사에 능숙한 사람이 잘할 수밖에 없는 구조다. 문제를 출제하는 사람도, 정보가 가장 많이 확보되는 곳도 그렇고, 축적된 노하우도 경쟁 상대가 없다. 사법, 행정과 외무고시 합격자 중 서울대가 많을 수밖에 없다. 올림픽에서 미국이 항상 우승하는 것이 육상과 수영에 너무 많은 메달이 몰려 있는 것과 같은 이치다.

2004년에 발간된 『학벌사회』라는 책을 통해 철학자 김상봉이 주장하는 것도 이와 비슷하다. 그는 '고위 공무원 중 왜 서울대 출신이 그렇게 많은지' 질문했다. 웬만한 지방대보다 무려 몇십 배가 많고, 심지어 서울의 다른 상위권 대학보다 열 배 이상 많다. 과연 서울대 출신은 다른 학교 출신보다 압도적으로 똑똑할까? 주변에 서울대를 졸업한 지인들을 보면 반드시 그렇지는 않다. 평가 기준의 하나인 창의력, 리더십, 친화력, 끈기, 추진력, 분석력에서 인상적인 사람은 많지 않다.

국가 주도 성장 과정에서 관료의 영향력은 절대적이다. 고시 출신이 시작하는 첫 단계인 5급 사무관 정도만 되어도 막강한 권한을 누린다. 박정희 정부 시절에는 사무관이 웬만한 기업이 살고 죽는 것을 결정했다는 말도 들었다. 정부의 눈치를 봐야 하는 기업들은 이 권력구조에 맞추어야 했다. 게다가 서울대 분들은 항상 서울대 분들만 인정해 준다. 캠퍼스, 동문, 학교 앞 술집과 커피전문점, MT 등 나눌 수 있는 경험이 너무 많다. 정말 별세상 얘기 같지만 예외를 찾아

보기 어려울 정도다. 특히 연배가 높으신 분들 중에는 연세대나 고려대 출신도 한 수 아래로 본다. 말도 잘 안 섞는다. 서울대 출신 고위 공무원을 상대하려면 서울대를 나와야 한다. 그것도 법대와 상대 출신이라야 한다.

언론도 별반 다르지 않다. 정부도 기업도 서울대 출신이 장악하고 있는 상황에서 다른 대학 출신이 고급 정보를 얻을 수 있는 가능성은 적다. 언론사들은 청와대, 국회(여당과 야당), 정부 부처, 기업체 등으로 출입처를 두는데 책임자가 바뀔 때마다 '코드'에 맞는 기자들이 배치된다. 국내 언론사 중에는 《조선일보》가 유명하다. 방우영 회장이 연세대 출신이라 모교에 대한 특혜가 있을 것 같지만 전혀 그렇지 않다. 회사 방침인지 모르지만 이곳 출신 기자들은 다른 언론사 분들과도 잘 안 어울린다. 뉴욕이나 워싱턴에 같이 연수를 간 적 있는데, 그곳에서도 자기들끼리 놀았다.

그러다 외환위기 이후 분위기가 바뀌기 시작했다. 정부의 영향력이 눈에 띄게 줄었다. 노무현 대통령이 이제 권력은 시장으로 넘어갔다고 한 말은 틀리지 않았다. 외국인 지분이 늘면서 기업도 변하기 시작했다. 언론 역시 변할 수밖에 없었다. 미국 '유학파'의 전성시대가 열렸고, 영어를 잘 못하거나 유학을 다녀오지 못한 서울대 출신은 밀려나기 시작했다. 능력보다 '줄을 잘 서서' 고위직을 독점한 층이 일부 무너지기 시작한 계기였다. 미국 생활과 유학에 대한 환상도 깰 필요가 있다.

대표적인 인물로 김기환이 있다. 미국 그린넬대학교에서 역사학으로 학부를 마친 때가 1957년이다. 박사는 전공을 경제학으로 바꾸어 버클리대학교에서 했다. 미국에서 대학 교수를 하다 국제경제 자문관 자격으로 귀국했다. KDI 원장, 상공부 차관, 세종연구소(구 일해재단) 이사장을 거쳐, 이명박 정부에서는 국민경제자문회의 부의장을 맡았다. 현재 골드만삭스 고문으로 있는 김기환은 2001년 '서울파이낸스포럼'을 설립했는데, 이사진과 회원이 쟁쟁하다. 외환위기 당시 미국과 협상할 때 '플러

김상봉, 『학벌사회』

스알파'를 제시한 분으로도 유명하다. 대단한 얘기는 아니다. 미국과 IMF가 굳이 요구하지 않았음에도 '개혁'에 대한 진정성을 보여 주기 위해 '정리해고제 등 노동법 개정'을 약속했을 뿐이다.

그와 관련이 깊은 서울파이낸스포럼은 한국의 금융산업 선진화를 내세우지만 내실은 외국계 금융자본의 이익을 대변하는 이익단체에 가깝다. 내부 추천을 받아야 회원이 될 수 있다. 참여 인물은 대부분 고위 관료, 금융권 임원, 변호사와 경제 및 금융 전문가들이다. OECD 대사를 지낸 구본영, 양수길, 한덕수를 비롯해 박영철, 이헌재, 한승수 등이 이사로 참가했다. 먹튀 자본 론스타의 로비스트로 알려진 제프리 존스(주한상공회의소 명예회장)를 비롯해 국내 최초 외국합작 회사인 템플턴투자 회장을 지낸 제임스 루니(현 딜로이트 컨설팅 부회장)도 있다. 골드만삭스는 미국 재무부에 가장 강력한 영향력을 발휘하는 세계 최대 투자회사다. 전직 재무부 장관 로버트 루빈,

헨리 폴슨과 현 재무부 장관 스티븐 므누신이 이곳 출신이다.

김기환은 1998년 2월 1일 자《동아일보》를 통해 "노동시장의 유연성 제고를 위해 정리해고제가 곧 도입되어야 하고, 외화 자금을 국내에 많이 도입하려면 현재의 외환관리법을 폐지해야 한다. 이에 더하여 자본의 잠식으로 쓰러져 가고 있는 기업을 회생시키려면 이른바 외국 투자가에 의한 적대적 기업 인수합병도 가능하도록 하는 입법조치가 있어야 한다."고 강조했다. IMF 처방에 대한 비판이 높아지기 시작하던 2002년에도 "그 무엇보다 중요한 과제가 노동개혁이다. 지금의 경직된 노동시장으로는 국제금융뿐 아니라 어느 기업의 경영도 잘 되기 힘들다."(《중앙일보》2002년 11월 19일 자)고 말했다. 전문가라는 점은 부정할 수 없다. 그러나 '누가 이익을 보고 누가 비용을 지불하는가?'라는 관점에서 봤을 때 국민보다 미국 정부와 외국 기업을 대변했다고 볼 수 있다. 국가 이익을 보는 관점이 달랐다는 말인데 알고 보면 이것도 당연하다.

학위를 마치고 귀국을 결심하게 된 계기는 사소했다. 겨우 두 살이던 아들은 미국에서 8년을 살았다. 그간 유치원과 초등학교를 다녔다. 펜실베이니아로 옮긴 지 얼마 되지 않았을 때였다. 학교에 다녀온 아들이 '독립기념관'에 가고 싶다고 졸랐다. 난감했다. 뻔한 형편에 천안까지 다녀올 상황은 아니었다. 당황한 건 오히려 아들이었다. 차로 네 시간만 가면 되는데 왜 그렇게 걱정하느냐고 되물었다. 필라델피아에 '자유의 종'이 있는데, 여기에 독립과 관련한 다양한 유물과 기록이 있다는 말이었다. 국적이라는 후진적인 틀에 얽매이지 않고 자유롭게 살 수 있다는 착각이 무너진 순간이었다. 만약 미국에 머물작정이라면 시민권을 취득하고 온전히 미국 사람이 되는 게 맞다고 생각했다. 그렇지 않다면 차이를 인정하고 한국 사람으로서 '미국'도 아는 정도의 사람으로 키우는 게 최선이었다. 미국에서 만나 본 다른 이민 1.5세와 2세의 상황도 크게 다르지 않다.

부모와 같이 살아도 아이들이 주로 지내는 공간은 학교다. 친구들은 모두 영어로 말하고, 학교 교재도 영어이고, 음악과 영화도 영어다. 강요에 못 이겨 한글을 배우는 것도 잠깐이다. 겨우 읽고 쓸 줄 아는 정도에서 멈출 수밖에 없다. 그러지 않으면 미국 사회에 편입될 수 없다. 한국에 대해 배울 수 있는 통로는 아주 제한되어 있다. 솔직히 관심도 없다. 한국의 역사, 문화, 정치와 사상을 배우는 것이 큰 의미도 없다. 한국에 대한 정보는 모두 영어로 되어 있으므로 한국의 관점이 아닌 미국의 관점이 스며든다. 동일한 역사적 사건을 봐도 다른 해석을 하게 된다.

예컨대 미국 입장에서 베트남전쟁이나 이라크전쟁은 '방어적'인 것으로 필요악이거나 '좋은' 일이다. 북한에 대해서도 동족인 우리와 다르다. 미국 입장에서 봤을 때 북한은 핵무기와 미사일로 세상을 위협하려는 악마다. 제3세계의 보호주의 역시 쉽게 이해하기 어렵다. 자유무역 원칙에 따라 자신들이 잘할 수 있는 것을 하고 서로 교환하면 모두에게 이익이라고 생각한다. 불평등에 대해 고민하기는 어렵다. 부모가 미국의 주류가 아니라는 점 역시 치명적인 약점이다.

미국에 있는 한국인은 주변에 머문다. 정치계는 말할 것도 없고 법조계, 언론계, 학계, 종교계 등에서도 '경계인'에 머문다. 인맥도 제한될 수밖에 없다. 게임의 규칙을 만드는 과정에는 전혀 참가할 기회가 없다. 백인 주류가 설정해 놓은 테두리 안에서만 움직인다. 부모가 보는 만큼만 자녀도 본다. 공무원이 되려는 생각도 거의 못 하고 대부분 '사무직'보다 '기술직'을 택한다. 공부를 잘해 로스쿨을 가기도 하지만 나중에 자리 잡는 분야는 '특허법'이나 '이민법'과 같은 백인 주류가 적은 분야다. 영어를 잘한다는 것만 빼면 유학생이 겪는 상황과 별로 다르지 않다.

김종영의 『지배받는 지배자』(2015)는 이 문제를 정면으로 다룬 책이다. 그는 미국 유학 이후 국내에서 자리를 잡은 교수들에 대해 "이들은 미국과 한국 양국에 일종의 양다리를 걸치고 헤게모니를 획득하되 헤게모니에 도전하지는 않는다. 미국에서 생산된 지식을 빨리 받아들여 한국의 로컬 지식인들에게 판매하는 '지식수입상'의 역할만으로도 발언권을 충분히 획득할 수 있기 때문"이라고 말한다.

모피아 혹은 미국 유학파는 환란에 일정 부분 책임이 있다. 지주형(2014)은 당시 상황을 "한국의 금융자유화를 최초로 구상한 것은 김재익과 강경식을 배출한 경제기획원이라고 할 수 있지만, 1990년대 들어 이를 실제로 실행한 것은 아이러니하게도 본래 신자유주의보다는 관치주의에 가깝던 재무부 관료들이었다. 얼치기 시장주의자였던 그들은 OECD의 단기차입 자유화에 대한 경고를 무시했으며, 종금사의 난립을 수수방관하고 감독 또한 게을리했다."(146쪽)고 정리한다. 그는 또 "IMF 구제금융은 진실로 '트로이의 목마'였다. '트로이의 목마'를 만든 건 그리스인들이었지만 성 안으로 들여온 것은 트로이인들 자신이었다. 마찬가지로 한국을 IMF 구제금융으로 몰아간 것은 미국인들이었지만, 'IMF플러스' 개혁안을 먼저 제시하고 받아들인 것은 한국인이었다."는 말도 했다.

개혁의 방향에 대해 일찍부터 비판적이던 이찬근 또한 "골자부터 말하면, 한국 리딩그룹의 머릿속에는 외국 자본이 한국에서 순기능을 한다는 것, 그렇기 때문에 외국 자본의 자유로운 유출입을 위해 자본 시장을 전면 개방해야 한다는 것, 그리고 외국 자본이 한국에 들어와서 자유롭게 이윤을 추구할 수 있도록 주주이익의 극대화를 받아들여야 한다는 것. 이 세 가지가 이데올로기로 각인되어 있다."고 진단했다.[8] 인간은 누구나 실수를 한다. 정말 몰랐기 때문일 수도 있다. 그러나 같은 잘못을 반복하는 것은 '한계' 상황에 도달했다는 증거다.

"남이 장에 간다고 거름지고 나선다."는 말이 있다. 제대로 된 상황 판단 없이 주변에 휘둘리는 상황을 뜻한다. 돌아보면 김영삼 대통령은 왜 그렇게 OECD에 가입하고 싶었을까 하는 생각이 든다. 정식 회원국이 된다고 해서 한국의 위상이 갑자기 달라지는 것도 아니고, 누가 칭찬해 주지도 않는다.

2008년 미국발 금융위기가 일어났을 때도 그랬다. 당시 중국은 미국의 국가 부채를 제대로 경고하지 못하는 IMF의 문제를 거듭 지적했다. 약소국의 재정 상황만 감독할 게 아니라 미국과 강대국의 주머니 사정도 제대로 감시하라는 얘기였다. 미국만 행사하는 거부권도 문제가 있다고 지적했다. 왜 IMF의 총재와 부총재는 미국과 유럽이 번갈아 하고, 세계은행의 총재는 미국인만 하느냐고 따졌다. 브릭스(BRICs)로 불리는 브라질, 러시아, 인도와 남아프리카공화국도 가세했다.

미국은 IMF 쿼터와 이사회 구성과 같은 '기술적' 결함만 조정하

김종영, 『지배받는 지배자』

기를 원했다. 프랑스와 중국을 비롯한 다수의 반대가 있었지만 한국이 적극 도왔다. 한국은 미국의 도움으로 G20 회원국이, 그것도 의장국이 된 것에 더 감격했다. 인도네시아, 사우디아라비아, 아르헨티나는 포함되었지만 경쟁국인 말레이시아, 이란과 베네수엘라는 왜 빠졌는지 묻지 않았다. 결국 2010년 11월에 채택된 '서울선언'에는 중국 등 신흥국의 쿼터를 6퍼센트 이상으로 높이고, 이들이 유럽 국가들 몫으로 할당된 이사 두 명을 갖는다는 내용이 포함되었다. 본질에 해당하는 '인사권'과 '예산권'은 손도 못 댔다. 미국은 2017년 기준으로 약 16.7퍼센트의 지분을 갖고 있다. 정관 개정과 같은 중요한 결정은 85퍼센트의 승인을 얻게 되어 있다. 미국이 거부하면 아무것도 할 수 없는 구조다. 총재를 제외한 주요 보직을 미국이 독식하는 문제도 전혀 개선되지 않았다.

한국은 과연 무엇을 얻고 잃었을까? 국제금융질서의 '게임 제정자'가 된 자랑스러운 사건이라 했던 G20 가입 이후 무엇이 달라졌나? 그 이후 G20은 무수히 많은 국제기구 중 하나로 전락했다. 1994년 '보고르 선언'을 통해 화려하게 출발했던 아시아태평양경제협력체(APEC)의 운명과 동일하다. 미국의 입장을 적극 대변했던 국가가 당시에는 인도네시아였다는 차이만 있을 뿐이다.

냉전 직후 말레이이사의 마하티르는 아시아 국가가 중심이 되는 연합체를 제안했다. 동아시아경제그룹(EAEG)이 설립되지만 미국은 이를 반기지 않았다. 미국이 주목한 것은 협의체로 운영되고 있던 아시아태평양협력기구(APEC)였다. 1993년 클린턴 대통령은 이 회의에 참석했고 장관급으로 격상된 정식 모임을 제안했다. APEC은 이렇게 본 궤도에 올랐다. 두 기구의 차이는 '태평양'에 해당하는 'P(Pacific)'라는 단어다. 미국을 포함해 영국연방에 해당하는 호주와 뉴질랜드가 여기에 해당한다. 지난 2011년 오바마 대통령은 중국을 견제하기 위한 목적으로 호주에 해병대 주둔을 결정했다.

또 영국과 캐나다를 포함해 이들 국가는 미국과 영국이 2차 세계대전 중 전 세계 정보 감시를 목적으로 체결한 정보 협의체인 '다섯 개의 눈(Five Eyes, FVEY)' 일원이다. 위성, 인터넷과 케이블을 장악한 이들이 감시한 대상에는 찰리 채플린, 다이애나 황세자비, 이란의 호메이니, 존 레논 등이 있다. 미국이 2008년 환태평양경제동반자협정(Trans-Pacific Partnership, TPP)을 제안했을 때도 핵심 단어는 'P'였다.

1994년 인도네시아는 축제 분위기였다. 의장국으로 개회사를 한 수하르토 대통령의 표정에는 자신감이 넘쳤다. 불과 4년 뒤 몰락할 것을 전혀 예상하지 못했다. 실망을 넘어 분노는 얼마 지나지 않아 현실이 되었다. 1997년 9월 일본은 '지역협력'을 통해 위기를 극복할 수 있는 방안으로 아시아통화기금(Asia Monetary Fund)을 제안했다. 미국은 IMF의 경쟁 상대를 원치 않았다. 1997년 APEC 뱅쿠버 회의에서 이 구상은 더 이상 논의하지 않는 것으로 정리된다.

한국은 당연히 미국 편을 들었다. 그 이후 일어난 일은 우리 모두가 안다. 물론 한국은 승산 없는 '명분'보다 '실속'을 챙긴 사례라고 믿는다. 일본이나 중국의 영향력이 강해지는 것보다 현상 유지가 더 좋다는 계산속이다. 그렇다고 미국의 뜻을 거역하지 않으려는 '자기 검열' 혹은 작은 것을 탐내다 더 큰 것을 잃어버린 '소탐대실'이었을 가능성이 없어지는 것은 아니다. 2019년 지금도 별로 안 달라졌고, 그래서 위태롭다.

지난 2016년 촛불시위 동안 무려 1700만 명이 거리로 쏟아졌다. 정부에 대한 불신과 분노가 한겨울을 녹였다. 한편으로는 외국인과 짬짜미를 벌이고, 다른 편으로는 어용 단체인 어버이연합 등에 뒷돈을 대는 대기업의 행태는 혐오를 낳았다. 정부라도 제자리에 서 있으면 다행이지만 그것도 여의치 않았다. 공공의 이익을 위해 합법적으로 부여받은 힘을 뜻하는 '공권력'은 곳곳에서 놀림감이었다. 멀쩡히 살아 있는 생떼 같은 고등학생 300명 이상이 죽어 가는 것을 보면서 정부에 대한 신뢰는 무너졌다. 문재인 정부가 그 자리에 들어섰다. 뭔가 달라야 했다. 전쟁 직전까지 갔던 남북관계는 분명 변하고 있다. 그러나 경제 분야는 과거의 연속이다.

기획재정부를 보면 '그 나물에 그 밥'이라는 결론이 나온다. 김동연 장관은 서울대 행정대학원 석사 출신이다. 미국 미시간대학교에서 석사와 박사를 했다. 중요한 대외경제정책을 관할하는 요직에서 서울대와 미국 유학이라는 공통점은 쉽게 찾을 수 있다. 고형권 제1차관의 학부는 서울대로 MBA는 미국 콜로라도대학교에서 했다. 차관보에 해당하는 황건일 국제경제관리관은 학부는 연세대이지만 서울대에서 석사를 하고 미국 오레곤대학교에서도 석사를 밟았다. 이

찬우 차관보 역시 서울대 석사에 예일대학교에서 공부했다. 학부나 석사를 서울대에서 한 경우는 김윤경 국제금융심의관을 비롯해 정무경, 구윤철, 최영록 등이 있다. 국장 중에는 안도걸(서울대, 하버드대학교), 방기선(서울대, 미주리대학교), 이억원(서울대, 미주리대학교), 최상대(서울대 석사, 메릴랜드대학교), 양충모(서울대 석사, 듀크대학교) 등이 있다. 경력이 조금 다른 분은 제2차관 김용진(성균관대, 버밍엄대학교)과 국장급인 안일환(서울대, 오타와대학교), 문성유(연세대, 맨체스터대학교) 정도가 있다.

큰 차이가 없는 것은 금융위원장 최종구도 마찬가지다. 전통 관료 출신으로 그는 고려대학교를 나오고 미국 위스콘신대학교에서 석사를 했다. 홍장표 경제수석비서관은 서울대에서 학부, 석사와 박사를 모두 했다. 2017년 12월 6일 발간된《한국경제매거진》의 기재부 현황 분석도 동일한 결론을 내린다. 고위직 출신 중 학부가 서울대인 사람은 전체 서른일곱 명 중 열여덟 명(48.6퍼센트)이라고 한다. 단일 학과로는 '서울대 경제학과'가 제일 많아 무려 열한 명에 달했다. 해외에서 대학원을 다닌 경우는 모두 스물여덟 명으로, 전체의 75.6퍼센트에 달했다. 국장급 이상에서 보듯 미국이 압도적으로 많은 것은 말할 필요도 없다. 발상의 전환이 나오기 어려운 구조다.

2018년 5월 17일에 김동연 부총리는 7차 경제관계장관회의 결과를 발표했다. 2019년 3월부터 외환 거래 내역을 공개하기로 결정했다는 소식이었다. 정부가 부여한 명칭은 '외환정책 투명성 제고' 방안이었다. 갑자기 내린 결정이 아니고 "국내 외환시장의 성숙도와 경제상황 등을 고려하고 국제통화기금(IMF) 등 국제사회와의 협의, 국내 전문가와 시장 참가자의 의견 수렴을 거쳐 이런 방안을 마련했다."는 점이 강조된다. "외환시장 성숙, 대외 신인도 제고"와 같은 기대효과가 예상되며, "국제적으로도 경제협력개발기구(OECD) 중 우리나라만 공개하지 않고 주요 20개국(G20)도 대부분 공개하고 있다."는 말도 덧붙였다. 정부는 충분한 대응 능력을 갖추고 있으며, IMF 또한 "한국 경제와 외환·금융시장 여건을 감안할 때 부작용의 우려는 크지 않다."고 말했다는 얘기도 전했다. 그러나 필름을 다시 돌려 보면 이 풍경은 매우 익숙하다.

한국을 대표하는 경제학자 중 한 명으로 박영철을 꼽는다. 현재 고려대학교 석좌교수다. 대통령 경제수석과 금융연구원장 등을 두루 거쳤다. 1994년 외환개혁 소위원회 위원장을 맡았다. 대학 동기이면서 경제수석을 번갈아 했던 사공일은 당시 미국 재무부와 밀접한 관련이 있었던 프레드 버그스타인과 함께 측면에서 지원했다. 정부에서는 강만수 국장이 핵심이었다.

외환위기의 원인으로 지목받았던 자본시장 개방은 이렇게 결정된다. 당시 정부는 이 정책을 "경쟁력 확보를 위한 기본 개혁"으로 규정했다. 그해 9월 9일 《경향신문》과 가진 인터뷰를 통해 강만수는 외환 자유화는 "경제협력개발기구(OECD) 가입과 세계무역기구(WTO) 출범 등 안팎의 신경제질서에 적응하기 위한" 조치라고 말했다. "우리 경제의 경쟁력을 높이는 데 획기적인 계기"가 될 것이며, "한국의 자본거래는 1999년이면 선진국 수준으로 풀린다."는 장밋빛 전망도 내놓았다. 재무부가 발표한 외환개혁 5개년 계획에 따라 "올 2월 금융업계 대표 및 관련 전문가들과 소위를 구성해 7개월 동안 작업한 결과"라는 점 역시 덧붙였다.

2018년 국내 언론이 이구동성으로 IMF의 환영 성명을 발표하는 것처럼, 당시에는 로런스 서머스 재무부 차관이 등장했다. 그는 인터뷰를 통해 "(한국은) 투기성 자금 유출입을 너무 우려하고 있는 것 같다. 일본, 인도네시아, 대만 등 아시아 주식시장의 불안정은 거의 예외없이 국내적 요인에 의한 것이었으며 외국 자본의 유출입과는 무관했다. (……) 한국 경제는 십 대 후반의 청소년에 비유할 수 있는데 이제는 과감히 개방을 추진하여 경제 잠재력을 실현할 때가 온 것 같다."(《동아일보》, 1994년 8월 25일 자)고 힘을 실어 주었다.

주요 언론사들도 환영 일색이었다. "얻는 게 더 많은 자본자유화." 1996년 7월 10일 자 《중앙일보》에 실린 기사 제목이다. 당시 파격적으로 도입한 '전문기자제도'에 따라 채용한 김정수가 쓴 글이다. 그는 경제 엘리트가 걷는 전형적인 길을 걸었다. 서울대 경제학과 출신으로 존스홉킨스대학교에서 경제학 박사학위를 받았다. 기사에서는 먼저 그 의미를 "경제협력개발기구(OECD) 연내 가입이 사실상 확정되었다. 드디어 선진국 그룹에 끼어드는 것"으로 규정한다. "자본자유화를 통해 '열린 경제'를 만들면 얻는 것이 많다. 우리나라처럼 만성적으로 자금이 부족한 나라가 얻는 가장 큰 이득은 국제금융시장으로부터 싼 돈을 조달해 요긴하게 쓸 수 있다. 기업의 금융비용이 줄어들어 제품 원가가 절감되고 그만큼 국제경쟁력을 강화할 수 있다."는 장점을 나열한다. 일부 우려하는 목소리에 대해서는 "자본자유화가 골치 아프니 아예 자본자유화를 늦춰야 한다고 주장하는 금융정책 전문가도 있다. 그러나 국제경제 현실이 자본자유화를 강요하고 있다는 것이 문제다."라고 윽박지른다.

미국의 압박은 이번에도 있다. 2018년 미국 재무부는 '환율보고서'를 통해 한국을 관찰대상국에 포함시켰다. 2016년에 이어 3년 연속이다. 장관과 언론도 '환율조작국'이 되면 막대한 피해가 우려된다고 주장하기 시작했다. 공개 시기를 서두르지 않을 거라던 김 부총리는 미국 재무부 장관을 만나고 귀국한 후 한 달도 채 못 된 시점에서 '공개'로 돌아섰다. 북미회담의 걸림돌로 작용하지 않기를 원했던 정치적 결정일 수 있다.

과거 노무현 정부가 이라크 파병과 한미 FTA 참여를 결정한 이유는 한반도 전쟁을 막기 위해서였다는 말도 있다. 그러나 신세돈 교수가 지적하듯 "무역활성화 및 진작법(Trade Facilitation and Enhancement Act of 2015) 7절 701조에는 '일정 요건을 갖춘 주요 교역 대상국(major trading partners)에 대하여 심층분석 보고서(enhanced analysis report)를 제출한다."는 얘기는 있지만 '환율조작국'이라는 개념은 없다.[9] 굳이 뿌리를 찾으면 1988년에 제정된 '종합무역법(Omnibus Trade and Competitie Act)' 3004조가 있다. 무역흑자 규모가 크고 불공정 거래가 의심되는 국가를 '조작국(Manipulator)'으로 지정해 시정 협상을 하도록 한 조항이다. 한국은 1988년에 대만과 함께 지정된 바 있다.

미국은 1994년 7월 중국을 끝으로 더 이상 '조작국'이란 개념을 쓰지 않고 실제 적용한 사례도 없다. 한국은 이미 1990년 정부가 간섭하기 어렵도록 환율을 시장에 맡기는 제도를 도입했다. 원화의 달러 기준 환율은 1980년대 중반 700원대에서 거래되었고, 외환위기

직전만 하더라도 800원대 초반에
머물렀다. 2019년 3월 3일 현재는
1128원 정도다. 단순히 환율만 보면
원화의 교환비율을 낮추어 무역에서
흑자를 내고 있다고 볼 수 있다.

로런스 서머스

그러나 그렇게 쉽게 말할 수 없
는 복잡한 사정이 있다. '외환보유
고' 문제다. 외환위기 당시 56억 달
러까지 떨어졌지만 지금은 약 4000
억 달러 정도 된다. 환란 전만 하더라도 수입대금 총액의 3개월분 정
도면 충분했지만 지금은 최소 1년치는 되어야 한다는 게 정설이다.
정부는 외국인 또는 국내를 대상으로 달러를 사들이고 그 대신 채권
을 발행하는데 '외국환평형채권'이란 이름으로 불린다. 정부가 발행
하는 국고채, 국민주택채와 더불어 3대 채권 중 하나다.

환율이 갑자기 너무 오르거나 내릴 때 개입하기 위한 쌈짓돈으
로 보면 된다. 문제는 이 돈은 굴리지 못하고 안전자산으로 모셔 두
어야 한다는 점이다. 애써 번 돈을 은행에 넣어 두고 2퍼센트 정도
의 이자만 받고 있는 것으로 생각하면 된다. 정부는 2005년에 그래
도 일부 자금이라도 활용해 수익을 늘리기 위해 한국투자공사(Korea
Investment Corporation, KIC)를 만들었다. 국부펀드란 명칭은 여기서
유래한다. 이명박 대통령이 당선자 시절이던 2008년 1월에는 메릴
린치 주식을 샀다가 반토막이 났다. 워낙 돈 문제에 있어서는 신뢰를
못 받는 분이라 온갖 추한 소문이 나오지만 KIC로서는 어쩔 수 없는

선택이다. 광화문과 강남에 있는 파이낸스센터를 매입해 상당한 차액을 올린 싱가포르 투자청(Government Investment Corportaion, GIC)도 이런 기관이다. 외환보유고를 무작정 쌓아 둘 수도 없고 어떤 식으로든 수익을 늘려야 국민 부담이 준다.

정부로서는 이 돈을 마련하기 위해 최소 5퍼센트 수준의 이자를 준다. 결과적으로 3퍼센트 이상이 고스란히 나라 빚으로 쌓이게 된다. 국내용으로 채권을 판매하는 경우, 절대 부도나지 않는 한국은행이 발행하는 것이기 때문에 일반 회사채보다 이자가 낮다. 대략 3~4퍼센트 수준으로 보면 된다. 해외에서는 상황이 좀 다르다. 외국인 투자자가 보기에 한국은 언제 부도날지 모르는 국가다. 경제 전문가들이 들으면 무슨 말도 안 되는 소리냐고 할지 모르겠다. 국가채권의 부도 가능성을 지수로 표현한 신용부도스와프(Credit Default Swap)도 2019년 2월 기준으로 32포인트 정도에 머문다. 2008년 미국발 위기 때는 699포인트, 2011년 유럽위기 때도 229포인트로 치솟았던 경험을 감안하면 정말 좋아진 것 같은 착각이 든다. 그때와 비교했을 때 외환보유고도 훨씬 늘었고 단치외채 비중도 많이 줄었다. 본질은 별로 안 변하고 있다는 게 문제다.

1997년의 외환위기 때나 그 이후 글로벌 위기가 벌어질 때마다 원화가 폭락한 것은 경제적 문제라기보다는 '안보' 불안 때문이었다. 무디스 등의 신용평가 회사에서 걸핏하면 핑계로 대는 게 전쟁위기다. 전쟁이 터지면 휴지가 된다. 그래서 미국 국채(Treasury Bond, TB) 금리를 기준으로 여기에 이자를 더해 준다. 당연히 기간이 길면(10년물) 이자를 좀 더 주고, 짧으면(5년물) 이자율이 낮다. 북한 문제가 없고 국제금융시장이 안정되어 있으면 6~5퍼센트에서 결정된다. 2017년 1월에는 미국 국채보다 겨우 0.55퍼센트 높은 2.87퍼센트까지 내려가기도 했다. 짐작하겠지만 외환위기 직후 1998년 발행한 외평채 금리는 상당한 수준이었다. 만기 5년물은 8.952, 10년물은 9.083이었다. 투자가가 없기 때문에 금리를 높게 책정하는 것이 불가피했다. 형편이 좋아지면 먼저 갚을 수 있는 조기상환도 못 하는 거래였다. 우리 경제가 안정이 되면서 금리는 꾸준히 내려왔다. 최근의 남북관계 개선과 북미정상회담도 당연히 긍정적으로 작용했다.

정부의 부채는 외평채를 얼마나 많이 발행하는지, 또 조달된 금리가 어느 정도 수준인지에 따라 결정된다. 미국 재무부가 발행하는 국채 금리도 영향을 미친다. 한국을 비롯한 대부분의 국가는 주로 여기에 투자를 한다. 이자율은 낮지만 가장 안전하다는 점과 필요 시 현금으로 바로 바꿀 수 있다는 장점이 있다. TB 이자가 오르면 정부는 한편으로는 '일부' 이익을 보지만, 다른 한편으로는 부담이 높아진다. 외평채 금리가 이것을 기준으로 확정 이자를 더해 주기 때문이다. 꼭 필요할 때만 외평채를 발행하고 가능하면 잔고를 낮추려 하는 것은 이런 까닭에서다.

2017년 기준으로 외환시장 안정용으로 사용되는 국가 채무의 규모는 225.2조 원으로 전체 659.4조 원의 34퍼센트나 된다. 지난 2008년의 94조, 2010년의 120.6조, 2014년의 187조에 이어 꾸준히 상승 중에 있다. 비싼 금리로 빌려서 거의 이자도 없는 TB 등에 투자하기 때문에 매년 4조 원 가까운 손실이 생긴다. 2017년 기준으로 누적 손실액은 이미 50조 원에 달한다. 그런데도 달러를 자꾸 모아야 하는 이유가 있다.

국내 환율시장은 매우 불안하다. 2008년 금융위기 때는 브라질의 헤알화, 남아프리카공화국의 랜드화에 이어 세 번째로 변동폭이 컸다. 2010년 천안함 피격 사건과 연평도 포격 등이 터졌을 때는 호주, 브라질, 남아프리카공화국에 이어 네 번째였다. 국내총생산(Gross Domestic Product, GDP)에 비해 외환거래 규모가 너무 크기 때문이다. 2010년 자료이기는 하지만 GDP 외환거래 비중은 5.3퍼센트다. 지금도 별로 다르지 않을 것 같다. 독일(3.3퍼센트), 캐나다(4.6퍼센트), 중국(0.4퍼센트), 대만(4.8퍼센트), 러시아(3.4퍼센트), 인도(2.2퍼센트)보다 훨씬 높다. 국제금융센터를 갖고 있는 영국, 싱가포르와 홍콩을 제외하면 이 정도 규모는 잘 없다. 겨우 미국(6.4퍼센트), 일본(6.2퍼센트), 프랑스(5.7퍼센트)와 호주(18.2퍼센트) 정도가 있을 뿐이다. 간단하게 말하면, 국제핫머니의 환투기에 매우 취약한 상황이라는 의미다. 정부는 두 가지 방식으로 시장에 개입한다.

국내에서 환율은 시장의 수요와 공급에 따라 결정된다. 정부는 '스무딩 오퍼레이션(smoothing operation)'이라 하는 '제한적' 개입만 한다. 상승 또는 하락의 추세를 바꾸지는 않고 급격한 변동만 막는다. 한국은행을 통해 개입하는데 달러를 사거나 판다. 예를 들어, 원화가 너무 급하게 상승하면(예를 들어 1200원에서 1000원으로) 달러를 매수한다. 반대로 원화가 가파르게 하락하면(예를 들어 1000원에서 1200원) 갖고 있는 달러를 매도한다. 달러보유고가 많으면 상당 수준으로 개입할 수 있지만 적으면 금방 잔고가 바닥난다. 환란은 이래서 발생했다.

당시 정부는 겨우 300억 달러에 불과한 보유고로 벌 떼처럼 밀려오는 핫머니와 싸워야 했다. 전쟁에서 졌고, 원화는 800원대에서 순식간에 2000원대로 밀렸다. 달러 매수의 목적은 수출로 먹고사는 한국 입장에서 '경쟁력'이 약해지지 않도록 하는 데 있다. 지금까지 삼성전자, 현대자동차, 포스코 등 수출 기업이 이를 통해 엄청난 돈을 벌었다. 그 돈이 어떻게 쓰였는지는 앞에 설명했다. 정부의 보이지 않는 개입으로 환율이 계속 1100원대에 머물면서 일반 국민과 원재료를 수입해야 하는 업체 입장에서는 손해가 적지 않다. 달러로 지불해야 하는 먹는 것, 입는 것, 석유, 로열티 등 모든 게 옛날보다 올랐다.

문제는 '달러 매도'를 할 수 있는 능력이다. 한국은 현재 중국, 일본, 사우디와 러시아보다는 못하지만 세계 8위 수준의 달러를 갖고 있다. 보유에 따른 손실이 불가피하다. 게다가 미국은 현재 아프가니스탄, 리비아, 시리아, 소말리아, 이라크, 예멘 등 6개국 이상에서 전쟁을 치르고 있다. 모든 전선에 자국 군대를 투입할 수 없기 때문에 블랙워터(Black Water)라는 용병 회사를 고용한다. 그들의 연봉은 우리 돈으로 1억 원이 넘는 것으로 알려진다. 미국은 또 2008년 금융위기 때도 엄청난 돈을 쏟아부었다. '양적 완화'라는 고상한 이름이 있지만 다른 말로 하면 '달러를 찍어 내 유통되는 통화량을 늘린다.'는 의미다. 그만큼 달러의 가치는 하락한다.

한국에서는 그 변화를 잘 못 느꼈지만 전 세계에서 달러 가치는 최근 지속적으로 약해지고 있다. 2018년 11월 기준으로 국제결제시장에서 유로화의 비중은 34퍼센트로 달러화(39.6퍼센트)를 바짝 추격하고 있다. 1999년 유로화가 등장하면서 유럽은 상당 부분의 달러화를 팔았다. 중국과 러시아도 미국 채권을 팔고 금괴로 바꾸고 있다. 달러 환율이 내려가면 미국 수출업체의 경쟁력이 높아져야 하지만 실제로는 미국의 소비만 는다. 국제적 경쟁력을 가진 미국 제품이 더 이상 존재하지 않고, 미국 노동자의 인건비가 국제 기준에서는 너무 비싸기 때문이다. 결국 미국이 전 세계를 대상으로 달러를 뿌리는 부담은 고스란히 한국을 비롯한 달러 보유국이 짊어진다. 한편으로는 달러 가치를 방어하고, 다른 한편으로는 수출경쟁력을 지켜야 하기 때문이다. 관찰대상국으로 한국과 같이 3년 연속 리스트에 오른 '중국, 독일, 일본'이 미국의 압력에 별로 신경을 안 쓰는 이유다.

정부가 외환시장에 얼마나, 어떤 방식으로, 어느 정도로 자주 개입하는지 공개하는 것 자체는 문제가 아니다. 누구나 다 볼 수 있도록 투명하게 처리하는 것은 참 좋은 일이다. 그러나 좋은 것을 알면서도 안 하는 데는 이유가 있다. 무엇보다 외환시장이 붕괴되면 국가의 존립이 위태롭다. 국민이 먹고살 식량을 완전히 수입에 의존할 수 없는 것도 주권과 관련되어 있기 때문이다. 안보, 통신, 언론, 금융, 항공과 철도, 에너지 등 핵심 이익과 관련한 주요 분야에서 외국인의 참가를 제한하는 것도 이 때문이다. 죽고 사는 문제와 관련되어 있기 때문에 미국이든 IMF든 남의 눈치를 보고 결정할 일이 아니다. 그들의 발언을 잘 분석해 보면 '억지로' 하라는 말은 안 한다. 결국 선택은 개별 국가가 하는 것이고 당연히 책임도 우리가 진다.

정부는 OECE 국가 중 한국만 공개를 안 한다고 말한다. 그러나 각자 처한 입장은 다르다. 영국, 홍콩과 싱가포르는 금융으로 먹고산다. 굳이 공개하지 않을 이유가 없다. 독일, 프랑스 등 유럽연합에 속하는 국가들은 이미 단일통화를 갖고 있다. 영국연방에 포함되어 있으면서 미국과 특별한 관계에 있는 캐나다, 호주, 뉴질랜드 역시 큰 문제가 없다. 남는 곳은 일본, 스위스, 브라질, 말레이시아와 베트남 정도다. 그중에서 일본과 스위스는 달러와 유로에 버금가는 수준의 국제통화를 갖고 있다. 나머지 국가들은 외환거래 비중도 낮고, 특히 말레이시아와 베트남은 통화관리를 철저히 한다.

한국은 이들과 다르다. 툭하면 외환위기설이 떠돈다. 포커판에서 자기 패를 '투명하게' 보여 주고 게임하는 것과 같다. 내역을 공개하면 발생할 수 있는 부작용에 대해서도 하나만 알고 있다. 정부가 달러 매수를 하지 못하면 원화가치는 높아지겠지만 국민 생활에는 도움이 된다.

문제는 원화가 폭락하는 상황이다. 정부가 갖고 있는 '패'를 다 보고 있는 투기자본과 싸우는 것은 예전과 비교할 바가 아니다. IMF의 모범생으로 칭송받았던 아르헨티나는 외환위기의 단골손님이다. 그들의 덕담을 좋게만 볼 일이 아니라는 말이다. 게다가 우리는 지구상 유일한 분단국가다. 전시작전통제권도 없다. 한반도 상공에는 거의 날마다 전투기가 날아다니고, 바다에는 '미국'의 항공모함이, 또 곳곳에 군부대가 있다. 박봉우가 「휴전선」이라는 시를 통해 "산과 산이 마주 향하고/ 믿음이 없는 얼굴과 얼굴이 마주 향한/ 항시 어두움 속에서 꼭 한번은/ 천둥같은 화산이 일어날 것을 알면서/ 요런 자세로 꽃이 되어야 쓰는가"라고 했던 아찔함이다. 앞에서 끌어 주고 뒤에서 밀어 주는 한 줌의 '패거리(crony)'들은 또 얼마나 믿음직한가…….

미국의 사설 용병 기관 블랙워터

분단 모순

1998년 8월 미국 조지아는 무더웠다. 학기가 아직 시작하지 않아서 버스도 안 다녔다. 안 되는 영어로 겨우 학생회관에 간 적이 있다. 많지 않은 게시물 중에서 '제2의 한국전쟁(The Second Korean War)'이라는 특강 안내를 봤다. 국가 부도로 혼이 나갔던 터라 '전쟁' 얘기는 낯설었다. 강사는 박한식 교수였다.[10] 당시에는 뭘 하는 분인지도 잘 몰랐다. 그는 "지난 1994년에 한국은 전쟁 한 시간 전까지 갔다."고 운을 뗐다. 꿈에도 생각지 못했던 일이다. 《파이낸셜타임스》, 《월스트리트저널》과 블룸버그통신 등에서 한국의 파산 근거로 안보 문제를 꺼낼 때만 해도 '과장'이라고 생각했다. 틀린 말이 아니었다. 오히려 대부분의 한국 사람들이 너무 순진했다는 것에 놀랐다. 분단과 안보 불안이 국가신용등급과 외평채 금리와 같은 경제 문제와 불가분의 관계라는 것도 이때 깨달았다.

한반도에서 전쟁의 공포는 지금도 여전하다. 미국과 북한이 협상하고 있지만 짙은 안갯속이다. 뭐가 문제일까? 제2의 한국전쟁은 왜 아직도 주변을 맴돌고 있을까? 그간 한국의 힘이 약해진 것은 결코 아니다. 2018년 한국의 국방예산은 43.2조 원이다. 국가 전체 예산 429조 원의 10퍼센트가 조금 넘는다. 146조 원 정도의 보건·복지·노동예산, 69.6조 원의 일반·지방행정 예산, 64.1조 원의 교육예산 다음이다. 매년 증가해 왔다. 국방비는 1980년에는 2조 2465억, 1985년에는 3조 6892억에 불과했다. 냉전이 끝난 이후 더 늘었다. 1991년에는 7조 원 수준에서 1994년에는 10조 원을 넘었다. 무려 20조 8226억 원을 기록한 건 2005년이었다. 2011년에는 30조 원을 돌파했고 작년 2017년에 드디어 40조 원 규모가 되었다. 국민총생산 중 차지하는 비중은 1980년 5.69퍼센트로 정점을 기록한 후 2018년 비중은 2.38퍼센트다. 살림살이 규모에 비해서는 줄었지만 엄청난 금액이다.

국제사회와 비교해 보면 더 실감이 난다. 2017년 기준으로 전 세계 국방비의 절반 이상은 미국이 쓴다. 무려 6100억 달러다. 중국(2280억), 사우디아라비아(694억), 러시아(663억), 프랑스(578억) 등이 그 뒤를 따른다. 한국은 10위다. 392억 달러다. 북한의 군사비는 1990년대 줄곧 20억 달러 수준이다. 2000년대에는 18억 달러로 더 줄었다. 미국 국무부가 발간하는 「2016 세계군비보고서」에 따르면 북한은 군사비로 과거 11년간 35억 달러를 사용했고, 남한은 301억 달러를 사용한 것으로 나온다.

2017년 8월 28일 국방부 업무보고 자리에서 문재인 대통령은 "GDP를 비교하면 남한이 북한의 마흔다섯 배에 달하는데 그런 자신감을 갖고 있느냐. (……) 막대한 국방비를 투입하고도 우리가 북한의 군사력을 감당하지 못해 오로지 (한미)연합방위능력에 의지하는 것 같다."고 말했다. 힘이 없는 것도 돈이 없는 것도 아니다. 목숨을 미국에 맡기고 있는 상황이 문제다. 전시작전통제권이 열쇠다.

한미연합군사령부는 대한민국 군대와 주한미군을 같이 지휘하기 위해 1978년 11월에 만들었다. 한국전쟁에 참가한 16개국 군대를 통솔하기 위해 설립된 유엔사령부가 1976년에 해체된 이후 그 역할을 대신하고 있다. 총사령관과 참모장은 미국이 맡고, 부사령관과 부(副)참모장은 한국 몫이다. 연합군 사령관은 유엔군사령관과 주한미군사령관을 겸하는 1인 3역이다. 한국의 전시작전통제권과 한미군사훈련을 총괄한다. 겉으로는 '연합'이지만 속내는 '종속'에 가깝다.

1994년 미국의 북한 영변 폭격 계획은 이를 잘 보여 준다. 국군이나 주한미군을 동원하는 일이 없거나 한국 내에서 작전하는 경우가 아니라면 미국은 한국과 상의할 이유가 없다. 가령 일본 오키나와 미군기지나 항공모함에서 미사일로 북한을 공격할 경우 최종 결정권자는 미국 대통령이다. 당시 김영삼 대통령은 자신이 반대해서 전쟁을 중단시켰다고 주장했지만 불과 몇 시간 전까지도 몰랐다. 만약 전시작전통제권이 한국에 있었다면 달랐을 상황이다.

1950년 7월 14일. 전쟁이 터진 직후였다. 파죽지세로 몰아치는 북한에 놀란 이승만 대통령은 다급했다. 유엔군 사령관을 맡고 있던 더글러스 맥아더 장군에게 "본인은 현 작전 상태가 계속되는 동안 일체의 지휘권을 이양하게 된 것을 기쁘게 여기는 바이며 지휘권은 귀하 자신 또는 귀하가 한국 내 또한 한국 근해에서 행사하도록 위임한 기타 사령관이 행사해야 할 것"이라는 편지를 보냈다.

1953년 한미상호방위조약이 체결되면서 '지휘권' 대신 '전시작전통제권'으로 대체되었다. 이후 유엔사 업무를 연합사가 넘겨받으면서 자연스럽게 미국으로 넘어갔다. 전직 주한미군사령관이던 리처드 스틸웰은 이를 두고 "지구상에서 가장 놀라운 형태로 주권을 양보한 사례"라고 말했다. 작전권 문제를 가장 많이 고민한 대통령은 세 명이다. 미군 이후 한국을 먼저 고민한 사람은 박정희다.

1968년 1월 21일에 청와대가 북한 특공대의 습격을 받았다. 정보 수집을 목적으로 하는 미국의 푸에블로 호가 원산 앞바다에서 납치된 것은 그 직후였다. 한국은 복수를 원했지만 미국 정부는 북한과 타협했다. 앞에 나온 박형아 교수에 따르면, 박정희는 이때 미국이 한국을 버릴 수 있음을 깨달았다고 한다. 자주국방을 내세우게 된 것은 1970년 발표된 닉슨 독트린(Nixon Doctrine)에도 영향을 받았다. 꼭 필요한 경우가 아니라면 미국은 더 이상 개입하지 않겠다는 선언이었다. '자기 몸은 자기가 지키라.'는 요구였다.

1977년 지미 카터 대통령의 당선도 악재였다. 베트남전쟁에서 드러난 정부의 '거짓'말, CIA의 불법활동, 시민권 운동 등을 의식한 그는 '인권' 대통령을 약속했다. 대외정책에 인권이 강조된 것은 이때가 처음이자 마지막이다. 한국은 당시 유신헌법과 잇따른 긴급조치로 악명이 높았다. 미국은 또한 주한미군을 철수하겠다고 압박했다.

국방과학연구소(Agency for Defense Development, ADD)는 1970년

8월 6일에 설립된다. 박정희는 "1976년까지 최소한 이스라엘 수준의 자주국방 태세를 목표로 총포, 탄약, 통신기, 차량 등의 기본 병기를 국산화하고, 1980년대 초까지 전차, 항공기, 유도탄, 함정 등 정밀 병기를 생산할 수 있는 기술을 확보하라."는 명령을 내렸다. 작전권 회수와 관련해서도 "지금 주한미군을 붙잡고 더 있어 달라, 기간을 연장해 달라고 교섭을 벌이는 것은 우스운 일입니다. (……) 이제 우리도 체통을 세울 때가 되었습니다. 60만 대군을 갖고 있는 우리가 4만 명의 미군에게 의존한다면 무엇보다 창피한 일입니다."(《유코리아뉴스》2014년 11월 3일 자)라는 입장이었다. 박형아에 따르면 '유신헌법'이라는 폭압적 정치는 이를 위한 '필요악'이었다. 정치적 안정이 없는 상태에서 장기간에 걸쳐 막대한 투자가 필요한 중화학산업을 키울 수는 없었다는 얘기다. 자주국방과 중화학공업도 동전의 양면이다. 화학공장에서는 비료도 만들지만 화약을 만들 수 있고, 자동차를 통해 트럭과 탱크를, 또 조선업을 통해 군함과 수송선도 같이 만들 수 있기 때문이다.

군사주권을 되찾아 오는 일은 보안사 사령관 출신 전두환의 등장으로 중단된다. '광주 학살'의 원죄를 안고 있었던 그는 미국의 '묵인'과 '도움'이 필요했다. 그래서 국방과학연구소를 해체하고 핵과 미사일 개발 프로그램을 모두 미국에 넘겼다. 사거리 180킬로미터, 탄두 무게 453킬로그램 이상의 미사일은 절대 개발하지 않겠다는 약속도 포함된다.

전두환은 또 소련의 팽창주의를 견제하려 한 미국의 전략에 맞추어 팀스피리트 훈련(Team Spirit, TS)을 확대했다. TS 훈련은 처음 박정희가 집권하던 1976년에 시작되었다. 그해 '헬싱키 선언'으로 인해 유럽에서 더 이상 대규모 훈련을 하지 못하게 된 미국이 찾아낸 곳이 한국이었다. 한미연합사가 '지휘와 기획'을 맡고 한국은 보조한다. 보통 2월 초에 시작해 4월 말에 마무리되는데 양국의 육·해·공군 복수 사단 병력이 참가하며 연합해상작전, 야전기동훈련, 연합상륙작전, 공수낙하 훈련 및 각종 지원작전 훈련 등이 포함되어 있다. 그러나 당시에는 악화된 한미관계로 인해 지지부진한 상태였다.

훈련의 수준이 달라진 것은 제5공화국 이후부터다. 대략 20만 명 이상이 훈련에 참가해 90일 가까이 작전을 벌인다. B-52 전략폭격기와 스텔스 비행기도 동원된다. 미국이 중동에서 전쟁을 개시할 때 소련의 역량을 분산시키기 위해 북한을 핵미사일로 공격할 수 있다는 '2개 전선' 전쟁 가능성을 제시한 것도 이때였다. 1983년이다. 그해 9월 1일 대한항공의 KAL 여객기는 사할린 상공에서 소련 전투기에 의해 격추된다. 10월 9일에는 미얀마에서 아웅산 테러 사건이 터진다. 냉전의 마지막 열차를 탄 한국이 치러야 했던 피값은 아니었을까? 냉전이 끝난 직후 팀스피리트 훈련도 중단된다. 북한을 압박하기 위해 이 훈련을 재개한 것은 미국으로, 1993년이다. 국방부 장관은 나중에 부통령이 되어 이라크전쟁을 주도한 딕 체니였다. 북한은 핵확산금지조약(NPT) 탈퇴로 맞대응을 했고, 한반도는 전쟁 직전으로 몰렸다.

팀스피리트 훈련은 1994년 북미 제네바 합의 이후 중단되었고 전시증원연습(RSOI)으로 대체된다. 이 훈련은 유사 시 미국 본토에서 파병된 증원 부대와 전투 장비를 받아 전방 전투 지역에 신속하게 배치하는 대규모 컴퓨터 작전이었다. '독수리 연습(Foal Eagle)'은 2002년부터 이 훈련과 연계해 실시되었으며, 북한의 특수부대 등이 남한에 침투할 경우를 대비한 병력 동원이 핵심이다. 팀스피리트 훈련과 비교했을 때 규모나 본질에 차이가 있었던 RSOI가 진행되는 동안 북한의 반발은 크지 않았다. 국방부 장관 도널드 럼즈펠드가 이를 뒤집는다. 그는 '작전계획 5027-04'란 것을 만들었다. 북한의 침략을 단순히 격퇴하는 것을 넘어 '북한정권을 제거하고 북한의 주요 시설을 점령하는 것'이 목표였다. RSOI 2007년 훈련에는 북한 해안에 상륙해 평양을 고립시키는 것을 목표로 하는 '만리포 상륙작전'이 포함되었다.

전두환 정권은 보상을 받았다. 민간인 수백 명이 죽었지만 몇 년 뒤인 1989년에 일어난 중국의 톈안먼 사건과 달랐다. 당시 미국은 인권탄압을 구실로 중국에 대한 경제 제재는 물론 고위급 회담과 무역수출 등을 중단했다. 미국이 다시 중국에 주목한 계기는 1997년의 아시아 위기와 역내 경제협력에 대한 공감대가 형성된 이후였다. 1999년 4월에 클린턴 행정부는 중국이 오랫동안 요구했지만 인권 문제와 대만 문제 등으로 거절했던 무역 정상화 방안을 논의하기 시작했다. 중국의 WTO 가입은 2001년 11월 카타르 도하에서 열린 4차 각료회의에서 최종 승인된다.

1982년에 미국은 주한미군 철수 계획을 백지화시켰다. 1984년에는 일본을 움직여 40억 달러의 경제협력 차관을 제공했다. 덕분에 GDP 대비 외채 비중이 50퍼센트대에 달했지만 브라질, 멕시코, 아르헨티나 등과 달리 한국은 외채위기를 겪지 않았다. 국제통화기금과 세계은행 총회는 1985년 서울에서 열렸고, 주요 채무국 명단에서 한국은 제외되었다. 남미 위기는 한국 입장에서 봤을 때 또 다른 행운을 가져다주었다. 막 걸음마를 떼기 시작하던 중화학 공업은 3저 시대를 맞아 본격적으로 성장했다. 국내 대기업은 세계시장을 겨냥해 진출할 수 있었다.

동맹을 우선하는 대외정책은 1987년 6·10민주항쟁과 6·29선언 이후 퇴색하기 시작했다. 민정당 대통령 후보로 나섰던 노태우가 '전시작전통제권 환수'를 공약으로 내세울 수밖에 없는 분위기였다. 그는 "우리의 자주적 방위역량과 태세를 발전시켜 나가는 것이 중요합니다. 그것이 민족자존과 통일 번영의 기본 바탕이기 때문입니다." 라고 말한 것으로 전해진다.[11] 일명 '818계획'으로 알려진 '장기 국방 태세 발전연구'가 이때 수립되었고, 노무현 정부는 이를 '국방개혁 2020'에 적극 반영했다. 미국과 밀월관계를 형성하고 있었던 기무사와 주한미군사령관 로버트 리스카시의 반대에도 불구하고 결국 '평시작전' 통제권은 1994년 12월에 한국 정부로 넘어왔다. 합동군사훈련, 작전계획 수립과 핵심 영역인 지휘, 통제, 통신과 정보 등은 연합사령관에게 위임된 상태였다. 전쟁이 터지거나 비슷한 상황만 와도 곧바로 미군의 통제를 받아야 하는 것도 전혀 달라지지 않았다.

논란에 다시 불을 지핀 건 노무현 대통령이었다. 2005년 10월 1일. 국군의 날 기념식을 통해 그는 자주국방은 "국가가 갖추어야 할 너무도 당연하고 기본적인 권리"라고 말하면서, "전시작전통제권 행사를 통해 스스로 한반도 안보를 책임지는 명실상부한 자주군대로 거듭나야 한다."고 말했다. 자주국방을 위한 노무현 대통령의 결심은 국방예산에 대한 각별한 배려에서도 확인된다. 국방비 증가율은 2000년 이래 한자릿수에 머물렀지만 2005년에는 11.4퍼센트로 높아졌다. 그러나 2012년 4월 12일로 결정된 환수 일정은 정권이 바뀌면서 수정된다. 이명박 정부는 2010년 6월 북한의 위협이 높아졌고, 한국군은 준비가 부족하다는 이유로 환수 날짜를 2015년 12월 1일로 바꾸었다. 박근혜 정부는 아예 정해진 날짜도 없앴다. "한국과 동맹국의 결정적인 군사능력이 갖춰지고 한반도와 역내 안보환경이 안정적인 전작권 전환에 부합할 때"라는 조건만 제시했다.

전시작전통제권은 만병통치약이 아니다. 미국에 군사기지를 제공하는 대가로 안전을 보장받는 곳도 많다. 독일, 일본, 사우디아라비아와 카타르에는 모두 미군기지가 있다. 나토(NATO)의 최고사령관도 미국인이다. 얼핏 보면 군사주권을 외국에 맡긴 것처럼 보인다. 그러나 일부 군대에 대한 통솔권을 넘긴 것과 안보 전체를 '위탁'한 것은 다르다. 전작권이 있었다면 북한이 연평도를 포격할 때 최종 결정은 한국의 대통령이 했을 것이다. 북한이 그렇게 반대하고 두려워한다는 군사훈련도 덜 공격적이고 축소된 규모로 진행할 수 있다. 미국 대통령의 한마디에 일희일비하지 않고 '평화협상'을 남과 북이 주도할 수도 있다. '모든 게 북한 탓'이라는 것도 절반만 맞다. 손바닥도마주쳐야 소리가 난다. 지진이나 태풍과 달리 전쟁과 같은 갈등은 인간이 만들고 악화시키고, 또 피할 수도 있다.

"모든 회원국은 다른 국가의 영토 보전이나 정치적 독립에 대하여 무력을 사용하거나 무력으로 위협할 수 없다. 또한 UN의 목적과 양립할 수 없는 다른 수단도 삼가야 한다." 「UN헌장」 제2조 4항에 나와 있다. 북한에 대한 사전 공격과 주요 시설 점령 및 비대칭 군사력의 투입 등을 포함한 훈련은 이 조항과 충돌한다. 또 1990년에 체결된 '안전과 신뢰구축'을 위한 '빈 문서(Vienna Document)'에는 4만 명 이상 동원되는 기동 훈련은 2년 전에 서면으로 통보할 의무가 있다고 나와 있다. 그러나 한미연합사에서 각 훈련에 대해 사전통고와 훈련감시 등을 적절하게 통보한 적은 없다. 북한의 공격이 예상될 경우 먼저 공격할 수 있다는 51조의 '자위권' 조항 역시 국제사회에서는 용납되지 않고 있다.[12] '누가 이익을 보는가?'를 뜻하는 '퀴 보노(Cui bono)' 관점에서 볼 필요도 있다.

얼핏 봤을 때 직접적인 수혜자는 전쟁이 없으면 존재가치를 상실하는 남한과 북한의 군부다. '공공의 적' 북한이 있는 상황에서 국민은 군대에 대한 지원은 물론 국정원과 공안세력에 힘을 실어 준다. 자유가 좀 제한되더라도 안보가 우선이라고 생각한다. 지난 50년간 남한은 북한을, 북한은 남한을 핑계로 효과적으로 국민을 통제해 왔다. 그러나 국가 간 계산서는 좀 다르다. 우선 지상 최대의 합동군사훈련을 경계해야 할 북한의 입장은 고약하다. 훈련이 곧 실전이 될지 모르는 상황에서 북한은 어떤 식으로든 대응을 해야 한다. 경제력에서 봤을 때도 북한은 미국은 말할 것도 없고 남한과도 비교가 안 된다. 1994년 제네바 협약을 맺을 당시 북한이 강력하게 요구한 것도 '군사훈련' 중단이었다. 2018년 북한과 미국 간 협상에서 가장 큰 걸림돌역시 이 훈련이었다. 갈수록 난처해지는 것은 한국도 마찬가지다.

스톡홀름국제평화연구소(SIPRI)는 매년 전 세계 군수품 수출입 동향을 발표한다. 최근 2018년 보고서가 나왔다. 군수품을 가장 많이 수출하는 국가는 미국, 러시아, 프랑스, 독일과 중국이다. 짐작하기 어렵지 않지만 미국은 전 세계 수출의 34퍼센트를 차지한다. 2008년에서 2012년, 2013년에서 2017년까지 비교했을 때 무려 25퍼센트가 성장했다. 지난 10년 동안 중동 국가들의 무기 수입이 두 배로 증가한 것이 큰 몫을 했다. 미국의 이라크와 리비아 침공 등으로 중동 각국이 분쟁의 소용돌이에 내몰렸기 때문이다. 파키스탄은 물론 중국과 분쟁을 겪고 있는 인도의 수입 규모도 급증했다.

한국은? 조사 기관과 기준 연도에 따라 달라지기는 하지만, 2014년의 경우 한국은 전 세계 1위의 수입국이 된 적이 있다. 미국 의회조사국 자료에 따르면, 그해 한국은 미국으로부터 78억 달러의 무기를 구매했다. 그중 7조 3421억 원은 록히드마틴의 F-35 전투기 마흔 대를 구매하는 데 지출했다. 또 노스롭 그루먼이 판매하는 글로벌호크 장거리 고고도 무인정찰기 넉 대 구입비로 8800억 원이 들었다. 경북 성주에 들어설 고고도 미사일방어체제(THAAD) 두 개 포대에 투입될 비용도 최소 1조 원이 넘을 것으로 보인다. 2017년 5월 1일 자《헤럴드경제》에는 더 놀라운 뉴스가 나온다. 지난 10년간 한국이 무기를 수입하기 위해 미국에 지불한 돈은 36조 360억 원으로 알려진다. 앞으로 지불할 돈도 10조 원 이상이 남아 있다.

캠프 험프리스(Camp Humphreys). 평택 대추리에 새로 들어선 420만 평에 달하는 주한미군기지다. 18홀 규모의 골프장이 두 개나 있고 장군들에게는 단독주택인 관저가 제공되며, 일반 병사들에게도 아파트가 주어진다. 정부는 기지를 조성하는 데 들어간 비용의 90퍼센트에 해당하는 10조 원을 지불했다. 코레일 철도교량과 정차역을 비롯해 고속도로와 연결되는 4차선 교량과 도로는 덤이다. 평택시는 또 대규모 변전소와 하수처리 시설을 건설해 주었다.[13] 미국 정부가 전액 부담해 오던 주한미군 주둔 비용도 점차 한국이 부담하는 쪽으로 바뀌고 있다.

1988년 미국 정부는 한미연례안보협의를 통해 비용의 일부를 지불하라고 요구했다. 1991년 연간 1073억 원에서 시작된 한국의 분담금 액수는 2017년 기준으로 9700억 원 정도다. 미군의 보조 역할을 하는 카투사 병력 운용비용, 현저하게 낮은 토지 임대료와 기지 주변에 대한 환경개선부담금 등은 모두 빠진 금액이다. 우리 정부가 2017년 북한에 지원했던 11억 원보다 무려 880배가 넘는 금액이다. 게다가 국민총생산 대비 분담금 비중은 패전국이면서 자국 군대가 없는 독일과 일본보다도 더 높다. 한국에 주둔하고 있는 미군의 숫자 또한 독일, 일본에 이어 세 번째로 많다. 미국의 손익계산서는 이와 정반대다.

미국이 직면하고 있는 가장 큰 문제 중 하나는 재정적자다. 해외 주둔 미군은 그중에서 많은 비판을 받는 항목이다. 트럼프 대통령이 주한미군의 방위비 분담금을 100퍼센트 한국이 지불하도록 하겠다는 공약을 발표한 것도 이 때문이다. 북한의 위협이 높아질수록 주한미군과 태평양함대에 대한 예산삭감 압력은 줄어든다. 그뿐만 아니라 한국에 배치된 미군은 럼즈펠드 독트린(Rumsfeld Doctrine)에 의해 언제든 다른 곳으로 전환될 수 있다.[14] 한국의 미군기지는 북한만을 대상으로 한 방어용이 아니라 일종의 해외 전진기지가 된다. 비용의 상당 부분은 한국 정부가 감당한다. 펜타곤 입장에서는 꿩 먹고 알 먹는 셈이다.

이라크전쟁에서

　록히드 마틴(Lockheed Martin), 보잉(Boeing), 레이시온(Raytheon), 제너럴 다이내믹스(General Dynamics), 노스롭 그루먼(Northrop Grumman) 등 군수업체가 누리는 수익도 천문학적이다. 전쟁훈련은 첨단장비의 시험장일 뿐만 아니라 재고를 효율적으로 소비할 수 있는 기회다. 전쟁이 있어야 호황을 누리는 이 산업의 특성으로 인해 실제 전쟁을 대체할 수 있는 훈련이 정기적으로, 그것도 대규모로 진행된다는 것은 대단한 축복이다. 미국의 대외정책에도 큰 도움이 된다.

　1998년 금융위기를 겪으면서 동아시아 국가들은 미국에 심한 배신감을 느꼈다. IMF를 앞에 내세우기는 했지만 미국은 그간 요구해온 자율변동환율제 도입, 자본시장 개방, 국제표준의 도입 등을 모두 관철시켰다. 일본이 아시아통화기금을 제안할 당시만 하더라도 미국

이라크전쟁에서

을 더 믿었다. 결과는 참혹했다. 자본 통제를 통해 말레이시아가 위기에서 벗어나면서 뭔가 잘못되었다는 인식이 굳어졌다.

1998년 12월 동남아시아 국가들과 한국, 중국, 일본은 미국을 배제한 '아시아공동체(Asian Community)' 논의에 들어갔다. 일본과 중국이 손을 잡았고 한국은 중재 역할을 맡았다. 당시 상황은 햇볕정책을 추진하려 한 김대중 정권에도 큰 도움이 되었다. 2002년 9월에는 북한의 김정일과 일본의 고이즈미 수상 간에 '평양선언'이 채택되었다. 한국과 일본 역시 1998년 '신동반자 관계'를 선언한 데 이어 공동으로 월드컵을 개최하기도 했다. 동아시아공동체 논의가 불붙었고, 해양 세력과 대륙 세력의 균형자라는 미국의 역할은 줄어들었다. 그러나 북한의 위협이 높아지면서 모든 게 도루묵이 되었다.

평양에서 돌아온 직후 고이즈미 총리는 일본인 납치 문제로 북한을 몰아세웠다. 클린턴 행정부와 달리 북한과 대화하기를 원하지 않았던 부시 행정부의 반대가 있었던 것으로 알려진다. 문제 해결을 위해 납치를 인정했던 북한은 뒤통수를 세게 맞았다. 고이즈미 총리는 2005년 한국의 반발이 예상되는 가운데 신사참배를 했다. 북한을 향한 미국의 압박도 높아졌다. 2002년 미국은 확인되지 않은 고농축우라늄(HEU) 프로그램을 구실로 중유 제공과 경수로 건설을 막았다. 2005년에는 북한이 위조지폐를 제작하고 불법으로 돈세탁을 한다는 의혹도 나왔다. 마카오의 방코델타아시아(BDA)에 있는 북한 자금은 동결되었다. 북한이 실제로 그렇게 했다는 증거는 지금껏 없다. 미국 정부의 일방적인 주장만 있을 뿐이다.[15]

미국의 부시 행정부는 대화를 원하지 않았다. 주한미군은 2003년 최첨단 조기경보 레이더를 한국에 배치했다. 2004년에는 패트리어트 미사일을 지휘하고 통제하는 35방공포 여단을 미국 텍사스에서 오산공군기지로 옮겼다. 미국의 이러한 결정에 대해 노무현 정부가 할 수 있는 것은 없었다. "상호적 합의에 의하여 미국의 육·해·공 군사력을 대한민국 영토와 그 부근에 배치할 권리가 미군에 있다. 대한민국은 이를 용인하고 미합중국은 이를 수락한다."는 한미상호방위조약 4조 덕분이다. 미사일방어시스템(MD)이 잇따라 도입되면서 중국의 불만이 높아졌다. 북한은 잇따른 핵실험으로 맞섰고 미사일 성능을 높여 갔다. UN은 경제제재 조치를 취했고 더 강한 반발을 불러왔다. 미국은 6자회담 등을 통해 마지못해 회담장에 나가서도 북한이 도저히 받아들일 수 없는 조건을 내세웠다. 북한에 대한 압박 정책은 오바마 행정부에서도 지속되었다.

전쟁의 먹구름이 한반도에 머물면서 동아시아 정세도 급변했다. 2005년에는 아세안+3 정상회의가 연기되었고, 2006년에는 아예 행사가 취소된다. 미국은 북한을 통제하지 않는다고 중국을 몰아세웠고, 국내 언론도 이에 동조했다. 한반도 안보위기에 대한 책임을 중국에 미루는 한편, 북한과 중국 사이를 멀어지게 하려는 전략이었다. 센카쿠 열도에 영토 분쟁이 터지면서 일본과 중국의 사이는 더 벌어졌다. 중국인은 일본을 혐오하고, 일본은 중국에 대한 두려움이 커졌다. 일본은 미국이 주도하는 미사일방어체제에 가입하기로 결정했고, 2015년에는 미국 무기의 최대 수입국에 올랐다. 탄도미사일을 요격하는 이지스함, 차세대 F-35 전투기, Sh-60 헬기 등이 구매 대상이었다.

한국 또한 2016년에 사드 배치를 받아들였다. 중국은 무역보복에 해당하는 일련의 조치를 취했고, 한국은 상당한 경제적 피해를 입었다. 한국은 한국대로 중국은 중국대로 반감이 높아졌다. 미국은 일석이조를 넘어 돌 하나로 세 마리 이상의 새를 잡았다. 일본과 한국은 중국을 견제하는 미국과 한 편이 되었다. 역내 국가 간 분열과 불신이 높아지면서 미국의 역할도 늘었다. 한때 제2의 유럽연합을 말했던 아시아 지역주의는 동력을 잃었다. 역사의 시곗바늘은 정확히 냉전 직후인 1990년대 초반으로 돌아갔다.

노벨문학상을 받은 어니스트 헤밍웨이가 쓴 『누구를 위하여 종은 울리나(For Whom the Bell Tolls)』는 작가가 특파원 시절 경험했던 스페인 내전을 다루고 있다. 헤밍웨이는 이 글에서 결국 인간은 자기 자신을 위해 종을 울린다고 말한다. 반세기 이상 이 상황이 지속되는 것을 감안하면 우리 정부도 '모두 국가를 위한 일'이라고 답할 것 같다.

그러나 외부 시선은 다르다. 중국 베이징대학교에 있는 진징이 교수는 이 상황을 "미국의 북한 '적대시 정책'은 사실 단순히 북한이 '미워서'가 아니다. 미국의 동아시아 전략에 '적'으로서 북한이 필요했기 때문이다. 동아시아 전략이 바뀌지 않는 한 미국은 북한과의 적당한 위기가 더 필요하다. 북핵이라는 위협이 없으면 미국은 다른 '위협'을 만들어 내서라도 북한과 대립각을 세우려 할 것이다."라고 정리한다.[16] 정부의 입장을 대변할 수밖에 없는 관변학자다운 발상이라고 말할지 모르겠다. 그러나 직접적인 이해관계가 없는 북유럽에서도 비슷한 주장을 하는 분들이 많다.

'안보 문제화(Securitization)'란 용어가 있다.[17] 국제관계를 다룰 때 나온다. 노르웨이, 덴마크, 스웨덴 등 북유럽 학자들이 주축이 된 코펜하겐학파에 속해 있는 올 웨버가 제시했다. 특정 국가나 집단을 지목해서 '불량 국가(Rogue State)', '악의 축(Axis of Evil)' 또는 '테러리스트'라는 낙인을 찍는 상황을 말한다. 본질적인 가치에 해당하는 '안전' 또는 '안보' 문제로 정해지면 쉽게 반대하지 못한다. 정치적 논란거리로 만들거나 필요한 조치를 방해하면 '공공의 적'이 된다.

대표적인 사례로 '불량 국가'라는 게 있다.[18] 레이건 행정부 당시 북한, 이란, 리비아, 쿠바, 니카라과 등은 '불법적 정부, 극단적이고 전체주의적인 국가, 또는 테러리스트 국가연합' 등으로 불렸다. 대량살상무기와 관련되기 시작한 것은 1980년대 후반이었다. 본질이 악한 이들 국가가 미사일 등을 개발해 주변 국가를 위협할 수 있다는 논리였다. 중요한 것은 현존하는 위험이 아니라 장차 위협이 될 수 있다는 점이었다. 질병이 온몸에 번지기 전에 원인이 될 만한 것을 미리 제거하는 수술을 하자는 것이다. 얼핏 보면 그럴듯하지만 내막은 전혀 그렇지 않다. 안보와 관련한 '위협'이 만들어진다는 것을 잘 보여준다.

1980년대 중반 미국의 펜타곤과 군수산업은 고민에 빠졌다. '별들의 전쟁(Star Wars)'을 통해 소련과 군비 경쟁을 했고 승리한 것까지는 좋았다. 문제는 '악의 제국'이 사라지면서 방대한 규모로 성장한 펜타곤과 군수산업을 어떻게 '유지'하느냐였다. 2차 세계대전이 끝난 직후에는 한국전쟁을 비롯해 냉전이 이 문제를 해결해 주었다. 적이 없으면 만들어야 한다. 누가 후보군이 될 것인가? 독재국가로 민주주의를 거부하고, 경제적으로 후진국이면서 미국의 대외정책에 고분고분하지 않은, 그러나 미국에 실질적인 위협이 되지는 않는 국가! 쿠바를 비롯해 이라크, 북한, 이란, 리비아와 시리아 등이 좋은 사냥감이었다. '불량국가(Rogue State)'란 개념은 이렇게 등장한다. 당연히 공화당에서 주도했을 것 같지만 그렇지 않다. 클린턴 행정부에서 국가안보보좌관으로 일했던 앤서니 레이크가 맨 먼저 꺼냈다. 1989년 처음 알려진 이후 공식적으로는 1994년부터 사용된다.

없는 핑계라도 만들어야 할 상황에서 이번에는 9·11테러가 터졌다. 미국은 2003년 테러리즘과 아무 상관이 없었던 이라크를 침공했다. 전 세계를 상대로 한 '사기극'으로 드러났지만 대량살상무기를 개발한다는 죄목으로 사담 후세인은 교수형에 처해졌다.[19] 리비아의 무아마르 알 카다피도 비슷한 운명을 맞았다. 무장해제를 하면 각종 제재를 해제하고 잘 먹고 잘 살게 해 주겠다는 약속을 믿은 것이 잘 못이었다. 공격의 빌미가 되었던 벵가지에서 일어난 민간인 학살은 미리 기획된 것이었다. 리비아의 유전을 확보하고 리비아 통화 '디나르'가 지역통화로 성장하는 것을 막는 것이 목표였음도 드러났다.[20]

1999년 발칸반도에서 일어난 코소보전쟁에 참전하기도 했던 미국의 4성 장군 웨슬리 클라크는 더 놀라운 이야기를 전한다.[21] 그에 따르면, 미국 정부는 9·11 직후 일군의 국가들을 목표물로 미리 정했고 현재 그 후속 작업이 진행 중이라고 한다. 펜타곤에서는 공공연한 비밀에 속했던 제거 국가로는 '이라크, 시리아, 소말리아, 리비아, 수단, 이란과 예멘' 등이 있다. 2019년 현재 미국이 직접 또는 간접으로 개입하고 있는 전쟁터다.

그나마 북한과 이란에서는 아직 전쟁이 터지지 않았지만 '악의 축'이라는 낙인이 찍힌 뒤 이들 나라는 현재 국제사회에서 가장 중요한 '안보' 문제국이 되어 있다. 그러나 누가 무슨 자격으로 '낙인'을 찍었고, 근거는 있는지, 낙인을 당한 국가의 입장은 무엇인지에 대한 관심도 질문도 별로 없다. 국제사회의 '눈과 귀'가 미국과 영국 언론에 의해 가려져 있고, 국가 간 '발언권'이 평등하지 못한 현실과 관련이 있다.

산 너머 산

설악산에 가면 장엄한 울산바위가 있다. 둘레 4킬로미터에 높이는 873미터나 된다. 이 바위와 관련한 재미있는 전설이 전해진다. 옛날

조물주가 금강산을 만들려고 전국의 이름난 바위를 모두 모이라고 했다. 원래 울산에 있던 이 바위는 그 소식도 늦게 들었고, 덩치도 너무 컸다. 속초 언저리에 도착했을 때 벌써 1만 2000개의 봉우리가 모두 채워졌다는 얘기를 들었다. 하는 수 없이 설악산에 머물렀다. 인근에 있는 신흥사 스님들은 명품 바위를 보고 아주 좋아했지만 사단이 생겼다. 멀쩡한 바위를 뺏긴 울산 현감이 매년 세금을 내라고 요구했기 때문이다. 궁리 끝에 도로 바위를 가져가라고 했고, 현감은 '재로 꼰 새끼'로 묶어 주면 그렇게 하겠다고 답했다. 골머리를 앓던 스님들에게 어린 동자승이 한 가지 지혜를 냈다. 바닷물에 오랫동안 절인 새끼줄이라면 겉은 타도 속이 남을 것이고 재로 만든 것처럼 보인다는 얘기였다. 결국 현감은 세금 받는 것을 포기했고 울산바위는 지금의 자리에서 위풍을 자랑한다. 엉뚱하게 전설을 언급한 이유는 '지혜'의 중요성 때문이다. 한국만 한 군사력이 없어도, 또 한국보다 못 살아도 행복하게 사는 국가는 많다.

지도를 보면 사우디아라비아 한 귀퉁이에 조그맣게 붙어 있는 카타르(Qatar)란 나라가 있다. 헌법은 있지만 왕이 다스린다. 인구는 260만 명에 불과하지만 일인당 GDP는 12만 달러로 아주 잘 산다. 돈 많고 힘은 없지만 상당히 지혜롭다. 1991년 걸프전 이후 수도 도하(Doha)에 미국 공군 중부사령부인 '알우데이드(Al Udeid)' 기지를 유치했다. 현재 이곳에는 약 4400명의 미군이 주둔하고 있다. 주변에 있는 이란이나 이라크를 비롯해 사우디아라비아도 함부로 하지 못하는 이유다.

또 1996년에는 '알자지라(Al Jazeera)'라는 24시간 뉴스채널을 세웠다. 영어와 아랍어 등 두 개 언어로 방송한다. 미국과 영국의 관점이 아닌 '아랍의 관점'을 제시하는 것이 목표다. 이라크전쟁, 리비아사태, 시리아 내전과 이슬람국가(IS) 등을 거치면서 최소한 중동에서는 영국의 BBC나 미국의 CNN보다 더 영향력이 있다. 국제사회의 여론을 좌우하는 막강한 영향력을 가진 언론사를 통해 외교 역량도 상당한 수준으로 키웠다. 그렇지만 군사력으로만 보면 세계 100위에 불과하다.

동남아의 싱가포르 역시 성공한 사례다. 원래 영국 식민지로 1963년까지 영국 부대가 있었다. 지리적으로 보면 말레이시아와 한 국가로 사는 게 맞지만 1965년에 이곳으로부터 독립했다. 군사력은 세계 67위다. 인구는 500만 명에 불과하지만 국민 일인당 GDP는 6만 달러가 넘는다. 싱가포르가 인도네시아와 말레이시아 등 주변국의 위협에서 벗어나기 위해 선택한 전략은 카타르와 달랐다. 미국이나 중국 등 더 강력한 나라에 의존하는 대신 온 국민이 '무장'하는 방법을 택했다. 국민의 애국심을 높이기 위한 전략으로 '평등'하게 '잘 먹고 잘 사는' 정책을 찾았다. 국민의 80퍼센트 이상이 정부가 제공하는 임대주택에서 산다.

정치적으로는 독재에 가깝고, 리콴유 총리가 오랫동안 수상을 지냈다. 역시 24시간 방송하는 '채널뉴스아시아(Channel News Asia)'라는 언론사를 운영한다. '로고'로 'A'를 사용하는데 아시아(Asia)를 나타낸다. 미국도, 영국도, 중국과 러시아의 관점도 아닌 아시아의 '관점'에서 '지역 문제'를 제대로 이해하고, 함께 논의하고, 공존할 길을 찾자는 것이 목표다. 외환위기도 비켜 갔고, 이웃 인도네시아와 같은 테러도 없다.

국제사회는 힘으로만 움직이지 않는다. 전 세계 사람들이 '낙원'이라고 부러워하는 북유럽 국가들의 군사력도 대단치 않다. 2018년 자료에 따르면 스웨덴은 31위, 노르웨이는 36위, 네덜란드는 38위에 불과하다. 덴마크는 54위다. 국방비에 돈을 적게 쓰면 그만큼을 국민 복지에 투자할 수 있다. 한국은 왜 다를까? 왜 이렇게 못 살까?

지혜롭게 살아가는 필수 조건으로 알려진 '정보' 관점에서 보면 상황은 더 우울하다. 쉽게 생각하면 된다. 필요한 정보를 제대로 보고 듣는 것과 필요한 정보를 혼자 힘으로 생산하는 것, 자신의 입장을 설득력 있게 전달하는 것, 또 남에게 약점이 될 만한 정보를 함부로 유출하지 않는 것. 대강 이 정도다. 정보주권의 본질도 이것과 다르지 않다. 군사력, 경제력, 정보력이라는 개념은 강대국과 약소국을 구분하는 잣대로 많이 쓰여 익숙하다. 정보에는 과학, 의학과 기술 같은 도구적인 것과 정치학, 경제학 등 사회과학, 또 음악과 미술, 문학과 같은 인문학 등이 모두 포함된다. 정보기관이 음성적으로 또는 공식적으로 수집하는 정보 역시 중요한 부분이다.

모든 국가가 평등하게 갖고 있지 않을 뿐만 아니라 정보력의 차이가 경제력과 군사력으로 이어진다는 것이 문제다. 가령 핵확산금지조약(NPT)이라든가 원자력에너지기구(IAEA)의 주된 목적은 핵 관련 기술이라는 '정보'를 통제하는 데 있다. 원자력기술을 사용하려면 IAEA의 사찰을 받아야 한다. 핵무기를 만드는지 정기적으로 감독하겠다는 의도도. 생존을 위한 에너지가 필요하기 때문에 많은 국가는 감시를 받는 조건으로 NPT에 가입한다. 기존에 핵을 가진 국가는

카타르에 있는 알우데이드 미 공군기지

선제공격을 하지 않겠다는 것과 핵무기를 앞으로 줄이겠다는 약속만 한다. 한쪽은 의무이고 한쪽은 선택이다.

개발도상국 모임인 G77을 중심으로 1970년대 말 '신국제정보질 서(New International Information Order)'를 요구한 것도 정보를 둘러싼 불평등 때문이다. 미국은 인공위성과 인터넷으로, 또 영국은 케이블로 전 세계에 닿을 수 있다. 국제사회가 미국의 CNN과 영국의 BBC 를 보고, 나아가 미국의 구글(Google)과 페이스북(Facebook)을 쉽게 접할 수 있는 데는 이유가 있다. 일상의 흐름을 파악하는 데 꼭 필요 한 '눈과 귀'는 물론 의사를 표현하는 수단인 '입'을 이들 나라가 독점 하는 상황이다. 미국이 친구라고 생각하는 국가에서 일어나는 안 좋 은 일은 국제사회가 잘 모르고, 반대로 북한과 베네수엘라 같은 곳의

'부정적'인 뉴스는 금방 국제적 화젯거리가 된다. 북한의 입장에서 억울한 게 있어도 국제적 여론에 직접 호소할 길이 없다. 북한 방송을 들을 수도 없고 인터넷을 통해 동영상을 내보내도 주목받지 못한다. 반면 미국 정부의 입장이나 해명 혹은 주장은 전 세계에 곧바로 전달된다. 무엇을 해야 할까?

강대국, 약소국, 국제사회가 공동으로 해야 할 일이 있다. 강대국은 약소국 뉴스를 전할 때 너무 부정적인 것에만 초점을 맞추지 말고 맥락을 함께 전달하도록 노력해야 한다. 약소국 입장에서는 자신들이 힘을 모아 좀 덩치가 큰 '채널'(입)을 만들어야 한다. UN과 같은 국제기구에서는 국내에서 언론이 잘못 보도했을 때 법원이 하는 일을 하면 된다. 강대국이 왜곡된 보도나 전쟁을 부추기는 혐오 보도 또는 약소국의 정치를 불안하게 하는 선동 보도를 할 경우 일정한 책임을 지게 하는 일이다. 반론을 제기할 수 있는 권리를 약소국에 보장하는 것도 한 방법이다. 그럴듯하지만 현실성은 없다.

미국 입장에서 그렇게 할 이유가 없다. 언론의 자유가 보장되는데 왜 약소국의 입장을 대변해야 하는지에 대한 설득력이 없다. 목소리가 작으면 키우면 될 일이고, 미국 뉴스를 듣기 싫으면 거부하면 된다. '자유로운 정보의 유통(free flow of information)'은 오히려 후진국에도 도움이 되는 것이고, 그래야 독재자들이 정보를 자기 마음대로 통제하지 못한다고 여긴다. 곤란한 처지에 빠진 건 약소국들이다. 공짜로 주는 서방 언론을 거부하면 까막눈이 된다. 무턱대고 개방을 하면 국민은 날마다 자기 나라가 한심하다는 얘기를 듣는다. 잘 사는 선진국과 비교하게 되면서 상대적 박탈감이 생기고, 내부에는 불만이 쌓인다. 엎친 데 덮친 격으로 전 세계를 겨냥해서 천문학적인 돈을 들여 만드는 영화와 국산 영화는 비교가 안 된다. 국민의 가치관, 생활방식과 문화 전반이 물들 수밖에 없다. 40년이 지난 지금도 상황은 별로 달라지지 않았다. 오히려 악화되고 있다.

각별한 인연 덕분에 거의 30년이라는 시차를 두고 자주 만나는 친구가 있다. 중학교 3학년 I학기를 마치고 전학을 갔고, 잠깐 스치는 정도를 빼면 깊이 있는 대화는 하지 못했다. 최근 술자리 안주로 옛날 얘기를 하다 보니 동일한 장면을 기억하는 방식이 너무 다르다는 게 참 놀라웠다. 아는 만큼 보인다는 말처럼 그때는 너무 어렸다. 직장생활을 거치고 결혼을 하고 애들을 키우면서 옛날 풍경이 이제는 '입체화'로 보인다. 미국으로 유학을 나오기 직전의 한국 상황이 인간의 나이로 치면 이때와 비슷했다. 정부 세금으로 운영되는 공영방송 KBS에서 CNN 뉴스를 바로 번역해서 보여 주던 때였다. 국내 유력 일간지의 모 논설위원은 국제적 방송인 CNN을 '미국' 언론으로 보는 것은 글로벌 시대에 안 맞는 '퇴행적'인 모습이라고 꾸짖었다. 국가부도 직전으로 몰리면서도 우리는 '정부 관료'보다 블룸버그 통신과《월스트리트 저널》을 더 믿었다. 한국과 이해관계가 없는 외부인이기 때문에 보다 '객관적이고 공정할' 것이라는 믿음이었다.

박사 논문을 준비할 때는 시간이 한참이나 지난 후였다. 2005년쯤으로 기억한다. 말레이시아 방식을 의심하던 목소리도 많이 줄었다. 필리핀, 인도네시아와 한국보다 훨씬 좋은 결과였다. 분위기에 눌려 침묵했던 다른 관점이 속속 나왔다. 권위가 낮은 국내 학자들이 아닌 조지프 스티글리츠, 제프리 삭스와 마틴 펠드스타인 등 쟁쟁한 미국 학자들의 주장도 잘 알려진 상태였다. 그러나 한국 사회는 완강했다. 재벌과 관치금융이 문제였다는 생각은 '상식'으로 자리를 잡았다. 당연히 아르헨티나, 터키, 브라질 등에서 발생하는 위기는 눈여겨보지 않았다. 진실이 무엇인지를 묻기보다 "한국은 왜 배우지 않거나 못하는 것일까?"라는 질문이 더 적절했다. 복잡하고 전문적인 지식이 필요한 경제 분야라 그런 게 아닐까 생각했지만 그것도 아니다. 국제정치, 문화, 외교 등 분야와 상관없다.

　미국의 CNN 방송,《뉴욕타임스》,《월스트리트저널》, AP통신, 또 영국의 BBC,《파이낸셜타임스》와 로이터통신을 통해서만 세상을 보고 듣는다. 미국 정부의 말만 듣고 미국의 영향권에 있는 국제기구를 비판 없이 수용한다. 중국, 러시아, 인도 등의 얘기를 직접 들을 생각은 안 한다. 미국 언론을 통해 간접적으로 듣는 것에 만족한다. 언론인만 그런 것이 아니고 지식인도 마찬가지다. 중국의 신화사통신, 중동의 알자지라, 러시아의 러시아투데이(RT) 등은 아예 관심 밖이다. 물론 언어 문제가 있다. 중국, 러시아와 일본의 관점과 고민을 배우려면 영어로는 부족하다. 그러나 영어 자료를 같이 올리는 경우도 많다. 웬만한 24시간 뉴스채널은 아예 영어 방송을 겸한다. 의지의 문제이고 습관의 문제다. 눈과 귀의 역할을 하는 언론이 특히 심하다.

　석사 논문을 뭘로 쓸 것이냐는 질문에 십 대의 순진함으로 대답했다. 당시 서방 언론에 한국을 제대로 알리지 못한 '원인'을 찾아낸 다음, 향후 제대로 된 '홍보'를 할 수 있는 방안을 찾고 싶다고. 외신이 보도한 내용은 정말 잘 정리되어 있었다. 날짜별로, 언론사별로, 기자별로 구분하는 것도 별로 어렵지 않았다. 막연했던 그림이 점차 선명해졌고 한순간 깨달음을 얻었다. 홍보가 부족했던 것도, 오해가 있었던 것도 아니었다. "아니 그걸 몰랐어?"라는 반응이 더 어울리는 상황이었다. 복잡하지 않다. 《조선일보》와 《한겨레신문》의 차이라고 보면 된다. 조직의 구성원과 문화가 일단 다르다. 주요 독자층도 차이가 난다. 중요하게 다루는 뉴스가 무엇인지, 누구의 입장에서 다룰지, 다양한 사실 중에서 무엇을 더 강조할지, 또 줄거리를 어떻게 구성할지 다를 수밖에 없다.

마찬가지로 미국과 영국 언론의 주된 독자는 '한국' 사람이 아니다. 국내에도 독자가 있지만 이들 매체에 광고를 하고, 세금을 내고, 함께 어울리는 사람은 결국 '자국' 사람들이다. 자문을 구하기 위해 연락하는 사람도 결국 주변에 있는 권위자들이다. 그들 관점에서 한국은 결코 비중이 높은 주제가 아니다. 제대로 공부할 이유도 없고 속사정까지 알지도 못한다. 동일한 역사, 문화와 사고방식을 공유하는 관계라는 점에서 대외정책에 장단을 맞추라고 요구할 필요도 없이 미국 또는 영국의 '지배적인 관점'을 취할 수밖에 없다. 공정성, 균형성, 객관성과 같은 규범을 내세우는 언론이지만 여전히 미국, 영국, 프랑스와 중국이라는 국적을 붙이는 것은 이 때문이다. 2018년 5월 19일 자 《조선일보》 「만물상」에는 "리비아 모델"이라는 제목의 칼럼이 실려 있다.

2011년 북아프리카에 불어닥친 '민주화의 봄' 바람은 41년 독재자 카다피를 비켜 가지 않았다. 트리폴리가 반군 수중에 떨어지자 카다피는 서부로 도망쳤다. (……) 카다피의 최후는 김정은의 '악몽'

일 것이다. 카다피가 김정은처럼 핵을 갖고 있었어도 최후를 피할 수 없었다. 제 나라 민중에게 핵을 쏘나. 김정은이 핵을 포기하든 하지 않든 '리비아 모델'은 머리에서 떠나지 않을 것이다.

이미 2016년 영국 의회는 물론 위키리크스 등에서 두루 밝혀진 '진실'은 전혀 반영되지 않았다. 프로파간다로 확인된 미국 언론을 그대로 답습한다.

진보적인 언론사도 비슷하다. "'선 핵폐기-후 보상' 수용한 카다피 몰락"이란 제목의 《한겨레》 기사는 "'해피엔딩'으로 보였던 '리비아 모델'은 카다피가 핵을 포기한 지 8년 만에 산산조각이 났다. 2011년 '아랍의 봄'의 소용돌이 속에서 서방의 공습에 직면한 카다피는 결국 미국이 지원한 반군에 의해 살해되었다."(2018년 3월 30일 자)는 얘기만 나온다. 맥락도 전혀 없고, 그냥 겉으로 드러난 사실만 전한다. 리비아는 멀리 있어서 잘 모를 수 있다고? 조금만 관심을 가지면 알 수 있는 북한에 대해서도 마찬가지다.

북한이 미국 달러를 위조했고 불법으로 돈을 세탁하고 있다는 주장은 허위다. 증거도 없고 미국 스스로 기존 주장을 철회했다. 북한의 기술력으로 100달러짜리 위폐를 만들기 어렵다는 게 정설이다. 그럼에도 불구하고 《경향신문》은 2016년 2월 19일 자 기사에서 "미국은 2000년대 초부터 법무부·재무부·중앙정보국(CIA) 등으로 구성된 특별수사팀을 가동해 북한의 위조지폐 제작과 밀수 등의 불법 활동을 추적했다. 마카오의 금융기관 방코델타아시아(BDA)를 '돈세탁 우려기관'으로 지정할 수 있었던 것도 이들이 확보한 증거가 있었기에 가능했다."고 단정 짓는다. 《문화일보》 또한 같은 해 9월 30일 자에 "2005년 방코델타아시아은행(BDA)의 3.0버전이다. 북한이 금융자산 2500만 달러를 동결당했다가 항복한 추억을 활용하는 기법이다."라고 전한다.

남에게 휘둘리지 않으려면 말을 가려서 들어야 하는데, 이 부분도 문제가 많다. 미국 정부는 일찍부터 프로파간다 매체를 운용해 왔다. 연방방송위원회(Broadcasting Board of Governors)의 통제를 받는데, 국무부 장관을 포함해 대통령이 임명하는 여덟 명으로 구성된다. 외교협회(Council on Foreign Relation)와 랜드 재단(Rand Corporation) 등 미국의 대외정책을 좌우하는 싱크탱크 출신 위원도 많다. 북한과 관련해 자주 등장하는 매체로는 미국의 소리(Voice of America)와 자유아시아방송(Radio Free Asia) 등이 있다. 원래 국제사회만 대상으로 한 것으로, 미국 국민에게는 방송하지 못하도록 했다가 2016년 '외국프로파간다와 왜곡정보 대응법안(Countering Foreign Propaganda and Disinformations Act)'이 통과되면서 지금은 미국 내에서도 시청할 수 있다. 적군을 대상으로 한 심리전을 위해 만들어진 매체로 보면 된다.

그러나 국내 언론에서 이들 매체는 권위 있는 정보원으로 활용된다. 한 예로, 2018년 4월 27일 자 《조선일보》에 "RFA, '북 주민, 남북 정상회담 개최 사실 몰라'"라는 제목의 기사가 있다. "북한 당국이 주민들에게 27일 남북 정상회담이 열린다는 것을 공개하지 않고 있다고 미국 자유아시아방송(RFA)이 26일 보도했다. 간부를 포함해 회담 개최를 아는 일부 북한인들도 당국의 단속이 엄해져 입도 뻥긋하지 않는 분위기라고 RFA는 전했다."는 내용이다.

RFA를 편하게 인용하는 것은 《동아일보》도 예외가 아니다. "북한이 '6·12 북미 정상회담'을 앞두고 내부 동요를 막기 위해 사상교양 활동을 강화하고 있다고 29일 자유아시아방송(RFA)이 보도했다. (……) 지시문에는 풍계리 핵실험장 폐기와 관련, '수억 만금을 들여 건설해 놓은 창조물들을 피눈물을 삼키면서 폭파하지만 앞으로 마음만 먹으면 기존보다 더 현대적이고 기술적으로 완벽한 시설을 만들 수 있다.'는 내용도 담겼다고 RFA가 전했다."(2018년 5월 30일 자)고 보도한다. 진보 성향의 《경향신문》도 별반 다르지 않다. "KAL 858기 폭파범 김현희 북한 테러국 재지정 환영"이라는 제목의 기사는 "김씨는 KAL 858기 폭파 사건 발생 30주년을 맞아 미국의 소리(VOA) 방송이 25일 공개한 인터뷰에서 이같이 밝히고 '테러지원국으로 재지정하고 국제적인 제재를 함께 강력하게 한다면 북한에서도 효과가 일어날 것'이라고 말했다."(2017년 11월 26일 자)고 전한다.

대외정책을 위해 특별한 목적으로 설립한 단체나 관련 인물을 인용하는 일도 많다. 북한인권위원회(Committee for Human Rights in North Korea)라는 단체가 있다. 미국 정부가 설립했다. 부회장을 맡고 있는 인물은 수잰 숄티다. 단순한 인권옹호를 목적으로 하는 게 아니라 북한의 정권교체를 적극 옹호한다. 그는 RFA 혹은 VOA에 단골로 등장하며, 2018년 4월 25일 자 《중앙일보》 기사에도 나온다.

국내외 대북 시민단체가 참여하는 북한자유주간 행사가 오는 28일부터 내달 5일까지 서울에서 열린다. (……) 이번 행사의 대회장을 맡은 수잰 숄티 미국 디펜스포럼 이사장은 "김정은 정권이 최근 유화적인 태도를 취하는 것에 현혹되어 북한 주민들이 자유와 인권을 빼앗긴 채 당하는 고통을 외면해서는 안 된다.”고 강조했다.

단순한 민간인이 아니라 정부와 밀접한 관련이 있는 인사라는 점은 전혀 소개하지 않는다. 미국에 비판적인 정부의 체제 전복을 지원할 목적으로 설립된 ‘국립민주주의기금(National Endowment for Democracy)’도 비슷하게 다루어진다. 국내에서는 열린북한방송, 데일리NK, 자유북한방송 등이 지원을 받고 있다. 방송에 포함되는 중심 내용은 북한 체계에 대한 비판, 김정은을 겨냥한 비판, 그리고 청취자들이 정부에 대항해 봉기하라.’는 호소 등이다.

2012년 3월에 발간된 《월간조선》에는 “수교훈장 홍인장 받은 칼 거슈먼 미국 NED 회장”이란 제목의 기사가 나온다.

미국 국립민주주의기금(National Endowment for Democracy)의 칼 거슈먼 회장이 북한인권개선 노력의 공로로 한국 정부로부터 2월 7일 수교훈장을 받았습니다. 미국의 세계적인 인권단체인 프리덤하우스(Freedom House)[22]의 연구위원과 미국 유엔대표부 인권문제에 대한 선임자문을 역임한 거슈먼 회장은 1984년 민주주의기금의 초대 회장으로 취임한 이래 아시아, 아프리카, 중동, 동유럽 지역의 민주화 증대에 힘써 왔으며, 특히 북한의 민주화와 주민들의 인권 개선을 위해 매년 열리는 북한인권난민문제 국제회의를 후원하고 한국의 비정부기구와 탈북자 단체들의 대북 인권사업을 돕고 있습니다.

권위 있는 인물로 포장해 미국의 관점을 그대로 전달한다. 게다가 국내 언론이 전달하는 국제뉴스의 80퍼센트 이상은 AP통신과 로이터통신 등의 영어권 통신사와 《뉴욕타임스》와 《월스트리트저널》 등의 신문을 통해 유통된다. 국제부에 근무하는 기자들은 주로 영어만 활용하며, 이런 구조에서 아랍, 중국, 러시아 등의 정보는 자연스럽게 배제된다. 프랑스24, 러시아투데이, 알자지라 등 24시간 영어채널이 등장했지만 이들조차 외면당한다.[23]

국제사회에서 보고 듣는 게 적으면 국내에서라도 제대로 된 정보를 생산하면 된다. 국가정보원, 정부 연구기관, 대학과 민간재단 등에서 일하는 지식인이 이 역할을 담당한다. 의학이나 자연과학보다는 정치, 경제, 교육, 행정, 언론 등 인문사회과학 분야의 지식으로 생각하면 된다. 국제사회가 어떻게 작동하는지, 국민의 생명과 재산을 보호하기 위해서는 무슨 정책을 펴야 하는지, 또 국가의 이익을 지키기 위해 대외정책의 우선순위를 어디에 둬야 할지 등을 결정할 때 필요한 정보다. 국가기밀이기도 하지만 간첩 조작에 더 열을 올리는 국정원에 큰 기대를 하기는 어렵다. 정부의 지시를 받아 '맞춤형' 정보를 생산하는 국책연구소도 한계가 있다. 대학 교수와 연구위원 등이 그나마 희망인데 그들도 한계가 많다.

학회 발표로 일본 후쿠야마에 들른 적이 있다. 한국, 중국과 일본 언론이 상대 국가를 어떻게 보도하는지, 왜 그렇게 하는지, 또 앞으로 고쳐 나가야 할 부분은 무언인지를 논의하는 자리였다. 발표 논문이 많다 보니 자연스레 일정이 아침 9시부터 저녁 6시까지로 길어졌다. 청중이 없으면 어쩌나 걱정했는데 그럴 필요가 없었다. 연세가 지긋한 어르신들이 그 긴 시간을 조금도 흐트러짐 없이 채우셨다. 잠깐 동안, 얼마나 무료하면 이런 곳에 와서 시간을 채울까 하는 생각을 했다. 질문도 많았다. 한국과는 너무 달랐다.

국내에서 세미나를 열면 거의 청중이 없다. 정작 들어야 할 사람은 안 오고, 관계자 몇 분만 자리를 채운다. 언론 분야라 그런지 모르지만 오십 대 중반만 넘어도 발표하는 분이 거의 없다. 학회에 잘 나오지도 않는다. 일본은 지식을 대하는 문화가 우리와 다르다. 일본 학자들은 1년에 몇 편씩 논문을 쓰기 위해 연구를 하지는 않는다. 학회에서 만난 한 대학원생은 신문이 특별할 때 발행하는 '호외'만 연구한다고 했다. 인터넷 경매 등을 거쳐서 상당한 분량의 자료를 모았고, 자신은 이 분야의 전문가로 성장하고 싶다고 했다. 한국에서는 꿈도 못 꾼다. 직장을 잡는 건 고사하고 학회에서도 '덜 떨어진' 사람 취급을 받는다. 그래서 모두 '첨단' 유행을 쫓는다.

언론학 분야만 보더라도, 디지털, 4차 산업혁명, 가짜뉴스 등을 다루는 곳에 가면 청중이 가득하다. 한국학술재단이나 공익재단에서 연구자금(펀딩)을 받기도 쉽다. 미디어 회사나 언론사 입장에서는 자기들 현안을 다루어 주니 돈을 안 줄 이유가 없다. 누이 좋고 매부 좋은 아름다운 풍경이다. 정작 소외되는 것은 국민이다. 유행하는 옷이 철마다 바뀌는 것처럼 이 주제도 늘 바뀐다. 그러니 깊이가 있을 수 없다.

귀국한 지 10년이 조금 넘는 기간을 지켜보니 일정한 주기를 두고 반복한다. 연극으로 치면 시나리오는 동일하고 배역과 주제만 조금씩 바뀐다. 십 대에는 유행을 쫓지만 성인이 되면 다른 데 관심을 갖는 게 인지상정이다. 눈앞에 보이는 잇속만이 아니라 더불어 살아가는 방법도 고민한다. 앞으로 10년 뒤 또는 20년 뒤 어떻게 살아남을 것인가를 생각한다. 지식인도 마찬가지다. 국가라는 생명체의 '두뇌' 역할을 해야 한다. 그것이 손과 발처럼 고된 육체노동을 안 해도 되고 나름 존중받고 대접하는 이유다. 왜 못 할까?

많은 이유가 있지만 그중 하나는 '영어'다. 국내에서 지식인으로 살아남으려면 논문을 많이 써야 한다. 국제 저명 학술지나 국내 학술지에 실려야 한다. 인문사회과학 분야에서는 'SSCI'나 'A&HCI'로 분류되는 저널에 실려야 인정을 받는다. 국내 등재지보다 적게는 세 배, 많게는 여섯 배의 점수를 준다. 일부 대학에서는 교수 임용 조건으로 아예 국제 저명 학술지 논문을 필수로 둔다. 영어 논문이 없으면 아예 지원도 하지 말라는 얘기다.

그런데 강명구 교수의 논문에 따르면 재미있는 사실이 발견된다.[24] 2013년 11월 기준으로 SSCI에 속하는 저널은 모두 3126개로 알려진다. 그중 미국과 영국에서 발간되는 저널은 각각 611개와 378개다. 대략 30퍼센트가 넘는다. 캐나다(마흔다섯 개)와 호주(열한 개)를 합치면 영어권 국가의 비중이 전체의 33.4퍼센트나 된다. 독일이 132개, 네덜란드가 105개, 프랑스가 예순일곱 개 또 이탈리아가 예순네 개다. 미국과 영국의 비중은 사회과학 분야에서는 약 80퍼센트나 된다. 심리학, 경영학, 경제학 등이 많다. 국내보다 엄격한 기준을 적용하기 때문에 학문의 경쟁력이 높아진다고 보는 분도 있다. 일부 저널은 그런 자격이 있다. 그러나 현실에서는 다른 그림이 많다.

과학적 법칙을 다루는 자연과학과 달리 이 분야는 '논리, 주장,

해석'을 주로 하는 '담론'이다. 국부론, 사회계약론, 통화주의, 공산주의 등에서 보듯 '주의' 또는 '이론'이다. 예컨대 북미회담이 진행되는 중이지만, 미국을 비난하고 북한을 편드는 논문이 통과되기는 어렵다. 분석의 엄밀함이나 논리 문제가 아니다. 논문 심사자가 다르기 때문이다. 미국과 영국 저널이면 당연히 그쪽에 있는 분들이 심사를 하고, 자신이 처해 있는 상황에서 필요한 주제에 관심을 가질 수밖에 없다. 경영학이나 국제정치에서 최근 대세는 '중국'이다. 한국과 관련한 논문은 별로 관심이 없고 채택될 가능성도 낮다. 그래서 '국적'과 상관없는 국제화된 '분야'가 인기다. 디지털, 통계, 심리학 등과 관련한 논문이 많을 수밖에 없다.

다른 글쓰기와 달리 논문에는 또 문헌조사가 중요한 부분을 차지한다. 미국 저널에 내려면 그쪽에서 진행된 연구를 정리해야 한다. 한국이라면 굳이 미국, 영국, 프랑스 논문까지 인용할 필요는 없으니 분야가 좁혀질 수밖에 없다. 심사를 받아 보면 저널 성격에 맞지 않은 방법론이거나 적합한 주제가 아니라는 말을 많이 듣는다. 영어로 논문을 쓴다는 것도 보통 일은 아니다.

미국 시카고대학교에 있는 밀턴 프리드먼이라는 경제학자가 있다. 헝가리 출신 이민자로 통화주의로 알려진 경제이론으로 노벨경제학상을 수상한 적도 있다. 박사학위를 딴 후 그가 애초 원했던 곳은 하버드대학교였다. 그러나 영어가 문제였다. 미국에서 일찍부터 훈련받지 않으면 영어로 제대로 된 글을 쓰는 것은 쉽지 않다. 학창 시절 동안 줄곧 글쓰기를 배우고, 나이가 들어 책도 읽고, 또 다른 분들과 대화하며 언어 능력을 갈고 닦아야 우리말로 논문을 쓸 수 있다. 국내에 와 있는 외국인 중 이 정도 수준을 갖춘 분은 오슬로대학교에 있는 박노자 교수와 경희대학교에 재직 중인 임마누엘 페스트라이쉬(한국명 이만열) 정도밖에 없다. 특히 철학, 역사, 정치학이나 언론 등에는 날고 긴다는 한국 '필자'들이 많다. 그들이 보기에 외국인의 작문 실력은 한계가 있을 수밖에 없다.

미국 학자들도 보고 배운다는 한국인 교수 한 분을 안다. 그분은 취미가 영어사전을 사는 것이라고 했다.《뉴욕타임스》를 늘 보는데, 항상 새로운 단어가 있는지 확인하고 그런 단어를 논문에 포함시켜야 대접을 받는다는 얘기였다. 프리드먼은 그 정도의 영어가 못된 것 같다. 제대로 논문을 싣지도 못했고, 결국 교수로 임용되는 데도 실패했다. 그래서 그가 선택한 것은 수학이었다. 경제와 수학을 합치면 굳이 뛰어난 영어를 하지 않아도 된다. 원래 수학이 그렇게 많지 않았던 경제학 분야에 수학공식이 많이 들어간 것은 수리경제학(Mathematical Economics) 덕분이다. 결국 프리드먼은 시카고대학교에 자리를 잡았고 이 분야의 대가로 성장했다.

국제 저명 학술지에 외국인이 논문을 싣기 위해서는 불가피한 선택이 '숫자'다. 극소수를 제외하면 상당한 수준의 필력이 요구되는 분야의 글쓰기는 어렵다. 통계 — 그것도 고급 통계 — 를 많이 활용하면 이런 장애물을 쉽게 돌파한다. 국내 괜찮은 대학에 자리 잡은 교수들 중 많은 분들이 숫자를 많이 활용하는 '양적 연구' 전문가들이면서 '통계'를 잘 아는 것은 이런 배경에서다. 논문을 통과할 때 숫자는 유리하다. 크게 의견 차이가 날 일이 없다. 상대적으로 좁은 영역을 다루기 때문에 참고 문헌을 많이 포함할 필요도 없다. 예술로

치면 탐미주의에 가깝다. 논문을 읽어 낼 수 있는 사람도 아주 제한되어 있고, 당연히 일반인에게는 '그림의 떡'이다.

학계에 발을 담근 지 20년이 넘어가지만 지금도 제대로 이해되지 않는 논문이 정말 많다. 외환위기와 관련한 연구를 할 때도 가장 어려웠던 게 수학공식이었다. 금융 관련 분야의 수학을 이해하기 위해 머리를 싸맨 적도 있다. 한동안 논문을 읽으면서 겨우 깨달았다. 결국 말로 얼마든지 풀어낼 수 있는 것을 수학공식으로 대체한 것에 불과하다는 것을. 판사가 보통 사람은 알아듣지도 못한 법률 용어를 남발하는 것이나 국방부나 재경부 등에서 발표하는 자료에 영어 약자(예를 들어, Weapon of Mass Destruction, WMD)가 유독 많은 것과 동일한 맥락이다. 남들이 잘 모르는 단어를 많이 사용해야 권위도 생기고, 반발도 적고, 자기 입장을 관철하기 좋다는 얄팍한 계산속이다.

피해자는 결국 국민이다. 지식인이 생산하는 논문을 보는 사람은 세 명이라는 농담이 있다. 저자, 심사자, 그리고 편집자. 게다가 지식은 공짜가 아니다. 대학 교수들에게 특권을 주는 것은 그만 한 값을 하라는 의미다. 그런데 그들이 생산한 정보는 국민과 전혀 상관이 없다. 외국 저널에 실어야 하기 때문에 한국과 관련성도 높지 않다. 게다가 국민은 그 논문을 읽고 활용할 수도 없다. 속된 말로 하면 '죽 쑤어 개 주는 꼴'이다.

정부가 무려 8250억 원을 투자한 '세계 수준의 연구중심대학(World Class University)'이란 프로그램이 있다. 해외 석학을 초빙해 학과나 강의를 개설하거나 같이 연구하는 게 목적이었다. 그래서 한국계 미국인이 많이 왔다. 대학 평가에 도움이 되는 SSCI 논문도 늘었다. 미국에서 공부할 때 알았던 인도 출신 교수도 한 분 왔는데 너무 좋아했다. 영어로 논문을 쓰고 강의하는데 한 해 최대 3억 원까지 주니 싫을 이유가 없다. 결과는 허무하다. 서울대에서 이 과정을 지켜본 강명구 교수는 이렇게 묻는다.

> 노벨상 수상자 한 사람을 한 학기 머물게 하는 프로그램이 최소 40억 원 정도 든다고 알고 있는데, 정말 우리는 할 만한 장사를 한 것일까? 소위 해외 석학으로 모시고 온 한국인(많은 경우 미국 국적의) 교수들은 한국 학계와 어떤 교류를 하고 있을까? 그들의 연구는 많은 경우 한국 사회와 문화, 한국 산업의 요구와 별다른 관련이 없을 텐데, 그들이 생산하는 영어로 된 SSCI 논문은 누구를 위한 것인가?[25]

영어에 집착하지만 않으면 개선될 부분도 많다. 논문을 우리말로 쓰고 필요한 것은 번역하면 된다. 굳이 모든 학자가 영어에 능통할 필요도 없다. 부끄러운 얘기지만 초등학교부터 지금까지 40년 가까이 영어를 배웠지만 변변한 논문 한 편 영어로 못 낸다. 학위 논문도 영어로만 보면 완전히 고등학생 작품이다. '번역청' 같은 것을 두고 전 세계에서 나오는 배울 만한 고급 정보를 필요에 따라 번역하면 국민 모두에게 피가 되고 살이 될 것이다. SSCI 저널만 해도 유럽에서 발행되는 게 꽤 많지만 한국에서 이들 논문은 존재하지 않는 세상이다.

미국에서 공부해야 대접받는 현실에서 특정 분야를 제외하면 덴마크나 독일로 갈 일이 없다. 박사 학위를 마치고 왔다고 해서 번역만 하고 있을 수도 없다. 그만 한 어학 실력을 갖추는 것과 공부는 또 다른 문제다. 일본은 어학에 소질이 있거나 관심 있는 사람들을 중심으로 한 '번역' 문화가 잘 발달해 있다. 『해리포터』와 같은 소설이 발간되면 일주일 안에 일본어 판이 나온다. 평소 번역으로 먹고사는 사람들이 많기 때문에 라틴어권, 불어권, 아랍권에서 나오는 저술이나 논문 또는 뉴스도 훨씬 많이 제공된다.

전 국민이 영어를 잘하면 부자가 될 것 같지만 전혀 그렇지 않다. 1903년 미국의 식민지가 된 필리핀은 영어가 모국어. 영국의 지배를 받았던 많은 국가도 영어를 잘한다. 아프리카의 나이지리아도 그런 나라 중 하나다. 영어로 된 저널도 많고, 국제학회에서 유창하게 발표하는 학자도 많다. 그럼에도 여전히 지식 식민지다. 영어를 배우느라 결국 중국도, 프랑스도, 독일도, 남미도 놓친다. 영어만 배우면 어딜 가나 자유롭게 얘기하고 배울 수 있을 것 같지만 현실은 그렇지 않다.

일본만 해도 가장 간단한 영어도 하지 못하는 사람이 많다. 한국만 특별한 것이 아니라, 식민지 경험이 없는 국가에서 영어를 잘하는 사람은 일부다. 중국이나 베트남이나 아프리카에 가서 생활하려면 현지 언어를 알아야 한다. 외환위기 이후 영어에 대한 관심이 훨씬 높아졌다는 것도 생각해 봐야 한다. 외국계 자본이 몰려들고 권력을 가진 집단에서 영어 잘하는 사람들의 비중이 높아졌기 때문이다. 영어를 해야 갈 수 있는 직장이 늘어난 것은 맞지만 여전히 절대 다수의 직업은 영어와 상관없다. 정부가 공무원 시험에 영어 비중을 높인 게 문제였다. 외환위기의 영향이다.

구제금융 이후 영어식 상호명도 급속히 증가했다. 미국을 포함한 초국적 자본이 홍수처럼 밀려들어 국내 시장과 국민의 소비문화를 잠식했기 때문이다. 세대 간 단절이 더욱 확대되고 국민이 예전보다 세상을 더 못 따라가는 것도 이런 영어식 표현이 넘쳐 나는 것과 관련이 있다. 중국은 우리와 다르게 접근한다. 상황과 문화, 언어 체계에 맞도록 '변형'함으로써 국가 정체성과 문화를 보존하는 방식으로 수용한다. 가령 중국에서 코카콜라는 커고우컬러(可口可樂), 즉 '입에 맞아 즐겁다.'로 부르고, 패스트푸드는 '빠른 식사'라는 의미의 콰이찬(快餐), 롯데리아는 '즐겁게 노니는 곳'이라는 러티애니(樂天利), BMW 자동차는 '귀한 말'이라는 바오마(宝馬)로 표기된다.[26]

인터넷이 확산되고 글로벌화가 보다 본격적으로 진행되면 영어만 살아남을 것이라고 말하는 사람도 있다. 그럴 가능성은 아주 낮다. 인터넷 사용자 중에서 영어의 비중은 27.3퍼센트에 불과하다. 중국어 22.6퍼센트, 스페인어 7.8퍼센트, 일본어 5.0퍼센트로 여전히 다양한 언어가 공존한다. 한 달에 100만 원이 넘는 영어학원에, 조기유학에, 영어 공부를 위한 휴학에, 영어로 인한 자신감 상실에 국민 전체가 지불하는 기회비용이 엄청나다.

『영어 계급사회: 누가 대한민국을 영어 광풍에 몰아넣는가』(2012)를 쓴 남태현 교수는 이 상황을 "한국 사회의 '영어어천가', '미국어천가'는 참으로 뛰어난 사기입니다. 다 잘할 수도 없고, 다 잘할 필요도 없는 영어에 미쳐 있는 것 자체가 참으로 기막힌 사기입니다."라고까지 말한다. 권리를 지키기 위한 기본권에 속하는 '발언권'도 스스로 포기한다. 나름 이유는 있지만 생각이 어린 것과 더 관련이 깊다.

국제사회는 서로 경쟁한다. 누구도 대신 살아 주지 않고 대신 죽어 주지 않는다. 필요한 정보는 자신이 구해야 하고, 남에게 의지할 때는 그만 한 대가를 치러야 한다. 미국이나 영국 언론이 전해 주는 지식이 스스로 발굴하고 생산한 것과 같을 수는 없다. 할 말이 있으면 자기 입으로 하는 게 맞다. 그래서 구한말 언론이 처음 등장할 때도 이런 생각은 상식에 속했다. 정부의 지원으로 1896년에 창간된 《독립신문》 발간사에는 "한쪽에 영문으로 기록하기는 외국 인민이 조선 사정을 자세히 모른즉, 혹 편벽된 말만 믿고 조선을 잘못 생각할까 보아 실상 사정을 알게 하고자 함"이라는 내용이 있다. 국가 홍보의 필요성을 잘 알고 있었다는 말이다. "우리가 또 외국 사정도 조선 인민을 위하여 간간이 기록할 터이니 그걸 인연하여 외국은 가지 못하더라도 조선 인민이 외국 사정도 알 터이옴"이라는 발언은 국제사회를 제대로 보고 배워야 한다는 의미였다.[27]

일흔 살 고령에 한국으로 건너와 대통령을 지낸 이승만도 국제사회에서 살아남기 위해서는 발언권을 가져야 한다는 것을 잘 이해했다. 40년 가까운 미국 생활에서 몸으로 체득한 지혜였다. 더구나 당시 한국은 미국에 의존할 수밖에 없는 상황이었다. 당시에도 미국 언론과 국내에 특파원으로 나온 사람은 있었다. 그는 의원들을 상대로 한 직접 홍보를 택했다. 그래서 직접 차린 출판사가 코리아퍼시픽 프레스(Korea Pacific Press)이고, 《코리안 서베이(Korean Survey)》를 매달 발간했다. 기획과 편집에도 직접 참여한 것으로 알려진다.

정부는 많은 정책을 쏟아낸다. 국회라는 관문을 넘어서는 것도 힘겹지만 집단이기주의도 문제다. 국민 여론이라는 큰 산을 넘기 위해서는 정부의 입장과 목표 등을 효과적으로 전달해야 한다. 언론을 통한 간접 전달은 한계가 많다. 정부를 감시하고 정책의 부작용에 주목하는 언론의 속성과 일을 해야 하는 정부는 존재가치가 다르다. 국민들로 하여금 보다 많이 저축하고 적게 소비하기, 또 외제보다 국산품을 애용하도록 장려할 필요가 있었다. 국가의 이익을 침해할 수 있는 불온한 사상을 배격하고, 국론을 분열시킬 수 있는 책이나 정기간행물을 감독하는 것도 정부의 역할이다. 한국만 그런 것도 아니고 전 세계 모든 국가에서 일어난다. 1948년 정부는 공보처(Bureau of Public Information)를 설립하여 "법령의 공포, 언론, 정보, 선전, 영화, 통계, 인쇄, 출판, 저작권 및 방송에 관한 사무를 관장"하는 것이 목표라고 밝혔다. 1968년에는 여기에 '문화와 예술'을 포함시켜 문화공보부로 확대했다.

정권 홍보와 국가 홍보를 혼합한 게 실수였다. 권력 집단에 의해 전문성이나 독립성이 훼손될 수밖에 없는 구조였다. 결국 탈이 생겼다. 문제는 1972년 10월의 유신헌법과 뒤이은 대통령의 '긴급조치'였다. 특히 "대한민국 헌법을 부정, 반대, 왜곡 또는 비방"하거나 학교 당국이 허락하지 않은 "학생의 집회, 시위 또는 정치 관여 행위"를 일체 금지한다는 내용이 문제였다. 1975년 김지하는 국가보안법 위반과 내란선동 혐의로 구속된다. "숨죽여 흐느끼며/ 네 이름 남 몰래 쓴다/ 타는 목마름으로/ 타는 목마름으로/ 민주주의여 만세"라는 시를 발표한 게 괘씸죄에 걸렸다. 정부의 입장을 홍보하고 비판적인 여론을 탄압하는 데 문화공보부는 맨 앞에 있었다. 정부에 비판적이던 많은 기자들이 해직되고 협조를 약속한 언론사는 특혜를 받았다. 1987년 민주화 운동 이후 문공부가 해체된 것은 당연한 결과였다.

　공보처의 기능은 그 이후 외환위기 직후인 1999년 국정홍보처에서 잠깐 복원된다. 국제사회에 한국 구조개혁의 진행 과정과 성과 등을 효율적으로 알리고 국민의 참여를 이끌어 내기 위한 조치였다. 그러나 이명박 정부가 들어선 직후였던 2008년 2월에 결국 폐지된다. 흥미롭게도 그해 가을 한국은 제2의 IMF 위기설로 곤욕을 치렀고, 그 이후에도 주기적으로 위기설에 휘청거린다. 2009년 3월 윤증현 기획재정부 장관은 런던에서 '한국 경제의 진실'을 주제로 강연회를 개최했다. 금융위원회 이창용 부위원장 일행은 《파이낸셜 타임스》를 비롯해 《이코노미스트》와 로이터통신 등을 직접 방문해 협조를 구했다. 청와대 비서관 직책의 외신 대변인과 같은 자리가 생겼지만 말 그대로 '외신'의 입을 빌리는 작업이었다. 제대로 작동할 리 없었다. 만약 국정홍보처와 같은 조직이 50년 이상 노하우를 축적했더라면 분명 다른 접근이 가능했을 상황이었다. 정보가 곧 돈이고 힘이라는 것을 잘 알면서도 제대로 정보를 '관리'하지 못하는 것 역시 우리 사회의 슬픈 단면이다.

　"[단독] 채동욱 검찰총장 혼외아들 숨겼다." 지난 2013년 9월 6일자 《조선일보》에 실린 기사다. 불과 일주일 뒤 채 총장은 자진사퇴를 했다. 국정원의 '불법' 댓글 수사는 그 이후 흐지부지된다. 얼마 뒤 수사를 담당하던 윤석열 팀장은 대구지검으로 좌천된다. 도대체 누가 그런 민감한 정보를 밝혀냈고 하필이면 《조선일보》가 발표했는지에 대한 의문은 2017년 문재인 정부가 들어선 이후 밝혀졌다. 남재준 원장이 이끌던 국정원이 배후였다. 현직 검찰총장을 불명예 퇴진시키는 데 필요한 것은 개인 정보 한 토막이었다.

인간은 누구나 많은 민감한 정보를 간직하고 산다. 병원이 보유하고 있는 의료 정보를 비롯해 금융기관, 법원, 공공기관의 개인 정보 역시 법으로 엄격하게 관리한다. 자칫하면 치명적이고 돌이킬 수 없는 결과를 낳기 때문이다. 영화를 보면 몰래 빼낸 신체 정보로 암살을 하는 경우도 있다. 평범한 개인도 이 정도인데 국가는 말할 것도 없다. 만약 지켜야 할 '정보'가 없다면 엄청난 비용과 인력을 들여 '정보 기관'을 둘 필요가 없다. 한국은 이런 점에서 참 이상한 나라다. 미국의 비위를 맞추기 위해 서둘러 외환 내역을 공개하기로 했다는 것은 앞에서도 말한 바 있다. 그런데 더 있다.

국제사회에 공짜는 없다. 반세기 조금 넘는 동안 미국이 한국을 각별하게 챙겼다는 자료는 참 많다. 고급 공무원, 법조인과 엘리트 장교에게 베푼 특혜도 그렇다. 미국 국무부가 비용의 일부를 맡고 한국 정부가 나머지 비용을 댄다. 공무원 연수 프로그램으로 잘 알려진 곳으로 미네소타, UC버클리와 위스콘신대학교가 있다.[28] 버클리 출신으로는 조순, 나웅배, 김기환, 김영덕(서강대학교 명예교수), 손보기(연세대학교 명예교수), 김만복(전 KBS 지휘자), 김병진(대림엔지니어링 회장), 최순달(전 체신부 장관)과 김병훈(전 청와대 의전수석) 등이 있다.

법조인 중에도 많다. 이회창 전 한나라당 총재를 비롯해 이돈희(전 대법관), 박희태(국회 부의장), 박윤흔(전 환경처 장관), 한영석(전 법제처 차장), 윤순영(전 고등법원장), 또 법무법인 태평양 대표변호사 이종욱과 율촌 대표변호사 우창록 등이 이곳에서 공부했다. 위스콘신대학교 프로그램은 '개발센터(Center for Development)'가 주관했다.[29] 관료면 무조건 입학 허가를 내주고 학사 관리도 별로 엄격하지 않았다고 한다. 대표적인 인사로는 최경환(경제부총리), 김진표(교육부총리), 이윤호(지식경제부 장관), 윤증현(기획재정부 장관), 정덕구(산업자원부 장관)와 윤상직(산업통상자원부 장관) 등이 있다.

장교를 위한 프로그램은 더 많다. 한국만 대상으로 한 것은 아니고 미국이 전략적으로 필요하다고 생각하는 국가의 장교를 대상으로 한다. 남미 어지간한 국가, 인도네시아와 필리핀 등이 모두 해당된다. 크게 초급 장교를 대상으로 한 해외군사교육훈련(International Military Education and Training, IMET)과 전문직군사교육(United States Professional Military Education, US PME)으로 구분된다. 우리가 경제적으로 어려울 때는 전액을 지원해 주었다. 지금은 일부만 그쪽에서 지원하고 국방부가 나머지 비용을 댄다. 미국 무기를 사고파는 회계 과정에 그 비용이 포함되어 있다고 전해진다.

한국에서 가장 잘나간 장교들은 모두 이 프로그램을 다녀왔다고 생각하면 된다. 김종필, 전두환, 노태우, 강영훈(전 국무총리), 정원식(전 국무총리)이 모두 해당된다. 1979년 12·12 군사반란의 주역들 대부분이 이곳 출신이다. 당시 핵심 세력이던 전두환, 차지철(전 청와대 경호실장), 박희도(전 육군참모총장), 장기오(중장 예편, 전 총무처 장관), 최세창(전 육군참모총장) 등은 모두 미국 조지아 주에 있는 포트 베닝 육군보병학교 동문이다.

중국 춘추시대 손무가 쓴 『손자병법』이란 책이 있다. "적을 알고 나를 알면 백 번 싸워도 위태롭지 않다." 또 "최고의 병법은 싸우지 않고 이기는 것"과 같은 가르침이 포함되어 있다. 미국이 많은 돈을 들여 공무원, 법조인과 장교를 대상으로 유학 기회를 주는 이유를 잘 보여 준다. 그런데 이런 프로그램이 정보 유출과 무슨 관련이 있을까? 몇 단계를 짚어 보면 윤곽이 나온다. 일단 미국 시스템을 자연스럽게 이식할 수 있다. 공무원이나 장교가 배운 것을 결국 한국에 와서 적용하게 된다.

군대 시절 본 그 많은 군사교본은 모두 출전이 미국이다. 한국 행정학 시스템이 미국과 거의 판박이라는 것도 잘 알려져 있다. 초급 장교를 대상으로 한 IMET을 빼면 모든 가족이 같이 지낸다. 자녀들은 그곳 학교에 다니고, 부인들은 교회에 나가고, 본인들은 미국 교수나 동료 장교 또는 법조인과 어울린다. 누군가에게 호감을 가지면 생각도 닮아 가기 마련이다. 자연스럽게 미국 주류가 갖는 생각을 한다. 미국 정부 입장에서는 이들의 기본 정보가 꾸준히 축적된다. 일종의 참여관찰 대상자라 생각하면 된다.

한국에 돌아가면 지배계급을 형성할 사람들이기 때문에 이들을 알면 한국 전체를 통제할 수도 있다. 학위 과정일 경우에는 논문을 통해 국가비밀에 해당하는 핵심 정보에 접근할 수 있다. 당시 공무원들이 쓴 석박사 논문은 희한하게도 거의 찾을 수가 없다. 일반인은 반드시 학술재단에 등록해야 하는데 공무원은 해당 사항이 없는지, 아니면 뭔가 다른 이유가 있는지는 모르겠다. 경험에 따르면 이들을 통해 미국 정부로 넘어간 정보가 상당하다.

대부분의 유학생이 한국과 관련한 주제로 논문을 쓰는 현실을 감안하면 설득력이 있다. 결국 자신이 잘 아는, 접근할 수 있는 정보, 자신만이 확보할 수 있는 정보를 토대로 논문을 쓴다. 한국에 한정된 것이 아니라도 미국과 한국을 비교하는 연구를 한다. 자연스럽게 국내 고급 정보가 논문에 포함된다. 영어로 된 논문이기 때문에 우리가 미국을 배우는 것보다 미국 입장에서 얻는 게 더 많다. 정부에서 유학을 보낼 때 '정보보호'와 관련한 지침이 별도로 마련되어 있다는 얘기도 들은 바 없다. 공개적이고 합법적인 다른 통로도 있다.

2000년 12월 4일 한국은 IMF에서 빌린 돈을 모두 상환했다. 조기 졸업이었다. 경제주권을 마침내 회복했다는 자화자찬이 이어졌다. 그러나 IMF와 해 온 '연례협회' 및 '보고서' 작성은 그대로 하기로 했다. "IMF와 의무적으로 연례회의를 실시하고 결과보고서를 홈페이지에 공개"하도록 한 협정문 4조 규정을 지키기 위해서다. 매년 여섯 명 정도의 IMF 협의단이 와서 경제 상황 전반을 검토한다. 경제성장 전망치는 얼마나 되는지, 가계부채 문제는 잘 관리되는지, 정부가 추진하고 있는 재정과 노동 정책 등이 타당한지 등을 점검한다. 학창 시절 청소하고 난 뒤 선생님께 검사받는 것과 비슷하다.

좋게 보면 위기를 미리 방지하고, 전문가의 조언을 받아 문제 소지를 없애는 효과가 있다. 그러나 외환보유고, 재정적자 규모, 정부부채 등 민감한 경제 정보가 모두 IMF 손에 넘어간다는 불편한 지점이 있다. 다른 나라도 그렇게 한다는 점과 국제기구이기 때문에 괜찮다는 것도 착각이다. 각국은 자신이 판단해서 공개할 내용만 공유한다. 한국은 외환위기를 겪었기 때문에 이미 더 이상 숨길 수 없다. 국제기구라는 것은 맞지만 실제로는 미국 재무부의 통제를 받는다.

더 자주, 더 자세하게 검사를 받아야 하는 역할을 하는 국제신용평가기관도 있다. IMF와 이들의 관계는 선생님과 반장 정도로 보면 된다. 반장의 검사를 통과하지 않으면 선생님을 만날 수도 없다. 돈줄을 쥐고 있는 IMF 입장에서 신용이 나쁘거나 악화되는 국가에 구제금융을 주기는 쉽지 않다. 반장에게 잘 보이기 위해 과자도 사 주고 가방도 대신 메는 일이 많았던 것처럼 이들 비위 맞추는 게 보통이 아니다.

많은 신용평가사들이 있지만 이런 특수한 관계를 가진 곳은 세 개 회사 정도다. 미국 정부가 공식 인정하는 곳도 이들이기 때문에 피해 갈 도리가 없다. 무디스(Moodys), 에스엔피(S&P), 피치(Fitch) 등으로 모두 미국에 본사가 있다. 정부의 눈치를 볼 수밖에 없는 구조다. 그래서 국가신용등급에서 항상 미국은 I등이다. 2008년 금융위기가 난 이후에도 안 달라진다. 중국이 다공(大公)이라는 국제신용평가 회사를 만든 것은 이 때문이다. '다공'은 2011년 미국의 등급을 A로 낮추었고, "미국의 부채한도 증액과 관련 미국의 주요 정당들 간의 힘겨루기는 미국의 부채상환 능력이 떨어질 것이라는 돌이킬 수 없는 추세를 반영한 것"이라고 지적했다.[30]

국가신용등급을 매기는 항목에는 소득수준, 경제성장률, 대외채무, 재정건전성, 외환보유고와 같은 경제지표도 있지만 정권의 안정성, 전쟁 가능성, 국제금융시장과 통합 정도 등 주관적 요소도 상당하다. 최종 결정이 소수의 '협의'를 통해 이루어진다는 것 역시 문제다. 외환위기 당시 이들은 짧은 기간에 한국을 '부실채권' 수준으로 낮추었다. 넘어진 사람 밟아 준 꼴이다. 또 노무현 정부가 부시 정부의 대북정책에 반대했을 때는 경제 상황과 상관없이 전망을 '부정적'으로 떨어뜨렸다. 전망이 낮아진 것만으로 금융시장은 혼란에 빠지고, 외평채 금리는 높아지고, 정부는 혼쭐이 났다.

평가 비용도 정부가 부담한다. 돈을 내고 심사를 받기 때문에 항상 '이해관계' 충돌 문제가 나온다. 돈 많이 내고 힘 있는 고객에게 큰소리를 치지는 않기 때문이다. 조사단이 오면 장관을 비롯해 정부 핵심 부처에서 융숭하게 대접한다. 있는 자료 없는 자료 다 보여 준다. 국회에서 국정감사 받는 것과 비슷하다고 보면 된다. 그쪽에서 요구하는 정보가 있으면 제출해야 한다. 그러지 않으면 바로 '전망'부터 바꾸고 급기야 '등급'을 내릴 수도 있다. 정보를 '악용'하지 않을 거라고 장담할 수도 없다. 국제사회는 냉정하다는 것을 한 번만 더 기억하자. 정치가 전혀 개입하지 않을 것 같은 영역에도 '힘의 논리'가 작동한다.

인터넷은 누구나 자유롭고 편하게 쓴다. 하지만 누군가는 통제를 하고 누군가는 부당한 대접을 받는다. 한 예로 북한의 '조선중앙통신' 인터넷 주소는 2007년까지만 해도 일본의 서버를 빌린 kcna.co.jp였다. 미국을 제외하고 모든 나라는 도메인 끝자리에 국가를 표시하는 단어가 들어간다. 일본은 JP고, 한국은 KR이다. 지난 2003년 미국이 이라크를 침공했을 때, 또 이란의 핵개발을 늦추기 위해 사이버 공격을 했을 때 이들 국가의 도메인이 인터넷에서 사라진 적이 있다. 국제인터넷주소관리기구(ICANN)가 미국 정부의 통제를 받기 때문에 가능한 일이다.

자동차 운전을 할 때 편하게 사용하는 '지구위성시스템(GPS)'을 관리하는 것도 미국 펜타곤이다. 매년 7000억 원 이상을 관리비로 쓴다. 공짜로 빌려 쓰는 것이기 때문에 필요한 경우 제약을 받을 수 있다. 만약 적대적 행위가 발생하면 미국은 서비스를 중단한다. 그래서 중국은 베이도우(北斗), 러시아는 글로나스(GLONASS), 유럽은 갈릴레오(Galileo)라는 별도의 지리위성 시스템을 운용한다.

정보를 둘러싼 국제정치를 모르는 것을 넘어 한국은 한술 더 뜬다. 국내 기업에 대한 평가도 이들이 장악하고 있다. 한국에는 현재 세 개의 신용평가 회사가 있다. 2016년 기준으로 시장점유율은 나이스신용평가(NICE)가 34.8퍼센트, 한국신용평가는 32.4퍼센트, 한국기업평가도 32.4퍼센트다. 외환위기 전만 하더라도 외국계가 주인이 된다는 것은 상상할 수 없었지만 지금은 다르다. '피치'가 갖고 있는 한국기업평가 지분은 73.56퍼센트다. 한국신용평가는 무디스가 100퍼센트 소유한다. 나이스신용평가만 남아 있는데 조만간 S&P로 넘어간다는 소문이다. 국내 기업의 정보가 모두 외국계 회사로 넘어간다는 말이다.

대주주 요건에 "신용평가사의 공익성과 경영 건전성 및 건전한 시장질서를 해칠 우려가 없을 것"이란 문구가 들어간 것도 최근 일이다. 평가 과정에서 얻을 수 있는 '재무 상황, 주식발행계획, 기술특허, 신규 사업계획' 등 다양한 정보가 노출될 수밖에 없다. 세계 무대에서 경쟁하고 있는 다른 업체로 넘어가지 말라는 법도 없고, 적대적 인수와 합병에 악용될 수도 있다. 공개되지 않은 정보를 이용해 돈을 버는 이러한 탈법을 '내부자 거래'라 하는데, 금융권에서는 아주 흔한 일이다.[31] 참새가 방앗간을 그냥 지나치지 않는 것과 비슷하다. 게

다가 법이라는 잣대를 들이대기 모호한 상황도 많다. 참새를 다 잡을 수도 없고 참새만 욕할 수도 없다. 방앗간에 못 들어오게 하면 된다. 한국은? 무식해서 용감하다고 해야 할까?

3

흔들리며 피는 꽃

대학에 입학할 무렵 도종환의 시집 『접시꽃 당신』을 읽었다. 1980년 대만 해도 타인의 아픔에 대해 다들 공감하는 분위기가 많았다. 선배 중에는 노동 현장에 직접 뛰어든 분도 있었고, 밤에 야학에서 봉사하는 것도 낯설지 않았다. 뭔가 깊은 사연은 모르지만 암 투병을 하던 아내를 떠나 보낸 한 남자의 이야기라는 것만으로 많은 사람이 함께 아파했다. 그의 시 중 「흔들리지 않고 피는 꽃」이 있다.

흔들리지 않고 피는 꽃이 어디 있으랴
이 세상 그 어떤 아름다운 꽃들도
다 흔들리면서 피었나니
흔들리면서 줄기를 곧게 세웠나니
흔들리지 않고 가는 사랑이 어디 있으랴
젖지 않고 피는 꽃이 어디 있으랴
이 세상 그 어떤 빛나는 꽃들도
다 젖으며 젖으며 피었나니

바람과 비에 젖으며 꽃잎 따뜻하게 피웠나니
젖지 않고 가는 삶이 어디 있으랴.

꽃이 피어나는 과정이 우리가 살아온 역사와 비슷하다. 한국은
지금 꽃이 되고 사랑이 되고 싶다. 많이 힘들고 아팠고, 그래도 잘 버
텨 왔기에 자격도 있다.

본질은 서로 통한다. 국제정치를 공부하다 보면 한 개인의 삶이
나 국가의 발자취가 비슷하다는 생각을 많이 한다. 인간처럼 모든 국
가는 태어나고 사춘기를 거치고 시련을 받고 성숙한 단계로 진입한
다. 결혼을 하고 가장이 된다 해서 끝이 아니고, 그때부터 새로운 도
전이 기다린다. 늘 자신을 돌아보고 배워야 하고, 때로는 숙이고 타협
도 해야 한다. 한국은 지금 몇 살쯤 되었을까? 평범한 국가로 성장하
지는 않았지만 그래도 이만하면 꽤나 괜찮다.

접근하는 방식에는 동의할 수 없지만 박근혜 정부의 '자학적 역
사관'을 극복해야 한다는 주장에는 공감한다. 잘났든 못났든 자기 인
생을 부정하고 다음 단계로 나아갈 수는 없다. 그렇다고 과거의 모
든 것이 '최선'이었다고 말하는 것은 틀렸다. 어른이 된다는 것은 잘
못을 인정하고 같은 실수를 반복하지 않는 걸 의미한다. 미래에 대한
희망은 포기하지 않으면서 눈앞에 있는 문제도 직시해야 한다. 제삼
자의 관점에서 냉정한 잣대를 들이대고 아픔을 감수하면서 필요하면
근본적인 변화도 받아들여야 한다. '타자화' 또는 '문제화'시켜야 한
다는 의미다.

족쇄(足鎖)

코끼리가 말뚝에 매여 있는 모습을 본 적이 없지만 코뚜레를 하고 있는 소는 자주 봤다. 덩치는 사람보다 훨씬 크지만 고분고분한 게 참 신기했다. 인간 입장에서는 아주 좋지만 당사자로서는 별로 행복할 것 같지 않다. 원하지 않아도 일해야 하고 쓸모가 없어지면 팔려 나간다. 자기 운명의 주인이 못 된 채 늘 휘둘린다. 원래 타고난 본능이 순종적인 것은 아니었다. 아프리카나 대평원에서 자유롭게 질주하고 사납게 싸우는 모습은 자주 보인다. 코끼리나 소는 왜 이렇게 되었을까? 너무 오랫동안 족쇄에 묶여 있어서 길들여졌을 가능성이 높다.

한때는 족쇄를 끊기 위해 노력했을 것 같다. 그러나 제대로 성장하기 전에는 힘에 부쳤고, 몇 번 하다 안 된다는 것을 깨달았고, 나중에는 아예 시도조차 하지 않았을 가능성이 높다. 평생 제한된 공간에서 살았고 보고 듣는 것도 뻔했다. 그냥 주어진 역할만 잘하면 공짜로 먹여 주고 재워 주는 것도 만족스럽다. 만약 텔레비전이 있거나 대화를 할 수 있어서 다른 삶을 봤다면 변화를 꿈꾸었을지도 모른다. 하지만 달리 잘하는 것도 없을뿐더러 다르게 산다는 게 꼭 좋은 것인지도 확실하지 않은 상태에서 군이 떠날 이유는 없다. 꼭 일치하지는 않지만 2019년 한국은 이와 유사한 상황에 놓여 있다.

한국의 족쇄 중 가장 눈에 띄는 것은 미국이다. 냉정하게 보면, 한국은 미국이 만들었다. 외부에서도 그렇게 보는 시각이 있다. 한 예로, 2018년 터키에서는 "미국의 점령 아래 있는 나라", "미국의 프로젝트 국가", "아시아에서 미국의 전진기지" 등으로 한국을 비하하는 칼럼이 논란이 된 적이 있다.[32] 벌써 70년이 넘어가면서 아예 그 족쇄가 있다는 것도 잊어버린 채 산다. 그러나 결정적일 때마다 우리의 눈과 귀, 입과 머리를 왜곡하는 실체다.

1945년 해방 직후 미국은 남한에 점령군으로 왔다. 단독정부를 세운다는 속내를 처음부터 드러내지는 않았다. 그렇지만 공산화를 막는다는 명분으로 궁극적으로 한반도 전체를 관리하겠다는 욕심은 분명 있었다. 다수 국민이 이런 상황을 원하지 않는다는 게 문제였다. 그래서 동원된 것이 '반공세력'으로 묶을 수 있는 내부자였다. 미국 CIA의 도움으로 귀국한 이승만은 최선은 아니었지만 나쁘지 않은 선택이었다. 항일투쟁을 거쳐 사회주의를 추진한 북한에서 쫓겨난 개신교 세력도 훌륭한 동업자였다.

전쟁을 거치면서 미국은 확실하게 한국을 장악했다. 전쟁 중 확보한 '전시작전통제권'을 통해 합법적이고 유일한 '보안관'이 되었다. 한국 군대도 경찰도 정부도 보안관이 '허락'해 주는 한도 내에서만 자유로웠다. 전쟁으로 폐허가 된 한국을 먹여 살리는 역할도 했다. 미국은 1954년 상호안보조약(Mutual Security Act, MSA) 402조를 통해 원조 금액의 일부를 잉여 농산물 구매에 사용할 수 있도록 했다. 또 1955년에는 공공법안(Public Law, PL) 480호를 통해 한국 통화로 미국의 농산물을 구입할 수 있도록 배려했다. 한국은행에 마련된 미국 정부 계좌로 송금된 이 돈은 주한미군과 관련된 비용이나 한국의 국방 예산으로 쓰였다. 1960년 이승만의 하야와 박정희 정부의 등장에도 미국이 뒷배를 봐주었다.

한국의 효용가치는 '반공' 동맹이었다. 미국과 소련 중 어디에도 속하지 않으려 한 '비동맹운동(Non Alliant Movement)'도 용납하지 않았다. 공산주의를 반대하고 UN 등에서 미국의 손을 들어 주는 이상 독재든 민주주의든 크게 개의치 않았다. 박정희가 1961년에 쿠데타를 일으킬 때도 묵인했다. 굿펠로를 통해 이승만을 설득해 하와이로 보낸 것도 자칫 '반공전선'이 위태로워질 수 있다는 우려 때문이었다.

명예라기보다 '빚'에 가까운 베트남전쟁 역시 반공전선에 동원된 경우다. 미국은 한국의 안보 불안감을 잘 알았고, '주한미군' 철수라는 카드를 통해 한국을 끌어들였다. 한국의 인권 문제에 관심을 가진 것 역시 순수하지 않았다. 한편으로 지미 카터 행정부는 한국의 자주 국방 움직임을 불편해했다. 전 세계에서 핵과 미사일로 스스로를 지킬 수 있는 국가는 적으면 적을수록 좋았다. 미국의 동맹이 남미 독재자들과 유사한 방식으로 인권을 탄압하는 것도 막으려 했다. 1976년에 밝혀진 CIA의 광범위한 불법 행위와 시민권 운동의 영향으로 국내 여론이 악화된 것이 그 배경이었다.

그러나 민주주의라는 명분보다 국익에 더 충실했다는 것은 전두환 정부에 대한 처리 방식에서 다시 확인된다. 민간인을 학살했다는 점은 같았지만 한국은 중국과 전혀 다른 대접을 받았다. 레이건 행정부가 들어선 이후 전두환은 외국 원수로서는 최초로 미국을 방문했다. 1982년에는 주한미군을 철수하겠다는 계획을 철회했다. 일본을 통하기는 했지만 상당한 액수의 경제차관으로 외채위기도 벗어날 수 있었다. 북한을 넘어 소련을 겨냥한 '팀스피리트' 훈련과 무관하지 않다. 클린턴 행정부가 들어선 이후에는 경제 분야에 대한 압박이 시작되었다. 김영삼 대통령이 목숨을 걸고 막겠다고 하던 쌀 시장이 개방되고 금융, 서비스, 통신 등에서 한국 정부가 세운 보호막은 무너졌다. 주권에 속한다고 믿었던 환율 시스템도 온전히 시장에 맡겨야 하는 '자율변동환율제'로 바꿔야 했다.

무장해제를 당한 상태에서 한국은 외환위기를 맞는다. 협상 과정에서 드러난 족쇄도 상당했다. 반공동맹에 대한 예우는 없었다. 미국이 추구했던 재벌 해체를 포함한 일련의 대외정책 목표는 IMF를 통해 모두 관철되었다. 한국은 또 냉전이 끝난 것과 무관하게 군비를 늘리고 북한과 대척하는 상황으로 내몰렸다. 남과 북이 1994년 전쟁 직전까지 내몰릴 때 결정권자는 미국이었다. 또한 부시 행정부는 남북정상회담 등으로 겨우 자리를 잡아 가던 한반도의 평화 분위기를 의도적으로 방해했다.

노무현 정부가 국민의 반대를 무릅쓰고 이라크 파병을 결정한 것도 미국의 압력과 관련이 있다. '사드 배치'와 '평택 기지'를 통한 중국 견제에 한국이 동참하지 않을 도리는 없었다. 또 북한을 노골적으로 위협하는 군사훈련이 반복되고 경제 압박 등이 지속됨에 따라 한반도는 결국 핵전쟁의 위기를 맞았다. 그러나 지난 반세기 동안 미국의 족쇄는 꾸준하게 느슨해졌다. 1980년대 중반 이후에는 '형식적'으로만 남아 있다. 족쇄를 거부하지 않은 것은 우리 자신이다.

눈에 쉽게 띄지 않아 극복하기 어려운 또 다른 것으로 맹목적인 '사대주의'가 있다. 웃어른에 대한 공경. 권력자에 대한 존중. 크고 힘센 나라에 대한 의존. 대상은 다르지만 큰 것을 섬긴다는 사대(事大)의 본질을 잘 드러낸다. 특파원에게 들은 얘기라 학술적 근거는 부족하지만 대외정책에서 이 전략에 능숙한 나라가 일본이다. 1871년부터 1873년까지 일본의 사절단은 미국을 포함한 유럽의 강대국을 두루 방문했다. 국제사회는 '적자생존'이라는 것을 배웠고, 가장 힘센 나라와 연합해야 한다는 것을 깨달았다고 한다. 첫 무대는 1894년에 일어난 청일전쟁이었다. 한때 세계의 중심이라 믿었던 청나라가 영국 함대에 굴복하는 것을 목격한 이후였다. 미국이 등장하기 이전까지 세계를 주름잡았던 영국과 동맹을 맺은 일본은 1905년에는 러시아를 눌렀다. 2차 세계대전에서 일본이 '독일'과 연합한 것 역시 독일의 잠재력을 과신했기 때문이었다. 미국이 참전을 결정하지 않은 상태에서 독일은 러시아와 영국, 프랑스를 압도했다.

패망 이후 일본의 관심은 오직 미국이었다. 『노라고 말할 수 있는 일본』이란 책이 발간된 것도 미국의 후퇴가 뚜렷하던 1980년대 후반이었다. 일본은 미국의 주요 기업과 부동산을 매입했고, 미국에서는 '일본 때리기(Japan Bashing)'가 유행하던 때였다. 소련이 무너진 후 미국의 위상이 다시 확인된 1990년대 이후 일본이 다시 미국에 대드는 일은 없다. 아시아 외환위기가 터졌던 1997년 가을, 일본은 미국의 반대를 확인한 후 아시아통화기금(AMF) 제안을 철회했다. 2002년 9월 17일에는 북한과 체결했던 '평양선언'도 과감하게 접었다.

그러나 패전국이면서 미국의 감시를 받는 일본이 제 잇속을 포기한 적은 없다. 국제사회 현안에도 적극적이다. 2005년에는 지구 온난화의 규제 및 방지를 위한 국제 협약인 '교토의정서'를 이끌어 내기도 했다. 일본에서는 우리와 달리 텔레비전을 켜면 CNN, BBC, 알자지라가 비슷한 비중으로 나온다. 국제통화기금이나 원자력에너지개발기구(IAEA) 등 자국의 핵심 이익과 관련된 기구에는 항상 주요 의사결정 과정에 참가한다. 한 예로 현재 IAEA의 사무총장은 일본인 유키야 아마노로, 그는 외무부 장관 출신으로 핵확산금지조약(NPT) 등에 정통한 인물이다.

또한 F-35 전투기와 같은 첨단 무기를 구입할 때도 계산속이 확실하다. 가령 부품의 40퍼센트는 미쓰비시중공업 등 일본 기업이 생산하도록 하고, 향후 공동 제작으로 수출할 수 있도록 '무기수출 3원칙'을 완화하는 데 미국 정부가 동의하도록 만들었다. 록히드 사는 심지어 전투기 설계 도면도 제공하기로 합의했다.

한국은 좀 서글프다. 핵심이전 기술은 고사하고 구매 가격도 더 높다. 차세대 전투기 사업 KF-X를 주도했던 김관진(전 청와대 국가안보실장)은 "차세대 전투기의 기종 선정은 '정무적으로 고려할 사안'"이라고 거듭 주장했다고 한다.[33] 미국의 혈맹이면서도 '해외무기수출(Foreign Military Sale)' 등급은 2008년까지 3등급에 머물렀다. 그래서 일본은 면제받는 구매 가격의 3퍼센트에 달하는 물품 보관비, 5퍼센트의 연구개발비, 1.7퍼센트의 행정비용 등을 더 부담해 왔다. 그나마 후속 조치가 미흡해 2014년 F-35A를 도입할 때는 구입 금액의 4.35퍼센트(약 2000억 원)를 행정비용으로 냈다. 미국을 섬기는 외양은 비슷하지만 속내는 많이 다를 수 있다는 것을 보여 준다. 패전국에서 짧은 시간에 세계 2위 경제대국으로 성장한 일본이다. 맹목적 사대주의에 머물렀다면 불가능하지 않았을까?

고려 말, 1388년 여름. 몇 년 후 조선을 건국하게 되는 이성계는 군사 쿠데타를 일으킨다. 그는 '원'나라를 공격하라는 최고 사령관 최영의 명령을 거부했다. 작은 나라가 큰 나라를 칠 수 없고, 한창 농사를 지을 때라 전쟁을 하기 좋은 때가 아니라는 게 명분이었다. 그러나 개국공신 정도전의 셈법은 달랐다. 원나라와 명나라가 서로 충돌하는 동안에는 선뜻 어디도 편들지 말아야 한다는 입장이었다. 둘 중 하나의 승리가 분명해지면 그때 '섬길' 대상을 정하자는 계산이었다. 결국 명나라가 이겼고, 만주라는 방대한 지역

IAEA 사무총장 유키야 아마노

은 일시적인 '권력 공백' 상태가 된다. 고조선의 영토를 회복하려 한 정도전은 '요동정벌'을 계획했다. 맹목이 아닌 '전략'을 가진 '사대주의'였다. 문제는 조선 내부였다. 정권을 장악하고 싶었던 태종 이방원은 정도전의 계획에는 관심이 없었다. 겨우 걸음마를 뗀 조선이 명나라의 공격을 받을 수 있다는 우려도 없지 않았다. 결국 명나라와 손을 잡은 이방원에게 정도전은 죽임을 당했다.

　　김훈의 소설 『남한산성』의 배경이 된 1636년의 병자호란도 흥미롭다. 중국에서 제국의 평균 수명은 200년이 채 안 된다. 전국시대를 통일해 최초의 제국을 이룬 진(秦)나라는 불과 15년 만에 망했다. 고구려와 격돌했던 수(隋)나라 역시 40년을 못 채웠다. 인류 역사상 가장 방대한 영토를 점령했다는 원(元)의 역사도 100년에 불과하다. 중국 인구의 1퍼센트에 불과한 만주족이 세운 청나라가 명나라를 위협했을 때는 건국한 지 250년 정도가 지난 때였다. 일본이 침략했을 때 조선에 원군을 보냈던 명나라는 조선의 도움을 지시했다.

대국의 뜻을 거역할 수 없었던 광해군은 1만 명 정도의 군대를 보낸다. 그러나 청나라와 적대관계를 맺고 싶지 않았던 그는 강홍립에게 적당한 때를 봐서 '투항'하라고 지시한다. 명나라를 진심으로 섬겼던 조선의 양반들은 이를 받아들일 수 없었다. 왕에 오른 인조는 청나라의 경고를 무시하고 명나라를 적극 지원했다.

왕이 된 지 5년이 지난 정묘년에 청나라는 1차로 조선을 짓밟았고 7년 뒤에는 한반도를 유린했다. 미처 피난 가지 못한 많은 부녀자들이 청나라로 끌려갔고, 못난 양반들은 거금을 주고 그들을 찾아왔다. 고향으로 돌아온 여자들은 환향녀로 불렸고, 나중에는 정조를 지키지 못한 불결한 여자라는 오명을 뒤집어썼다. 그것으로 비극이 끝난 것도 아니었다. 볼모로 잡혀 갔다 돌아온 후 청나라 배우기에 앞장섰던 소현세자는 의문의 독살을 당했다.

뒤이은 효종은 '북벌정책'을 내세웠고 명나라의 복수를 하겠다고 외쳤다. 명나라 황제 신종의 은혜를 갚겠다는 뜻을 담은 대보단(大報壇)과 황제들의 제사를 모시기 위한 만동묘(萬東廟)라는 사당이 세워진 시기는 숙종이 재위에 있었던 1703년과 1704년이었다. 조선 스스로 '작은 중국([小中華])'으로 불리기를 원했던 시기였다. 청나라로 대표되는 근대화를 거부했고 그 결과는 망국이었다.[34] 왕과 양반은 물론 사회 전반이 이런 풍조에 젖어 있었다는 점에서 지금과 비슷하다.

『정의란 무엇인가』는 미국 하버드대학교의 마이클 샌델 교수가 쓴 책이다. 2010년 5월에 번역된 이후 1년이 못 되어 100만 부를 돌파했다. 인문학 분야에서는 처음 있는 일이다. 대학 강의를 모아 놓은 것이라 내용 자체가 파격적이지는 않다. '갑질'이라든가 '흙수저'와 같은 불공정한 사회에 대한 반발심이 작용했을 수 있다. 그러나 하버드대학교라는 간판이 주는 효과도 무시할 수 없다. 미국의 관료와 학자들이 쓴 책도 곧바로 국내에서 번역된다. 엉터리 진단으로 한국인에게 상당한 고통을 준 미국 재무부 관료들의 책도 예외가 아니다. 당시 재무부 장관이던 로버트 루빈의 『글로벌 경제의 위기와 미국』(2005), 차관보였던 티머시 가이트너의 『스트레스 테스트』(2015)도 그중 하나다.

국제정치나 안보 분야도 똑같다. 2000년에 나온 『거대한 체스판』은 벌써 두 번째 판이다. 평생 반공주의로 일관한, 미국 네오콘의 핵심 이론가 중 한 명이었던 즈비그뉴 브레진스키 작품이다. 대학 교수 시절 이미 CIA와 협력했고, 베트남전쟁과 칠레 쿠데타 등에 깊숙이 개입한 헨리 키신저의 책은 여러 권이다. 『헨리 키신저의 세계질서』(2016), 『헨리 키신저의 중국 이야기』(2012), 『헨리 키신저의 회복된 세계』(2014) 등이다. 미국의 대외정책을 적극적으로 대변하는 새뮤얼 헌팅턴의 『문명의 충돌』과 프랜시스 후쿠야마의 『역사의 종언』과 같은 책도 지체없이 번역된다. 미국의 관점이 있다면 유럽도 중국도 있어야 하는데, 국내에서 이들의 관점을 볼 기회는 훨씬 적다. 번역 자체가 안 된다.

미국 내 한국 전문가 중에서도 유독 '미국 주류' 입장을 대변하는 사람만 찾는 것도 문제다. 외환위기가 터질 당시 스타로 떠오른 인물 중 '스티브 마빈'이 있다. 원래 전공은 금융이나 경제가 아니었다. 그러나 미국 명문 스탠퍼드대학교 출신에 우리에게는 낯선 컨설팅 전문가였다. 박사학위는 물론 석사학위도 없다. 1998년에 그는 「죽음의 고통」이란 보고서를 냈다. 관치금융과 재벌이 원인이라고 비난하면서 "은행 시스템이 정부와 기업 부문에 의해 강간당하고(raped) 있다."는 표현까지 썼다. 환란과 관련한 진실이 상당 부분 드러난 2005년에도 『한국에 제2의 위기가 다가오고 있다』는 책을 선보였다. 국제통화체제의 구조적 문제점이나 한국 정부의 딜레마 같은 것에는 전혀 관심도 없고 제대로 알지도 못했다. 불난 집에 부채질한 사람이었지만 우리는 막대한 자문료를 줬다. 지금은 그를 기억하는 사람도 없다.

MIT 경제학과 교수로 있는 루디거 돈부시도 비슷한 경우다. 경력을 보면 IMF 사람이라는 것을 쉽게 알 수 있다. 세계은행과 뉴욕과 보스턴 연방은행 자문위원 출신이다. 사공일 장관과 친했던 프레드 버그스타인이 소장으로 있는 국제경제연구소(IIE)와 브루킹스연구소에서도 일했다. IMF 부총재였던 스탠리 피셔와 공저로 책을 내기도 한 인물이다. 한국과 같은 개도국은 국내 산업을 보호하기 위해 환율을 의도적으로 높이기 때문에 외환시장 위기가 온다는 주장을 했다. 진단이 편견에 가득 차 있기 때문에 처방도 항상 환율 자유화였다. 약소국 통화를 시장에 맡기면 결과는 뻔하다. 2018년 6월 현재 외환위기를 맞고 있는 아르헨티나, 터키, 인도네시아, 브라질, 헝가리, 폴란드와 체코 등이 모두 그 처방을 받은 국가들이다.

관치금융에 대해서도 혹독하게 비판했다. 《동아일보》의 "못 말리는 관치금융"이라는 제목의 기사에서 돈부시는 "한국은 아무도 사용하지 않고 있는 구형 경제 모델을 아직도 쓰고 있다. 관료주의자들이 자리를 지키고 있는 한 다양한 아이디어와 창조적 정신을 기대할 수 없다."(2000년 3월 18일 자)고 말했다. 돈부시가 작성한 보고서 「우리에 갇혀 있는 호랑이: 기로에 선 한국」에는 "한국이 경제난을 해결하기 위해서는 우선 경제운용의 주도권을 정부에서 민간으로 이양해야 하고", "한국은 일본식 경제운용 방식을 맹목적으로 답습해 기업의 자유로운 경쟁을 저해하고 있으며, 기업도 중앙집권적 운용체제를 유지해 변화에 대한 대응 능력이 부족하고 창의성이 떨어진다."고 분석한 내용이 나온다.

국내 관료들이 석학으로 모셨던 배리 아이컨그린도 별로 다르지 않다. IMF 자문위원으로 일하면서 얻은 경험을 토대로 쓴 그의 책은 2008년『글로벌 불균형』으로 번역 출간된다. 외환위기 당시 뉴욕외채 협상의 수석대표를 맡았던 전 산업자원부 장관 정덕구의 단골 초대 손님이다. 한국개발원(KDI)이나《매일경제신문》등이 해외 전문가를 모시고 특강을 할 때 빠지지 않는 인물이다. 국내 언론이 가장 많이 인용하는 전문가 중 한 명이기도 하다.

문제는 그가 IMF와 상당히 깊숙한 관련이 있다는 점이다. 1998년 이후 지금까지 그가 한 주장을 살펴보면 잘 드러난다. 1990년대 중반 미국은 재무부 내 은행, 무역, 노동 그리고 환경 관련 전문가들로 구성된 국제기준 마련을 위한 전략팀을 신설했고, 여기에는 미국 무역대표부, 노동부, 상무부 그리고 국무부 등이 참여했다. 자기자본비율 8퍼센트나 부채비율 200퍼센트와 같은 기준을 말한다. 미국을 비롯한 서방 선진국에 의해 일방적으로 추진되었다는 점과 그들 스스로 이런 기준을 어기는 데 대한 처벌 조항도 없다.

그러나 아이컨그린은 줄곧 "위기 재발을 위한 유일한 현실적인 방법은 이들 위기에 처한 국가들과 국제기구들이 합의 가능한 수준

배리 아이컨그린

에서 국제기준을 채택, 이를 실행으로 옮기는 데서 찾을 수 있다."는 입장이었다.[35] 2002년 서울대에서 열린 '한국경제: 위기를 넘어'를 주제로 한 학술대회에서도 "한국은 그동안 기업 지배구조를 개선하는 등 많은 부분에서 엄청난 발전을 이룩했다. 만약 한국이 그때 개혁하지 않았더라면 이번 금융위기에서 더 큰 재앙을 맞았을 것이다. 따라서 한국 국민들은 스스로를 긍정적으로 바라볼 필요가 있다."고 주장했다. "금융개혁은 성공적이다. 지금까지 해 온 방식대로 끝까지 밀고 나가 잘 마무리하면 된다. 새로 도입한 변동환율제도도 외부 충격에 대한 완충장치 역할을 잘 하고 있다. 기업 부문이 문제다. 기업 투명성을 높이고 주주중시 경영의 제도적 틀을 마련해야 한다."(《동아일보》2002년 10월 4일 자)는 충고도 잊지 않는다.

안보 문제를 이해하기 위해 주목하는 미국 내 한국 전문가도 문제가 많다. 빅터 차는 미국 조지타운대학교 교수로 재직 중이다. 국가안전보장회의(NSC) 아시아 담당 국장이었고, 최근 주한대사 임명 직전에 낙마한 경험도 있다. 부시 대통령의 측근으로 알려져 있다. 네오콘의 핵심으로 알려진 콘돌리자 라이스 국무부 장관과도 친분이 두텁다. 2004년에는 『적대적 제휴: 한국, 미국, 일본의 삼각 안보체제』란 책을 내기도 한 빅터 차는 햇볕정책 당시 김대중 대통령이 요구했던 북한에 대한 경제 제재를 풀면 안 된다고 했다. 북한은 원래 '악마'

로서 대화나 당근은 체제를 연장시켜 줄 뿐이라고 간주한다.

그래서 북한의 위협을 방지하기 위해서는 한국에 무조건 사드를 배치해야 한다는 논리를 편다. 북한이 아니라 중국을 겨냥한 것으로 미사일방어체제(MD) 편입이라는 우려에 대해서도 반박했다. 2016년 10월 5일 자《시사저널》인터뷰에서는 그는 "미국 역시 사드를 정치적으로 이용하지 않고 있다. 미국은 안보에 관한 결정을 내릴 때 정치를 철저히 배제한다. 현재 3만 명이 넘는 미군이 한국에 주둔해 있다. 따라서 한국의 안보는 미국의 안보와도 직결되어 있다. 미국이 이 문제를 정치적으로 접근하지 않는 이유다."라고 말함으로써 미국의 입장을 철저하게 대변한다.

미국 플레처 국제대학원 교수로 있는 이성윤도 흥미로운 사례다. 보스턴에서 멀지 않은 이 대학원은 공공외교로 유명하다. 전직 CIA 출신으로 심리전 전문가였던 에드먼드 길리언이 세운 학교다. 미국 중심의 보수적인 분위기가 지배적이다. 그는 이곳에서 석사와 박사를 모두 마쳤다. 중학교를 졸업하고 미국으로 건너갔고, 그곳에서 학부와 대학원을 모두 졸업했다. 북한에 대해 특히 강경한 학자로 서울대 등에서 강의한 적도 있다. 그는 미국과 영국 언론에서 단골로 인터뷰하는 북한 전문가다. 2003년《LA타임스》에 "온정은 그만: 북은 위협이다(Turn Off the Goodwill: The North Is a Threat)"라는 제목의 칼럼을 썼다. 김대중 정부의 햇볕정책에 대해 "평화에는 비용이 따른다고 말하지만 한반도 평화는 햇볕으로 인한 평양의 갑작스런 변화가 아니라 과거 50년간 계속된 미국의 방위 협력 때문이었다."는 주장을 내세웠다.[36]

2011년에는 《포린 어페어(Foreign Affairs)》를 통해 「평양의 각본(The Pyongyang's Playbook)」을 발표했다. "북한에서도 민주적인 정권교체가 이루어져서 완전히 새로운 지도체제가 들어서거나 혹은 북한이 망해 남한에 흡수 통일되기 전에는 북한이 핵을 포기할 가능성은 전무"하다는 게 그의 입장이다.[37]

빅터 차나 이성윤 모두 몇 가지 공통점이 있다. 북한을 한 번도 방문한 적이 없다. 일찍부터 미국에서 교육을 받았고, 모범생으로 성장했으며, 북한을 적대시하는 미국 주류의 인정을 받았다. 미국 정부에 대해서도 할 말은 하는 백인 주류와 달리 거의 맹목에 가까운 애국심을 갖고 있다. 제3세계 출신 이민 2세대에서 발견되는 전형적인 모습이다. 북한을 여러 번 방문하고 북한의 입장도 잘 아는 조지아대학교의 박한식 교수와는 전혀 다른 배경이다. 우리는 그중에서 한쪽만 전문가로 인정한다. 보고 싶은 것을 보고 듣고 싶은 것을 듣기 위해서일까? 족쇄에 묶여 한쪽만 보게 된 것일까? 족쇄에 대해 경고하고 부수고 나올 방법을 알려 줘야 할 지식인 역시 또 다른 족쇄가 된 지 오래다.

생명체는 참 신비롭다. 두뇌, 손과 발, 심장 등 각자 맡은 역할이 있다. 그중 하나라도 제대로 작동하지 않으면 정상적인 생활이 힘들다. 인간의 장기에서 '두뇌'는 가장 중요한 요소 중 하나다. 머리에 손상을 입는 것은 팔이나 다리 하나가 잘리는 것과 비교할 수 없다. 단단한 두개골로 감싸고 어지간한 충격에도 다치지 않도록 설계된 것에는 이유가 있다. 세상살이도 비슷한 측면이 있다. 두뇌 역할을 하는 지식인은 좀 특별한 대접을 받는다. 대학이나 연구소 또는 정부 부처와 같은 쾌적하고 차분하고 분위기 있는 곳에서 일한다. 존중도 받고, 자기가 하는 일에 대해 크게 간섭도 받지 않고, 먹고사는 형편도 비교적 괜찮다. 본인이 노력한 만큼 누리는 것이라 할지 모르겠지만 꼭 그렇지는 않다. 일종의 사회적 계약 때문이다. 대접해 줄 테니 그만큼 밥값을 하라는 얘기다.

지식인이 제 앞가림만 하고 공동체를 외면하는 것은 '두뇌'가 손과 발을 모르쇠 하는 것과 같다. 그래서 어느 사회에서나 지식인이 제 기능을 다하면 번성하고 그러지 못하면 패망했다. 권력자는 지식인을 함부로 대하지 않았고, 지식인 또한 '책임과 의무'를 다하는 것을 영광스럽게 생각했다. 그런 계약이 없다면 굳이 대학에 혈세를 쏟아붓고, 대학 교수들을 높은 자리에 모시고, 그들의 자문을 들을 이유가 없다. 정상적인 국가라면 이런 관계가 자연스럽다. 일상에 쫓겨서 미처 보지 못하는 문제를 보고, 원인을 분석하고, 대책을 찾아 준다. 높은 산 위에서 사방팔방의 일을 보면서 평소 듣지 못하는 얘기도 전해주고, 더 좋은 세상에 대한 청사진도 제시한다. 공동체가 추구해야 할 정의, 자유, 평등, 관용 등이 훼손되는지를 감시하고, 약자의 목소리를 대신 전하며, 대화에 필요한 신뢰할 수 있는 고급 정보를 제공한다.

한국의 지식인도 본질은 다르지 않다. 자신이 속한 공동체로 '한국'보다는 '미국'을 우선시하는 지식인이 너무 많았다는 게 문제였다. 홍성민 교수는 이 상황을 "미국이 동유럽이나 남미 여러 나라에서 실시하는 학문 정책과는 달리, 한국에는 미국이 주도하는 특별한 유인 정책이 없어 보인다. 그 이유는 매우 단순하다. 한국은 자국민 스스로가 미국 학위를 취득하기 위해 미국으로 유학을 가고 있어서,

이승만 대통령과 조병욱 내무부 장관(1951년)

미국이 적극적으로 학문 정책에 개입할 이유가 없기 때문이다. 토플, 대학 교수의 SSCI급 논문 게재, 미국 박사학위 소지자의 우대정책을 이식시킨 것만으로도 이미 한국은 미국의 학문에 철저하게 종속되어 있지 않은가."라고 설명한다.[38]

　일본의 식민지로 거의 40년을 살았다. 당시 질서에 반대하던 조선의 지식인은 탄압받았다. 한 사회의 일부가 될 수밖에 없는 속성으로 인해 일본에 필요한, 일본식 삶을 위한 일본인의 역할에 충실했다. 해방 이후 이들이 설 자리는 많지 않았다. 살아남기 위해서는 유일한 '통로'였던 반공주의자가 되는 수밖에 없었다. 토착 지식인이 거의 소멸한 상태에서 신흥 권력집단으로 떠오른 미국 유학파와 보조를 맞추는 게 최선이었다. 해방 이후부터 전쟁을 거쳐 지금까지 미국 유학은 '지식 엘리트'가 되는 지름길이었다. 미국의 영향력을 잘 알았고, 미국에서 석사와 박사를 했고, 본인 스스로 영어가 더 편했던 이승만 대통령이었다. 자기와 닮은 사람들로 주변을 채우는 것은 당연했다. 윤치영(내무부 장관), 김도연(재무부 장관), 임영신(상공부 장관)은 미국 유학파였다.

1950년대 한국을 이끌던 지식인 겸 권력자로 알려진 조병옥(내무부 장관), 임병직(외무부 장관), 허정(과도정부 수반), 백낙준(연세대학교 총장 겸 문교부 장관), 장기영(체신부 장관), 갈홍기(공보처장), 김활란(이화여자대학교 총장 겸 공보처장) 등은 모두 미국에서 공부한 사람들이었다. 나중에 4·19혁명의 원인이 된 이기붕은 뉴욕에서 화초 장사를 했던 사람이고, 부인 박마리아는 이화여대 문과대학장이었다.[39] 일본에 맞서 독립투쟁을 벌였던 집단과는 애초 다른 부류였다. 피를 흘린 적이 없고 오히려 질서가 유지될 수 있도록 도왔다. 다른 말로 하면 부역자다. 미국 선교사의 도움으로 유학을 다녀왔고 대부분 '개신교' 신자다. 당시 미국 주류 목사들이 주장하는 것처럼 "공산주의는 적그리스도"란 것에 대해 의심하지 않았다.

물론 다소 부침은 있었다. 박정희 정부 때는 독일이나 영국 등에서 유학을 한 지식인들도 대접을 받았다. 국내에서 공부한 지식인도 1980년대 이후에는 학계에 목소리를 높이기 시작했다. 권위주의적 정부에 대한 반발심도 미국 유학파의 상대적 위축을 가져왔다. 그러나 정부 고위직과 주요 대학, 주요 연구기관 등에서 이들의 영향력은 꾸준했다. 대부분 미국 정부의 초청으로 공무원 또는 군인으로 유학을 했거나 아예 미국에서 박사학위를 따고 정부 요직을 맡았다. 경제,

교육, 행정학 등 분야도 가리지 않았다.

　세계화와 개방을 추구했던 김영삼 정부에서 이들은 또 다른 전성기를 맞게 된다. 국무총리를 지낸 이홍구(에모리대학교), 재정경제원 장관 나웅배(UC버클리), 재무부 장관 박재윤(인디애나대학교), 외무부장관 한승주(UC버클리), 상공부장관 김철수(메사추세츠대학교) 그리고 민정수석 박세일(코넬대학교)과 경제수석 사공일(UCLA), 외교수석 정종욱(예일대학교) 등이 그들이다. 미국 유학파의 독식은 외환위기 이후 더욱 심해졌다. 미국 모델이 정답으로 인식되던 때였다. 멀쩡하던 가격표마저 1000원에서 999원으로 바뀌었다. 대중의 취향도 다방커피에서 순식간에 아메리카노로 돌아섰다.

　IMF나 세계은행 등에서 근무한 경험이 있거나 시티은행과 살로먼 브라더스, 골드만삭스 등에 인맥이 있는 전문가의 시대가 열렸다. 당시 외환위기 협상을 주도한 임창렬 장관은 IMF에 근무한 경력이 있고, DJ의 경제고문을 맡았던 유종근 지사는 미국 럿거스대학교의 경제학 교수 출신이었다. 1998년 당시만 하더라도 서울대, 연세대와 고려대 등에 박사과정으로 입학하는 것은 결코 쉽지 않았지만, 그 이후 20년에 걸쳐 미국 유학파는 가장 견고한 기득권 집단으로 부상했다. 2000년대 이후 서울의 주요 대학에 임용된 160명의 교수 중 최종 학위를 미국에서 취득한 비중은 전체의 76.5퍼센트에 달했다.[40] 미국 유학은 분명 많은 장점이 있다. 통일신라의 최치원을 비롯해 고려, 조선의 많은 선비들은 중국을 동경과 배움의 대상으로 삼았다. 병자호란 이후 '쇄국' 정책은 오히려 독이었다. 뭐가 문제일까? 해방이 아닌 족쇄가 될 수밖에 없는 이유 중 하나는 유학을 통해 내면화된 '미국'

은 '예외'라는 생각이다.

학위를 마치고 들어오면 학회에서 발표를 하게 된다. 일종의 '데뷔' 무대와 같다. 무슨 공부를 했고, 제대로 배웠는지, 또 장차 동료가 될 수 있는지 등을 탐색하는 자리다. 연세대에서 처음 발표를 했다. 외환위기 전반에 걸쳐 미국이 관련되어 있다는 것과 달러 중심의 통화질서에 대한 개혁이 필요하다는 내용이었다. 그 자리에서 '반미주의 논문'이라는 낙인을 얻었다. 미국 스탠퍼드대학교에서 박사를 한 서울대학교 교수님의 지적이었다. 연구에 무슨 반미와 친미라는 낙인을 찍느냐는 반발도 있었지만 그 후 한동안 '반미주의자'로 찍혀 고생을 했다.

다른 학회에서도 비슷한 상황을 만났다. 미국 언론도 '국적'이 있다는 것과 대외정책에서 때로는 '노골적인 왜곡선전'을 한다는 것을 분석한 논문이었다. 발표가 채 끝나기도 전에 "도대체 미국 언론을 어떻게 보고 그런 말도 안 되는 주장을 할 수 있느냐."는 반박이 나왔다. 전 세계인이 《뉴욕 타임스》나 《워싱턴 포스트》를 읽는 것은 그들이 그만큼 신뢰할 수 있기 때문이라는 말이었다. 특히 대외정책에서는 우리가 아는 것과 다르다고 설명해도 전혀 먹히지 않았다. 다른 학회에서도 비슷하다. 미국은 모든 가치의 기준이 된다. 미국이 이라크전쟁을 벌이기 위해 일부러 거짓말을 했다는 것도 곧이곧대로 안 믿는다. 뭔가 사연이 있겠거니 한다. 관타나모나 아부그라이브 감옥에서 고문이 발생해도 일부 '못된 양'이 실수한 것으로 본다. 한국과 직결된 북한 문제에 있어서도 전혀 다르지 않다.

국제규범으로 봤을 때 한미군사훈련이 불법적 측면이 많다는 것을 인정하는 국제 정치학자는 많지 않다. 외환위기 당시 그 많은 경제학자들이 IMF의 말을 믿었던 것도 이런 까닭에서다. 관치금융은 우리만의 문제이고 미국과는 상관없다고 생각한다. '국제기구'인 IMF가 미국 재무부와 무슨 관계에 있는지도 묻지 않는다. 그래서 중앙대 이혜정 교수는 "미국의 군비증강 '몸짓'을 그들이 내세우는 이름에 현혹되지 않고 군비증강으로 불러 주는 것, 그리고 '불량국가'나 중국의 위협을 강조하는 미국의 현실주의자들이 미국의 군비증강에 의한 안보 딜레마에 주목하지 않는 '침묵'을 또한 비판적으로 이해하는 것"이 필요하다고 말한다.[41] 전후좌우 맥락은 제대로 이해하지 못한 채 눈에 보이는 대로 국내로 수입하는 것도 문제다.

펜실베이니아와 조지아에서 피자 배달을 꽤 오랫동안 했다. 미국이 작동하는 방식에 대해 좀 더 가까이에서 관찰할 수 있는 기회였다. 한국에 도입되어 지금 많은 문제를 일으키는 '정리해고'도 우리와 좀 달랐다. 누군가 일을 잘못하거나 문제가 생기면 바로 '해고'를 시키지는 않는다. 최소한 몇 개월 정도 다른 일자리를 구하도록 시간을 준다. 단기적인 수익을 위해 근로 시간을 멋대로 줄이는 일도 없다. 상당히 합리적이다. 나그네인 한국 사람 눈에는 안 보이지만 지역사회가 밀접하게 연결되어 있기 때문이다. 매니저가 해고하는 누군가는 그의 이웃이거나 한두 단계를 건너면 아는 사람이다. 모든 사람이 최소한의 '견제와 균형'을 할 수 있도록 권한이 분산되어 있다. 그래서 체육대회를 하거나 학교 행사가 있으면 기부를 하는 게 자연스럽다. 남의 일이 아니기 때문이다. 우리가 생각하는 것처럼 함부로 사람을 자르는 일은 잘 안 한다.

그러나 한국인 사장이 있는 곳에서는 전혀 상상할 수 없는 일이 생긴다. 꼭 필요한 시간만 사람을 쓰려 한다. 만약 금요일 오후 5시부터 8시까지 손님이 밀려들면 그 시간만 일하게 한다. 손님이 적어지는 시간은 돌려보낸다. 금요일 주말을 고스란히 비워야 하고, 다른 일도 못 하고, 또 오고 가는 시간과 수고로움은 전혀 계산에 넣지 않는다. 잘못 배운 것과 관련이 깊다. 지역에서 기부를 해 달라고 찾아가도 외면하기 일쑤다. 공동체의 일부라는 생각을 하지 않고 제 몫만 챙기면 된다는 사고방식이다. 미국에서 공부한 사람들도 비슷한 오류를 겪는다.

크게 보면 모든 사회가 닮은 점이 있다. 미국 언론이 정부와 협력할 수밖에 없는 것도 당연하다. 언론의 독자도 광고주도 주요 등장인물도 미국 인사들이다. 언론인 역시 미국에서 자랐고, 그 사회의 분위기에 익숙하고, 본능적으로 애국심을 갖는다. 자신을 죽이려 하는 테러리스트를 옹호할 이유가 없다. 나그네로 미국 언론을 접할 때 이런 배경은 안 보인다. 국내에서 《조선일보》나 《한겨레신문》이나 정부와 얽히고설켜 있을 수밖에 없는 것처럼 그들도 다르지 않다는 게 잘 안 보인다. 정부, 기업, 대학과 싱크탱크, 은행 등이 공통의 이해관계로 묶여 있으며, 그들 또한 '누이 좋고 매부 좋은' 관계를 맺고 있다는 것도 안 보인다. 어릴 때 예쁜 여선생님은 화장실도 안 가는 것으로 생각하는 것과 비슷하다. 겉으로는 아무리 그럴싸한 명분을 갖다 붙여도 이면에는 '잇속'이 개입한다는 것도 잘 모른다. '누가 이익을 보고 누가 손해를 보는지'란 질문을 잊지 말아야 하는데, 그게 잘 안 된다. 가족끼리 그런 질문을 하면 예의가 아닌 것처럼 우리에게 미국은 그런 존재다.

본인이 원하거나 혹은 한국에 필요한 지식이 아니라 미국이 원하는 연구를 해야 한다는 점도 문제다. 한국 정부에서 국비유학생을 받을 때 뭐든 하고 싶은 주제를 연구하게 할까? 일단 지역을 선정하고, 유학 대상자를 고른다. 연구 주제에 대해서도 미리 정해 준다. 직접이든 간접이든 한국 사회에 필요한 지식 생산을 유도한다. 자국에 돌아간 뒤에도 한국과 좋은 관계를 유지하고 필요할 때 도움이 되기를 희망한다. 1950년대 미국이 한국학을 비롯해 인도네시아학, 베트남학, 러시아학, 중국학 등에 집중 투자한 것도 이런 이유에서다.

고려대학교에 들어선 '아시아연구소'는 정확하게 이런 목적으로 설립된 것으로, 자금도 CIA에서 나왔다. 나중에 이곳이 아시아 최고의 '반공연구소'가 되는 것에도 이유가 있다. 1970년대 미국에 유학 간 오십 대 국제정치학 교수들은 대부분 군사론을 배웠다. 1980년대 유학 간 사십 대 교수들은 소련이나 중국, 일본의 지역연구를, 또 삼십 대는 주로 정치경제론을 공부했다. 정부가 연구 자금을 대는 분야였고, 대외정책에 필요한 주제였기에 교수들의 관심이 높았다.

언론 분야도 다르지 않다. 1990년대 유학을 다녀온 많은 분들은 전공이 국제커뮤니케이션이다. 냉전의 막바지를 맞아 미국이 소련과 치열하게 대결하던 상황이었다. 진영 간 갈등이 높아진 상황에서 미국은 보다 많은 동맹세력을 원했고, 공산권을 대상으로 한 프로파간다 활동과 제3세계의 대안언론에도 관심이 많았다.

냉전 이후에는 아시아의 시장개방이 목표였다. 미디어산업과 정책을 비롯해 텔레커뮤니케이션 등에 관심이 높아졌다. 관련 대학원

과정이 늘었고, 잠정적 시장이던 한국 유학생은 상당히 유용한 자산이었다. '보편적 접근권, 디지털 격차 및 소비자 복지'와 같은 이론이 이들을 통해 확산되었고, 국내 통신업계의 재편과 표준화 방향을 결정했다.[42] 정보인프라가 모두 구축된 이후에는 기업체가 원하는 소비자 연구(즉 미디어효과)로 전환된다.

귀국 후 이들은 대학이나 연구소에 자리를 잡았고 자신들이 전공한 분야로 연구를 계속한다. 그 결과 장바티스트 세이가 주장한 것처럼 "공급이 스스로의 수요를 만들어 내는" 상황이 생겼다. 모든 국가는 각자의 고민이 있다. 발전 단계가 다르고 처한 입장이 같지 않다. 미국의 관점에서는 대량살상무기의 확산을 막는 일이 제일 중요하다. 테러리즘을 어떻게 막을 것인지도 고민이다. 베네수엘라나 시리아와 이란의 입장은 다르다. UN을 통해, IMF를 통해, IAEA를 통해 자신들을 옥죄는 미국에 어떻게 저항할 것인가가 이들의 숙제다. 한국도 자기 몫이 있다. 예컨대 북한이 「햇님과 달님」에 나오는 호랑이라 하더라도 우리 관점에서 풀어야 할 숙제가 더 있다는 말이다.

육식동물인 호랑이가 떡을 노리게 된 게 이상하다 생각할 수 있어야 한다. 먹고살 만한 터전을 잃었기 때문은 아닐까 의심할 수 있다. 길목만 지키고 있으면 공짜로 떡을 얻어 먹을 수 있는데 굳이 살인을 한 것도 상식 밖이다. 동물원의 사자도 밥 주는 사육사는 안 건드린다. 탐욕 때문이 아니라 뭔가 다른 배경이 있을 수 있다. 냉전이라고 하는 '죽기 아니면 살기'로 대결하던 때도 아니었다. 혈기 왕성하던 나이도 지났다.

북한은 1980년대 이래 줄곧 내리막길이었다. 군사력 규모도 비교가 안 될 만큼 차이가 나기 시작했다. 호랑이로부터 우리를 지키기 위해 존재하는 '경호원' 미국에 대해 생각해 볼 때다. 호랑이가 정말 있기나 한 것일까? 최소한의 양식과 자립에 필요한 지원을 받기 위해 날카로운 이빨과 발톱을 일부 뽑아 버리기도 한 적이 있었는데, 왜 갑자기 핵과 미사일을 다시 만들까? 한반도 안보 위기가 높아지면서 북한은 물론 한국, 일본과 중국의 사이가 틀어진 것은 우연일까?

질문 자체가 미국이라는 틀에 갇혀 있으면 불가능하다. 전쟁의 피해를 직접 당해야 하는 한국인이기 때문에 가능한 질문이다. 불행하게도 미국 유학파는 이런 걱정을 덜 한다. 나쁘게 보면 재산이나 자식들을 모두 미국에 보냈기 때문일 수도 있고, 좋게 봐주면 미국의 선의를 의심할 수 없도록 교육을 받은 덕분일 수 있다. 본인이 생각하는 공동체가 미국이기 때문에 미국을 위한 지식 생산에 더 충실한지도 모른다. 이만열 교수가 "한국 인재들은 북한 및 동아시아 이슈에서 훨씬 뛰어난 통찰력을 갖고 있으면서도 전략국제문제연구소(CSIS)의 마이클 그린, 프린스턴대학교의 존 이켄베리 등 미국 전문가가 쓴 글을 해석하고 받아들이는 데 온 힘을 쏟는다."고 걱정하는 것은 이런 까닭에서다.[43] 지식 그 자체는 중립적일 수 있지만 많은 주제 중에서 특정한 것이 선택되고, 여기에 돈과 인력이 투입되고, 결과물이 활용되는 과정에서는 늘 '선택'이 개입한다.

연구 방법도 문제가 된다. 설문조사와 실험으로 할 수 있는 연구가 있고 그러지 못한 주제가 있다. 가령 한반도 평화질서 구축 방안과 동아시아 대안통화 방안을 수학과 통계로 해결할 수는 없다. 물론 한국도 오랫동안 이런 고민을 해 왔다. 한국연구재단에서 학술 과제를 선정할 때도 항상 '연구배경'과 '목적' 또는 '기대효과'를 평가한다. 미국에서 공부를 하고, 미국의 문제의식에 익숙하고, 연구방법조차 미국식을 선호하는 특정 집단이 너무 많은 영향력을 갖고 있다는 게 장애물이다. "고인 물은 썩는다."는 말처럼 국내파, 일본파, 중국파, 유럽파 등 '신선한 물'로 정화를 시킬 필요가 있다. 물이 맑아지면 그동안 보지 못했던 족쇄도 보이지 않을까?

파옥(破獄)

루쉰(魯迅, 1881-1936)은 중국은 물론 국내에서도 상당한 존경을 받는 인물이다. 청나라가 아편전쟁 이후 점차 힘을 잃어 가던 1881년에 태어났다. 스물한 살에는 일본으로 유학을 다녀오기도 했다. 다산 정약용이나 연암 박지원과 같은 인물로 보면 된다. 루쉰은 중국을 어떻게든 바꾸고 싶었다. 그의 작품 중 1991년에 나온 유작 『아침 꽃 저녁에 줍다』를 참 좋아했다. 자신이 할 수 있는 일은 '글'을 쓰는 것밖에 없었고 미래에 대한 확신은 없을 때 나온 글이었다. 마치 농부가 씨앗을 뿌려 두고 가을을 기다리는 막막함이라고 할까. 자신을 달래기 위해서라도 '여유를 갖고 내실을 기한다.'는 조화석습(朝花夕拾)의 마음가짐이 꼭 필요했다. 단편소설 『광인일기』를 쓴 동기에 대해 루쉰은 다음과 같이 말한 것으로 전해진다.

가령 말일세. 강철로 된 방이 있다고 하자. 창문은 하나도 없고, 여간해서는 부술 수도 없는 거야, 안에는 많은 사람들이 숨이 막히

루쉰, 『아침 꽃 저녁에 줍다』

고 깊이 잠들어 있어. 오래잖아 괴로워하며 죽을 것이다. 그런데도 그들은 혼수상태이기 때문에 죽음으로 이르는 과정에 놓여 있으면서도 죽음의 비애를 느끼지 못한다. 이때 자네가 큰 소리를 질러서, 그들 중에서 다소 의식이 또렷한 사람을 깨워 일으킨다고 하자. 그러면 불행한 이 몇 사람에게 살아날 가망도 없는 임종의 고통을 주게 될 것인데. 그래도 자네는 미안하다고 생각하지 않는가. 그래도 몇 사람이 정신을 차리면 그 쇠로 된 방을 부술 수 있는 희망이 전혀 없다고는 말할 수 없지 않은가.

국내에서 이 얘기를 거론하면서 자기가 한 일에 대한 정당성을 찾은 사람을 두 분 알고 있다. 그중 한 명은 1977년 『8억인과의 대화』를 쓴 리영희 선생이다. 중국이나 북한에 대해 얘기하는 것만으로 안기부로 끌려가 곤욕을 치러야 했던 시기였다. 일찍부터 박정희 대통령의 눈 밖에 나서 언론사에서 쫓겨난 경력이 있다. 전두환이 쿠데타로 권력을 잡은 직후인 1980년에는 김대중 대통령과 함께 내란죄로 구속되기도 했다. 한국 사회는 이분에게 큰 빚을 지고 있다. 반공이라는 우상을 깨야 한다고 외쳤을 때 심정이 루쉰과 같았다고 했다.

다른 한 명은 김남주 시인이다. 1979년 '남조선민족해방전선'에 연루되어 옥살이를 했다가 나중에 '민주화운동'으로 재평가를 받았다. 시인은 "혁명 없이는, 투쟁 없이는 세상이 바뀌지 않는다." 고 했다. 「희망에 대하여 2」라는 시가 있다.

> 학살의 만행을 만인에게 만인에게 고하고
> 학살에 치를 떨고 일어선 민중들을 찬양하고
> 원군으로서 그들의 영웅적 투쟁을 노래한
> 시인 하나 없는 이 나라에서
> 양키야말로 학살의 숨은 원흉이고
> 양키야말로 이 땅의 모든 악의 근원이고
> 양키가 이 땅에 온 것은 해방군으로서가 아니라 점령군으로서
> 왔다고
> 가르쳐 주는 선생 하나 없는 이 나라에서……

그가 선택한 것도 밖에서 문을 두드리는 일이었다. 절망밖에는 없다고 했던 감옥 안에서는 많은 변화가 일어났다. 결점이 없다고는 할 수 없지만 중국은 그 이후 공산주의를 택했다. 지금은 세계 2위 강대국으로 떠올랐다. 한국의 역사도 만만치 않다. 철권을 휘두르던 박정희와 전두환은 심판을 받았다. 잘한 부분이 없지는 않았지만 평가는 엄했다. 박근혜 정부의 몰락은 국민을 이기는 정부는 없고 무능한 권력은 퇴출당한다는 것을 보여 준다. 물리적인 감옥은 더 이상 없다. 전시작전통제권도 한국 정부가 원하면 돌려받을 수 있다. 주한미군에 대한 최종 결정권도 우리가 갖고 있다. 재벌에 대한 규제, 최저임금제, 외환보유 내역의 공개 등 모든 결정은 자유롭게 이루어졌다.

《한겨레신문》 방북취재추진사건으로
구속 기소된 리영희 논설고문(1989년)

그러나 위에서 본 것처럼 온전한 자유와는 거리가 멀다. 뭔가 다람쥐가 쳇바퀴를 열심히 돌리는 느낌이다. 국제사회에서 이만큼 해 왔다는 것도 놀랍고, 더 이상 올라갈 곳도 별로 없다. 만약 남은 감옥이 없다면 그건 스스로 만든 것이거나 쉽게 눈에 안 띄는 것일 가능성이 크다. 올림픽이나 농구 경기와 비슷하다. 육상과 수영에 금메달이 편중되어 있는 이상 황인종이 백인종을 누를 가능성은 거의 없다. 만약 농구에 3점 슛이 도입되지 않았으면 키 작은 선수가 경쟁에서 이길 방법이 없는 것과 비슷하다. 주어진 게임에 최선을 다하는 것을 넘어 게임의 규칙을 바꿀 방안을 찾아야 할 때다. 감옥을 깬다는 뜻의 '파옥'을 고민할 수밖에 없다.

낯익은 풍경과 작별하기. 파옥을 위한 출발점이다. 한국이 처해 있는 상황을 평면이 아니라 입체로 볼 수 있어야 한다. 과거와 비교하고 현재의 다른 나라와 같이 봐야 한다. 한국이라는 나라가 태어나기도 전에 만들어진 규칙은 무엇이며, 누가 관리하고, 구조적인 불평등은 무엇인지 배워야 한다. 미국만 바라보는 해바라기를 넘어 주변도 둘러봐야 한다. 유럽도, 남미도, 중동과 아프리카도 만나야 한다. 익숙한 방식으로만 보지 말고 좀 불편해도 다르게 보는 눈과 귀를 훈련해야 한다. 미국과 한국의 관계에 대해서도 좀 더 냉정한 잣대를 들이대야 한다. 국제사회의 본질을 생각하면 일방적인 것은 없다.

소설가 박완서가 쓴 『그 살벌했던 날의 할미꽃』에 나오는 것처럼 우리가 겪었던 역사에는 항상 양면이 존재했다. 작가는 제주 4·3사건에 대해 "한 편의 구경거리는 다른 편에게는 대학살이었다."라고 말했다. 공공법안(Public Law, PL) 480호를 통해 식량을 원조해 준 미국에 대해서도 "미국의 자선은 남한인들에게는 부채의식과 자기 연민이라는 식민지적 심리를 강화시켰고 이는 미국에 대한 한국인들의 충성심을 확고하게 만들었다."고 평가했다. 변변한 사례비도 없이 '보안관'으로 자기 소임을 다해 온 미국의 숨은 의도에 대해서도 이제는 눈을 떠야 한다.

전 세계 국방비의 절반 이상을 쓰면서 무려 열여섯 개나 되는 정보기관을 두고 있는 미국의 제국주의 전략 역시 더 이상 외면하면 안 된다. 과연 우리는 어떤 과정을 통해 미국의 문하생으로 성장했을까? 왜 한국인은 미국을 '부모'처럼 생각하고 가능한 순종하려는 것일까? 또 우리보다 먼저 다른 길을 떠난 국가는 누구이며, 지금 그들은 어디에 있을까? 미국이 감독으로 있는 거대한 알의 세계를 깨기 위해 우리에게 주어진 선택은 무엇일까? 지금까지 한 번도 제기하지 못한 질문이지만 이제는 더 이상 피할 수 없다. 그것이 우리의 유일한 살길이기 때문에. 흔들리면서도 속으로 울면서도 꽃이 되고 사랑이 되고 싶기에.

2부
패권질서

남들이 자유를 사랑한다지마는
나는 복종을 좋아하여요
자유를 모르는 것은 아니지만
당신에게는 복종만 하고 싶어요
복종하고 싶은데 복종하는 것은
아름다운 자유보다도 달콤합니다
그것이 나의 행복입니다
그러나 당신이 나더러
다른 사람을 복종하라면
그것만은 복종할 수가 없습니다
다른 사람을 복종하려면
당신에게 복종할 수 없는 까닭입니다.

— 한용운, 「복종」에서

4

지식패권

평생 학교 문턱에도 못 가 본 부친이었지만 유교 경전에는 조예가 깊으셨다. 당신이 외우라고 한 것 중 「주자십회(朱子十悔)」가 있다. 중국 송나라 주희(朱熹)가 남긴, 인간이라면 누구나 범하기 쉬운 열 가지 후회에 관한 기록이다. "부모에게 효도하지 않으면 돌아가신 후에 후회한다."가 맨 먼저 나온다. "젊을 때 부지런히 배우지 않으면 늙어서 뉘우친다."와 "편할 때 어려움을 생각하지 않으면 실패한 후에 후회한다."도 있다. "봄에 밭 갈고 씨 뿌리지 않으면 가을이 된 후에 후회한다."는 말에는 가슴이 철렁한다. 평소 객기를 많이 부린 탓에 "술 취해서 망언한 것은 술 깨고 난 후에 후회한다."는 경고도 와닿는다.

당신은 또 "물이 낮은 데로 흐르듯 덕(德)이 있으면 주변에 사람이 모인다."는 말씀도 곧잘 하셨다. 꽃은 말하지 않아도 벌과 나비가 찾는다고 하시면서 조바심 내지 말고 때를 기다리라는 충고도 주셨다. 지천명(知天命)의 나이에 들고 보니 그 뜻이 더욱 와닿는다. 무려 천년의 세월이 지나고 있지만 삶의 도리(道理)는 크게 달라지지 않음을 알겠다. 100년을 채 못 살다 가는 인생만 그런 것이 아니다. 우리가 몸담고 있는 세상도 변치 않는 게 있으니 곧 '질서'다. 우리보다 먼저 태어났고 우리가 죽어도 남을 존재다. 쉽게 눈에 띄지는 않지만 '언제', '어디에나' 있다. 교통질서를 생각해 보면 쉽다.

일상생활을 위해서는 대중교통이든 자가용이든 이용한다. 지하철이나 버스는 정해진 '노선'이 있다. 지하철 1호선은 인천에서 의정부로 가고, 3호선은 수서에서 일산으로 간다. 자가용도 예외가 아니다. 광화문에서 강남으로 가려면 남산터널을 지나고, 서울에서 대구로 가려면 경부고속도로를 타야 한다. 중간에 신호등도 많이 만난다. 파란색에는 가고 빨간색에는 선다. 횡단보도 앞에서는 속도를 줄여야 하고, 제한속도가 60킬로미터로 정해진 도로에서는 이 기준에 맞추어 운전한다. 대중교통을 타고 갈 때는 시끄럽게 음악을 들을 수 없다. 연세가 있거나 몸이 불편한 분에게 자리를 양보한다. 무단횡단을 하거나 속도위반을 하면 과태료를 낸다. 음주운전을 하다가 걸리면 면허증이 취소되고 교육도 받아야 한다.

너무 자연스럽게 일어나는 일이라 무슨 '질서'라고 할지 모르지만 조금만 들여다보면 생각할 것이 정말 많다. 크게 이해 관계자, 게임의 규칙, 결과물의 분배 및 지속성 관리, 이렇게 네 차원으로 구분된다. 먼저 교통이라는 게임에 참가하는 다양한 이해 관계자들이 있다. 교통사고가 났다고 가정해 보면 누가 포함되는지 알 수 있다. 가해자, 피해자와 목격자들이 있다. 교통경찰이 와서 조사를 할 테고, 누가 다쳤으면 응급차도 온다. 사고 차량을 수습할 견인차도 불러야 한다. 보험회사에도 연락하고, 사건이 좀 크면 언론사도 달려온다. 환경미화원은 주변을 정리하고, 구청이나 도로공사는 보수와 페인트

작업을 한다. 현장에는 대강 이 정도의 관련자들이 있지만 수습 과정에는 더 많이 개입한다. 면허가 취소되는 상황이라면 면허시험장에 가서 다시 시험을 치고 교육도 받는다. 환자가 입원한 병원에서는 의사와 간호사도 있지만 보험회사 또는 가해자와 연락을 해 비용을 정산하는 원무과도 있다. 범칙금이나 과태료가 나오면 은행을 통하거나 경찰청에 들러서 납부해야 된다. 만약 합의가 안 되면 법원도 개입한다. 보이는 것과 잘 안 보이는 규칙(rule)이 존재한다는 것이 두 번째다. 눈에 띄는 것으로는 '법률'이 있다. 술을 얼마나 마셨을 때 음주운전이 되는지, 제한속도가 얼마인지, 누가 더 잘못인지 등은 모두 법에 의해 결정된다. 물론 '칼로 무 자르듯' 명쾌하지는 않다. 낮인지 밤이지 또는 횡단보도 주변인지 일반 도로인지와 같은 상황 요소를 고려하면 복잡해진다. 재판을 통해서는 법에 대한 해석이 이루어진다. 판사에게만 맡기지 않고 실력 있는 변호사를 고용하는 것은 이 때문이다. 한 사회가 공유하는 가치관, 신념, 정서는 물론 윤리와 문화도 개입한다.

피해자가 쓰러진 것을 본 가해자가 보일 수 있는 반응은 다양하다. 양보하고 배려하고 서로 걱정하는 분위기가 있다면 '괜찮은지' 묻고 '병원'에 가야 할지 물을 것이다. 기본적인 신뢰가 부족하고 제 욕심만 앞세울 경우에는 어떻게 하면 '책임'을 회피할지가 우선시된다. 주변 사람들도 다를 수 있다. 선뜻 도움의 손길을 내밀 수도 있지만 괜한 일에 휘말리기 싫어 못 본 척 외면하는 것도 가능하다. 경찰이 개입하는 방식도 얼마든지 차이가 난다. 귀찮은 일이 생겼다는 듯 건성으로 조사를 하고, 나중에 도움이 될 만한 사람을 편드는 것을 법으로 막을 방법은 없다. 명예와 신뢰를 위해 정성껏 또 공정하게 처리하는 것 역시 누가 시켜서 할 수 있는 게 아니다. 작은 사고가 생명을 위협하는 일로 커지거나 별일 없이 지나가는 것은 응급처치와 병원의 대응에 따라 달라진다. 응급환자를 어떻게 다루어야 하는지에 대한 지침서나 이에 따르지 않았을 때 어떤 벌을 받는지에 대한 법규는 있겠지만 그건 나중 일이다. 뒤처리 과정에도 적용된다. 다른 사고가 안 생기도록 하거나 교통 흐름에 방해가 되지 않도록 하는 것은 '억지'로 시킬 수 있는 일이 아니다. 마음이 움직여야 하고, 책임의식을 가질 때 가능하다.

모든 정리가 끝난 후에는 세 번째로 '손익계산' 과정이 따른다. 정산 결과는 대략 세 가지로 달라진다. 모두가 뭔가를 얻는 포지티브섬(positive sum), 모두가 손해를 보는 네거티브섬(negative sum), 한쪽이 이익을 보는 만큼 다른 쪽은 손해를 감당해야 하는 제로섬(zero sum)이다. 교통사고라는 불운을 당했지만 반드시 모두 불행할 필요는 없다. 애초 경미한 사고였거나 주변에서 도와줘서 치료가 잘 된 경우 사고를 낸 당사자로서는 감사할 일이다. 피해자 입장에서도 병원에 오래 있지 않아도 되고, 보험회사에서 넉넉한 위자료와 치료비를 받으면 크게 나쁘지는 않다. 뒷수습을 잘한 경찰은 승진을 하고 도와준 분들은 '선행 시민'으로 표창을 받을 수 있다. 정반대도 당연히 가능하다. 당사자들은 합의를 하지 못하고 법정에서 한없이 지루한 공방을 벌일 수 있다. 경찰도 편파 판정에 시달려 곤경에 처할 가능성이 있고, 도와준 분들은 목격자라는 이유로 경찰에서 조사를 받고, 의료진은 고맙다는 인사는커녕 치료비도 못 받는 상황이 가능하다. 피해자나 가해자 중 한 명만 득을 보는 경우도 있다. 보험회사만 이익을 보고 당사자 모두 손해를 보는 일도 발생한다. 만약 교통사고가 한 번만 발생하는 것이라면 어떤 결과든 큰 문제는 없다. 그러나 또 다른 사고가 생길 것이고, 전체적으로 보면 비슷한 일이 반복된다. 결국 쇼는 계속되어야 한다. 최종적인 관리자인 정부는 이 단계를 가장 심각하게 고민할 수밖에 없다.

다수가 손해라 생각하면 다음 사고가 났을 때 심각한 문제가 발생한다. 각자 자신이 해야 할 일을 절반만 한다면 후유증이 상당하다. 환자의 상태는 나빠질 것이고, 교통은 더 막히고, 사회 전반에 불신과 증오가 확산될 수 있다. 최소한 합산해서 '영점(zero)'이 되거나 모두가 이익을 본다고 인식하도록 해야 한다. 그래야 정상적이고 편리한 교통질서가 달성된다. 정부는 다양한 방식으로 이 문제에 접근한다. 교통사고가 많아지면 건설교통부는 손해보험협회와 손잡고 '교통사고 줄이기' 캠페인을 벌인다. 법규가 공정하지 않은 부분이 있으면 수정을 한다. 보험에서 다 처리해 주지 못하는 치료는 정부가 나서서 도와준다. 한쪽이 일방적으로 희생을 하거나 이익을 보지 않도록 '견제'하고 '조정'한다.

정상적인 국가는 이런 과정을 거쳐 '교통질서'를 확립한다. 물론 질서에 따른 이익이 반드시 평등하게 분배되지는 않는다. 국내의 경우, 그러나 동등한 한 표를 행사하고 얻은 정부라는 합의체가 있다. 전반적으로 봤을 때 공동체 모두에 도움이 된다는 믿음도 있다. 그래서 완전히 다른 게임을 만들려고 하기보다 질서 안에서 '조율'하는 것을 선호한다.

국제사회에서도 각종 질서가 작동하는 방식은 본질적으로는 비슷하다. 다만 몇 가지 뚜렷한 차이가 있다. 강제성을 띠는 법률과 규칙은 있지만 국가 간 합의를 통해 제정된 것은 아니다. 힘의 논리가 작용해 만들어진 것이니 편파적일 수밖에 없다. 예를 들면, 다수가 편의를 볼 수 있는 버스전용차선 대신 외제차 전용차선이 있는 것과 비슷하다. 공정한 사법기관이 정해진 것도 아니고, 이들에게 공정성을 기대할 수 없다는 것 역시 문제다. 국제사법재판소가 있기는 하지만 미국과 같은 강대국에는 별 영향력이 없다. 대신 약소국에 대해 유독 엄하다. 사고를 내거나 과속을 하거나 신호등을 어겼을 때 잘 아는 경찰이 와서 조사하고 결과도 유리하게 조작하는 상황으로 보면 된다. 돈 있고 권력 있는 사람이 언론에도 법원에도 영향을 미치는 구조다. 개별국가, 국제기구, 비정부기구(NGOs), 다국적기업 등 다양한 이해관계자가 참여하지만 '권력' 차이가 너무 난다.

질서에 필요한 습관, 태도, 신념과 문화가 형성되는 상황과 과정도 다르다. 성장 과정의 차이가 제일 큰 문제다. 누구는 점령자였고 누구는 식민지였다. 내재된 정체성이 다른 상태에서 출발한다. 형식적으로는 모든 참여자가 표현의 자유를 누리지만 현실은 일방통행에 가깝다. 각자 다른 언어를 사용하는 와중에도 영어와 프랑스 등 일부 언어는 특권을 누린다. 케이블, 위성과 인터넷 등을 장악한 특정 국가는 이 과정에서 압도적으로 유리하다. 교통법규나 보험약관이 모두 영어로 되어 있는 것과 비슷하다. 질서에 참여하기 위해서는 먼저 배워야 한다. 제대로 모르기 때문에 사고도 잦고 범칙금도 많이 내는 것과 비슷한 상황이 발생한다. 접촉 사고나 과속과 같은 사소한 일로도 '변호사'를 고용해야 하는 것처럼 특정 국가에 대한 '외경심'이 자연스럽다. 질서의 성과물이 분배되는 과정도 평등과는 거리가 멀다.

유치환이 쓴 「행복」이라는 시에는 "그리운 이여 그러면 안녕!/ 설령 이것이 이 세상 마지막 인사가 될지라도/ 사랑하였으므로/ 나는 진정 행복하였네라"라는 구절이 나온다. 나름 고통스럽고 아프기도 하지만 사랑은 그 자체로 좋다. 질서도 비슷하다. 모든 질서는 그것이 아무리 폭압적이라도 '질서가 없는 상태'보다는 낫다. 대한민국 헌법 37조에 "국민의 모든 자유와 권리는 국가안전보장, 질서유지 또는 공공복리를 위하여 필요한 경우에 한하여 법률로써 제한할 수 있으며, 제한하는 경우에도 자유와 권리의 본질적인 내용을 침해할 수 없다."고 밝힌 것도 이런 까닭에서다. 질서가 잡혀 있는 상황에서는 뭔가 일이 진행될 수밖에 없고, 전체로 봤을 때는 어떤 식으로든 진보하기 때문이다. 지금 인류가 처한 상황은 최초의 인간 호모사피엔스가 출현한 35만 년 전에 비하면 분명 좋아졌다. 2차 세계대전 이후만 놓고 보더라도 긍정적인 면이 부정적인 것을 압도한다. 문제는 상대적 박탈감이다. 수확물의 상당 부분은 소수가 차지하고 다수는 떡고물에 만족한다. 과거 식민지를 거느리던 국가는 모두 잘사는 선진국이지만 1950년대 이후 독립한 대다수 국가는 여전히 못산다. 물론 그중 일부는 잘 적응해서 과실을 함께 따 먹는 부류에 포함된다.

이매뉴얼 월러스틴의 세계체제론에 나오는 중심과 주변 사이에 있는 '반주변부'가 여기에 해당한다. 늦게 출발했고 가진 것도 없었지만 중진국으로 성장한 한국과 싱가포르 등이다. 주변부 내부에서도 권력을 장악한 소수는 상대적으로 유리한 위치에 있다. 그러나 중심과 주변의 격차는 지속되고 있으며, 앞으로도 쉽게 개선될 기미는 없다. 교통질서로 돌아가면 범칙금이나 과태료의 상당 부분은 보행자가 내는데 정작 예산은 자동차 전용도로를 만드는 곳에 쓰이는 상황이다. 권력층은 사람을 죽여도 돈으로 해결하는데 대다수 서민은 사소한 신호위반으로도 감옥에 가는 것에 비유할 수 있다. 문제는 이런 상황에서도 쇼는 계속되어야 한다는 점이다.

누가 무엇을 할 것인가? 절대 다수는 이 상황이 일종의 게임이라는 것을 모른다. 관심도 없고, 일상에 쫓겨 산꼭대기에 올라 자기가 살고 있는 마을을 한번 둘러볼 만한 여유가 없다. 멀리서 봐도 껍데기는 보지만 속내는 알 수 없다. 주어진 것이 아니라 인간이 만든 것으로 항상 도전받고 있다는 것을 아는 부류는 소수다. 애초 설계 도면을 그리고, 주요 시설을 배치하고, 관련 작업을 지휘한 감독과 측근 정도만 전체 그림을 안다.

지속 가능성을 고민하는 이들의 입장에서 채찍은 포기할 수 없는 전략이다. 불공평하게 제정되기는 했지만 있는 법규를 적용하면 된다. 너무 편파적이라 문제가 되는 부분은 일부 손질할 수도 있다. 극단적으로 반대를 하는 참여자는 게임에서 배제하면 되고, 소극적인 저항자는 겁만 줘도 굴복시킬 수 있다. 복잡하고 더디긴 하지만 논리적으로, 감정적으로, 또 도덕적으로 회유하는 것도 가능하다. 언어 능력이 부족하면 돈을 지원해서 가르치면 된다. 법규나 보험 약관에 대한 공부도 지원할 수 있다. 반발하기보다 오히려 감사할 가능성이 높다.

먼저 적응한 사람들을 내세워 누구나 열심히 노력하면 보상을 받는다는 공감대를 만드는 것 역시 한 방법이다. 불평등은 있지만 질서를 유지하는 것이 결국에는 모두에게 더 큰 이익이 된다는 것을 논리적으로 설득하는 것도 중요하다. 권위를 인정받는 전문가 그룹이 이런 지식을 생산하고 언론을 통해 대중에게 전달한다. 영화나 뉴스를 통해 질서가 정의롭고 공정하게 진행되고 있다는 인식을 각인시킬 수도 있다. 만약 질서가 잡혀 있다면 이 전략이 제대로 작동한다는 것을 의미한다.

물론 '악의 축'으로 분류되거나 '테러리즘'을 일삼는 불만 세력은 있다. 누군가 전혀 다른 질서를 기획할 수도 있고, 일부는 동조를 하고 또 일부는 기회를 엿보는 상황도 얼마든지 가능하다. 그럼에도 눈과 귀의 역할을 하는 언론이 자기 편에 서 있고, 자신이 처한 상황을 평가하는 데 필요한 지식도 편파적이라는 점을 감안할 때 현상유지(status quo bias)는 변화보다 유리하다. '동의에 의한 지배'라는 국제정치의 본질은 이 상황과 아주 유사하다.

헤게모니(Hegemony)

"결함 없는 넋이 어디 있으랴."라는 말을 좋아한다. 19세기 프랑스 시인 아르튀르 랭보의 시집 『지옥에서 보낸 한철』에 나오는 「영원」이라는 시다. 뭔가 묵직한 감동을 주는 사람도 대부분 상처투성이였다. 다산 정약용은 무려 18년간 유배생활을 했다. 국립민속박물관에 보관되어 있는 「하피첩(霞帔帖)」은 아내가 보내 준 치맛감에 쓴 편지다.

못난 아비를 보면서 책을 읽지 않는 두 아들을 타이르는 내용이 들어 있다.

안토니오 그람시도 그런 부류다. 태어난 곳은 이탈리아 '사르데냐'라는 섬이다. 부친은 하급 공무원이었지만 가족을 돌볼 형편이 아니었다. 다섯 살 때 유모가 떨어뜨려 척추를 다쳤고, 그때부터 '곱추'로 살았다. 그래도 공부할 운은 있었는지 스무 살에는 북부 공업도시 토리노대학교에서 장학금을 받고 입학했다. 재정 상황도 안 좋고 건강도 나빠져 졸업은 하지 못했다. 대신 언론인이 되었고, 나중에는 《새 질서(L'Ordine Nuovo)》라는 주간지를 직접 창간해 공장에서 일하는 노동자를 대변했다. 왜 출세할 생각은 안 하고 일부러 험한 일을 자초했는지 묻고 싶겠지만 그게 운명인 것 같다.

결국 인간은 자신과 비슷한 처지에 있는 사람을 닮는다. 그들을 위해 뭐라도 한다. 그람시는 공산당 중앙위원으로 일하다 국회의원이 된다. 영광은 잠깐이었고 1926년에는 무솔리니 정권의 탄압을 받는다. 담당검사는 그를 지목하면서 "이런 두뇌는 앞으로 20년간 활동하지 못하도록 해야 한다."고 주장했다. 대략 10년을 감옥에 있었고 풀려났을 때는 이미 죽음의 그림자가 어른거렸다. 1937년 4월, 겨우 마흔여섯 살의 나이로 세상을 떠났다.

족적이 남았다. 육신은 흙이 되었지만 정신은 책으로 전해졌다. 궁형을 당한 후에도 죽지 않고 『사기(史記)』라는 대작을 남긴 사마천과 닮았다. 정약용 또한 유배를 당하는 동안 『목민심서』, 『흠흠신서』, 『경세유포』를 비롯해 무려 500권에 달하는 저술을 남겼다. 그람시는 감옥에 있는 동안 서른세 권의 노트를 가득 채웠고 이를 묶은 책이

안토니오 그람시(1933년), 「옥중수고」

『옥중수고(Selection from the Prison Notebook)』다.

　패권(覇權)으로 번역되는 헤게모니 개념은 이 책에 나온다. 비슷하지만 약간 다른 두 가지 의미로 쓰인다. 그중 하나는 "문화계 좌파들이 헤게모니를 장악하고 문화권력을 행사했다." 혹은 "롯데그룹의 헤게모니 축이 롯데쇼핑에서 롯데케미칼로 이동하고 있다."와 같은 표현이다. 헤게모니는 "특정 집단이나 상황을 자신의 의도에 따라 주도적으로 통제할 수 있는 힘"을 뜻한다. '운전석에 앉는다', '주도권을 쥔다', '압도적인 영향력을 행사한다.'와 비슷한 것으로 보면 된다. 직위나 돈 혹은 권위처럼 한쪽이 가지면 다른 쪽은 뺏긴다.

　또 다른 경우는 '미국 헤게모니', '문화 헤게모니', '헤게모니 질서' 또는 '헤게모니 프로젝트' 등으로 쓰인다. 권력을 '소유'의 관점이 아니라 '관계'의 관점으로 본다. 핵심은 권력자와 통제를 받는 사람들 사이에 적극 협력하는 상생관계가 형성되어 있다는 점이다. 비유를 하면, 특정 국가나 계급이 운전석에 앉아서 장거리 여행을 하고 있는데 그 상황이 상당히 '자연스럽고, 화기애애하고, 아무도 불만을 제기하지 않는 상태'와 비슷하다. 운전자 입장에서 봤을 때 본인이 굳이 원하지 않았는데도 다른 동승자들이 '운전 실력, 평소 성품과 위기대처 능력' 등을 높이 평가해서 '권유'한 결과다. 본인도 부담스럽지만 안전을 위해 자기도 일부 희생하면서 핸들을 잡은 사람으로서의 특권도 누리는 상황이다.

운전자와 탑승객의 관계도 자발적이고 신뢰가 있다. 운전 중에 좀 조용히 하라거나, 창문을 내려 달라거나, 또는 마실 물을 좀 달라고 하면 즐거운 마음으로 한다. 또 지도를 펴 놓고 얼마나 남았는지, 어떤 길이 좋을지 좀 연구하라 해도 힘들게 생각하지 않는다. 피곤하지 않게 하고 또 졸립지 않게 하는 것이 모두를 위한 길이라고 믿는다. 모두가 행복한 상태이기 때문에 굳이 '운전석'이 권력이라는 생각도 하지 않고 이것을 뺏거나 견제할 엄두 자체를 내지 않는다. 위의 '헤게모니 질서'는 이런 상태 또는 관계를 말한다. '프로젝트'를 붙이는 것은 이를 목표로 뭔가를 기획하고, 전략을 짜고, 집행한다는 의미다.

각자 다른 방식으로 이 개념을 쓰고 있지만 그람시의 본뜻은 후자에 가깝다. 이유가 있는데 당시 유럽의 상황과 관련이 깊다. 1848년 2월 21일. 카를 마르크스와 프리드리히 엥겔스는 공동 명의로 『공산당선언』을 출판했다. 그 유명한 "프롤레타리아가 잃은 것이라곤 쇠사슬뿐이요 얻을 것은 전 세계다. 전 세계의 프롤레타리아여, 단결하라!"는 문장이 포함되어 있다. 혁명적인 사상이 용암처럼 터져 나오던 시대였다. 왕의 권력은 신성한 것으로, 누구도 침범할 수 없다고 한 프랑스의 루이 16세가 단두대의 이슬로 사라진 때가 1789년이었다. 100년 전이던 1689년에 존 로크가 쓴 『통치론(Two Treatises of Government)』이 현실로 나타났다. 당

존 로크

시 그는 국민과 계약을 맺은 정부는 "생명과 재산을 보호할 의무"가 있으며, 이 계약을 위반할 경우 "국민은 필요에 따라 폭력적인 수단을 통해서라도 정부를 제거할 권리"가 있다고 주장했다.

보다 나은 정치질서에 대한 상상력은 『철학서간(Lettres Philoso-phiques)』을 펴낸 프랑스의 볼테르를 비롯해, 『법의 정신(De l'esprit des lois)』을 쓴 루이 몽테스키외와 『사회계약론(Du Contrat Social ou Principes du Droit Politique)』을 쓴 장자크 루소 등으로 이어졌다. 마르크스는 이들과 달리 '경제'에 관심을 쏟았다. 그는 1867년에 『자본: 정치경제학 비판』을 냈고, 기존의 경제학 이론은 자본가 계급의 이익을 위해 만들어진 일종의 '허위의식'이며 ─ 그래서 이데올로기(Ideology) ─ '과학적 지식'과는 거리가 멀다고 주장했다. "철학자들은 세상을 다양한 방법으로 해석할 뿐이지만, 핵심은 세상을 변화시키는 것"이라는 말도 남겼다.

1917년 10월 25일에 300년 이상 러시아제국을 통치했던 로마

노프 왕조가 무너진다. 블라디미르 레닌이 이끄는 '볼셰비키'당이 주도한 세계 최초의 사회주의 혁명으로, 발전된 공업국가가 아닌 낙후된 농업국가에서 발생한 것이 남달랐다. 레닌은 전쟁을 계속하는 것보다 노동자 계급의 해방과 공산주의 혁명에 더 우선순위를 두었다. 1918년 3월 3일, 볼셰비키 정권은 독일, 오스만 제국 등과 '브레스트-리토프스크 조약'을 맺었다. 제국주의 전쟁은 끝났지만 혁명을 원치 않는 세력의 생각은 달랐다. 소비에트의 붉은 군대는 자본주의와 군주제를 옹호하는 '백군'과 내전을 벌였고 결국 승리했다. 1922년이었다.

전쟁은 이탈리아를 피해 가지 않았다. 오스트리아-헝가리제국에 선전포고를 하고 참전을 시작한 해는 1915년이다. 몇 달 후 전쟁은 독일로 확대된다. 전쟁은 비싼 사업이다. 막대한 비용은 경제를 황폐화시킨다. 농민과 노동자는 징집된다. 무려 500만 명이 전쟁터에 나갔고 그중 60만 명이 죽었다. 1918년 11월에 전쟁은 끝이 났다. 그러나 먹고살 게 없었다. 농민은 토지의 재분배를 요구했다. 노동자는 고용 보장과 임금 인상을 위한 단체행동에 들어갔다.

그람시 등이 주도한 공산당은 이런 시대 상황과 무관하지 않다. 밀라노를 중심으로 파시즘(fascism)이 등장한 것도 이 무렵이다. 로마 공화정 시대에 집정관이 권력의 표시로 들고 다니던 나무 막대기 다발에 도끼를 묶어 놓은 파스케스(fasces)에서 유래한 명칭이다. '뭉치면 살고 흩어지면 죽는다.'는 의미였다. 민족주의 성향을 가진 지식인, 계급투쟁을 두려워한 상류층, 정치적 안정을 원했던 일반 국민의 지지를 받았다. 지도자는 베니토 무솔리니였다. 그는 마키아벨리의 『군주론』과 플라톤의 『국가』에서 많은 영향을 받았다. 공산당과 사회당 등과 연대했지만, 정권을 잡은 후 무솔리니는 바로 이들을 탄압하기 시작했다. 반공주의, 민족주의, 권위주의 등 세 박자를 모두 갖추었다는 점에서 한국의 독재정부와 다르지 않다. 노동자와 농민은 왜 자신의 계급적 이해관계와 충돌함에도 불구하고 파시즘에 열광했을까? 그람시가 제기한 의문이었다.

코뮤니즘(communism) 또는 공산주의(共産主義)의 핵심은 '같이 나눈다.'에 있다. 영어로 'comm'은 '함께', '더불어', '공동으로' 등의 뜻이 있다. 공동체를 뜻하는 'community', 소통과 대화를 나타내는 'communicate', 또 함께 간다는 뜻의 'accompany' 등에 포함되어 있다. 자본주의(capitalism), 사회주의(socialism), 다윈주의(darwinism), 여성주의(feminism), 민족주의(nationalism)라고 할 때도 비슷하게 쓰인다. 국부론, 군주론, 사회계약론 등에 있는 '논(論)'이나 성선설, 지동설, 왕권신수설 등에 결합되어 있는 '설(設)'보다는 좀 더 포괄적인 개념이다. 'ism'이나 '-주의'는 일련의 논리들이 특정한 방식에 따라 체계

카를 마르크스(1875년)

프리드리히 엥겔스(1860년대)

1917년 시월혁명 당시 러시아 붉은군대

1917년, "2월 혁명 옹호자들의 아이들을 먹여라", "자유와 세계 평화를 옹호한 군인과 혁명 민중의 가족의 월급을 올리라"고 적힌 배너들

1917년 러시아혁명

러시아 볼셰비키를 이끈 블라드미르 레닌이 붉은광장에서 소비에트 군대에 연설하고 있다.(1919년)

적으로 조합되어 있고, 이를 중심으로 제도가 만들어지고, 사회적 실천과 참여자들의 신념이 결합한 것으로 보면 된다.

　마르크스는 자본주의 사회를 '토대'와 '상부구조'로 구분했다. 재화와 서비스를 생산하고 분배하는 '방식'과 이를 둘러싼 '관계', 즉 생산양식을 더 중요하게 봤다. 그래서 이 부분이 토대가 된다. 집이나 건물이 들어서는 것처럼 '토대'가 다르면 다른 모양이 된다. 기능도 달라진다. 법률, 종교나 철학 등은 상부구조에 속한다. 원래 계급투쟁의 결과로 만들어진 토대를 당연한 것으로 보이게 만들고 자본가의 지배와 특권을 보호하는 것이 목적이다. 지식인과 예술인 또 종교인은 '프티부르주아'란 계급에 속하는데, 자본가의 대리인으로 이 역할을 수행한다. 자연상태의 자본주의는 결국 '부익부 빈익빈'으로 갈 수밖에 없으며, 이 단계를 거쳐 '사회주의'라는 보다 진화된 사회가 나올 수 있다는 것이 마르크스의 생각이었다. 중요한 것은 상부구조를 통해 토대를 바꿀 수는 없고 생산양식 자체를 바꿔야 한다는 점이다.

　러시아혁명은 무력으로 토대를 부수고 '진화' 단계를 앞당긴 사례다. 그다음에 공산당이 주도해 사법제도, 교육제도, 종교제도 등을 바꾸었다. 1960년대 중국에서 진행된 '문화대혁명'이 대표적인 경우다. 혁명을 통해 생산양식은 바꾸었는데 인민들이 여전히 예전 방식으로 생각하고 행동하기 때문에 그것을 바꾸려는 시도였다. 그람시의 생각은 좀 달랐다. 마르크스가 사막의 신기루와 같다고 했던 '상부구조'를 '토대'와 분리된 것이 아닌 핵심 요소로 봤다. 정치와 경제와 구분되는 '문화'라는 상부구조를 바꾸면 오히려 '토대'를 전환할 수 있다는 생각이었다.

베니토 무솔리니

　한용운은 「복종」이라는 시를 통해 "복종하고 싶은데 복종하는 것은/ 아름다운 자유보다도 달콤합니다"라고 했다. 뭔가 이유가 있을 것 같다. 권력이 아닌 권위. 그것도 돈과 강압이 만든 것이 아닌 '지혜'와 '높은 도덕성', 또 '품위 있는 생활 방식'이 핵심이다. 프롤레타리아 계급은 자신들이 직접 운전석에 앉는 것보다 '민족 부르주아지' 계급에 이 역할을 맡기는 것이 더 좋다고 생각했다. 물론 엄연히 존재하는 폭압적 국가기구의 영향력을 무시하지는 않았다. 폭력은 행사된다. 단 이를 정당화시키고, 교육하고, 회유하는 다른 힘에 의해 가려진다. 군대, 경찰과 사법기관으로 대표되는 '정치사회'와 종교기관, 학교와 언론 등으로 구성된 '시민사회'로 구분한 것은 이런 이유에서다. 볼셰비키처럼 '정치사회'를 혁명으로 장악하는 것은 사회주

히틀러와 무솔리니

베니토 무솔리니

2차 세계대전 당시 무솔리니의 전쟁 포스터

로마에서 군대를 열병중인 무솔리니(1337년)

무솔리니를 묘사한 그림 「승리」(1930년)

베니토 무솔리니

의로 이행하는 첫 단계는 될지 모르지만 진정한 완성은 아니라고 봤다. '돌격 앞으로'를 통해 기동전에 승리하더라도 문화와 일상생활 또는 상식을 바꾸는 '진지전' 또한 필요하다는 입장이었다.

누가 이 책임을 감당할 것인가? 그람시는 노동자 계급의 이해관계를 대변하고 그들이 지적으로 무장할 수 있도록 도와주는 '유기적 지식인'에서 그 답을 찾았다. 언론을 잘 알았고 그 자신 '지식인'이었다는 점에서, 또 당시 유럽과 미국에서 지식이 끼친 막대한 영향력을 고려할 때 당연한 결론이었다. 『옥중수고』란 책을 통해 그람시는 "나는 중립적이고 방관자적인 입장에서 연구 그 자체만을 위해 연구하지는 않는다. 나는 어떤 사유(思惟)체계에 빠져서 그 사유의 내재적(內在的)인 관심 때문에 문제를 분석하는 경우는 없다. 나는 어둠 속으로 돌을 던져 버리는 것과 같은 의미 없는 행동을 싫어한다."고 말할 정도였다.[1]

고등학교 때까지는 시를 별로 안 좋아했다. 인연이 없었다. 그런데 지리 과목을 담당하던 선생님 덕분에 달라졌다. 당시에는 지리학과 인문학이 가까운 거리에 있다는 것을 몰랐다. 수업을 하다 말고 "너희, 나중에 연애라도 하려면 시 한 편 정도는 외워야 하지 않겠냐?"라고 우리를 자극했다. 그때 외운 시가 한용운의 「님의 침묵」이다. 나중에 그가 머물렀던 백담사에도 들렀고, 시에 나오는 산책길도 걸어 봤다. 님이 누구인지는 지금도 궁금하지만 부처님이나 조국이라는 답에는 동의하기 어려웠다. "님은 갔습니다. 아아, 사랑하는 나의 님은 갔습니다. (……) 아아, 님은 갔지만 나는 님을 보내지 아니하였습니다. 제 곡조를 못 이기는 사랑의 노래는 님의 침묵을 휩싸고

돕니다."라는 구절이 와닿았다.

　그람시가 떠난 뒤 세상은 그를 무덤에서 되살렸다. 마르크스는 죽었지만 그가 대결한 자본주의의 근본 문제가 풀리지 않아서 다시 호출되는 것과 같은 맥락이다. 단순히 부활하는 수준을 넘어 다양한 분야에서 활용된다.

정체성 정치

스튜어트 홀이라는 이름만 들었을 때는 백인이라고 생각했다. 영국 문화연구의 대가라는 말에서 흑인을, 그것도 자메이카 이민자를 떠올리기는 쉽지 않았다. 리처드 호가트와 레이먼드 윌리엄스와 함께 1964년 영국 버밍엄대학교에 '현대문화연구소(Centre for Contemporary Cultural Studies, CCCS)'를 설립한 학자다. 홀은 영국령 자메이카 킹스턴의 중산층 가정에서 태어났다. 공부를 아주 잘했고 덕분에 로드 장학금을 받고 영국으로 유학을 왔다.[2] 1958년에는 E. P. 톰슨, 랠프 밀리밴드 등과 함께 권위 있는 좌파 잡지로 알려진《뉴레프트 리뷰(New Left Review)》의 발행인이 된다. 영국인이 되고 싶었지만 그도 이민자라는 낙인을 떼지 못했다. 그람시가 연민을 느낀 대상자가 못 배운 '노동자'였다면, 그의 아픈 손가락은 열심히 살지만 밑바닥을 벗어나지 못하는 '이민자'였다. 제대로 인식하지 못하도록 방해하는 '이데올로기'가 존재하고 있다는 것, 미디어가 개입한다는 것, 또 문화를 통한 개혁이 가능하다는 것 등이 그가 헤게모니에 주목한 배경이 된다.

스튜어트 홀의 고민은 1978년에 출간된 『위기 관리하기: 노상강도, 국가, 법과 질서(Policing the Crisis: Mugging, the State, and Law and Order)』란 책에 잘 드러나 있다. 줄거리는 복잡하지 않다. 런던 뒷골목에서 중년 백인 여성이 노상강도를 만난다. 범인은 이민자 출신 흑인 청년이다. 언론은 이 문제를 집중 부각한다. 느슨한 이민정책이 범죄를 유발한다고 비판한다. 정부는 대응에 나서고, 반이민 정책과 법률이 제정된다. 대수롭지 않은 얘기지만 홀은 몇 가지 의문을 던졌다. 흑인 이민자에 의한 범죄율이 특별히 높은 것도 아닌데 왜 언론은 이 문제를 집중해서 보도할까? 중산층은 왜 반이민 정책을 적극 지지하게 될까? 또 정작 이민자들은 자신들의 문제임에도 오히려 침묵하고 분위기에 편승하는 이유는 무엇인가? 홀은 미디어를 통해 정체성(identity)이 영향을 받는다고 봤다. 언론은 흑인 이민자 집단을 대상으로 '위험하고, 교육을 받지 못했으며, 잠재적인 범법자'라는 낙인을 찍는다. 영국 시민은 물론 이민자들은 이를 내재화한다는 설명이다.

미국은 좀 다른 방법으로 이 문제에 접근했다. 히틀러의 나치즘을 경험한 독일 출신의 비판적 학자들이 주도했는데 일명 '프랑크푸르트학파'로 불린다. 국내에 많이 소개된 인물들이라 대학 시절 탐독한 기억이 있다. 그중 기억나는 인물은 『사랑의 기술』을 쓴 에리히 프롬과 『일차원적 인간』의 헤르베르트 마르쿠제 정도다. 계급으로 구분된 노동자 대신 일반 대중을 관찰했다는 점은 다르지만 본질적으로 지배와 피지배의 문제를 다룬다. 파시즘과 나치즘 등은 전쟁 직후 혼돈 속에서 '권위'와 '질서'를 찾는 인간의 본능과 관련이 있다.

그러나 전성기를 누리는 미국에서는 왜 저항이 전혀 없을까? 그들이 찾은 해답은 '문화산업(culture industry)'과 '지식산업(knowledge industry)'이었다. 테오도어 아도르노와 막스 호르크하이머가 1944년 출판한 『계몽의 변증법(Dialektik der Aufklaerung)』이 출발점이다. 대중매체를 통해 전파되는 영화, 라디오 프로그램, 잡지와 같은 문화상품이 대중을 수동적인 존재로 길들인다는

스튜어트 홀

주장이다. 문화를 통해 대중을 변화시켜야 하는데 정반대 상황이 진행되고 있다는 문제의식이었다.

낯설어 보이지만 한국도 비슷한 경험을 했다. 물론 대중매체가 아닌 학교와 교과서라는 점은 다르다. 모윤숙, 주요섭, 김광섭, 피천득, 변영로. 학창 시절 국어 시간에 자주 들었던 시인과 소설가들이다. 공통점은 '반공주의'라는 점이다. 대한민국 정부가 수립된 이래 우리는 '공산주의'에 대해 조금이라도 좋게 얘기하는 모든 것을 차단당했다. 홍명희, 정지용, 백석과 같은 당대 최고의 문인들은 아예 교과서에서 사라졌다. 정부를 비판하거나 노동운동에 대해 언급하는 작품도 접할 수 없었다.[3] 남은 것은?

국가에 대한 충성과 부모에 대한 효도, 착한 사람은 복을 받고 나쁜 짓을 하면 벌받는다는 권선징악, 사랑, 자유, 자연의 아름다움 등이다. 낭만주의, 탐미주의와 순수문학으로 불리는 작품들만 남았고, 현실의 문제를 고발하고 계급의식을 일깨우기 위한 목적의 '사실주

의'는 모두 사라졌다. 지금도 기억에 남는 시로는 「진달래꽃」(김소월), 「돌담에 속삭이는 햇발」(김영랑), 「성북동 비둘기」(김광섭), 「성탄제」(김종길) 등이 있다. 소설도 비슷했다. 황순원의 「소나기」, 김동인의 「조국」, 심훈의 「상록수」, 정한숙의 「금당벽화」와 김동리의 「등신불」 등이다. 웬만한 사람은 다 기억하는 알퐁스 도데의 「별」이나 「마지막 수업」도 흔히 말하는 이념교육과는 거리가 멀다.

문학, 음악과 영화의 목적이 감정의 분출을 뜻하는 카타르시스를 느끼거나 그냥 즐기는 것이라고 하면 별 문제가 없다. 가뜩이나 힘든데 아픈 상처에 소금을 뿌리는 '문제작'을 꼭 봐야 하는지 되묻는 사람도 있다. 문화를 다루는 권력자, 종사자와 연구자들은 다르게 본다. 게다가 우리가 선택하는 것이 아니고 아예 접근 금지를 당하는 것은 또 다른 문제다.

2017년 문재인 대통령의 당선은 '문화'가 무엇을 할 수 있는지를 잘 보여 준 사례다. 이명박 정권과 박근혜를 뽑은 국민들은 왜 갑자기 성난 파도가 되어 정부라는 배를 전복시켰을까? 김기춘과 우병우로 대표되는 청와대 권력과 남재준이 이끄는 국가정보원, 김관진의 국군사이버사령부 등은 정말 힘이 없었을까? 박근혜 정부의 통치가 헤게모니 상태가 아니었다는 것은 최근 개봉되어 큰 인기를 끈 영화와 드라마에서 실마리가 나온다.

아도르노, 호르크하이머, 『계몽의 변증법』

2012년 이후 관객 수천만 명을 돌파한 국내 영화로는 「명량」, 「국제시장」, 「베테랑」, 「7번 방의 선물」, 「암살」, 「광해 왕이 된 남자」, 「변호인」, 「왕의 남자」 등이다. 정부 차원에서 조직적으로 지원한 「국제시장」을 제외하면 공통점이 있다.[4] 권력형 비리에 대한 분노, 민주적 리더십에 대한 열망, 정의로운 사회에 대한 목마름이다. 전혀 인기를 끌 것 같지 않았던 『정의

백석, 『사슴』

란 무엇인가』를 비롯해 드라마 「응답하라」 시리즈 역시 집단정서를 어느 정도 대변한다. '동의에 기반한 안정된 질서'를 지키지 못한 박근혜 정부는 결국 '최순실'이라는 약한 고리를 통해 내부로부터 무너졌다.

'문화연구' 혹은 '문화에 대한 정치경제학'은 영국과 미국에서 활발했다. '헤게모니'가 가진 매력 중 일부만 끌어왔다. '지적', '도덕적' 리더십이라 했던 부분은 별로 다루어지지 않았다. 대중문화가 '인식'을 왜곡시켜서 지배관계를 당연하게 보이도록 한다는 점은 밝혀졌지만, 지식(인)의 역할은 빠져 있다. 마르크스와 그람시가 주목한 지점은 '과학적'인 것으로 받아들여져 '논리적'으로 저항할 수 없도록 만드는 지식의 힘이었다.

두 명의 프랑스 철학자가 이 문제에 파고들었다. 그중 한 명은 루이 알튀세르다. 그를 처음 알게 된 것은 1993년에 번역된 『미래는 오

래 지속된다』를 통해서다. 대학생이든 직장인이든 지식인이든 모두 목이 말랐던 시절이었다. 1990년에 냉전이 무너지면서 공산주의 실험은 완전히 끝났다고 받아들일 때였다. "진리와 거짓이 서로 싸우게 하라. 자유롭고 공개된 경쟁에서는 누구든 진리를 아는 사람이 이길 것이다."라고 했던 존 밀턴의 말처럼, 자유로운 토론이 허용된 사회였다면 충격은 적었을 것 같다. 그러나 '금단의 사과'였기에 마르크시즘은 더 달콤해 보였고, 해답을 준다고 믿었던 사람이 많았다.

북한에 대해서도 상당한 환상이 있을 때였다. 그런 허전함을 채워 준 이론가가 알튀세르였다. 당시는 흥미롭게도 앙리 르페브르, 피에르 부르디외, 자크 데리다 등 프랑스 학자들의 책이 인기가 높았다. 토대에 너무 집착하는 전통적인 입장을 알튀세르는 '경제환원주의' 또는 '경제결정론'이라고 정의 내렸다. 또한 토대에 의해 상부구조가 기계적으로 결정되는 '단층적인 구조'를 거부했다. 그 대신 이 관계는 '중층' 또는 '복층'으로 인식된다. 평면이 아닌 입체와 비슷해서 때로는 정치적 변동이나 법과 제도의 변화에 의해 구조가 영향을 받을 수도 있다는 의미다.

자본과 노동이 충돌하는 지점에 대해서는 '기본모순'이라는 단어를 쓴다. 갈등 중 가장 근원적인 것을 의미하지만 다른 '모순'도 있음을 인정한다. 신분, 젠더, 지역, 학력 간 다양한 '차별'이 있을 수 있고, 이 모순들이 특정한 상황에서는 계급 문제보다 더 심각하게 부각될 수 있다고 봤다. 가령 한국이라면 양반과 평민 간에 존재하는 차별과 착취가 더 중요하다는 시각이다. 알튀세르는 또 '이데올로기 국가장치'에 대해 많이 얘기했다. 분배의 불평등을 안고 있는 자본주의가 지

속되기 위해서는 '불이익을 당하는 사람들'을 어떻게든 설득하는 장치가 필요하기 때문이다. 중세 봉건주의 시대에는 이 역할을 교회가 맡았다. 하느님과 성경의 권위를 이용해 겁도 주고 칭찬도 하면서 세상이 굴러가도록 도왔다. 현대 사회에서는 '학교' 또는 '가정'이 그 역할을 한다. 굉장히 금욕주의적인 가정에서 자란 탓인지 알튀세르는 특히 '가정'이야말로 가장 폭력적인 '이데올로기 장치'라고 봤다.

영국의 문화연구자들이 '주체'로서 인간이 상당한 잠재력을 갖고 있다는 입장을 취했던 것과 달리, 알튀세르는 유독 '구조(structure)'를 강조했다. 위의 교통질서 비유를 가져오면 이해하기 어렵지 않다. 그는 생산수단을 장악한 집단이 이미 도로망, 신호체계, 관련 시설을 모두 만들어 놓았기 때문에 법규나 문화를 바꾼다 해서 모순이

루이 알튀세르, 『미래는 오래 지속된다』

해결되지는 않는다고 봤다. 결국 판(framework)을 다시 짜야 하는데, 국가를 손에 쥐고 있는 자본가 계급이 순순히 동의하겠냐는 주장이다. 게다가 국가는 그람시가 말했던 것처럼 '정치사회'뿐 아니라 '시민사회'도 장악하고 있다.

구조를 강조한 또 다른 인물은 미셸 푸코다. 푸코는 '권력관계'와 '지식'의 역할이 관심사였다. 학창 시절에 그의 저술은 낯설었고 너무 복잡해서 읽기 어려웠다. 그러나 『감시와 처벌』, 『성의 역사』, 『광기의 역사』, 『지식의 고고학』 등의 책들은 제목만으로도 지적 호기심을 불러일으켰다. 프랑스에서 유학을 했거나 또는 여성주의(feminism)를 전공한 분들이 푸코를 많이 언급했다.

미셸 푸코의 주장 중에서도 특히 두 가지 개념에 끌렸다. 먼저 '파놉티콘(Panopticon)'이 있다. 그리스어로 '모두' 또는 '전방위'를 뜻하는 '판(pan)'이라는 단어와 '보다, 관찰하다'는 뜻의 '옵틱(optic)'이 합쳐진 말이다. 영국의 제러미 벤담이 소수의 감시자가 다수의 수형자를 효과적으로 감시하기 위해 고안한 감옥의 형태다. 직접 가 보지는 않았지만 감옥이 갖는 일반적인 특징이 있다. 높은 망루에서 경비를 보는 사람이 아래를 내려다본다. 벽으로 둘러싸인 일정한 공간에서 수형자들은 잠깐 쉬거나 운동을 한다. 망루에 있는 사람이 그들을 보지 않아도 자신이 '감시'당하고 있음을 깨달을 수밖에 없다. 죄수들은 시간이 지나면서 자신도 모르게 명령에 자발적으로 협력하는 존재가 된다.

알튀세르가 말하는 '억압적 국가장치'(또는 그람시의 용어로 '정치사회')가 작동하는 방식을 보여 준다. 권력은 반드시 민낯을 드러낼 필요가 없다. 과거 흔한 풍경이던 공개처형이 왜 사라졌을까 질문해 보면 된다. 목을 매달아 놓는 것은 일시적인 효과가 있지만 장기적으로 보면 권력이 존재한다는 불편함을 계속 주는 부작용이 있다. 자신이 죽기 전에 '반역'을 해야겠다는 생각을 부추길 수도 있다.

단순히 지켜본다는 것을 확신시켜 주는 것만으로도 '효과'는 높아진다. 이는 권력은 소유하는 것이 아니라 '관계'라는 것을 보여 준다. 또한 권력이 무엇인가를 못하게 '억제'하고 '금지'하는 기능만이 아니라 알아서 맞추는 '생산'적인 측면이 있다는 것도 알 수 있다. 그

미셸 푸코, 『감시와 처벌』

미셸 푸코, 『말과 사물』

러나 이 상태의 죄수는 '노예'에 가깝다. 처벌을 피하기 위해 하는 행동이 '적극'적일 수도 없고, 더구나 '창의적'인 것과는 거리가 멀다. '담론(discourse)'이라는 또 다른 개념이 개입하는 지점이다.

한국에서는 얼마 전까지 의사의 진단이 있고 직계가족이 동의하면 강제로 정신병원에 입원시키기도 했다. 최근에는 인권 문제가 불거지면서 강제 입원은 불가능하다. 그러나 불과 100년 전만 하더라도 정신병자로 몰아 격리시키기가 상당히 쉬웠다. 문제는 '정상과 비정상을 어떻게 구분하느냐.'다. 다른 병과 달리 정신병은 객관적으로 확인할 수 있는 방법이 별로 없다. 권위와 전문성이 이때 동원된다. 전문적 의견을 제시할 수 있는 의사가 판정하면 다르게 본다. 국가에서 인정받는 기관이나 정부가 직접 개입해도 일단 수긍한다. 동일한 주장이라도 '과학적'인 방법으로 알려진 통계나 실험 결과가 첨부되면 무게감이 달라진다. 환자 입장에서도 전혀 다른 반응이 일어난다. 의사가 말하면 일단 따른다. 먹지 말라는 것은 안 먹고, 하지 말라는 것은 삼간다. 반대로 권하는 것은 정말 열심히 따른다.

다른 사례도 있다. 정상인은 동물과 섹스하지 않는다. 노인과 어린이가 부적절한 관계를 맺는 것도 낯설다. 성욕이 본능이라면 한 번쯤 의심해 볼 만하다. 건강한 성생활과 그렇지 못한 것에 대해 '교육' 받아 온 것과 관련이 있다. 동성애를 하면 '후천성면역결핍증(AIDS)'에 걸린다는 소문도 들어 봤다.

푸코가 제기한 질문은 이렇다. 폭력으로 강제하거나 금전적으로 유인한 것도 아닌데 왜 인간은 이런 방식으로 살아가는 것일까? 정상인이 되기 위해 (또는 광인으로 비치지 않기 위해) 몸을 씻고 다른 사람처럼 행동하려 할까? 본능과 무관하게 '정상'의 범주에 드는 성(性) 정체성을 갖고 건전하다고 하는 관계만 유지할까?

앞선 사람들이 '이데올로기'라 불렀던 '담론(discourse)'이 그 답이다. 인체에 비유하면 구조에 해당하는 '골격'과 결합해 있는 '근육과 살점'이다. 건축물에서는 기초공사라는 구조 위에 올려지는 건축 자재들이다. 복합적인 성질을 가진 '의미 덩어리' 정도로 정의하면 된다. 몇 가지 '특징'도 갖고 있다. 담론은 '진실'이라 믿을 수 있는 그 무엇이다. 논리적으로 설득될 수 있는 '근거'와 '권위', '증거' 등으로 포장되어 있다. 담론은 또 '정서적'으로 받아들여질 수 있는 어떤 것이다. 좋은 것이고, 따뜻한 것이고, 부드러운 것이고, 깨끗한 것이다. 그래서 정상적인 성교(sex)는 이런 감정들과 관련된다. 그러지 않으면 거부의 대상이 된다.

끝으로 '정의(正義)'와 관련 있다. 먼저 정(正)은 도덕 교과서에서 말하는 '바른 것' 또는 '맞는 것'을 뜻한다. "부모를 공경하라, 살인하지 말라, 도둑질하지 말라, 간음하지 말라."와 같은 기독교 십계명이 여기에 해당한다. '의(義)'는 좀 복잡하다. 바르게 사는 것이 '수동적'인 것이라면, 옳게 사는 것은 '적극적'이다. 누군가 굶주리고 있을 때 모른 척해도 이를 두고 맞다 틀리다 할 수는 없다. 그러나 '옳지 않은 일'이다. 동료가 부당한 일을 당해 고통을 받을 때 '성금'을 거두거나, 재판에 함께 가 주거나, 탄원서에 서명을 해 주는 것도 꼭 안 해도 되지만 '하면 좋은' 행동이다. 담론은 그래서 '정의'에 부합하는 것으로 보면 된다.

1920년대 이탈리아의 민중은 왜 '파시즘'을 지지하고 기꺼이 희생을 감수했을까? 영국의 중산층은 왜 반이민법을 찬성했을까? 미국의 일반 대중은 왜 자본주의에 대해 불만을 제기하지 않았을까? 프랑스의 노동자는 왜 전쟁에 나가 피를 흘렸을까? 동성애자 가운데 일부는 왜 이성 상대를 만나는 것일까? 푸코의 답은 다른 사람들과 다르지 않다. 한쪽에서는 강제하는 힘이 작용한다. (단 보이지 않게.) 또다른 편에서는 저항하지 못할 매력으로. 설득하는 담론이 있다. 무엇을 위해? 목적은 '쇼'가 계속되도록 하는 데 있다. 동성애가 허용되면 자본주의에 필요한 노동력 재생산이 불가능해진다. 건강한 남자와 여자가 만나 가족을 이루어야 미래 세대가 태어난다. 전쟁은 앞으로도 일어날 것이고 누군가는 죽어야 한다. 애국심이 없이, 희생 정신이 없이, 또 자발적인 참여 없이는 불가능하다.

남은 질문은 누가 이러한 헤게모니 프로젝트를 주도하느냐다. 그람시는 이들을 '역사적 블록(Historical Block)'이라 불렀다. 국가 또는 자본가 계급을 핵심으로 그들이 전략적으로 선택하는 집단이다. '핵심세력(core group)'은 변하지 않지만 현안에 따라, 상황에 따라, 활용할 수 있는 재원에 따라 '주변 세력'은 다양하다.

지음(知音)과 관련한 이야기가 있다. 백아와 종자기가 등장한다. 백아는 중국 진나라 사람으로 거문고의 달인이었다. 추석이 가까운 어느 날 백아는 평소처럼 거문고를 연주했다. 자기 음악을 제대로 알아주는 사람이 없어 혼자 즐기던 중이었다. 때마침 나무꾼이 이 연주를 엿듣는다. 제 속마음을 아는 듯 호응해 주었다. 혹시나 싶어 다른 마음으로 연주를 했는데도 정확하게 심중을 꿰뚫어 보았다. 두 사람은 서로 의형제를 맺고 깊은 우정을 쌓는다. 다음 해에 백아는 기쁜 마음으로 친구를 찾지만 그는 이미 이 세상 사람이 아니었다. 음악을 같이 나눌 친구를 잃은 백아는 그 길로 거문고를 끊고 다시는 연주하지 않았다고 전한다. 자신의 음악을 이제 더 이상 알아줄 사람이 없다는 슬픔 때문이었다. "선비는 자신을 알아주는 사람을 위해서 죽고, 여인은 자기를 기쁘게 해 주는 사람을 위해 꾸민다."는 말도 비슷한 얘기다.

에드워드 사이드

만약 그람시가 살아 있었다면 이렇게 말했을 법한 두 사람이 있다. 팔레스타인 난민 출신의 에드워드 사이드와 알제리 출신이면서 프랑스에서 유학을 했던 프란츠 파농이다. 두 학자는 다른 경로를 통해 '제국'과 '식민지' 사이에 존재하는 '권력관계'를 공통적으로 경험했다.

에드워드 사이드는 미국 컬럼비아대학교 교수로서, 음악가이면서 문학이론가였다. 영국 옥스퍼드대학교에서 비교문학으로 박사학위를 땄다. 팔레스타인에서 태어나 일찍 영국으로 유학을 간 경우다. 전혀 힘들게 살지 않아도 될 만큼 배울 만큼 배웠고 지위도 든든했다. 운명일지 모르겠다. 그는 자기 땅에서 쫓겨난 팔레스타인의 고통을 평생 짊어지는 쪽에 섰다. 중동(middle east)으로 불리는 특정 지역과 사람들에 대한 지독한 편견과 그 부작용에 대해 고민했다.

영화 「인디애나 존스」나 「토탈 리콜」, 「300」 등에 나오는 아랍인은 하나같이 한심하고 타락해 있고 폭력적이다. 사이드는 왜 그런지에 대해 질문을 던졌다. 전 세계 70개국 언어로 번역된 『오리엔탈리즘(Orientalism)』에 그 답이 있다. 에드워드 사이드는 제국주의 산물로 중동을 효과적으로 지배하기 위해 만들어진 일련의 체계적인 지식과 관련이 있다고 결론 내린다.

"이해관계를 함께하는 사람들이 모인 중동 연구 체제도 정비되어 있고, 선배나 전문가의 인맥이 법인, 재단, 석유회사, 종교단체, 군대, 외교관, 정보기관, 학계와 연결되어 있다. 연구비와 여러 가지 상금이 있고, 각종 기관이 있으며, 계급조직이 있고, 또한 설비, 센터, 대학, 학부도 있다. 그 모두가 하나가 되어 이슬람, 동양, 아랍에 관한 기본적이고 변하지 않는 한 줌의 관념에 불과한 '담론'을 정당화하고 유지한다."[5]

사이드는 또한 "담론으로서 오리엔탈리즘은 누적적이고 집합적인 본질을 가지며, 그 본질은 전통적인 학문(고전학, 성서학, 문헌학), 공적인 여러 제도(정부, 무역회사, 지리학협회, 대학), 특정 종류의 작품(여행기, 탐험기, 환상적인 이야기, 엑조틱한 풍속 묘사)과 결부될 때 특히 효력을 발휘한다."고 덧붙였다.

중동을 특별한 방식으로 이해하고 느끼게 만드는 이 담론은 매력이 있다. 담론의 대상이 되는 '아랍인'은 물론 이 담론을 말하고 공유하는 '서양인'과 '국제사회'에 영향을 준다. 자기가 어떤 행동을 해도 제대로 인정받지 못할 때 인간은 어긋나기 마련이다. 날마다 꾸중만 듣는 학생이 훌륭한 성품을 갖기는 어렵다. 중동의 폭력성은 이런 과정을 거쳐 강화된다. 프랑스의 나폴레옹 시기 이후 이들에 관한 담론을 꾸준히 만들어 온 프랑스, 영국, 미국 사람들도 선택을 한다. 중동은 자신들이 배우지 말아야 할 '반면교사'다. 그래서 오리엔탈과 대비되는 '옥시덴트(occident)', 즉 서구성이라는 정체성을 만들었다.

국제사회에 미치는 부정적 영향도 상당하다. 국내 언론에서 중동에 대한 이미지는 거의 고정되어 있다. 이 지역에는 평범한 사람들이 사는지, 테러리스트들만 사는지도 헷갈릴 정도다. 오리엔탈리즘이 워낙 견고하게 자리 잡고 있어서 다른 의견이나 정서는 모두 거부된다. 이란이나 이라크, 시리아는 그래서 쉽게 '악마'가 된다. 그들의 실체는 중요하지 않다. 고정관념만으로 국제사회에서 그들은 배척되고, 그들 내부의 폭력성은 증가하며, 그들의 존재로 인해 역설적으로 질서가 유지된다. 법은 더 엄해지고, 경찰은 늘어나고, 심지어 감옥도 증축된다. 그렇다면 과연 중동 사람들은 이 상황을 어떻게 받아들이고 있을까? 그들은 왜 거부하지 못할까? 그들 내부에서는 어떤 상호작용이 진행되고 있을까?

프란츠 파농에게서 그 답을 찾을 수 있다. 미국 유학 시절 파농을 처음 접했을 때 받았던 충격은 컸다. 닮은꼴이라는 것에 놀랐다. 알제리를 식민지로 삼았고 끝까지 독립을 허용하지 않았던 프랑스를 향해 그는 이렇게 말한 것으로 알려진다. "유럽인의 경제적 번영과 진보는 흑인, 아랍, 인디언, 그리고 동양인의 시신과 땀에 의해 이루어진 것이며, 말 그대로 유럽은 제3세계에 대한 착취의 결정물이다." 알제리는 아프리카에서 두 번째로 큰 나라다. 베트남을 잃은 후 프랑스가 끝까지 간직하고 싶어 했던 탐스런 식민지였다.

　프랑스로 유학을 떠나기 전까지 파농은 순진한 의과대학 학생이었다. 자랑스러운 프랑스의 군인이 되어 전쟁에도 나갔다. 박사논문 역시 '알제리 국민이 프랑스인에 비해 더 폭력적인 이유가 무엇인가.'를 밝히는 연구였다. 너무 오랫동안 노예로 살아서 그런가? 못 배워서 그런가? 원래 기질인가? 파농이 현장에 가서 분석한 결과는 전혀 뜻밖이었다. '수직적 폭력'과 '수평적 폭력'이라는 개념이 여기서 나온다.

　파농에 따르면, 프랑스라는 종주국에서 식민지인 알제리를 대상으로 가해지는 폭력은 '수직', 일방향이다. 즉 앞서 살펴본 파놉티콘이거나 '정치사회'의 결과물이다. 그러나 감히 저항할 수 없는 권력이 있을 때는 '수평적'으로 주변의 약자를 대상으로 한 분노가 표출된다. 집에서 아버지에게는 대들지 못하고 엄마에게 또는 동생에게

프란츠 파농, 『검은 피부, 하얀 가면』

화풀이하는 심리와 비슷하다. 파농은 또 식민지 지식인이 형성하게 되는 '분열'된 정체성과 이를 통한 지배에 대해서도 깨달았다.

박사논문을 바탕으로 쓴 『검은 피부, 하얀 가면』(1952)이란 책이 있다. 한국 상황과 너무도 닮은 장면이 포함되어 있다. 다음의 글에서 프랑스를 미국으로 바꾸고, 안틸레스를 서울로 바꿔도 전혀 어색하지 않다.

> 프랑스의 식민 통치 아래 있는 안틸레스에서는 프랑스가 영원한 동경과 모방의 대상이다. 프랑스로 유학을 떠나는 자들은 마르티니크 부두에서 '토착 문화와의 사별을 고하고 그것을 매장한 다음 식민 모국의 선진문화와 대면하는 일종의 마술적 도약'을 거행한다. 그리고 이들은 프랑스의 르아브르 부두에 도착하자마자 홍등가로 달려가 백인 창녀를 올라타고 "진정한 남성다움에 입문하는 의식"을 치르고 난 후에야 파리행 기차를 탄다. 이들은 술집에 가서도 "검둥이는 R 발음을 제대로 못한다는 신화"를 불식시키고자 혓바닥을 과도하게 굴리며 '웨이터어르르 맥쥬우 쥬쇼오오.'라고 소리친다. (……) 그러나 이러한 이데올로기적 명정 상태는 인종차별의 현실에 부닥치면서 무참히 깨지기 시작한다. 이제껏 프랑스가 자신의 조국이며 진짜 미개인은 아프리카에 살고 있다고 믿어 왔던 안틸레스 유학생들은 프랑스가 자신의 인종적, 문화적 타자이며 그토록 경멸했던 아프리카가 자기 선조들이 거쳐 온 디아스포라의 뿌리임을 깨닫는다. (……) 하지만 이 고통스러운 자기 발견마저도 백인 사회를 떠나면서 사라진다. 파리에서 유학을 마치고 마르티니크로 귀향

하는 자들의 모습은 떠날 때보다 더 가관이다. 이들은 유학이 곧 변신이며 모든 권위의 보증서임을 과시한다. 프랑스어만 구사하며 몽테스키외, 루소, 볼테르를 자랑스럽게 줄줄 외고 다니는 이들은 '가장 사소한 일에서조차 유일무이하고 전지전능한 신탁의 역할'을 한다. 이들은 당연히 원주민 사회의 '귀감'이 된다. 모두가 이 '신격화된 영웅'을 좇아 '식민 모국의 문화적 기준을 받아들임으로써 자신의 정글에서 벗어나려고 발버둥친다. 자신의 흑인성과 정글에서 멀어질수록 백인에 가까워진다.[6]

프란츠 파농의 관찰과 크게 다르지 않게, 김종영(2014)은 이렇게 말한다.

"미국 유학파 출신의 한국 지식인은 글로벌 위계 속에서 탄생한 '트랜스내셔널 미들맨 지식인'으로서 …… 지배층과 피지배층의 '지위 간극'의 중간에 위치하여 이 둘의 경제적 활동을 연결해 이익을 보는 계층이다."

홍성민 또한 다음과 같이 지적한다.

"한국에서는 미국 유학을 통해 기득권 권력이 유지되며, 이것은 미국의 세계지배 전략과 그대로 맞물려 있다. (……) 남미에서 1980년대 말 '시카고 보이스(chicago boys)' 혹은 '버클리 마피아(berkeley mafia)'가 주도해 국제통화기금(IMF) 체제와 신자유주의를 남미에

도입했던 것과 마찬가지로, 오늘날 한국에서 FTA의 필요성을 역설하는 사람들은 당연히 미국 유학파들이다."[7]

영국은 거대한 인도를 통치하는 데 단 1000명의 관료만 활용했다고 한다.[8] 나머지는 모두 인도 출신 엘리트에게 맡겼다. 일본이 조선을 경영하기 위해 선택한 방식도 비슷했다. 조선을 통치할 인재를 키우기 위해 경기고, 경북고와 평양고를 세웠다. 경성제국대학 설립은 그 연장선이었다. 한국의 엘리트는 지금도 이들을 중심으로 형성되어 있다. 푸코의 말처럼 이들을 강제하는 외부적 힘은 없다. 그럼에도 이들은 앞장서서 유학을 가고, 그곳에서 배운 지식을 국내로 이식하며, 제국의 어깨너머에서 본 관점으로 국가를 이끌어 간다.

5

미국 패권

패권은 원래 국내에만 적용되는 개념이었다. 카를 마르크스와 안토니오 그람시는 공통적으로 국제관계를 보지 않았다. 민족국가(nation state)의 힘을 과소평가했다. 그들의 눈에는 '지배자인 부르주아와 피지배자인 프롤레타리아' 두 계급만 보였고, 이들이 화해할 수 있는 지점은 없었다. 국가와 국가 간 '경쟁과 협력'이라는 국제사회 개념이 부족했다. 학문적인 이유도 있다. 국제사회에 적용하려면 먼저 누구를 '지배계급'으로 설정해야 할지 고민해야 한다. 영국의 부르주아지와 중국의 왕족이 '손에 손잡고' 지배한다고 믿기는 어렵다.

언어도 당장 문제가 된다. 국내에서는 책, 소설, 영화 등이 쉽게 소비될 수 있지만 국제사회에서는 어떤 경로를 통해 전달되고 궁극적으로 수용되는지가 확실치 않다. 중간 단계가 너무 많기 때문이다. 예를 들어, 미국에서 만들어진 많은 영화나 책 중 일부는 일차적으로 '선택과 배제'의 과정을 거친다. 특별한 정치적 목적이 없는 상황이라면 결국은 상품성이 문제다. 높은 수익성을 확보하려면 메시지가 많으면 곤란하다. 인간의 본성을 관통하는 폭력과 섹스만 있으면 된다.

텔레비전이나 영화를 통해 한국에서 상영된다 해도 '관문'은 또 있다. 가령 국내 정부가 질서유지와 미풍양속 보호 등의 명분으로 개입할 수 있다. 또 한국의 지식인이 '번역'을 하게 되는 과정에서 본래 의미는 희석된다. 동의를 구하려는 궁극적인 대상이 누구인지도 명확하지 않다. 노동자 계급이라는 뚜렷한 '목표 공략층(target audience)'이 없다. 과연 이들이 미국 영화를 좋아할까? 전혀 다른 문화적 코드가 '결합'된 메시지가 원래 의도대로 해석될 것 같지 않다. 미국의 인기 드라마 「덜레스(Dallas)」가 미국 사람이 이해하는 방식과 달리 이스라엘에서는 전혀 다른 방식으로 받아들여진다는 연구 결과도 있다.[9]

그렇다면 국제사회는 어떻게 굴러가는 것일까? 애덤 스미스가 주장하듯 "보이지 않는 손"이 작동하는 것일까? 국내와 완전히 동일하지는 않지만 오늘날 세계가 일종의 거대한 생명체처럼 움직이고 있다는 증거는 많다. 누군가는 머리 역할을 하고, 누군가는 손과 발이 되어 고생한다. 그 뿌리도 꽤나 거슬러 올라간다.

로마는 하루아침에 이루어지지 않았다. 국제사회가 형성된 역사도 깊다. 중국 최초의 제국인 진나라는 기원전 265년에 사마염이 세웠다. 중국에서는 공자와 맹자가, 그리스에서는 소크라테스와 플라톤 등이 활동하던 때는 그보다 더 거슬러 올라간 기원전 400년경이다. 동양, 서양, 중앙아시아 등에서 별도의 제국으로 형성되던 인류는 12세기 원나라 때 처음으로 통합을 경험한다. 원제국의 경계선은 만주에서 멀리 독일을 아울렀다. 중국, 인도와 아랍의 문명이 유럽으로 전해졌고 그중에서도 종이, 화약, 나침반 등은 역사를 바꾸었다. 금속활자를 통해 대량 인쇄의 길을 열었던 유럽은 먼저 들어와 있었던 종이와 결합해 '책'을 대량으로 생산했다. 지식의 확산은 새로운 세상에 대한 호기심을 이끌어 냈다. 나침반을 통해 멀리 항해를 떠나는 것도 가능해졌다. 멀리 저 멀리에 황금과 은이 넘쳐 나는 곳이 있다는 것만으로 탐험대가 꾸려졌다.

1492년, 크리스토퍼 콜럼버스 일행이 아메리카 신대륙에 도착했다. 대략 200년이 좀 못 된 1620년 11월에는 100명 남짓한 영국인들이 이곳으로 이민을 왔다. 영국의 식민지가 건설되었고, 나중에 미국이라는 국가로 발전한다. 동북아 귀퉁이에 있는 조선에 이방인이 배를 타고 온 것은 1653년이었다. 네덜란드 동인도 회사 직원이던 하멜은 일본으로 가던 중 폭풍을 만나 제주도로 들어왔다. 10년 후 귀국한 그가 쓴 보고서에 따르면 이미 1620년대에 들어와 살고 있는 다른 서양인도 있었다고 한다. 지구는 둥글다는 것을 알게 된 유럽의 강대국은 분주했다. 남미와 아프리카, 아시아가 차례로 식민지가 되었고, 더 이상 고립되어 존재할 수 있는 땅은 많지 않았다. 그 넓은 아시아에서 식민지가 되지 않았던 나라는 태국뿐이다.

지구상에 있는 193개 정도의 국가 중 60퍼센트 이상은 1950년 이후 독립했다. 18세기 이래 국가를 세우고 식민지로부터 막대한 자원을 탈취하고, 이를 통해 국가에 필요한 군사와 기반시설을 마련할 수 있었던 강대국과는 출발부터 달랐다. 인간으로 치면 신생국은 이제 막 중학교를 졸업한 풋내기이고, 선진국은 산전수전을 두루 거친 오십 대 중년이다. 풍부한 경험과 축적된 지식이 많은데, 무엇보다도 남을 다스리고 이용해 본 경험이 있다.

왼쪽부터 처칠, 루스벨트, 스탈린(1945년, 얄타회담에서)

통신수단이 발달하면서 세계는 좀 더 빠른 속도로 통합되기 시작했다. 1837년에 최초의 전신 실험이 성공한 직후 대륙과 대륙을 연결하는 해저 케이블이 설치된다. 식민지 상황, 경쟁국의 군대 이동 및 전략 정보, 국제 원재료 가격의 동향, 군사적 정보의 교환을 목적으로 한 뉴스 통신사도 속속 들어섰다. 1835년 프랑스의 아바스 통신사(Havas Agency)가 처음 설립된 이래, 1848년에는 미국의 AP(Associate Press)통신사가, 1849년에는 독일의 볼프(Wolf)통신사가, 1851년에는 영국의 로이터통신사가 뒤따랐다. 1919년 사회주의혁명에 성공한 소비에트연방은 세계 최초로 라디오를 통한 국제방송에 성공했다. 국제사회주의 운동을 촉진하는 데 '장벽 없는 신문'으로 알려진 라디오는 훌륭한 수단이었다.

포츠담회의(1945년)

　미국도 비슷한 시기에 RCA(Radio Corporation of America)를 설립했고, AT&T의 남미 진출을 적극 지원했다. 영국은 1932년에 나중에 BBC로 발전하는 'Empire Service'를 만들었다. 2차 세계대전을 거치면서 독일, 소련, 미국, 영국 등은 적대국이나 약소국을 대상으로 하는 '전파를 이용한 심리전'을 본격적으로 추진했다. 물리적인 국경선은 이미 무너진 이후였다. 1962년에 CBS 드라마를 시청하던 수백만 명의 미국인들은 "영국에서 영상을 전송할 준비가 끝났다."는 놀라운 방송을 접했다. 미국이 쏘아 올린 텔스타(Telstar)라는 인공위성을 통한 세계 최초의 대륙 간 연결이었다. '미국 패권'이라는 말이 등장하기 시작한 것은 그 직후다.

　국제사회는 1970년대를 맞아 일종의 자기 성찰 시간을 갖는다.

농구로 치면 4쿼터 중 1쿼터가 막 끝난 시간에 해당한다. 1945년 흑해의 얄타에서 열린 전승국 회담에서 미국과 영국이 소련을 만났다. 일본과 전쟁 중이던 중국은 이 자리에 오지 못했고, 1948년 포츠담회담에는 그나마 내전을 겪으면서도 지금의 대만이 참석했다. 본토를 장악한 중국인민공화국이 UN안전보장이사회 상임이사국이 된 것은 그보다 한참이나 지난 1971년이었다. 전쟁이 끝난 후 알려진 결산 보고서는 공평함과는 거리가 멀었다. 전쟁 동안 벌어들인 전 세계의 금괴 중 70퍼센트는 미국의 수중에 떨어졌다. 폐허가 된 유럽과 달리 미국에서는 단 한 발의 총성도 울리지 않았다. 수백만 명이 죽고 산업 기반이 모두 붕괴된 유럽이 기댈 곳은 미국밖에 없었다.

　냉전의 맞수로 소련이 떠올랐지만 냉정하게 봤을 때 미국의 적수는 아니었다. 미국에 이어 세계에서 두 번째로 핵무기를 개발했지만 소련은 '후발 공업국'에 불과했다. 변변한 생필품도 없었다. 미국과 유럽이 대공황을 겪는 동안 빠른 속도로 따라잡았지만 그나마 전쟁을 통해 대부분 잃었다. 미국은 질서를 새로 만들었고, 많은 국가들은 불합리한 것을 알면서도 편입될 수밖에 없었다. 미국과 소련의 강요로 국제사회는 자본주의 진영으로 불리는 '서(西)'와 소련을 중심으로 한 사회주의 진영의 '동(東)'으로 분리되었다. 그 직후 동서 진영은 냉전이라는 높은 벽을 쌓기 시작했다.

　전쟁 이후 독립하게 된 국가들은 1955년 인도네시아 반둥에서 1차 아시아·아프리카 회의를 개최했다. 일부 국가는 여전히 힘겨운 독립투쟁을 하던 중이었다. 1946년 베트남은 프랑스에 맞섰고, 1954년에야 겨우 승리했다. 영국과 미국의 지원을 받았던 그리스

정부군과 공산당 간에 벌어졌던 그리스 내전도 1949년에 마무리되었다. 전쟁의 불똥은 한반도에도 튀었다. 북한과 남한은 무려 3년간 한반도 역사에서 가장 참혹했던 살육전을 벌였다. 휴전이 된 것은 1953년 7월이었다. 같은 해 이란에서는 민주적으로 선출된 정부가 미국이 후원한 쿠데타를 통해 무너졌다. 과테말라 정부도 동일한 방식으로 교체되었다.

인도의 네루, 인도네시아의 수카르노, 중국의 주은래, 이집트의 나세르 등은 이런 상황에서 서둘러 제3의 길을 찾았다. 반제국주의와 반식민주의를 분명히 밝혔고, 미국과 소련 어디에도 속하지 않겠다고 했다. 1961년에는 유고의 티토 대통령도 이 모임에 참석했고, 이를 계기로 비동맹운동(Non Alliance Movement, NAM)이 시작되었다. 기존 질서에 대한 저항은 피를 불렀다. 중간지대에 서 있으려 한 캄보디아, 인도네시아, 영국령 기아나, 이집트 등지에서 쿠데타가 일어났고 모두 반공정권으로 대체된다. 헝가리와 체코 등 동유럽은 소련의 침공으로 위성국가로 전락했다.

1쿼터 농구 경기를 마치고 잠깐 쉬는 동안 국제사회는 각자 성찰의 시간을 가졌다. 비동맹운동에서 시작된 개발도상국 모임은 G77(Group 77)로 발전했다. 대규모 첫 모임은 1967년 알제리에서 열렸다. 프랑스와 오랜 전쟁 끝에 독립을 쟁취한 알제리에서 열렸다는 것 자체가 의미가 있다. 10월 10일부터 25일까지 열린 이 회담을 통해 '알제리 헌장(Charter of Algiers)'이 채택된다. 전 세계 평균 수출 증가율은 연평균 7.8퍼센트에 달하지만 G77이 차지하는 비중은 1963년 27퍼센트에서 1966년에는 19.3퍼센트로 떨어졌다는 점이

거론된다. 제3세계 부채 문제도 지적된다. 1955년에 100억 달러에 불과하던 공공부채가 1966년에는 400억 달러로 늘었다는 얘기였다. 게임의 규칙이 문제가 있다는 지적이었고, 이대로 끌려다닐 수는 없다는 항변이었다.

남은 경기를 해 봐야 승패는 분명했다. 발전하면 할수록 종속은 심화되고 주변부의 운명을 벗어날 수 없다는 게 문제였다. 중국의 덩샤오핑 또한 1974년 UN 연설을 통해 "자본주의 또는 사회주의 간 체제 대립은 소련이라는 사회제국주의의 출현으로 의미가 없어졌다."고 지적하는 한편, "미국과 소련을 제1세계의 범주에 넣고, 미국을 제외한 자본주의 국가들과 동구 공산주의 국가들을 제2세계로 간주하며, 그 밖의 모든 개발도상국가들을 제3세계로 봐야 한다."고 말했다.

신국제경제질서(New International Economic Order, NIEO)는 이를 배경으로 등장하게 된다. 개도국은 자국의 영토에 들어와 있는 다국적기업의 활동을 규제하고 통제할 권리가 있다는 것, 국가 이익을 위해 외국인이 소유하고 있는 기업을 자유롭게 국유화할 수 있다는 것, 개도국에 대한 차별적인 관세를 없애야 한다는 것 등을 주장했다. UN총회에서 이와 관련한 선언문을 채택한 것은 1974년이었다.

목소리는 컸지만 실력은 없었던 이들의 목소리에 귀 기울이는 강대국은 없었다. 자기 살길을 알아서 찾아야 하는 각자도생(各自圖生)의 격동기라는 시대적 상황도 장애물이었다. 1980년 남미를 덮친 대규모 외채위기와 냉전의 마지막 소용돌이를 거치면서 이들의 주장은 힘을 잃어 갔다. 1980년 「다수의 목소리 하나의 세계(Many Voices One World)」라는 보고서로 발표되기도 했던 '신국제정보질서(New

International Informaton, NIIO)'의 운명도 이와 비슷했다.

중학생 정도에 불과하던 제3세계의 불만은 이유가 있다. 국제사회는 빠르게 통합되었지만 '눈과 귀'는 물론 정보를 전달하는 '신경망'은 모두 자국을 지배하던 강대국 차지였다. 그중에서도 특히 미국과 영국의 영향력은 막강했다. 정치와 경제만 종속되는 것이 아니라 '정신'도 지배받을 수 있다는 두려움이 커져 갔다. '자유로운 정보의 흐름'은 다른 말로 이들의 관점, 가치관, 문화가 일방적으로 유입된다는 의미였다. 경제 발전에 도움이 되는 과학기술과 같은 유용한 정보는 '국가안보'와 '저작권' 등으로 인해 오히려 차단당했다. 현실을 왜곡한다고 항의하고 싶어도 국제사회와 소통할 수 있는 수단이 없었다. 그렇다고 정보를 차단하면 '표현의 자유'를 억압하는 독재국가라는 비난을 받았다.

상대적 박탈감도 문제였다. 텔레비전에 나오는 멋진 연애인과 자기 애인은 같지 않다. 결혼하고 나이가 들면 다 이해가 되지만 젊을 때는 받아들이기 어렵다. 못난 남자를 계속 만나야 하는지 고민이 되고 결국은 '파랑새'를 찾아 떠난다. 못난 가장과 남자들은 고민에 빠진다. 외부와 차단하고 자기만 보라고 할 수도 없는 노릇이고, 그렇다고 없는 형편에 사치를 부릴 수도 없다. 중학생이 멋진 연애를 알면 얼마나 알고, 돈이 있으면 얼마가 있을지 생각해 보면 된다. 그래서 '정의롭고 효율적인 정보'를 서로 주고받을 수 있는 '정보질서'를 요구했다. 자기 식구들이, 또는 여자친구가 좀 더 객관적이고 균형 잡힌 관점을 접할 수 있다면 가출은 하지 않을 거라는 믿음이다.

본격적인 회복기를 맞은 유럽도 중간 정산에 들어갔다. 레지스탕

마틴 루서 킹(1963년, 링컨기념관에서)

스 운동가이자 장군 출신으로 대통령이 된 샤를 드골이 주도했다. 미국의 도움이 부채가 되고 있다는 문제의식이었다. 한낱 종이 쪼가리에 불과한 달러로 미국은 유럽의 핵심 기업과 자원을 독식했다. 막 시작된 베트남전쟁은 이런 우려를 부추겼다. 전쟁을 하면 발생하게 될 막대한 빚은 결국 달러를 소유하고 있는 국가에서 부담해야 한다. 화폐량이 많아지면 교환가치가 떨어지는 것을 막을 수 없다. 과연 금 1온스당 35달러라는 고정환율은 유지될 수 있을까?

드골의 입장에 동조하는 유럽 국가들이 늘어 갔다. 미국도 처음에는 순순히 응했다. 미국 군대가 주둔하고 있으면서 실질적인 안전을 보장해 주고 있던 서독과 일본을 제외한 대부분의 유럽이 금으로 갈아탔다. 드골은 또 미국이 사령관을 맡고 각국이 파견한 군대로 편성된 나토(North Atlantic Treaty Organization, NATO)에서도 탈퇴했다. 미국과 영국의 일방적인 주도에 대한 반발이었다.

1967년 7월 1일 장차 '유럽연합'으로 발전하는 디딤돌이 되는 '브뤼셀조약(Brussels Treaty)'이 탄생한 것은 이런 배경에서다. 1957년에 설립된 유럽석탄철강공동체(ECSC), 유럽경제공동체(EEC)와 유럽원자력공동체(EURATOM)를 통합하는 합의였다. 벨기에, 프랑스, 서독, 이탈리아, 룩셈부르크와 네덜란드 6개국이 서명했다.

미국도 고민에 빠졌다. 국내에서는 흑인을 중심으로 불만이 터져 나왔다. 역사적으로 미국은 노예로 팔려 온 이들에게 많은 빚을 졌다. 공업 중심의 북부와 농업 기반의 남부가 대결한 남북전쟁(1861-1865년)에서 흑인은 북부를 위해 싸웠다. 백인들이 함께 싸우기를 원치 않아 자신들만의 부대를 만들었다. 전쟁 때마다 이들은 참전했고 피를 흘렸다. 2차 세계대전과 한국전도 이들의 피를 먹고 자랐다. 전쟁에서 돌아온 이들은 당연히 자신들의 몫을 요구했다. 당시 미국 사회는 흑인의 권리를 인정하지 않았다.

1954년에 시작된 인권운동을 통해 1964년의 '시민권 법안(Civil Rights Act)'과 1965년의 '투표권 법안(Voting Rights Act)'이 결실을 맺었다. 1963년 워싱턴 D. C.의 링컨기념관에서 외쳤던 마틴 루터 킹의 꿈은 마침내 현실이 되었다. 그는 이렇게 말했다.

언젠가는, 조지아주의 붉은 언덕 위에서 노예들의 후손들과 노예 소유주들의 후손들이 형제애의 식탁에서 함께 자리하고 (……) 언젠가는, 나의 네 명의 어린 아이들이 그들의 피부 색깔로 판단되지 않고 그들의 개별성으로 판단되는 그런 나라에서 살게 될 것이다.

모든 정부는 내부의 불만이 높아지면 항상 외부에서 해결책을 찾는다. 전쟁이 필요했고, 없으면 만들어야 한다. 1964년 베트남 통킹만에서 미 해군 구축함 한 척이 북베트남의 공격을 받는 사건이 발생한다. 1965년 미국 의회는 B-52 폭격기를 동원해 폭격에 나섰고 본격적으로 지상군이 투입된다.

달러를 거부하는 국가의 행렬은 더 길어졌다. 동맹국인 영국마저 금괴를 요구하면서 미국은 브레튼우즈협정을 일방적으로 폐기했다. 당시 설립된 국제통화기금(IMF)과 국제부흥개발은행(IBRD)은 그대로 유지했지만 '달러와 금'의 고정환율을 토대로 하는 통화체제는 무너졌다. 1971년 8월 15일에 닉슨 대통령은 더 이상 달러 대신 금괴를 주는 일은 없다고 선언했다. 닉슨 쇼크(Nixon Shock)로 알려진 사건이다.

만약 약소국이 이렇게 했다면 바로 전쟁이 났겠지만 미국에 대들 나라는 없었다. 미국은 또 사우디아라비아 등과 협력해 미국 달러로만 원유를 살 수 있도록 했다. 달러 가치도 일방적으로 낮추기 시작했다. 환율이 떨어지면서 원유를 비롯한 1차 원재료의 가격도 덩달아 올랐다. 1973년 배럴당 3.01달러에 불과하던 원유 가격은 1971년에 11.65달러로 올랐다. 당장 달러가 더 필요한 국가들은 앞다투어 환율을 낮추었고 무역도 줄었다. 적게 벌고 적게 사 먹는 상황이 지속되었고, 결국 국제사회는 극심한 경기침체를 겪는다.

핵무기에 대한 미국의 독점도 깨졌다. 아는 것이 힘이다. 군사 무기에 적용하면 가장 쉽게 이해된다. 원나라가 지구의 절반을 차지할 수 있었던 배경에는 화약이 있었다. 전쟁을 통해 유럽으로 확산된 이 신무기는 그 이후 전쟁의 양상을 바꾸었다. 영국은 1326년에 처음 대포를 선보였고, 명나라는 14세기에 이미 수중에서 터지는 기뢰를 갖고 있었다. 1592년 임진왜란 때 일본은 조총이라는 신무기로 조선을 손쉽게 제압했다. 당시 교류하던 네덜란드에서 구입한 것으로 알려진다.

미국의 리처드 개틀링 박사는 1861년에 한꺼번에 100발을 쏠 수 있는 기관총을 발명했고, 영국의 하이럼 맥심은 450발을 쏠 수 있는 '맥심기관총'을 선보였다. 후발 주자였던 독일이 빠른 속도로 영국과 프랑스 등과 경쟁할 수 있었던 배경도 이런 신무기 개발에 있었다. 독일은 그 후 화학무기, 잠수함, 기관총과 탱크 등에 집중 투자했다. 그러나 1945년 맨해튼 프로젝트(Manhattan Project)를 통해 만들어진 '핵폭탄'은 이 모든 것을 압도하는 괴물이었다.

핵실험에 성공한 직후 일본의 히로시마와 나가사키에 핵무기가 투하된다. 일본은 그 직후 항복했다. 핵무기 생산 과정에서 영국은 핵심 참여자였다. 핵의 위력을 확인한 미국은 공유를 원치 않았다. 영국은 독자적으로 핵 개발에 나섰고 1952년 원폭 실험에 성공, 5년 뒤에는 수폭 실험도 마쳤다. 그보다 몇 년 앞선 1949년에는 소련이 이 대열에 합류했다. 미국, 소련과 영국의 독점 상태는 오래가지 않았다. 미국의 독립전쟁을 후원했고 한때 영국을 속국으로 알았던 프랑스가 뒤따랐다. 마침내 1960년과 1968년에 프랑스는 각각 원폭과 수폭 실험을 마쳤다. 사회주의 형제로 알았던 소련과 중국의 사이도 벌어졌다. 중국은 홀로서기를 배웠고, 1967년에는 수폭 실험까지 마무리했다. 그 직후인 1968년에 우리가 잘 아는 핵확산금지조약(NPT)이 체결된다. UN에서 유일하게 거부권을 행사할 수 있는 다섯 개의 상임이사국 — 그래서 P5(Permanant 5) — 이 주도했다.

다른 국가들은 더 이상 핵을 개발할 수 없도록 하겠다는 강대국과 '꿩 대신 알'이라는 심정으로 핵 관련 기술이라도 얻고자 했던 약소국의 이해관계가 맞아떨어졌다. 물론 모두 만족하는 게임은 결코아니었다. 중국이 강대국으로 성장하는 것을 위태롭게 지켜보던 인도는 이미 확보하고 있던 기술을 이용해 1974년에 핵실험에 나섰다. 미국과 합의한 대로 '공식적으로' 핵 보유를 인정하지는 않지만 이스라엘 또한 1967년에 핵클럽에 가입했다. 중동에서 영향력을 유지하려 한 프랑스의 도움이 컸다.

미국은 반대했다. 중국이 북한의 핵을 좋아하지 않는 것과 같은이유다. 이집트가 수에즈운하를 국유화한 직후 일어난 1956년의 2차중동전쟁에서 이스라엘은 영국, 프랑스와 손을 잡았다. 당시 프랑스는 이스라엘의 도움이 절실했는데 자칫 제국주의의 횡포로 비칠 수있는 전쟁에 이스라엘이 참전함으로써 명분이 생겼다. 2019년 현재핵무기를 확보한 국가는 단지 두 곳만 더 늘었다. 그중 하나는 인도와 국경을 맞대고 있는 파키스탄으로 1998년에 핵무장을 선언했다. 북한은 2006년 1차 핵실험에 성공한 이후 2016년 1월 6일에 수소폭탄을 완성한 것으로 알려진다.

"일의 시작과 끝을 모두 아는 지혜로운 자는 없다."는 말이 있다. 1970년대를 이해하는 방식도 그랬다. 물이 절반만 있는 컵을 보면서누구는 "절반이나 비었다."고 말하지만 누구는 "벌써 절반이 찼네."라고 말한다. 이 말은 미국의 영향력에 대한 평가에도 적용된다. 일부는 1970년대를 거치면서 제국의 등장을 예언했다. UN을 통해 제기된 새로운 질서에 대한 요구도 다른 관점에서 보면 제국이 영향력을 확대하고 있다는 증거였다.

문화제국주의(cultural imperialism)는 이런 분위기를 반영했다. 자본주의 중심국(특히 미국)들은 제3세계의 가치관과 문화를 자기들에게 유리한 방식으로 변화시키고 있으며, 특히 상업화된 미디어가 그 중심에 있다는 주장이었다. 멀리 갈 것도 없이 미국화(Americanization)의 흔적은 쉽게 찾을 수 있다. 한국의 거리에 있는 간판은 대부분 영어다.「미션 임파서블」,「터미네이터」,「트랜스포머」등 영화 제목도 전부 영어를 그대로 옮겨 왔다. 옷을 입는 방식이나 음식조차 미국을 닮아 왔다. 양복과 구두를 신고 햄버거와 스테이크를 즐긴다. 한국만 그런 것이 아니라 전 세계가 그렇다. 헤게모니에서 강조하는 것처럼 이 과정에서 강압은 없었다. 미국을 좋아하라고 등떠민 사람도 없다. 누가? 무슨 목적으로? 이 질문에 대한 답만 찾으면 그람시가 말한 자발적인 지배로 볼 만한 상황이다.

미국 패권을 주장하는 부류는 크게 두 가지로 나뉜다. 한쪽은 마르크스의 관점을 지지하는 '정치경제학'이고, 다른 쪽은 '국제관계' 분야로, '누구'와 '목적'에서 다른 입장을 취한다. 굳이 복잡하게 구분하느냐 타박할지 모르지만 어쩔 수 없는 부분이 있다. 이론이라는 것은 일종의 지도다. 낯선 곳에 가려면 지도 없이는 힘들다. 지금 우리가 이해하려 하는 것이 '한국은 알에 갇혀 있는가?'라는 질문이므로 알의 세계를 알아야 한다. 그리고 헤게모니는 이 질문에 다가서기 위한 일종의 지도다.

위에서 잠깐 알튀세르 얘기를 했다. 그는 철저하게 '구조'주의자다. 판을 바꾸지 않으면 억압은 바뀌지 않는다고 본다. 영국의 문화연구자들 —특히 E. P. 톰슨—은 '주체'를 중요하게 생각한다. 판을 바꾸는 것은 결국 인간이라는 입장이다. 그래서 판을 바꾸려는 투쟁보다 인간을 교육시키자고 주장한다. 대안문화, 해방시켜 주는 문화, 해방에 도움이 되는 지식을 공급하면 인간이 힘을 모아 판을 뒤엎을 수 있다고 본다. 알튀세르는 다르게 생각했다. 문화와 지식이 중요한 역할을 한다는 것은 인정하지만 이것을 생산하고 유통시키는 수단이 모두 자본가 계급에 의해 장악되어 있음을 잊지 말라고 한다. 자신들에게 불리한, 또는 자신의 기득권을 파괴할지 모르는 위험한 생각이 유통되도록 놔두지 않을 것으로 본다.

답은 모른다. 중요한 것은 이해하기 위해서는 일단 지도를 봐야 한다는 점이다. 그래야 다른 점이 무엇이고, 어느 지점에 개입해야 할지를 판단할 능력이 생긴다. '누가'라는 질문에서 그람시는 '역사적 블록'이 있다고 말했다. 특정 시대와 정세에 맞게 형성되는 '연합세력'이다. 일종의 엘리트 그룹으로 보면 되는데, 문제는 주도권을 행사하는 집단이 '계급'인지 아니면 '국가'인지의 차이다.

글로벌사회와 지배계급

글로벌사회(global society)와 국제사회(international society)는 단순한 단어 차이가 아니다. 국제(國際)라는 의미에는 국가와 국가의 관계라는 의미가 포함되어 있다. 글로벌에서 '주권국가'는 안 보인다. 오히려 로마제국이나 원나라 제국과 비슷한 것으로, 이 속에 무수한 국가, 비정부기구, 국제기구, 다국적기업 등이 혼재되어 있다. 유사한 용어로는 마셜 매클루언이 말한 지구촌(global village)이 있다. 단어에서 알 수 있듯이, 교통과 통신수단이 발달하면서 지구가 거대한 하나의 동네가 되었다는 뜻이다. 21세기를 막 넘기고 있는 현재가 둘 중 어디인지 묻는 것은 한가한 말장난처럼 보일 수 있다. 그러나 이 두 개념은 상당히 다르고 그만 한 이유가 있다.

정치학에서는 '국제'를 선호한다. 국가와 국가 간 갈등은 '국제'에서 설명되지만 글로벌에서는 힘들다. 단일한 공동체가 되었는데 굳이 '국적'을 얘기하는 게 우습다. 미국의 월마트는 이미 글로벌 기업이니 굳이 '미국'이라는 표시를 달 필요가 있을까 하는 입장이다. 그러나 정치를 중요하게 보는 입장에서는 월마트 본사가 어디에 있는지, 이들이 누구를 통해 자신의 이해관계를 보호하며, 다른 주권국가의 '진입장벽'을 어떻게 넘었는지 등을 묻는다. 맥도널드가 전 세계에서 안전하게 영업을 할 수 있고, 그들이 번 돈이 미국의 주요 주주들에게 환수될 수 있는 배경이 어디에 있는지에 대한 질문이다.

반면 경제학에서는 '글로벌'이 자주 쓰인다. 애초 이 개념을 만든 것도 IBM이라는 회사였다. 전 세계로 시장을 확대하기 위해서는 굳이 '미국'이라는 이름표를 달지 않는 것이 더 유리하다는 판단에서 시작했다. 글로벌에서는 국가보다 계급이 더 중요한 변수다. 맥도널드는 글로벌 자본가를 대표하는 기업이다. 전 세계에 흩어져 있고, 주주의 국적이 다양하다. 각국 '정부'를 움직여 기업 활동에 필요한 안

전장치와 세금 방안과 노동규칙 등에 개입한다. 국적 기업은 의미가 없고, 자국의 경제에 도움이 되는 기업이 오히려 환영받는다. 전 세계에 흩어져 있는 자본가 계급이 서로 연대한다는 입장이다.

다국적기업으로 불리는 실체도 있다. 실제로 애플, 페이스북, 구글 등 잘 알려진 기업들은 특정 국가의 간섭을 원하지 않으며, 적절한 세금을 내지 않으려고 한다. 이들이 세금 회피를 목적으로 자주 이용하는 조세 회피처도 많다. 대표적인 곳으로는 버뮤다, 영국령 버진아일랜드, 마셜제도, 케이먼제도 등이다. 벨기에, 오스트리아, 스위스, 브루나이와 싱가포르와 같은 금융센터도 G20 정상회의에서 지정한 조세 피난처 블랙리스트에 포함된다.

경제와 시장 관점에서 주도 세력은 '계급'이다. 글로벌 자본가 계급. 다른 나라는 잘 몰라도 미국에서는 상당히 맞다. 미국과 영국은 경제 엘리트가 역사의 주도 세력이었다. 록펠러, 카네기, 헨리 포드 등은 자수성가한 사람들이다. 한국처럼 정부가 뒷배를 봐 줘서 성장한 기업가가 아니다. 멀리 갈 것도 없이 한국을 보면 된다. 삼성, 현대, SK, LG 등에서 외국인 주주의 비율은 이미 절반을 넘고 있다. 그들은 누구일까? 모두 미국에 살까? 전혀 그렇지 않다.

외국인을 권역별로 나누면, 영미계(캐나다, 호주, 뉴질랜드 포함), 서유럽계(독일, 이탈리아, 프랑스 등), 조세 회피 지역(룩셈부르크, 케이맨 제도 등) 또 중동 및 아시아(사우디아라비아, 아랍에미리트, 일본, 중국 등)다. 중국, 싱가포르와 아랍에미리트의 국부펀드도 꾸준히 투자한다. 미국에 산다 해도 특정한 누구는 아니다. 예를 들어, 미국 최대의 공적 연금인 캘리포니아공무원연금(California Public Employees'

Retirement System)이 있다. 명칭에서 알 수 있듯 이 주에 근무하는 공무원이 낸 연금을 모아서 투자하는 곳이다. 주요 투자 대상 기업에는 구글, 애플, 월트디즈니도 있지만 삼성과 현대도 있다.

2017년 11월 14일 자 《가디언》에는 세상이 얼마나 불평등한지를 잘 보여 주는 기사가 있다. 상위 1퍼센트에 해당하는 초거대 갑부가 전 세계 재산의 50퍼센트를 소유한다. 2008년 글로벌 금융위기 당시 이들이 차지하는 비중은 42.5퍼센트였지만 2016년에는 50.1퍼센트로 증가했다. 지구상 인구의 겨우 0.7퍼센트에 불과한 이들이 갖고 있는 자산 가치는 280조 달러에 달하는데, 맞은편 35억 인구는 겨우 1만 달러도 없이 산다. '목적'도 비교적 명확하다.

권력과 재물과 명예를 계속 누리겠다는 것. 그냥 놔두면 되지 않느냐 생각할지 모르지만 그렇지 않다. 자본은 끝없이 증식하는 본능이 있다. 군수산업을 생각해 보자. 무기를 팔아야 돈을 번다. 만약 모든 사람이 어느 날 갑자기 순한 양처럼 된다면 이들은 망한다. 미국은 2차 세계대전 동안 전 세계에 무기를 팔아먹었다. 워낙 장사가 잘되어서 제조업체 상당 부분을 '군수품 조립'과 '부품 생산' 업체로 바꾸었다. 그런데 전쟁이 끝났다. 다시 제조업 공장을 돌리고 싶어도 이미 다른 나라에서 관련 제품을 더 멋지게 싼값에 판다. 무기를 계속 만들 수밖에 없다. 우연의 일치일지 모르지만 한국전쟁이 일어났다. 1953년 전쟁이 끝났을 때 미국 군수업체는 떼돈을 벌었다. 전쟁은 계속 이어졌다. 베트남전쟁이 있었고, 크고 작은 내전이 계속 이어졌다.

미국의 대통령 중 드와이트 아이젠하워 대통령이 있다. 연합군을 이끌고 노르망디 상륙작전을 성공시킨 전쟁 영웅이다. 8년간의 임기를 마치고 1961년 퇴임식에서 그는 이렇게 경고했다. "미국에는 군산복합체(military-industry complex)가 있다. 그동안 너무 비대해졌다. 만약 이것들을 제대로 통제하지 못하면 미국의 민주주의는 위기에 처할 것이다." 역사는 그의 예언이 불행하게도 맞았다는 것을 보여 준다. 통킹만 사건을 조작한 다음 미국은 베트남전쟁을 시작했고 캄보디아 전체가 불바다가 된다.

과연 미국의 대외정책은 누가 움직였을까? 대통령, 국방부 장관, 국무부 장관, 아니면 싱크탱크? 그럼 또 누가 대통령 선거에서 가장 많은 정치 자금을 기부할까? 재무부 장관은 왜 골드만삭스와 같은 기업 출신이 독식할까? 그 많은 싱크탱크를 움직이는 돈은 어디에서 나올까? 무엇을 위해 지식인의 뒷배를 자처할까?

금융자본도 엄연히 존재하는 실체다. 자그디시 바그와티는 인도에서 태어났다. 나중에 미국 시민권을 취득한 컬럼비아대학교 경제학과 교수다. 그는 대외정책에서 가장 영향력 있는 《포린 어페어》에 '월가-재무부 복합체(wall street treasury complex)'를 고발하는 글을 한 편 게재한다.[10] 당시 협상을 주도한 핵심 세력은 재무부, IMF, 골드만삭스, 시티은행, 국제경제연구소(IIE), 외교협회(CFR) 등이었다. 재무부 실세에 속하는 장관(루빈), 차관(서머스), 차관보(가이트너)가 골드만삭스와 각별히 인연이 있는 것은 잘 알려져 있다. 국내 협상단 일원이던 김기환은 골드만삭스와 연결되어 있었다. IMF 연구소장 마이클 무사는 IIE 연구위원으로 갔고, 국가경제자문위(NSC) 고문인 진 스펄링은 브루킹스재단과 CFR로 옮겼다. 캐럴라인 아킨슨은 IMF에 있다가 재무부차관보로 옮긴 후 CFR에 합류했다. 재무부와 긴밀

드와이트 아이젠하워 대통령과 루이스 스트라우스 원자력위원회 의장(1954년)

했던 프레그 버그스텐은 IIE 소장으로 일했고, 한국의 사공일 장관과 친분이 두텁다.

영화 「달콤한 인생」의 마지막 장면에서 이병헌이 보스인 김영철에게 이렇게 묻는다. "저한테 왜 그랬어요, 말해 봐요." 한국 사람이면 이 질문을 반드시 미국 정부와 IMF에 해야 한다. 언제가 될지는 모르지만. 바그디시는 당시 정책의 오류에 대해 클린턴 행정부 사람들은 잘 알고 있었다고 말한다. 그런데 왜? 돈이다. 한국이라는 잘나가는 국가가 급전을 빌리러 왔다. 금리를 높이면 이자를 못 갚는 기업은 부도를 낸다. 멀쩡한 회사도 문을 닫으면 헐값에 살 수 있다. 그래서 당시 유행했던 말이 'Fire Sale'이었다. 불난 집에서 물건을 싸게 처리하는 것에 비유한 말이다.

자그디시 바그와티

민영화? 멋있는 말이지만 한국 대기업 중 자기만큼이나 덩치가 큰 알짜기업을 살 수 있는 여유가 있는 곳은 없다. '외국 자본만 참가할 수 있는'이 생략된 민영화였다. 지주형 교수가 말한 것처럼 "모르는 게 바보"이지 속이려는 사람을 탓할 게 아니었다. 당시 월가에서 펀드매니저로 일하던 사람들은 보너스로만 1000만 달러를 받은 사람이 수두룩했다. 그런데 한국 사람들은 그들에게 감사한다. 지금도 국내 웬만한 학회장에 가면 당시 이 협상을 주도했던 학자, 관료들, 싱크탱크 전문가를 모셔 놓고 한국 경제에 대한 자문을 구한다. 그람시가 말하는 '헤게모니'로 볼 수 있는 부분이다. '지적' 권위에 스스로 무릎을 꿇고 복종을 사랑하는 모습이다.

신자유주의(neoliberalism)의 민낯도 이와 비슷하다. 거듭 말하지만 한국만 그런 게 아니다. 남미는 30년째 이 상황에서 못 벗어나고 있다. 1990년에 시장을 개방한 동유럽의 헝가리, 체코, 폴란드의 사정도 비슷하다. 2018년 6월 현재 들불처럼 번지고 있는 '신흥국 위기'의 한복판에 있다. 극단적이고, 설마 싶지만 이런 생각으로 책도 쓰고 강연도 하는 분들이 있다. 언론학 분야에서 이들은 '커뮤니케이션을 정치경제학' 관점에서 접근하는 사람들로 분류한다. 박사 논문지도교수도 그런 분 중 한 명이다. 가까이 지내던 분들도 같은 입장을 취했다.

로널드 베티그는 뜻하지 않은 사고로 작고한 펜실베이니아주립대학교 교수다. 공산주의에 대한 금기가 철저한 미국 사회에서 그가 선택한 저항은 '무정부주의'였다. 자본의 이익에 봉사하기 싫다고 하면서 평생 월마트를 이용하지 않았다. 본인의 박사 논문은 누구나 자유롭게 공유해야 할 저작권을 자본가들이 상품으로 전환한 과정에 대한 연구였다. 1996년에 『문화를 상품으로: 지적재산권의 정치경제학(Copyrighting Culture: The Political Economy of Intellectual Property)』을 발간했다.

베티그 교수의 강의 중 "왜 모든 대중음악은 3~4분에 끝나야 하는가?"라는 질문이 기억난다. 음반을 효과적으로 팔기 위해서는 대중이 지루해하지 않을 만큼의 시간에 맞추어야 하기 때문이라고 했다. 할리우드 영화에서 끝없이 1편, 2편, 3편과 같은 시리즈가 이어지는 것은 안전한 투자를 원하는 자본의 논리로 인해 새로운 작가가 등장할 기회가 줄어든 것과 관련이 있다. 일부 출판사가 독과점을 형성하면서 잘 팔릴 만한 책만 출판되는 문제도 지적했다.

2012년에 아내와 공저로 낸 『공통 미디어와 거대 자본: 문화 상품과 정치경제학(Big Media, Big Money: Cultural Texts and Political Economics)』은 이런 주제를 다루고 있다. 당신이 친하게 지내던 분 중에는 대학 시절 은사였던 허버트 실러와 일리노이주립대학교에서 함께 공부했던 로버트 맥체스니 교수가 있다. 공통적으로 미국의 극소수 기업이 영화와 잡지와 오락 프로그램과 같은 문화상품을 이용해 개발도상국 국민을 지배한다는 입장을 취한다.

UC샌디에이고대학교에 있는 허버트 실러 교수는 출판, 케이블

텔레비전, 음반과 영화 등에 걸쳐 다양한 문화상품을 수출하는 세계적 미디어 기업인 '타임워너(Time Warner)'에 주목했다. 그의 저술로는 1976년에 나온 『커뮤니케이션과 문화를 통한 지배(Communication and Cultural Domination)』와 1989년의 『문화 주식회사: 기업이 장악한 광장의 목소리(Culture, Inc.: The Corporate Takeover of Public Expression)』가 있다. 맥체스니 교수는 극소수 미디어 기업이 미국의 뉴스를 모두 장악하고 있다는 점, 일부 공룡기업이 언론사를 소유하고 있다는 점을 문제 삼았다. 극소수 뉴스 미디어가 독과점을 형성함에 따라 미국의 대외정책을 전혀 비판하지 않고 이라크전쟁과 같은 불법행위를 정당화시킨다는 것이다. 거대 기업이 소유하고 있는 언론은 모기업의 비리에 대해 침묵하고, 경영자의 입장을 두둔하며, 노동자의 입장을 제대로 전달하지 못하는 문제도 비판했다.

2018년 현재 미국의 주요 신문, 방송, 잡지, 영화, 인터넷 등의 90퍼센트는 제너럴일렉트릭(GE), 뉴스코포레이션(News Corp.), 디즈니(Disney), 비아콤(Viacom), 타임워너(Time Warner), CBS 여섯 개 회사가 장악하고 있다. 미국의 3대 방송사로 알려진 NBC는 마이크로소프트가, CBS는 웨스팅하우스가, ABC는 월트디즈니가 대주주로 있다. 한국으로 치면 삼성과 현대가 방송국과 신문을 모두 장악하고 있는 상황이다. 문화상품의 대부분을 이들이 생산하고 유통시킨다는 점을 감안하면 '헤게모니' 관점에서 우려할 만하다.

맥체스니 교수는 2001년 에드워드 허먼과 공동으로 『글로벌 미디어: 세계자본주의의 새로운 임무(Global Media: The New Missionaries of Global Capitalism)』를 냈다. 2006년에는 『부자 미디어 가난한 민주주의

(Rich Media, Poor Democracy: Communication Politics in Dubious Times)』가 국내에서 번역되기도 했다. 정치학에서 이 관점을 택한 학자로는 로버트 콕스와 스테판 길 등이 있다. 경제만 보지 않고 군사와 외교 등을 함께 고려하기 때문에 '신그람시주의자(Neo Gramscian)'로 분류된다.

로버트 콕스

로버트 콕스는 캐나다 요크대학교의 교수다. 『생산, 권력 및 세계질서』 및 『사회적 영향력, 국가 및 세계질서: 국제관계론을 넘어서』 등의 저서를 냈다. 국제노동기구(International Labor Organization, ILO)에서도 오랫동안 일했다. 미국은 1977년 이 기구에서 탈퇴한 적이 있다. 분담금을 가장 많이 내고 있던 미국의 공백은 문제였다. 미국은 1980년에 복귀하는데, 노동조합의 힘을 줄이고 개별 노동자의 선택을 늘리는 쪽으로 정책 목표를 수정한 후였다. 콕스는 이러한 움직임이 미국식 기준의 '강요'를 보여 주는 한 장면이라고 말했다. 국제사회는 경제 발전 상황, 문화와 생활 조건이 모두 다르다. 미국식 노동기준을 국제 표준으로 만드는 것은 결국 미국 기업의 이해관계를 대변한다. 자국과 똑같은 근로기준법과 노동협약이 있다면 기업 입장에서는 한결 수월할 수밖에 없다. 외환위기 당시 정리해고제와 노동 관련 법안이 IMF 프로그램에 포함된 것과 같은 맥락이다.

영국 태생의 스테판 길 또한 요크대학교 교수로 재직했다. 콕스는 역사적 블록에 대한 연구를 많이 했는데, 1991년에 나온 『미국 헤게모니와 삼각위원회(American Hegemony and the Trilateral Commission)』가 대표적이다. 그가 보기에 이 모임은 1954년 미국과 서유럽의 핵심 인사들이 만든 '빌더버그 그룹(Bilderberg Group)'과 유사한 또 다른 자본가 계급 간 연대였다. 빌더버그 그룹은 공산권과 대치하고 있는 서유럽에서 미국에 대한 반감이 높아지는 것에 대한 우려에서 시작되었다. 네덜란드 빌더버그호텔에서 첫 회의가 열렸기 때문이 이 명칭이 붙었다. 폴란드 공산당에 의해 국외 추방을 당한 요세프 레팅거의 기획으로 네덜란드의 버나드 왕자와 미국 CIA가 협력해 만들었다. 서유럽 국가 11개국에서 좌파와 우파를 대표하는 인물 두 명씩, 그리고 미국인 열한 명이 초청받았다. 소련의 위협에 대항하기 위한 유럽의 '단합' 방안을 찾았고, 유럽석탄철강공동체 등이 탄생한 로마협의를 적극 지원했다.

'삼각위원회(Trilateral Commission)'는 데이비드 록펠러가 1973년에 미국, 유럽과 일본 주요 인사들을 규합해 만들었다. 카터 행정부에서 국가안보자문위원을 역임한 유명한 반공주의자 즈비그뉴 브레진스키가 주도했다. 포드 재단에서 오랫동안 이사장으로 있었던 맥조지 번디를 비롯해 브루킹스연구소, 하버드대학교, 외교협회, 유럽정책센터와 일본국제교류센터 등이 구성원이다. 나중에 연방준비위원회(FRB) 의장을 맡는 폴 볼커와 앨런 그린스펀도 창립 회원이었다. 남미에 적용했던 '워싱턴 합의'와 깊은 관련이 있다는 것이 그의 주장이다. 국제관계를 전공하는 학자들은 생각이 좀 다르다.

국제사회와 패권국가

'국가'를 중심에 둔다는 점이 가장 큰 차이다. 권력 구조를 분석한 대표적인 책으로는 라이트 밀스가 1956년에 펴낸『파워 엘리트(Power Elite)』와 윌리엄 돔호프가 쓴『누가 미국을 지배하는가?(Who Rules America?)』(2013)가 있다. 1990년에 출판되었다. 한국에서는 2006년부터 발간되기 시작한 중앙일보 탐사기획부문의『대한민국 파워 엘리트: 한국을 움직이는 엘리트, 그들은 누구인가』가 대표적이다. 운전석에 앉아 있는 부류를 크게 관료, 군부, 경제 및 상징 엘리트로 구분한다. 마르크스주의에서 말하는 부르주아 계급은 경제 엘리트에 속한다. 지식인, 종교인, 언론인 등은 '상징물'을 다룬다는 뜻에서 상징 엘리트에 속한다.

미국만 보면 자본가 계급이 국가를 지배한다 해도 틀린 말이 아니다. 대표적으로 대외정책에 가장 큰 영향력을 행사하는 싱크탱크로는 외교협회(CFR)가 있다. 미국이 주도하는 국제질서를 고민하기 시작했던 시어도어 루스벨트 대통령과 관련이 깊다. 미국의 경제력과 군사력을 감안할 때 '먼로주의'로 알려진 '고립주의' 정책은 맞지 않다고 결론을 내린 이후였다. 루스벨트 정부에서 국무부 장관을 했던 엘리후 루트가 나섰다. 부자들의 기부를 받아 운영했으며, 본격적으로 성장한 것은 1930년대 후반이었다. 막대한 유산으로 설립된 록펠러재단과 포드 재단이 상당한 금액을 후원하기 시작했다. 당연히 이유는 있었다.

'2차 세계대전과 향후 국제사회를 어떻게 재편할 것인가.'를 자본가 계급은 고민했고 '담론'에 주목했다. 청사진이 있어야 다른 사람들을 설득하고 결국 그에 걸맞는 구조를 만들 수 있다는 판단에서 다. '전쟁과 평화연구(War and Peace Studies)'는 1939년부터 1945년까지 진행된 프로젝트로 외교협회의 작품이다. 경제와 금융, 안보와 군사, 영토, 정치 등의 네 개 주제를 다루었고, 모두 100명 이상이 참가했다. 록펠러재단의 35만 달러가 종잣돈이다.

미국 CIA를 최대 기관으로 만든 앨런 덜레스가 '안보와 군사' 분야 책임자였다. 그의 형 포스터 덜레스는 아이젠하워 정부에서 국무부 장관을 지냈다. CFR 이사장을 오랫동안 역임했고, 체이스맨해튼은행 회장이었던 데이비드 록펠러와 가까웠다. 헨리 키신저 역시 이들과 매우 친밀하다. 록펠러 직전에 CFR을 이끈 인물은 존 맥클로이다. 2차 세계대전 중에는 국방부 차관보로 있었고, 패전한 독일을 관리하는 최고 책임자였다. 록펠러 형제에게 요트를 가르치기도 했고 이 가문과 각별한 인연이 있다. 무려 아홉 명의 대통령을 보좌했으며 최고 요직을 섭렵했다. 그중에는 체이스맨해튼은행, 세계은행, 록펠러재단과 포드재단 이사장도 있다. 루스벨트 행정부에서도 극소수만 알고 있었던 핵무기 제조를 위한 '맨해튼 프로젝트(Manhattan Project)'에도 깊숙이 관여했다.

그 밖에도 비슷한 사례는 무수히 많다. 글로벌 차원의 자본가 계급이 있다고 볼 만하다. 그러나 '속사정'은 많이 다르다. 당장 외교협회(CFR)만 하더라도 처음 시작할 때부터 주요 의사 결정자까지 모두 '미국'인이다. 위에서 말한 '빌더버그'와 '삼각위원회'와 성격이 다르다. 국적을 초월한 자본가연합 모임도 있었지만 그런 조직은 '전쟁과 평화' 또는 '맨해튼 프로젝트'에 비하면 외곽 조직에 불과하다. 역사를 봐도 쉽게 알 수 있다.

일부에서는 미국과 영국의 특수관계를 언급하면서 '국적'은 중요한 게 아니라고 생각한다. 미국 CIA가 만들어지기 전 영국의 MI6을 보고 배웠다는 점, 미국과 영국의 군수업체가 밀착되어 있다는 점, 또 많은 대외정책에서 두 나라가 늘 함께 해 왔다는 점은 분명한 사실이다. 그

데이비드 록펠러(1963년)

러나 미국은 영국에서 독립된 나라다. 1776년부터 1781년까지 목숨을 걸고 싸웠다. 한 번도 아니고 1812년에 또 전쟁을 했다. 프랑스와 피를 흘린 전쟁 끝에 얻었던 아메리카 대륙의 방대한 영토를 영국은 빼앗겼다.

당시 독립전쟁을 지원한 국가는 '프랑스'다. 핵무기를 만들 때는 같이 협력했지만 미국은 나중에 영국을 외면했다. 항복한 후 독일과 일본은 기본적인 생필품을 제외하고 모든 것을 박탈당했다. 전범재판소에서 형장의 이슬로 사라진 엘리트도 상당하다. 미국의 부대와 군인이 가장 많은 국가이기도 하다. 오키나와 미군기지에서 미군이 자국 여중생을 성폭행하는 것을 보면서 감사해할 일본의 자본가 계급이 별로 많을 것 같지는 않다.

빌더버그와 삼각위원회만 보더라도 '누가 참가하고 누구를 배제할 것인지'를 결정한 것은 미국이다. 실제 외부에서 알려진 것처럼 이들 위원회가 대단한 영향력을 행사하지도 않았다. 관료를 가장 많

이 배출한 CFR이나 헤리티지재단의 상당수는 국방부와 정보부 등 국가 안보와 관련한 경력이 있다. CFR이 발행하는 대표적인 저널 《포린 어페어》의 편집장도 그 연장선이다. 영향력 있는 저널에서 편집장이 갖는 권한은 상당하다. 특정한 주제의 선정에서부터 필자 초대 및 최종 게재 등에 막강한 영향력을 행사한다.

냉전 기간 동안 이 역할을 수행한 사람은 모두 세 명이며, 그중 한 명은 해밀턴 암스트롱이다. 창간 이후부터 1972년 은퇴할 때까지 무려 50년간 책임자였다. 1차 세계대전 때는 언론사 경험을 토대로 군사자문관으로 참전했다. 후임자는 윌리엄 번디다. 1972년부터 1984년까지 맡았고, 변호사이면서 CIA 정보분석관으로 일한 경력이 있다. 동아시아 담당 차관보 등 케네디와 존슨 행정부 때는 정부에서 일하기도 했다. 또 다른 인물은 윌리엄 하이랜드다. 제럴드 포드 행정부에서 국가안보부보좌관을 지냈으며, CIA 베를린과 소련 책임자였다. 조지 부시 대통령이 집권하는 동안에는 대외정보자문위원으로 참가했다. 1992년까지 편집을 담당했으며 이후 국제전략연구센터(Center for Strategic and International Studies, CSIS)와 '국제평화를 위한 카네기 재단(Carnegie Endowment for International Peace)' 연구위원으로 지냈다.

전쟁을 해본 사람은 다른 건 몰라도 애국심은 확실하다. 누구든 적이 될 수 있다는 생각을 해야 군인으로서 성공한다. 로버트 맥나마라는 인물이 있다. 케네디와 린든 존슨 행정부에서 국방부장관을 역임했고 그의 임기 중 베트남전쟁이 시작된다. 공군장교로 복무한 이후 헨리 포드 2세의 초청으로 '포드자동차'에 입사한다. 당시 같이

케네디 대통령과 로버트 맥나라마

근무하던 일군의 장교들 집단이 포드자동차의 혁신에 성공한다. 나중에 세계은행 총재를 비롯해 칼텍(Califorinia Institute of Technology)과 브루킹스연구소 이사로 일했다. 겉으로 보면 '포드'라는 자본가의 하수인처럼 보이지만 내용은 상당히 다르다. 만약 군산복합체의 이익만 생각했다면 그가 나중에 베트남전에서 철수해야 한다고 주장하지 않았을 가능성이 있다. 미국으로 보면 그는 애국자였고, '공산주의'라는 외부의 위협을 막아야 한다는 신념에 따랐다.

　브레진스키가 '삼각위원회'를 만든 것도 돈벌이와는 관련이 없다. 닉슨 행정부가 '금 교환'을 중지하고 환율을 시장에 맡겨 버린 정책과 관련 있다. 도널드 트럼프 대통령이 최근 하고 있는 것과 본질적으로 동일한 '미국 우선주의'다. 국제질서를 지켜야 한다고 생각하던 대외정책 엘리트가 있었고, 여기에는 록펠러, 키신저 등도 같은 입장이었다. 특정한 시기에 불거진 현안을 해결하기 위해 역사적 블록을 형성한 경우다. 다른 엘리트에 비해 '경제엘리트'가 우위에 있다는 것도 의문이 많다.

마르크시즘은 계급투쟁을 출발점으로 한다. 지배계급인 부르주아, 지배를 당하는 프롤레타리아, 중간에는 작다는 뜻을 가진 '프티(petit)'가 결합한 프티부르주아가 있다. 법률가, 지식인과 정치인으로 대표되는 이들은 '생산수단'이 없다. 그래서 좀 괜찮게 먹고살기 위해서는 자본가의 눈치를 보거나, 협력하거나, 좋아할 일을 찾아서 한다. 모차르트나 베토벤과 같은 음악가들이 귀족의 후원으로 생활하고 그들에 의해 생계가 좌우된 것의 연장선으로 봤다.

미국의 엘리트를 봐도 그렇고, 한국 상황도 이것과 거리가 있다. 국제사회에 상당한 영향력을 끼친 인물로 헨리 키신저와 도널드 럼즈펠드가 있다. 키신저는 1923년에 태어났다. 보통 사람 같으면 하늘나라에 가도 한참 되었을 구십 대 중반에 『세계질서(World Order)』란 책을 냈다. 하버드대학교 교수로 시작해 닉슨과 포드 행정부에서 국가안보자문을 했다. 록펠러 가문과 친하고, 최근에는 티머시 가이트너를 재무부장관에 추천한 것으로 알려진다. 베트남전쟁, 캄보디아 폭격, 1973년 칠레 쿠데타, 팔레비 이란 국왕의 미국 망명 등 미국 흑역사 곳곳에 그의 흔적이 있다.

럼즈펠드 역시 1932년에 출생했다. 포드와 부시 2세 행정부에서 국방부 장관을 두 번이나 했다. 미국 특사로 1979년 사담 후세인을 만나 이란 공격을 자문한 것으로 알려진다. 2003년 이라크전쟁은 물론 쿠바 관타나모 기지와 이라크 아부그라이브 수용소에서 벌어진 고문 행위에도 결정적인 영향력을 발휘했다. 독일 출신의 이민자, 군대와 정보기관, 정부 관료라는 공통점이 있다. 대기업의 이해관계를 모른 척하지는 않겠지만 그들에 의해 '조종'된다는 생각은 현실성이 없다. 인맥이라는 사회자본, 경험으로 정교해진 지식자본, 대중의 지지라는 정치자본이 금융자본보다 못하지도 않다.

한국 상황을 보면 더욱 뚜렷해진다. 역대 대통령 중 지주 출신은 거의 없다. 자본계급이 선거에 영향을 미쳤을 가능성도 낮다. 이승만은 이십 대 후반에 미국으로 건너가 일흔 살이 넘어서 한국에 왔다. 미국 CIA가 뒤에 있었다는 증거는 있지만 이들이 자본의 이익을 대변한 것 같지는 않다. 쿠데타를 하는 과정에서 기업이 돈을 댔다는 증거도 없다. 박정희는 경북 선산 출신으로, 고등학교 교사를 하다가 군인이 되었다. 평생 검소했다는 것은 달리 말하면 중산층 이상의 생활을 경험해 본 적이 없다는 말도 된다. 전두환은 경남 합천 사람이다. 가정 형편이 어려워 전액 무료로 공부할 수 있는 대구공고를 다녔다. 노무현과 문재인은 재벌이 기피한 인물이다. 김해 촌놈 출신의 노무현은 더 잘 알려져 있다. 대학 갈 형편도 못 되었고 겨우 고시에 합격해 변호사가 된 분이다. 문재인도 비슷하다. 굳이 연결고리를 찾으면 이명박과 박근혜 정도가 있다. 현직에 있을 때 재벌에 도움이 되는 정책을 펴기도 했다. 그러나 둘 다 권위적인 정부 시절과 관련이 깊다.

정부는 '경제개발 5개년 계획'을 비롯해 대기업 육성에 직접 관여했다. 늦게 출발한 다른 국가들 대부분이 비슷한 과정을 밟았다. 그러지 않으면 선진국과 경쟁할 방법이 없고, 늘 저부가가치의 물건만 팔아야 한다. 제3세계에서 종속이론이 설득력을 갖는 것도 이런 이유에서다. 관료들을 활용하는 것에도 한계가 있었다. 국내 관료의 상당 부분은 미국 유학파다. 대표적인 그룹이 '버클리' 출신이다. 부총리 겸 경제기획원 장관을 역임한 조순과 나웅배 등이 여기에 해당하는 인물이다. 시장의 자율을 강조하는, 다른 말로 하면, 기업이 주도권을 쥘 수 있는 힘이 되었던 '통화주의'를 배운 적이 없다. 대공황을 극복하기 위해 도입된 존 케인스가 주장한 큰 정부 모델을 신봉했다.

환란의 단초를 제공한 자본자유화와 개방정책에서는 그래도 재벌이 영향력을 행사했다고 주장할 수 있다. 자세히 보면 여기서도 재벌은 오히려 난처한 상황이었다. 클린턴 행정부가 한국에 내민 청구서에는 '재벌'에 대한 견제가 들어 있었다. 해외시장에서 새로운 경쟁자로 등장한 한국의 재벌이 자기들로서는 받아들이기 어려운 공격적 경영을 하는 배경에 정부의 지원이 있다는 판단이었다. 경제 논리로만 보면 시장 진입을 위한 '많이 팔지만 이윤은 적은' 전략이지만, 높은 부채비율과 '정부-기업-은행' 간 연대 모델이 있기 때문에 가능하다고 봤다. 관료와 싱크탱크를 통한 영향력 행사도 제약된 상태였다.

국내에서는 미국과 같은 '회전문' 경력 시스템이 거의 없다. 정부, 기업, 대학과 싱크탱크, 국제기구 등을 두루 경험하면서 밀접하고 유기적인 관계를 맺을 수가 없다. 국내 관료 중 대기업 회장이나 임원단으로 가는 경우도 많지 않다. 그것도 외환위기 이후 일부 늘었을 뿐이다. 민간이 세운 싱크탱크 중 국내에서 가장 권위를 인정받은 곳은 '대우경제연구소'다. 대구 수성구에 지역구를 가졌던 이한구 의

원이 이곳 연구소장 출신이다. 대우가 공중분해되면서 유명무실해졌다. 그 자리를 지금의 '삼성경제연구소'가 채웠다. 노무현 정부의 경제정책을 실질적으로 많이 도왔다. 대우를 본받아 1986년에 설립되었다. 같은 해 'LG경제연구원'과 '현대경제연구원'이, 1994년에 '포스코경제연구원'이 생겼다. 외교와 안보 분야에서는 2008년에 들어선 '아산정책연구원' 정도만 있다. 다른 연구 기관은 많지만 모두 정부가 세웠고, 인사권과 예산권을 행사하는 일종의 '공무원' 비슷한 조직이다.

《한국경제신문》은 해마다 대한민국 100대 싱크탱크를 선정해 발표한다. 상위권에는 '한국개발연구원, 대외경제정책연구원, 산업연구원, 한국은행 경제연구원, 한국금융연구원, 한국조세재정연구원, 국회예산정책처, 건설정책연구소, 국토연구원' 등이 있다. 삼성연구소와 현대연구소는 순위상으로는 6위와 13위다. 나머지는 모두 정부 기관이다. '탐욕'만으로 설명되지 않는 다른 '목적'이 있다는 점도 기억해야 한다.

일제 시대 이화여대 교수와 《코리아 타임스》 사장도 잠깐 지냈던 김상용이 쓴 시 「남으로 창을 내겠소」가 있다. 농촌에서 살아 익숙한 장면이 있다는 것도 좋았고, 무엇보다 마지막 구절이 인상 깊었다.

남으로 창을 내겠소
밭이 한참갈이
괭이로 파고
호미론 풀을 매지요

구름이 꼬인다 갈 리 있소
새 노래는 공으로 들으랴오
강냉이가 익걸랑
함께 와 자셔도 좋소
왜 사냐건
웃지오.

왜 웃을까? 욕망이라는 게 정해진 것이 아니라 자꾸 진화한다는 것을 깨닫고 난 뒤에 따라 웃었다. 태어난 직후 인간은 '굶주림'이라는 욕망만 채우면 된다. 세상 무서운 걸 조금씩 알아 가면서 '안전한' 상황을 찾는다. 자신을 보호해 줄 만한 사람에게 자연스럽게 애정을 갖는다. 사춘기를 지나면서 '자존감'을 배운다. 명예 때문에 자살하고 목숨 건 혈투를 하는 게 조금씩 이해되는 나이다. 결혼할 때가 되면 '사랑'이 와닿는다. 「사랑하였으므로 진정 행복하였네라」와 같은 시도 외우고 다닌다.

「낙화」라는 시에 포함된 "가야 할 때가 언제인가를 분명히 알고 가는 이의 뒷모습은 얼마나 아름다운가"라는 구절을 생각하면서 '이별'하기도 한다. 한 여자의 남편이 되고 아이들의 아버지가 되면 더 큰 게 보인다. 그러면 한용운 시인의 마음을 읽게 된다. 다들 비슷하지 않을까?

만약 당신이 아니 오시면 나는 바람을 쐬고 눈비를 맞으면서 낮까지 당신을 기다리고 있습니다

당신은 물만 건너면 나를 돌아보지도 않고 가십디다그려
그러나 당신이 언제든지 오실 줄만은 알아요
나는 당신을 기다리면서 날마다 날마다 낡아갑니다

                                     —「나룻배와 행인」에서

    박사 논문을 쓰는 동안 계속 물었던 질문은 "미국 정부는 도대체 왜 그랬을까?"였다. 탐스러운 수확물을 한국 기업만 독식하는 게 배가 아팠을 수는 있다. 한국을 비롯해 필리핀, 인도네시아, 말레이시아 등에도 시장 개방을 요구했다는 것, 결과적으로 상당한 이익을 챙겼다는 것은 이해가 된다. 하지만 월가의 금융기관은 웃을지 모르지만 국방부와 국무부는 웃을 수 없는 상황이 이어졌다. 충분히 예상했던 문제였다. 멕시코와 달리 전례없는 조건을 내걸었고, 완전히 탈진할 때까지 물 속에서 허우적대도록 방치했다.

    마하티르 총리가 미국 PBS와 가진 인터뷰에 잘 드러나 있다.[11]

    "먼저 말레이시아 통화의 폭락을 통해 이윤을 추구하는 환투기 세력이 있고, 그 뒤에는 우리의 시장을 개방시키고자 하는 IMF가 버티고 있으며, 또 그 뒤에는 민주적인 절차에 의해 성립된 정부를 무너뜨리기 위해 사람들을 선동하는 세력이 있다. (……) 이들은 나아가 우리의 위기 극복을 가로막기 위해 부정적인 언론 보도를 통해 말레이시아에 대한 국제 투자를 제한하고 또한 우리가 국가 채권의 발행과 같은 대안 노력을 시도하면 무디스와 같은 신용회사를 통해 일방적으로 국제신용을 떨어뜨리고, 그 결과 15퍼센트 이상의 추가

비용이 발생하도록 한다."

1998년 이후 진행된 상황을 봐도 결코 국가 이익에 도움이 되는 방향은 아니었다. 한국은 좀 독특했다. 미국과 IMF에 대해 반감이 별로 없다. 정작 피해를 당하지는 않았지만 일본은 사태의 심각성을 잘 알았다. 말레이시아는 노골적으로 반감을 표시했다. 필리핀의 좌절감도 컸다. 지구상 가장 멋진 곳이라는 평가를 받았던 클라크 공군기지와 수비크 해군기지를 제공한 국가였다. 당시에는 미군이 떠났지만 언제든 복귀할 가능성을 열어 두고 있었다. 실제로 복귀했고 두테르테 필리핀 대통령이 당선되기 전만 하더라도 다시 떠날 거라는 걱정은 하지 않았다.

1998년 아세안+3과 같은 지역연합에 관심을 가진 것을 보면 한국도 불편했던 것 같다. 동아시아연합이라는 새로운 청사진이 모색되기 시작했다. 미국은 개입의 지점을 찾았다. 북한이라는 약한 고리였다. '동아시아' 지역주의를 막기 위한 목적이 분명 있었다. 한반도 위기가 다시 높아지면서 미국의 몸값도 높아졌다. 반감도 줄었다. 그러나 한 번 금이 간 관계는 다시 회복되기 어렵다.

모두는 아니겠지만 의식 있는 한국의 엘리트는 미국에 두 번 배신을 당했다. 한 번은 1980년에 일어난 광주학살이고, 한 번은 외환위기다. 영화에서 "왜 그랬어요?"라는 이병헌의 물음에, 김영철은 "너는 나한테 모욕감을 줬어."라고 답한다. 미국은 왜 그런 선택을 했을까? 리더십이라는 울타리를 벗어나지 않는 한도에서 취해진 전략적 선택은 아닐까? 먼저 미국의 무역적자를 줄이는 한편 자국 기업들에 기회를 제공할 수 있다는 장점이 있다. 한국의 자본시장은 1998년 일반 기업의 경우 100퍼센트 외국인 투자가 허용된다. 앞서 캘리포니아연기금 같은 곳은 보다 많은 투자 기회가 없으면 막대한 손실을 본다. 말레이시아의 자본 통제를 강력하게 비난하고 온갖 압력을 넣은 것도 비슷한 맥락이다.

또 '달러' 시스템을 유지한다는 보다 큰 목표가 있다. 1971년 12월에 각국 대표단이 워싱턴 스미소니언박물관에 모여 긴급회의를 한다. 달러를 더 이상 금으로 바꿔 주지 않겠다는 닉슨 쇼크는 몇 달 전인 8월에 발표되었다. 이 자리에서 몇 가지 협정을 체결한다. 미국의 요구 사항이 대부분 반영된다. 금 1온스 당 달러 가격을 38.02달러로 올렸다. 독일의 마르크화와 일본의 엔화가 교환되는 가치를 높여 미국이 수출 경쟁력을 높일 수 있도록 했다. 자율변동환율제가 이때부터 시작된다.

숙제는 남았다. 교환가치가 줄어들 것으로 예상되는 달러보다 금을 보유하는 게 유리하다. 보다 안정적인 가치를 보장할 수 있는 대체 통화를 찾을 수밖에 없었다. 달러를 찍어 내는 것만으로 엄청난 이익을 누리던 미국 입장에서는 뭔가 조치가 필요했다. 달러를 계속 필요로 하는 상황을 만들면 된다. 전 세계가 어떻게든 확보해야 하는 물건은 석유다. 만약 '달러'가 아니면 석유를 살 수 없도록 하면 풀리는 숙제다. 미국의 헨리 키신저 국무부 장관과 석유수출기구(OPEC)의 주도권을 쥐고 있던 사우디아라비아의 알 파이살 왕이 이 합의를 이끌어 낸다. 그때부터 페트로달러 시대가 열렸다.

미국은 유독 이라크, 리비아, 이란과 베네수엘라를 미워한다. 싫어

하는 이유는 인권 유린, 민주주의 억압 또는 대량살상무기의 개발 등 다양하다. 그러나 이 나라들은 공통적으로 원유 결제대금을 '달러'가 아닌 다른 것으로 변경했거나 그럴 계획을 갖고 있었다. 2000년 9월 사담 후세인은 원유 결제 수단을 달러에서 유로로 바꾼다. 2003년 3월 미국은 이라크를 침공했고, 그 직후 달러 결제로 바꾸었다. 리비아의 무아마르 알 카다피는 에너지 수출 대금 결제 수단으로 '디나르' 금화를 제안했다. 2011년에 카다피는 피살된다.

2006년 이란과 베네수엘라는 석유 결제에서 달러 비중을 낮추겠다고 밝혔다. 2010년 미국은 이란을 겨냥해 포괄적 제제법안을 통과시킨다. 외형적으로는 이란이 핵무기를 개발한다는 의혹에 대한 제제이나, 속내는 좀 다르다. 만약 이란이 에너지 개발에 참여하거나 정유 제품과 정제 기술을 공급하면 미국 시장 참여를 제한하겠다는 것이 핵심 내용이다. 2019년 현재 베네수엘라는 파산 직전이다. 경제난에 정치적 혼란도 심각하다. 미국 정부는 2017년 8월에 대규모 경제제재를 발표했다. 국제금융시장에서 베네수엘라가 돈을 못 빌리게 하고, 최대 국영 석유회사인 페트로레오스(PDVSA)와 거래하지 못하도록 하는 게 본질이다.

국제사회는 미국에 수출해서 달러를 벌어 온다. 그 돈으로 몇 배로 뛴 석유를 산다. 중동 산유국에는 달러가 넘쳐 난다. 지금의 한국과 똑같은 방식으로 운용하는데 상당 부분은 미국의 국채를 산다. 일부는 국내 경제와 기반 시설을 구축하는 데 쓴다. 나머지 돈은 영국 런던의 금융시장을 통해 '장사'를 한다. 미국과 영국의 금융기관들이 이 돈을 위탁받아 운용한다. 달러가 필요한 나라는 많다. 남미 대부분의 국가들이 낮은 이자로 공급되는, 그러나 '장기' 대출은 아니고 '단기'인 이 돈을 빌려 사용했다. 고정이자가 아니라는 것이 문제였고, 미국 연방준비위에서 결정하는 이자에 연동된다는 게 문제였다. 원유 결제를 통해 달러에 대한 수요는 늘었지만 달러 가치는 꾸준히 하락했다. 환율은 어떻게든 그 나라의 힘을 반영한다. 전쟁이 끝난 직후 미국은 전 세계 금의 대부분을 갖고 있었다. 미국산(made in america)은 좋은 제품의 대명사였다.

상황이 바뀌기 시작한 건 1950년대 후반부터였다. 서독을 중심으로 한 유럽과 일본이 살아나기 시작했다. 미국이 독점하던 경제력은 자연스럽게 이들 국가로 옮겨 갔다. 달러 가치가 떨어지는 것은 자연스러운 흐름이었다. 게다가 미국은 달러를 물 쓰듯 했다. 전쟁을 계속했고 천문학적으로 군사비를 늘렸다.

못 사는 나라의 통화는 잘 사는 나라에 비해 훨씬 낮은 평가를 받는다. 외환위기 때 겪어 본 것처럼, 환율이 폭락하면 정부는 높은 이자로 원화를 사도록 유도한다. 미국도 비슷한 상황이었고 금리를 올리기 시작했다. 달러를 빌려 간 국가들 입장에서는 갑자기 올라가는 이자를 갚기에도 급급한 상황이 된다. 수출을 아무리 많이 해도 원금은커녕 이자도 제때 못 갚게 되고, 결국 빌린 돈을 못 갚는 상황에 놓인다. 이 상황을 '채무불이행'(디폴트)이라 한다. 1980년대 남미에서 일어난 일이다. 대부분의 석유 수입국은 일부 수출로 잘나가는 나라를 제외하면 비슷한 상황이었다.

한국이 1983년 외채위기에 직면했던 것도 이런 이유에서다. 미국이 금리를 올리는 이유는 많지만 달러를 너무 많이 푸는 게 항상 문제였다. 전쟁을 하거나 경제위기를 겪으면 '달러 공급'을 늘려야 한다. 결국 늘어난 만큼 가치는 하락한다. 무역이 개선되면 다행이지만 미국이 경쟁력을 갖고 있는 분야는 많지 않다. 무역적자는 계속 늘어났다. 미국 내에서는 부담이 되지만 적정 수준으로 금리를 올리면 달러에 대한 수요가 다시 생긴다. 가장 안전한 나라라는 인식이 있기 때문에 신흥국에서 돈을 빼 미국에 투자한다.

그러나 자금이 빠져나가면서 약소국가의 '환율'은 떨어진다. 금리를 같이 올리면 되지만 그렇게 되면 일반 국민의 삶이 어려워진다. 또 국제적인 기준에서 보면 언제 부도 날지 모르는 국가들이 많기 때문에 금리를 높여도 굳이 남아 있으려 하지 않는다. 고정환율을 취할 때는 이렇게 시장에 휘둘리지 않아도 되었다. 국내 경제만 잘 운용하면 굳이 큰 문제가 없었다. 유로와 같은 단일통화가 있어도 버틸 수 있다. 그러지 않으면 한국처럼 외환 보유고를 많이 가지고 있다가 시장에 적정한 수준으로 개입하면 된다. 그마저 없다면 언제든 위기의 희생양이 된다. 헨리 류는 이 상황을 이렇게 요약한다.

현재의 국제무역은 미국이 종이 달러를 찍어 내고, 국제사회는 종이 달러를 축적하기 위해 약탈적인 수출을 지속하는 게임이다. 대외부채를 갚고 자국 통화를 안정시키기 위해 미국 달러를 지속적으로 축적함으로써 가난한 개도국이 부자인 미국에 돈을 빌려 주는 역설이 생긴다.[12]

그러나 미국으로서는 어떻게든 이 상황을 유지하려 한다. 달러가 무너지면 미국도 없다. 미국이 갖고 있는 리더십에 대한 집착도 한 몫을 했다. 군사적 리더십, 경제적 리더십, 문화적 리더십, 지적 리더십이 각 분야에 적용된다. 국제사회가 인정하든 않든 자신들은 리더의 조건을 갖추고 있다고 생각한다. 할리우드 영화를 보면서 전 세계가 당연하게 받아들이고 있는 풍경과 일치한다. 영화 「트랜스포머」를 생각해 보면 알 수 있다. 외계인과 대등하게 협상해서 지구를 지키는 것은 미국 정부다. 전투력, 판단력, 용기, 희생정신 등을 두루 갖춘 팔방미인의 모습으로 나온다. 일종의 자기 투영이고 이것이 일반 국민에게도 자연스럽게 확산되어 있다. 물론 자연적인 것은 아니고 할리우드 영화에 펜타곤이 막대한 지원을 한 결과물이다. 컴퓨터그래픽은 물론 첨단 군사장비, 군인들의 출동 모습, 군사기지 등을 직접 만들어서 제작한다면 비용을 감당하기 어렵다. 누이 좋고 매부 좋은 관계다.

리더십의 또 다른 조건은 '안정된 생활'이다. 누구나 폼 나게 살고 싶지만 형편이 되어야 가능하다. 남에게 빌어먹으면서 멋쟁이로 살 수는 없다. 미국은 그런 상황을 원치 않는다. 파워엘리트는 이런 의식이 더욱 확고하다. 외교협회에 참여하는 사람은 약 4000명 정도로 알려진다. 미국의 핵심 권력 집단이다. 온갖 인맥으로 얽히고설켜 있다. 무서운 것은 이들의 '공감대' 수준이 상당히 높다는 점이다. 전술적 차이는 있지만 '원칙'에는 대부분 동의한다. 특정한 대외정책을 결정하기 전에는 상당한 토론을 진행하고, 결정이 된 다음에는 가능한 내부에서 총질을 하지 않는다. 잘 되면 다행이고 못 되면 같이 수습에 나선다. 지적 리더십도 작용했을 가능성이 있다.

남미의 외채위기를 비롯해 멕시코 페소화 위기 등 미국 정부와 유기적 지식인은 이 게임을 잘 안다. 자기들의 전공을 '관철'시키는 것은 자연스럽다. 능력이 되면 단일통화를 만들어 내면 되지만 현실성이 없다. 당장은 고통스럽지만 모르면 '배우고' 좀 힘들어도 '적응'해야 한다. 중년이 된 아버지가 학교에 다니는 아들에게 하는 충고와 본질적으로 같다. 공부를 잘해야 대학도 가고 또 좋은 직장과 안정된 생활을 할 수 있다는 믿음이다. 자그디시 바그와티 교수는 이를 '시장근본주의(market fundamentalism)'라고 비난하지만 다른 쪽에서 보면 가장 현실적인 방안이다.

또 다른 요인이 있다. 정치학자들은 인간을 움직이는 것은 '공포'라고 한다. 그것도 '상대적 두려움'에 주목한다.[13] 안전하고자 하는 욕망은 탐욕만큼이나 강하다. 북한이 먼저 전쟁을 하지 않을 거라고 큰소리치는 사람들은 이런 간단한 진실을 외면한다. 전쟁에서 이길 수 있다는 확신이 중요한 게 아니라 그냥 있으면 '죽을 수도' 있다는 공포

알렉시스 드 토크빌, 『미국의 민주주의』

심이 더 문제다. 앉아서 그냥 당하지 않겠다는 심리는 너무 당연하다.

그냥 편하게 질문해 보자. '미국은 왜 그렇게 무리수를 두면서 아프가니스탄과 이라크를 침공했을까?' 미국인의 자존심과 관련이 있다. 1814년 워싱턴이 함락된 이후 단 한 번도 미국 영토에서 피를 흘린 적은 없다. 펜타곤이 가진 상징성이 있다. 북한이 내려 보낸 특공대가 청와대 습격 직전에 실패한 것에 비교할 수 있다. 당시 박정희가 느꼈을 두려움은 상상을 초월했다.

미국 엘리트들의 관점에서 봤을 때 더 큰 충격은 아마 '세계무역센터(World Trade)'의 붕괴였을 가능성이 높다. 무역센터가 아니라 금융센터다. 전 세계 자본주의의 심장이라 할 만한 곳이다. 뭔가 하지 않으면 안 되는 상황이다. 마르크스가 간과한 부분이다. 정부는 자본가의 압력도 느끼지만, 민주주의 체제에서 가장 무서운 건 '표'를 행사할 수 있는 유권자다.

1835년과 1840년에 1권과 2권이 발행된 『미국의 민주주의(De la dmocratie en Amrique)』는 프랑스 귀족 출신의 정치사상가 알렉시스드 토크빌이 쓴 일종의 기행문이자 보고서다. 1789년 프랑스에서는 대혁명이 일어났다. 혁명이 진행되는 동안 파리에서는 하루에 400명씩 단두대에서 목이 잘렸다. 그의 부친도 처형 직전에 살아났다. 대체 무슨 일이 벌어지고 있을까? 황제의 목을 잘라 버리는 분노는 어디에서 나왔을까? 미국은 그 답을 주는 곳이었다.

미국은 1787년에 이미 '민주주의'라는 제도가 도입되었다. 초대 대통령인 조지 워싱턴은 황제가 되기를 거부하고 대통령이라는 낯선 자리를 원했다. 연방정부와 주정부의 역할도 분리되었다. 전쟁을 선포하고, 군대를 창설하고, 화폐를 찍어 내는 일은 위에서 결정한다. 일상생활에 관련된 것에는 간섭하지 못하도록 했다. 경찰, 소방서, 학교, 운전면허 등은 모두 개별 주에서 결정한다.

법원 조직도 재미있는데 판사는 임기가 없다. 가령 최상위에 있는 연방대법원의 위원은 아홉 명으로 종신직이다. 대통령이 임명은 할 수 있지만 해임 권한은 없다. 트럼프 대통령이 이민과 관련한 행정명령을 내려도 주정부 법원에서 '거부'할 수 있다. 또 불법이민자에게 운전면허증을 발급하지 말라고 압력을 넣어도 각 주에서 결정할 일이다. 각 주마다 세금이 모두 다르다. 조지아에서는 월마트에서 맥주를 살 수 있지만, 펜실베이니아에서는 술을 파는 곳이 지정되어 있다. 토크빌의 책은 유럽이 민주화되는 데 상당한 영향을 끼쳤다. 대외정책은 엘리트에게 맡기더라도 생활 주변의 문제는 철저하게 자신이 결정한다는 원칙이다.

그렇다고 대외정책을 방관하는 것은 아니다. 일종의 대표선수를 보내 '간접적'으로 간섭한다. 미국의 상원의원이 이 일을 주로 담당하여 각 주에서 두 명씩 뽑는다. 자신이 대표하는 주의 이해관계를 대변해야 하기 때문에 한 번 뽑히면 아주 오래한다. 정부와 입법 과정에서 영향력을 발휘하기 위해서다. 정확하지는 않지만 연임 비율이 95퍼센트가 넘는다. 한 예로, 애리조나 출신 의원인 존 매케인은 1986년부터 현재까지 현역으로 활동한다. 대외정책만 전담하는 의원이 있고 이들이 갖는 권력과 전문성은 상당하다.

미국의 특수성으로 인해 자본가의 입김이 세기는 하지만 그렇다고 견제가 없는 상황은 아니다. 대표적인 사례로는 1976년 상원에서 발간된 「처치 보고서(Church Report)」가 있다.[14] 한국전쟁을 계기로 급팽창한 중앙정보부(CIA)가 전 세계에서 저지른 온갖 불법 행위를 파헤쳤다. 미국에서 정보기관이 어떻게 출발했고, 성장 과정에 영향을 미친 요소는 무엇인지, 왜 불법 쿠데타를 하게 되었는지 등을 밝혔다. 정부에서 엄청난 방해 공작을 폈지만 결국 의회가 이겼다.

비슷한 사례로 상원정보위원회가 2014년에 발간한 「고문 보고서」가 있다.[15] 미국 법을 우회하기 위해 해외 군사기지를 이용한 사례, 불법 고문의 실상, 배경 등을 담은 무려 6700쪽 분량의 자료다. 5년에 걸쳐 작성되었고, 4000만 달러의 예산이 들었다. 미국 정부는 상원 눈치를 보고, 상원은 유권자의 목소리를 들어야 하는 구조다. 그런데 어떻게 이라크전쟁이 가능했을까? 미국 사람 다수가 원했다. 오히려 반대 목소리를 내기가 어려운 상황이었다.

1970년대까지만 해도 미국 학자들은 전후질서에 만족했다. 미국이 운전석에 앉아 있다는 것은 의심할 필요가 없었다. 체제 경쟁은 애초 성립하지 않았다. 미국을 중심으로 영국, 프랑스, 독일, 일본 등 서방은 이전의 제국이었다. 한때 제국이던 러시아와 중국은 여전히 발전 중에 있는 국가에 불과했다. 직접 전쟁의 당사자였고, 제대로 된 전후 복구도 이루어지지 않았다. 1970년대에 일어난 일련의 상황은 이런 확신이 무너지기 시작한 계기였다.[16]

미국의 리더십이 흔들리면 국제사회는 어떻게 될까? 전후 지속되던 평화와 안정을 어떻게 지속할 수 있을까? 유럽은, 또 일본은 어떻게 설득하고 불만에 가득 찬 제3세계는 어떻게 다독여야 할까? 국제사회에 관심을 가진 학자들은 이런 상황에서 그람시의 '헤게모니'

찰스 킨들버거, 『대공황의 세계 1929-1939』

에 주목했다. 앞서 말한 것처럼, 헤게모니는 운전석이라는 '권력' 혹은 운전자와 탑승객의 합의된 '관계'라는 양면이 있다.

미국에서 등장한 '헤게모니 안정론(Hegemony Stability Theory)'은 국내총생산(GDP)과 대외부채의 규모로 평가할 수 있는 '경제권력'에 초점을 맞춘다. GDP를 기준으로 했을 때 1950년대 미국은 전 세계 생산의 28퍼센트를 차지했다. 서유럽은 17퍼센트, 중국, 일본, 인도를 합치면 12퍼센트 수준이었다. 1980년대 미국의 비중은 21퍼센트대로 추락했다. 그만큼을 일본과 중국 등이 가져갔다. 일본은 1968년 서독을 제치고 세계 2위로 올랐다. 미국의 대외채무는 꾸준히 늘고 있다. 2차 세계대전 중 GNP에서 빚이 차지하는 비중은 112퍼센트에 달했다. 브레튼우즈 체제가 유지되는 동안 미국은 채무 관리를 잘했다. 1974년에는 그 비중이 24.6퍼센트까지 떨어졌지만 그 이후 급속하게 증가했다. 원인은 레이건 대통령의 감세 조치와 '스타워즈'와 같은 막대한 국방 프로젝트였다. 무역 적자가 꾸준히 늘고 있는 가운데 대외채무도 늘면서 달러 가치가 곤두박질친다. 급격한 금리인상이 불가피했다.

연방준비위원회와 국제결제은행 등에서 근무했던 찰스 킨들버거는 이와 비슷한 상황을 역사에서 찾았다. 1971년에 나온 『대공황의 세계 1929-1939(The World in Depression 1929-1939)』를 통해 그는 경제적 리더십을 가진 국가가 없었기 때문에 세계적인 공황이 왔다고 분석했다. 영국은 이미 저무는 태양이었고, 미국은 아직 준비가 되지 않은 상황에서 '최후의 대부자' 역할이 없어졌다고 봤다. 미국이 패권을 다시 회복하지 않으면 또 다른 위기가 불가피하다는 결론이 나왔다.

미국의 후퇴를 위태롭게 지켜보던 일군의 학자들이 가세했다. 1984년 프린스턴대학교 교수로 있던 로버트 케오헤인은 『패권 이후: 세계 정치경제를 둘러싼 협력과 불화(After Hegemony: Cooperation and Discord in the World Political Economy)』을 발표한다. 그는 혼돈 이전 시기에 안정이 가능했던 원인을 찾았다. 질서가 필요했고, 이를 위해 IMF와 WB, IAEA와 같은 '국제기구들'이 생겨났다. 국가 간 합의가 쉽지 않기 때문에 처음에는 누군가 강력한 지도력을 발휘해야 한다. 일단 제도가 정착되면 상호 조정을 통해 공통의 이해관계가 생긴다.

미국과 일본의 관계가 대표적이다. 미국은 일본의 안전을 보장해주고 일본이 수출할 수 있도록 거대 시장도 제공했다. 일본은 이런 상황에서 경제적인 번영을 이루었고, IMF와 아시아개발은행(ADB) 등에도 적극 협력한다. 군사력과 경제력에서 미국이 압도적인 힘을 갖지 않더라도 ─ 그래서 패권 이후가 되는 ─ 이미 형성된 게임의 규칙과 상호 존중의 문화를 통해 국제사회는 무난하게 굴러갈 수 있다. 관건은 진화를 거쳐 자리를 잡은 '일련의 국제기구와 이를 둘러싼 규범과 공유하는 가치'로 형성된 '레짐(regime)'을 잘 관리하는 것이다.

로버트 길핀은 다르게 본다. 1987년에 그는 『국제관계의 정치경제학(The Political Economy of International Relations)』에서 공통의 이해관계는 허상이라고 지적했다. 만약 미국이 압력을 넣지 않았어도 많은 국제기구가 생길 수 있었겠느냐는 의문을 제기한다. G7, IMF, IAEA와 같은 기구는 합의에 의해 민주적으로 운영되는 것이 아니라 권력 투쟁의 결과라고 본다. 공통의 이해관계가 줄어든 게 문제가 아니고 패권국이 힘을 잃었기 때문에 협력하지 않는다는 주장이었다. 질서 유지에 필요한 비용을 미국만 부담했기 때문에 힘이 약해지고 있다고 봤다. 일방주의 정책으로 비난을 받더라도 미국은 자신의 이익을 먼저 챙겨야 하며, 그것이 국제사회에도 도움이 된다는 입장이다.

그러나 패권을 회복하는 것은 그렇게 간단하지 않다. 한때 세계의 30퍼센트를 차지하던 미국의 GDP는 2017년 현재 20퍼센트대 밑으로 떨어졌다. 19조 달러가 조금 넘는다. 중국은 12조 달러, 일본은 4조 8000억 달러, 독일, 영국, 인도가 3조 달러 수준이다. 한국도 1조 5000억 달러다. 대외채무 상황은 더 심각하다. 레이건이 임기를 마칠 무렵 채무 비중은 40.9퍼센트로 올랐다. 클린턴 행정부에서 일부 개선되던 상황은 부시 2세 때 다시 오르기 시작했다. 감세와 국방비가 원인이 된 것은 이번에도 똑같다. 전쟁에 막대한 돈을 쏟아부은 것도 문제였다. 2002년 60퍼센트를 넘어선 후 2018년 3월 현재 21조 달러가 넘었다. GDP와 맞먹는 규모다. 일본은 74퍼센트, 중국은 12퍼센트, 한국은 27퍼센트 정도다. 경제력에서 미국이 과거의 영광을 회복할 길은 별로 없다. 군사력이나 다른 방법이 필요하다.

조지프 나이는 연성권력(soft power)에서 답을 찾으려 했다.[17] 국제사회를 군사안보, 경제 및 초국가적 게임이라는 세 개 층위로 파악한다는 점에서 불가피한 면이 있다. 군사안보 층위에서 미국은 압도적 우위를 지키고 있다. 미국의 국방비나 첨단 무기 수준은 다른 국가를 합친 것보다 앞서지만, 경제라는 게임에서는 그렇지 않다.

유럽연합(EU)의 공식 통계기구인 유로스타트(Eurostat) 2017년 자료에 따르면, 전 세계 상품 수출에서 중국의 점유율은 17퍼센트로 최고다. EU와 미국은 각각 15.6퍼센트와 13.6퍼센트다. 수입에서는 미국이 17.6퍼센트로 가장 높지만 EU는 14.8퍼센트, 또 중국은 12.4퍼센트를 차지한다. IMF와 WB의 지위도 도전받고 있다. EU에서는 단일통화 유로가 사용되고 있으며, 브릭스 국가들은 2015년 신개발은행(The New Development Bank, NDB)을 만들었다. 테러와 대량살상무기(WMD) 등과 관련한 초국가적 게임에서 미국의 영향력은 더욱 제한적이다.

군사력이나 경제력이라는 경성권력(hard power)은 안토니오 그람시의 '정치사회'나 루이 알튀세르의 '억압적 국가기구'에 해당한다. 연성권력은 '시민사회' 또는 '이데올로기 국가기구'와 비슷하다고 보면 된다. 매력과 모범을 보여 줌으로써 국제사회가 마음으로 미국을 따르도록 하자는 전략이다. 미국이 옹호하고 있는 자유, 민주주의, 인권, 포용성 등의 가치에 저항하지는 않을 거라는 얘기다. 비슷한 맥락에서, 하버드대학교 교수로 있는 스테판 월트도 그람시가 말한 '지적 리더십'을 말한다. 그는 "미국이 정통성을 가진 리더로 남기 위해서는 여론조작(spin)이나 선전-선동(propaganda)이 아닌, 국제적으로 통용될 수 있는 공공지식(a good product to sell)을 생산하고 미국이 가진 모든 정보 채널을 동원해 국제사회를 상대로 대중정보캠페인(public information campaign)을 벌여야 한다."고 주장한다.[18]

유럽의 관점은 미국과 다르다. 그중에서도 영국 출신의 수전 스트레인지가 있다. 그는 패권의 힘이 약해졌다는 것은 엄살에 불과하고, 미국이 구조적으로 누리는 특혜는 여전히 상당하다고 비판했다. 대학 때 전공은 경제학이었고 첫 직장은 경제주간지 《이코노미스트》였다. 경제 관련 부처에 출입하면서 영국의 파운드화가 기축통화의 지위를 잃어 가는 과정을 봤다. 그때 경험을 바탕으로 수전 스트레인지는 1971년에 『스털링과 영국 정책: 추락하는 국제통화에 대한 정치적 연구(Sterling and British Policy: A Political Study of an International Currency in Decline)』을 냈다.

제국을 운영하기 위한 비용이 증가하면서 파운드화의 가치는 계속 떨어진다. 정부는 더 높은 이자와 보험 등으로 가치를 유지하려 하지만 감당할 수 있는 수준을 벗어난다. 마침 대안통화로 부상한 달러의 도움을 받아 영국은 겨우 핵심통화의 지위에서 빠져나왔다는 내용을 담고 있다. 당시로서는 생소했던 '국제정치경제학(International Political Economy)' 분야를 개척한 것도 그의 작품이다. 패권을 '관계' 차원에서 설명하려 했는데 이를 위해 제시한 것이 '구조적 권력'이다.[19]

국제 정치경제의 구조가 결국 미국 정부에 의해 결정되며, 다른 국가나 정치기구들, 각급 경제 주체들 및 심지어 전문 지식인들 또한 궁극적으로 구조에 의해 결정된 게임의 규칙을 따라야 한다는 주장이다. 그러면서 국제무역과 외환거래 등에 꼭 필요한 구조를 만들 수 있는 힘은 미국밖에 없다고 지적했다. 유럽이나 일본이 가진 것은 '상대적 권력(relational power)'으로 구조에 도전하지 않는 한도 내에서 게임의 규칙을 함께 만들 수 있다는 입장이었다. 집안으로 치면 아버지는 구조적 권력을 행사하고, 어머니는 상대적 권력자다.

패권이 가능한 이유에 대해서는 네 가지 '질서'를 통해 설명한다. 먼저 안보 질서(security order)가 있다. 국가 간 영토분쟁, 무력충돌, 군비경쟁, 군사훈련 등과 관련한 일련의 게임에 관한 것으로 법, 규칙, 합의 및 공유하는 가치관 등이 모두 포함되어 있다. UN안보리, 북대서양조약기구(NATO), 국제원자력기구(IAEA) 및 핵확산금지조약(NPT) 역시 안보 질서의 한 부분에 속한다.

금융 질서(finance order)는 1947년에 설립된 국제통화기금과 세계은행(구 국제부흥은행)이 주도한다. IMF는 국가 간 환율의 비율을 결정하고 재정 상태를 감시하는 것을 목적으로 한다. WB는 경제발전에 필요한 자금을 빌려주거나 재정적 후원을 담당한다. 자본주의 체제에서 '현금'보다 더 중요한 역할을 하는 '신용(credit)'을 창조하고 분배하는 역할로 보면 된다. 생산 질서(production order)는 '관세와 무역에 관한 일반협정(General Agreement on Tariffs and Trade, GATT)'과 세계무역기구(World Trade Organization) 등을 통해 운영하는 게임이다.

미국은 1947년의 제네바라운드를 시작으로 1979년의 도쿄라운드, 1994년의 우루과이라운드 등을 통해 관세의 대상 및 비율, 비관세 장벽에 대한 규정, 무역자유화 품목의 종류 등에 대한 규칙을 만들어 왔다. 특허법, 저작권법, 디자인법과 상표법 등을 포괄하는 지적

재산권(Intellectual Property Rights)에 대한 새로운 규정과 적용 범위가 결정되는 것도 이 게임이다. 끝으로 무슨 지식이 생산되고, 어떻게 저장되며, 누가 어떤 수단을 통해 누구와 어떤 조건으로 커뮤니케이션하는가를 결정하는 '지식(knowledge)' 질서가 있다. 인류 역사상 어떤 제국도 갖지 못한 싱크탱크, 대학과 글로벌 미디어를 통해 미국은 지금의 국제사회를 이끌어 가고 있다.

6

구조적 권력

패권은 결국 희소자원의 생산과 분배 문제로 귀결된다. 공산주의 이론이 처음 나왔던 시대에는 '자본'이 가장 중요한 희소자원이었다. 진화를 통해 다른 자원도 정말 중요한 것으로 인식되기 시작했고 실제로 삶에 영향을 미친다. 제로섬이 되는 이러한 자원에는 뭐가 있을까? 명칭은 다양하지만 본질은 비슷하다. 프랑스 사회학자인 피에르 부르디외는 『구별짓기(La Distinction)』(1979)에서 문화 계급을 언급한다. 부친은 시골 우체국장이었고, 본인도 촌놈이었다. 파리에서 학자로서 성공한 다음 상류층으로 올라갈수록 그는 자신의 말투와 옷차림새 또는 행동이 낯설다는 것을 깨닫는다. 촌스럽다는 느낌으로 끝나면 되는 게 아니고 그것이 신분을 대표하는 '표식'이 되어 있음을 알게 되었다. 졸부가 사교 모임에 나갔는데 '교양'이 없어서 전혀 못 어울리는 상황이다. 게다가 이런 고급 취향은 하루아침에 만들 수 있는 것도 아니다. 자본이 축적되는 것과 비슷하다. 그래서 '문화자본 (culture capital)'이라는 개념이 등장했다.

'정치자본(political capital)'이라는 용어도 있다. 정치인이 즐겨 쓰는데 '대중이 지지하는 정도'를 말한다. 특정 정당이나 후보가 정치 자본을 확보하면 다른 쪽은 그만큼 잃는다. 미국의 조지 부시 2세가 연임에 성공한 다음 자신을 비판하던 사람들에게 자신은 이제 '정치 자본'이 두둑해졌다고 말한 적이 있다. 그 밖에 '학력자본'도 자주 쓴다. 한국만 그런 게 아니라 미국에서도 아이비리그 출신은 남다른 대접을 받는다. 잘나가는 동문이 큰 힘이 된다. 학부 졸업보다는 석사, 박사를 취득하면 더 좋은 자리에 간다. 대입 설명서에 보면 학력 수준에 따른 예상 초봉과 직업의 특성이 나온다. 게다가 학력자본의 경우 금융자본과 문화자본이 받쳐 주지 않으면 아예 접근하기도 어렵다. 모두 그런 건 아니지만 교수님들은 대부분 집안 형편이 좋고 인맥도 풍부하고 교양 수준도 상당하다. 국제사회에 이런 다양한 자본을 적용하는 것도 별로 어렵지 않다.

앞서 알튀세르는 '구조'에 대해 얘기하면서 '중층결정(overdetermination)'이라는 말을 했다. 모든 것을 '경제' 문제로 환원시킬 수는 없지만 최종 단계에서는 경제적 이해관계에 의해 결정된다는 주장이다. 미국의 대외정책을 봐도 이 말은 틀린 것 같지 않다. '달러'가 없으면 지금 수준의 군사비를 충당할 수 없다. 달러가 아니면 이라크와 리비아 전쟁도 없었을 가능성이 높다. 겉으로는 민주주의와 인권에 대해 얘기하지만 이란, 과테말라, 칠레 등 미국이 불법으로 개입한 쿠데타의 배경에는 미국자본의 이해관계가 있다.

하지만 '안보'가 반드시 돈에 종속되는 것은 아니다. 만약 이라크나 리비아가 핵과 미사일을 갖고 있었다면 주변 강대국이 그렇게 쉽게 개입하지 못했다. 약소국과 달리 러시아가 자신 있게 '채무 불이

행'을 선언할 수 있는 것도 막강한 군사력과 관련 있다. '정보'가 갖는 힘도 결코 무시할 수 없다. 왜 모든 강대국에는 국제적인 통신사와 언론사가 있는지 질문해 보면 알 수 있다. 독일이 전쟁에서 패하기 이전까지 볼프통신사는 프랑스의 아바스, 영국의 로이터, 미국의 AP와 함께 세계 4대 매체 중 하나였다.

제2의 경제 대국으로 부상한 중국이 가장 공을 들이는 분야도 뉴스 미디어다. 신화통신은 현재 전 세계에 가장 많은 특파원을 파견하고 있으며, 영어를 비롯한 몇 개국의 언어로 24시간 방송을 한다. 불과 10년 전만 해도 국제사회에서 일어나는 대부분의 사건은 '미국과 영국'이 제공하는 '눈과 귀'를 통했지만, 지금은 상황이 바뀌고 있다. 미국과 영국이 전 세계를 상대로 불법으로 정보를 수집할 수 있는 것도 케이블, 위성, 인터넷 선점과 관련이 깊다. 그러나 패권의 본질에 해당하는 '공감과 동의(hearts & minds)'를 위해서는 이것만으로 부족하다.

「복종」이라는 시에 나오는 것처럼 "복종하고 싶은데 복종하는 것은 아름다운 자유보다 달콤"하다. 왜 그럴까? 복종을 고통스럽게 받아들이지 않도록 하면 된다. 다른 대안이 없도록 만드는 것도 한 방법이다. 결정적으로 지배자를 사랑하게 하면 된다. 남녀가 서로 사랑하는 것은 본능에 가깝다. 억지로 사랑하게 만들기는 어렵다. 국가나 회사에 대한 사랑은 좀 다르다. 주어지는 것이라기보다 '만들어'진다.

1995년에 직장 생활을 할 때 분위기가 그랬다. 직원들 간 회식도 잦았고 회사 야유회도 많았다. 좋은 직장에 좋은 선임들이었다. 부친이 돌아가셨을 때는 서울에서 청도까지 그 먼 거리를 단체로 내려왔다. 감사한 마음, 존경하는 마음, 함께하겠다는 마음이 절로 들었다. 국가는 좀 더 고차원으로 작업한다. 태극기, 애국가, 3·1절과 광복절은 모두 목적이 있다. 국가에 대한 충성심을 만들어 내기 위한 장치다. 박근혜 정권이 잘못한 것은 단순히 정치를 못한 것만이 아니다. 대한민국을 부끄럽게 만들었고, 매력을 떨어지게 했다. 늘 모국을 잊지 못하는 해외 동포의 자존심을 건드렸다. 미국을 비롯해 각국에서 반정부 광고와 촛불에 대한 지지 성명이 쏟아진 데에는 이유가 있다. 월드컵을 할 때마다 '대한민국'이라 외칠 수 있는 것은 만들어지고 '다듬어지고', 또 '함께 가꾼' 국가에 대한 '사랑'이 있기에 가능하다. 국제사회라고 다르지 않다. 미국에 대한 매력, 호감, 경외감과 신뢰가 사라지면 패권은 성립하지 않는다. '담론'은 이 역할을 한다. 할리우드 영화를 통해, 미국 대학에서 보낸 유학 생활을 통해, 미국이 후원하는 각종 단체를 통해 세상은 미국을 사랑하는 법을 배워 왔다.

안보질서

고향을 얘기하면 섬으로 오해하는 분이 많다. 어떤 경우에는 중국 칭다오와 혼동하는 분도 있다. 경상북도 청도. 고등학교 국어 교과서에도 등장한다. 이호우 시인이 쓴 「달밤」의 배경이 된 곳이다.

> 낙동강 빈 나루에 달빛이 푸릅니다
> 무엔지 그리운 밤 지향 없이 가고파서
> 흐르는 금빛 노을에 배를 맡겨 봅니다

(……)

미움도 더러움도 아름다운 사랑으로

온 세상 쉬는 숨결 한 갈래로 맑습니다

차라리 외로울말정 이 밤 더디 새소서

　　중학교 교가에 "앞에는 문필봉 뒤에는 비슬산"이라는 노랫말이
나오는데, 해발 1084미터의 이 산에 올라가면 낙동강이 한눈에 내려
다보인다. 맞은편에는 역시 꽤나 높은 '청산(靑山)'이 있다. 집에서는
여기가 더 가까웠는데, 정상에 가면 'DANGER'(민간인 출입금지)라
는 푯말이 보인다. 축구장 열 개 이상은 되는 넓은 갈대밭 한쪽에 들
어선 미군 부대에 접근하지 못하도록 하는 경고문이다. 태어나기 전
부터 있었다는 말을 들었으니 1950년대 전쟁 직후에 생긴 것 같다.
옆집에 살던 누님 친구 한 분은 그곳에서 근무하는 미군과 결혼했다.
전혀 의식하지 못했지만 미국이 얼마나 가까이에 자연스럽게 자리
잡고 있었는지 보여 준다.

　　제임스 바르부르크는 록펠러의 체이스은행과 합병한 '맨해튼은
행'의 부회장을 지냈다. 프랭클린 루스벨트 대통령의 재정 자문이다.
1950년 의회에서 그는 "우리가 원하든 원하지 않든 결국 세계정부는
필요하다, 정복을 통해서든 아니면 동의를 통해서든."이라고 선언했
다. 리처드 하스는 미국 외교관이다. 2003년 이후 지금까지 외교협회
의장이다. 하버드대학교에서 교수로 일한 적도 있는 그는 1997년에
「마지못한 보안관 역할: 냉전 이후의 미국(The Reluctant Sheriff: The
United States after the Cold War)」이란 글을 발표한다. 국제사회는 책

임 있게 행동할 수 있는 힘 있는 보안관이 필요하다는 것과, 미국은 국제사회의 다양한 구성원들을 설득해서 끌고 갈 수 있는 능력과 의지가 있음을 밝혔다.

보안관 역할을 하기 위해서는 우선 인력과 예산이 충분해야 한다. 경찰서와 파출소 등이 곳곳에 있어야 효과적으로 대응할 수 있다. 인력도 많이 필요하고 범죄자를 압도하는 성능 좋은 차량과 장비도 갖추어야 한다. 능력 있는 인재로 키우는 교육도 필수다. 지역사회와 잘 섞이는 것도 중요하다. 자칫 법적 시비에 휘말릴 때도 경찰을 믿어 주고 신뢰해 주는 분위기를 조성하는 것 역시 간과할 수 없는 숙제다. 과연 리처드 하스의 주장처럼 미국은 이런 다방면의 준비를 모두 갖추고 있을까?

보안관 역할에 필요한 예산은 충분히 확보된 상태다. 2017년 기준으로 전 세계 국방예산은 1조 7400억 달러에 달하는데,[20] 미국은 6100억 달러다. 중국은 2280억 달러로 미국의 3분의 1에 불과하다. 미국을 제외한 나머지 7개국을 다 합치면 5780억 달러다. 경제력이 커지면 그에 따라 국방비 비중은 줄어들기 마련이지만 미국은 예외였다. 1940년대 GDP의 37.8퍼센트까지 급증했던 국방예산은 1960년까지 10퍼센트를 유지했다. 베트남전쟁 직후와 냉전이 끝난 다음에 다소 주춤했지만 다른 시기에도 평균 5퍼센트대의 예산을 투자했다.

2017년 4월 기준으로 국방예산은 1년치 연방예산의 16퍼센트를 차지하며, 1990년대 이후 거의 변하지 않고 있다. 항목이 정해져 있어서 다른 곳에는 쓸 수 없는 경직성 경비를 제외하면 1년 예산의 거의 절반이다. 군대 규모와 무기도 압도적이다. 2017년 3월 22일 자《뉴욕타임스》 자료에 따르면, 미국의 현역 군인 규모는 130만 명 수준이다. 예비역으로 86만 5000명이 있다. 전 세계 핵무기는 모두 1만 4935기가 있는 것으로 알려진다. 그중 미국은 6800개, 러시아가 7000개를 갖고 있다. 프랑스, 중국, 영국이 200~300개 수준을 보유한다.

리처드 하스

미국 군대는 또한 전 세계의 임자 없는 '육지, 바닷속과 바다 위, 하늘'을 관할한다.[21] 그중 바닷속을 통제하는 핵심 자산은 핵추진 공격형 잠수함이며 SSN(Nuclear Powered Submarine)으로 불린다. 1954년에 투입된 노틸러스 함을 시작으로 2018년 현재 대략 쉰여덟 대가 현역으로 활동한다. 경쟁자로는 열여섯 대를 가진 러시아, 열 대를 가진 중국, 예닐곱 대 수준의 영국과 프랑스가 있다.

항공모함은 공해를 맡는다. 장소 제약을 받는 공군기지가 없어도 전 세계 어느 곳에서나 원하는 곳을 공격할 수 있다. 핵추진 니미츠급(Nimitz-class) 항공모함은 대당 50억 달러 수준이다. 현재 열두 대가 운행하고 있는데, 그중 아홉 대는 핵원료를 사용한다. 해군과 긴밀한 협력을 하는 해병대도 있다. 영국으로부터 독립전쟁을 시작한 1775년에 처음 창설된 것으로 알려졌는데, 2017년 기준으로 병력 규모는 18만 6000명 수준이다. 육지와 바다를 신속하게 이동해야 하기 때문에 베놈(Venom), 슈퍼코브라(SuperCobra)와 같은 수송용 헬리콥

터를 비롯해 허큘리스(Hercules)와 같은 대형 수송기도 보유한다. 항공모함과 수륙양용장갑차 등을 보호할 목적으로 서른한 대의 알레이버크급(Arleigh Burke-class) 구축함도 운용한다.

미국은 또한 막대한 돈을 정찰, 운행과 커뮤니케이션을 위한 위성에 투자한다. 현재 약 100개의 군사위성과 150개의 민간위성이 미국 소유다. 운전할 때 많이 사용하는 GPS(Global Positioning System)는 미국 공군 제50우주비행단에서 관리한다. 서비스 유지와 연구, 개발 등에 들어가는 비용은 연간 7억 5000만 달러에 달한다. GPS를 군사적으로 사용하면 적대국에 대한 전파방해, 해킹, 레이더 교란 등을 수행할 수 있다. 그것도 지상에서 발사하는 미사일로는 전혀 접근할 수 없는 고도에서 이루어진다. 전투기는 약 2200대가 있고, 그중 4세대 전투기는 1226대다. 그다음으로 러시아(855대), 중국(509대), 인도(311대), 프랑스, 일본, 영국 순서다.

미국은 또한 방대한 해외기지를 확보하고 있다. 매년 의회에 제출하는 「군사기지보고서(Base Stucture Report)」에는 보다 자세한 내용이 나온다. 2014년 9월 30일 기준으로 미국은 국내에 4154개, 해외에 587개의 기지를 갖고 있다. 펜타곤이 소유하고 있는 빌딩과 부속건물은 무려 84만 5441개로 3000만 에이커 규모의 땅이다. 지구상 최고의 부동산 보유자다. 독일에 가장 많은 181개가 있고, 일본에 122개, 또 한국에 여든세 개 순서다. 해외기지 중에서 육군은 255개를 갖고 있는데 여기에는 벨기에, 불가리아, 콜롬비아, 온두라스, 네덜란드, 루마니아 등이 포함된다. 모두 128개의 해군기지가 있는 곳은 호주, 바하마, 캄보디아, 이집트, 그리스, 케냐, 쿠웨이트, 포르투

맥딜공군기지 훈련 장면(2014년)

갈, 싱가포르, 스페인 등으로 다양하다. 공군기지는 182개가 있는 것으로 알려진다. 코스타리카, 그린란드, 노르웨이, 포르투갈, 오만과 터키 등이다. 모든 기지를 제공하고 있는 곳은 독일, 일본, 이탈리아와 한국이다. 그중 한국을 제외한 나머지 3개국은 패전국이다. 해외에 주둔하는 미군도 많다.

2018년 기준으로 미국은 170개국에 약 35만 명의 미군을 파견중이다. 국가별로 보면 독일과 일본이 가장 많다. 각각 7만 명과 5만명 정도가 주둔한다. 한국은 그다음으로 대략 3만 2000명 규모다. 다른 아시아 국가로는 필리핀(100명), 싱가포르(196명), 태국(113명) 등이 있다. 한국에서 공군기지가 있는 곳은 김해, 군산, 광주, 오산, 수원과 대구다. 해군기지는 대구, 진해, 포항, 영천, 용산 등에 있으며,

포츠담회담에서 윈스턴 처칠, 해리 트루먼, 이오시프 스탈린(1945년)

육군기지는 전국에 흩어져 있다. 대표적인 곳은 왜관, 동두천, 원주, 용산, 부산, 평택, 제천, 의정부, 영주, 인천, 영천, 파주와 용인이다. 그 밖에 공개되지 않은 곳도 많다.

미군 캠프는 서울과 대구, 부산 등 주요 도시에 빈틈없이 들어서 있다. 용산기지에는 엔지니어링과 건설을 담당하는 극동엔지니어부대(Far East Engineer District)를 비롯해 용산 게리슨(Yongsan Garrison), 캠프헨리(브루클린힐)가 들어와 있다. 부산에는 군수품 저장시설을 비롯해 캠프헨리(Pier 8)가, 또 대구에는 캠프핸리(Camp Henry)와 캠프워크(Camp Walker) 등이 주둔한다. 의정부와 동두천에도 많은 캠프가 있는데, 캠프스탠리(Camp Stanley), 캠프레드클라우드(Camp Red Cloud), 캠프잭슨(Camp Jackson), 캠프케이시(Camp Casey), 캠프캐슬

(Camp Castle) 등이다.

각군 사령부에서 이들 기지를 관할하는데, 크게 북부, 남부, 중부, 연합, 태평양, 유럽, 특별작전, 전략작전 등으로 구분한다. 그중 태평양사령부(PACOM) 본부는 하와이에 있다. 2018년 3월 인도태평양사령부(Indo-Pacific Command)로 명칭을 바꾸었다. 중국을 견제하기 위한 목적이다. 일본과 한국에 주둔한 미군이 여기에 속한다. 유럽사령부(EUCOM)는 독일 슈투트가르트에 본부가 있다. 이곳 사령관이 나토군 총사령관을 겸한다. 1차 걸프전을 비롯해 2001년 아프가니스탄전쟁, 2003년 이라크전쟁을 지휘한 곳은 중부사령부(CENTCOM)다. 본부는 플로리다 템파의 맥딜공군기지(MacDill Air Force Base)에 있다. 1983년에 창설되었고, 페르시아만과 인도양을 아우른다. 원래 아프리카도 담당했는데 수단, 에리트레아, 케냐, 소말리아 등은 2008년 신설된 아프리카사령부로 넘겼다. 남부사령부(SOUTHCOM)는 마이애미 도럴(Doral)에 자리를 잡았다. 미국령에 해당하는 푸에르토리코와 괌 등을 제외한 중남미와 카리브해안을 담당한다. 파나마운하 방어도 포함되어 있다.

많은 해외 군사기지는 전쟁에서 승리한 전리품으로 얻었다. 가령 해군기지가 있는 관타나모는 1898년 스페인으로부터 얻었다. 1903년에는 필리핀을 점령했고, 1990년대까지 수비크만과 클라크 공군기지를 사용했다. 1934년 철수하기 이전까지 미국은 아이티도 무력으로 점령했다. 일본의 오키나와 기지 역시 승전 후 확보한 곳이다. 다른 방식으로 확보한 기지도 많은데 대표적인 방법이 '방위조약'이다.

미국은 필요한 기지를 사용하고 상대국은 군수장비나 다른 물품

전쟁으로 완전히 파괴되었던 프랑스 마르세유는 마셜플랜으로 인해 가장 활발한 항구도시가 된다(1950년경)

마셜플랜 원조로 건설 공사 중인 독일(1950년경)

마셜플랜 원조로 일자리를 찾은 이탈리아 로마 철강 노동자들(1950년경)

그리스에 마셜플랜 원조로 새로 지은 집들(1950년경)

을 받는 거래는 뿌리가 깊다. 1941년 3월, 루스벨트 대통령은 '빌려 주고 빌려 쓰기(Lend-Lease) 정책'을 승인했다. 미국은 풍부한 전쟁물자와 남아도는 식량과 석유가 있었다. 대신 전쟁터에서 함께 또는 대신 싸울 군인과 주둔하거나 빌려 쓸 장소가 부족했다. 영국, 중국, 소련, 프랑스와 다른 연합국 모두가 대상이었다. 전체 전쟁 비용의 약 11퍼센트에 해당하는 500억 달러 정도가 이 정책에 쓰였다. 당시 이 프로그램에 참가한 유럽의 벨기에, 네덜란드, 아이슬란드, 노르웨이는 지금도 미군기지가 있다. 중남미의 온두라스, 콜롬비아, 페루를 비롯해 그리스, 터키, 사우디아라비아도 마찬가지다. 계속 주둔한 지역을 비롯해 나중에 다시 돌아간 곳도 있다. 1947년에 발표된 트루먼독트린(Truman Doctrine)은 종전 이후 미군기지가 오히려 늘어나기 시작한 계기였다.

그리스는 유럽 대륙에서 한반도와 비슷한 위치에 있다. 반도 끝에 있는 그리스에서 북쪽으로 올라가면 오른쪽으로 불가리아와 터키를 만난다. 바다 건너 왼쪽에는 이탈리아가 있고, 그 위로 프랑스가 있다. 이들 국가를 둘러싼 두 개의 바다가 있는데 그중 하나는 흑해다. 흑해는 소련의 영향권에 있고, 2017년 러시아가 합병한 크림반도가 있다. 흑해와 지중해를 잇는 곳에 터키해협이 있다. 이곳을 자유롭게 활용하면 소련은 그리스는 물론 이집트, 리비아, 알제리 등이 있는 아프리카 북부에 쉽게 접근할 수 있다.

해방 후 한반도에서 일어난 상황은 우리만의 특수한 현상이 아니었다. 그리스도 비슷했다. 독일과 맞붙어야 했던 그리스는 혹독한 시련을 겪었다. 히틀러조차 나중에 그리스의 저항운동을 극찬했을

브뤼셀조약(1948년)

정도로 용감하게 싸웠다. 망명정부는 이들과 달리 지중해 건너편에 있는, 영국이 지배하고 있었던 이집트로 옮겼다. 1944년 10월에 그리스는 독립만세를 외쳤다. 그러나 곧 내전이 시작된다.

전쟁이 끝나고 독일과 이탈리아가 점령하고 있던 많은 유럽 지역은 분쟁 지역이 된다. 유럽 지도를 펴놓고 보면 알겠지만, 독일은 정확하게 소련과 프랑스 사이에 있다. 동독과 서독으로 갈라진 것처럼 헝가리, 폴란드, 체코 등은 자연스럽게 소련의 관할 지역이 된다. 한반도와 마찬가지로 이 나라들도 자국이 원하는 정치체제를 선택할 자유가 없었다. 미국과 영국이 한 편을 먹고 다른 편에는 소련이 있었다. 1945년에 열린 '포츠담회담(Potsdam Conference)'에서 결정되었다.

미국의 이집트 공군기지(1983년)

　한반도의 분단도 여기서 시작했다. 지역적으로 더 동쪽에 속해 있는 루마니아는 소련으로, 그리스는 영국에 속하는 협정이 체결된다. 문제는 그리스 국내였다. 결국 유고슬라비아, 알바니아, 불가리아가 지원하는 그리스민주군(Democratic Army of Greece, DAG)과 정부군이 충돌한다. 다수 국민의 지지를 받고 있던 DAG가 유리해지면서 미국의 개입이 시작된다.

　전쟁 동안 자유진영에 속했던 터키에서도 1946년에 사달이 생겼다. 흑해와 지중해를 연결하는 곳이 터키해협인데, 소련 입장에서는 이곳을 통과해야 지중해로 나간다. 안전한 운항을 확보한다는 목적으로 소련은 이곳에 군함을 배치할 수 있도록 요구했다. 영해에 속하는 곳을 쉽게 양보할 정부는 없었다. 터키는 미국과 손을 잡았고 미군이 배치된다. 트루먼 대통령은 의회 연설을 통해 미국이 돕지 않으면 이들 두 나라가 소련으로 넘어갈 거라고 경고했다. 공산주의로부터 위협을 받는 곳이라면 미국은 경제적, 군사적 지원을 아끼지 않겠다는 선언이 이때 나왔다.

마셜플랜(Marshall Plan)의 공식 명칭은 유럽회복프로그램(European Recovery Program)으로, 1948년에 제정된 해외지원법안(Foreign Assistance Act)이 근거다. 장군으로 참전한 후 트루먼 행정부에서 국무부 장관을 맡은 조지 마셜의 이름에서 유래한다. 공산주의의 위협을 막기 위해서는 경제회복 지원이 필요하다는 인식에서 나왔다. 최대 수혜국은 영국으로 전체 예산의 26퍼센트를 받았다. 프랑스는 18퍼센트, 서독은 11퍼센트, 그리고 총 18개국 유럽 국가들이 이 지원을 받았다. 최초 수혜 국가는? 그리스다. 당연히 터키도 포함된다.

1년 뒤에는 공동방위를 목적으로 한 북대서양조약기구(NATO)가 출범한다. 소련이 베를린 봉쇄에 나서면서 위기감을 느낀 벨기에, 네덜란드, 룩셈부르크, 프랑스, 영국이 체결한 '브뤼셀 조약(Brussels Treaty)'이 출발점이다. 1948년 체코에서는 소련의 지원을 받은 쿠데타가 일어나 민주적으로 선출된 정부를 전복시켰다. 주변의 유럽국가들은 무력했다. 미국의 도움이 필요했고, 그 결과 들어선 게 NATO다. 회원국 중 누구라도 공격을 받으면 집단적으로 대응하겠다는 원칙이 세워진다. 브뤼셀 조약의 회원국을 비롯해 아이슬란드, 이탈리아, 룩셈부르크, 노르웨이, 포르투갈 등이 가입했다. 1952년에는 터키와 그리스도 회원국이 된다. 나토의 출범을 통해 미국은 서유럽 곳곳에 미군기지를 둘 수 있는 명분을 얻었다. 중동 지역은 또 다른 협약을 통해 추진된 경우다.

2019년 현재 미군기지는 중동 대부분의 지역에 흩어져 있다. 2000년대 이후 확보한 이라크와 리비아를 비롯해 사우디아라비아, 예멘, 카타르, 쿠웨이트, 바레인, 이집트, 아랍에미리트 등이 포함된다. 1950년대 초반만 하더라도 이란이 유일했다. 그것도 통신과 정보 관련 시설 정도만 있었으나 아이젠하워 행정부를 기점으로 중동에 대한 지원이 보다 공식화되었다. 민족주의 성향의 정부들이 비동맹운동에 동조하고 점차 사회주의 진영으로 편입될 우려가 높아진 게 원인이었다.

첫 사태는 이란이다. 1951년 모하마드 모사데크 총리가 민주선거를 통해 당선된 이후 영국의 석유 회사인 '앵글로 페르시아'(지금의 BP, 브리티시페트롤리움)를 국유화하기로 결정한다. 영국은 반발했고 마침 소련을 견제하려 한 미국과 이해관계가 맞았다. 미국 CIA의 지원을 받은 쿠데타가 일어났고, 결국 팔레비 왕조가 다시 권력을 찾았다. 1979년 회교혁명이 일어나기 이전까지 미국과 이란은 혈맹 관계를 맺는다.

애초 미국은 이집트를 중심으로 하는 중동정책을 구상했지만 가말 나세르는 독자적인 노선을 원했다. 소련의 팽창을 막는 북부라인을 형성하고자 했던 미국은 1955년 바그다드협약(Baghdad Pact)을 체결한다. 중동 지역의 나토라는 의미에서 명칭은 중동조약기구(Middle East Treaty Organization, METO) 또는 중앙아시아조약기구(Central Treaty Organization, CENTO)라고 이름 지었다. 바그다드가 본부가 된 것은 이라크 왕조가 적극 협력했기 때문이다. 이란에서는 이미 친미 정부가 들어선 상태였다.

지도로 보면 이 사이에 낀 나라가 있는데 '시리아'다. 시리아는 미국보다는 소련과 더 가까웠다. 또 다른 주변 국가로 파키스탄이 있다. 영국에서 독립을 하면서 갈라졌다. 인도는 통일을 원했고 파키스탄은 거부했다. 결국 비동맹운동을 주도하는 인도가 소련과 좀 더 긴밀해지면서 파키스탄은 자연스럽게 미국의 손을 잡게 된다.[22] 터키도 이미 미국의 도움을 요청한 상태였다. METO에는 나라들을 포함해 영국이 함께 회원으로 참가한다. 세계지도를 보면 이제 남은 지역은 두 곳 정도다. 그중 한국이 속하는 아시아가 있다.

대한민국 정부가 수립된 때는 1948년 8월 15일이다. 당시 중국은 국민당과 공산당이 내전을 벌이고 있었다. 미국은 장제스가 이끄는 국민당을 지원했다. 결과는 공산당의 승리였고 1949년 10월 1일에는 중화인민공화국 정부가 들어선다. 1950년에는 한반도에서 대규모 전쟁이 발발했다. 공산주의 팽창에 대한 미국의 대응 전력은 동남아시아로 옮겨 간다. 당시 미국은 마녀사냥을 하듯 공산주의자를 색출하는 매카시즘(McCarthyism)의 광기에 사로잡혀 있었다. 펜타곤을 비롯해 CIA 등에 인력과 예산이 큰 폭으로 증가한 배경이다.

1954년 9월 8일에 공산화된 중국의 위협을 방어한다는 구실로 반공연맹이 창설된다. 미국, 영국, 프랑스 등 얼마 전까지만 해도 이 지역을 식민지로 거느리던 제국의 연합이었다. 또 다른 NATO를 만들려고 하는 미국의 의도에 따라 명칭도 동남아시아조약기구(Southeast Asia Treaty, SEATO)로 정했다. 영국연방에 속해 있던 뉴질랜드와 호주가 미국과 함께 1951년에 만든 안저스조약(AVNZUS)의 확대판이었다. 회원국은 이들을 포함해 영국, 프랑스, 파키스탄, 태국, 필리핀 등이었다. 본부는 영국과 프랑스 사이에서 중립을 지키고 있었던 태국으로 정했다. 지금의 동남아시아 국가는 대부분 빠졌는데 이유가 있다.

인도차이나반도에서 왼쪽 위로는 미얀마가 있고, 그 아래에는 말레이시아, 인도네시아, 필리핀이 있다. 필리핀은 스페인으로부터 뺏은 미국의 식민지였다. 프랑스는 캄보디아, 베트남과 라오스를, 또 영국은 그 위쪽 미얀마와 말레이시아를 통치했다. 인도네시아는 네덜란드의 지배를 받다가 독립했고, 1954년 북베트남은 독립전쟁에서 승리한다. 그러나 당시 위도 17도 아래에 해당하는 베트남 남쪽은 제외되었다. 프랑스와 미국은 이 지역을 기반으로 공산화를 막는 대규모 전쟁을 시작한다. 1965년부터 10년간 지속된 베트남전쟁이다. 라오스와 캄보디아 등도 같이 휩쓸렸기 때문에 2차 인도차이나 전쟁이라고 한다.

1955년의 반둥 회의를 이끌어 내는 등 비동맹운동의 선두주자였던 인도네시아는 10년 뒤 수하르토 대통령이 이끄는 쿠데타를 맞는다. 반공정권이 이때 들어섰고, 인도네시아와 필리핀은 베트남전쟁의 핵심 전진기지 역할을 한다. 필리핀은 1951년 미국과 상호방위조약을 체결함으로써, 독립은 했지만 실질적으로는 계속 미국의 보호를 받았다. 당시만 해도 싱가포르는 존재하지 않는 국가였다. 영국령에 속했던 말레이시아도 1957년에 독립했다. 방위조약으로 맺어진 한국 및 일본과 다르지 않다.

미국이 중남미 국가를 대상으로 체결한 것도 이와 크게 다르지 않다. 1947년에 미국과 중남미 국가들은 리우조약(Rio Treaty)을 체결했다. 1948년에는 워싱턴DC에 본부를 두는 아메리카국가기구(Organization of America States, OAS)로 발전한다. 국무부 장관이던 조지 마셜의 주도로 이 회의를 통해 '공산주의'에 대한 공동 대응이 합의된다. 1959년에 쿠바혁명이 일어나기 전까지 이념이 전면에 등장하지는 않았다. 바나나전쟁(Banana Wars)이라는 이름에서 알 수 있듯 미국 기업의 이익이 우선 고려 대상이었다. 1954년에 과테말라 정부가 CIA 공작에 의해 붕괴되기는 했지만 이때도 '유나이티드 프루트(United Fruit Company)'의 요청에 따른 것이었다. 공산주의 자체가 문제 되지는 않았다.

쿠바혁명 이후 미국은 보다 적극적으로 반공정책을 펴기 시작했다. 1973년 9월 11일, 사회주의 정책을 내세우던 칠레의 살바도르 아옌데 대통령은 CIA가 지원한 쿠데타로 죽임을 당한다. 니카라과에서도 사회주의 정권을 막기 위해 콘트라 반군을 적극 지원했다. 이곳의 핵심 자원은 '파나마운하'였다. 미국은 일찍이 1904년에 이 운하를 접수했고, 돌려준 해는 1977년이다. 1989년에는 파나마를 침공하기도 했다. CIA의 오랜 동지였던 파나마의 실권자 노리에가 장군은 이때 강제로 연행된다. 파나마는 지금도 달러를 자국 화폐로 쓸 만큼 미국의 영향력이 지배적이다. 미국의 주요 군사시설은 이 운하를 중심으로 배치되어 있다. 파나마와 국경을 접하는 콜롬비아에는 지금도 육군과 공군기지가 있다. 코스타리카는 다른 쪽으로 국경이 맞닿아 있으며 이곳에도 공군기지가 있다.

살바도르 아옌데 대통령(1971년)

미국이 나눠 줄 만한 당근도 많았다. 대표적인 것이 대외군사금융(Foreign Military Financing, FMF)이다. 앞서 군사시설 등을 제공한 국가들에 제공되었다. 경제적으로 어려운 국가에는 보조금을 주고 좀 형편이 괜찮은 경우에는 융자를 해 주거나 차관을 빌려준다. 한국은 1950년부터 1988년까지 이런 유상 또는 무상의 지원을 받다가 그 이후에는 돈을 주고 산다. 국무부에 있는 정치군사업무부(Bureau of Political-Military Affairs)에서 정책을 결정하고, 국방부 소속 '군사안보협력기관(Defense Secutiy Cooperation Agency)'이 실무를 담당한다. 미국 대사관에 근무하는 펜타곤 소속 직원이 처리한다. 극히 예외적인 경우가 아니면 계약 당사자는 정부가 된다. 보조금은 현금으로 주지 않고 다른 용도로 쓸 수도 없다.

1950년부터 지금까지 미국이 지원한 금액은 모두 9100억 달러에 달하는 것으로 알려진다. 총액 기준으로 최대 수혜국은 이스라엘과 이집트다. 아프가니스탄과 이라크도 상위에 속한다. 중동 분쟁과 관련이 깊은 파키스탄, 요르단, 바레인, 사우디아라비아, 튀니지, 오만과 예멘 등도 대표적인 수혜국이다. 미국과 특수한 이해관계가 있는 터키, 필리핀, 태국, 콜롬비아 역시 상위에 속한다. 최근에는 동유럽에 속하는 폴란드, 루마니아, 조지아, 우크라이나, 불가리아, 보스니아, 라트비아도 대상국에 포함된다. 그중 터키, 폴란드, 루마니아에는 미국이 제공하는 미사일방어시스템(MD) 기지가 들어서 있다.

1945년 이후 미국은 지속적으로 이런 군사 기반 시설을 확대해왔다. 일단 확보한 기지는 돌려주기보다 다른 역할을 부여하는 방식으로 계속 머물렀다. 필리핀에서도 1992년 철수한 이후 2016년에 다시 복귀했다. 냉전이 끝난 지 벌써 30년이 지나고 있지만 미국의 주요 군사령부는 그대로 유지된다. 방대한 하드웨어를 설치하는 데 그치지 않고 '인적교류와 교육'을 통해 최적의 소프트웨어도 깔았다. 그중 하나로 '해외 군사교육 및 훈련(International Military Education and Training, IMET)'이 있다. 위의 대외군사금융(FMF)을 담당하는 곳에서 같이 담당한다.

한국 군대의 주요 간부들은 1950년대 중반부터 이 프로그램에 참가했다. 김종필, 전두환, 노태우 등이 모두 이 과정을 거쳤다. 법적 근거는 1961년의 '해외지원법안(Foreign Assistant Act)'과 이를 확대한 1976년의 '국제안보지원 및 수출통제법안(International Security Assistance and Arms Export Control Act)'이다. 과정은 단순한 영어교육

파나마운하에 정박하고 있는 미국 전함 네바다 호와 잠수함들(1934년)

에서 인권, 국제법, 심리전, 리더십 등으로 다양하다. 목표는 복합적이다.

먼저 장차 미국과 유기적으로 협력할 수 있는 국제 장교단의 육성이 있다. 미국에 오고 싶어 하는 약소국 군인들의 욕망을 충족시키는 한편, 이들이 미국 군대와 무기에 익숙해지도록 하는 것도 목표 중 하나였다. 같이 공부하고 훈련하는 동료 장교들과 자연스럽게 친분을 쌓을 수 있고, 이를 기반으로 국제적 인맥이 형성된다는 점 역시 고려했다. 결정적으로 미국 군사 시스템에 익숙한 이들이 모국으로 돌아가 의사결정권자가 될 경우, 익숙해진 미국 무기를 선호할 것이라는 계산도 빼놓지 않았다. 필리핀, 인도네시아, 한국, 파키스탄 등 전략적으로 관리하는 국가가 대상이다. 연간 4000명에서 8000명

정도가 초대를 받는 것으로 알려진다.[23]

2013년 기준으로 130개국 이상의 군인이 참가했다. 대외정책 변화에 따라 해당 국가도 꾸준히 달라졌다. 냉전이 끝난 직후에는 동유럽 국가에서 많이 왔다. 2001년 9·11 테러가 발생한 이후에는 파키스탄, 인도네시아, 중앙아시아 국가가 주요 대상국이 되었다. 테러리즘 교육을 받으러 오는 장교들이 많은 것과 관련이 깊다. 미혼의 장교가 혼자 와서 6개월 정도의 단기교육을 받고 가는 IMET과 달리 고급장교를 위한 프로그램도 있다.

'전문군사교육(Professional Military Education, PME)'은 1986년 제정된 '골드워터-니콜스 국방재정비 법안(Goldwater-Nichols Defense Reorganization Act)'이 근거다. 모든 미국의 장교들은 군대 소속 또는 유관기관에서 반드시 이 과정을 마쳐야 하며, 영관급 이상의 장교로 제한된다. 민주주의가 막 싹트기 시작하는 후진국 장교들이 눈독을 들이기에 충분한 조건을 갖추고 있다. 공군의 경우 앨라배마 몽고메리의 맥스웰 공군기지에 있는 공군대학에서 이 과정을 담당한다.

육군은 펜실베이니아에 있는 '군사참모대학(Army War College)' 또는 캔자스 주의 '지휘참모대학(Command and General Staff College)'에서 공부한다. 그 밖에 해군참모대학(Navy War College), 해병대지휘참모대학(Marine Corps Command and Staff College)과 국립국방대학(National Defense Univerity) 등이 자격을 가진 기관이다. 합참의장이 수강 과목을 최종적으로 결정하는데 '리더십과 지휘', '국제 및 국내 안보연구', '군사작전계획' 등이 필수 과목이다.

과정을 마치면 군사학 분야로 석사 학위를 수여한다. 경제력이

있는 국가의 경우 관련 비용은 대외군사판매(Foreign Miltiary Sale)
대금에서 변제한다. 국방부가 이들 나라를 전담한다. 단 돈이 없는
경우에는 국무부가 비용을 지불한다. 1950년 이후 이 과정으로 교육
을 마친 해외 장교는 1만 1000명 정도로 알려진다.[24] 전 세계 국가의
75퍼센트에 해당한다. 국가별로는 한국이 가장 많은 507명이다. 그
다음으로 태국(481명), 필리핀(377명), 타이완(331명) 순서다. 본국
으로 돌아가 쿠데타를 일으킨 장교들 중 상당수가 이 교육을 받았다.

　구조적 권력은 '게임'의 종류와 '규칙'을 일방적으로 결정할 수
있는 힘을 뜻한다. 운동경기에 비유해 보면 좀 더 쉽게 이해할 수 있
다. 야구와 농구는 분명 다르다. 공간도, 참여 선수도, 점수 배정 방식
도 다르다. 마이클 조던이라는 농구 천재가 야구에서는 마이너리그
에도 끼지 못했던 것처럼 게임이 다르면 다른 결과가 나온다. 장하준
교수가 『사다리 걷어차기』(2004)란 책에서 언급한 것이나, 마하티르
총리가 "강대국은 자신에게 불리하면 항상 골대를 옮긴다."는 지적은
일맥상통한다. 자율변동환율로 게임을 바꾼 다음 미국은 무역적자는
물론 재정적자에 대해서도 신경을 안 쓴다. 게다가 이런 구조에서 미
국은 막대한 돈을 '해외기지' 확보와 운영 및 군비예산에 지출한다.
전혀 돈 걱정하지 않고 무리한 전쟁에 돌입하는 것도 구조가 주는 특
혜와 관련 있다.

　안보질서에서 미국이 갖는 또 다른 무기는 달러의 힘과 관련이
있다. 2018년 6월 12일에 역사적인 북미정상회담이 열렸다. 북한은
핵을 포기하겠다는 약속과 함께 자국에 부과된 각종 '경제제재'를 풀
어 달라고 요구한다. 국내 상황이라면 범죄자가 사면해 달라는 것 자

체가 용납될 수 없고 감히 이런 상상도 못 한다. 국제사회는 다르게 작동한다. 관타나모나 아부그라이브 고문과 같은 사건이 만약 북한이나 베네수엘라에서 벌어졌다면 전쟁이 나도 몇 번은 났을 가능성이 높다. 힘의 논리가 작동하기 때문이다.

장하준, 『사다리 걷어차기』

그러나 미국패권이라는 것은 '강제'보다는 '동의'에 기반한 지배를 뜻한다. 안보와 관련한 국제기구가 어떻게 작동하느냐를 통해 이를 엿볼 수 있다. 미국 국무부에서 의회에 보고하는 자료 중 「각국의 UN 투표 성향(Voting Practices in the United Nations)」 보고서가 주목 대상이다. 1984년에 처음 시작된 이후 지금까지 이어지고 있다. 평화와 안보위협, 군축과 무장해제, 개발, 인권, 환경과 마약 등 중요 현안을 다루는 안전보장이사회와 총회에서 각 회원국이 어떻게 투표했는지를 정리한 자료다. 미국 의회에만 보고되는 것이 아니고 회원국 대사관에도 발송한다.

안보리의 상임이사국은 잘 알려져 있다. 미국, 영국, 프랑스, 러시아와 중국이다. 국제사회에서 유일하게 거부권을 행사할 수 있는 국가다. 거부권은 없지만 이사회에 참석하는 비상임회원국은 10개국이다. 1965년 '호주, 브라질, 이집트, 멕시코, 네덜란드, 폴란드'가 처음 선임된 이후 순번을 정해 순환하면서 맡는다. 지역별로 이사가 할당되는데 아프리카는 세 석이, 라틴아메리카와 카리브 지역, 아시아-태평양, 서유럽과 기타 지역은 두 석이, 동유럽은 한 석이 배당되어 있다. 전통적으로 아프리카 또는 아시아에서 아랍 이사 한 명을 선출한다. 의사결정 과정에서 의장이 상당히 중요한 역할을 하기 때문에 한 달씩 돌아가면서 의장직을 맡는다. 표면적으로 보면 미국이 마음대로 할 수 있는 구도는 아니지만 내면을 들여다보면 꼭 그렇지도 않다.

2018년 기준으로 안보리 이사국은 코트디부아르, 기니아, 에티오피아, 쿠웨이트, 카자흐스탄, 인도네시아, 페루, 볼리비아, 스웨덴, 네덜란드, 폴란드 등이다. 북유럽의 스웨덴과 네덜란드를 빼면 다들 후진국이다. 먹고살기도 어렵고 군사력도 대단치 않다. 그중에서 페루, 콜롬비아, 쿠웨이트에는 미군기지가 있다. 미국 눈치를 안 볼 수 없다. 코트디부아르, 기니아, 에티오피아, 카자흐스탄 등은 국제통화기금과 세계은행이 결정권을 행사하는 각종 '정책금융'을 받아야 한다. 안보리 이사국에 선임되어 있을 때와 그렇지 않을 때를 비교하면 각종 프로그램에서 상당한 특혜가 주어진다는 연구 결과도 꾸준히 축적되어 있다.[25]

2017년에 트럼프 대통령은 "예루살렘이 이스라엘의 수도"라는 견해에 반대하는 유엔총회에 앞서, "그들은 수억 달러, 심지어 수십억 달러를 가져가고 우리를 반대하는 투표를 한다. 우리를 반대하는 투표를 하게 내버려 둬라. 우리 돈이 절약된다. 개의치 않는다."라고 말했다. 니키 헤일리 UN 주재 미국대사도 "우리의 결정을 비난하는 투표가 있을 것인데, 미국은 그 이름들을 적어 둘 것이다."라고 경고했다.[26] 한 푼이라도 아쉬운 국가 입장에서는 굳이 자국에 치명적인 영향을 미치지 않는 사안이라면 미국을 지지할 수밖에 없다. 핵확산금지조약(NPT)이나 국제원자력기구(IAEA) 또한 큰 구조 속에서 새로운 게임이 어떻게 생성되고 관리되는지를 보여 주는 사례다.

1945년에 미국은 핵 개발에 성공한다. 보안관이 되기 위한 최적의 조건, 즉 자신만 비밀 병기를 갖는 현실이 눈앞에 다가왔다. 1946년 '원자력에너지법안(Atomic Energy Act)'을 통과시키고 이를 관리할 '원자력에너지위원회(Atomic Energy Commission)'를 만들었다. 핵 관련 기술을 군대가 아닌 민간이 통제하도록 하는 것과 해외 이전을 금지하는 것이 핵심이었다. 견제 없는 권력을 세상은 원치 않았다. 소련은 1949년에, 영국은 1952년에 각각 핵개발에 성공했다. 미국 정부는 고민에 빠진다. 어떻게 할 것인가?

공포를 자극함으로써 군사적 용도로 사용되는 것은 막고 평화적 사용은 확장하는 방안이 채택된다. 1953년 아이젠하워 대통령은 유엔총회를 통해 '평화를 위한 원자력'(Atom for Peace) 원칙을 발표한다. 그리고 병원, 학교, 연구기관에서 관련 설비와 기술을 이용할 수 있도록 허용했다. 국제사회를 달래기 위해 최초의 원자로가 이스라엘과 파키스탄에 설치된다. 1957년에는 IAEA도 출범했다. 일종의 '핵 은행'과 같은 개념이다. 목적과 사용처만 확인되면 누구나 이용할 수 있지만, 이를 어기면 처벌이 따른다는 것을 '제도'로 정착시킨 사례다. 국제사회의 합의를 이끌어 내기 위해 본부도 중립국인 오스트리아의 수도 빈에 두기로 했다.

대다수 약소국은 이 방안을 받아들였다. 미국의 선의를 믿는 게 최선이었다. 그러나 경쟁자들은 달랐다. 프랑스와 중국은 생존을 위해 핵 개발에 매달렸고, 미국과 소련도 내부적으로는 계속 핵무기를

오스트리아 정치가 레오폴트 휘글과 IAEA의 첫 사무총장인 미국인 스털링 콜(1958년)

축적했다. 1959년에는 UN 차원에서 '비핵지대(nuclear free zones)'를 설치하자는 방안이 발표된다. 특정 지역에는 아예 핵무기가 들어오지 못하게 하자는 조치였다. 미국, 영국, 소련 등 이미 핵을 가진 국가들은 핵실험 자체를 하지 못하게 하는 규범을 추가했다. 모스크바에서 열린 회의를 통해 1963년 '부분적 핵실험 금지조약(Partial Nuclear Test Ban Treaty)'이 체결된다. 우주 공간이나 지상에서는 금지하고 지하에서만 핵실험을 할 수 있도록 하자는 약속이었다.

집단적으로 핵과 관련한 '합의'를 만들기 위한 노력도 추진된다. 1961년 유엔총회는 군축을 위한 18개국 위원회(Eighteen Nation Committee on Disarmament, ENCD)를 설치했다. 핵실험을 통제하는 한편 신뢰를 쌓는 방안을 모색하자는 것이 목표였다. 대표성을 높이기 위해 지역 대표를 선출했다. 자본주의 서쪽 진영에서는 캐나다, 영국, 프랑스, 이탈리아, 미국, 영국 등이, 사회주의 동쪽에서는 불가리아, 체코, 폴란드, 루마니아, 소련이 참가했다. 브라질, 미얀마, 에티오피아, 인디아, 멕시코, 나이지리아, 스웨덴, 아랍에미리트도 포함되었다.

1968년 NPT는 그 결과물이다. 세 가지 원칙으로 구성되어 있으며, 미국이 애초 원했던 내용이 모두 반영되어 있다. 첫째는 핵무기의 확산을 막자는 약속이다. 핵을 가진 쪽과 그러지 못한 쪽 모두 해당한다. 한쪽은 핵무기를 비롯해 관련 기술이나 설비를 제삼자에게 넘기지 않겠다고 약속한다. 다른 쪽은 평화적 용도로 사용하는 대신 앞으로 핵을 개발하지 않는다.

둘째는 핵무기 감축과 관련한 내용이다. 추가적인 핵무기 생산과 성능 개량을 하지 않겠다는 것과 점진적으로 핵무기를 줄이겠다는 것, 또 궁극적으로 핵을 폐지하겠다는 의지였다. 셋째는 누구나 평화적인 목적으로는 핵을 사용할 수 있는 권리가 있음을 확인했다. 당시 신국제정보질서운동 등에서 요구했던 '과학기술' 공유 요구에 대한 응답이었다. 단 조건이 있는 게 문제였다. 조약에 가입해야 한다는 것, 한 번 가입하면 쉽게 탈퇴할 수 없다는 것, 무엇보다 IAEA의 정기적 또는 특별 사찰을 받아야 한다는 게 불편했다. 핵을 가진 국가들은 자발적 약속이고, 그러지 못한 국가는 '의무'라는 것도 걸렸다. 2018년 현재 190개국이 이 조건을 받아들였다. 인도, 이스라엘, 북한, 파키스탄과 신생 국가인 남수단 정도만 예외다.

보완장치도 계속 만들었다. 미국이 주도했지만 '혼자' 한다는 인식을 주지 않도록 항상 G7이나 UN과 함께 움직인다. 1987년에는

'미사일기술통제체제(Missile Technology Control Regime)'가 채택된다. G7을 비롯해 35개국이 동참했다. 탄두 중량이 500킬로그램을 넘고, 300킬로미터 이상 비행할 수 있는 미사일의 확산을 막는 것이 목표다. 나중에는 무인비행물체에 대한 통제도 포함된다. 미국은 한 발 더 나아가 '확산방지구상(Proliferation Security Initiative, PSI)'도 추진했다. 주도자는 조지 부시 2세와 네오콘이다. 미국의 영향력이 작용할 수 있는, 그러면서 외부에서 봤을 때는 편파적으로 보이지 않을 폴란드에서 개최했다. 핵물질 등으로 의심되는 물건을 싣고 가는 배에 대해 공해상에서 임의로 검사하겠다는 발상이었다. 인공위성, 항공모함, 무인정찰기 등을 감안할 때 미국의 능력을 의심하는 사람은 없다. 그러나 '공해와 하늘'의 자유로운 이동과 안전의 보장이라는 UN 원칙과는 충돌한다.

국제민간항공기구(International Civil Aviation Organization, ICAO)와 국제해사기구(International Martime Organization, IMO)는 이를 목적으로 설립된 기구다. 당장 북한이나 이란은 물론 중국과 인도도 불편했다. '의심스럽다.'는 것을 누가 검증할 것이며, 이 경우 '주권국가의 권리는 어떻게 되는가.'라는 문제제기는 설득력 있다. 공해에 인접한 국가 입장에서는 미국의 일상적인 감시를 받아야 하는 상황이다. 인도네시아가 이런 상황이다. 그럼에도 서유럽 대부분의 국가와 한국, 싱가포르, 아르헨티나 등 총 105개국이 서명했다. 그간 '판'을 어떻게 짜고, 필요한 경우 새로운 규칙을 추가해 왔는지 잘 보여 준다.

'리더십'은 운용 과정에서도 확인된다. IAEA는 방대한 조직으로 직원만 2300명이다. 연간 예산은 4000만 달러가 넘는다. 모두 여섯 개의 부처가 있다. 동경과 토론토에 지사가 있고, 뉴욕과 제네바에는 연락사무소가 운용된다. 연구소도 빈 인근과 모나코 두 곳에 설치했다. 주요 의사결정은 이사회에서 이루어진다. 총 서른다섯 명의 이사가 있는데 국가별로 '불평등'이 있다. 그중 13개국은 항상 정해져 있다. 원자력 기술 분야를 선도하는 제I그룹이다. P5(UN 상임이사국)를 포함해 호주, 브라질, 캐나다, 인도, 일본, 남아프리카공화국, 벨기에, 독일이 여기에 포함된다. 나머지 22개국은 총회에서 선출되는데 임기는 2년이다. 지역별로 인원이 할당되어 있다. 남미에서 다섯 명, 서유럽에서 네 명, 동유럽에서 세 명, 중동과 남아시아에서 두 명, 남동아시아와 태평양에서 한 명, 극동 지역에서 한 명으로 채워진다. 미국이 영향력을 행사하는 통로는 '사무총장' 선임, '예산'과 '지식'이다.

2010년 11월 30일 자《가디언》에 인사와 관련한 미국의 영향력 사례가 나온다. 줄리언 어산지가 운영하는 '위키리크스'가 폭로한 내용이다. 전임 사무총장 무함마드 엘라바데이는 2003년 이라크전쟁 등에서 미국에 비협조적이었다. 대량살상무기가 있다는 주장을 받아들이지 않았다. 미국은 후임을 결정하는 과정에 개입했다. 제3세계 입장을 대변하는 남아프리카 출신의 압둘 민티와 일본인 유키아 아마노가 경쟁하는 상황이었다. 미국은 당선을 도와주는 조건으로 이란 문제에서 미국의 편을 들어줄 것과 일부 핵심 부처 책임자의 교체를 포함시켰다. 유키아 아마노가 취임한 후 이 요구는 관철된다. IAEA 내부는 물론 전임 총장이던 한스 블릭스조차 "미국에 지나치게 기울어져 있어서 국제기관으로서의 신뢰를 잃고 있다."고 공개적으로 비판할 정도였다.

국가별 분담률 중 미국은 25.41퍼센트로 가장 높다. 일본(9.4퍼센트), 중국(7.098퍼센트), 독일(6.249퍼센트), 프랑스와 영국이 그다음으로 많이 부담한다. 비핵화, 반테러, 지뢰 제거 및 북한과 이란 특별사찰 등은 자발적 분담금으로 처리한다. 미국을 바라볼 수밖에 없는 구조다. 총회에서 예산안이 통과될 때도 눈치를 봐야 한다. 만약 불편한 분야와 관련한 예산이 배정되어 있을 경우 분담금 자체를 줄일 수 있다.

전문지식을 가장 많이 축적하고 있으면서 일상적으로 협력하는 기관 또한 대부분 미국이다. IAEA와 협력하고 있는 미국 정부기관으로는 핵위협 선도과제를 담당하는 에너지부(Department of Energy), 방사선 관련 위원회가 있는 농무부(Department of Agriculture), 국제원자력법률기구를 관할하는 핵규제위원회(Nuclear Regulatory Commission)와 원자력연구소를 담당하는 상무부(Department of Commerce) 등이 있다.

누가 핵실험을 하는지, 핵물질이 어떻게 분포되어 있는지, 핵 관련 전문인력이 누군인지에 대한 방대한 정보는 모두 미국이 장악하고 있다. 정확하게 이 목적을 위해 미국은 이미 1946년에 '원자력에너지위원회'를 만들었다. 성형수술을 해서 얼굴은 못 알아보지만 본체는 하나도 달라지지 않았다. 늘 도움을 주고받아야 하는 관계에서 협력 기관들이 싫어하는 일을 밀어붙일 수 있는 것도 힘에 부친다. 한두 번은 가능하겠지만 그 이상은 곤란하다.

경제질서

독일어로 '시대정신'이라는 뜻의 '자이트가이스트(Zeitgeist)'라는 단어가 있다. 특정한 시대를 관통하는 본질로, 누구나 인정하는 지배적인 가치, 신념과 사회적 실천을 뜻한다. 1987년 대학에 입학했을 때에는 '해방', '자유' 등이 두드러졌다. 깜깜한 어둠이 물러나고 드디어 '새벽'이 밝아 온다는 얘기도 많았다. 한 예로, 김영삼 대통령이 말했다

박노해, 『노동의 새벽』

는 "닭의 목을 비틀어도 새벽은 온다."가 잘 알려져 있다. 뉴라이트운동의 대부로 알려진 김진홍 목사의 저서 『새벽을 깨우리로다』도 많이 읽혔다.

대학생이 즐겨 외우던 김지하의 시 「타는 목마름」 또한 "신새벽 뒷골목에 네 이름을 쓴다"로 시작한다. 본명은 박기평으로, 고등학교를 마친 다음 서울로 올라와 노동자로 살아가는 스물일곱 살 청년. 노동자의 해방을 꿈꾼다는 의미에서 '박노해'란 필명을 쓴 시인. 그가 쓴 『노동의 새벽』은 그런 시대의 유산이었다.

> 전쟁같은 밤일을 마치고 난
> 새벽 쓰린 가슴 위로
> 차가운 소주를 붓는다
> 아

이러다간 오래 못 가지
이러다간 오래 못 가지
(……)
이 전쟁 같은 노동일을
오래 못 가도
끝내 못 가도
어쩔 수 없지.

부(富)의 생산과 분배에 대한 질서는 그의 탄식을 통해 유추해 볼 수 있다.

법적으로 소주를 마실 수 있는 나이는 만 열여덟 살이다. 잔업을 마치고 나와 포장마차에서 술 한잔한다는 시어로 나이를 대강 짐작할 수 있다. 누구나 노동할 수 있을 것 같지만 자격은 법으로 정해 놓았다. 1900년대 초반만 하더라도 열 살도 안 된 아이들도 일을 했다. 자본가 입장에서는 성인보다 적은 월급으로 필요한 일을 시킬 수 있었다. 정치적 투쟁을 한 결과 아동노동이 금지되었다.

외환위기 이전만 하더라도 한국에서 정년퇴직은 예순다섯 살이었다. 정부는 위기를 극복하는 동안 일시적으로만 정년을 줄인다고 설득했다. 결과는 우리가 아는 것처럼 오십 대 중반이면 직장을 떠나야 한다. 미국을 따라간 것 같지만 그렇지도 않다. 미국의 괜찮은 직장은 아예 정년이 없다. 여든이 넘은 대학 교수도 강단에 선다. 프랑스에서는 정년을 연장해 달라는 시위도 했다. 각자 사정이 다르므로, 사회적 합의에 따라 결정할 문제다.

밤일을 했다는 것은 '노동시간'에 대해 추측할 수 있는 근거다. 1990년대 중반에 직장을 다녔는데 그때는 토요일에도 일했다. 요즘은 주말이면 쉰다. 법정 근로시간도 예순여덟 시간에서 쉰두 시간으로 줄어들었다. 자본주의 초기에는 하루 열다섯 시간 이상씩 일하는 경우도 많았다. 동일한 임금을 주면서 굳이 노동시간을 단축해 줄 착한 자본가는 없다. 또한 밤일에는 넉넉하지 못한 살림이 녹아 있다. 부자가 밤에 일하지는 않는다. 월급, 주급이나 시급이 높지 않다는 말이다. 필요한 질문은 '노동의 가치를 어떻게 결정하느냐.'다. 정부에서 정한 시급은 6000원 정도다. 노동계는 더 올리자고 하지만 사용자는 반대한다. 최저임금제를 둘러싼 논란을 보면 역시 '시장'이 결정하는 것과는 거리가 먼 것을 알 수 있다. 정치도 필요하고, 지식도 필요하고, 무엇보다 '원칙'과 '공감대'가 필요하다.

외국에 나가 보면 한국처럼 살기 좋은 데도 없다고 생각될 때가 있다. 한국에서는 밤새 영업하는 식당과 술집과 유흥업소가 있는데 외국에서는 보기 드문 장면이다. 즐기는 입장에서는 좋지만 누군가 그 시간에 남아서 일을 해야 한다. 밤일을 한다고 돈을 특별히 더 주지는 않는다. 결국 그런 자리는 사회적 약자가 채운다. '전쟁' 같다는 표현을 보면 작업 환경을 짐작할 수 있다.

작고한 조영래 변호사가 쓴 『전태일 평전』에 보면 관련 내용이 나온다. 분신자살을 하면서 전태일이 외친 말은 "근로기준법을 준수하라."와 "우리는 기계가 아니다."였다. 청계천에 밀집해 있던 미싱 공장의 실태에 대한 얘기가 나온다. 재봉을 하기에 충분하지 않은 조명과 제대로 환기도 안 되는 좁은 작업장, 장시간 먼지를 마신 결과 얻게 되는 폐결핵과 같은 직업병······.

1980년대에 비하면 지금은 노동 환경이 많이 좋아졌다. 공장을 운영하는 분들이 갑자기 착해진 덕분은 아니다. 노동을 대하는 태도가 바뀌었고, 인식이 달라졌다. 법으로 강제하는 부분도 많다. 공장을 지을 때 일정 부분 휴식 시설을 두게 한다든지, 직업병이 발생하면 그 부담을 고용주가 감당하도록 하는 조치가 취해졌다. 질서는 하늘로부터 주어진 것이 아니라 인간이 만들어 왔음을 알 수 있는 부분이다.

고용주 입장에서도 살펴볼 부분이 많다. 자본가가 악독해서가 아니라 주어진 '질서'와 관련이 있다. 공장을 돌리기 위해서는 우선 자본이 필요하다. 보유하고 있는 현금으로만 사업을 시작하는 사람은 영세업자다. 금융권에서 대출을 받거나 주식이나 회사채를 발행한다. 금리를 결정하는 변수는 많다. 정부가 수출을 장려하던 시기였다면 품목에 따라 '정책금융'을 받을 수 있다. 평균 5퍼센트의 이자를 내야 한다면 이 경우에는 3퍼센트 정도만 내도 된다. 외부에서 봤을 때 규모 있고 실적도 많으면 금융시장에서 훨씬 좋은 대접을 받는다. 신용이 문제가 된다. 신규로 주식을 발행해도 되고, 기존에 보유하고 있는 다른 회사 이름으로 유상증자를 해도 된다.

공장을 세우고 운영하는 비용도 만만치 않다. 목이 좋은 곳은 땅값이 비싸다. 땅 투기 광풍이라도 지나가면 아예 엄두를 못 낸다. 종업원이 출퇴근하기 좋고 주변이 깨끗하면 더 비싸다. 작업하기 편한 교통 요충지가 좋지만 수익에 영향을 미친다. 한국에서 땅값은 늘 오르기만 했다. 극소수만 땅 부자이고, 이들은 부동산 가격만으로 더 큰 부자가 된다. 본인이 소유하는 건물이 아니면 임대료를 낸다. 보증금도 있어야 하고 매월 얼마씩 내는 방식이 많다. 계약 기간에 따라 상당한 부담이 될 수도 있고 형편이 좋을 수도 있다. 미국에서도 한국에서도 월세를 살아 봤는데 차이가 많다. 미국에서는 매년 인상할 수 있는 한도가 정해져 있어서 물가상승률 정도만 반영한다. 10년을 살아도 큰 차이가 없다.

한국은 전혀 다르다. 아파트의 경우 2년마다 계약을 다시 하고 그때마다 심하게는 50퍼센트가 올라간 적도 있다. 임대료를 감당할 수 없으면 자꾸 밀려난다. 공장처럼 옮기기 어려울 경우에는 상황이 더 고약하다. 건물 소유주의 자율에 맡겨서 해결될 일이 아니다. 자본주의 모델이라 하는 미국에서도 이 문제는 주민회의를 통해 결정한다. 원료를 사고 완제품을 파는 경우에도 개입하는 손이 많다. 만약 원료 시장이 독점 상태라면 하는 수 없이 비싸게 주고 사야 한다. 완제품을 구입해 줄 곳도 독점 또는 과점 상태라면 제값을 받기 어렵다. 공정거래위원회나 독과점 규제법 등이 필요한 영역이다.

그런데 여기서 끝이 아니다. 국내 시장을 겨냥한 업종이라면 정도가 덜하지만 본질은 크게 안 달라진다. 공장을 가동하기 위해서는 석유가 필요하다. 유가는 변한다. 1970년대 석유파동이 났을 때 전 세계 공장이 거의 파산 지경으로 내몰렸다. 자원민족주의와 미국의 달러 정책에 따른 후유증이었다. 시장이 아닌 정치가 문제였다.

원료비에 가장 큰 영향을 미치는 것으로는 '환율'이 있다. 원재료부터 수출품까지 모두 영향을 미친다. 고환율과 저환율 중 어느 것도 최선은 아니며, '안정적' 환율이 최고다. 지속적으로 성장하고 있는 국가는 모두 '환율'이 안정되어 있다. 유럽이나 중국을 보면 안다. 유로화는 안정을 위해 국가끼리 연합한 경우다. 중국은 고정환율제를 채택했다가 최근에는 통화바스켓으로 변경했다. 통화바스켓은 무역 규모가 큰 복수의 국가 통화를 모아 교환가치를 정하는 방식이다. 1980년대 중반까지 한국도 고정환율에 가까웠다. 미국의 압력으로 '통화바스켓'으로 변경했고, 외환위기 이후에는 '자율변동제'를 택했다.

국가별로 자국에 유리한 제도를 택한다는 것, 정답이 있는 게 아니라 선택이 있다는 것 정도만 기억하면 된다. 만약 수출 업종에 속하는 공장이라면 무역정책도 변수다. 국가 간에 무엇을 '사고팔' 것인가는 정치의 영역이다. 가능하면 뭐든 거래하면 좋다. 그러나 자본은 자유롭게 이동해도 노동자 간 거래는 막는다. 문화상품, 금융, 통신업 등은 1995년 WTO 체제 이전만 하더라도 자유무역 대상이 아니었다. 미국 정부의 회유와 압박이 있었다.

영화는 어떨까? 싼값에 할리우드 영화를 마음껏 보는 것은 좋아 보이지만 부작용이 있다. 영화를 통해 우리는 보고 배운다. 옷 입는 것, 먹는 음식, 말투, 사고방식도 따라간다. 멋진 주인공을 보면 흉내 내고 싶고, 악당이 나오면 같이 미워한다. 한국 사람들이 무의식으로 적대감을 갖고 있는 인디언은 서부영화와 무관하지 않다. 중동이나 러시아에 대한 편견도 영화를 통해 학습되었을 가능성이 높다. 게다가 영화를 수입하기만 하면 국내 영화는 망한다. 자동차나 옷이나 비슷하다. 막대한 자금을 들여 화려하고 재미있게 만든 '디즈니 만화'와 국산 만화 「마루치 아라치」는 애초 경쟁 상대가 아니다. 국산 영화가 없으면 한국인 감독과 배우가 설 자리도 없다. 영화와 관련한 일자리도 없다.

쌀 시장 개방 역시 비슷한 맥락이다. 농부들은 땅을 떠나 살 수가 없다. 다른 걸로 대체할 수 있는 게 없는 상황에서 수입을 하면 망한다. 미국 대평원에서 생산되는 쌀은 맛도 좋고, 무엇보다 생산비가 싸다. 경쟁을 할 수 없다. 정부가 억지로 보조금을 주고 구매해 줘야 겨우 농사를 지을 수 있다. 교역 대상만 정치에 의해 좌우되는 것이 아니다. 외국산 물품에 세금을 얼마나 매길지는 정부의 몫이다. 관세를 많이 못 올릴 경우 동원되는 각종 '비관세' 장벽도 있다. 한 예로 자동차 배기량이 있다. 현대자동차의 아반떼와 소나타의 배기량은 각각 1600cc와 2000cc 미만으로 나온다. 중형 또는 대형으로 분류되면 세금이 훌쩍 뛰기 때문이다. 지금은 한미 FTA 체결로 배기량을 기준으로 한 세금은 단순화되었는데, 외국차 수입을 막기 위해서였다. 미국 자동차는 대부분 배기량이 크다. 중대형으로 분류될 수밖에 없기 때문에 고가 사치품으로 취급될 수도 있다.

국제정치라는 풍랑도 피할 수 없다. 2018년 5월 9일 트럼프 대통령은 미국과 이란이 체결한 '핵합의'에서 탈퇴한다고 발표했다. 미국 재무부는 후속 조치로 이란에 대한 경제제재가 다시 시행된다고 밝혔다. 다른 국가의 기업이나 개인이 이란과 거래할 경우 '제재'를 받을 수 있다는 경고도 잊지 않았다. 만약 이란의 석유를 사거나 이란에 자동차를 팔면 미국과 일체의 거래를 못하도록 하겠다는 말이다.

한국은 대략 난감한 상황이다. 미국은 한국의 가장 큰 무역 상대국 중 하나다. 달러로 거래하기 위해서는 부득이 미국의 금융기관을 거쳐야 한다. 미국에 찍히면 다른 국가와 기업도 한국과의 모든 거래를 끊을 수밖에 없다. 정부는 더 좋은 조건을 제시한 이란이 아닌 사우디아라비아에서 석유를 사와야 한다. 현대자동차도 곤란에 처한 것으로 알려진다. 괜찮은 조건으로 판매 계약을 해 두었는데 더 이상 거래를 못하니 말이다.

한국의 입장을 아는 이란 정부는 중국으로 눈을 돌렸다. 중국 자동차 기업은 브랜드 인지도를 높이는 한편 시장점유율도 높이는 일거양득의 게임이다. 같은 '전쟁 같은 노동일'이지만 전 세계 노동자가 한 편이 될 수 없는 것은 이런 까닭에서다. 노동자이면서 한 표를 행사하는 국민이기 때문에 '정부'를 움직여서 어떻게든 유리한 무역 정책을 요구한다. 최근 트럼프 대통령이 유럽, 캐나다, 한국, 일본을 가리지 않고 일종의 무역전쟁을 선포하는 것은, 자신이 신경 써야 할 '노동자'가 누구인지를 알고 있기 때문이다. 국제사회를 구성하는 복합적인 구조 중에서 경제는 그중 하나다. 경제질서 중에서 노동과 자본의 갈등 또한 많은 게임 중 하나다.

태어나면서 인간은 이미 만들어진 구조 속에 편입된다. 출생신고를 하고 주민번호를 받는다. 정해진 나이가 되면 본인이 원하지 않아도 학교에 가야 하는 게 의무다. 아무 학교나 갈 수 있는 것도 아니고 거주지에 따라서 결정된다. 학교에서는 자신이 전혀 알지도 못하고 직접 정하지도 않은 각종 '규칙과 규범'을 따른다. 연극이 시작된 이후 잠깐 무대에 등장했다가 1막이 채 끝나기도 전에 퇴장한다. 국가도 다르지 않다. 국제 경제질서가 논의되던 1940년대 초반에 대한민국은 존재하지 않았다. 1955년에야 정식으로 회원국으로 가입했고, 한국

사무소는 1964년에 문을 열었다. 못 살던 시기에는 이곳에서 돈을 빌려서 썼고 1989년에야 자국의 목소리를 낼 수 있는 출자국이 되었다.

2차 세계대전은 대공황과 관련이 깊다. 먹고살기가 어려워지면서 각국은 무역장벽을 높이고 자국 통화의 가치를 경쟁적으로 낮추었다. 자연스럽게 무역은 줄었고, 경제는 어려워졌다. 독일은 이런 상황에서 막대한 전쟁 배상금까지 물어야 했다. 히틀러를 정점으로 한 강력한 국가사회주의는 전쟁에서 해답을 찾았다.

미국과 영국은 이런 상황이 반복되지 않도록 고민했다. 양국이 만난 장소는 미국 뉴햄프셔에 있는 브레튼우즈였는데, 스키장을 비롯해 등산로 등이 잘 갖추어진 휴양지다. 세계 경제를 정상화하는 '틀(framework)'을 만드는 것과 유럽을 재건할 방안을 찾는 것이 목적이었다. 국제통화기금(IMF)과 국제개발부흥은행(IBRD, 지금은 WB)은 이 회의에서 탄생한 기구다. 둘 중 더 중요한 것은 IMF다. 총재는 유럽에서 나오지만 부총재는 미국이 맡는다. 정책을 연구하고 홍보하는 것과 같은 중요한 부서의 책임자는 모두 미국이 결정한다. 재무부 산하기관 정도로 볼 수 있는데, 본부 건물도 재무부와 인접해 있다.

대단한 일로 보이지만 간단하게 생각하면, 정부를 처음 만들고 나서 진행되는 일과 크게 다르지 않다. 헌법을 만들고 나면 정부를 조직한다. 행정부, 사법부, 입법부를 만든다. 대통령의 역할이 무엇인지, 어떻게 선출할지, 국회의원과 법원에 대한 내용도 다룬다. 꼭 필요한 것은 '돈'에 관한 얘기다. 생명체가 살아 숨 쉬기 위해 피가 흘러야 하는 것처럼 경제는 '현금'과 '신용'이 있어야 굴러간다. 누가 화폐를 발행할 것인가 하는 문제가 남는다. 미국은 민간이 설립한 '연방준비위원회'에서, 한국은 중앙은행 역할을 하는 '한국은행'이 담당한다.

인간이 처음 모여 살기 시작했을 때는 굳이 화폐가 필요하지 않았다. 물물교환을 하면 되지만 불편한 게 많았다. 보관도 어렵고, 가지고 다니기도 불편했다. 또 오래 가지고 있으면 부패하거나 가치가 떨어진다. 자연스럽게 돌, 짐승의 이빨, 조개, 소금 등 나름 단단하고 너무 흔하지 않는 물건이 화폐로 쓰였다. 그러다가 청동과 철이 발명되면서 동전이 나온다. 진시황제가 여기서도 등장한다.

역사책에 보면 진시황은 중국 최초로 '도량형'을 통일했다고 나온다. 여기서 도(度)는 길이, 양(量)은 부피, 형(衡)은 저울을 뜻한다. 지금은 너무 자연스럽지만 이것이 통일되기 전까지는 상당히 혼돈스러웠다. 가령 미국에서는 지금도 길이를 잴 때는 인치(inch)와 피트(feet), 무게는 파운드(lb)와 온스(ounce)를, 주유소에서는 갤런(gallon), 도로와 자동차 계기판에는 마일(mile)을 쓴다. 전 세계가 모두 똑같은 척도를 갖고 있는 것 같지만 그렇지 않다. 편리하지만 이렇게 되는 과정이 순탄치는 않았다. 권력이 작용하고, 국가 또는 제국이 들어서야 가능하다. 법으로 정하는 것이고, 기준을 따르지 않으면 구성원으로 인정하지 않았다.

화폐의 역사도 비슷했다. 권력을 가진 입장에서 화폐는 마법이다. 찍어 내기만 하면 하고 싶은 것은 뭐든 할 수 있다. 그러나 너무 쉽게 위조하거나 구할 수 있는 것이면 곤란하다. 너무 가치가 없어도 문제다. 희소성이 있고 가치를 인정받는 금이나 은이 직접 화폐가 되거나 혹은 이런 귀금속이 적당하게 포함된 화폐가 발전한다. 관리는 더 어렵다. 많이 만들면 값어치가 떨어지고, 너무 적으면 경제활동이 제약된다. '현금'이 아닌 '신용'이 발달하는 것은 이런 까닭에서다. 돈을 찍어 내는 것도 권력이지만 이런 신용을 만들어 내는 것도 엄청난 힘이다. 법의 지배가 공평하게 작동하는 국내에서는 화폐 운용이 상대적으로 쉽다. 정부는 중앙은행을 통해 화폐의 총량을 관리한다. 조폐공사를 만들어서 정교하면서 쉽게 모방할 수 없는 화폐를 만든다. 사법기관을 통해 위조지폐를 만드는 사람은 엄격하게 처벌한다.

이를 국제사회로 확대하면 복잡해진다. 대공황 시기에 드러난 것처럼 교환가치를 낮추면 더 많이 수출하고 국내 수입을 줄일 수 있다. 환율로 장난치지 못하도록 할 필요가 생긴다. 경제 규모에 따라 좁은 범위에서만 조정할 수 있도록 '고정(固定)'을 하면 된다. 무역을 통해 흑자를 많이 내는 국가는 자국의 통화가치를 좀 높여야 하고, 적자가 많으면 낮추면 된다. 맞는 말이지만 현실에서는 적용하기 어렵다.

먼저 기술적인 문제가 있다. 올해 흑자이지만 그 원인이 반드시 환율 때문인지 확인하기 어렵다. 특정한 물건이 잘 팔려서 흑자가 났을 경우 선뜻 환율을 조정하면 적자 규모가 커진다. 독립적이고 전문성을 가진 관리자가 이 역할을 하면 된다. 적자가 너무 많으면 수입을 줄이라고 권고하고, 반대의 경우에는 수출을 적게 하라고 하면 된다. 국내에서 한국은행이 하는 역할이라 보면 된다.

한국은행법에 보면 관련 내용이 잘 나와 있다. 3조에는 "통화신용정책은 중립적으로 수립되고 자율적으로 집행되도록 해야 하며, 한국은행의 자주성은 존중되어야 한다."가 명시되어 있다. 5조에는 "공공성과 투명성을 확보하도록 노력한다."는 내용이 포함되어 있다.

필요한 자료를 확보하는 것도 중요하다. 그래서 86조에는 "통화·은행업무·재정·물가·임금·생산·국제수지 또는 그 밖의 경제 일반에 관한 통계자료의 수집·작성과 경제에 관한 조사를 할 수 있으며, 이를 위하여 필요한 자료와 정보를 정부기관이나 지방자치단체, 법인 또는 개인에게 요구할 수 있다."는 권한을 부여한다. 단일 정부가 없는 무정부 상태의 국제사회라는 게 문제가 된다. 강제할 수는 있지만 본질적으로 '억지'로 할 수 없는 영역이 많다. 모두에게 이익이 된다고 믿게 해야 하고, 정서가 아닌 이성에 호소해 설득할 수 있는 지적 리더십이 필요하다. 공정한 상벌제도(incentive system)를 구축하는 것 역시 기본이다.

지적 리더십(Intellectural Leadership)

국가 간 환율 조정을 위해 영국이 제안한 모델은 당시 경제학자로 명망이 높았던 존 메이너드 케인스가 주도했다. 미국 모델은 재무부 장관이던 해리 화이트의 이름을 땄다. 두 모델은 뚜렷한 차이점이 있다.[27] 먼저 '국제통화'를 두고 충돌했다. 영국은 방대한 제국을 거느렸고 '파운드화'는 당시 국제적인 통화였다. 그러나 전쟁과 해외 주둔 비용 등이 증가하면서 파산에 직면했고, 결국 미국 달러의 도움으로 그 지위에서 벗어난 경험이 있다. 특정 국가의 통화를 '기축통화'로 정하면 동일한 문제가 발생할 수밖에 없다. 케인스는 그래서 일종의 신용화폐인 '방코(Bancor)'와 세계 '중앙은행'을 만들자고 제안했다. IMF가 1969년에 만든 특별인출권(Special Drawing Rights, SDR)과 비슷한 것으로 생각하면 된다. 미국의 입장은 달랐다. 달러를 국제통화로 쓰면 된다. 모든 권력은 총구가 아닌 돈에서 나온다는 것을 경험한 입장에서는 당연한 고집이었다. 로버트 트리핀 교수가 지적한 '역설적 상황(Triffin's Dillemma)'은 무시했다.

정리하면 다음과 같다. 국제사회가 달러로 물건을 사고팔아야 한다면 결국 달러는 미국에서 나와야 한다. 미국은 무역적자를 내거나, 아니면 달러를 나누어 주거나 빌려줘야 한다. 그 어떤 경우에도 미국의 경제력은 점차 약해진다. 또한 달러의 총량이 늘어나면서 화폐가치도 떨어진다. 과연 이 상태가 얼마나 지속될까? 불과 20년도 지나지 않아 그의 예언은 사실로 드러났다. 1960년대 후반 유럽을 중심으로 달러 대신 금을 달라는 요구가 넘쳐 났고, 결국 이 체제는 무너지게 된다.

또 다른 충돌 지점은 '관리' 문제였다. 출범 당시 IMF가 내세운 목적은 크게 세 가지였다. 첫째, 국가 간 합의된 고정환율 제도가 제대로 작동하도록 관리하고 감독하는 역할을 한다. 둘째, 연구와 조사, 정책지원 등을 통해 경제발전을 이룰 수 있도록 돕는다. 셋째, 수출과 수입의 차이로 인해 지불 능력에 문제가 있을 때 '급전'을 융자해 준다. 대출이기 때문에 공짜는 아니고 IMF의 권고를 받아들인다는 조건이 붙는다. 조직을 운영하는 자금은 큰 문제가 없지만 융자를 하려면 꽤 큰 돈이 들었다.

미국은 회원국이 일정 부분 출자하는 방식을 원했다. 할당량(quota)을 정해 형편이 되는 국가를 중심으로 기금을 마련해 운용하자는 얘기다. 케인스는 반대했다. 그렇게 되면 미국의 영향력이 너무

브레튼우즈 회의 당시 미국 대표 해리 덱스터 화이트와
영국 대표 존 메이너드 케인스(1946년)

커지는 문제가 생긴다. 전쟁 이후 다른 나라는 돈이 없고 미국은 부자다. 있는 사람이 많이 내면 나중에 돈이 생겨도 참가할 방법이 없다. 그래서 각자 똑같은 비중으로 내서 '국제적'인 기구로 만들자고 주장했다. 칼자루를 쥔 쪽은 미국이었다. 국가 경제의 규모에 따라 할당량이 정해졌고, 그만큼 투표권을 가져가는 방식이었다. 부유한 국가(특히 미국)의 입김이 셀 수밖에 없는 구조였다. 미국이 내는 돈은 의회의 승인을 받지 않아도 되는 재무부 금고에서 나온다.

국제수지의 불균형이 생겼을 때 이를 해결하는 방안에 대해서도 충돌했다. 무역을 하면 불가피하게 흑자를 내는 쪽과 적자국이 발생한다. 케인스는 양쪽 모두 책임을 나누어 가져야 한다고 주장했다. 만약 적자국에만 부담을 지우면 해당 국가는 긴축재정을 하는 한편 더 많은 수출을 해야 한다. 결과적으로 국민 생활은 더욱 어려워진다.

화이트는 달랐다. 미국은 세계시장을 더 많이 개방하기를 원했는데, 그래야 남아도는 물건을 처리할 수 있기 때문이었다. 게다가 미국이 보기에 적자국은 자기 관리를 제대로 하지 못하는 신용불량자와 다를 바 없었다. 씀씀이를 줄이고 팔 수 있는 것을 처분하는 '훈육'이 불가피했다. 당분간 미국이 적자국이 될 우려가 없다는 점도 한몫을 했다. 그러나 미국은 1975년에 무역흑자를 기록한 이후 지금까지 계속 적자를 보고 있다. 1980년대 접어들면서 국내 재정에서도 적자를 기록하기 시작했다. 다른 말로 '쌍둥이 적자'라고 하는데 이 경우 환율은 추락할 수밖에 없다. 미국도 이 법칙에서 벗어날 수 없었다.

1979년 10월 6일 미국 연방준비제도 의장이던 폴 볼커는 기준금리를 4퍼센트에서 15.5퍼센트로 올린다고 발표했고, 다음해에는 20퍼센트까지 놓였다. 앞서 얘기한 남미의 외채위기가 시작된 배경이다. 그러나 다른 국가와 달리 미국은 허리띠를 졸라매는 정책을 거부해 왔고, 이를 강제할 수 있는 국가나 국제기구는 없었다.

고정환율에 대한 감시 역할이 끝나면서 IMF는 새로운 일을 맡았다. 시장이 환율을 결정하면서 신흥국을 중심으로 주기적인 외환위기가 발생했다. 1982년에는 멕시코에서, 1987년에는 브라질이 혼돈에 빠졌다. 한국은 1997년에, 러시아와 터키 등이 잇따랐다. 불이 나면 달려가는 소방관 역할에 머물던 IMF는 아시아 위기를 계기로 '경제보안관'이 되었고, 개별 국가의 경제정책과 외환 상황 등에 보다 직접적으로 관여하기 시작했다. 현재 회원국은 189개국으로, 근무하는 직원은 2700명에 달한다. UN과 달리 공식어로는 영어만 쓴다.

브레튼우즈 회의에서 탄생한 또 다른 기관으로 세계은행이 있다. 명칭은 원래 유럽의 재건을 지원한다는 목적에 따라 '국제부흥개발은행(International Bank for Reconstruction and Development)'이다. 민간에서 융자를 얻을 수 없는 국가를 대상으로 필요 자금을 공급하는 것을 목표로 했다. 최초 수혜국은 프랑스로 2500만 달러 규모였다. 1947년에 서유럽을 대상으로 하는 대규모 경제부흥계획인 '마셜플랜'이 시작되면서 중복을 피하기 위해 유럽에 속하지 않은 국가들로 확대된다.

1960년에는 극빈국을 대상으로 상환 조건이나 이자 등이 훨씬 관대한 '국제개발협회(International Development Association)'를 부설기관으로 보유한다. 현재는 세계은행그룹(WBG)으로 성장했고, IBRD, IDA 외에 국제금융회사(International Finance Corporation, IFC), 다자투자보증기구(Multilateral Investment Guarantee Agency, MIGA), 국제투자분쟁해결협약(International Center for Settlement of Investment Disputes, ICSID) 등을 총괄한다. 본부는 IMF 빌딩 바로 옆에 있다. 지난 70년 이상 미국인이 총재를 맡는다는 원칙은 바뀌지 않았다. 2018년 현재 총재는 한국계 김용이다. 1968년 이전까지는 항구, 철도 등의 인프라를 구축하는 데 필요한 자금을 융자했다. 빌려주는 조건도 까다로웠고, 파산하지 않을 곳에만 대출했다. 1970년 이후부터 농업, 교육, 에너지, 건강, 공중보건과 통신 등으로 확대되었다.

왼쪽부터 앨런 그린스펀, 폴 볼커, 벤 버냉키

로버트 맥나마라는 린든 존슨 행정부에서 국방부 장관을 역임했고 베트남전쟁을 본격적으로 시작한 인물이다. 장관에서 물러난 직후 그가 맡은 직책은 세계은행 총재로 무려 13년간 재직했다. 그는 부유한 일부 국가에서 재원을 충당하지 않는 다른 방식을 고민했는데, WB 명의로 채권을 발행하는 것이 그의 선택이었다. 신용등급은 당연히 최고등급인 AAA다. 투자자는 많다. 솔직히 한국보다 훨씬 안전하고 수익도 나쁘지 않다. IMF와 달리 다른 국가에서 출자한 비중은 가용 자본의 5퍼센트에도 못 미치므로 국제사회의 간섭을 받을 일이 별로 없다. 미국이 16퍼센트에 달하는 쿼터를 유지하는 것은 거부권 유지 때문이다. 세계은행은 이렇게 모은 자금으로 다양한 활동을 진행하고 있다. 공식 목표는 '극단적인 가난'을 종식시키는 것과

케네디 대통령과 로버트 맥나라마(1962년)

'지속 가능한 방식의 번영을 공유하는 것'으로 정했다. 그러나 세상은 넓고 돈을 필요로 하는 곳은 많다.

정권이 바뀌면 항상 '인사'가 이루어진다. 정부 부처, 검찰, 경찰, 국정원, 군대 등 모든 분야에 걸쳐 진행된다. '인사(人事)가 만사(萬事)'라는 말은 그 중요성을 잘 나타낸다. UN이나 IAEA가 그래도 국제기구로서 제 역할을 어느 정도 할 수 있는 것은 특정 국가에 의해 인사권이 독점되지 않기 때문이다. IMF와 WB에서 이런 일은 생기지 않는다. 정해진 할당량에 따라서만 출자할 수 있고, 투표권도 걸려 있기 때문에 다른 국가가 개입할 여지가 별로 없다.

2017년 11월 기준으로 IMF에서 미국 자본은 17.398퍼센트를 차지한다. 일본이 6.46퍼센트, 중국이 6.39퍼센트, 독일과 프랑스가 각각 5.58퍼센트와 4.22퍼센트다. 한국은 현재 1.799퍼센트로 멕시코, 네덜란드와 비슷하다. 세계은행은 다섯 개 산하기관에 따라 쿼터 비중이 좀 다르다. 대표적인 기관인 IBRD의 경우(2018년 4월 23일 기준) 미국은 15.98퍼센트, 일본은 6.89퍼센트, 중국은 4.45퍼센트, 독일은 4.03퍼센트, 프랑스는 3.78퍼센트, 이탈리아는 2.66퍼센트의 지분을 갖고 있다. 한국은 1.59퍼센트로 네덜란드, 벨기에, 멕시코와 비슷한 수준이다.

회원 가입이나 출자지분 문제 등 주요 의사결정은 85퍼센트 이상의 승인을 필요로 한다. 그래서 15퍼센트 이상의 자본을 가진 미국만 '거부권'을 행사한다. 국내에는 이곳에서 근무하다 오신 분들이 많은데, 대부분 미국의 입김을 별로 못 느낀다고 한다. 당연하다. 거부권은 실제로 행사하지 않을 때가 더 효과적이다. 원하지 않는다는 의사만 밝히면 알아서 조정하기 때문이다. 투표권의 크기가 다르기 때문에 의사결정 구조 또한 전혀 민주적이지 않다.

IMF의 경우 형식적으로는 UN총회와 비슷한 이사회(Board of Governance)가 최고 의사결정 기구다. 184개국 장관이 1년에 한 차례 1박 2일 일정으로 모인다. 제대로 의사결정을 할 수가 없다. 그래서 대부분의 업무는 집행이사회(Executive Board)에서 처리한다. 모두 스물네 명의 이사진으로 구성되며, 미국, 일본, 독일, 영국, 프랑스, 중국 등 8개국에서 한 명의 이사를 2년에 한 번씩 파견한다. 나머지 국가들은 쿼터 비중에 따라 2년에 한 번씩 상임이사와 대리이사를 번갈아 한 명씩 파견한다. 한국은 호주, 뉴질랜드, 몽골 외 태평양 13개국이 포함된 아시아태평양그룹에 속해 있다. 2008년부터 호주와 번갈

스탠리 피셔

아 가면서 4년에 한 번씩 맡고 있다. 집행부 이사장은 총재가 맡는다. 유럽 국가에 할당된 몫이다. 초대 총재는 벨기에 출신의 카밀 거트였고, 지금까지 네덜란드, 스웨덴, 프랑스 출신이 이 자리를 거쳐 갔다. 현재 총재는 재무부장관을 역임한 프랑스의 크리스틴 라가르드다. 그러나 실권은 수석경제학자 겸 부총재가 행사한다. 누가 임명되었는지를 보면 쉽게 짐작할 수 있다.

한국의 외환위기 당시에는 스탠리 피셔가 부총재였다. 시티그룹 부회장을 거쳐서 오바마 정부 때는 연방준비위원회 부의장을 맡았다. 2001년 퇴임 후 앤 크루에거가 후임자로 임명된다. 자매기관으로 알려진 세계은행 수석경제학자를 역임한 보수적인 경제학자다. 전미경제연구소(National Bureau of Economic Research)와 후버연구소(Hoover Institute) 연구위원과 존스홉킨스대학교 교수 출신이다. 2006년에 임명된 존 립스키는 JP모건 부회장 겸 수석경제학자, 체이스맨해튼 수석경제학자 겸 연구소장 등을 역임했으며, 전미경제연구소와 외교협회 등을 두루 거쳤다. 2018년 현재는 데이비드 립턴이다. 1997년에 한국에 와서 협상을 할 때 IMF 아시아태평양담당 국장인 휴버트 나이스가 수시로 찾아가 승인을 받던 재무부차관보였다. 백악관 국가경제위원회(NEC)와 국가안보위원회(NSC) 자문위원이며, 시티은행과 헤지 펀드로 알려진 캐피탈매니지먼트의 임원을 맡기도 했다.

WB에서는 총재와 부총재 겸 수석 경제학자의 비중이 높다. 미국 파워 엘리트 중 상당수는 세계은행 총재를 역임했다. I대 총장은 유진 메이어로 성공한 금융업자였고, 1930년대 연방준비위원회 의장을 맡기도 했다. 《워싱턴포스트》의 소유주다. 존 매클로이가 후임자다. 2차 세계대전 중 국방부차관보였고, 종전 후에는 독일을 통치하는 책임자로 일했다. 체이스맨해튼 회장과 외교협회 의장을 지냈다. 록펠러 재단과 포드 재단 이사장을 역임하는 동안 CIA와 깊숙이 협력한 것으로 알려진다. 그 밖에 특이한 인물로는 폴 울프위츠가 있다. 럼즈펠드 장관과 함께 이라크전쟁을 주도한 인물이다. 네오콘의 이론적 아버지로 불리는 레오 스트라우스가 그의 박사 논문의 지도교수다. 랜드재단에서 '봉쇄(containment)' 전략을 최초로 제안한 것으로 알려진 앨버트 윌스테터가 그의 멘토다.[28]

또 다른 인물로 로버트 졸릭이 있다. 1998년 클린턴 대통령에게 공개적으로 편지를 보내 이라크를 공격해야 한다고 했던 '21세기 미국을 위한 프로젝트(Project for a New American Century)'에 서명했다. 당시 참여한 인물로는 럼즈펠드, 존 볼턴과 폴 울프위츠, 딕 체니 부통령의 비서실장 루이스 리비 등이 있다.

채찍과 당근은 동전의 양면이다. 방대한 해외기지는 결코 협박만으로 얻을 수 없다. 냉전이 무너진 직후 많은 동유럽 국가에 미군기지가 들어왔다. 최근에는 러시아 외곽을 포위한다. 뒷배에 돈줄을 좌우하는 이들 기구가 있기 때문에 가능하다. 물론 WB의 협정에는 수혜국의 정치 현안에 간섭하지 못한다는 점, 정치적 고려에 영향을 받지 않는다는 점, 또 의사결정에 있어서 경제적 요소만 고려한다는 점이 명시되어 있다. 그러나 미국의 의견은 항상 결정적이었다. 한 예로, 스트롬 새커는 1985년부터 1994년 동안 진행된 개발도상국에 대한 지원 현황을 분석했다. 그가 세운 가설은 '정치적 친밀성'과 '정치적 동향' 두 가지였다. '미국과 정치적으로 더 친할수록, 또 미국의 대외정책에 적극 찬성할수록 수혜국이 될 가능성이 높은가.'라는 질문이었다. UN 투표 행위 등을 통해 살펴본 결과는 가설이 모두 맞는 것으로 나왔다.[29]

정치가 중요한 요소라는 것은 다른 연구에서도 확인된다. 가령 알베르토와 돌러는 과거 식민지와의 관련성, 동맹관계, 전략적 이해관계 등이 중요한 변수라고 밝혔다.[30] 셰릴 페이어 또한 미국과 강대국들은 자국의 정치적, 경제적 이해관계를 위해 이들 기관을 조작해왔다고 비판했다. 페이어의 연구에 따르면, 미국은 충실한 동맹국에 대한 보상보다 새로운 동맹국을 끌어들이거나 이탈자를 처벌하는 데 더 큰 관심을 쏟는 것으로 확인되었다.[31]

몇 가지 잘 알려진 사례가 있다. 1948년 유고슬라비아가 소련연방에서 탈퇴했을 때 세계은행은 상당히 좋은 조건의 융자를 제공했다. 남미에서는 니카라과의 소마사 정권이 가장 큰 수혜자였다. 미국은 이를 활용해 1954년의 과테말라 쿠데타와 쿠바에 대한 피그스만 침공(The Bay of Pigs)에 나섰다. 중동에서는 팔레비 왕조가 복귀한 이란을 통해 소련에 기울던 이라크를 견제했고, 인도네시아에서는 수하르토 장군의 쿠데타 이후 지원이 쏟아졌다.

그러나 경제적으로 봤을 때 훨씬 타당성이 높았던 1977년의 베트남 프로젝트는 승인되지 않았다. 쿠데타로 칠레의 아옌데 정부가 붕괴되었을 때도 그 배후에는 자금 지원을 갑자기 끊은 WB가 있었다. 최근에도 1980년대 니카라과와 1990년대 이란에 대한 정책금융은 거듭 승인되지 못했다. 9·11테러 이후 파키스탄이 공적개발자금(ODA) 명목으로 세계은행으로부터 받은 돈은 2001년 2조 2600만 달러에서 2002년 8조 6000만 달러로 늘었다.[32] 당근과 '지적 리더십'이 동행한다는 점 역시 주목해서 봐야 할 부분이다.

"코끼리는 두 개의 이빨이 있다. 하나는 먹기 위해서, 다른 하나는 보여 주기 위해서." 인도의 속담이다. 세계은행에 근무하는 경제학자들에게도 적용된다. 조지프 스티글리츠와 같은 석학 입장에서 보면 이들이 그렇게 대단하지 않을 수 있다. 그러나 개발도상국에서 봤을 때 이들의 권위는 감히 범접하기 어렵다. 대부분 미국 대학에서 학위를 받았다. 백악관과 재무부 근처에 있으면서 각종 자문회의와 세미나에 참석한다. 영어가 능숙하기 때문에 미국계 언론 매체가 단골로 찾는 권위자다. 전 세계 자료를 확보할 수 있고, 이를 비교하고 분석하며, 정책이 집행되는 과정에 직접 참여할 기회도 많다. 대부분 '발전연구그룹(Development Research Group)'에 속하는데, 여든 명의 연구위원과 열다섯 명의 외부위원으로 구성되어 있다. 연구를 보조하는 행정인력만 서른 명이다.《세계은행 연구 옵저버(The World Bank Research Observer)》와《세계은행 경제 리뷰(The World Bank Economic Review)》등의 학술저널도 발간한다.

수석경제학자는 이러한 것들을 총괄하는 자리다. WB가 발간하는 대표적 출판물인『세계발전보고서(World Development Report)』의 책임자이기도 하다. 재무부 장관을 역임한 로런스 서머스, IMF 부총재를 지낸 스탠리 피셔와 앤 크루에거가 모두 이곳을 거쳐 갔다. 뛰어난 경제학자들이라 전혀 '곡학아세(曲學阿世)'와는 거리가 멀 것 같지만 현실은 좀 다르다. '라비 칸부르' 보고서 사태가 상징적이다.

칸부르는 인도 태생 경제학자로 코넬대학교 교수로 재직 중이다. 옥스퍼드대학교에서 경제학 박사학위를 받았다. 지도교수는 아시아인으로는 최초로 노벨경제학상을 받은 아마르티아 센이다. 세계은행에서 근무한 경력은 20년이 넘고, 『세계발전보고서』 발간을 책임지는 연구소 소장이었다. 그를 소장으로 영입한 사람은 조지프 스티글리츠다.

2001년에 칸부르는 『빈곤에 대한 공격(Attacking Poverty)』이라는 보고서의 초안을 준비했다. 미국 정부로서는 상당히 불편해할 연구 결과가 포함되어 있었다. 1998년 이후 60개국 6만 명 이상을 대상으로 한 '참여 연구' 결과물이었다. 몇 가지 핵심 주장에는 첫째, "빈곤을 해결하기 위해서는 경제성장도 중요하지만 기회, 자신감, 사회적 안정이 반드시 필요하다." 둘째, "자본시장과 무역 등의 개방 그 자체가 반드시 빈민구제에 긍정적이지 않다. 사회 안전망을 먼저 구축한 다음에 민영화를 얻거나 무역보호를 위한 장치를 제거해야 한다." 또한 "아시아 위기의 원인은 부분적으로 금융시장의 급속한 개방에 있으며, 말레이시아와 같은 자본통제는 정상적 수단으로 간주해야 한다."는 주장도 담았다. 불과 4개월 뒤 칸부르는 사임했다. 스티글리츠가 해고된 지 1년이 지난 시점이었다. 그해 발간된 보고서에는 "성장과 개방성이 가장 우선이다."라는 점이 강조되고, "금융자유화를 할 때는 주의가 필요하다."는 정도의 완화된 표현만 담겼다.[33]

정보질서

정보는 다양한 모습으로 존재한다. 가령, 적의 동향과 전술 등과 관련한 군사 정보와 주식을 사고팔 때 참고하는 경제 정보가 있다. 인터넷이나 언론을 통해 구하는 대중적인 정보도 있지만 의료기록, 범죄기록, 군사기밀 등 공개하지 않는 것도 있다. 합법적으로 구하기도 하지만 정보기관이 미행과 도청을 통해 몰래 수집하기도 한다. 정보는 또한 어떤 방식으로든 유통된다. 전달 수단은 다양하다. 직접 만나 대화를 할 수도 있고, 책이나 언론 또는 이메일 등도 이용된다. 그렇게 유통된 정보는 '소비'라는 최종 단계를 만난다. 전쟁에서 허위정보는 패배로 이어진다. 주식으로 횡재를 하거나 낭패를 보는 것도 소비에 따른 결과물이다. 따라서 정보질서는 "누군가에 의해 생산되는 복합적 형태의 정보가 유통되고 소비되어 특정한 효과를 낳는 시스템"으로 정리할 수 있다.[34]

　　한국언론진흥재단이 진행하는 해외 언론인 연수 통역 겸 인솔자로 대략 한 달 정도를 같이 다닌 적이 있다. 일정도 꽤나 긴장되었다. 첫 주에는 한국의 정치, 경제, 언론, 문화와 관련한 특강을 들었다. 현장 방문은 현대자동차 울산공장, 대학은 서울과 대전, 또 문화공연도 포함했다. 분단에 대한 이해를 돕기 위해 금강산과 판문점에도 들렀다. 현직 언론인들이라 배우는 속도가 남달랐다. 그간 한국과 잦은 왕래가 없었던 10개국에서 왔다. 동유럽, 중동, 남미, 아프리카, 아시아 출신이 두루 참가했다. 2006년 핵실험을 발표한 직후라 북한에 대한 관심이 높았다.

　　생각은 거의 비슷했다. 북한은 왜 문제를 일으키는지, 북한의 민주화 가능성은 있는지, 북한의 인권을 개선하기 위해서는 무엇을 해야 하는지 등이 주요 관심사였다. 외환위기에 대해서도 잘 알고 있었다. 구조개혁 이후 얼마나 좋아졌는지, 관치금융은 개선되고 있는지, 소액주주 운동은 성과가 있는지, 겉보기와 달리 내부적으로 문제가 많다는 얘기를 해도 선뜻 동의하지 않았다. 평균치를 훨씬 웃도는 자살률, 영어광풍, 청년실업 등은 과도기의 진통 정도로만 여겼다. 조정래 선생이 쓴 에세이 『누구나 홀로 선 나무』에 나오는 얘기처럼, 세상은 다른 것 같지만 비슷한 구석이 참 많다는 것을 깨달았다. 그런데 왜 닮았을까?

인간은 누구나 자신이 원하는 방식대로 이해한다. 각자의 입장이나 위치에 따라 다른 것을 본다. 정치체제, 역사, 문화, 언어가 모두 달랐는데 특이했다. 관심사가 거의 똑같았다. 가지고 있는 정보도 다르지 않았다. 북한에 대해서는 모두 부정적이었다. 한반도 위기의 책임은 '모두 김정일 탓'이었다. 전문가를 통해, 관련 증거를 통해, 또 배경지식을 통해 다른 관점을 얘기해도 잘 안 받아들였다. 국가별로 선발된 집단이라 지식 수준이 떨어지는 사람은 없었다. 영어도 잘했다. 일부는 대학원도 나왔고, 그중 절반은 잘나가는 언론사 간부급이었다. 젠더 간 차이도 별로 없었다. 그런데 왜 이런 현상이 나타나는 걸까? 정도의 차이는 있지만 비슷한 정보 대기권에 놓여 있는 것과 관련이 있다. 외환위기 당시 겪었던 경험을 복기해 보면 전체적인 윤곽이 나온다.

1997년 여름을 넘기면서 분위기가 심상치 않았다. 금융시장이 가장 두려워하는 것은 '불확실성'이다. 정보에 대한 수요가 폭발적으로 늘었다. 각자 사방팔방으로 문제를 파악하기 위해 분주했다. 쉽게 활용할 수 있는 것은 매체였다. 경제정보를 실시간으로 전달하는 로이터통신과 블룸버그통신이 있었다. 특히 블룸버그통신은 월 임대료가 100만 원이 넘는 정보 단말기를 제공했다. 막대한 돈이 오가는 곳이라 이 정도는 정보 비용으로 지출할 만했다.

신문과 잡지도 여러 개 구독하는 중이었다. 국내 종합지는 물론 경제지도 대부분 봤다. 《이코노미스트》, 《파이낸셜타임스》, 《월스트리트저널》도 봤다. 당시만 하더라도 24시간 뉴스를 하는 채널은 없었지만 주요 시간대 방송은 빠짐없이 시청했다. 투자 전문가로 활동하는 엄길청의 「오늘의 시황」과 같은 정보를 위해 돈을 냈다. 증권가 '찌라시'로 알려진, 확인되지 않은 소문을 모아 알려 주는 소식지도 있었다. 직접 구독은 하지 않았지만 미국 언론에 나오는 내용도 국내 신문을 통해 곧바로 접했다. 정부 경제부처, 국회와 대기업에 출입하는 기자들을 통해 전해지는 정보도 상당했다. 정보의 빈곤이 아니라 오히려 홍수였다. 그래서 미국 언론이나 블룸버그통신 등이 더 신뢰를 받았다. 제삼자라 더 공정할 것이라는 믿음도 있었고, 전문성도 훨씬 높을 것으로 믿었다. 정치 뉴스도 아닌 경제 뉴스에 '편견'이나 '이데올로기'가 개입할 것으로 의심하지 않았다. 그 후 무려 30년이 지났다. 인터넷이 등장하고 미디어 산업이 엄청나게 발전했다. 그럼에도 불구하고 정보를 둘러싼 '구조'가 변했다는 증거는 찾아보기 어렵다.

글로벌 전체를 대상으로 방송한다는 것은 위성의 송출 범위가 지구 전체를 포함하고, 케이블 방송 등을 통해 실제로 각 가정에 도달한다는 의미다. 미국과 영국에 본사를 두고 있는 언론사들이 주로 여기에 해당한다. 국제방송 하면 떠오르는 CNN은 1985년 인텔셋을 통해 처음으로 글로벌 방송을 시작했다. 1991년 걸프전 이후 중남미와 아시아 전역으로 그 범위가 확대된다. 전 세계 200개 이상의 국가, 2억 이상의 가정과 호텔에 도달한다. 세계 10대 미디어재벌에 속하는 타임워너(Time Warner) 소속이다. 자회사로는 워너 브라더스(Warner Bros), 타임(Time Inc.), 홈박스오피스(Home Box Office), 터너 브로드캐스팅 시스템(Turner Broadcasting System) 등이 있다. 공동출자로 카툰네트워크 재팬(Cartoon Network Japan), CNN+, CNN Chile, CNN-IBN, CNN Turk, CNN.de(German), Zee Turner Ltd 등에도 참여한다.

영국의 BBC월드는 1991년에 출범했다 대략 2억 9500만 가정과 1700만 개의 호텔, 여든한 개의 크루즈 선, 마흔네 개의 비행기, 서른다섯 개의 모바일 플랫폼에 서비스를 제공하고 있다. 폭스(Fox) 뉴스는 1996년 10월 7일에 설립되어 2001년 9·11 테러 이후 급성장했다. USA 네트워크에 이어 미국에서 두 번째로 시청률이 높은 케이블 방송국이다. 매출액이 186억 달러에 달한다. 인도의 STAR와 영국의 SKY 방송을 보유하고 있다.

경제뉴스는 1980년대 이래 꾸준히 증가 중이다. 전 세계를 대상으로 하는 매체로는 블룸버그 텔레비전이 있다. 1981년에 출범했는데 1997년 아시아 외환위기를 계기로 글로벌 매체로 성장했다. 뉴욕, 런던과 홍콩에 각각 본사를 두고 있으며, 2억 이상의 가정과 기업체에 금융 및 비즈니스 관련 정보를 제공하고 있다. 미국 NBC 유니버설이 소유하고 있는 CNBC는 '소비자 뉴스와 비즈니스 채널

(the Consumer News and Business Channel)'을 줄인 말이다. 1989년 현재 이름으로 바꾼 이 채널은 1991년 파이낸스 뉴스 네트워크(Finance News Network)를 인수함으로써 대폭 성장했다. 거의 3억 9000만 명에 가까운 시청자를 확보하고 있다. 미국의 콤캐스트(Comcast) 소유로 이 회사의 매출액은 197억 달러 정도다. USA Network, MSNBC, Bravo,

월터 리프먼, 『여론』

Telemundo Television Studios, Weather Channel과 Hulu 등을 자회사로 보유하고 있다.

언론학에서 잘 알려진 몇 개의 이론을 통해서도 닮게 된 배경을 찾아볼 수 있다. 월터 리프먼은 언론 분야의 노벨상이라 불리는 퓰리처상(Pulitzer Prize)을 두 번이나 받았다. 볼셰비키혁명 이후 소련을 편견 없이 보려 했던 지식인이었고, 베트남전쟁을 반대한 양심 있는 언론인으로 기억된다. 1922년에는 I차 세계대전과 이후 파리에서 열린 평화회담 등의 경험을 토대로 『여론(Public Opinion)』이라는 책을 냈다.

월터 리프먼이 보기에, 회담에 참석한 각국 대표들은 보통 사람들이 생각하는 것처럼 그렇게 머리가 좋지도, 합리적이지도, 윤리적이지도 않았다. '고정관념'을 통해 세상을 보고 이를 근거로 정보를 전달하는 것은 언론인도 다르지 않았다. 또 일상생활에 분주한 국민은 언론이라는 전조등이 비춰 주는 '곳'이나 '사물'이나 '현상'에만 집중하고 다른 중요한 일은 금방 잊어버린다. 국민은 언론이 '우선순위'라고 정해 주는 것을 따라갈 수밖에 없다는 리프먼의 주장은 '의제설정 이론(Agenda Setting Theory)'으로 발전한다.

"축록자 불견산(逐鹿者 不見山)이요, 확금자 불견인(攫金者 不見人)"이라는 말이 있다. '사슴 사냥에 눈이 멀면 산이 깊어지는 것을 못 보고, 황금에 집착하면 주변 사람을 돌보지 못한다.'는 뜻이다. 인간의 본성을 잘 보여 준다. 헛된 욕심에 빠지면 어리석은 일을 하게 된다는 경고다. 여기서 사슴이나 황금은 '우선순위'에 속한다. 인간은 모든 것을 한꺼번에 할 수 없다. 눈앞에 닥친 것을 먼저 해결하려 한다. 너무 굶주리면 다른 어떤 것보다 배를 채우는 게 우선이 된다.

사회생활도 다르지 않다. 언론의 주목을 받으면 현안이 된다. 평소 관심 없던 사람도 눈여겨본다. 모두 관심을 가지면 문제를 풀어야 한다는 압박이 드세진다. 외면하면 일이 커지고, 평판에도 영향을 미친다. 2018년 6월 13일에 끝난 선거에서 이재명 후보를 둘러싼 '추문'은 이를 잘 보여 준다. 불과 며칠만 지나도 이 일을 제대로 기억하는 사람은 없다. 관심에서 벗어났다. 어떤 식으로 결론이 나든 별로 중요하지 않다. 그러나 선거 전에는 한 정치인을 판단하는 가장 중요한 평가 잣대였다. 과거 업적이나 성장 과정이나 지도자로서의 능력은 모두 묻힌다.

다른 사례들도 있다. 영화 「1987」은 고문으로 죽은 박종철을 둘러싼 아픈 기록이다. 전두환 정부는 권력을 잡은 이후부터 국민의 관심사를 다른 쪽으로 돌리기 위해 많은 노력을 했다. 프로야구와 프로씨름이 이때 모두 등장했다. 북한은 단골메뉴였다. '평화의 댐' 촌극도 그중 하나였다. 1986년 10월 18일 건국대학교에서 1000명 이상의 학생이 구속된 직후에 나왔다. 민주화에 대한 관심을 돌리기 위한 꼼수였다. 북한이 금강산 댐의 물을 일제히 방류해 서울을 물에 잠기게 만든다는 주장이었다. KBS가 앞장섰고, 다른 방송사와 신문이 뒤따랐다. 건설부 장관을 비롯해 대학 교수 등 전문가들이 총동원되었다. 국민은 두려움에 떨면서 성금을 모았다. 민주화가 중요한 게 아니고 북한의 공격을 막는 게 우선순위가 되었다.

외환위기 때도 비슷했다. 한국을 비롯한 아시아 국가의 경제성장은 눈부셨다. 세계은행에서는 「아시아의 기적」이라는 보고서를 내기도 했다. 찬바람이 돌기 시작하던 9월부터 분위기가 변했다. 블룸버그통신, 《월스트리트저널》,《파이낸셜타임스》 등에서 한국 뉴스가 늘어났다. 국제사회에서 한국은 '우선순위'가 되었다. 평소 눈여겨보지 않았던 '분단' 사실도 재조명되었다.

한국이 그렇게까지 위험한 줄 몰랐던 국제 투자자들은 경악했다. 경제 체질은 괜찮다고 했지만 '조명'을 비춰 본 결과는 달랐다. 부채비율 500퍼센트를 넘어가는 기업이 수두룩했다. 맥락이 다르다는 것을 설명해 주는 이는 없었다. 별로 알려 하지도 않았다. 정부가 금융권에 간섭하는 것도 이상하게 보았다. 깜깜한 밤에 손전등을 잘못 비추면 멀쩡하던 사람도 괴물로 보인다. 매력이 한순간에 치부가 되니 자본 탈출의 징후가 보이기 시작했다.

언론이 주목하면서 공포는 확산되었다. 결국 정부는 무릎을 꿇고 IMF에 도움의 손길을 내밀었다. 폭풍이 지나간 뒤 이를 제대로 기

대한항공 추락 사건(1983년)

억하는 사람은 없다. 누가, 왜, 무슨 목적으로, 어떤 방법으로 그렇게 되었는지 묻지 않는다. 그러나 언론이 우선순위를 정하더라도 국민의 생각 자체를 바꾸는 것은 다른 문제다. 앞서 '이재명 후보' 건만 하더라도 경기도 유권자는 그를 선택했다. 언론은 소란스럽기만 했지 별 영향력을 못 끼친 것 같다. 겉과 속은 다르다. 언론은 세상을 있는 그대로 재현하지 못한다. 불가피하게 '선택'하고 '배제'한다. 특정 부분은 강조하고 다른 부분은 축소한다. 프레임(frame)은 이 과정에서 만들어지는데, 세상을 논리적으로 이해하는 '방식' 또는 '관점'으로 이해하면 된다.

문화연구에서 잠깐 얘기했던 스튜어트 홀은 이 과정을 인코딩(encoding)과 디코딩(decoding)으로 설명한다. 인코딩은 언론이 특정한 메시지에 해당 언론의 고정관념과 관점과 이미지를 심는 것을 뜻한다. 작가가 글을 쓸 때, 정치인이 연설을 할 때, 감독이 영화를 만들 때 의식적으로 또는 무의식적으로 포함시키는 '의도'에 해당한다. 텔레비전을 보는 시청자나 책이나 신문을 읽는 독자는 이런 것을 생각하지 않고 자유롭게 '해석'한다. 홀은 이때 수용자(또는 소비자)가 원래 의도와 전혀 다르게 해석할 가능성이 높지 않다는 점에 주목했다. 물론 정반대로 해석하는 '대항적'인 경우도 있다. 그러나 다수는 '선호적' 독해라 하는, '의도'와 거의 '일치하는' 방식으로 수용한다. 관련 연구가 많다. 그중 로버트 엔트먼(1991)의 연구가 잘 알려져 있다.[35]

1983년 대한항공 007편 비행기는 사할린 상공에서 소련 전투기에 의해 격추된다. 승객 269명이 사망했다. 1988년에는 걸프만에서 미국 군함이 이란항공 소속 여객기를 추락시킨다. 모두 290명이 죽임을 당했다. 미국 입장에서 봤을 때 한국은 동맹국이지만 이란은 적대국이다. 과연 미국 언론은 본질적으로 동일한 두 사건을 어떻게 보도했을까? 또 미국 국민은 언론의 보도를 어떻게 받아들였을까?

미국 언론의 프레임은 '의도적 격추'라는 것과 '실수'로 갈렸다. 한쪽을 보도할 때는 '인간의 고통'을 강조했지만, 다른 쪽에서는 '사고'에 집중했다. 대한항공 사건에는 '공격'이라는 단어를 많이 사용했고, 이란에는 '비극'이 자주 언급되었다. 미국의 행동은 정당화하고, 소련은 적대적으로 보게 하는 보도였다. 국민의 반응은 언론과 크게 다르지 않았다. 소련에 대한 레이건 정부의 강경 조치는 환영을 받았다. 희생자에 대한 연민은 한국인에게만 적용되었다. 이란은 오히려 비난을 받았다. 미국 행정부가 걸프전에 주둔하는 것에 대한 찬성도 높았다. 언론이 '무엇'에 대해서뿐만이 아니라 '어떻게'에도 영향을 미친다는 것을 보여 준다. 물론 다 그렇지는 않다. 몇 가지 조건이 충족될 때 우리는 바보가 될 수 있다.

글래스고는 영국에서 네 번째로 큰 항구 도시다. 이곳에 있는 글래스고대학교 미디어연구팀은 텔레비전 뉴스와 관련한 연구를 많이 했다. 그중 1998년에 발간된 『매스커뮤니케이션의 순환고리: AIDS 위기를 둘러싼 미디어 전략, 재현 그리고 수용(The Circuit of Mass

Communication: Media Strategies, Representation and Audience Reception in the AIDS Crisis)』은 후천성면역결핍증(AIDS)에 대한 언론의 보도가 시청자에게 어떻게 받아들여지고 있는지를 연구했다. 만약 특정한 부류의 사람이 '대항적'으로 뉴스를 이해한다면 왜 그런지 물었다.

연구 팀은 우선 '직접 경험'이 있을 때 '저항'한다는 점을 찾아냈다. 사실관계를 비교해 볼 수 있는 다른 출처가 있을 때에도 무조건 믿는 경향은 줄었다. 학력 수준이 낮거나 경제 환경이 어려운 사람보다 그렇지 않은 사람이 더 비판적으로 뉴스를 대했다. 또한 '자신감'이나 '자존감'이 높은 사람일수록 바보가 될 확률이 적었다. 박근혜 탄핵 이후 태극기를 들고 집회에 다니는 분들에게 적용해 보면 설득력이 있다. 그들이 즐겨 찾는 '유튜브'와 카카오톡의 '단톡방'은 닫힌 공간이다. 다른 관점을 접할 기회가 없다. 본인들이 겪어 온 세상과 너무 다른 '경험'이라는 것도 객관성을 잃게 하는 요인이다. 고립되어 있고 경제적으로 힘들다는 공통점도 있다.

국제사회는 국내와 다르다. 제3세계 평범한 국민 중 영어를 할 수 있는 사람은 거의 없다. 미국의 CNN이나 《뉴욕타임스》와 같은 매체가 어떻게 생겼는지도 모른다. 그렇다면 국제사회의 여론은 어떻게 교육되거나 간섭받을 수 있는 걸까? 마지막 의문은 정보가 '직접'이 아니라 '누군가'를 거쳐 전달된다는 이론을 가져오면 설명된다.

출발은 미국 '해군 연구소(Office of Naval Research, ONR)'다. 적군 또는 아군을 설득하는 데 필요한 프로파간다 전략을 찾는 것이 목적이었다. 연구 자금은 1946년 10만 달러에서 시작된 이후 1950년에는 150만 달러까지 늘었다. 미네소타대학교, 미시간대학교, 시카고대학교 등 여러 대학에 있는 매스미디어 연구자들이 참가했다.[36] 1957년 엘리후 카츠와 폴 라자스펠드는 이 경험을 토대로 '정보의 2단계 유통(two-step flow of communication)' 가설을 내놓았다. 중재자 역할을 하는 '의견 주도층(opinion leader)'이라는 개념도 뒤따랐다. 전문가로서 권위를 인정받으면서 인맥도 두텁고, 또 강한 주관이 있는 사람일수록 이런 부류에 가깝다고 했다.

언론재단 연수에 참가하는 언론인들의 출신 국가는 체코, 카타르, 나이지리아, 브라질, 이집트 등 모두 다르다. 그럼에도 불구하고 닮을 수밖에 없는 이유는 있다. 대강 이런 방식으로 국제사회를 경험한다고 생각하면 될 것 같다. 공통적으로 의지하는 대상은 영미권 매체다. 쉽게 접속할 수 있고 언어는 영어다. 권위도 있다. 북한에 대한 관심이 높은 이유도 이들이 '우선순위'로 보도하는 것과 관련이 깊다.

안보질서를 유지하는 입장에서 보면 북한은 불량국가다. 대외정책에서 정부와 입장을 같이하는 이들 언론이 '북한 탓'이라는 프레임을 갖고 있을 것으로 짐작하는 것도 무리가 아니다. 다른 국가 역시 영미 언론을 '통해' 세상을 본다는 점에서 직접 경험을 가진 사람은 거의 없을 법하다. 다른 관점을 접하기도 어렵다. 특이한 경우가 아니면 국제뉴스를 자주 접하지도 않는다. 국제뉴스는 자국의 언론이나 전문가를 통해 일반인에게 전달된다. 국제사회에 대한 의견 주도층 역할을 이들이 한다.

정보 생산

정보는 힘이고 돈이다. 권력과 자본이 없으면 정보를 생산할 수 없다. 정보가 생산되는 몇 가지 채널을 보면 쉽게 확인할 수 있는데, 그중에서 특파원은 고급 정보를 확보하는 잘 알려진 창구다. 미국과 유럽의 특파원이 한국에 처음 들어온 때는 구한말로 알려진다. 공식적인 기록은 없지만 구한말 선교사로 들어와 조선의 독립을 위해 많은 노력을 한 호머 헐버트도 그중 한 명이다. 월슨의 민족자결주의 등에 깊은 영향을 받은 그는 복수의 미국 언론사에 기사를 보내는 특파원 역할을 했다.[37]

일본 식민지로 있을 때 많은 기자들은 도쿄로 몰렸고, 한국전쟁 이후 다시 서울로 왔다. 언론인으로 등록하면 자유로운 출입을 보장받았으며, 특별한 경우가 아니면 민감한 정보도 확보할 수 있다. 인터넷이 연결된 이후에는 많이 줄었지만 해외 정보를 제대로 파악하기 위해서는 이런 사람들이 꼭 필요했다. 해당 국가의 언어도 알아야 하고, 전문지식은 물론 인적 네트워크도 있어야 좋은 뉴스가 나온다. 현지에 긴 시간 체류해야 하고, 경비도 상당히 든다. 미국은 그런 면에서 상당히 좋은 조건을 갖추었고 전 세계에 특파원을 파견했다. 중국이 경제대국으로 성장한 이후 가장 먼저 따라 하고 있는 것도 정보 수집이다. 정보 수집을 전담하는 공무원을 직접 파견하는 것도 덜 알려지기는 했지만 미국이 선호하는 방식이다.

직함은 보통 대사관 1등 서기관 또는 2등 서기관 등이다. CIA에서 파견된 직원이지만 대사관에서 함께 생활한다. 정보 요원이라고 말하면 상대국에서 당연히 거부하거나 경계하기 때문에 신분을 세탁

한다. 귀국한 후 잘 아는 언론인의 추천으로 이런 정보 요원을 한 번 만난 경험이 있다. 한국 정치에 대해 어떻게 생각하는지, 대학 분위기는 어떤지 등에 대해 편한 얘기를 주고받았다. 정보와 관련한 일을 한다고 생각하기 어려웠다. 한국말에도 아주 능숙했다.

위키리크스의 폭로에 따르면, 이렇게 수집한 정보를 토대로 미국은 주요 협상을 진행하고 유리한 방향으로 대외정책을 끌고 간다고 한다. 이명박 대통령의 경우 '뼛속 깊이 친미주의자'라는 평가를 비롯해 국내 주요 인사들의 동향도 잘 정리되어 있다. 미국 정부가 1960년 5·16 군사정변은 물론 1980년의 광주사태도 잘 알고 있었을 것이라는 추정은 이런 정황을 보면 설득력이 상당하다. 식사비와 때로는 술값을 내기도 하니 돈이 든다. 약소국이 이런 호사를 누리기는 어렵다. 그러나 전혀 알지 못하는 방법으로 천문학적 규모로 수집되는 정보는 훨씬 더 많다.

압권은 미국 정보 복합체(Information Community)다. 모두 열여섯 개의 독립적인 정보기관이 포함되어 있다. 안보와 관련된 기관은 각각 국방부(National Security Agency, NSA), 육군, 공군, 해군, 해병대, 해안경비 소속이다. 정부 부처 중에는 재무부(Treasury), 마약관리국 (Drug Enforcement Administration), 국토보안부(Homeland Security), 사법부(Federal Bureau of Investigation, FBI), 에너지(Energy) 등이 별도의 기관을 운영 중이다. 그 밖에 독립적으로 존재하는 중앙정보부(CIA)가 있다.

복합체 전체 예산은 2013년 기준으로 527억 달러로 알려진다. 정보를 수집하는 비용으로 253억 달러, 처리와 정교화 작업에 61억 달러, 또 분석에 62억 달러 정도를 쓴다. 국가정보원장(Director of National Intelligence)이 최고 책임자인데 대통령에게 직접 보고한다. 1981년 레이건 대통령이 승인했다. 미국 대통령에게 보고되는 「글로벌 동향(Global Trends)」 보고서를 작성한다.

《워싱턴포스트》 보도에 따르면, 2010년 기준으로 미국 1000여 곳에서 1271개의 기관과 1931개의 민간 회사가 정보 분야에 관련되어 있다. 1급 기밀처리 권한을 가진 인원만 85만 4000명에 달한다. 그중 CIA는 여러 면에서 두드러진다.[38] 정보기관이지만 무수한 위장 기업을 보유한다. 본사가 있는 버지니아 랭글리 부근을 포함해 매클레인, 빈, 오크톤, 페어팩스와 알렉산드리아 등지에 흩어져 있다. 과거에는 언론인이나 광고회사 직원 또는 기업 변호사의 직함을 사용했지만 최근에는 하이테크 회사와 데이터 처리와 모바일 관련 직원으로 위장한다.

주목할 만한 기업이나 비영리기관도 많다. 한 예로, 1969년에 설립한 'Accuracy in Media'라는 언론감시단체가 있다. 자유주의 성향이 강한 언론을 감시하는데, 특히 CIA와 관련한 부정적인 기사가 나오면 동원된다. 국제위기그룹(International Crisis Group) 또한 미국 민간 재단의 후원을 받는 것처럼 보이지만 미국의 개입을 은폐하기 위한 비정부기구다. 정보 안보와 관련한 첨단 기업을 인수하고, 관련 기술을 통해 정보복합체를 보호하는 In-Q-Tel(IQT)도 있다. CIA '과학과 기술' 분과 책임자였던 루스 데이비드의 제안으로 록히드마틴 전직 회장이던 놈 오거스틴이 설립했다. 지금껏 자세한 활동 내용이 알려진 적이 없지만 한 내부 고발자의 폭로를 통해 윤곽이 드러났다.

에드워드 스노든의 국적은 미국이며, 현재는 모스크바 인근에서 러시아 정보부의 도움을 받아 은신 중이다. 미국에서는 간첩죄로 기소된 상태다. 전직 CIA 직원으로 컴퓨터 전문가였다. 2007년 CIA 제네바 지사에서 근무하던 중, 그는 국가정보부(National Security Agency)가 주도하는 방대한 불법 감시 프로그램과 정보 수집 사례를 확인했다. 독일과 프랑스를 포함한 우방의 국가 지도자를 비롯해 무수한 주요 인사들이 감시 대상이었다. '다섯 개의 눈(Five Eyes)'으로 알려진 미국을 비롯해 영국, 캐나다, 호주, 뉴질랜드 등 5개국이 이 작업에 동참했다. 해저 케이블, 텔레커뮤니케이션, 위성 등 활용할 수 있는 모든 커뮤니케이션 채널이 동원되었다.

2012년에 에드워드 스노든은 영국 《가디언》에서 탐사 전문 기자로 일하고 있는 글렌 그린월드와 접속했고, 뒤이어 영화감독 로라 포이트라스에게도 관련 정보가 전달된다. 해킹을 우려해 특수 암호로 처리된 이메일만 활용했다. 모든 준비를 마친 그는 2013년 5월에 병이 있다는 핑계로 홍콩으로 건너갔고, 그곳에서 중국 정부와 연락이 닿았다. 미국은 그를 암살하기 위한 특공대를 보낸 것으로 알려진다. 영화 《시티즌포(Citizen Four)》는 이를 바탕으로 한 작품으로, 2014년 개봉작이다.

뿌리는 깊다. 1978년 지미 카터 대통령이 승인한 해외정보감시법안(Foreign Intelligence Surveillance Act)에서 출발하며, 원래 외국인과 관련한 정보 수집에 한정되어 있었다. 미국에 실질적인 위협이 되거나 문제를 일으키거나, 국제 테러리즘과 관련 있을 때 1년에 한해 대통령이 정보기관에 부여하는 전자감시 프로그램이었다. 전쟁 중에

에드워드 조지프 스노든

는 영장 없이도 15일간 가능하도록
했으며, 해외정보감시법원(Foreign
Intelligence Surveillanc Court)의 감독
을 받는 구조였다.

2001년 9·11테러 이후 상황
이 급변했다. 2006년에는 '테러리
스트 감시법안(Terrorist Surveillance
Act)'이, 2007년에는 '미국보호법안
(Protect America Act)'이 각각 의회에
서 통과되었다. 정보 수집에 협조한 인터넷과 텔레커뮤니케이션 회
사에 대한 책임을 면제해 준다는 것이 핵심 내용이었다.

NSA의 불법은 상당한 수준이었다. 버라이즌커뮤니케이션스
(Verizon), AT&T, 구글, 페이스북, 애플, 마이크로소프트 등 100여 개
의 미국 회사가 협력했다. 전화통화와 이메일은 물론 유튜브, 스카이
프, 팔토크(PalTalk) 등도 모두 포함되었다. 프랑스 국민의 수천만 건에
달하는 전화 통화를 포함해 앙겔라 메르켈 총리의 개인 휴대폰도 감청
대상으로 밝혀졌다. 각국 지도자 서른다섯 명의 전화 통화를 비롯해,
여든 개가 넘는 대사관과 부속 시설이 감시를 받았다. 한국도 예외는
아니었다. 군사기지, 외교, 경제 등 전 분야에 걸쳐 도청이 진행되었다
는 것이 드러났다. 일본의 경우, 관련 활동을 허용했을 뿐만 아니라 정
보기지를 설치하는 비용도 맡았다.

미국 NSA와 영국의 GCHQ(Government Communications Headquarters)
가 공동으로 진행한 활동은 폭이 넓었다. 프리즘(PRISM)은 구글, 애

플과 마이크로소프트의 서버를 통한 정보 수집 프로그램이다. 야후와 구글을 통해 중간에서 수백만 건의 정보를 가로채는 것은 '머스큐라(MUSCULAR)'로 불렸다. 영국이 통제하고 있는 해저 광케이블을 거쳐 가는 정보를 대상으로 한 '템포라(TEMPORA)'와 이메일, 전화 통화, 인터넷 사용 기록과 교환 서류를 수집하는 NSA의 '엑스키스코어(XKEYSCORE)'도 있다. 그 밖에 정보 분석과 시각화를 지원하는 '국경 없는 정보원(Boundless Informant)'과 개인 암호를 깨는 '불런(Bullrun)'과 같은 프로그램도 밝혀졌다. 국제사회는 반발했지만 미국 정부는 국가 안보를 위해 불가피한 조치라고 주장했다. 폭로 이후에도 별로 달라지지 않았다.

2017년 3월 7일에 위키리크스는 '볼트7(Vault7)'으로 불리는 CIA의 해킹 프로그램과 관련이 있는 사이버 공격 무기 8761건을 폭로했다. 2013년부터 2016년 동안 CIA에 의해 진행된 전자 감시와 사이버 전쟁과 관련한 내용이 담겨 있었다. 그중 '체리블로섬(CherryBlossom)'은 특정 인물이나 단체의 인터넷 활동을 감시하고 익스플로러와 같은 소프트웨어를 이식해 도청이나 감청에 활용하는 장치다. 엘사(Elsa)는 노트북이나 모바일의 와이파이 연결을 통해 위치를 추적하고 필요한 정보를 빼내는 기술이다. 또 구글 크롬(Google Chrome), 마이크로소프트 엣지(Miscrosoft Edge)와 모질라 파이어폭스(Mozilla Firefox)와 같은 인터넷 브라우저를 비롯해 자동차와 스마트 텔레비전을 통한 감시와 불법정보 수집 방법을 차례로 밝혔다. 미국 버지니아 주에 있는 본부 외에 독일 프랑크푸르트에도 해킹 시설이 있다는 것, 아이폰이나 삼성 스마트텔레비전을 통해 해킹한 다음

'러시아'가 한 것처럼 꾸몄다는 사실도 드러났다.

정보 인프라

고향에 전기가 처음 들어온 때는 1970년대 초반이었다. 텔레비전은 초등학교 3학년 때 들어왔다. 대구에서 유학할 때만 해도 우체국에 가야 고향으로 전화를 할 수 있었다. 질서가 구축되는 과정을 지켜볼 수 있었다는 점에서는 행운이다. 국제사회에서 이런 작업은 언제부터 시작되었을까? 미국의 새뮤얼 모스는 1837년에 최초의 전신 실험에 성공했다. 제국을 원활하게 통치하기 위한 목적으로 통신사도 속속 태어났다. 군사정보의 수집과 교환 또 식민지 동향 파악 등이 목적이었다. 1835년 프랑스의 아바스통신사(Havas Agency)가 등장한 이후 미국의 AP(Associate Press), 독일의 볼프(Wolf), 영국의 로이터(Reuters)가 잇달아 등장했다. 1865년에는 국제전기통신연합(International Telecommuncation Union, ITU)이 돛을 올렸다. 프랑스가 주도했고 본부는 파리에 있다.

통신 분야의 기술 혁신은 꾸준히 이어졌다. 1866년에는 최초의 해저 케이블이 영국에 의해 설치되었다. 미국에서는 1876년에 그레이엄 벨이 전화를, 토머스 에디슨이 1879년에 전구를 발명했다. 국제사회를 한 발 더 다가서게 한 것은 무선전화다. 굴리엘모 마르코니 작품이다. 그가 태어난 이탈리아는 이 발명품의 가치를 몰라봤다. 영국으로 건너가 특허를 내고, 1897년에 세계 최초의 무선전신신호회사(Wireless Telegraph and Signal Company)를 세운다. 1899년에는 미국

에도 회사를 냈다. 1901년에는 대서
양을 가로질러 미국으로 무선 신호
를 보내는 데 성공했다.

나비효과(Butterfly effect)란 별로
중요해 보이지 않는 사소한 사건이
나중에 커다란 변화를 가져올 수 있
다는 이론이다. 미국의 기상학자 에
드워드 로런스가 발표한 강연에서
알려졌다. 브라질 아마존강에 있는

굴리엘모 마르코니

나비 한 마리의 날갯짓이 뉴욕의 폭풍으로 연결될 수 있다는 파격적
인 주장이었다.

역사를 들여다보면 이런 일은 많다. 프랑스혁명 이후 등장한 나
폴레옹이 대표적인 경우다. 혁명을 수습한 뒤에 나폴레옹은 본격적
으로 유럽 정복에 나선다. 1806년에는 독일(당시에는 프로이센왕국)
이, 1808년에는 스페인이 차례로 무너졌다. 남미의 방대한 식민지 국
가들은 기회를 맞았다. 제국의 붕괴를 목격한 아르헨티나, 볼리비아,
칠레, 콜롬비아, 에콰도르, 멕시코, 우루과이, 파라과이, 페루, 베네수
엘라 등이 차례로 독립한다. 미국은 1898년에 이미 무력해진 스페인
을 쳤다. 쿠바의 독립을 지원하겠다는 평계였지만 식민지 욕심이 앞
섰다. 쿠바와 필리핀을 비롯해, 푸에르토리코, 괌, 미국령 버진아일랜
드, 서사모아 등을 이때 빼앗았다.

도광양회(韜光養晦)는 '재능을 밖으로 드러내지 않고 인내하면
서 때를 기다린다.'는 뜻이다. 중국은 미국과 소련에 맞서지 말고 대

시어도어 루스벨트(1902)

국으로 성장할 때까지 힘을 길러야 한다고 했던 덩샤오핑의 정치철학으로 잘 알려져 있다. 미국도 다르지 않았다. 미국은 1832년에 먼로 독트린(Monroe Doctrine)을 발표했다. "아메리카에 대해 간섭하지 말라."는 것과 "미국도 국제사회에 간섭하지 않겠다."는 선언이었다. 대외정책의 '고립주의' 노선을 뜻한다. 당시 미국 영토는 지금의 3분의 1 정도에 불과했다. 영국이 점령하고 있었던 캐나다와 국경선도 제대로 정해지지 않았다. 남쪽 텍사스주를 비롯해 태평양 쪽의 캘리포니아, 오레곤과 워싱턴주 역시 남의 땅이었다. 통일전쟁이 이어졌고, 멕시코전쟁(1846년)과 남북전쟁(1861-65)을 거치면서 단일국가로 성장했다.

전환기는 1898년이었다. 시어도어 루스벨트 대통령은 변화를 원했다. 미국이 말하는 아메리카에는 남미가 포함되기 시작했다. 유럽의 간섭을 막는 보호자 역할도 맡았다. 파나마운하를 장악한 데 이어 도미니카공화국에는 경제 고문을 파견했다. 쿠바에는 임시정부를 세웠다. 필리핀을 장악한 것은 1903년이었다. 그러나 더 이상 욕심은 내지 않았다. 1차 세계대전에 참전하기는 했지만 먼로 독트린은 유지되었다.

미국은 1905년 7월 29일에 일본과 '가쓰라-태프트 협정(Taft-Katsura Ageement)'을 체결했다. 일본의 한반도 지배와 자국의 필리핀

점령을 상호 인정하자는 내용이었다. 협상 당사자였던 윌리엄 테프트는 1909년 대통령에 취임했지만 연임에는 실패했다. 승자는 미국 최고의 대통령으로 손꼽히는 우드로 윌슨이었다. 프린스턴대학교 총장을 역임하기도 했던 윌슨은 루스벨트의 진보정책과 국가 개입을 계승했다. 연방준비위(Fedral Reserve Bank)를 설치해 중앙은행의 역할을 맡도록 했다. 최초로 소득세를 도입했고, 관세를 대폭 낮추었다. 반독점 심사를 강화하고, 근로시간 단축과 아동노동 금지 등의 조치도 취했다. 먹구름이 점차 폭풍우로 변해 가던 국제정세에서도 중립적인 입장에 머물렀다. 그러다 독일과 멕시코가 연합하고 미국 잠수함이 공격을 받으면서 미국도 참전하게 된다.

소련의 1917년 사회주의혁명도 영향을 주었다. 자본주의에 대한 위협을 느낀 윌슨은 영국, 프랑스와 연합했고, 전쟁에서 승리한 1918년 1월에 평화를 위한 '14개 조항(Fourteen Points)'을 발표한다. 민족자결주의, 국가 간 경제 장벽의 해소와 국제연합 등을 주장했다. 당시 초안을 잡은 이가 앞서 말했던 월터 리프먼이다. 약소국이 자신의 운명을 스스로 결정할 수 있도록 해야 한다는 그의 연설에 힘입어 조선에서는 1919년에 독립운동이 일어난다.

전쟁은 생존을 건 경쟁이다. 2등은 없다. 무선전신에서 발전한 라디오의 쓰임새는 다양했다. 파리 에펠탑에서는 1909년에 세계 최초의 라디오 방송이 시작되었다. 영화로도 잘 알려진 타이타닉 호가 침몰했을 때 연락할 수 있었던 것도 라디오 덕분이었다. 전쟁 중 미국 해군은 라디오를 적극 활용했다. 제너럴일렉트릭(GE)은 1919년에 영국의 마르코니 회사가 소유하고 있던 '아메리카 마르코니'를 인수해

의회에서 독일과의 단절을 알리고 있는 우드로 윌슨 대통령(1917년)

'RCA(Radio Corporation of America)'를 세웠다. 해저 케이블과 경쟁해 해상 선박에 필요한 장비와 서비스를 제공하는 것이 목표였다.

미국 정부는 안보와 관련한 주요 자산을 영국인에게 맡길 수 없다고 판단해서 이 협상을 도왔다. 라틴아메리카로 AT&T(America Telephone & Telegraph)가 진출하는 데 많은 도움을 주기도 했다. 1919년에 소련은 페트로그라드 전신청을 설립한 후 라디오 방송을 시작했다. 영국은 1920년에, 프랑스는 1921년에, 독일에서는 1923년에 방송국이 들어섰다. 전쟁이 없었다면 전파가 국경을 넘어서는 일은 없었을지 모른다. 집단정체성이 외세에 의해 왜곡되는 일도 없었을 가능성이 높다. 그러나 국제사회는 약육강식의 정글이다. 나무가 아무리 잠잠하고 싶어도 바람은 멈추지 않는다.

소련의 정식 명칭은 소비에트 연방공화국(Union of Soviet Socialist Republics, USSR)으로 열다섯 개의 공화국으로 구성되어 있다. 1917년에 혁명을 성공시킨 블라디미르 레닌과 이오시프 스탈린은 잘 알았다. 공감과 동의(hearts & minds)를 획득하지 못하면 혁명은 성공할 수 없다는 것을. 나중에 공산당 공식 기관지

월터 리프먼(1905년)

가 되는 《프라우다》는 1911년에 이미 유럽 전역에서 발간되고 있었다. '진리'를 뜻하는 이 신문은 유럽 사회주의운동의 전령사였다. 국제공산주의(International Communism)를 추진하는 데 있어서 '장벽 없는 신문'으로 알려진 라디오는 매력적인 수단이었다. 국제사회를 대상으로 한 최초의 프로파간다는 1925년 이런 배경에서 시작되었다.

독일의 선전부 장관이었던 요제프 괴벨스는 이를 한 차원 높인 인물이다. 그는 라디오와 필름을 모두 활용했다. 유대인에 대한 적개심을 높이고, 교회를 공격하고, 또 군인들의 사기를 높이기 위해서였다. 1934년 다큐멘터리 「의지의 승리」(감독 및 제작은 레니 리펜슈탈)는 그의 작품으로 독일 전역에 방송되었다.

이탈리아 또한 1937년에 '인쇄 및 선전부(Ministry of Print and Propaganda)'를 만들어 에티오피아에 대한 침략을 정당화하고, 스페인의 프랑크 총독에 대한 지지를 호소했다. 영국의 엠파이어서비스(Empire Service, 지금의 BBC)는 1932년에 첫 방송을 내보냈다. 흩어져

있는 대영제국을 연결하는 것이 목적이었으며, 전쟁이 확산되면서 자연스럽게 식민지에 있는 방송을 활용했다.

미국은 좀 늦게 출발했다. 라디오 방송은 1923년에 시작된다. RCA 는 뉴욕와 워싱턴에서 세 개의 방송국을 운영했다. 경쟁자인 AT&T 는 1926년 이 분야에서 철수했고, RCA는 NBC(National Broadcasting Company)라는 자회사를 세웠다. 중부 시카고에서도 1927년에 CBS (Columbia Broadcasting System)가 문을 열었다. 1946년 NBC에서 분리된 ABC(America Broadcasting Company)가 나오기 전까지는 이 두 회사가 시장을 양분했다.

광고 수익과 뉴스를 두고 이들이 경쟁한 대상은 신문이었다. CBS는 해외 방송의 견제를 뚫기 위한 돌파구를 찾았다. 런던 사무실은 1935년에 문을 열었다. 2차 세계대전 중 유럽의 상황을 미국에 전달했으며, 1940년에는 중남미를 대상으로 '아메리카 네트워크 (Networks of the America)'가 구축되었다. 국무부를 비롯해 '아메리카 경제협력 사무소(Office for Inter-American Affairs)'와 미국의 소리 (VOA)가 함께 했다. 언론인과 공무원의 구분은 별로 없었다. 한 예로, 당시 런던 지사를 담당하던 에드워드 머로는 나중에 전쟁 중 경험을 높이 평가받아 미국공보처(USIA) 책임자가 된다. 1942년 일본의 진주만 공습 이후에는 정보를 활용한 심리전도 도입된다. 전쟁정보국(Office of War Information, OWI)은 국내외 대중을 대상으로 하는 정보 캠페인이었다. 중앙정보국(CIA)의 전신으로 알려진 전략서비스국(Office of Strategic Services, OSS)은 적국을 대상으로 한 은밀한 심리전을 맡았다.

텔레비전 방송은 1930년대 후
반에 등장했고, 1940년대 중반을 지
나면서 라디오를 대체하기 시작했
다. 국제사회를 연결하는 몫은 당분
간 라디오 차지였다. 일본이 항복한
1945년부터 미국은 냉전이라는 새
로운 전쟁을 준비했다. 1948년에 ‘스
미스 문트 법안(Smith-Mundt Act)’
이 상원에서 결의된다. 해외 국민을

요제프 괴벨스

대상으로 “미국에 대한 온전하고 공정한 그림을 제공하는 것”을 목적
으로 한 프로파간다 허용 법안이었다. 1950년 4월에는 트루먼 대통
령의 지시로 ‘진실 캠페인(Campaign for Truth)’이 시작된다. ‘미국의
소리(VOA)’ 방송은 전 세계 40개국 언어로 확대했다. ‘라디오자유
유럽(Radio Free Europe, FRE)’과 ‘라디오리베라시옹(Radio Liberation,
RL)’ 역시 독일 뮌헨에 설립된다. 1953년에는 국제방송을 총괄하
기 위한 전담기구로 ‘미국 공보처(United States Information Agency,
USIA)’가 설립되었다.

박사과정 때 학장은 미국 해군정보 장교 출신이었다. 강의 중 제
시된 과제의 하나는 ‘이라크에 어떤 미디어 제도를 도입할 것인가?’
에 대한 연구였다. 미국의 의도가 잘 반영된 정보질서가 형성될 수
있었던 배경을 짐작할 수 있는 경험이었다. 전쟁 후 재건 과정에서
미국은 자신이 원하는 모델을 이식했다. 현대화(modernization)에 필
요한 통신설비 구축을 지원하는 한편, ‘언론의 자유 및 정보의 자유

로운 유통'이라는 정책이 적극 추진되었다. 자본주의에 비판적이고 사회주의 이념을 선전하는 언론사를 억압하는 정책도 병행했다. 그러나 '지구촌(global village)'이 등장한 결정적 배경은 인공위성이었다. 1957년 소련은 스푸트니크 위성 발사에 성공했다. 대륙을 실시간으로 연결하는 텔레비전 방송은 1962년 7월 23일에 첫선을 보였다. AT&T가 쏘아 올린 농구공 두 배 크기의 텔스타(Telstar) 위성을 이용했다.

같은 해 8월 20일에는 미국을 포함한 11개국 주도로 국제방송서비스를 관리하기 위한 인텔셋(International Telecommunications Satellite Organization, Intelsat)이 출범했다. 미국 정부는 또 통신위성법(Communications Satellite Act)을 근거로 정부가 지원하는 콤셋(COMSAT)이란 회사를 세웠다. 정부 내에는 텔레커뮤니케이션 전담 부서를 신설해 대통령에게 직접 보고하도록 했다. 정책 과정에는 미국항공우주국(NASA), 연방커뮤니케이션위원회(FCC), 국무부, 법무부와 국방부 등이 모두 참석했다. 군사 안보를 목적으로 한 감시와 정보 수집의 필요성을 잘 알았던 국방부는 별도의 군사위성 개발을 서둘렀다. 1965년 4월 6일에 인텔셋은 '얼리버드(Early Bird)'라는 이름의 위성을 발사했다. 고도 3만 미터 정도의 정지궤도에 설치된 이 위성을 통해 열여덟 개가 아닌 세 개만으로 지구 전체가 연결될 수 있었고, 전송 용량은 네 배 이상 확대되었다.

소련, 중국, 유럽은 인텔셋에 초대받지 않았다. 독자적인 방법을 찾아야 했다. 1963년 7월에는 '위성통신유럽회의(European Conference on Satellite Communications, ECSC)'가 처음 열렸다. '유럽우주개발기구(European Space Research Organization)'도 잇따라 창설된다. 소련 또한 1971년에 모든 참여 국가가 동등한 사용권을 갖는 인터스푸트니크(Intersputnik)를 발족시켰고, 폴란드, 체코, 헝가리, 쿠바 등 8개국이 참여했다. 그보다 앞선 1967년에는 텔레비전 방송 전용 위성을 발사하기도 했다.

　한국에서는 너무 자연스럽게 운전 중에 GPS를 쓰지만 러시아, 유럽 및 중국에서는 다른 시스템을 사용하는 것은 이런 까닭에서다. 2013년 9월 중국은 총 열여섯 개의 위성을 발사함으로써 미국의 GPS 대신 베이도우(北斗)라는 자체 시스템을 개발했다. 파키스탄과 태국 등 4개국은 이미 중국의 GPS를 채택하고 있다. 유럽 또한 '갈릴레오(Galileo) 프로젝트'를 통해 독자적인 위성항법시스템(Global Navigation Satellite System)을 구축했다. 군사적 충돌이 있을 때 미국이 GPS 서비스를 해 주지 않을 가능성에 대비하는 한편, 자국과 역내 시장을 지키는 것이 목적이었다.

　제3세계는 비동맹그룹으로 알려진 G77을 만들었다. UN이 주요 무대였다. 1960년대 후반에는 신국제경제질서를, 1970년대에는 신국제정보질서를 요구했다. 경제적 좌절감과 더불어 서구 중심의 정보질서가 주는 부작용이 상당했기 때문이다. 미국의 UPI와 AP, 영국의 로이터, 또 프랑스의 AFP 등 4대 통신사가 정보를 독점하는 것에 대한 문제의식이었다. 인공위성망의 구축이 주는 장점에도 불구하고 우려의 목소리를 갖는 것은 자연스러웠다. 위성을 통해 얻을 수 있는 이익은 막대하다. 금융거래, 정보 서비스, 방송 등을 통한 수익사업은 물론, 적대국을 감시하고, 사용자의 정보를 이용하고, 또 고급 기밀 정보를 손쉽게 확보할 수 있다. 약소국은 그간 전파 방해 등을 통해 강대국의 단파 라디오에 의한 전파 월경을 막아 왔다. 우주 공간을 활용한 도청이나 감청은 걱정하지 않아도 되었다.

그러나 정지궤도 위성에서 발사되는 전파를 막을 방법은 많지 않다. 위성수신용 접시의 크기를 제한하는 게 고작이었다. 게다가 위성망이 한번 구축되고 나면 신규로 참여할 수 있는 여지도 없었다. 미국 정부나 민간기업과 양자 회담을 할 경우, 집단 회담과 달리 불공정한 계약이 불가피하다. 유럽은 이를 잘 알았고, 유럽연합을 통한 단체협상을 해 왔다. 제3세계 국가 역시 동일한 전략을 취했는데 그 창구는 국제텔레컴연맹(ITU)과 유네스코(UNESCO)였다.

1971년 우주커뮤니케이션에 관한 ITU 총회를 통해 이 나라들은 먼저 사전 동의 없는 위성방송 신호의 국경 침입을 막기 위한 규정을 채택했다. 1972년에는 유네스코 총회를 통해 직접 위성방송의 경우 송신국과 수신국 사이의 사전 협의가 필요하다는 결정을 이끌어 냈다. 1979년에 종료된 ITU 협상을 통해 900개에 달하는 위성방송 채널과 수익을 회원국 모두에게 일정 부분 할당하기로 한 것은 집단 협상의 성과였다.

1989년 12월 3일 미국과 소련은 '몰타' 회담을 통해 냉전이 끝났다고 밝혔다. USSR은 1990년 2월에 해체된다. 1차 걸프전은 그 직후인 1991년 1월에 시작되었다. 미국의 케이블 방송 CNN(Cable News Network)은 슈퍼버드, 인텔셋, 팬암샛 등 세 개의 위성을 이용해 이라크 상황을 24시간 생방송으로 전달했다. 영국의 BBC 월드 역시 1991년에 첫선을 보였다. 라디오에서 출발해 텔레비전으로 발전한 국제방송은 인터넷의 등장으로 또 한 번의 질적 변화를 겪는다.

인터넷은 미국 펜타곤 작품이다. 적대국의 선제 핵 공격에서 생존할 수 있는 분산형 네트워크를 고안한 폴 배런은 미국 공군 싱크탱크인 랜드 연구소 소속이었다. 대량의 정보를 교환하는 과정에서 일종의 규칙을 정해 주는 TCP/IP를 개발한 곳도 펜타곤 소속의 '방위고등연구계획국(Defense Advanced Research Projects Agency, DARPA)'이다. 인터넷의 원형으로 알려진 아파넷(ARPANET)은 펜타곤을 나타내는 D(Defense)가 빠지고 뒤에 네트워크(Network)가 결합된 단어다. 국제인터넷주소관리기구(International Corporation for Assigned Names and Numbers, ICANN) 또한 미국 정부의 영향권에 있다.

국내에 인터넷이 처음 들어온 건 1995년 무렵이었다. 넷스케이프(Netscape)라는 브라우저를 이용했고, 검색엔진은 야후(Yahoo)가 대세였다. 전화선을 이용했기 때문에 사진을 한 장 받으려고 해도 30분 정도는 걸렸다. 노트북은 드물었고 데스크탑이 많았다. 운영 소프트웨어는 마이크로소프트에서 개발한 도스(DOS) 체제를 잠간 사용하다 곧 윈도우(Window)로 전환되었다. 구글(Google)에 대해 처음 들었던 건 2000년이다. 캐나다 친구를 방문했을 때였는데, 야후를 쓴다는 말에 그런 구식을 사용한다고 핀잔을 들었던 기억이 있다. 1998년에 유학 생활을 시작할 때만 해도 미국에서는 핸드폰을 거의 쓰지 않았다. 문화가 달라서 그렇다는 이유도 있었지만 비용이 문제였던 것 같다. 통신 비용과 휴대폰 단말기 가격이 내려가면서 이용자가 크게 늘었다. 졸업 논문을 쓰기 위해서는 미국, 유럽과 한국의 자료가 많이 필요했다. 꾸준히 구축되어 온 정보질서의 덕을 많이 봤다. 미국 정부의 보도자료와 IMF와 WB에서 나온 각종 보고서, 대학과 싱크탱크에서 발간된 논문 등을 온라인으로 편하게 이용할 수 있었다.

담론질서

대학원 과정에서 논문을 쓰려는 분들에게 늘 하는 충고가 있다. 논문은 쟁취하는 게 아니고 선물로 받는 것이라고. 마무리된 것만 의미 있다는 얘기와, 이를 도와주는 분이 제일 좋은 지도교수라는 말도 덧붙인다. 혹여 갑질이라 오해할지 모르지만 이유가 있다. 인문사회과학 분야에서 논문은 절대진리를 다루는 것과 거리가 멀다. 연구를 하기 위한 방법론도 정말 많다. 통계를 잘 안다 해서 다른 방법론에도 정통할 수는 없다. 교수들마다 지식을 대하는 관점도 아주 다르다. 논문 주제가 좋으면 다른 것은 좀 부족해도 괜찮게 보는 분이 있는 반면, 방법론을 제대로 모르면 아예 기회를 박탈하기도 한다. 그런 점에서 논문을 운전면허증이라고 봐주었던 지도교수를 만난 건 행운이었다. 외국인이라 그렇게 대했는지 모르지만 초보 운전자에게 많은 것을 요구하지는 않았다.

조지프 도미닉은 언론학에서 나의 석사논문을 지도해 준 교수였다. 연구방법론 분야에서는 국내에서도 잘 알려져 있다. 언젠가 농담으로 한국 학생들 사이에서는 자신이 '도미니카공화국'보다 더 유명하다고 할 정도였다. 1998년 외환위기 후유증이 막 시작될 무렵이라 첫 만남에서 이렇게 물었다. "당신은 꽤나 유명한 석학인데, 왜 아시아 위기에 대해서는 관심이 없냐?" 그러자 첫 대답이 "왜?"였다. 본인은 경제학을 잘 알지도 못하고 큰 관심도 없다고 했다. 결정적으로 "한국 문제라면 한국 사람이 관심을 갖고 해답을 찾아야 하는 것 아닌가?"라는 말도 덧붙였다. 당시에는 실망했지만 곱씹을수록 많은 질문을 할 수 있게 도와준 대화였다.

우선 미국의 일개 대학 교수가 한국 문제에 관심도 많고 전문적인 지식을 갖고 있을 거라고 생각한 이유는 무엇일까를 질문할 수 있다. 많은 교수 중 유독 '도미닉'이란 분을 콕 집어 도움을 청한 이유는 또 무엇일까. 금융 현장에서 직접 보고 들은 경험을 무시하고 당신에게 기대려 한 심리는 왜 생긴 것일까에 대해서도 고민할 필요가 있었다.

그리스 철학자인 아리스토텔레스가 쓴 『수사학』은 '어떻게 해야 다른 사람을 잘 설득할 수 있는지.'에 대한 고민을 담았다. '광장'을 뜻하는 '아고라'에서 연설을 통해 주도권을 잡고 싶었던 많은 사람들이 이 책을 읽었다. 담론의 본질에 해당하는 에토스(ethos), 파토스(pathos), 로고스(logos)에 대한 설명이 들어 있다. 학교에서 배우는 '윤리(Ethics)' 과목의 뿌리가 에토스다. 말하는 사람이 '선한' 의도를 갖고 있고, '신뢰'할 만하며, 또 '권위'가 있다고 느끼도록 만드는 능력이다.

당시 지도교수는 이런 특징을 충분히 갖추고 있었다. 한국인 입장에서 봤을 때 미국은 '은인'이다. 배고플 때 먹을 것을 주었고, 사악한 공산주의로부터 한국을 지켜 주었고(게다가 함께 피를 흘렸고), 미국의 리더십을 의심할 이유는 없었다. 파토스가 쓰이는 단어로는 공감(sympathy)과 반감(antipathy), 또 프랑스어로 '감동적'이라는 뜻을 가진 'pathetique'가 있다. 베토벤의 「소나타 8번」의 부제로 쓰였는데 한국에서는 '비창(悲愴)'으로 번역된다. 듣는 사람의 가슴(hearts)을 울릴 수 있는 능력이며, 감동적이다, 뭉클하다, 뜨겁다 등의 느낌이 생기도록 만든다. 내가 공부를 하던 그래디칼리지(Grady College)에는 쉰 명 정도의 교수가 있었는데, 지도교수는 '백인'에 '육십 대' '남성'이었다. 지도학생이 되는 것만으로도 영광으로 생각할 만큼 인기도 높았다. 중요한 문제를 상의하기에는 최적의 인물이었다.

『수사학』에서 로고스는 이데올로기(Ideology), 사회학(Sociology), 심리학(Psychology) 또는 '논리적(logical)'이라는 뜻으로 쓰인다. 연설자가 자기 주장을 견고하게 뒷받침할 수 있는 '사실관계'와 '증거자료'를 충분히 확보하고 있는지에 대한 판단이다. 대학 교수이면서 잘 알려진 대학 교재의 필자라는 점을 감안했을 때 이 능력은 전혀 부족하지 않았다. 전 세계에서 유학 오는 학생을 자주 접했다는 것, 대학에 있으면서 상당한 지식을 축적했다는 것, 또한 경험의 폭과 깊이가 다를 거라 생각하는 것은 지극히 당연했다. 전혀 의식하지 못했지만 이런 담론질서가 작용한 결과가 당시 행동이 아니었을까 싶다.

미국의 패권이 작용하는 방식도 크게 다르지 않을 것 같다. 안보, 경제와 정보질서는 건축물로 치면 골조에 해당한다. 벽돌, 목재, 단열재, 시멘트와 장식품 등에 해당하는 '담론질서'가 적절하게 '결합'되어야 비로소 온전해진다. 분리시키면 온전하게 작동하지 못한다. "입술이 없으면 이가 시리다."는 말처럼 담론의 도움 없이 홀로 서는 권력은 없다.

지식자원(Intellectual Asset)

2018년 6월 7일 자《연합뉴스》는 "2019년도 QS 세계대학순위"라는 제목의 기사를 보도했다. 국내 언론에서 쉽게 볼 수 있는 대학순위와 관련한 뉴스다. 발표 기관에 대한 불신이 전혀 없는 것은 아니지만 공신력이 있다. 특히 상위권 대학은 상당히 민감하게 반응한다. 전년도에 비해 조금이라도 떨어지면 동문회를 비롯해 이해 관계자의 불만이 쏟아진다. 국내에서는《중앙일보》와《경향신문》이 순위를 발표하는데, 평가를 받는 대학 당사자는 아주 피곤하다. 그러나 지식 경쟁력을 키워야 한다는 데 반대할 명분은 없다. 나름 객관적이고 공정한 잣대를 적용하기 때문에 딱히 반박하기도 힘들다. 그래서 군사력, 경제력, 정보력과 동일 선상에서 '지식력'을 가늠해 볼 수 있는 지표로 인식된다.

2019년 현재 전 세계 대학을 평가하는 곳은 크게 세 곳이다. 그중《US 뉴스 앤 월드 리포트(News & World Report)》가 있는데 최근 발표된 자료에 따르면, I등은 하버드대학교다. 메사추세츠공과대학(MIT), 스탠퍼드대학교, UC버클리 등이 뒤따르고 있다. 상위 10위권 대학 중 여덟 곳이 미국이다. 영국의 옥스퍼드대학교는 5위, 캠브리지대학교는 7위에 올랐다. 20위권으로 확대해도 상황은 비슷하다. 영국의 런던제국대학교(Imperial College, 17위)와 캐나다 토론토대학교(20위) 정도만 있다.

영국에서 발표하는 다른 두 지표는 조금 다르지만 순위에 큰 차이는 없다.《타임스 하이어 에듀케이션(Times Higher Education)》이 발표하는 순위가 좀 더 역사가 깊다. 미디어 재벌로 잘 알려진 루퍼트 머독이 소유하고 있는 《타임》에서 발행하는 주간지다. 2018년 순위가 얼마 전 발표되었는데, 미국의 하버드대학교가 여기서도 1위다. 10위에 들어간 대학은 MIT, 스탠퍼드, UC버클리, 예일, UCLA, 시카고대 등으로 모두 미국이다. 영국의 옥스퍼드와 케임브리지대학교는 4위와 5위로, 《US 뉴스》 랭킹보다 몇 단계 높다. 20위권으로 확대하면 차이가 좀 더 난다. 일본 도쿄대학교(13위), 중국 칭화대학교(14위)와 베이징대학교(17위) 등이 포함된다.

교육전문 기업인 'QS(Quacquarelli Symonds)'가 발표하는 자료도 있다. 2009년부터 독자적으로 순위를 발표한다. 1위는 미국의 MIT다. 영국의 옥스퍼드, 케임브리지, UCL(University College London), 런던제국대학교도 10위권에 속한다. 스위스 취리히공대가 10위에 오른 것도 특징이다. 20위권으로 확대하면 국적은 더 다양해진다. 싱가포르 난양공대와 싱가포르국립대학교, 프랑스 로잔연방공과대학교(EPFL)와 호주국립대학교가 보인다. 미국 대학이 나머지를 채운다.

또 다른 지표로는 '싱크탱크'가 있다. 펜실베이니아대학교(University of Pennsylvania)는 《독립신문》을 창간한 서재필 박사가 졸업한 대학이다. 지금도 서재필기념관이 있다. 미국에서 가장 오래된 대학 중 하나로 명문 아이비리그다. 미국 역사에서 가장 존경받는 인물 중 한 명인 벤저민 프랭클린이 세웠다. 언론인이면서 발명가이자 독립운동가였다. 100달러 지폐에 그의 초상화가 그려져 있다. 이 대학의 '싱크탱크와 시민사회 프로그램(Think Tanks and Civil Societies Program, TTCSP)'에서 발표하는 자료가 이 분야 최고의 권위를 자랑한다.

2017년 결과보고서에 보면 몇 가지 흥미로운 사실이 발견된다.[39]

전 세계에서 가장 많은 싱크탱크를 갖고 있는 곳은 미국으로 1872개나 된다. 중국에 그다음으로 많은 512개가 있고, 영국(444개), 인도(293개), 독일(225개), 프랑스(197개) 등이 뒤따른다. 일본은 8위로 116개, 11위는 브라질로 아흔세 개, 스웨덴, 네덜란드, 스위스, 멕시코와 오스트리아 등의 순서다. 한국은 25위권 밖이다. 대부분은 1951년 이후 설립되었으며, 미국의 경우 절반 이상이 1980년대 이후 태동했다. 대략 400개 정도가 워싱턴 D. C.에 몰려 있으며, 전체의 절반은 대학과 관련이 있다. 지역으로 구분해 보면 유럽(26.2퍼센트), 북미(25.2퍼센트), 아시아(20.7퍼센트)와 남미(12.5퍼센트) 등의 순서다.

　미국과 다른 국가를 모두 합쳤을 때 1위는 브루킹스연구소(Brookings Institue) 몫이다. 2위는 프랑스 국제관계연구소(Institute of International Relations, IFRI), 3위는 국제평화를 위한 카네기재단(Carnegie Endowment for International Peace), 4위는 벨기에의 '브뤼헐(Bruegel)', 5위는 국제연구전략센터(Center for Strategic and International Studies)다.

　그 밖에 20위권에 포함된 미국계로는 헤리티지재단(Heritage Foundation, 8위), 랜드 연구소(RAND), 우드로 윌슨센터(Woodrow Wilson Center, 11위), 아메리카진보센터(Center for American Progress, 12위), 외교협회(CFR, 13위), 가토연구소(Cato Institute, 15위), 피터슨경제연구소(Peterson Institute for International Economy, 17위) 등이 있다. 아시아에서는 14위에 오른 일본국제관계연구소(Institute of International Affairs, JIIA)와 19위의 한국개발연구원(Korea Development Institute, KDI) 정도가 눈에 띈다. 앞서 살펴본 안보, 경제, 정보질서와

크게 다르지 않다. 격차가 줄어들고는 있지만 리더십을 위협할 정도
는 아니다. 자율경쟁이 아닌 '인위적'인 질서로 '정치'가 개입해 왔다
는 것도 비슷하다. 전쟁은 지식권력에서도 늘 중요한 변수였다.

　　2008년 가을, 한국은 다시 외환위기의 두려움에 떨었다. 국민의
두려움과 자신감 상실이 문제였다. 이명박 대통령과 청와대 참모가
택한 전략은 라디오를 통한 대화였다. 두 주에 한 번씩 했다. 미국의
루스벨트 대통령이 1934년에 사용한 방식이었다. 난롯가의 다정한
대화라는 뜻을 가진 노변담화(爐邊談話)였다. 대공황이 기승을 부리
던 1933년에 취임한 그는 "우리가 두려워해야 할 것은 두려움 그 자
체뿐입니다."라는 말로 국민을 위로했다. 각 가정마다 라디오가 있다
는 점과 직장이 없어서 다들 집에 있을 거란 점을 고려한 전략이었다.
"오늘은 은행 얘기를 좀 하겠습니다."와 같은 편한 대화 방식이었다.

　　당시 록펠러 재단은 미국의 미래를 고민했고, 1937년의 '라디오
연구프로젝트(Radio Research Project)'는 그 시작이었다. 프린스턴대
학교에 본부를 두었고, 책임자는 오스트리아 출신 사회학자인 폴 라
자스펠드였다. 그때 경험을 토대로 그는 위에서 말한 '2단계 정보 흐
름'을 발표할 수 있었다. 곧이어 1939년에는 '전쟁과 평화연구'가 막
을 올렸다. 미국 CIA의 아버지로 불리는 윌리엄 도노반과 앨런 덜레
스는 이 연구에서 많은 것을 배웠다. 1961년에 나온 『미국을 위한 전
망: 록펠러 전문가 보고서(Prospect for America: The Rockefeller Panel
Reports)』도 있다. 대통령 출마를 준비하고 넬슨 록펠러가 당시 하버
드대학교 교수로 있던 헨리 키신저를 책임자로 섭외해 만들었다.[40]

　　미국의 참전 이후 전쟁은 더욱 치열해졌다. 당시 독일은 프랑스

와 영국을 압도하고 있었다. 1941년 12월 7일에는 일본이 진주만을 공격했다. 죽느냐 죽임을 당하느냐의 분기점에 섰다. 국가의 위기를 목격한 지식인들도 애국심에 불탔다. 전쟁 이후 CIA로 화려하게 부활하는 '전략사무국(Office of Strategic Services, OSS)'은 이런 상황에서 출범했다. 1942년 6월 13일에 루스벨트 대통령의 승인이 떨어졌다. "적을 알고 나를 알면 백 번 싸워도 위태롭지 않다."고 했던 말처럼 '지식'이 어느 때보다 절실한 상황이었다. OSS의 두뇌 역할을 할 '연구분석부서(Research and Analysis Branch, R&A)'가 등장하게 된 배경이다. 책임자는 하버드대학교 역사학과 교수였던 윌리엄 랭어였다. 대학에 복귀한 후 그는 '해외정보자문위원(Foreign Intelligence Advisory Board)'으로 오랫동안 일했다. 1979년 정보기관을 모두 포괄하는 '정보복합체' 산하에 '국가정보위원회(National Intelligence Council)'를 만든 장본인이다. 국가에 봉사할 기회를 찾던 대략 900명의 학자가 모였다. 역사학, 경제학, 정치학, 지리학, 심리학, 인류학과 심지어 전직 외교관도 참가했다.[41]

전성기 때는 1200명의 직원이 고용되었고, 그중 400명은 해외에 머물렀다. 망명한 많은 유럽 지식인들도 참가했다. 전후 미국 사회과학이 태어난 곳이다. 제3세계 근대화(modernization) 이론의 주역으로 알려진 월트 로스토, 『1차원적 인간』으로 유명한 프랑크푸르트 학파의 헤르베르트 마르쿠제와 고려대학교 총장 김준엽과 절친으로 알려진 중국학의 대가 존 페어뱅크도 있었다. 인터넷의 아버지로 불리는 폴 배런도 그중 한 명이다. OSS 동문 중 일곱 명이 미국역사학회 회장이 되었고, 다섯 명은 미국경제학회장, 노벨상을 받은 사람도 두 명이나 된다. 지리학자와 경제학자들은 독일의 전략적 요충지를 파악해 연합군의 폭격을 도왔다. 정치학자와 심리학자들은 '프로파간다' 연구에 파묻혔다.

커뮤니케이션 모델 중 'S-M-C-R-E'가 있다. "누가(Source), 무엇을(Message), 어떤 통로를 통해(Channel), 누구를 대상으로 (Receiver), 무슨 효과(Effect)를 위해서"를 줄인 말이다. 혼자 대학 하나를 차려도 된다고 할 만큼 뛰어났던 해럴드 라스웰이 제안했다. 박사 논문 제목은 「세계전쟁을 통해서 본 프로파간다 기술(Propaganda Technique in the World War)」이다. 미국정치학회 회장 출신으로 정치학의 중요한 분파로 성장하는 '행태주의(Behavioralism)'는 그의 이런 경험을 토대로 등장했다. 질적 분석이나 양적 분석과 같은 사회과학적 방법론에도 결정적인 영향을 미쳤다. 전쟁 중에는 의회도서관 산하 '전쟁커뮤니케이션(War Time Communication)' 연구를 위한 실험분과 책임자였다. 독일 괴벨스 주도하에 확산된 프로파간다 영화를 파헤쳤고, 나중에는 영역을 공산권으로 확대시켰다.

박사 과정 학생으로 들어와 공동 작업을 했던 인물이 이딜 드 솔라 풀이다. 국제커뮤니케이션의 개척자로 알려져 있지만 MIT에서 30년간 정치학과 교수로 머물렀다. 프로파간다 연구를 위해 라스웰의 지도학생이 되었고, 특히 커뮤니케이션이 정치에 미치는 영향에 관심이 많았다. 나치 독일을 비롯해 소련과 중국 등이 연구 분야였다. 박사 논문을 쓰는 동안 스탠퍼드대학교 후버연구소(Hoover Institute)의 '국제관계발전연구(Reserach and Development of International Relations, RADIR) 프로젝트'의 부책임자로 일했다. 책임자는 대니얼

러너였다.

동갑내기였던 두 사람은 이때부터 냉전 프로파간다의 최고 전문가로 떠올랐다. 후버연구소에서 시작된 인연은 MIT로 간 뒤에도 지속된다. 러너는 군대 경험이 있었고, 전쟁 중 파리에서 '심리전분과'를 책임졌다. OSS 연구분과에 속해 있었던 마르쿠제, 로스토 등과 가까이 지낼 수밖에 없는 자리였다. 전쟁이 끝난 후 솔라 풀은 카네기재단의 후원으로 RADIR를 맡아 운영했다. 1953년에는 CIA가 설립한 MIT 내 '국제학 센터(Cener for International Studies, CENIS)' 책임자로 옮겼다.[42] 심리전 전문가라는 점과 '미국의 소리'에서 근무한 경험을 인정받았다.

당시 미국은 소련의 프로파간다 방송을 막을 수단을 찾고 있었다. 체제 경쟁에 돌입한 상태에서 소련을 붕괴시킬 수 있는 방안도 찾아야 했다. 일명 '트로이 프로젝트(Troy Project)'는 이렇게 탄생했다. MIT 총장 제임스 킬리언과 하버드대학교 부총장 폴 벅의 주도로 각 분야 전문가가 초빙된다. 인류학자는 소련에서 탈출한 인사들에 대한 인터뷰를 위해, 경제학자는 계획경제의 허점을 찾기 위해, 또 정치학자는 반체제 운동을 돕는 게 목표였다.

CIA 자금으로 출발되었지만 중간에 포드재단이 그 역할을 떠맡았다. 국제커뮤니케이션기획위원회(International Communication Planning Committee)도 만들어졌고, 여기에는 폴 라자스펠드, 해럴드 라스웰, 솔라 풀 등이 대거 참여했다.[43] 솔라 풀은 또 윌버 슈람과 함께 커뮤니케이션을 활용한 근대화 이론을 확산시켰다. 전쟁 당시 슈람은 '전쟁 정보부(Office of War Information)' 책임자였고, 제대 후에는 스탠퍼드대학교, 아이오와대학교, 일리노이대학교에 커뮤니케이션학과를 만들었다. 2차 세계대전이 '커뮤니케이션학'의 확산에 기여했다면, 냉전은 '지역학' 발전과 깊은 관련이 있다.

전공이 분화되어 있다는 것은 장점이면서도 단점이다. 분파주의로 불리는 이런 경향으로 인해 현실을 종합적으로 보고 대응하는 능력이 떨어진다. 국제사회나 개별 국가는 유기체와 닮았다. 정치, 경제, 사회와 언론 등이 분리되어 있지 않다. 1940년대 중반, 전쟁 직후 미국도 비슷한 고민을 만났다. USSR로 알려진 광범위한 지역은 '적대' 세력으로 성장한 상태였다. 중국에서 국민당은 마오쩌둥의 붉은 군대에 계속 밀리고 있었다. 특정 지역의 문화, 역사, 정치와 사람들을 함께 연구하는 지역학은 이러한 배경에서 나왔다. OSS 출신이 주도적 역할을 맡았다.

지역에 대한 관심 자체는 이전에도 있었지만 전략적인 목적에 의해 본격적으로 관리되기 시작한 것은 냉전이 시작된 이후다. 1946년 컬럼비아대학교에 설치된 '러시아연구소(Russian Institute)'가 시초다. 1953년에는 CENIS가 MIT에 들어섰고, '러시아연구센터(Russia Research Center)'는 하버드대학교에 둥지를 틀었다. 소비에트학(Sovietology) 또는 크레믈린학(Kremlinology)이라 불리는 학문이 이때 모습을 드러냈다. 즈비그뉴 브레진스키, 조지 캐넌, 콘돌리자 라이스 등이 대표적인 이 분야 전문가들이다.

연구 지역도 빠르게 확장된다. 컬럼비아대학교는 1954년에 '동유럽연구소(East Centra European Institute)'를 세웠다. 1955년에는 하버드대학교에 '동아시아연구 페어뱅크센터(Fairbank Center for East

Asian Research)'가 문을 연다. 관련 프로그램이 전국으로 확장된 계기는 1958년 통과된 '국가방위교육법안(National Defense Education Act)'이다.[44]

그간 소외되었던 UC버클리, UCLA, 조지아대학교, 루이지애나주립대학교, 미네소타대학교, 노트르담대학교, 펜실베이니아주립대학교, 라이스대학교, 로체스터대학교, 워싱턴대학교 등에도 지역학 기관이 잇따라 들어섰다. 그중 UC버클리에만 근동연구학과(Department of Near Eastern Studies), 라틴아메리카연구센터(Center for Latin American Studies), 슬라빅/동유럽학센터(Center for Slavic and East Eurpean Studies), 동아시아연구센터(East Asian Studies Center), 남아시아언어/지역연구센터(South Asian Language and Area Studies Center), 아프리카연구위원회(Commitee for African Studies) 등이 있다.

한국 공산주의 연구로 잘 알려진 로버트 스칼라피노 교수가 핵심 인물이었다. 그의 제자로는 이정식(펜실베이니아대학교)과 서대숙(하와이대학교)이 있는데 모두 반공주의 연구로 유명하다. 1972년에는 스칼라피노와 이정식의 공저로 『한국공산주의운동사』가 발간된다. 반공주의 관점이 강하고, 미국에 대해서는 지나치게 우호적이라는 특징이 있다. 한 예로, "공산당의 좌경화는 미군정 측의 강경 대응을 가져왔다."와 "불안정한 정치 상황, 이는 대부분 공산당에 의해 조장된 것이다." 등의 내용이 실려 있다.

지역학에서 인류학자와 심리학자들은 중요한 역할을 했다.[45] 출발지는 OSS 전략사무국 내 '육군정훈분과(Army's Information and Education Division)'였고, 이들은 하버드대학교의 '사회관계학과

(Department of Social Relations)'에 뿌리를 내렸다. 해외로 파견되는 군인들에게 원주민의 역사와 문화 등을 교육하는 것이 목표다. 핵심 인물 중 한 명이 시카고대학교에서 박사학위를 받은 새뮤얼 앤드루 스타우퍼. 일찍이 인디언 '나바호' 부족에 관한 연구를 한 문화인류학 전공자로, 그가 이끄는 일군의 사회과학자들은 전쟁부(War Department)의 후원으로 50만 명의 미국 군인에 대한 설문조사를 이끌었다. 1949년에 나온 『미국 군인(The American Soldiers)』 시리즈가 그 결과물이다. 불행의 원인은 '상대적 박탈감' 때문이라는 것도 이 연구를 통해 밝혀졌다.

급속한 성장에는 한국전쟁이 빠질 수 없다. 미국의 인류학자들이 한국에는 왜 관심을 가졌을까? 그것도 심리학 관점에서? 적을 알고 나를 알아야 하는 필요성 때문이다. 북한과 중국이라는 적도 알아야 하지만, 한국이라는 동맹에 대한 정보도 필요하다. 예를 들어, 통역관으로 일하는 한국인들이 공산주의자가 아니라고 확신할 수 없다. 1948년에 육군이 세운 '작전연구소(Operation Research Office, ORO)'가 선구자다. 존스홉킨스대학교와 공동으로 했다. 워싱턴 D. C.에 있는 포트 맥네어 부대 안에 연구소를 차렸다. 1951년 1월 미8군 사령부는 「거짓말 탐지 기법의 사용 가능성 및 한국과 중국공산주의자에 대한 보충 보고서(Report on the Possible Uses of the Polygraph & Supplemental Report on the Examiniation of Korean Nationals and Communist Chinese)」를 받는다. 한국인 통역관 스무 명에 대한 거짓말 탐지기 실험 결과와 평가 내용이 여기에 담겨 있다.[46]

이 시기에 '인적자산연구단체(Human Resources Research Organization,

HumRRO)'도 설립된다.[47] 미국 육군을 지원하기 위한 목적으로 1951년 펜타곤 인근에 있는 조지워싱턴대학교에 들어섰다. 설립 자였던 메러디스 크로퍼드는 미국심리학회 산하 '군사심리학을 위 한 사회(Society for Military Psychology)' 분과 책임자였다. 1956년에 는 '특별작전연구소(Special Operations Research Office, SORO)'가 만 들어졌고, 인근 아메리카대학교에 자리를 잡았다. 육군 전시심리국 (Psychological Warfare Office)의 지원을 받았다. 애초 USIA(미국 공보 처)와 함께 이념 전쟁에서 승리할 수 있는 전략을 찾는 게 목적이었 다. 1959년 쿠바혁명을 계기로 남미의 반체제운동 통제로 방향을 틀 었다.

1964년의 '캐머롯 프로젝트(Project Camelot)'도 이런 배경에서 시 작된다. 전체 지휘는 SORO에서 맡는다. 연구소 소장은 시어도어 밸 런스였고, 프로젝트 책임자로는 남미 전문가 렉스 후퍼를 초빙했다. 10월에 두 사람은 하버드대학교, 컬럼비아대학교, 프린스턴대학교, 러셀 세이지 재단과 포드 재단 등을 아우르는 팀을 발족시켰다. 연간 예산은 100만 달러로 정해졌다. 페루에서는 '프로젝트 콜로니(Project Colony)'를, 콜롬비아에서는 '프로젝트 심파티코(Project Simpatico)'를 진행한다.

남미를 대상으로 한 광범위한 인류학 연구는 오래가지 못했다. 미국이 뒤에 있다는 것이 폭로된 뒤 이 계획은 조용히 취소된다. 물 론 끝은 아니었다. SORO는 이름을 바꾼다. 장소와 구성원은 같았지 만 명칭만 다른 '사회시스템연구소(Center for Research in Social System, CRESS)'로 갈아탔다. 대상도 베트남으로 옮겼다. '전쟁위원회(War

Council)'에서 안보 자문 특별보좌관으로 있었던 맥조지 번디가 베트남전쟁을 준비한 것은 1964년 3월이었다. 전직 정보장교였던 그는 OSS 동문과 친밀한 관계였고, CRESS는 거의 동문회 모임이었다. 같은 실수를 반복하지 않기 위해 연구 프로젝트는 분산시켰다. 이곳에는 '문화정보분석센터(Cultural Information Analysis Center, CINFAC)'만 남겼다. 문화인류학을 이용한 베트남 연구를 이곳에서 진행했다.

국방부의 '프로젝트 애질(Project AGILE)'도 모습을 드러냈다. 1965년의『베트남 교육시스템과 부족 중심 학교에 관한 간추린 역사(A brief history of Ethnically oriented schools within Vietnams's educational system)』, 1966년의『베트남의 소수 인종들(Minority Groups in the Republic of Vietnam)』과 1967년에 나온『베트남공화국 국경에 사는 일부 부족의 관습과 금기(Customs and Taboos of Selected Tribes Residing along the Western Border of the Republic of Vietnams)』등이 이 연구소가 발간한 자료다.

공군도 별도의 연구기관을 세웠다. 랜드재단에 이어 '인적자원연구소(Human Resources Research Institute, HRRI)'가 설립된 해는 1949년이다. 연구소의 위치는 미항공대학(Air University)이 있는 맥스웰(Maxwell) 공군기지다. 일부 대학의 커뮤니케이션과 심리학, 인류학 연구자들이 합류한다. 컬럼비아대학교의 응용사회과학연구소(Bureau of Applied Socieal Reserach), 하버드대학교의 사회관계실험소(Laboratory of Social Relations), 일리노이대학교의 커뮤니케이션연구소(Institute of Communication), 워싱턴대학교의 워싱턴여론연구소(Washington Public Opinion Laboratory) 등이다. 한국전쟁 동안 상당한 도움을 주었다. 협상 전략에 필요한 정보를 제공하기 위해 북한 대표단의 말과 행동과 심리를 분석한 것으로 알려진다.

UN 수용소에 잡혀 있었던 17만 명에 달하는 포로 역시 훌륭한 연구 대상이었다. 프로파간다가 실제로 얼마나 효과가 있는지, 공산주의에 동조한 이유는 무엇인지, 또 전향을 시키기 위해서는 어떤 교육이 필요한지 등을 살폈다. 의회 청문회에서 문제가 되면서 1954년에 해체되지만 연구 역량 중 상당 부분은 CIA로 연결된다. CIA가 인간의 정신을 조종하기 위해 고안한 실험 프로젝트인 'MK울트라 프로젝트'와 관련 있다.

1952년 1월부터 3월까지 미국이 북한 169개 지역에서 박테리아균과 화학무기를 사용한 것이 발단이었다. 작전 수행을 하던 비행기가 추락해 공군 장교 일부가 체포되었고, 그들은 '세균전'이 있었다는 사실을 폭로했다. 미국 정부가 강력하게 부인하는 가운데 '국제민주변호사위원회(Commission of International Association of Democratic Lawyers)'는 「한국 내 미국 범죄 보고서(Report on U. S. Crimes in Korea)」를 1952년 3월 31일에 발표했다. 책임자는 영국 케임브리지 대학교의 조지프 니드험 박사였다. 일본의 731부대를 이끌었던 생체 전문가들이 한국을 몇 차례 방문했고, 작전에 협력한 것도 드러났다.[48] 전쟁 이후에도 유사한 연구가 지속된다. 미국 내 민관협력을 넘어 이번에는 국제사회와 연계하는 프로젝트로 확대되었다. 해외군사기지처럼 미국 영토 밖에서 지식을 생산하는 전진연구소가 들어선 계기였다.[49]

고려대학교에는 아세아문제연구소가 있다. 1957년에 설립되었

어빙 크리스톨

고 후원자는 포드재단이다. 연세대
학교 사회과학연구소와 고려대학교
행정문제연구소에서 진행된 한국학
관련 연구도 같은 곳에서 지원을 받
았다. 재단은 또 구한말 외교문서 정
리를 비롯해 중국과 일본 연구, 또
북한공산당 연구에 대략 100만 달러
가 넘는 돈을 투자했다. 다른 아시아
국가로는 대만과 일본이 공략 대상
이었다.

유럽에서는 특히 서독 관련 프로그램이 집중되었다. 교육교환
사업, 대학지원 사업, 반공지식인 네트워크 구축 등에 투자했고, 제3
세계를 대상으로 한 '미국 저서' 번역 사업 등도 포함되어 있었다. 관
련 지식은 CIA를 대신해 냉전시대 문화정책을 주도한 '문화자유회
의(Congress for Cultural Freedom, CCF)'가 전 세계로 전달했다.[50] 전달
매체 중 대표적인 것으로는 《인카운터(Encounter)》, 《차이나쿼터리
(China Quarterly)》, 《파르티잔리뷰(Partisan Review)》 등의 잡지가 있었
다. 그중 국내 지식인 사이에서는 《인카운터》의 인기가 높았다. 편집
과 저자 섭외 등을 CCF에서 직접 관리했다. 미국 네오콘의 아버지로
불리는 어빙 크리스톨이 책임자 중 한 명이었다.

국내 지식사회에 큰 영향을 미친 《사상계》는 CCF의 국내 창구
역할을 맡았다. 권보드레(2011)에 따르면, 미국과 영국의 저술이 주
로 번역되어 소개되었다는 점, CCF가 지원하는 행사와 저널의 내용

이 자주 등장했다는 점, 공산주의 사상과 비동맹운동을 비판하는 내용이 많았다는 점 등이 근거였다. 정치가 개입할 여지가 없는 자연과학 쪽도 정도는 덜하지만 본질은 같다.

과학기술 분야의 경쟁력을 가늠할 수 있는 지표로는 지식재산권(Intellectual Property) 현황이 있다. 관련 업무를 담당하는 곳은 세계지식재산기구(World Intellectual Property Organization, WIPO)다. 1967년에 설립되었으며, 본부는 스위스 제네바에 있다. UN의 열여섯 개 특별기구 중 하나로 184개국이 회원으로 참가한다. 2017년 9월 기준으로 전 세계에서 특허를 신청한 건수는 312만 건 정도다. 그중 중국이 42.8퍼센트로 가장 많고, 미국은 19.4퍼센트, 일본은 10.2퍼센트, 한국이 그다음으로 많은 6.7퍼센트다. 유럽연합, 독일, 인도, 러시아, 캐나다와 호주 등이 그 뒤에 있다.

GDP 기준으로는 한국이 최고다. 분야별로 봤을 때, 미국은 컴퓨터 테크놀로지, 디지털 커뮤니케이션, 의료기기 등에서 앞섰다. 한국은 전자 장비와 에너지 및 반도체에서 탁월하다. 상표권(Trademarks)에서도 중국이 37.9퍼센트로 1위다. 미국, 일본, 유럽연합, 인도, 러시아, 한국 순서다. 또한 2003년부터 2012년 동안 특허를 가장 요구한 기업 10위권에는 파나소닉을 비롯한 일본계가 일곱 곳, 한국의 삼성전자와 LG전자, 미국의 IBM이 올랐다. 과학 분야의 미국 패권이 상당히 위태로워 보인다. 과연 그럴까? 미국에 의해 게임의 규칙이 변해 왔던 역사적 경험을 보면 다른 관점이 가능하다.

유럽 여행은 1995년에 처음 했다. 김영삼 대통령이 '세계화'를 내걸면서 신입 직원을 대상으로 '배낭여행'이라는 특전이 주어졌다.

영국, 프랑스와 이탈리아를 보름 정도 둘러보았다. 국내에서는 팔지 않는 영화가 있어서 아무 생각 없이 비디오 테이프를 하나 샀다. 크기가 약간 다른 듯했지만 규격이 안 맞을 거라고는 생각하지 않았는데 한국에 돌아왔을 때 무용지물임을 알았다. 같은 비디오인데 '규격'이 다르다는 것을 몰랐던 탓이다. 그런데 과연 테이프만 그럴까? 컴퓨터는? 자동차는? 핸드폰은? 운영 프로그램은?

글로벌이 많이 진행되었다고 하지만 여전히 삼성 핸드폰과 아이폰은 다른 부품을 쓴다. 소비자는 불편할지 모르지만 국가와 기업의 관점에서 보면 너무 당연하다. '삼성전자'가 있기 때문에 한국의 많은 협력업체가 먹고산다. 만약 부품이 모두 '애플' 기준으로 통합되면 굳이 한국 기업에 생산을 맡길 이유가 없다. 유럽연합이 MS나 애플에 대해 '반독점' 위반 소송을 거는 것도 비슷한 이유다. 정부는 그래서 시장에 개입한다. 미국은 안 그렇다고 생각하면 오해다. 몇 가지 '규칙' 변경을 보여 주는 사례가 있다.

1990년대 중반만 하더라도 컴퓨터 시장에서 소니는 삼성전자보다 한 수 위였다. 1998년 미국에 유학을 나왔을 때도 삼성전자와 LG전자가 만든 컴퓨터는 찾아볼 수 없었지만 소니에서 만든 '바이오'는 많았다. 그 이후 소니 제품은 사라졌다. 마이크로소프트(MS)와 인텔(INTEL)의 합작품으로 알려진 'DOS/V' 운영체계가 확산되면서 일본의 'NEC PC-98' 시리즈는 몰락했다. 무슨 일이 일어난 것일까?

겉으로 보면 기술의 차이로 보이지만, 배후에는 '표준'을 둘러싼 전쟁이 있었다. 미국은 이겼고 일본은 졌다. 1988년 텍사스 오스틴에 펜타곤 관계자와 열두 개 반도체 관련 회사가 모였다.

SEMATECH(Semiconductor Manufacturing Technology)라는 협의체가 이때 결성된다. 목적은 1980년대 후반 미국을 따라잡은 일본을 견제하기 위한 전략 마련이었다. 정부, 기업과 연구소 등이 공동으로 '표준'을 결정했다. 윈텔리즘(Wintellism) 얘기다. 마이크로소프트에서 만든 윈도우(Windows)와 인텔(Intel)을 합친 단어다. PC시장을 완전히 재편했다는 뜻에서 -주의, -론을 뜻하는 '-ism'이 붙었다.[51]

국방부가 직접 관리하는 '방위고등연구계획(Defense Advanced Research Projects Agency, DARPA)'도 주목할 필요가 있다. 1958년에 아이젠하워 행정부는 소련이 인공위성 분야에서 자국을 추월했다는 뉴스를 들었다. 과학기술 분야에 좀 더 집중적인 투자가 필요했다. 핵무기를 만들었던 맨해튼 프로젝트 경험을 되살렸다. DARPA는 이렇게 태어났다. 1958년에 항공우주국(National Aeronautics and Space Administration, NASA)이 생긴 이후 우주 부문은 이곳으로 넘기고 몇 가지 프로젝트에 집중했다. 그중 하나는 '프로젝트 디펜더(Project Defender)'로 미사일 방어 시스템에 대한 연구다. '프로젝트 벨라(Project Vela)'는 핵실험 감지를 목표로 한다. 제3세계의 반체제 운동에 관한 연구와 전략 개발을 위한 '프로젝트 애질(Project AGILE)'도 있다. 인터넷과 지구위치시스템(GPS) 등이 모두 이 연구소 작품이다.

냉전이 끝난 후 잠깐 주춤하던 펜타곤의 개입은 9·11 이후 다시 증가 추세로 돌아섰다.[52] '미네르바 선도과제(Minerva Initiative)'는 펜타곤이 2008년에 설립한 연구 프로젝트다. 이슬람, 중국, 이라크와 중동 지역에 정통한 연구자를 활용해 안보 전략으로 활용하는 것이 목적이다. 대략 7000억 달러가 배정되었으며, 정보부와 펜타곤 등이 공동으로 참여한다. 첫 연구 수혜 대학은 USC로 1200만 달러가 지급되었다. '국토보안을 위한 탁월성 센터(Homeland Secutiry Center of Excellence)'를 설립하는 조건이었다. UC버클리, 뉴욕대학교, 위스콘신대학교, 텍사스 A&M, 오하이오주립대학교 등도 잇따라 참여했다.

펜실베이니아주립대학교의 헨리 지루(2008) 교수에 따르면, 펜타곤의 연구자금을 받고 있는 대학은 미국 전체에서 350개가 넘는다. 외부에서 주어지는 연구기금 중에서는 '국가건강위원회(National Health Institute)'와 '국가과학재단(National Science Foundation)'에 이어 세 번째로 큰 규모다. 전자공학의 60퍼센트, 컴퓨터사이언스의 55퍼센트, 금속 및 재료공학의 41퍼센트, 또 해양학의 33퍼센트에 해당하는 연구가 대상이다.

지난 2010년에 육군이 발표한 '인간지형시스템(Human Terrain System)'도 냉전의 유물이 복원된 사례다. 아프가니스탄 등 전투 지역에 파병된 병사들의 작전 수행 능력을 높이기 위해 해당 지역을 잘 아는 문화인류학자, 사회학자, 정치학자, 종교학과 언어 전공자를 활용하겠다는 계획이었다. 관련학계의 비판으로 중단되기는 했지만, 지식에 개입하려는 노력이 계속되고 있음을 잘 보여 주는 사례다.

감성자원(Emotional Asset)

대학 입시를 준비할 때 유일한 즐거움 중 하나는 미국 드라마 「에어울프」를 보는 것이었다. 전부 매력적이었다. 전투기를 능가하는 헬기도, 다른 최첨단 군사시설도, 생활 방식도 마음에 들었다. 조용한 호숫가 오두막도 그렇게 멋질 수가 없었고, 출연하는 배우도 멋졌다. 악당으로 나오는 아랍인들이 죽을 때는 연민은커녕 통쾌했다. 국경을 마음대로 넘나들면서 군사작전을 해도 별로 문제의식이 없었다. 미국은 정의로운 보안관이었고 옆에 있어서 고마웠다. 감히 미국에 덤비는 어리석음을 꾸짖었다.

지금 돌아보면 불편한 장면이 너무 많다. 멋있게 보이던 연애도 한국 정서에는 안 맞다. 생필품을 사기 위해 헬기를 이용한다는 것은 미국 일반인과도 너무 동떨어져 있다. 대외정책에 따라 악당이 역사적으로 변하고 있다는 것과 '미국은 예외'라고 생각하는 교만도 씁쓸하다. 의로운 보안관인지 자칭 정의의 사도인지 모르겠다. 미국이 있어서 세상이 더 평화로운지 아니면 그 반대인지 헷갈린다. 낯익은 것과 겨우 이 정도의 작별을 하는 데 무려 20년이 걸렸다. 왜 그렇게 힘들었을까? 로고스와 달리 파토스가 갖는 은밀함과 끈질김과 중독성이 문제인 것 같다. 몸에 해롭다는 담배나 술을 쉽게 끊지 못하는 것과 비슷하다고 할까? 고독해서 술을 마셨더니 이제는 술을 마시면 고독해진다는 얘기처럼.

감성자원은 물과 공기, 음식에 비유할 수 있다. 특정 지역에 사는 사람들이 어떻게 살고 있는지를 알기 위해서는 인기 있는 식당이나 커피전문점 등을 파악하면 된다. 국제사회에 적용하면 자주 방문하는 인터넷 사이트가 어디인지, 또 광고, 홍보, 미디어 업계의 큰손은 누구인지 등을 파악하는 것과 비슷하다.

전 세계 사람들이 가장 많이 접속하는 인터넷 사이트는 어디일까? 아마존의 자회사인 '알렉사 인터넷(Alexa Internet)'이 정보를 제공한다. 2018년 5월 16일 기준으로 했을 때 1위는 '구글(google.com)'이다. 10위권에 포함된 곳을 보면 미국에 본사를 둔 기업이 압도적으로 많다. 유튜브(2위), 페이스북(3위), 위키피디아(5위), 레딧닷컴(6위), 야후(7위)가 있다. 중국이 세 개로 그다음으로 많다. 바이두(Baidu)가 3위, 텐센트QQ(qq.com)가 8위, 타오바오(taobao.com)는 10위다. 20위권으로 확대해도 미국과 중국이 가장 많다. 인도의 구글인디아(google.co.in), 러시아의 VK(vk.com) 정도가 예외다.

즐겨 찾는 뉴스 사이트에서도 미국의 우위는 쉽게 확인된다. 1위는 레딧닷컴이다. 그 뒤로 낯익은 언론사가 따라온다. CNN, 구글뉴스, 뉴욕타임스, 야후뉴스, 폭스뉴스, 웨더(Weather.com)와 포브스 순서다. 영국의 가디언(5위)과 인도의 인디아타임스(6위)가 예외다. 20위권으로 확장해도 미국 언론사의 독주가 뚜렷하다. 워싱턴포스트, 허핑턴포스트, USA투데이, 블룸버그, CNBC, 월스트리트저널 등이 모두 포함되어 있다.

블로그의 인기를 봐도 상황은 크게 다르지 않다. 최상위권에 포함된 곳으로는 허핑턴포스트 블로그(Huffington Post Blog), 마셔블(Mashable), 테크크런치(TechCrunch), 버즈피드(Buzzfeed), 비즈니스 인사이더(Business Insider), 기즈모도(Gizmodo), 라이프해커(Lifehacker), 버제(TheVerge), 엔드가제트(EndGadget), 데일리비스트(TheDailyBeast) 등이 있다. 인터넷이 영어를 기반으로 운용된다는 것과 무관하지 않다. 글로벌 시장을 장악하고 있는 미디어 그룹이 미국에 본사를 두고 있는 것도 영향을 미친다.

2017년 연말을 기준으로 한 자료가 위키피디아(Wikipedia)에 나온다. 상위 10대 기업의 주력 상품이 모두 포함되어 있다. 매출액 기준 1위는 AT&T로 매출액이 1900억 달러다. 워너브라더스 스튜디오를 비롯해 Turner방송, HBO, CNN, NBATV 등을 소유하고 있다. 2위는 컴캐스트(Comcast)로 매출액은 840억 달러 수준이다. 21세기폭스사, 유니버설스튜디오, NBC 뉴스, 유니버설텔레비전과 남미에 있는 텔레문도(Telemundo) 등이 자회사다. 그 밖에 월트디즈니, 비아콤(Viacom), CBS 등이 이름을 올린다. 일본의 소니, 독일의 베텔스만, 프랑스의 비벤디와 멕시코의 텔레비사도 있다.

미국을 기준으로 했을 때 미디어시장의 90퍼센트는 컴캐스트, 폭스, 월트디즈니, 비아콤, AT&T와 CBS에 의해 장악된 상태다. 다른 기준으로 봤을 때 세계 최대의 미디어 기업은 구글을 보유하고 있는 알파벳(Alphabet)이다. 그 뒤로 페이스북, 어드번스출판(Advance Publication), 케이블방송인 클리어 채널을 가진 iHeartMedia, 디스커버리커뮤니케이션 등이 뒤따른다. 대부분 미국계 기업이다.

홍보 분야도 큰 차이는 없다. 1위부터 10위까지 봤을 때 여덟 개가 미국계다. 프랑스의 MSL그룹과 중국의 블루포커스(Bluefocus) 정도만 순위 내에 포함된다. 국내에도 잘 알려진 에델만(Edelman), 웨버샌드윅(Weber Shandwick), 캐첨(Ketchum) 등이다. 광고업계 시장은 영국, 프랑스, 미국 등이 어느 정도 균형을 이룬다. 음반시장 1위는 일본의 소니뮤직이다. 그러나 2위부터는 모두 미국에 본사를 둔 회사들이다. 유니버설뮤직, 워너브라더스뮤직, 아일랜드레코드(유니버설 자회사), ABC-파라마운트 등이다. 외국계로는 독일의 NMG 정도가 있다.

끝으로 살펴볼 영역은 출판시장이다. 10위에 포함된 기업 중 미국계는 피어슨(Pearson), 톰슨 로이터(Thomson Reuters), 맥그로힐(McGraw-Hill), 윌리(Wiley)가 있다. 다국적 기업으로 분류되는 리드 엘제비어 그룹(RELX Group)이 2위, 독일의 베텔스만(Bertelsmann)이 3위, 네덜란드의 볼터스 클루버(Wolter Kluwer)가 4위, 또 프랑스의 아셰트 리브레(Hachette Livrer)가 6위다. 20위권에 포함된 아시아 기업은 일본이 유일한데 슈에이샤(Shueisha), 고단샤(Kodnasha), 가도카와(Kadokawa) 출판사 등이 있다.

미디어기업의 특성상 정부로부터 독립된 자유경쟁 같지만 모든 부문이 여기에 해당하지는 않는다. 영화와 오락산업 지원에 있어 미국 정부는 비교 대상이 없다.[53] 「진주만(Pearl Habor)」, 「주라기공원(Jurassic Park)」, 「이글아이(Eagle Eye)」, 「트랜스포머(Transformers)」, 「아이언맨(Iron Man)」, 「맨오브스틸(Man of Steel)」, 「스파이브릿지(Bridge of Spies)」는 미국 할리우드에서 만든 영화다. 모두 2000년대 이후에 나왔고 흥행에도 성공했다. 국가 중에서는 미국, 직업 중에서는 정보요원과 군인, 규범적 가치 중에서는 안전과 자유, 종교 중에서는 기독교 등이 강조되어 있다. 줄거리도 일정한 경향성이 있는데 결코 타협할 수 없는 '악마'가 '항상' 나온다. 때로는 외계인으로, 때로는 사악한 로봇으로, 때로는 티라노사우로스라는 공룡으로 바뀔 뿐이다. 공공의 적도 항상 있다. 원래 적이었기 때문에 그들과 평화롭게 공존한 기억은 필요 없다. 일본이 될 수도 있고, 소련이 되기도 하고, 러시아와 중국, 혹은 리비아와 북한과 같은 '불량국가'라는 대상만 다르다.

정의는 승리하고 나쁜 짓을 하면 처벌받는다. 승리해서 정의로운

지 정의로워서 승리하는지는 중요하지 않다. 호랑이가 얼마나 무서운지 전혀 몰랐던 하룻강아지가 영화를 통해 '공포'를 내면화한다. 미국이 지난 2003년 이라크를 침공하면서 작전명을 '충격과 공포(shock & awe)'로 정한 것도 이런 맥락에서 보면 쉽게 이해가 된다. 『손자병법』에 나오는 전략 중 '싸우지 않고 이기는' 목표는 이렇게 달성된다. 겉으로 보면 전혀 문제될 게 없지만 여기에도 속사정은 좀 많다.

지난 1911년부터 2017년까지 펜타곤이 지원한 영화는 800편이 넘는다. 미국 드라마 중에는 1000편 이상이 도움을 받았다. 영화가 끝날 때 특별감사가 붙은 경우도 최소 서른세 편으로 알려진다.[54] 앞서 언급한 영화는 말할 것도 없고 「에너미 라인스(Behind Enemy Lines)」(2001), 「블랙 호크 다운(Black Hawk Down)」(2001), 「투모로우(The Day After Tomorrow)」(2002), 「윈드토커(Windtalkers)」(2002), 「태양의 눈물(Tears of the Sun)」(2003), 「스텔스(Stealth)」(2005), 「아버지의 깃발(Flags of Our Fathers)」(2006), 「나는 전설이다(I Am Legend)」(2007), 「트랜스포머(Revenge of the Fallen)」(2009), 「월드 인베이젼(Battle: Los Angeles)」(2011), 「배틀쉽(Battleship)」(2012), 「캡틴 필립스(Captain Phillips)」(2013), 「론 서바이버(Lone Survivor)」(2013)와 「고질라(Godzilla)」(2014)도 관련이 있다.

리얼리티쇼인 「아메리칸 아이돌(American Idol)」, 「아메리카 갓 탤런트(America's Got Talent)」와 「The X-Factor」와 토크쇼(「오프라 윈프리 쇼(The Oprah Winfrey Show)」), 뮤직비디오(캐시 페리의 「Part of Me」와 조지프 워싱턴의 「We Thank You」)도 지원했다. 프로농구(NBA), 풋볼(NFL), 하키(NHL)와 격투기(UFC) 역시 예외가 아니다.

그 밖에 감성을 자극하는 것으로는 자동차 경주와 낚시 대회, 모터사이클 경주와 프로레슬링 등이 있다. 펜타곤이 놓칠 리 없다.

지난 2012년 통계로는 지원 액수가 무려 8000억 달러다. 젊은 세대가 열광하는 전미개조자동차경주협회(NASCAR)는 그중에서도 주요 공략 대상이다. 2011년부터 2013년까지 해안경비대 단독으로 후원한 금액이 8800만 달러로 알려진다. 인디카경주에도 3800만 달러를 후원했다.[55] 몇 가지 당연한 질문을 던져 보자. 첫째 '왜' 할까? 둘째, '어떻게' 개입하고 있을까? 셋째, 다른 정부기관은 예외일까?

8860억 달러는 트럼프 대통령이 승인한 2019년 펜타곤 예산이다. 2018년 예상 GDP가 9450억 달러인 네덜란드와 9090억 달러의 터키보다 조금 적지만 사우디아라비아(7480억 달러)와 스위스(7416억 달러) GDP보다 많다. 글로벌 기업과 비교해 봐도 얼마나 큰 규모인지 알 수 있다. 연간 매출액으로 봤을 때 월마트는 4850억 달러로 최고다. 애플은 2150억 달러, 삼성은 1939억 달러, 아마존이 1359억 달러다.

미국 정부 예산에서 차지하는 비중도 상상 밖이다. 미국 연방정부의 총 예산은 4조 4070억 달러이고, 정부의 수입과 지출의 차이를 뜻하는 적자규모는 9850억 달러다. 의무적으로 써야 하는, 그래서 줄일 여지가 거의 없는 경직성 예산이 2조 7390억 달러, 재량껏 쓰임새를 바꿀 수 있는 예산이 1조 305억 달러, 여기에 정부가 진 빚에 대한 이자가 3630억 달러다. 재량경비 중 50퍼센트 이상이 국방비로 지출된다. 전투기, 항공모함과 수륙양용차량을 더 구입하기 위해 복지 혜택을 크게 줄여야 하는 상황이다.

1776년 독립선언 이후 239년 동안 미국이 어떤 식으로든 전쟁 중이던 해는 222년,[56] 전체의 93퍼센트. 인간에 비유하면 평생을 치고받고 싸웠다고 보면 된다. 2019년 현재 진행 중에 있는 전쟁 지역은 아프가니스탄, 이라크, 소말리아, 시리아, 예멘, 우크라이나 등이다. CIA가 개입하고 있는 비밀작전은 제외다. 스톡홀름평화연구소(SIPRI)에서 발표한 자료에 따르면, 2017년 기준 전 세계 국방비 총액은 1조 7390억 달러다. 미국이 50퍼센트 정도를 차지하며, 이는 나머지 열 개 국가를 합친 금액보다 많다.

150만 명이 넘는 인력, 방대한 해외기지, 천문학적인 무기 구입 등을 정당화시키지 않으면 존립 기반이 흔들린다. 안전관리 비용이나 보험처럼 자연스럽게 저항 없이 받아들이도록 해야 한다. 영화는 최고의 홍보 수단이다. 펜타콘은 악마로부터 우리를 지켜 주는 착한 존재로서 때로는 목숨을 희생해야 하는 영웅이 되어야 한다. 매력(attraction)을 본질로 하는 연성권력(soft power)이다. 미국 국민은 물론 전 세계 사람들은 영화를 통해 미국이 지도자 역할을 하는 것에 더 매혹된다. 만약 그 자리에 중국이나 러시아나 중동이 있다면 뭔가 불편하고 받아들이기 어려운 정서가 생긴다. 디셉티콘과 싸우는 해병대나 슈퍼맨을 도와 지구를 지키는 미국 군대는 또 다른 매력이 있다. 불굴의 투지, 희생정신, 용맹성, 가족에 대한 헌신적인 사랑, 또 임기응변 등은 리더가 갖추어야 할 자질이다.

또 다른 이유는 역시 돈이다. 글로벌 영화시장의 규모는 대략 450억 달러 정도가 된다. 영화 상영권을 기준으로 봤을 때 미국은 세계 3대 시장이다. 인도와 중국 다음 규모다. 미국에는 모두 5800개의 영화관이 있고, 한 달에 한 번 이상 가는 사람은 13퍼센트 정도다. 주로 단독주택에 살기 때문에 집집마다 대형 텔레비전이 있으며, 집에서 영화를 보는 비중은 52퍼센트 정도다.

　해외시장이 국내를 추월한 것은 1997년이다. 「타이타닉」, 「맨인블랙」, 「로스트월드」 등이 개봉되었을 때다. 영화 한 편을 만들면 해외에서 65퍼센트, 국내에서 35퍼센트의 수익을 낸다. 국가별로 비교해 보면 2015년 한 해 미국은 110억, 중국이 70억, 영국이 20억, 일본, 인도, 한국, 프랑스와 독일이 각각 10억 달러 정도의 매출을 올렸다. 제작사 중에서도 디즈니(21.78퍼센트), 워너브라더스(18.5퍼센트), 유니버설(13.8퍼센트), 20세기폭스(12.02퍼센트), 콜롬비아(9.59퍼센트), 파라마운트(4.79퍼센트)가 70퍼센트 이상을 차지한다. 영화만 있는 게 아니라 가정용 DVD, 게임, 옷이나 장난감 같은 관련 상품도 있다.

　다음 질문은 협력 방식이다. 2015년 7월 31일에 펜타곤 지침이 개정된 바 있다.[57] '정부에 속하지 않는 오락중심 미디어 생산물 지원 방침'으로 알려진 'DoD(Department of Defense) Instruction 5410.16'이다. 지원 대상으로 영화, 텔레비전 드라마, 다큐멘터리와 전자게임을 정해 놓았다. 목표는 '군사서비스와 펜타곤과 관련한 인물, 민간인 관계자, 사건, 업무, 자산과 정책을 합리적이고 현실성 있게 표현하는 것, 군대와 군사 업무에 대해 대중의 이해를 도울 수 있는 것, 군인 충원과 복무 유지 등에 도움이 되는 것'으로 설정했다.

　뿌리는 1940년대로 거슬러 올라간다. '전쟁정보국(Office of War Information, OWI)'이 설립한 '영화국(Bureau of Motion Picture)'이다.

당시 OWI 책임자였던 엘머 데이비스는 "의도하든 아니든 지구상에서 가장 강력한 프로파간다 수단은 영화"라고 말할 정도였다.[58] 냉전이 시작되면서 펜타곤 내 '대외협력' 분과 소속으로 '영화제작지원사무실(Motion Picture Production Office)'이 만들어졌다. 펜타곤과 영화사의 중간 연락책(liaison)으로는 도널드 바루크를 뽑았다. 1990년 소련 연방이 무너지기 전까지 그가 관여한 대표적인 영화로는 「그린베레」(1968), 「패튼」(1970)과 「탑건」(1986) 등이 있다. 지금은 필립 스트럽이 제작사의 지원 요청이 오면 원고를 검토하고 지원 범위와 방식 등을 논의하는 역할을 맡고 있다.

　도움을 줄 수 있는 방법은 많다. 영화 「아이언맨」에는 에드워즈(Edwards) 공군기지가 나온다. 「트랜스포머」는 카타르에 있는 중부사령부 전진기지인 '알 우데이드(Al Udeid)' 기지에서 촬영했다. 「스타워즈」와 「인디애나 존스」 시리즈를 제작하는 루카스필름(Lucasfilm)은 2005년에 아예 예전 군사기지로 스튜디오를 옮겼다. 멋진 바다를 끼고 있는 샌프란시스코 '프레시디오(Presidio)'에 조지 루카스 감독이 설립한 '레터만 디지털 아트센터(Letterman Digital Arts Center, LDAC)'가 들어섰다.

　온갖 종류의 군사무기를 비롯해 군사기지와 주변 시설과 조연으로 출연하는 군인을 활용하면서 얻는 경제적 이익은 상당하다. 게다가 펜타곤의 지원을 받을 경우 최저임금 지급과 보험과 같은 법적 의무에서도 혜택을 받는다. 펜타곤 연구소 'DARPA'에서 얻을 수 있는 기술적 도움도 상당하다. 전쟁 준비를 위해서는 각종 가상현실 체험이 필수적이다. 전자게임을 통해 군인들은 훈련을 한다. 영화에 나오는 특수효과 장면은 고도의 기술이 필요한데 펜타곤은 이런 문제를 해결해 준다. 할리우드 인근에 있는 USC 대학 내 '창조기술연구소(Institute for Creative Technology)'에는 아예 펜타곤 연구진 일흔 명이 상주하면서 협력한다. 플로리다 올랜도에는 디즈니의 연구개발팀과 펜타곤의 '가상훈련과 평가사령부(Simulation Training & Instrumentation Command, SRTICOM)'가 함께 거주하면서 연구한다.

퇴직을 하면 옮겨 가는 펜타곤 협력회사의 도움도 크다. 전직 해병대 출신 데일리 다이가 설립한 워리어(Warriors, Inc.)라는 회사가 군계일학이다. 감독과 주연 배우를 위해 군대와 관련한 다양한 자문과 훈련, 기획 서비스를 제공한다. 이곳에서 「밸러 오브 액터」를 비롯해 「라이언 일병 구하기」, 「월드워 II」와 텔레비전 시리즈 「밴드오브브라더스」와 「퍼시픽」 그리고 「배틀필드 2」와 같은 비디오 게임의 제작을 도왔다.

'MUSA'도 있다. 역시 육군 대위로 복무한 경험을 가진 브라이언 정과 그레그 비숍이 세운 회사다. 영화, 게임, 광고, 드라마 제작사를 대상으로 군사 자문을 한다. 현장의 모습을 보다 사실성 있게 묘사하고, 특히 펜타곤의 후원을 쉽게 받을 수 있도록 돕는다. 「지.아이.조: 전쟁의 서막(GI Joe)」, 「트랜스포머: 패자의 부활」, 「배틀: 로스앤젤레스」 등의 영화와 「아미 와이브즈(Army Wives)」와 「커밍홈(Coming Home)」과 같은 드라마 제작에 참여했다.

전 세계 미국 대사관과 상무부, FBI와 CIA도 동참한다. 무역정책은 미국 정부가 공식적으로 개입하는 영역이다. 영화는 대표적인 문화산업이다. 약소국 입장에서는 국가 정체성과 관련이 깊다. 외국산 영화와 드라마를 수입하기 시작하면 국내 경제에도 부작용이 많다. 미국은 이와 반대로 문화상품을 수출해야 자국에 도움이 된다. 1995년 세계무역기구(WTO)가 출범하기 전 미국은 압박과 회유로 문화시장을 개방시켰다. 의무상영 일수에 대한 양보를 조건으로 한국은 수입을 받아들였다.

일부에서는 할리우드 덕분에 경쟁력이 높아졌다고 하지만 '스크린쿼터'가 없었다면 지금의 한국 영화는 무너졌다. 막대한 자본력, 특수효과, 펜타곤의 지원, 영어라는 장점, 규모의 경제와 전 세계를 장악하고 있는 배급망 등을 감안하면 '슈퍼 골리앗과 다윗'의 싸움이다. 미국 대사관 또한 역할이 있다. 해당 국가의 동향을 파악해서 국무부에 보고한다. WTO 협정에 위반되는 비관세 장벽 등이 있는지 살핀다. 대통령에게 무역보복을 할 수 있는 권한을 부여한 통상법안 301조에 필요한 정보 수집이다. 당연한 말이지만, 할리우드의 이익에 도움이 되는 방향으로 해당 정부에 로비를 하는 것도 포함되어 있다.[59]

규범자원(Norm Asset)

「팔려 가는 당나귀」라는 우화는 누구나 안다. 방앗간을 하던 아버지와 아들이 당나귀를 팔러 가던 길에 겪는 얘기다. 꽤나 먼 거리에 시장이 있었던 것 같다. 맨 먼저 만난 사람은 노인들이었다. 당나귀와 같이 걸어가는 것을 보고는 "바보같이 한 명이라도 타고 가면 될 텐데……."라고 했다. 연세 드신 아버지가 먼저 탔다. 곧이어 아이와 놀고 있던 어머니들과 만났다. 연세 많은 어른들과 달리 이들은 아직 어린 아들만 고생하는 것이 더 안쓰러웠다. 그래서 아버지 대신 아들이 탔다. 얼마 후 만난 사람들은 이왕 팔려고 하는 나귀인데 같이 타고 가라는 충고를 준다. 틀린 말은 아닌 것 같았다. 나귀는 힘들어 보였지만 두 사람은 편했다. 거의 도착할 무렵 또 다른 일행을 만났는데, "말 못하는 짐승이지만 너무 학대를 한다. 참 나쁜 사람들이야……"라는 말을 들었다. 원래 나귀를 괴롭힐 의도는 없었기에 두 사람은 당나귀가 좀 편하게 갈 수 있는 방법을 찾았다. 다리를 묶고 그 사이에 장대를 끼워 메고 가기로 결정했다. 강물을 건너던 중 불안해진 나귀는 발버둥을 쳤고 결국 물에 빠져 죽고 만다. 모두를 맞추려 하기보다 줏대를 가지고 소신껏 살아야 한다는 교훈 정도로 읽힌다. 그러나 깊이 들여다보면 낯선 얘기가 많이 숨어 있다.

각자 간섭하지 않고 살면 되는데 '상호작용'한다는 점이 첫 번째다. 모두 네 부류의 사람들이 나오는데 이 일에 대해 '관심'이 많아 다들 한마디씩 거든다. 부자(父子)도 신경을 쓴다. 남이야 뭐라든 무시하면 되는데 그러지 못했다. 의식하든 그러지 않든 '무시'하면 안 된다는 것을 알기 때문이다. '옳다고 생각되는 그 무엇', 그래서 '모두가 따라야 하는' 그것을 부정하면 '소외'받을 각오를 해야 한다. 법보다 약하지만 '규범'은 분명 힘이 있다. 우주만큼 넓은 것이 규범이나 상식이라면, 강제력을 가진 '법'은 태양계 정도나 될까?

'절대적'이 아니라 '상대적'인 규범이라는 점이 두 번째다. 나귀에 아들을 태웠다는 것은 '약자에 대한 배려'다. 권력이나 재물을 가진 사람에게 '분배'를 요구하는 것과 같다. 아버지가 대신 탔다는 것은 '안정'을 더 중요하게 보는 관점이다. 공동체의 질서가 유지되기 위해서는 약자의 '희생'이 불가피하다는 인식이 깔려 있다. 같은 '배려'이지만 수혜자가 바뀐다는 점도 눈여겨봐야 한다. 동일한 규범이지만 다른 해석이 가능하다. '인권'을 둘러싼 논쟁은 이를 잘 보여 준다. 표현의 자유를 마음껏 누리면서 먹을 것도 잠잘 곳도 없는 것이 좋을까? 의식주는 채워지는데 정치적 자유는 제약을 받는 것이 좋을까? 자본주의와 사회주의가 충돌하는 지점이다.

'명분'보다 '실리'를 챙긴다는 관점은 두 사람이 모두 나귀를 타는 장면이다. 경제발전을 위해, 또는 국가안보를 위해서는 인권이나 안전과 같은 겉치레가 필요 없다는 생각이다. 박정희 대통령이 선택한 것도 이와 가깝다. 정치적 자유도 좋지만 북한의 위협으로부터 조국을 지키고 먹고살 거리를 만드는 게 더 중요하다고 판단했을 가능성이 있다. 권력의 욕심을 부정할 수 없지만 왜 욕심을 냈냐고 질문하면 한번 고려해 볼 수 있는 관점이다. 싱가포르가 좋은 사례인데, 길거리에 함부로 침도 못 뱉는다. 권력과 돈이 있다고 자기만 편하고 좋은 집에 못 산다. 자녀가 어리고 식구가 많으면 I층에 살 수 있다.

정말 어리석어 보이지만 나귀를 메고 가는 것은 '명분'을 선택한 결과다. 동물 애호가 입장에서는 칭찬받을 일이다. 분배, 인권, 자유, 평등이 더 중요하다는 입장이다. 문제는 얼마나 현실 가능성이 있느냐다. 제국의 분열 정책으로 찢긴 상태에서 독립을 한 많은 국가는 '언론의 자유'를 제약했다. 용납할 수 없는 권위주의에 독재정치다. 재정도 무역도 '적자'가 불가피하다면 환율이라도 안정이 되어야 한다. 그러나 다르게 보면 '관치'다. 자유로워야 할 자본을 '자유'롭게 하는 것이 아닌, '통제'하는 행위다. 과연 두 사람은 어떻게 해야 했을까? 정답이 있을까?

국제사회는 이미 두 번이나 기회가 있었다. 1919년 윌슨이 '민족자결주의'를 주창했을 때와 1945년 채택된 UN 헌장을 통해 '국가의 주권' 원칙이 공포되었을 때다. 2조 1항에는 "모든 회원국의 주권평등 원칙에 기초한다."고 밝혔다. 또 3항에서는 "모든 회원국은 그들의 국제분쟁을 국제평화와 안전 그리고 정의를 위태롭게 하지 아니하는 방식으로 평화적 수단에 의하여 해결한다."고 강조했다. 외부의 영향을 받지 않고 스스로 선택하는 것이 답이다. 그래야 후회가 없고 분열이 없다.

미국도 소련도 '제3세계'의 선택을 인정했더라면 세상은 훨씬 더 좋아졌을 가능성이 있다. 물론 당나귀를 잃게 된 것처럼 현실은 달랐다. 각자의 규범을 강요했고, 결과는 죽음과 파괴의 연속이었다. 약소국들 또한 자의 반 타의 반 특정 진영에 포함되었다. 너무 어렸거나 겁을 먹었거나 몰랐다. 엎질러진 물이고 다시 주워 담을 수는 없다. 정치와 결코 무관할 수 없는 일부 '규범'은 이제 '시대정신'으로 자리를 잡았다. 본인만 거부한다고 어떻게 해볼 수 있는 차원을 넘어섰다. 진심으로 수용하거나 최소한 모방하는 척이라도 해야 한다. 대표적인 것으로 '인권', '자유', '민주주의' 등이 있다. 그중에서 '인권'은 역사를 만든 원동력이었다.

인간은 누구나 평등하게 태어났다. 누구의 간섭도 받지 않는 자유로운 영혼이다. 목숨의 위협을 받지 않고 자신의 의지에 따라 행복을 추구할 권리가 있다. 지금은 상식이지만 몇백 년 전에는 불온사상

아이티의 독립전쟁

으로 박해를 받았다. 신으로부터 '해방'을 선언했던 16세기 유럽에서 활발하게 꽃을 피웠다. 영국의 계몽사상가 토머스 홉스와 존 로크 등이 앞장을 섰다.

최초의 실험은 아메리카라는 신대륙에서 시작했다. 1776년 7월 4일에 미국은 영국으로부터 독립을 선언했다. "모든 인간은 평등하게 태어났다."와 "생명, 자유와 행복의 추구는 결코 양보할 수 없는 권리"라는 점을 내세웠다. 흑인 노예도 인간이라는 생각이 자연스러웠고, 펜실베이니아주에서는 1780년에 노예제도 폐지가 선언된다. 모든 인간이 본질적인 권리를 가진다는 신념은 1789년 7월 14일 프랑스혁명을 통해 더욱 견고해졌다. 프랑스는 시대정신의 대변자였고, 나폴레옹은 그것을 확산시켰다. 미국과 유럽은 또 서로를 모방했다.

경험을 통해 배우는 것은 흑인도 다르지 않았다. 투생 루베르튀르는 노예 출신 군인이었다. 그는 볼테르와 같은 프랑스 계몽사상을 통해 다른 세상이 가능하다는 것을 알았다. 투쟁은 1791년 산토도밍고에서 불이 붙었다. 북미와 남미 중간에 있는 섬 중 하나로, 쿠바와 이웃해 있다. 프랑스, 스페인, 영국이 서로 눈독을 들이던 땅이기도 했다. 전쟁 초기에는 영국과 스페인의 연합군과 싸웠고, 그 이후에는 프랑스와 맞섰다. 마침 나폴레옹은 유럽 전쟁에 몰두하고 있었다. 미국 또한 프랑스를 견제하기 위해 이들을 지원했다. 마침내 1804년에는 최초로 흑인 노예가 세운 아이티라는 독립국가가 들어섰다. 제국 스페인이 나폴레옹의 발 아래 무릎을 꿇으면서 남미의 다른 식민지들도 잇따라 독립투쟁에 나섰다. 1810년대에 독립을 선언한 콜롬비아, 베네수엘라, 에콰도르, 페루, 불가리아 등이다.

볼세비키가 주도한 1917년의 사회주의혁명은 인권을 둘러싼 또 다른 전선이 형성되는 계기로 작용했다. 만국의 노동자여 단결하라! 제국주의로 인해 식민지가 만들어졌고, 이를 중단시키기 위해서는 제국을 무너뜨려야 했다. 자본주의 국가와 투쟁하기 위해서는 국적과 인종을 초월한 '노동자' 중심의 운동이 필요충분조건이었다. 1918년 11월 11일, 1차 세계대전에서 프랑스, 영국, 미국은 승전국이 되었다. 독일 연합군에 속했던 이탈리아와 헝가리 등지에서는 1919년에 대규모 폭동이 일어났다. 그해 국제공산주의연맹(Communist International, 코민테른)이 출범했다. 국제인권연맹(International Federation for Human Rights)은 1922년에 첫발을 내디뎠다. 국적, 인종, 종교에 얽매이지 않는 비영리 독립기구였다. 모든 사람을 위한 인권운동이라는 점에서

'노동자' 중심의 코민테른을 견제하는 역할도 했으나, 또 다른 대규모 전쟁이 1939년에 발발하면서 큰 자취를 남기지는 못했다. 인권의 주도권은 이때부터 미국으로 넘어갔다.

전쟁 직후인 1946년에 UN인권위원회(UN Commission on Human Rights Commission, UNCHR)가 발족했다. 국제법의 초안을 마련하는 일은 시어도어 루스벨트의 조카이면서 현직 영부인이던 엘리너 루스벨트가 맡았다. 그녀는 미국 내에서 인권운동가로 명망이 높았다. 미국, 영국, 프랑스가 중심이었다. 전쟁 명분으로 내세운 표현의 자유(freedom of speech), 종교의 자유(freedom of religion), 공포로부터의 자유(freedom from fear), 결핍으로부터의 자유(freedom from want)가 핵심이 되었다. 1948년 12월 10일. UN총회에서는 '세계인권선언(Universal Declaration of Human Rights)'이 채택된다. 쉰여덟 개 회원국 중 반대하는 국가는 없었다. 찬성을 표시한 48개국 중에는 아르헨티나, 쿠바, 칠레, 인도, 이란, 이라크, 베네수엘라 등도 포함되어 있었다.

1950년대와 1960년대 초반을 거치면서 국제사회는 '냉전'의 소용돌이에 빠졌다. 방대한 식민지를 포기하기 싫었던 제국들은 저항했다. 약소국의 독립을 원치 않았다. 전쟁에서 패전한 다음에야 프랑스는 베트남과 알제리를 양보했다. 포르투갈도 예외가 아니었다. 한편으로 내부의 비판자들을 통제하고, 다른 한편으로는 미국, 영국과 보조를 맞췄다. 반공노선은 지극히 합리적인 선택일 수밖에 없었다.

1961년 5월 28일 영국의 변호사 피터 베넨슨은 《옵저버(Observer)》에 「잊힌 죄수」라는 제목의 기고문을 발표했다. 두 명의 포르투갈 학생이 술집에서 '자유를 위한 건배'를 했다는 죄목으로 구속되었다는

헬싱키 합의를 끌어낸 국제회의(1975년)

것을 알게 된 직후였다. 권위주의 정부를 이끌었던 안토니오 살라자르의 반공정책이 원인이었다. 세계인권선언에서 합의한 것처럼 모든 시민이 보복의 염려 없이 평화로운 결사와 자유로운 의사표현을 할 수 있다는 그의 주장에 많은 사람들이 힘을 보탰다.

1961년 국제사면위원회(Amnesty International, AI)는 이렇게 세상에 모습을 드러냈다. 인종, 젠더, 종교, 정치적 문제로 감옥에 간힌 사람을 뜻하는 양심수(Prisoner of Conscience, POC)란 개념도 이때 나왔다. UNCHR도 보다 적극적으로 개입하는 쪽으로 정책을 바꾸었다. 또 다른 전환은 1970년대에 이루어졌다. 당시 미국은 출구 전략을 찾아야 했다. 국내에서는 CIA와 FBI의 민낯이 드러났다. 불법 고문, 권력 남용과 인권 유린의 민낯이 언론을 통해 속속 알려졌다. 미국의 경제력과 군사력에도 한계가 있다는 것도 더 이상 감출 수 없었다. 핑퐁외교로 알려진 미국과 중국의 체육 교류는 1971년 4월 6일 시작되었다. 그해 7월 헨리 키신저 국무부 장관은 중국을 찾았다. 1972년 2월과 5월에는 닉슨 대통령의 중국과 소련 방문이 뒤따랐다. 닉슨 대통령은 1972년 2월과 5월 중국과 소련을 각각 방문했다. 긴장 완화를 뜻하는 데탕트(Détente)의 첫걸음이었다.

그 결과물이 1975년 8월 1일 '헬싱키 합의(Helsinki Accords)'다. '유럽의 안보와 협력'을 위한 열 개 항이 합의되었는데, 그중 하나가 "생각, 양심, 종교 혹은 신념의 자유를 포함하는 인권과 기본권을 존중한다."는 내용이었다. 합의를 잘 이행하는지 감시할 단체로 1978년에 '헬싱키 워치(Helsinki Watch)'가 출범했다. '표현과 종교'의 자유가 '결핍과 공포'로부터의 자유를 압도한 계기가 된다. 성소수자의 자유, 페미니즘, 소수인종의 자유가 여기에 속한다. 동시에 불평등은 지속적으로 악화되었다. 공산권만 감시한다는 불평을 없애기 위해 1981년에는 '아메리카 워치(America Watch)'가 설립되었고, '아시아 워치(Asia Watch)'(1985)와 '아프리카 워치(Africa Watch)'(1986)가 뒤따랐다. '휴먼라이츠워치(Human Rights Watch)'는 이들 조직을 한꺼번에 모은 단체로 1988년에 설립된다.

냉전이 지속되는 동안 인권 문제는 상대적으로 관심권에서 밀려나 있었다. '세계인권회의(World Conference on Human Rights)'는 그 직후인 1993년에 열렸다. 당시 회의를 토대로 12월 20일에는 유엔인권고등판무관사무실(Office of the High Commissioner for Human Rights, OHCHR)이 설치된다. 에콰도르의 외무장관을 지냈던 호세

라소가 초대 판무관으로 취임했고, 1994년에 일어난 르완다 집단학살을 다루었다.

1998년 12월 9일에는 '인권옹호자선언(Declaration of Human Rights Defenders)'도 채택되었다. 인권을 옹호하는 활동을 하는 단체나 개인을 보호하는 것이 목적이었다. 그러나 매년 1회 6주간 회의를 하는 UNCHR가 할 수 있는 일은 너무 적었다. 위원이 되는 국가의 자격을 제한하지 않은 것도 문제였다. 뿐만 아니라 2001년 5월 3일에 위원회는 미국을 제명했다. 교토의정서 거부와 미사일방어체제 구축을 압박하는 부시 행정부에 대한 반발감이 원인이었다.

'UN인권위(United Nations Human Rights Council, UNHRC)'는 그 대안으로 등장했다. 2006년 3월 15일이었다. 보다 강력하고 엄선된 위원으로 구성된 조직을 구성하고자 했던 미국은 찬성하지 않았다. 그렇다고 재정적 지원을 중단하지는 않았다. 옵저버로 있다가 아예 탈퇴한 미국은 2009년 오바마 행정부가 출범하면서 복귀했다. 미국이 요구하던 이란에 대한 특별사찰을 논의하는 등의 조건이 관철된 이후였다. 인권위는 그 후 2011년 시리아에 대해, 또 2014년에는 북한의 인권에 대한 특별보고서를 내놓았다.

자유는 군대에 있을 때 절실하게 느꼈다. 자유 없는 삶은 참 어둡고 힘들다는 것을. 김지하의 「새」라는 시를 그때부터 좋아했다. 노래로 듣거나 그냥 읽어도 마음이 아팠다.

저 청정한 하늘
저 흰 구름 저 눈부신 산맥

왜 날 울리나

나는 새여

묶인 이 가슴

(……)

청정한 하늘 끝

푸르른 저 산맥 너머 떠나가는 새

왜 날 울리나

덧없는 가없는 저 눈부신 구름

아아 묶인 이 가슴.

    제국주의에 신음하다 독립한 많은 국가들은 자유를 외쳤다. '자유'는 '해방'을 뜻했고 그 반대는 '노예'였으니, 자유에 반대할 명분은 없었다. 국가별 자유의 정도를 나타내는 지표도 여러 개 등장했다. '자유로운 세상(Freedom in the World)'이 그중 하나다. 국제인권단체로 알려진 프리덤 하우스(Freedom House)에서 발표한다. 2018년 기준으로 최악은 시리아, 티베트, 남수단, 북한, 투르크메니스탄, 서부 사하라, 적도기니아, 사우디아라비아 등이다. 평가에서 좋은 점수를 받은 국가는 포르투갈, 덴마크, 스위스, 일본, 아일랜드, 바베이도스, 안도라, 아이슬란드, 벨기에, 영국이 있다. 한국의 자유 정도는 그리스, 라트비아, 루마니아, 파나마 정도다.

    미국 헤리티지재단에서 평가하는 '경제 자유' 순위도 있다. 1위는 홍콩이고 그다음은 싱가포르, 뉴질랜드, 스위스, 오스트리아, 아일랜드, 에스토니아, 영국 순서다. 한국은 27위에 올라 있으며, 독일, 핀란드, 라트비아, 카타르와 비슷한 위치에 있다. 180개 중 최하위는 북한, 베네수엘라, 쿠바 등이 차지한다. 국제사회는 순위에 당연히 반응한다. 꽃도 칭찬을 받으면 더 예쁘게 자라듯 해당 국민은 자긍심을 갖는다. 악명을 얻은 국가는 침묵한다. 괜히 남의 눈치가 보인다. 평균 정도에 위치한 국가들도 나름 교훈을 얻는다. 단순한 지표에 불과했지만 '규범'을 만들고 나아가 '행동'의 변화를 요구한다.

영국의 주간지 《이코노미스트》에서는 민주주의 지표(Democracy Index)를 매년 공개한다. 2017년 기준으로 노르웨이, 아이슬란드, 스웨덴, 뉴질랜드, 덴마크가 1위부터 5위다. 그 뒤로 아일랜드, 캐나다, 호주, 핀란드가 있다. 한국은 20위, 미국은 21위다. 모두 167개의 국가를 평가했는데 북한은 꼴찌다. 그 위로 시리아, 차드, 중앙아프리카공화국, 콩고공화국 등이 있다.

'국경 없는 기자들(Reporters Without Boarders)'에서 발표하는 '언론자유지수'도 민주주의 수준을 평가하는 자료다. 언론이 얼마나 독립적인지, 언론인의 자기검열은 있는지, 또는 죽임이나 구속과 같은 억압이 있는지를 종합해 국가별 언론자유 순위를 발표한다. 2018년 결과가 나와 있다. 자유를 만끽하는 국가로는 노르웨이, 스웨덴, 네덜란드, 핀란드, 스위스, 자메이카, 벨기에, 뉴질랜드, 덴마크 등이 있다. 북유럽 국가 대부분이 포함되어 있으며, 통제가 가장 심한 국가에는 그레나다, 이스라엘, 북한, 에르트레아, 터키, 시리아 등이 속한다.

"한국 '민주주의 지수' 순위 4계단 올라" 2018년 1월 31일 자 《동아일보》에 실린 뉴스 제목이다. 다음과 같은 내용이 포함돼 있다.

영국 시사주간지 《이코노미스트》 부설 조사기관인 이코노미스트 인텔리저스 유닛(EIU)이 집계하는 '민주주의 지수(Democracy index)'에서 올해 한국이 20위에 올라 지난해 24위보다 순위가 네 계단 올랐다. (……) 북한은 1.08점으로 조사 대상국 중 최하위인 167위였다. 166위 시리아(1.43점)보다도 상당한 평점 격차를 보인 북한에 대해 EIU는 '2016년과 마찬가지로 '굳건한 최하위'를 유지했다.'고 평가했다.

2018년 5월 22일 자 《연합뉴스》 또한 이러한 기사를 내보냈다.

미국 민주주의진흥재단(NED)은 '2018 민주주의상' 수상자로 북한인권시민연합, 나우(NAUN), 전환기정의워킹그룹(TJWG), 국민통일방송(UMG) 등 남한 내 네 개 북한인권단체를 선정했다고 미국의 소리(VOA) 방송이 22일 보도했다. (……) NED는 올해 상을 공동 수상한 네 개 단체가 탈북민들의 활동에 힘을 불어넣었을 뿐 아니라 북한 인권 문제 기록 및 개선 활동을 펼치며 북한 안팎의 정보 흐름 촉진에 기여했다고 평가했다.

누군가 상을 받는다는 것 자체만으로 '영향'을 준다. 북한에 대한 부정적 인식도 강화될 수밖에 없다.

처벌받는 얘기도 전해진다. 2018년 5월 21일에 국내 언론은 일제히 베네수엘라 선거와 관련한 뉴스를 내보냈다. 특파원이 없기 때문에 서방 언론의 보도를 중계방송했다.

미국의 고위 관료들은 베네수엘라의 대선을 두고 날선 반응을 보였다.《더힐》에 따르면 마이크 펜스 부통령은 투표의 타당성이 우려된다며 베네수엘라 선거를 연기할 것을 촉구했다. 마이크 폼페이오 국무부 장관은 이번 대선을 엉터리라고 꼬집었다. 폼페이오 장관은 이날 트위터를 통해 '엉터리 선거는 아무것도 바꾸지 못했다. 우리는 이 국가를 운영하는 베네수엘라 시민들이 필요하다. 세계에 제공할 것이 많은 나라다.'라고 일갈했다.[60]

2018년 2월 6일 자《조선일보》는 그 뒷얘기를 "트럼프 행정부는 좌파 사회주의 정권인 마두로 정부가 지난해 8월 초헌법적인 '제헌의회(constitutional assembly)'를 만든 후 압박을 강화하고 있다. 마두로 대통령의 독재정치를 비판하며 미국 금융권이 베네수엘라 정부나 국영기업과 채권 거래를 하지 못하도록 금융 제재를 가했다."고 전한다.

2018년 6월 19일 자《중앙일보》에는 재미있는 칼럼이 실렸다.

민주주의 국가가 독재국가보다 축구를 잘한다. 미국 인권단체 프리덤 하우스가 지난주 러시아 월드컵 참가국을 분석하고 내린 결론이다. (……) 민주주의가 왜 축구에 유리할까. 프리덤 하우스는 개방적이고 규칙에 기반을 둔 경쟁과 최소한의 국가 통제 덕분이라고 했다. 반면 독재국가는 권력의 무절제한 집중과 자원 배분의 왜곡으로 정치와 경제라는 경기장이 모두 기울어져 있다.

관점은 신선하지만 역사는 무시했다. "유럽인의 경제적 번영과 진보는 흑인, 아랍, 인디안, 그리고 동양인의 시신과 땀에 의해 이루어진 것이며, 말 그대로 유럽은 제3세계에 대한 착취의 결정물이다." 라고 했던 프란츠 파농의 관찰과 많이 다르다.[61]

과거는 돌이킬 수 없지만, 그래도 규범질서가 정치에 영향을 받았다고 말하기는 어렵지 않을까? 누가 어떤 잣대로 평가하고, 지표들이 어떻게 사용되고 있는지를 살펴보면 얘기가 달라진다. 국제사회의 지표들은 공통점이 많다. 대부분 미국과 영국에서 나온다. 결과에서도 편견이 보인다. '지식에 대한 지식'을 뜻한 '메타지식(meta knowledge)'이 되어 "현실을 주관적으로 재구성하는 효과"가 있다.[62] 북유럽은 항상 가장 좋은 점수를 받고, 맞은편에는 사회주의국가들로 채워진다. 최근 전쟁을 치른 이라크, 리비아, 시리아는 제대로 된 평가도 못 받는다. 미국, 중국, 러시아 등 강대국은 중상위 언저리로 평가된다. '언론의 자유' 정도에서 하위권에는 북한, 시리아, 중국, 베트남, 쿠바, 라오스, 이란, 싱가포르, 베네수엘라 등이 배치된다. 유럽과 다른 정치, 사회, 문화적 배경을 갖고 있는 국가다.

'자유'를 평가하는 데 동원되는 기준도 논란이 된다. 인터넷에 대한 검열, 정치적 다당제, 투명성과 제도적 장치 등이 평가 기준이다. 국가별 상황은 전혀 고려하지 않는다. 답변을 받는 단체 중 일부는 비정부기구이지만 실제로는 정부와 불편한 관계에 있는 언론사도 포함되어 있다. 좋은 답변이 나올 수 없다. '민주주의 지표'도 비슷하다. 경제주간지 《이코노미스트》는 발간 목적이 '경제적 자유주의' 확산이며, 자유무역, 글로벌화, 자유이민 등을 주장한다. 약소국의 경제적 자립이나 평등은 관심 대상이 아니다. 이는 평가를 위한 질문에도 잘 반영되어 있다. 가령 "선거는 자유롭고 공정한지, 투표자의 안전은 확보되는지, 정부에 대한 외부의 간섭은 있는지, 또 민간 관료가 정책에 관여할 수 있는지" 등을 묻는다. 평가 주체를 들여다보면 '미국'의 발자국이 뚜렷하게 드러난다.

미국이 2차 세계대전에 참전한 것은 1941년이다. 전쟁에 개입할 명분이 필요했다. 권위주의 속성이 강했던 나치즘과 파시즘에 대항하기 위해서는 이들과 달리 내세울 수 있는 '규범'이 필요했다. '자유'는 이런 배경에서 선택된다. 「독립선언서」를 비롯해 「수정헌법」에도 반복해서 '자유'를 담았던 역사적 경험도 있다. 자유의 고리(Ring of Freedom), 자유를 위한 투쟁(Fight for Freedom), 아메리카방위위원회(Committee to Defend America) 등의 단체가 꼬리를 물고 등장했다. 일본이 진주만을 공격한 이후에는 좀 더 체계적인 관리가 시작된다. 흩어져 있던 여러 단체를 한데 모아 설립한 게 '프리덤 하우스(Freedom House)'다. 엘리너 루스벨트가 초대 이사장을 맡았다. 전쟁에서 승리한 이후에는 유럽을 대상으로 '마셜플랜'과 '나토'를 지지하는 한편, 신생독립국들이 비동맹 진영으로 넘어가지 않도록 '설득'하고 '지원'했다.

CIA가 얼굴마담으로 내세운 '문화자유회의(Congress for Freedom of Culture)'는 이 단체 소속이다. 직원은 약 여든 명이고, 예산은 1400만 달러다. 본부는 워싱턴 D. C.에 있다. 대외정책에서 중요하게 다루는 지역에 지사를 두고 있는데, 우크라이나, 폴란드, 헝가리, 세르비아, 슬로바키아, 루마니아, 모로코, 우즈베키스탄, 키르기스스탄, 알제리 등에 있다. 전직 이사장에는 권력 실세가 온다.

그중 한 명이 빌 리처드슨이다. 헨리 키신저가 차린 국제로비 회사에 합류한 인사다. CIA 국장을 지냈던 제임스 울시도 2003년에 이사장을 역임했다. 2018년 현재 부이사장은 제프 허쉬버그다. 국제사회를 대상으로 하는 프로파간다 방송을 관할하는 '방송위원회'(BBG) 이사를 겸임한다. 이사회에는 『문명의 충돌』을 쓴 새뮤얼 헌팅턴을 비롯해 반공주의자로 유명한 진 커크패트릭 등이 포함되어 있다. 국제사면위의 베넨슨이 '창립이사'로 참가했던 '국제법률가협회(International Congress of Jurists, ICJ)'의 배후에도 미국이 있다.

패전국 독일은 분할된다. 덴마크와 네덜란드는 왼쪽에, 폴란드와 체코는 오른쪽에 두고 그 사이에 위치한 베를린은 분쟁의 대상이었다. 미국, 영국과 프랑스는 서베를린을 자신의 영향권에 두려 했고, 소련은 반대했다. 베를린 봉쇄작전은 이런 배경에서 불거졌고, 얼추 1년간 지속되었다. 서방국가는 이를 계기로 NATO를 만들었고, 서독에 대한 미국의 영향력도 증가했다. 베를린 서쪽에 본부를 둔 ICJ가 미국의 눈치를 볼 수밖에 없었던 것은 이런 까닭에서다. 목적은 인권을 탄압한 사례를 감시하는 것이었지만, 그 대상은 소련이 장악한 지역으로 한정되었다. CIA는 설립 기금의 일부를 맡았으며, 국제민주법률가협회(International Association of Democratic Lawyers, IADL)의 대항마로 활용했다.[63]

태생적인 한계는 '헬싱키 워치'도 예외가 아니었다. 포드재단이 40만 달러의 설립 자금을 지원했고, 공동설립자였던 아레아 나이어는 조지 소로스가 세운 '열린사회연구소(Open Society Institute)' 회장을 역임하기도 했다. 주도적 역할을 한 로버트 번스타인은 출판사 랜덤하우스(Random House) 회장이었다. 반체제 인사로 유명했던 체코의 바츨라프 하벨, 아르헨티나의 하코보 티메르만, 중국의 웨이징성 등의 책이 출판될 수 있도록 앞장섰다. 지금도 베네수엘라, 시리아, 중국 등 권위주의적이거나 미국의 대외정책에 반대하는 국가에 집중한다.

미국이 반드시 인권 수호에 앞장선 것도 아니었다. 관타나모 기지와 아부그라이브 수용소는 위키리크스의 폭로를 통해 잔혹한 고문 장소로 밝혀졌다. 잔학 행위를 금지한 국내법을 피하기 위해 미국령이나 점령국 등에서 진행했으며, 도널드 럼즈펠드와 무관하지 않다. 1976년 CIA 보고서에서 드러난 것처럼 미국과 인권은 그렇게 친하지 않았다. 인도네시아 쿠데타를 지원했던 미국은 티모르 독립운동에 대한 무자비한 탄압을 외면했다.

지미 카터 대통령이 '인권'을 강조한 것 역시 국내 여론을 달래기 위한 일시적 조치였다. 전두환 정권의 광주학살에 대해서도 레이건 행정부는 침묵했다. 그러나 '인권'은 국제사회의 지지를 얻기 위한 효과적인 '규범'이다. 아라크의 사담 후세인과 리비아의 카다피를 공격했던 구실은 '인권보호'였다. 불량국가라는 낙인이 찍힌 이란, 시리아, 북한 등을 비난할 때도 단골로 등장하는 규범이 '인권', '민주주의'와 '자유'다.

3부
중심축

오, 그대는 보이는가, 이른 새벽 여명 사이로
어제 황혼의 미광 속에서 우리가 그토록 자랑스럽게 환호했던
넓직한 띠와 빛나는 별들이 새겨진 저 깃발이, 치열한 전투 중에서도
우리가 사수한 성벽 위에서 당당히 나부끼고 있는 것이
포탄의 붉은 섬광과 창공에서 작렬하는 폭탄이
밤새 우리의 깃발이 휘날린 증거라
오, 성조기는 지금도 휘날리고 있는가
자유의 땅과 용자들의 고향에서!

(……)

오! 그리하여 자유로운 사람들이
사랑하는 그들의 고향과 전쟁 폐허 사이에서 언제나 일어서리라
승리와 평화로 축복을 받으며 하늘이 구한 이 땅이
우리의 나라를 만들고 지켜 준 신의 권능을 찬양하게 하소서
대의가 정당하면 우리는 필승할 것이오
우리의 좌우명은 "하느님 안에 우리의 믿음이"
그리고 성조기는 승리차게 휘날리리라

자유의 땅과 용자들의 고향에서!

─ 프랜시스 스콧 키, 「성조기여 영원하라」에서

국제사회는 오늘도 소란스럽다. 미국의 트럼프 대통령은 중국은 물론 우방국인 유럽연합(EU), 캐나다와 한국에 대해서도 무역전쟁을 선포했다. 멕시코와 접하는 국경 지역에 장벽을 설치하겠다는 계획이 발표되었으며, 불법 이민자에 대해서는 무조건 추방 명령을 내렸다. 북한의 핵폐기와 관련한 정상회담을 하는 한편, 이란에 대해서는 기존 합의도 폐기했다. 미국은 또한 러시아와 중국을 겨냥한 신냉전을 진행 중이다. 유럽 전역에 걸쳐 테러 공포가 확산되는 가운데 중동 분쟁의 여파로 인한 난민은 지속적으로 늘고 있다.

중동과 남미 상황도 혼돈 그 자체다. 이라크시리아이슬람국가(ISIS)는 소강 상태이지만 예멘과 시리아 내전은 지속된다. 아르헨티나는 500억 달러에 달하는 구제금융을 신청했고, 경제위기를 맞은 베네수엘라의 앞날은 암담하다. 과연 역사는 2018년을 어떻게 기록할까? 패권의 관점에서 봤을 때 미국은 어느 지점에 있을까? 패권안정론에서 주장하는 것처럼 테러리즘, 무역전쟁과 잇따른 외환위기는 '운전석'에 앉아 있는 미국의 영향력이 줄어들었기 때문일까? 반대로 구조적 권력을 행사하는 미국의 또 다른 '규칙 흔들기'로 인해 혼란이 격해지는 것일까? 정답은 없다. 각자 입장과 이해관계에 따라 답은 다를 수밖에 없다. 그러나 '지식패권'의 관점에서 봤을 때 어느 정도 합의는 가능하다.

국제질서는 안보, 경제, 정보, 담론이라는 복합적 구조로 이루어져 있다. 지난 70년 동안 미국은 단 한 번도 운전석을 양보한 적이 없었고, 남이 뺏을까 봐 수단과 방법을 가리지 않았다. 구조적인 특혜는 상당했고 분배는 공정하지 않았다. 물론 차량 내부에서 자리 이동은 있었다. 유럽과 중국이 경쟁자로 떠올랐고, 한국만 해도 뒷자리에서 앞자리로 옮겼다. 운전자의 영향력도 뚜렷하게 줄었다. 같이 여행하는 동반자들의 정서적 반감은 늘었다. 모범생과는 거리가 먼 미국에 대한 실망감도 있다. 그럼에도 당분간 여행이 계속될 것이라는 점과 구조가 바뀔 가능성이 높지 않다는 점은 분명하다. 결함을 조정하고 청사진을 제시하고 관계에 대한 동의를 생산하는 데 미국은 압도적이다. 국제사회의 보안관 역할에 대한 일반 국민의 호응도 높다. 미국 지도자들은 여전히 사명감에 불타 국제사회를 대상으로 훈수를 둔다. 과연 미국이라는 패권국가의 원동력은 무엇일까? 패권의 지위를 감당할 수 있도록 하는 중심축은 무엇일까?

'집단정체성'이 첫 번째 열쇠다. '집단으로서 미국은 누구이며, 무엇을 할 수 있고 또 해야 하며, 공공의 적은 누구이며, 함께 지향해야 할 가치와 목표는 무엇인가.'에 대한 자화상이다. 크게 '애국주의(patriotism)', '선민사상(america exceptionalism)'(미국예외주의), '안보국가(security state)'로 구분할 수 있다.[1]

박사과정을 밟을 때 옆집에 사는 네팔 친구와 얘기한 적이 있다. 학위를 마치는 대로 고국으로 돌아가겠다는 말을 들었다. "굳이 왜 돌아가려고? 궁중에서 쿠데타도 일어난 것 같던데……." 그 친구의 대답은 단순했다. "항상 웃고만 살기 너무 힘들어서……." 웃으면 복이 오는데 뭔 소리냐 할지 모르지만 사연이 있다.

미국에서 약소국 국민은 주변인이다. 영어도 못 하지만 감히 백인 주류들에게 화를 내거나 인상을 쓸 수 없다. 직장 상사에게 늘 좋은 낯으로 대해야 하는 것과 비슷하다. 억울한 일을 당하고 잘못된 일이 있어도 용감하게 반박하지 못한다. 노예근성 아니냐고 힐난할지 모르지만 현실이 그렇다. 지도교수는 명줄을 쥐고 있는 사람이다. 직급이 낮은 경찰도 이민자에게는 막강한 권력자다. 정치, 문화, 사회자본 그 어느 것에서도 경쟁력이 없다. 영어를 제대로 못 하기 때문에 할 말은 다 못 한다. 동양인의 말을 일부러 못 알아듣는 척 무시하는 경우도 많다. 웬만하면 참고, 외면하고, 2등 국민으로 조용히 산다. 김종영 교수가 말하는 "지배받는 지배자"는 이런 경험이 내면화된 결과다. 그러나 미국 주류의 눈에는 보이지 않는 '문제점'을 볼 수 있다는 장점은 있다.

미국에서 피자 배달을 7년 정도 했다. 넓은 지역을 대상으로 하기 때문에 오토바이가 아닌 승용차를 이용한다. 낯선 사람에게 자기 공간을 거의 보여 주지 않지만 배달 차량은 예외다. 늦은 밤이나 새벽에 주문하는 경우도 많다. 부자나 가난한 사람이나 즐겨 찾는 음식이라 다양한 계층의 사람을 만난다. 남부 조지아와 북동부 펜실베이니아 두 지역을 거쳤다. 대학촌이라 백인이 주류라는 것은 비슷하지만 법이나 문화는 많이 다르다. 군대와 화폐는 연방정부에서, 그러나 경찰, 학교와 운전면허 등은 개별 주정부에서 결정하는 것과 관련이 있는 것 같다. 날씨도 영향을 미친다. 남쪽은 전반적으로 느슨하다. 교수들이 내주는 과제물의 양도 다르고, 월마트 등에서 맥주는 언제든지 원하는 만큼 살 수 있다.

북쪽은 달랐다. 잘 정돈되어 있고 흐트러짐이 별로 없다. 맥주를 사려면 주류 판매점에 가야 된다. 한 사람이 한 번에 살 수 있는 분량도 정해져 있다. 주말에는 그마저 금지된다. 학교 생활도 훨씬 엄격하다. 일단 과제물이 많고 형식을 더 따진다. 그렇다고 차이점이 공통점보다 크지는 않다. 온갖 인종이 모여 살고, 방대한 영토에 흩어져 있다 해도 '미국' 사람이 갖는 특징이 있다.

중산층 정도가 되면 부모 중 한 명은 가능한 집에 머문다. 자녀를 가지려 하면 미리 계획을 세운다는 얘기를 들었다. 최소한 고등학교를 졸업할 때까지는 주로 엄마가 집에 있다. 평균적으로 두 대 정도의 차를 보유하는데, 그중 한 대는 일본 자동차 회사에서 만든 미니밴이다. 다른 차량은 포드나 GM에서 만든 것이거나 유럽 브랜드다. 젊은 세대는 픽업 트럭을 많이 탄다.

9·11 이후 좀 더 많아지기는 했지만 웬만하면 집에 성조기를 달아 놓는다. 애국심에서 나온 자발적인 행동이다. 형편이 어려운 사람들이 모여 있는 곳에서 더 쉽게 찾아볼 수 있다. 대략 2500만 명이 넘는다는 제대한 군인들이 주로 중하층 출신이다. 북한, 이라크, 리비아와 베네수엘라 등에 대한 반감도 상당하다. 대외정책에 큰 관심은 없지만 정부를 비판하면 불편한 기색이 뚜렷하다. '네가 뭔데.' 혹은 '제

대로 알고나 하는 얘기야.'라는 정서가 느껴진다. 성인과 미성년자 구분도 철저하다.

공공장소에서 선정적인 광고판이나 전단지는 찾아볼 수 없다. 대학촌이라는 특성 때문인지는 몰라도 '스트립쇼'와 같은 성인 전용 극장은 아예 외진 곳에 자리를 잡는다. 영어를 처음 배울 때 미국에서는 누구한테나 '당신(you)'이라 한다는 말을 들었다. 현실은 많이 다르다. 특별히 친한 사이거나 상당한 수준의 신뢰가 쌓이기 전까지는 이름을 못 부른다. '선생님', '경관님', '관리자님' 등에 붙는 'Sir' 혹은 'Ma(d)am'을 붙여야 존중해 준다. 뭔가를 부탁할 때는 '제발(please)'을 꼭 하도록 교육받는다.

특별한 경우가 아니면 예외를 인정하지 않는다는 점도 다르다. 규칙은 규칙이고 잘못하면 책임을 져야 한다. 작은 일탈로 인한 기회비용이 상당히 크다. 한 예로 면허 없이 낚시를 하다 적발되면 상당한 벌금이 나온다. 도로 표지판이나 안내문도 꼭 필요한 단어만 제시한다. '길 없음'이라고 적혀 있으면 정말 없다. 경고를 여러 번 하지도 않는다. 알아서 복종하고 주어진 테두리를 벗어나는 것을 꺼린다. 대외정책에 대해 상대적으로 무관심한 것도 이런 정서와 관련이 있다. 의회를 아예 상원과 하원으로 구분했고, 복잡하고 전문성이 필요한 일은 상원에서 다룬다. 역할을 구분하고 위임을 하는 이런 분위기는 자연스럽게 '미국 예외주의'에 대한 묵인으로 연결된다. 권위와 질서에 대한 존중이 깔린 예다.

배달 때문에 늦은 밤에 일하다 보면 항상 만나는 게 경찰차다. 한적한 도로를 달리다 보면 다른 차와 다르게 일정한 거리를 유지하면서 한동안 따라온다. 운전석에서 후방거울로 보면 전조등이 아주 인상적이다. 적절한 기회를 기다리면서 사냥감을 노려보는 맹수의 눈빛 같다. 낮에 보면 일반 차량과 구분하기 어렵지만 밤에 보면 많이 다르다. 일단 차체가 보통 승용차보다 더 크다. 튼튼하고, 엔진 성능이 좋다. 뒤에서 조명을 비추었을 때 운전자의 행동이 잘 보이도록 전조등을 비롯해 운전석에 '감시등'을 달았다. 운전자 보험이 없거나 과태료를 물지 않아도 수갑을 채워 감옥에 보낸다.

할리우드 영화나 미국 드라마에서 보는 것과 같은 공권력에 대한 도전은 일상적이지 않다. 식민지와 서부 개척과 같은 역사적 경험을 통해 학습한 '안전'에 대한 욕망과 관련이 깊다. 총기사건이 빈번하게 일어나도 「수정헌법」에 보장된 '총기 휴대의 자유'를 포기하지 않는 것도 이 때문이다. 국민의 생명과 재산을 보호하는 일이라면 자유를 일정 부분 제한해도 된다는 인식이 강하다. 패권을 지탱하는 정서의 단면들이다. 인상비평? 너무 주관적? 틀린 말은 아니지만 객관적으로 뒷받침할 수 있는 근거가 있다. 그중 하나가 '미식축구'다. 군사문화, 엘리트주의, 미국우월주의 등이 결합된 종합선물 세트다.

전 세계는 월드컵에 열광하지만 미국은 다르다. 프로는 물론 대학과 고등학교에서 단연 최고의 인기는 미국식 풋볼이다. 유학을 하는 동안 머물렀던 두 대학이 공교롭게도 이 운동경기의 열렬한 팬이었다. 엄청난 규모의 경기장을 갖고 있는데 펜실베이니아주립대학교는 10만 명을, 조지아대학교는 9만 명을 수용한다. 경기가 열리는 시즌이 되면 대학촌은 외지인으로 붐빈다. 호텔과 식당은 꽉 찬다. 홈팀의 승률에 따라 지역 경제가 좌우된다. 캠퍼스 한쪽에는 대규모 캠핑장이 들어선다. 몇 달씩 머물면서 모든 경기를 다 구경한다. 흔하게 접하는 풍경이 성조기다.

미식축구는 워낙 군사문화와 관련이 깊은 종목이다. 우선 경기 규칙이 군사 작전과 비슷하다. 군대로 치면 지휘관에 해당하는 쿼터백이 있고, 팀워크가 중요하다. 갑옷으로 비유할 수 있을 만큼 선수들은 온갖 장비로 몸을 에워싼다. 오직 남자만 하는 경기다. 남성다움을 찬양한다. 팀을 위한 희생과 고통을 극복하는 점 등이 군사훈련과 아주 닮았다. 당연히 장교를 양성하는 육군사관학교(West Point)와 해군사관학교(Navy Academy)와 같은 군사학교들이 적극 참여한다. 전쟁터에서 유능한 리더가 되는 것과 풋볼에서 승리하는 것을 다르다고 생각하지 않는다.

전국 우승을 가리는 슈퍼볼(Super Bowl) 경기에는 대통령이 참석한다. 좌우에는 현역 군인들이 호위를 한다. 경기장은 온통 성조기로 치장된다. 경기를 시작하기 전에는 항상 「애국가」가 울려 퍼진다. '성조기여 영원하라'라는 부제가 붙은 노래다. 1814년 9월 14일에 벌어진 미국과 영국의 전쟁이 배경이다. 당시 미국은 매킨리 요새를 지키고 있었다. 영국 군함이 밤새 포격을 했지만 끝내 함락시키지 못했다. 프랜시스 스콧 키가 쓴 시인데, 포격에도 부러지지 않고 꼿꼿하게 서 있는 국기를 보고 지은 이 시(詩)에 곡을 붙였다. 따라 부르기 어렵다는 불평이 있지만 이 곡의 의미를 무시하는 미국 사람은 없다. 경기장 전체가 숙연해지고 애국심이 한껏 높아진다.

패권의 편린을 엿볼 수 있는 것으로 '화폐와 국경일' 역시 빠지지 않는다. 대학에 입학한 후 유학을 나올 때까지 10년 이상 광화문 근처를 맴돌았다. 고향에 내려갈 때도, 등하교 시간에도, 또 친구들과 소주 한잔을 할 때도 그 주변에 있었다. 그런데도 이순신 장군의 동상이 광화문 입구에 서 있다는 것을 거의 의식하지 못했다. 자연스러웠고 낯설지 않았고 전혀 이질감을 못 느꼈다.

박노자 교수가 쓴 『당신들의 대한민국』(2001)을 통해 군사문화의 영향 때문임을 한참 지난 후에 깨달았다. '누가, 왜, 무엇을 위해, 특정한 인물의 동상을, 그것도 광화문에 세웠을까.'라는 질문을 처음으로 던져 보았다. 그간 한 번도 '상상'조차 하지 못했던 의문도 제기했다. 한국의 인물 중에 이순신은 어떤 존재일까? 장군 중에는 그보다 높은 직위를 가진 인물이 많다. 문신들은 다 어디로 갔을까? 최치원은? 정약용은? 원효는? 또 왜 하필 조선일까? 많은 공신 중에 왜 하필 '충무'공일까? 외국인이 한국에 오면 반드시 들르는 광화문이라는 상징적인 곳을 택한 이유는 무엇일까? 1968년 4월 27일이라는 날짜, 박정희 대통령이라는 인물, 전쟁과 군사쿠데타라는 집단적 경험, 또 일본에 대한 역사적 기억 등에 답이 있다.

'대한민국'이라는 호칭도 낯설어졌다. 국가 이름에 '대(大)'를 붙인 게 흔하지는 않다. "대한민국 짝짝짝" 할 때 느껴지는 가슴 뭉클함이 끝없는 학습의 결과라는 것에도 눈을 떴다. 학창 시절에는 「국기에 대한 맹세」를 입에 달고 살았다. 충청남도 교육청에서 1968년에 처음 작성한 "나는 자랑스런 태극기 앞에 조국과 민족의 무궁한 영광을 위하여 몸과 마음을 바쳐 충성을 다할 것을 굳게 다짐합니다."라는 내용이다.

같은 해 12월 5일 박정희 대통령이 직접 발표한 「국민교육헌장」

은 전교생이 외웠다. 당시에는 무슨 뜻인지도 몰랐다. "우리는 민족 중흥의 역사적 사명을 띠고 이 땅에 태어났다. 조상의 빛난 얼을 오늘에 되살려, 안으로 자주독립의 자세를 확립하고, 밖으로 인류 공영에 이바지할 때다. (……) 반공 민주 정신에 투철한 애국 애족이 우리의 삶의 길이며, 자유 세계의 이상을 실현하는 기반이다."를 외울 때는 뭔가 뭉클한 감동이 물결쳤다.

운동장 한 편에 세워져 있었던 단군, 세종대왕, 이순신 동상과 3·1절, 광복절, 국군의 날과 같은 기념일도 한몫을 했다. 무수한 위인 중에서 이순신 장군은 100원짜리에, 이황은 1000원짜리에, 또 세종대왕은 만 원짜리를 차지하고 있는 것도 영향을 미쳤을 가능성이 있다. 나라에 충성하고 부모에게 효도하는 착한 어린이라는 정체성은 이렇게 만들어져 왔다.

미국을 이해하는 데도 이것은 적용된다. 일상에서 손쉽게 접할수 있는 것으로 '달러'가 있다. 지폐 1달러에 있는 인물은 조지 워싱턴이다. 1776년 독립전쟁 때 창설된 대륙군대를 지휘한 총사령관이며, 영국 군대에서 대령으로 복무하다 제대했다. 10달러 초상화는 알렉산더 해밀턴이다. 초대 정부에서 재무부 장관 출신으로 워싱턴의부관으로 일했다. 중령으로 전쟁에 직접 뛰어들었다. 토머스 제퍼슨등이 주도했던 '주정부' 중심의 헌법이 아닌 '연방정부'의 필요성을역설한 인물이다. 영국, 프랑스, 스페인 등과 경쟁하기 위해서는 보다강력한 연방이 필요하다는 입장이었다.

남북전쟁을 승리로 이끈 두 명의 영웅도 화폐의 주인공이다. 대통령이었던 에이브러햄 링컨과 북부군 사령관이었던 율리시스 그랜

1달러 지폐의 조지 워싱턴 초상화

트는 각각 5달러와 50달러에 나와 있다. 20달러에 새겨진 초상화 또한 장군 출신으로 대통령이 된 앤드루 잭슨이다. 그는 1814년 뉴올리언스에서 영국과 싸워 이겼고, 그 직후에는 스페인으로부터 플로리다를 빼앗았다. 그 밖에 토머스 제퍼슨은 2달러에, 벤저민 프랭클린은 100달러 표지 인물이다. 제퍼슨은 「독립선언서」를 처음 작성한 사람이고, 프랭클린은 미국의 대사 자격으로 프랑스의 군사적 지원을 이끌어 낸 인물이다.

동일한 정서는 '국경일'에서도 엿보인다. 미국의 연방 공휴일은 열 개 정도다. 그중 한국의 설날에 해당하는 'New Year's Day'와 추수감사절로 알려진 'Thanks Giving Day'가 풋볼과 관련이 있다. 매년 연말에서 새해를 거치는 동안 미국 전역에서는 지역별 우승자가 경쟁팀을 초청해 벌이는 6대 플레이오프 경기가 열린다. 피치볼(Peach

컬럼비아 여신과 보이스카우트(1918년)　　입대 요청 포스터(1916년)

Bowl), 피에스타볼(Fiesta Bowl), 로즈볼(Rose Bowl), 슈거볼(Sugar Bowl), 오렌지볼(Orange Bowl)과 코튼볼(Cotton Bowl)의 챔피언이 참가한다.

　　추수감사절은 11월 넷째 주 목요일이다. 1620년 영국 국왕인 제임스 I세의 종교탄압을 피해 청교도 일행이 아메리카 대륙 매사추세츠에 도착한 날을 기념한다. 인디언 원주민의 도움으로 겨울을 무사히 지낸 이듬해 감사의 선물을 전달한 데서 시작했다. 고향을 떠나 멀리 나가 있던 가족과 친지들이 모두 한자리에 모인다. 지역 내 고등학교 풋볼 팀끼리 경기를 하는데, 칠면조를 나누어 먹기 때문에 '터키볼(Turkey Bowl)'로 불린다. 다른 휴일 중 패권 정서와 관련한 것으로는 '워싱턴 탄신일(Washington's Birthday)', '현충일(Memorial Day)', '재향군인의날(Veterans Day)', '콜럼버스 탄신일(Columbus's

미육군사관학교(웨스트포인트)

Birthday)'과 '독립기념일(Independence Day)'이 있다.

크리스토퍼 콜럼버스는 미국에서 독특한 의미를 갖는 인물이다. 최초로 아메리카 대륙 땅을 밟았다는 것만이 아니라 끝없는 도전정신을 보여 준다. 그의 이름에서 '컬럼비아(Columbia)'라는 여자 천사가 탄생했다. 명문 컬럼비아대학, 컬럼비아강, 미국 수도가 있는 컬럼비아구역(District of Columbia), 컬럼비아영화사 등에서 흔하게 볼 수 있다. 1819년부터 1831년까지 존재했던 '그랜 컬럼비아'라는 중미의 거대 국가 이름에도 쓰였다. 연방이 분열되면서 지금의 컬럼비아(Republic of Columbia)가 생긴다. 1840년대의 '명백한 운명(Manifest Destiny)' 운동이 추진될 당시 문명화된 동부가 서부를 개척하는 길을 안내하는 수호신 역할을 하기도 했다. 1920년대 이후에는 자유의 여신상으로 대체되었다.

'워싱턴의 날' 역시 단순히 초대 대통령을 기념하는 것 이상이다. 미국의 헌법이 제정된 1787년에 유럽을 비롯한 전 세계는 여전히 왕정시대였다. 워싱턴은 황제 추대를 거부하고 '대통령'이 된다. 4년 임기를 두 번 마친 후 퇴임했고, 이것이 전통으로 자리 잡았다. 민주주의를 처음 도입하고, 인권과 관련한 주요 사항을 헌법으로 보장했으며, 삼권분립의 원칙에 따라 정부를 수립했다는 자부심을 대표한다. 독립기념일, 현충일과 재향군인의 날 등은 모두 '애국심'과 '희생정신'과 관련이 깊다. 미국은 이민자가 세운 국가이며 역사도 짧다. 유럽과 달리 공유하는 언어와 문화도 없었고, 집단적인 기억과 정서가 부족했다. '전쟁'은 이들을 묶어 주는 강력한 '접합제'였다. 그래서 미국 전역에 전쟁기념관과 추모공원, 비석이 있다. 상상의 공동체로서 국가를 만드는 상징적 장치로 활용한 셈이다.

군사학교 또한 주목할 만한 단면이다. 2017년 기준으로 미국에서 현역으로 복무하고 있는 인원은 대략 128만 명으로 알려진다. 제대 군인의 숫자는 그보다 훨씬 많은 2500만 명 수준이다. 재량예산 중 58퍼센트 정도가 펜타곤으로 흘러간다. 군사학교는 많은 것과 관련되어 있다. 제대 군인이 먹고살려면 직장이 필요하다. 한국에서 전역한 장교들이 고등학교 교련 선생님을 맡은 것과 비슷하다. 정부도 손해 보는 장사가 아니다. 장교와 병사를 꾸준히 확보하는 가장 좋은 통로가 이런 학교다. 일찍부터 훈련을 받으면 언제든지 현장에 투입할 수 있다. 학부모도 한몫을 한다. 중고등학생 자녀를 기숙사가 있는 사관학교에 보내면 마약과 같은 탈선의 우려가 없다.

명문대에서 이들 학교 출신에게 특혜를 주는 것도 장점이다. 학비가 좀 많이 들기는 하지만 투자할 만한 가치가 충분하다. 그래서 미국에서 성공한 인물 중에는 어릴 때 군사학교를 다닌 경우가 많다. 트럼프 대통령만 해도 열세 살 때 뉴욕에 있는 '기숙형' 군사학교에 다녔다. 한국전을 이끌었던 더글러스 맥아더 장군, 걸프전을 지휘했던 노먼 슈워츠코프 장군, 미국 최초의 우주인 앨런 셰퍼드, 힐튼호텔 체인 창립자인 콘래드 힐튼과 미국 ABC 뉴스의 간판 앵커인 샘 도널드손도 사관학교 출신이다.[2]

교육 과정도 상당히 세분화되어 있다. 한국의 육사와 공사에 해당하는 곳이 최고 명문에 속한다. 정부에서는 각 사관생도에게 졸업 때까지 40만 달러를 지원한다. 입학 조건은 아주 까다롭다. 결혼을 하지 않아야 하고, 여자는 임신하면 안 된다. 추천서가 중요한데 대부분은 출신 지역 하원의원에게 받는다. 3퍼센트 정도는 상원의원에게, 또 1퍼센트 정도만 주지사가 추천한다. 육군, 해군, 공군, 국경경비대와 상선단(merchant marine)에서 따로 사관학교를 운영한다. 육군사관학교가 제일 앞선 1801년에 설립되었다. '웨스트포인트(West Point)'는 뉴욕에 있는 지명이다. 대륙군대는 1778년에 이 지역을 처음 장악했고 이를 기념하기 위해 학교를 세웠다. 내전 당시 남부군을 이끈 로버트 리와 북부군의 율리시스 그랜트가 이곳 출신이다. 1944년 연합군을 이끌고 노르망디 상륙작전을 성공시켰던 아이젠하워 대통령도 동문이다.

예비역 장교(ROTC)를 길러 내는 대학도 아주 많다. 북조지아대학교(University of North Georgia), 노리치대학교(Norwich University),

텍사스에이앤앰(Texas A&M), 시타델(The Citadel), 버지니아군사대학교(Viginia Military Institute) 및 버지니아공대(Virginia Tech)는 그중에서 명문으로 꼽힌다. 독립한 직후인 1819년부터 졸업생을 배출했다. 육군, 공군, 해군을 따로 뽑는다. 육군에 소속된 ROTC는 연간 2만 명 정도가 배출되는데, 미국 대학 중 273개가 이런 프로그램을 제공한다. 4년제 과정과 전문대 과정이 따로 있다. 또 해군 장교를 배출하는 대학은 150개에 달하고, 공군도 일흔일곱 개에 달한다. 흑인 최초로 합참의장이 된 콜린 파월 국무부 장관이 뉴욕시립대 ROTC 장교 출신이다.

미성년 학생을 대상으로 하는 군사학교는 100개 정도다. 1916년에 제정된 '국가방위법(National Defense Act)'을 근거로 한다. 한국으로 치면 중학교 1학년부터 고등학교 3학년 학생이 입학한다. 공립과 사립이 있다. 사립의 등록금은 보통 3만 달러에서 4만 달러 수준이다. 백인이 절대 다수를 차지하는 버지니아주에 많다. 베네딕틴예비대학교(Benedictine College Preparatory), 피시번군사학교(Fishburne Military School), 하그레이브군사학교(Hargrave Military Academy), 포크유니언군사학교(Fork Union Military Academy) 등이 포함된다. 펜실베이니아, 위스콘신, 뉴욕, 텍사스, 플로리다, 인디애나, 뉴저지, 일리노이와 미국령 푸에르토리코 등에도 있다.

일반 고등학교에 속해 있는 예비 학군단(JROTC)도 3000개 이상 운영 중이다. 펜타곤에서 비용을 지불하고, 퇴직한 군인들이 교관으로 일한다. 졸업 후 군대로 갈 필요도 없고 의무 복무 기간도 없다. 리더십과 시민정신의 함양을 목표로 한다. 그 외에도 방학 동안 단기간

병영 체험을 하는 프로그램도 일찍부터 자리를 잡았는데 특히 여름 방학 동안 집중적으로 진행된다. 부모 입장에서는 자녀들이 텔레비전이나 게임만 하지 않도록 하는 장점이 있다. 대략 2주에서 5주 정도 진행되는데 비용은 3000달러에서 5000달러 수준이다. 정규 과목으로는 수학, 영어와 과학을 가르치고, 나머지 시간에는 군사훈련을 한다. 입학 자격은 중학생 이상이면 된다. 한국에서는 외환위기 이후에 '해병대' 훈련캠프로 자리를 잡았다.

마지막으로 관심을 가져야 할 대상으로 영화와 텔레비전 드라마가 꼽힌다. 영화와 관련한 최신 통계는 박스오피스(Box Office)를 통해 쉽게 확인할 수 있다.[3] 2018년 6월 기준으로 미국 내에서 가장 높은 매출을 올린 영화는 「스타워즈: 깨어난 포스」(2015)로 9억 3666억 달러다. 미국의 리더십을 직접 또는 간접적으로 정당화하는 영화 중 하나다.

군인 리더십(military leadership)이 등장하는 영화도 무수히 많다. 가령 「어벤져스: 인피니티워(Avengers: Infinity War)」(2018)는 4위, 역시 마블의 「어벤져스」(2012)는 7위, 「스타워즈: 라스트 제다이」(2017)는 8위를 차지한다. 루카스필름이 제작한 1977년 개봉작 「스타워즈」, 1999년의 「스타워즈: 에피소드 I」, 2016년의 「로그원: 스타워즈 스토리」 등도 모두 20위권에 해당된다. 펜타곤이 직접 후원한 것으로 알려진 「아이언맨 3」(2013)은 24위, 「캡틴아메리카: 시빌워」(2016)는 25위, 「트랜스포머: 패자의 부활」(2009)은 30위다. 매출액은 대략 4000만 달러를 조금 넘는다.

영화 중에서 애국심과 관련이 깊은 것으로는 「라이언 일병 구하기」(1998), 「아폴로 13」(1995), 「글로리」(1989), 「미라클」(2004), 「패튼」(1970), 「록키 IV」(1985), 「링컨」(2012)과 「론서바이버」(2013) 등이 있다.[4] 그중에서 「글로리」는 링컨의 노예해방 선언 이후 흑인만으로 구성된 전투부대의 활약상을 그렸다. 백인에게 자신들의 역량을 보여 주는 한편, 자유는 목숨을 바칠 만한 가치가 있음을 강조한다.

「미라클(Miracle on Ice)」의 배경은 1980년 뉴욕에서 열린 동계 올림픽이다. 레이건 대통령이 추진했던 '스타워즈' 계획과 미사일방어 시스템 구축의 명분이 되었던 '악의 제국' 소련을 맞아 미국 하키팀이 극적으로 역전승한 내용이다. 그 밖에 1997년에 나온 「에어포스원」(1997)과 「인디펜던스 데이」(1996)에는 대통령이 직접 전투에 뛰어드는 장면이 있다. 장군이나 장교로 전쟁에 참여했다가 그 후광으로 대통령이 된 사례가 많은 미국에서는 낯설지 않다.

군사문화와 패권주의에 포함할 수 있는 텔레비전 드라마 시리즈 또한 쉽게 눈에 띈다. 대표적인 작품 중 하나로 「스타트랙(Star Trek)」을 꼽는다. 우주를 항해하는 '유에스에스 엔터프라이즈(USS Enterprise)' 호의 활약상을 담았다. 미국 선박(United States Ship)을 뜻하는 USS와 '대규모 사업' 또는 '진취성' 등을 나타내는 'Enterprise'라는 단어가 결합해 있다. 이 명칭을 사용하는 군함은 무려 여덟 개나 되며 1775년부터 사용된다. 1966년 1편이 상영된 이후 1973년에는 만화로, 1987년에는 2편 「넥스트 제너레이션(Next Generation)」이, 또 1993년에는 「딥스페이스 9(Deep Space 9)」이 제작된다. 뒤이어 1995년에는 「보이저(Voyager)」가, 2001년에는 「엔터프라이즈(Enterprise)」가 선보였다. 영화도 익숙한데 열세 편이 모두 관련 주제를 다루고 있다. 극중 지휘관으로 나오는 제임스 커크와 장뤽 피카르 등은 미국인이 바라는 이상적인 리더십을 모두 갖추고 있는 인물이다. 관련 책도 많을뿐더러《포브스》와《비즈니스인사이더》등의 잡지에서는 그들에게서 배워야 할 리더십을 분석한다.[56]

「스타게이트(Star Gate)」, 「배틀스타 갤럭티카(Battlestar Galactica)」와 「테라노바(Terra Nova)」시리즈도 비슷한 작품이다. 전직 또는 현직 군인이 지도자가 되어 군인과 민간인으로 구성된 팀을 이끈다. 우주에 숨어 있는 사악한 존재를 만나 목숨을 건 전투를 벌인다. 선장은 팀원의 자발적이고 헌신적인 노력을 성공적으로 이끌어 내 난관을 돌파한다. 누군가 고통을 당하거나 때로는 희생물이 될 때는 그에 상응하는 보상을 한다. 희생이 헛되지 않다는 것과 자신이 죽은 후에도 명예를 얻게 된다는 것을 확인할 수 있도록 한다. 미국 정부에 대한 긍정적 이미지가 형성된다. 합리적이고 사려 깊으며 인류의 공통이익을 대변한다. 문명을 전파하는 역할을 하고, 가상의 적을 맞아 먼저 희생한다. 국제사회의 '보안관'이 되고자 하는 미국의 자화상과 잘 어울린다. 우주라는 공간을 국제사회로 바꾸고, 적대적인 외계인을 공산주의나 불량국가로 바꾸어도 전혀 어색하지 않다.

미국에서 군대는 일상적인 풍경이다. 전국 각지에 군수공장이 들어서 있다. 군부대를 만나는 것도 어렵지 않다. 제대군인도 엄청 많다. 백인 주류사회에서 중학생 이상이 된 자녀를 대상으로 군사훈련을 받게 하는 것은 별난 풍경이 아니다. 남미나 아시아 등지에서 이민을 온 가정에서는 경제적인 이유와 신분 문제를 해결하기 위해 군대를 동경한다. 장학금을 받는 조건으로 졸업 후 임관을 하거나, 아예 사관학교에 입학한다. 그래서 한국에서는 부정적인 것으로 인식되는 군사문화에 대한 저항감이 별로 없다.

독립전쟁 이후 미국은 지금까지 크고 작은 전쟁을 지속해 왔다. 적과 아군이라는 이분법이 지배적이고 승리를 위해서는 수단에 구애받지 않는다. 전략적 이해관계에 따라 '동맹'을 결성하고 필요할 때는 과감하게 '해체'한다. "달면 삼키고 쓰면 뱉는다."가 부도덕한 것으로 비칠지 모르지만 좋게 보면 매우 '실용주의'적인 접근이다. 탐욕스러운 자본가와 달리 군인은 청렴하고 도덕적이며 냉정하다는 인식도 강하다. 대통령 중에서 유독 전쟁영웅이 많은 것은 이런 분위기와 무관하지 않다.[7]

2018년 기준으로 군대 경험을 가진 대통령은 모두 서른두 명이다. 트럼프 대통령을 포함해 전체 마흔다섯 명 중 70퍼센트가 넘는 수치다. 2차 세계대전 동안 복무한 사람이 여덟 명이고, 남북전쟁에도 일곱 명이 참가했다. 국가를 위기로부터 구한 다음 그 명성을 토대로 대통령이 되는 경우가 일반적이다. 대륙군대를 창설한 후 초대 사령관으로 독립전쟁을 이끌었던 '조지 워싱턴'이 대표적인 사례다.

7대 대통령으로 연임에 성공했던 앤드루 잭슨도 비슷하다. 영국과 격돌했던 1812년 전쟁에서 그는 큰 성과를 거두었다. 9대 대통령으로 취임한 윌리엄 해리슨 역시 장교 출신이다. 캘리포니아, 뉴멕시코, 아리조나와 텍사스 등을 확보한 1846년 멕시코 전쟁의 영웅은 재커리 테일러다. 육군 소장으로 제대했다. 14대 대통령을 지낸 프랭클린 피어스는 잘 알려진 군인 집안 출신이다. 멕시코 전쟁에 참가하기 위해 검찰총장 자리를 거부할 정도였다. 그 밖에도 장군 출신 대통령은 내전 이후 남부 지역을 통치했던 앤드루 존슨, 북부군 사령관 출신의 율리시스 그랜트, 러더퍼드 헤이스와 벤저민 해리슨 등이 있다. 또한 냉전을 주도하는 한편 미국 사회를 방위산업 중심으로 전환했던 드와이트 아이젠하워는 5성 장군 출신이다.

낯익은 인물 중에도 화려한 군대 경험을 자랑하는 경우가 꽤 있다. 시어도어 루스벨트는 사우스 다코다에 있는 러시모어산에 조각되어 있는 네 명의 대통령 중 한 명이다. 조지 워싱턴, 토머스 제퍼슨과 에이브러햄 링컨이 함께 한다. 미국의 첫 해외 식민지로 알려진 하와이, 푸에르토리코, 괌, 서사모아 등을 확보한 1898년의 스페인 전쟁에서 싸웠다. 마흔두 살이라는 젊은 나이에 대통령이 된다. 독과점 기업을 적극 규제하고, 국립공원 제정과 같은 환경보호에 앞장섰다. 필리핀을 다시 식민지로 만들고 최강의 해군을 육성한 장본인이기도 하다.

35대 존 F. 케네디도 무공훈장을 탄 경력이 있다. 해군 대위였던 그는 일본의 공격으로 반토막 난 함대의 선원을 이끌고 3킬로미터 떨어진 외딴 섬으로 헤엄친 전설적인 인물이다. 취임했을 때 불과 마흔세 살이었다. "국민 여러분, 여러분의 나라가 여러분을 위해 무엇을 해 줄 수 있는지 묻지 말고, 여러분이 나라를 위해 할 수 있는 일이 무엇인지 물어보십시오."라는 취임식 연설로 유명하다. 43대 조지 부시 1세도 훈장을 받은 인물이다. 열아홉 살 때 참전을 했고, 전역 때 계급은 대위였다. UN 대사와 CIA 국장을 거쳐 레이건 행정부에서 부통령으로 8년을 보냈다.

8

대외정책

인간은 항상 선택을 한다. 취향(趣向)은 이때 작용한다. 누군가를 만나든 어떤 음식을 먹든 또는 무슨 행위를 하든, 더 좋아하는 쪽을 택한다. 지난 시간을 돌아보면 이 취향조차 만들어져 왔다는 것을 많이 느낀다. 매력이 있다고 느끼는 이성의 이미지도 그랬다. 텔레비전에서 본 할리우드 여주인공이 그렇게 멋질 수가 없었다. 토요일 저녁에 방송되었던 「주말의 명화」는 웬만하면 다 봤다. 드라마 시리즈는 「600만 불의 사나이」, 「소머즈」, 「에어울프」, 「전격 Z작전」 등을 좋아했다. 만화는 「들장미소녀 캔디」, 「은하철도 999」와 「미래소년 코난」과 같은 일본 분위기가 더 와닿았다. 취향이 비슷한 분들이 주변에는 많다. "인간은 사회적 동물이고 비슷한 환경에서 자라면 닮는다."는 말이 맞는 것 같다. 당시 이런 프로그램을 수입하고 방송하기로 결정한 분들이 의도한 바가 아니었을까. 세상을 이해할 때도 부득이 이런 취향이 동원된다.

집단 정체성으로 봤을 때 패권국가 미국에 가장 접근한 인물은 「스타트렉」에 나오는 '커크' 선장이다. 그는 '군인 리더십'을 대변한다. 국제사회가 미국에 대해 갖는 복합적인 면을 두루 갖고 있다. 두 얼굴의 사나이다. 냉정하면서도 따뜻하다. 합리적이면서 또 감정에 잘 휩쓸린다. 용감하지만 실제로는 겁이 많다. 모든 상황을 주도하는 것 같지만 '호랑이 등에 올라탄' 듯 위태로울 때가 있다.

미국의 대외정책을 보면 이런 '분열'된 자아가 엿보인다. 외형은 '커크' 선장인데 속은 「600만 불의 사나이」에 나오는 '스티브 오스틴'이 아닐까 생각될 정도다. 극중 오스틴 대령은 원자력 에너지로 움직인다. 시속 100킬로미터의 속도로 달릴 수 있고, 몇 미터 장벽은 쉽게 뛰어넘는다. 오른팔은 불도저와 맞먹는 힘을 가졌고, 일반인의 스무 배로 볼 수 있는 시력을 자랑한다. 생체공학(bionic)으로 만든 인간으로 신체의 절반은 기계다. 연방재량예산의 절반 이상을 국방비에 쓰고 있는 현재의 미국과 비슷한 구조다. 자신을 지키고 동맹을 보호하는 정도를 훨씬 능가하는 무기를 내재하고 있으니 말이다. 당연히 부작용이 있다.

"말 타면 종 두고 싶다."는 속담이 있다. 평소 걸어 다닐 때는 말을 타고 다니는 것만으로 행복하지만, 막상 그렇게 되면 다른 사람이 말을 끌어 주기를 바란다는 뜻이다. 본능에 대한 얘기다. 칼이 있으면 칼을 쓰고 싶어진다. 총이 있어도 마찬가지다. 그래서 오스틴 대령에게는 끝없이 강력한 적이 나타난다. 일부러 찾아다니기도 한다. 권력의 비대칭이라는 역설에도 빠진다. 다른 말로, 상대는 칼로 대항하는데 본인은 미사일로 공격하는 상황이 발생한다.

인간은 늙지만 기계는 수명이 길다는 것 역시 문제가 된다. 균형을 맞추기 쉽지 않으니 점점 더 많은 신체 부위가 기계로 바뀔 수밖에 없다. 균형이 무너지면 우선순위가 달라진다. 인간적인 관점은 줄고, 기계처럼 생각하고 행동할 가능성이 높아진다. 무엇보다 인간의 고통을 제대로 느끼지 못한다. 사랑하고, 아파하고, 눈물 흘리고, 희생할 줄 아는 능력을 잃어버린다. 리더의 덕목 중에서 '공감'과 '조화'의 능력은 떨어지고 '냉담'과 '목표 달성'이 앞선다. 궁극적으로는 터미네이터와 같은 온전한 기계가 된다. 본인을 통제할 수 없음을 아는 순간 선택할 수 있는 길은 하나다. 영화에서는 스스로 녹아 없어지는 길을 택했다. 미국이란 패권국가의 성장 과정을 보면 비슷한 우려가 발견된다.

1776년 7월 4일에 미국은 영국으로부터 독립을 선언했다. 국왕이 보기에는 식민지의 폭동이었다. 도화선이 된 메사추세츠주에는 '반란'을 진압하기 위한 군대가 출동한다. 북미 대륙의 동남부에 자리를 잡았던 열세 개 주는 왜 무장투쟁을 시작했을까? 지명에서 보듯 이들과 영국은 불가분의 관계였다. 식민지 총독이 거주했던 주의 이름은 버지니아(Virginia)다. 평생 독신으로 살면서 대영제국의 기반을 다진 엘리자베스 여왕을 기리기 위한 이름이다. 처녀라는 뜻의 '버진(virgin)'에 '대지'를 뜻하는 '-nia'가 결합한 단어다. 남쪽 조지아(Georgia) 역시 영국 조지 왕의 땅이라는 뜻을 갖고 있다.

'펜의 땅'이라는 뜻을 가진 펜실베이니아(Pennsylvania)도 퀘이커 교도였던 윌리엄 펜이 찰스 2세로부터 빚 대신 받았다. 뉴욕(New York), 뉴저지(New Jersey), 뉴햄프셔(News Hampshire) 역시 영국에 있는 지명에 'New'를 붙였다. 발단은 제국 간 충돌과 그 부작용이었다. 1756년에 시작해서 1763년에 끝난 7년 전쟁을 통해 영국은 북미의 주인이 되었다. 프랑스의 위상은 땅에 떨어졌고, 퀘백과 온타리오주를 잃었다. 그러나 승전과 패전에 직면한 양국 모두 막대한 기회비용이 기다리고 있었다. 1774년에 왕위에 오른 루이 16세는 파리대혁명으로 단두대에 올랐다. 막대한 군사비 지출로 인한 경제 파탄이 주요 원인이었다. 미국에 대한 경제 및 군사 원조 역시 국민의 불만을 촉발시켰다. 영국에 식민지를 잃은 앙갚음이라는 명분이 있었지만 국민은 동의하지 않았다. 남의 일에 간섭하면서 정작 백성들은 굶주리게 한다는 불만이 높았다.

1760년에 왕위에 오른 영국의 조지 3세는 그나마 형편이 좋았다. 그러나 전쟁으로 인한 손실을 어떻게든 복구해야 했다. 영국 의회는 미국 식민지에서 답을 찾았다. 과도한 세금이 부과되자 그들은 무력으로 맞섰다. "권력은 민낯을 보이기 전까지만 효과가 있다."는 말처럼 본토 군대가 주둔하면서 상황은 악화된다. 막사와 식량을 현지에서 조달하면서 충돌이 늘어났다. 맥주 상표로도 잘 알려진 새뮤얼 애덤스와 같은 독립파에 대한 지지가 높아졌다. 보스턴을 중심으로 독립운동이 시작된 것은 1775년이었다. 식민지 대표들은 대륙회의를 통해 왜 싸워야 했는지 설명했다. 그냥 있으면 비굴한 노예가 되어야 하는 상황에서 그들의 선택은 전쟁이었다. 모든 독립전쟁이 그렇듯 결코 평탄한 상황이 아니었다.

그 무렵, 아메리카 대륙은 분할된 상태였다. 남미의 절반 이상과 캘리포니아, 텍사스, 유타, 네바다, 애리조나 등을 포함한 북미의 3분의 1은 스페인의 몫이었다. 플로리다와 서인도제도 역시 통치했다. 프랑스는 방대한 루이지애나령의 주인이었다. 명칭에서 알 수 있듯

'루이' 왕의 땅이라는 뜻을 가진 지역이었다. 미시간호를 중심으로 한 대평원과 애팔래치아산맥을 타고 루이지애나주에 이르는 방대한 지역이다. 지금 미국 국토의 30퍼센트 정도에 해당된다.

영국은 캐나다 땅 절반과 지금의 워싱턴주와 오레곤주의 주인이었다. 미국으로서는 전략과 외교가 두루 필요했다. 벤저민 프랭클린에게는 외교를, 또 군사 문제는 조지 워싱턴에게 맡겼다. 「독립선언서」를 발표한 지 겨우 석 달이 지났을 때 프랭클린은 파리로 가는 배에 몸을 실었다. 피뢰침을 발명한 과학자로서, 독립을 주장하는 칼럼을 쓴 언론인으로서, 펜실베이니아대학교 설립자로서 그는 당시 식민지에서는 최고의 명망가였다. 문인과 과학자를 통한 외교는 뜻대로 풀리지 않았다. 영국의 힘을 알고 있었던 프랑스는 단순 반란으로 끝이 날지, 아니면 진짜 독립으로 갈지 확신이 없었다. 1777년 10월의 뉴욕 사라토가(Saratoga) 전투가 전환기였다. 영국이 처음으로 패배했다. 한쪽은 자신감을 얻었고, 다른 쪽은 원정 전투라는 부담이 커졌다. 1778년 프랑스와 미국은 공식적인 '연맹조약(Treaty of Alliance)'을 체결한다.

1781년 10월 19일. 영국의 찰스 콘월리스 장군 휘하의 부대가 백기를 들었다. 모두 7000명이 포로로 잡혔다. 버지니아 요크타운에 고립된 군대를 구하기 위해 영국 함대가 급파되지만 프랑스에 의해 막힌다. 전쟁은 끝났고 프랑스도 돌아갔다. 대륙에 2만 6000명 이상의 병사를 남겨 둔 영국이 어떻게 나올지 알 수 없는 상황이었다. 조지 3세는 전쟁을 지속하려 했지만 의회는 생각이 달랐다. 미국과 우호적인 관계를 형성하는 것이 더 유리하다는 게 다수파의 판단이었다. 전쟁의

미국독립전쟁을 그린 연작 가운데 몽고메리 장군의 죽음(1808년)

피로감도 무시 못 할 요소였다. 영국은 1883년에 독립을 승인했다. 프랑스, 스페인, 영국이라는 세 제국에 둘러싸인 미국 입장에서도 한쪽으로 기우는 것은 바람직하지 않았다. 제헌의회가 설립되고 정부 수립을 향한 절차가 시작된다. 미국은 무엇이 될 것인가?

장군과 외교관 경험이 있는 원로 두 명은 보다 강력한 연방 옹호자였다. 워싱턴은 "열세 개 주로 분열되어 제국의 손아귀에 놀아날 것인지, 아니면 우리가 힘을 키워 스스로를 지킬 것인지 결정해야 할 때"라고 말했다. 프랭클린 또한 "바다와 땅에서 얻은 대영제국의 힘을 보라. 무역과 항해의 위대한 증가를 보라. (……) 지난 전쟁에서 우리의 자발적 투사들은 단결했고, 인원과 무력 면에서 엘리자베스 여왕시대의 전체 해군보다 더욱 위대해졌다."고 힘을 보탰다.[8]

조지 워싱턴 장군이 이끄는 독립군과 롱아일랜드전투

헌법 초안은 1787년에 발표된다. 강력한 연방을 위한 내용을 상당수 담았다. 황제에 버금가는 권한이 대통령에게 주어졌고, 견제를 위해 의회의 역할도 강화되었다. 제국의 횡포를 피해 신대륙으로 건너온 사람들은 마음이 편치 않았다. 연방정부가 개별 주에 대해 너무 많은 간섭을 할 수 있다는 점을 우려했다.

「독립선언서」에서 밝혔던 생명, 자유, 행복의 추구라는 기본권이 위축될 수 있다는 것도 문제였다. 자칫하면 헌법이 국민투표를 통과하지 못할 가능성이 높아졌다. 연방주의자로 알려진 알렉산더 해밀턴, 제임스 메디슨, 존 제이 등이 적극적인 여론 공세를 폈다. 「연방을 지지하는 일련의 칼럼(The Federalist Papers)」이 뉴욕주 전역에서 발표된 게 대표적이다. 반대세력의 양보를 얻어 내기 위해 메디슨은 '열

1776년 미국의 독립 선언

개 항'에 달하는 최초의 수정헌법(First Amendament)도 제안했다. '권리 법안(Bill of Rights)'으로 알려진 이 수정안에는 '표현의 자유, 종교의 자유, 언론의 자유, 무기 휴대의 자유' 등이 포함된다.

1789년 2월 4일. 미국 초대 대통령으로 조지 워싱턴이 선출된다. 재무부 장관은 연방은행의 필요성을 주장하던 알렉산더 해밀턴이었다. 프랭클린의 후임으로 파리 대사로 파견되었던 토머스 제퍼슨은 국무부 장관이 되었다. 프랑스혁명은 그로부터 몇 달이 지나지 않은 5월에 시작되었다. 워싱턴이 말한 것처럼 막 떠오르기 시작한 제국이었던 미국으로서는 절호의 기회였다. 1793년 1월에는 루이 16세를 단두대에 매달았다.

워싱턴 대통령은 혁명군을 진압하라는 프랑스 왕의 요청을 거부하고 '중립선언'을 내세웠다. 동맹조약에 서명한 루이 16세가 죽었다는 것을 명분으로 내세웠지만 유럽 분쟁에 휘말리는 것이 결코 유리할 게 없다는 판단이었다. 왕이 죽임을 당하자 유럽 각국은 긴장감으로 뭉쳤다. 혁명군을 압박하기 시작했고, 그때 구원투수로 등장한 인물이 보나파르트 나폴레옹이다. 고전하고 있던 전선에서 잇따라 승리한 후 그는 권력을 장악한다. 프러시아와 오스트리아, 스페인이 무릎을 꿇었고, 남미 국가들은 독립투쟁을 시작한다.

1980년대 꽤 인기 있었던 시집 가운데 하나가 서정윤의 『홀로서기』다. "말로써 행동을 만들지 않고/ 행동으로 말할 수 있을 때까지/ 나는 혼자가 되리라/ 그 끝없는 고독과의 투쟁을/ 혼자의 힘으로 견디어야 한다/ 부리에, 발톱에 피가 맺혀도/ 아무도 도와주지 않는다." 당시 미국 심정이 그랬다.

프랑스는 북아프리카와 지중해 연안에서 미국의 무역선을 더 이상 보호해 주지 않았다. 양국 간 전쟁이 치열해지면서 중립을 지키는 미국에 대한 압박도 심해졌다. 영국은 미국 무역선을 일방적으로 나포한 뒤 선원들을 군대로 편입시켰다. 미국은 자국을 지키기 위해 여섯 척의 호위함을 건조한다. 공통적으로 'USS'가 붙고 '헌법'을 뜻하는 'constitution', 대통령과 의회를 뜻한 'president'와 'congress' 등의 명칭을 부여했다. 1805년 4월에는 지금의 리비아가 있는 트리폴리에 미국 깃발이 꽂혔다. 보석금을 요구하던 해적들은 모두 소탕되었고, 그 자리에 기념탑을 세웠다. 1차 바버리전투(First Barbary War)다. 경제력 또한 꾸준히 늘어 이를 이용한 영토 확장도 계속된다.

토머스 제퍼슨이 대통령에 취임한 해는 1801년이다. 유럽의 도움을 거절하고 해적들을 직접 상대하기로 결정한 것은 그 직후였다. 1803년에는 루이지애나령을 사들였다. 군자금도 필요했고 식민지를 관리할 여력도 없었던 프랑스의 약점을 제대로 이용한 성과였다. 덕분에 영토는 순식간에 두 배로 늘었다. 파죽지세로 밀려오는 나폴레옹의 군대 앞에 프러시아와 스페인이 줄줄이 굴복한 것도 기회였다. 아이티를 시작으로 남미에서는 독립 운동이 들불처럼 번졌다.

1812년에는 영국을 대상으로 다시 싸움을 걸었다. 누구도 나폴레옹의 몰락을 예상하지 못하던 때였다. 캐나다에 주둔하고 있던 영국 군대는 고작 6000명 수준이었고, 영국의 무적함대 역시 유럽 봉쇄에 동원된 상태였다. 일방적으로 유리하던 전쟁은 나폴레옹의 치명적인 패배 이후 달라졌다. 그해 겨울, 모스크바를 침공했던 프랑스의 50만 군대 중 살아 돌아간 인원은 불과 몇천 명에 불과했다. 차이콥스키의 교향곡 「1812년 서곡」에 나오는 그 전쟁이다.

나폴레옹 시대는 저물었다. 영국은 화력을 다시 미국으로 돌렸다. 워싱턴 D. C는 1814년 8월 불에 탄다. 백악관(White House)이라는 이름은 이때 불에 그을린 흔적을 지우기 위해 흰색으로 페인트칠을 한 데서 유래했다. 1815년 1월, 뉴올리언스 전투에서 앤드루 잭슨이 거둔 승리로 미국은 겨우 위기에서 벗어났다. 그보다 한 달 앞서 '겐트 조약(Treaty of Ghent)'이 체결되었다는 것은 그 이후 전해졌다. 1812년 전쟁 이전 상태로 되돌리자는 합의였다.

제임스 먼로는 토머스 제퍼슨에게서 법을 배웠다. 그가 걸었던 경력을 대부분 따라갔다. 연방정부의 권력이 지나치게 비대해지는 것을 반대했다. 목적조차 분명하지 않던 1812년 전쟁 당시 먼로는 국

제임스 먼로

무부 장관과 국방부 장관을 맡았다. 제퍼슨의 충고처럼 미국은 아직 홀로서기를 할 만큼 강하지 않다는 것을 깨달았다. 빛을 감추고 실력을 키우는 전략이 요구된 시기였다. 대통령에 취임한 이후 먼로는 자신의 계획을 밀어붙였다. 1817년에는 영국과 캐나다 국경을 둘러싼 해묵은 분쟁을 풀었다. 워싱턴과 오레곤 지역을 북위 49도를 기준으로 공동 관리한다는 결정이다. 1819년에는 텍사스 국경분쟁을 마무리하는 조건으로 스페인으로부터 플로리다를 넘겨받았다. 캘리포니아, 뉴멕시코 등을 제외한 방대한 국경선이 이때 설정된다. 미국은 해외 식민지에 관심이 없으니 유럽도 아메리카에 간섭하지 말라는 '먼로 독트린'도 발표한다. 1823년이다.

미국 남동부에는 높은 산이 없다. 그중 독특하게 그레이트스모키마운틴스(Great Smoky Mountains)가 있다. 정상이 1300미터 정도에 불과하지만 노스캐롤라이나, 테네시와 조지아 세 개 주에 걸쳐 있을 만큼 방대한 규모다. 유럽인이 오기 전에는 체로키(Cherokee), 크리크(Creek), 치커소(Chickasaw), 촉타우(Choctaw) 부족의 터전이었다. 국립공원이라 많은 사람들이 찾는다. 멋진 통나무집들이 일품인데, 그곳으로 가는 길에 '통곡의 길(Trail of Tears)'이라는 기념비를 만난다. 1830년 앤드루 잭슨 대통령이 승인한 '인디언 이주법'의 희생자를 추모한다. 노약자와 어린이 등 대략 4000명의 체로키 부족이 강제 이주도중에 사망했다. 토머스 제퍼슨은 이들의 터전을 보장하겠다고 약속했지만 불과 20년 뒤에 뒤집혔다. 국민은 당연히 환호했다. 욕망은 키워진다. 고기도 먹어 본 사람이 더 찾는다.

미국이 다음 순서로 노린 땅은 남서쪽이었다. 원래는 스페인의 지배를 받았다. 멕시코는 1821년에 독립국이 되었다. 불과 10년 정도 지난 시점에 북쪽 국경 지역의 텍사스에서 분리주의 운동이 일어났다. 영토 확장에 맛을 들인 미국은 이 기회를 놓치지 않았다. 멕시코의 반대에도 불구하고 1845년 텍사스는 스물여덟 번째 주로 미국에 편입된다. 재커리 테일러가 이끄는 군대가 리오그란데강 부근으로 진격하면서 이듬해인 1846년에 멕시코는 불가피하게 전쟁에 내몰린다. 제임스 포크 대통령은 양면 작전을 폈다. 멕시코와 전쟁을 시작한 직후 영국과 '오레곤 조약(Treaty of Oregon)'을 체결한다. 북위 49도를 기준으로 그 북쪽은 포기했고 밴쿠버섬도 양보한다.

오늘날 캐나다와 미국의 국경선은 이때 결정된다. 영국이 개입하지 않는 상태라면 멕시코는 애초 미국의 적수가 아니었다. 1848년 5월 양국은 '과달루페 이달고 조약(Treaty of Guadalupe Hidalgo)'을 체결한다. 전쟁배상 비용으로 멕시코에 1500만 달러를 보상해 주는 대신 미국은 텍사스, 콜로라도, 애리조나, 뉴멕시코, 와이오밍, 네바다, 캘리포니아와 유타주를 넘겨받았다. 멕시코는 독립 당시 확보했던 영토의 절반을 이때 잃었다.

제국으로 성장하기 직전의 마지막 고통은 내부에서 일어난다. 1861년부터 1865년까지 미국은 남북전쟁을 치렀다. 북부연맹은 외세의 개입을 차단하는 한편 우세한 경제력으로 점차 남부를 옥죄었

멕시코전쟁 당시 1847년 부에나비스타전투에서 승리한 재커리 테일러

다. 링컨 대통령은 1863년에 '노예해방'을 발표했고, 많은 흑인들이 북부군에 합류한다. 그해 백인 장교가 이끄는 순수 흑인으로 구성된 54연대가 창설된다. 격전지인 찰스턴 항구 전투에서 이들은 막대한 희생 끝에 이겼다. 영화「글로리(Glory)」는 당시 활약상을 그린 작품이다.

1867년에는 알래스카를 샀다. 당시 러시아는 크림전쟁에서 영국에 패한 후였고, 미국의 팽창을 막기 어려웠다. 방대한 땅을 개척하기 위한 법률도 제정된다. 1862년에 제정된 '홈스테드법(Homstead Act)'은 5년 이상 정착하면 소유권을 인정해 주는 파격적인 제안이었다. 전체 국토의 10퍼센트에 해당하는 땅이 이렇게 분배되었다. 캘리포니아의 금광 발견 소식과 더불어 시작된 서부 개척을 본격적으로 지

남북전쟁에서 알라투나패스전투

원하기 위한 조치였다.

「진군하는 미국(American Progress)」은 프러시아 출신으로 뉴욕 브루클린에 살았던 화가 존 개스트의 작품이다. 그림 중앙에는 하늘을 날고 있는 여신 컬럼비아가 있다. 한 손에는 학교 교재를, 또 다른 손에는 전신줄을 잡고 간다. 발 아래에는 동쪽에서 서쪽으로 진군하는 많은 사람들이 보인다. 강에는 배가, 땅에서는 기차와 마차가 움직인다. 젊은 남자들이 떼를 이루어 서쪽으로 이동한다. 1840년대 이후 미국을 이끌던 '명백한 운명(Manifest Destiny)' 정신을 압축적으로 보여 주는 그림이다. 평등, 양심의 자유와 자치권 등의 가치는 인류를 대변하는 보편적인 가치이며, 미국은 이를 확산시킬 신성한 의무가 있다는 것이 핵심이다. 국내에 한정된 신념이 아니었기 때문에 해외로 확산되는 것은 시간 문제였다.

1775년 10월, 독립선언을 하기도 전에 미국은 해군을 창설했다. 막강한 영국의 해군력에서 보고 배웠다. 더 이상 유럽의 보호를 받을 수 없게 된 이후 의회는 1794년에 '해상무장 지원법(Naval Act)'을 제정한다. 북아프리카 지역의 해적을 물리친 1차 바버리 전투에서는 이 법안을 통해 건조된 호위함이 활약했다. 1812년 전쟁을 거치면서 해군력은 본격적으로 성장한다. 미시간호와 미시시피강을 중심으로 진행된 전투의 영향이었다.

1835년 플로리다 인디언 토벌 작전 후에는 해병대 또한 독립부대로 합류했다. 멕시코 전쟁 때는 항구를 봉쇄하고 대규모 부대를 상륙시키는 역할을 맡았다. 1853년에는 페리 제독이 이끈 선단이 일본을 압박해 무역을 승인받았다. 대륙에서 생산되는 막대한 잉여 농산물과 공산품을 내다 팔 수 있는 시장이 필요했기 때문이다. 제국주의 원년으로 알려진 1898년 전쟁도 시장 개척과 관련이 많다.

전쟁은 국가 프로젝트다. 지도자, 군인, 국민이 함께 한다. 전쟁을 왜 해야 하는지, 무엇을 얻을 수 있는지, 승산은 얼마나 있는지 등에 대한 합의가 필요하다. 이 과정에 담론이 개입한다. 하버드대학교와 워싱턴대학교 등에서 강의했던 존 피스크는 1884년 『인류의 숙명(The Destiny of Man)』이라는 책을 내놓는다. 그는 찰스 다윈의 진화론을 인간 사회에 적용해 "우수한 인종이 열등한 사람을 지배하는 것은 당연할 뿐만 아니라 적극 권장해야 할 일"이라고 말했다.

'더닝 학파(Dunning School)'가 형성된 것도 이 무렵으로, 백인의 우수성에 공감한 일군의 역사학자와 정치학자들 모임이다. 대표적인

존 개스트, 「진군하는 미국」(1872)

인물로는 존 버지스가 있다. 컬럼비아대학교 교수로 상당한 영향력을 가진 인물이다. 흑인은 단 한 번도 감성보다 이성을 앞세운 적이 없고, 문명을 건설해 본 경험이 없는 미개한 종족이라는 관점을 내세웠다. 1899년에는 「백인의 책무: 미국과 필리핀 군도(The White Man's Burden: The United States and the Philippine Islands)」라는 시(詩)가 인기를 끌었다. 『정글북』을 쓴 러디어드 키플링의 작품으로, 필리핀을 식민화하는 것은 미국의 고상한 책무라는 내용이다.

20세기로 넘어가는 시점에서 미국과 유럽은 자본주의가 낳은 많은 폐단에 직면한다. 매춘과 범죄, 알코올중독과 성병 등을 어떻게 해결할까? 과학으로서 우생학은 훌륭한 대안이다. 낙오자로 하여금 출산을 못 하게 하면 그만큼 더 좋은 사회가 될 것이라는 믿음

러디어드 키플링

이 자연스럽게 형성된다. 프랜시스 골턴은 1869년 『유전적 천재: 자연법칙과 결과에 대한 탐색(Hereditary Genius: An Inquiry into its Laws and Consequences)』을 발표했다. 멘델의 유전법칙에 영향을 받은 그는 우수한 종자를 위해 불량 종자를 선별할 것을 제안한다.

1889년에는 『천성적 유전(Natural Inheritance)』이 나왔다. 정신지체를 보이는 여성을 대상으로 강제로 불임 수술을 시키는 것을 허락하는 법률이 이를 근거로 통과된다. 1930년대 독일 나치가 '유대인'을 학살시킬 때도 우생학이 동원된 것으로 알려진다. 정치적 목적을 정당화하는 '담론'을 찾아낸 것인지, 아니면 지배적인 담론에 의해 그런 행동이 문제라고 생각하지 않았는지는 모를 일이다.

울고 싶을 때 뺨 맞는다. 1898년 상황이 그랬다.[9] 장삿속에 빠른 사람들 눈에 카리브해안과 서인도제도의 사탕수수는 탐스러웠다. 때마침 쿠바는 독립전쟁 중이었고, 미국의 도움을 원했다. 1898년 2월 15일에 쿠바 아바나 항에 정박하고 있던 USS 메인 호가 갑자기 폭발한다. 원인은 알 수 없지만 전쟁을 반겼던 미국 언론은 일제히 스페인의 소행이라고 외쳤다. 윌리엄 허스트와 조지프 퓰리처가 주도하던 '옐로저널리즘' 시대였다. 미국의 이익을 보호한다는 명분으로 전쟁이 시작된다. 쿠바와 필리핀의 독립군과 미국이 합세했고, 스페인은 힘이 없었다. 그해 12월 10일에 파리조약(Treaty of Paris)이 체결되고, 스페인이 점령하고 있는 대부분의 식민지는 미국으로 편입된다.

분리된 것처럼 보이지만 북미와 남미는 연결되어 있다. 유일한 단절 지점은 인공적으로 만든 파나마운하다. "먼로 대통령은 '미국' 영토가 아닌 '아메리카'에 대한 유럽의 간섭을 거부한다고 공개적으로 밝혔다. 실력은 갖추지 못한 일방선언에 가까웠다." 1904년에 여기에 약간의 해석을 덧붙인 '루스벨트 추론(Roosevelt Corollary)'이 발표된다. 유럽이 탐내지 말아야 할 대상은 명확하게 남미로 확대된다. 만약 남미에 있는 특정 국가가 유럽의 간섭을 초래할 만한 일을 하면 미국이 대신 처리해 주겠다는 얘기였다. 직접 간섭은 하지 말라는 경고였다. 판단은? 미국이 한다. 그간 힘도 비축한 상태였다. 대표적인 사건이 두 개 있는데 모두 1903년에 발생했다. 외채 상환을 거부한 베네수엘라에 대해 영국, 독일, 이탈리아는 항구 봉쇄라는 카드를 꺼냈다. 국제사회의 중재를 조건으로 사태를 해결하려 했지만 독일의 반대가 만만치 않았다. 미국은 무력시위를 통해 독일의 양보를 이끌어 냈다. 콜롬비아에는 직접 손을 댔다. 질서를 유지할 능력이 없다는 이유로 파나마를 강제로 떼어 내 독립국가로 승인해 버렸다. 1977년에야 파나마운하의 관리권을 넘겨 주었다.

'테디 베어'는 전 세계에서 사랑받는 곰 인형이다. '테디(Teddy)'는 시어도어 루스벨트의 애칭이다. 같이 사냥을 나갔다가 빈손으로 돌아올 처지에 놓인 대통령을 위해 직원 한 명이 새끼 곰을 일부러 풀어 놓는다. 테디는 그 사실을 알고 죽이지 않고 돌려보낸다. 당시 일화가 전해져 장난감으로 자리를 잡았다. 루스벨트는 26대 대통령으로 1901년부터 1908년까지 재임했다. 1890년대부터 1920년대를 일컫는 진보주의 시대의 주역이다. 역사가이자 작가로 명성을 얻은 그는 『1812년 해전(The Naval War of 1812)』이란 책도 냈다. 학부는 하버드대학교에서, 로스쿨은 컬럼비아대학교를 나왔다. 해군차관보를 지냈고 대령으로 제대한다. 뉴욕 주지사와 부통령도 거쳤다. 화려한 경력만큼 미국의 기초를 다진 인물이다.

대외정책에서 그가 내세운 전략은 '말은 부드럽게 하지만 큰 몽둥이를 보여 주는 것'으로 요약된다. 그의 명령으로 열여섯 척의 전투함과 호위선단으로 구성된 '위대한 백악관 편대(Great White Fleet)'가 각국을 방문했다. 1907년 겨울에 시작된 항해는 미국 동부 태평양에서 시작해 남미를 순회한 다음, 지중해를 거쳐서 중동과 아시아를 두루 들렀다. 대략 2년에 걸친 대장정 후 미국을 얕잡아 보는 국가는 없어졌다.[10]

28대 우드로 윌슨의 재임 기간은 1913년에 시작되어 1921년에 끝난다. 존스홉킨스대학교에서 정치학 박사를 취득한 후 프린스턴대학교 총장을 지냈다. 루스벨트의 진보주의 정책을 대부분 이어받았다. 노동시간을 여덟 시간으로 줄이고, 독과점을 규제하고, 불공정거래를 없애기 위한 '연방무역위원회(Federal Trade Commission)'도 설립했다. 1917년 1차 세계대전에 참전하기까지는 가능한 중립을 지켰다. 남미에서는 '루스벨트 추론' 정책을 이어 갔고, 니카라과에는 군대를 파견한다. 간섭 대상국에는 멕시코(1914), 아이티(1915), 도미니카공화국(1916), 쿠바(1917), 파나마(1918) 등이 두루 포함되어 있었다. 미국의 기업을 보호하기 위한 조치였다.

1918년 1월 8일에 윌슨은 종전을 위해 준비했던 열네 개 조항의 원칙을 의회에서 발표한다. 월터 리프먼이 책임자로, 1917년 9월에 시작된 '탐색(The Inquiry)'이란 모임에서 나온 결과물이다. 목적은 전쟁을 초래한 원인을 분석하고 대책을 마련하는 것, 제국의 식민지 처리 방안에 대한 합의점 찾기, 또 향후 국제평화를 위한 협업 방안

시어도어 루스벨트(1912년)

을 제시하는 것 정도로 요약된다. 그들 중 일부와 금융, 제조업, 은행과 무역업체 고위 임원, 유력 변호사 등이 모여 만든 단체가 '외교협회(CRR)'다. 1921년에 정식으로 문을 열었고, 1922년에는《포린 어페어(Foreign Affair)》라는 저널이 나왔다.

1919년 1월 18일에 열린 파리평화회담의 주역은 프랑스, 영국, 미국, 이탈리아, 일본이었다. 전 세계 32개국에서 온 외교관도 모였다. 윌슨의 제안은 각국 언어로 번역되었지만 합의를 이끌어 내지는 못했다. 눈에 띄는 성과로는 1920년에 출범한 '국가연합(League of Nation)' 정도다. 그러나 윌슨의 고백처럼 "전 세계는 미국이 구원자라는 것을 알게" 되었다. 그는 1919년에 노벨평화상을 받았고, 당시 주장은 '윌슨주의(Wilsonianism)'로 자리를 잡는다. 일찍이 토머스 제퍼슨이 주장했던 '자유라는 복음을 전파하는 제국(Empire of Liberty)'이 발전한 개념이다.

국제관계에서는 힘의 논리를 우선으로 하는 '현실주의(Realism)'

뉴욕 센트럴파크 전경(1930년대)

와 대치하는 '자유주의(Liberalism)' 관점의 하나로 본다. 핵심 내용에는 '민족자결권, 민주주의 옹호, 자본주의 확산, 고립주의 탈피, 적극적 간섭' 등이 포함되어 있다. '명백한 운명'과 '백인의 책무'라는 국내용 시대정신이 국제사회 전반으로 확산된 것으로 보면 된다. 국내 상황도 좋았다. 대공황이 덮친 1929년 직전까지 '활기찬 1920년대 (Roaring Twenties)'를 누렸다. 자동차, 전화, 라디오 등을 두루 갖춘 중산층이 급속하게 늘었다. 영화관이 곳곳에 들어섰고, 재즈와 춤이 꽃을 피웠다. 1925년 프랜시스 피츠제럴드는 소설 『위대한 개츠비』를 발표하는데, 풍요로운 뉴욕과 역동적인 인물을 만날 수 있다. 102층 높이의 엠파이어스테이트 빌딩 공사가 시작된 것은 1928년이다.

뭐든 여론조사를 하는 미국이다. 역대 대통령 중 가장 뛰어난 인물도 예외가 아니다. 그중에서 2003년에 설립한 '라무센 리포트(Ramussen Reports)'에서 발표하는 자료가 잘 알려져 있다. 대통령 직무 만족도를 조사해서 발표한다. 대통령 순위와 관련한 2007년 보고서에서 1위는 예상대로 조지 워싱턴이다. 2위는 에이브러햄 링컨, 3위는 토머스 제퍼슨이다. 테디 루스벨트는 4위다. 네 명 모두 러시모어산에 조각되어 있다. 프랭클린 루스벨트와 존 F. 애덤스 케네디는 각각 5위와 6위다.

존 애덤스가 그다음이다. 독립운동 지도자로 유명한 새뮤얼 애덤스 사촌이다. 초대 행정부에서 부통령을 지냈고, '건국의 아버지' 중 한 명이다. 제임스 매디슨이 8위다. 제퍼슨의 뒤를 이어 대통령이 되었다. '권리법안'을 포함하는 수정헌법 통과에 결정적인 역할을 했고, '헌법의 아버지'로 불린다. 그 밖에 로널드 레이건, 드와이트 아이젠하워, 해리 트루먼과 앤드루 잭슨 순서다. 국가적 위기를 잘 수습했다는 것과 '위대한 미국'을 앞세웠다는 공통점이 있다.

장군으로서 워싱턴은 검소하고 겸손했던 것으로 알려진다. 그가 세운 전통 중 하나가 임기를 두 번만 한다는 원칙이다. 8년을 채운 다음 1797년에 워싱턴은 자리에서 물러난다. 프랭클린 루스벨트(FDR)가 유일한 예외다. 1933년부터 1945년까지 무려 네 번이나 당선되었다. 16년을 못 채운 것은 병으로 인한 갑작스런 죽음 때문이다. 테디 루스벨트는 그의 삼촌으로, 똑같이 하버드대학교와 컬럼비아대학교

로스쿨을 졸업했다. 뉴욕 주지사를 거쳐 취임했을 때는 대공황이 막 시작된 직후였다. 테네시강 댐 건설과 같은 대규모 공공사업을 통해 불황을 극복해 나갔다. 실의에 빠진 국민을 위로하고 정책에 대한 협조를 구하기 위해 '노변담화'라는 라디오 연설도 진행했다.

말과 행동이 일치하지는 않았지만 남미에 대한 정책도 바꾸었다. '좋은 이웃 정책(Good Neighbor Policy)'은 중앙아메리카 국가에 대한 간섭과 직접 통치를 더 이상 하지 않겠다는 선언이었다. 한국으로 치면 1919년 이후 일본이 '문화통치'로 바꾼 것과 유사하다. 1934년에 발표되었고, 미국은 그때까지 일명 '바나나 전쟁(Banana Wars)'으로 불리는 강압정책을 펴 왔다. 특히 관련이 있는 기업은 '유나이티드 프루트(United Fruit Company, UFC)'와 '국립시티은행(National City Bank, NCB)'이다.

UFC는 식민지 시대에 형성된 대규모 농장에서 생산된 바나나, 담배, 사탕수수를 독점했다. 파나마운하를 통해 유럽으로 수출하는 기업이었다. 장시간 열악한 환경에서 일하는 노동자들은 저항했고, 회사는 로비를 통해 해병대 파견을 이끌어 낸다. 폭동은 잔인하게 진압되었고, 파견된 군대가 그 자리에 주둔한다. NCB는 지금의 시티그룹(Citigroup) 전신이다. 윌슨이 연방준비위를 설립했을 때 미국 최초로 아르헨티나 부에노스아이레스에 해외 지점을 열었다. 파나마운하 건설 자금을 지원했고, 정부의 보호를 받아 왔다. 정부 또한 막강한 해군을 활용하고 남미 국가를 통제하면서 기업을 보호한다는 일석삼조의 효과가 있었다. 1933년에 미국 해병대는 니카라과에서 철수한다. 미국의 아이티 점령도 1934년에 끝났다. 쿠바에서도 조건부 철수

엠파이어스테이트 건설 현장(1930년)

에 동의했다. 갑자기 왜?

파나마운하의 남쪽에는 콜롬비아가 있다. 국토 면적이 상당히 넓어서 한국보다 열 배 정도 크다. 미국 쪽으로 이어지는 북쪽에는 코스타리카, 니카라과, 온두라스, 엘살바도르, 과테말라 등이 나란히 있다. 미국이 이들 나라에 왜 간섭을 하는지 알 수 있다. 공통적으로 스페인이 통치하던 '뉴그라나다황제령(Viceroyalty of New Granada)'에 속해 있던 국가다. 1819년에 독립했고, 1831년까지는 '그랜 콜롬비아(Gran Colombia)'라는 연방국이었다. 독립을 주도한 시몬 볼리바르가 초대 대통령을 지냈다. 그러나 '뭉치면 살고 흩어지면 죽는다.'는 것을 알았던 미국과 달리 이들은 분열되고 만다. 대통령을 중심으로 한 강력한 중앙정부를 지지하는 쪽과 느슨한 형태의 연방을 요구하는 세력이 맞섰다. 결국 작은 국가로 떨어져 나갔고, 이후 '먼로 독트린'과 '루스벨트 추론'에 의해 2019년인 지금까지 미국의 식민지에 가까운 상황이 지속된다. 베네수엘라의 마두로 정권을 부정하는 주변국 모임인 리마그룹에는 미국의 영향권에 놓여 있는 이들 국가가 다수 포함되어 있다. 미국 군대가 주둔하고 있으면서 한국전에도 참전했던 콜롬비아가 대표적이다.

1899년에 1회 '범아메리카(Pan America)' 회담이 워싱턴에서 열린다. 형식적으로는 모든 회원국이 비용을 부담했지만 미국이 주도한다. 일단 본부가 워싱턴이고, 문서가 주로 영어로 출간된다. 미국이 독립국가로 인정해야 이사회에 참가할 수 있으며, 집행위 의장은 미국 국무부 장관이 맡고, 사무총장도 북아메리카에서만 나온다. 6회 회담은 1928년 쿠바의 아바나에서 열렸다. 이 자리에서 아이티와 니카라과에 대한 미국의 무력 개입이 집중 비판된다. 반감이 상당히 높아지고 있음을 알 수 있었다. 전임자였던 후버 행정부에서도 변화가 필요하다는 공감대가 형성된 상태였다.

1930년에는 '클라크 각서(Clark Memorandum)'가 공표된다. 국무부 차관보 루번 클라크가 작성한 것으로, '먼로주의'는 미국과 유럽과의 문제로 남미와는 무관했다는 내용을 담았다. 일종의 사과문이지만 더 이상 간섭하지 않겠다는 약속으로는 발전하지 않았다. 루스벨트가 취임했을 때 미국은 내부 숙제가 많았다. 대공황이 더욱 깊어진 것도 문제였지만, 히틀러와 무솔리니 등이 권력을 잡은 게 더 고민이었다. 1차 세계대전에서 멕시코는 독일과 연합한 적이었다. 자칫하면 남미와 이들이 손을 잡는 최악의 상황이 발생할 가능성을 무시

러시모어 산

할 수 없었다.

중일전쟁은 1937년에 시작된다. 1939년 9월 1일에 독일은 폴란드를 침공했다. 프랑스와 영국의 선전포고가 뒤따랐다. 미국이 이들과 연합한 것은 1938년 무렵으로, 외교와 재정 지원에 머물렀다. 하지만 1941년 12월 7일 일본의 진주만 공격 이튿날 미국은 공식적으로 참전한다. 남미에는 이미 1940년 8월 '미주협력국(Office of the Coordinator of Inter-American Affairs)'을 설립해 포섭 작업에 들어간 상황이었다. 넬슨 록펠러가 책임자였다. 록펠러재단을 이끌어 간 데이비드 록펠러의 큰 형으로 나중에 부통령에 오른다. 미국에 대한 부정적 이미지를 개선시키고 독일과 이탈리아 등에 반대하는 여론을 형성하는 것이 목적이었다. 그는 모든 커뮤니케이션 수단을 동원해 관련 뉴스, 영화와 광고 등을 전파한다. 예산은 3800만 달러에 달했고, 직원만 1500명이 넘었다. 민간방송인 CBS 라디오도 동원되었으며, 'CBS 팬아메리카 오케스트라(Pan American Orchestra)'를 통해 음악 공연도 퍼져 나갔다. 정치적 목적을 위한 '취향' 관리였다.

체질로 봤을 때 미국은 1941년부터 1945년까지 근본적인 변화를 겪는다. 루스벨트가 장기 집권을 시작한 때였다. 정부, 싱크탱크, 기업체와 대학 등으로 '회전문' 인사가 본격적으로 시작된 시점과 겹친다. '육백만 불의 사나이'에 비유하면 좀 더 쉽게 이해할 수 있다. 1900년대에 접어들 당시 미국은 팔 한쪽 정도만 기계로 바꾼 상태라 영국, 프랑스, 독일 등과 큰 차이가 없었다. 오히려 독일이 병영국가에 가까웠다. 다리 한쪽도 바꾼 건 1917년 전쟁 당시로 보면 된다. 2차 세계대전을 거치면서 신체의 절반 정도가 '기계' 인간으로 채워진다. 절반의 눈과 귀도 교체된다.

1950년대의 광신적인 매카시즘(McCarthyism)은 일종의 쇼크로 볼 수 있다. 먼저 경제 구조를 바꾼 '빌려주고 빌려 쓰기 정책'이 1941년 3월 11일부터 시행에 들어갔다. 같은 편에 속한 소련, 중국(국민당), 영국, 프랑스와 동맹국을 대상으로 '전투기, 군함과 각종 군수무기'를 지원했다. 공급 대상에는 식량, 석유, 기타 장비도 포함되었다. 전체 전쟁 비용의 11퍼센트에 해당하는 금액이 여기에 지출된다. 오늘날 기준으로 6810억 달러 수준이다. 최대 수혜국은 영국이었고 소련, 프랑스, 중국이 그다음으로 많았다. 네덜란드, 벨기에, 그리스, 노르웨이, 유고슬라비아와 같은 유럽은 물론 멕시코, 페루, 콜롬비아, 파라과이, 베네수엘라 등도 포함된다.

반대 급부로는 군사기지나 미군 주둔비용 부담을 내걸었다. 국내에서 '방위산업(military economy)'이 급성장하는 배경이 된다. 미국은 세계 대전의 군수품 공장 역할을 맡았고, 생산만 하면 판매는 펜타곤에서 알아서 해 주었다. 전량 구매에 단가를 낮추는 법도 없었다. 공급이 수요를 못 따라갔기 때문에 기존 자동차와

넬슨 록펠러(1940년)

기계 공장도 협력했다. 부품과 조립을 위한 공장들이 새로 생긴다. 의식 구조를 바꾼 것은 '전략기획국(Office of Strategic Services, OSS)'이며, 전쟁이 끝난 다음 CIA라는 더 확대된 조직으로 바뀐다.

전혀 없던 것을 만들지는 않았다. 전쟁의 달인이라 할 만큼 많은 경험을 쌓은 국가라 국무부, 재무부, 해군, 육군 등에서 따로 정보 부서를 둘 정도다. 전담 분야가 다른 상황에서 불가피한 측면이 있다. 그러나 전쟁은 총력전으로 정보 수집, 분석과 교환 등에서 보다 일관된 지휘체계를 필요로 한다. 영국은 이 분야의 선배였다. 윌리엄 도노반은 대령으로 제대했지만 다시 준장으로 복귀한 인물이다. 이승만 대통령의 절친으로 알려진 프레스턴 굿펠로의 직속 상관이었다.

도노반이 일인자였고 굿펠로가 이인자였다. 영국 정보부 MI6을 같이 둘러봤고, 새로운 기구의 구성과 역할 등에 대한 밑그림을 그렸다. 1941년 7월 11일에는 도노반이 OSS 책임자로 임명된다. 1942년 OSS는 합동참모사령부 소속으로 편입되었고, 군대와 독립된 별도의

'작전'을 할 수 있는 권한을 부여받는다. 그리고 정탐을 통한 정보수집, 질서교란행위(Sabotage, 사보타주), 유럽내 반(反)나치 조직 결성, 게릴라 훈련과 흑색선전 등의 주요 업무가 주어졌다.

　많은 부서 중에서 '전투의지관리부(Morale Operations Branch, MOB)'는 적군을 대상으로 한 심리전을 맡았다.[11] '연구개발부(Research & Analysis Branch)'는 정보 활동에 필요한 비밀 무기를 제작하는 것과 학자들을 중심으로 한 고급 정보 생산을 책임졌다. 그 밖에 특수공작부(Speical Operations)는 굿펠로의 지휘를 받았고, 해방 전 광복군의 국내 상륙작전을 준비한 바 있다. 끝으로, 외형을 바꾼 것으로는 핵무기를 중심으로 한 첨단 군사무기가 있다. 종전 직전 미국은 핵 실험을 마무리지었다. 일본의 히로시마와 나가사키가 공격을 받은 것은 1945년 8월 6일과 9일이다. 목표 지점으로 핵을 투하시킨 수단은 비행기였다. 미사일은 아직 본격적으로 개발되지 않았다. 독일의 V2 로켓이 그나마 가장 앞서 있었다. 핵추진 항공모함이나 잠수함도 아직은 머릿속에만 머물렀다.

　제대를 한 후 한동안 군대에 있는 악몽에 시달렸다. 행정 서류가 잘못되었다고 다시 입대하라는 황당한 꿈도 있었다. 대략 6개월이 지난 뒤에야 겨우 정상에 가깝게 돌아왔던 기억이 난다. 위에서 시키면 무조건 복종하는 것과 폭력을 당연하게 받아들이는 정서는 그 이후에도 지속되었다. 불과 2년 정도에 불과한 학습의 결과였다. 안정효의 『하얀전쟁』이나 황석영의 『무기의 그늘』과 같은 소설에 보면 '외상 후 스트레스 장애(Post-Traumatic Stress Disorder, PTSD)'를 겪는 사람도 상당수임을 알 수 있다. 전 세계를 상대로 무기장사를 하고, 군대를 파견하고, 정보를 수집하고, 흑색선전을 했던 미국이 집단적으로 느꼈을 후유증은 상상조차 하기 어렵다.

모든 것을 흑백논리로 보던 지도자들이 세상을 보는 방식은 어떻게 되었을까?[12] 적에게 총을 쏘고 폭격을 하던 군인들은 평범한 일상을 맞이할까? 군수품을 생산하기 위해 늘렸던 설비는 어떻게 해야 하나? 적의 상황을 한눈에 파악할 수 있도록 광범위하고 체계적으로 수집하고 분석해 주던 정보기관을 쉽게 포기할 수 있을까?

1945년 4월 12일. 네 번째 임기를 막 시작하던 루스벨트가 향년 예순세 살에 갑자기 사망한다. 부통령이던 해리 트루먼이 그 자리를 이어받는다. 당시 미국은 부러울 게 없었다. 전쟁 특수 덕분에 경제는 최고의 호황을 누리고 있었고, 폐허가 된 유럽과 달리 미국 본토는 전혀 피해를 입지 않았다. 전투력은 압도적인 수준으로 성장했다. 종전 무렵 육군만 해도 826만 명을 넘었다. 해군이 338만 명, 해병대 47만 명, 국경경비대는 8만 명으로 늘었다. 모두 합쳐 1220만 명 정도다. 정보기관 OSS 역시 방대한 규모로 성장한 상태였다. 공식적으로 확인된 현역 군인만 1만 1125명과 민간인 3191명이었다. 대령급과 장군 등 고급 장교만 서른 명이 넘었다. 연간 예산은 2000만 달러로 알려진다.[13] 평상시로 돌아가기 위한 조치들이 우선 취해졌다. 현역은 150만 명 정도만 남기고 모두 제대시켰다. OSS 소속 직원도 국방부와 국무부로 분산 배치했지만, 해외 군사기지는 오히려 늘렸다. 독일, 이탈리아, 일본의 많은 지역에 미군이 주둔하기 시작한 것은 이때부터다. '공산주의'라는 낯선 위협이 적극 동원된다. 많은 독립운동이 '빨갱이'라는 낙인이 찍힌 채 진압 대상이 된다.

첫 무대는 중국이다. 일본이 마지막 저항을 할 동안 미국은 국민당과 협력해 공산당을 공격했다. 대략 20억 달러 수준의 현금을 비롯해 군대를 훈련시키고, 항공 정찰을 통해 얻은 정보가 제공된다. 그러나 민심을 얻은 공산당이 결국 승리하고 장제스 부대는 패한다. 중국 공산당의 한국전 참전 이후 본격적으로 미국의 핵심 우방이 되는 대만이 수립된다. 많은 원주민이 이때 학살당했다. 1948년 8월 15일에는 남한에 단독정부가 들어섰다. 미국은 늘 하던 방식대로 재빨리 이를 기정사실로 받아들였다. 닭이 먼저인지 달걀이 먼저인지 모를 상황이었다. 남미와 필리핀 경험을 종합해 보면 미국이 작업한 다음 형식만 취한 것에 더 가까웠다. 중화인민공화국은 이듬해 1949년 10월 1일에 들어선다.

필리핀은 또 다른 무대였다. 미국이 지배하던 이곳을 일본이 점령한 것은 1942년 1월이다. 항일 독립투쟁은 후크발라합이라는 무장세력이 주도했다. 소작농을 중심으로 한 군대로, 지도자는 루이스 타루크다. 학창 시절 지주에게 학대받는 소작농의 고통을 보고 혁명에 투신한 인물이다. 해방 직후 남한에서 진행된 것과 흡사한 상황이 이곳에서도 진행된다. 미국 극동육군(United States Army Forces in the Far East, USAFFE) 사령관이던 맥아더 장군이 또 등장한다.

작은 차이가 있다면 이승만은 CIA 인물이었지만, 마누엘 로하스는 USAFFE 소속이었다. 더글러스 맥아더와 함께 전쟁에 참여했고 미국이 통치하던 식민지 시대에 정부 요직을 두루 지낸 인물이다. 발단이 된 것은 미군 주둔과 농지법 개혁이었다. 타루크가 이끄는 '민주연맹(Democratic Alliance)'은 반대했다. 1946년에 일본이 필리핀을

2차 세계대전의 종전을 알리는 해리 트루먼 대통령(1945년)

통치할 때 협력했던 인사를 포함한 보수우익 정권이 출범한다. 뒤에
는 미국이 있었다. 민주연맹에 대한 탄압이 시작되고, 결국 이들은 빨
치산이 된다.

　마셜플랜의 최초 수혜자가 된 그리스의 상황도 많이 닮았다. 이
곳에서 빨치산은 그리스 '민주군(Democratic Army of Greece)'으로 독
일이라는 점령군과 싸웠으며, 히틀러가 칭찬을 할 만큼 용맹했다. 영
국의 보호를 받았던, 그래서 이름도 '조지 2세'인 왕은 1941년에 이
집트로 도망갔다. 전쟁 동안 아예 영국에서 지냈다. 독립을 위해 단
한 방울의 피도 흘리지 않았다. 국민은 왕의 귀환을 반대했지만 영국
이 그를 감쌌다. 영국과 미국이 지원하는 정부군과 민주군은 1946년
부터 1949년까지 내전에 돌입한다.

1947년 3월 12일에 트루먼 대통령은 의회 연설을 통해 "소련의 위협을 받는 국가에 대한 경제 원조와 군사지원"을 밝힌다. '트루먼 독트린'이다. 정말 소련이 뒤에 있었을까? 나중에 밝혀졌지만 스탈린은 간섭하지 않겠다고 이미 영국 수상 처칠에게 약속한 상황이었다. 미국과 영국의 내정 간섭에 침묵하는 스탈린에게 배신감을 느낀 유고의 티토 대통령은 이를 계기로 '제3세계'의 길을 걷는다.

미국 정부의 냉전(Cold War) 전략이 공식적으로 확인된 것은 「NSC68」이란 자료다. 1950년 4월 7일 국가안보자문회의(National Security Council, NSC)에 제출된 66쪽짜리 보고서다. 국방부와 국무부의 공동작업이다. 미국은 최고 우선순위를 소련의 확장을 막는 것에 두었다. 국방비를 대폭 늘리고, 원자폭탄을 능가하는 수소폭탄을 개발하고, 핵을 활용한 첨단무기를 생산해야 한다는 내용을 담았다. 트루먼 대통령 때 제정된 '국가안전보장법(National Security Act)'과 관련이 깊다. 1947년 9월 18일 발효된 이 법은 전후 대외정책의 밑그림이 된다.

공산주의 위협에 대처하기 위한 마셜플랜과 중앙정보부(CIA) 창설도 이 법이 근거다. 우연의 일치일지는 모르지만 당시 보고서가 나온 그해 6월에 한국전쟁이 터진다. 몇 달 전 1월에는 한반도가 미국의 방어선에서 빠진다는 국무부 발표가 있었다. 브루스 커밍스가 『한국전쟁의 기원』(1986)이란 책에서 밝힌 것처럼, 악마 북한이 천사 한국을 갑자기 침략한 것과는 거리가 멀다는 것을 알 수 있다. 강정구 교수 등이 동의했던 것처럼, 해방 직후부터 한반도는 내전 상황이었고, 미국에 의해 악용되고 있었다.[14] "감히 요청할 수는 없지만 오히려 원하던 것"이라는 뜻을 가진 불감청고소원(不敢請固所願)이 더 맞다.

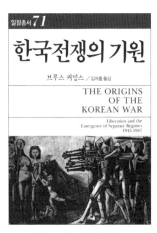

브루스 커밍스, 『한국전쟁의 기원』

그뿐만 아니라 당시 미국은 매카시즘 시대였다. 펜타곤, CIA와 FBI, 해외원조와 미국공보처(USIA) 등의 전성시대가 뒤따랐다. 인원도 예산도 권한도, 심지어 의회의 견제도 받지 않았다. 공산주의라는 새로운 위협을 막기 위해 국민도 발벗고 나섰다. 막대한 예산을 확보한 국방부는 곧바로 첨단무기 개발에 들어갔다. 핵공격을 위한 보다 다양한 방안이 모색된다. 적에게 노출되기 쉬운 큰 비행기가 아닌 전투기와 미사일이 있으면 더 좋다. 부피는 적고, 무게는 가볍지만 폭발력은 유지되어야 한다.

전 세계 어디나 공략할 수 있는 미사일은 두 종류다. 그중 하나는 대륙간탄도미사일(Intercontinetal Ballistic Missiles, ICBM)로 전쟁 중에는 독일이 앞섰다. V-2 로켓 개발에 참여했던 폰 브라운과 과학자들은 모두 미국에서 제2의 인생을 살았다. 나치에 협력했던 1600명의 과학자, 엔지니어와 기술자를 이주시킨 프로그램 덕분이다. 다른 하나는 잠수함에서 발사하는 탄도미사일(Submarine-Launched Ballistic Missiles, SLBMs)이다. 1959년부터 USS 조지워싱턴 호에 실전 배치되었다. '노틸러스(Nautilus)'란 명칭을 붙인 최초의 핵추진 잠수함도 개발했고 1954년부터 작전에 투입된다.[15]

브루스 커밍스

드와이트 아이젠하워는 34대 대통령으로 한국전쟁이 끝나갈 무렵인 1953년 1월에 취임했다. 제대 당시 계급은 5성장군으로 NATO 초대 사령관을 맡았다. 전적이 화려하다. 그해 10월 30일, 「NSC 162」로 알려진 보고서를 통해 소련에 대한 '봉쇄(Containment)' 전략이 확정된다. 대량보복이라는 개념도 포함시켰다. 앞 장에서 논의했던 중동방위조약(CENTO)과 남아시아방위조약(SEATO) 등이 이것과 관련이 깊다. 펜타곤 예산을 일부 통제하기는 했지만 근본적으로 높여 놓은 것도 그의 작품이다. 종전 직전에 9080억 달러에 달했던 국방비는 1940년대 후반 520억 수준으로 내려갔다. 그러나 한국전쟁이 끝난 뒤에는 그런 일이 생기지 않았다. 1953년에 4420억 달러로 치솟은 뒤 그의 임기 내내 3500억 달러 수준을 웃돌았다. GDP의 10퍼센트 수준이었다. 국제사회에 대한 개입도 대폭 늘었다. 1954년에 끝난 1차 인도차이나전쟁(Indochina War) 동안에는 프랑스를 물심양면으로 도왔다. CIA는 민간 항공기를 이용해 프랑스군이 필요로 하는 물자를 날랐고, 재정적 지원도 아끼지 않았다. 몇년 후 벌어진 베트남전쟁의 씨앗을 이때 뿌렸다.

중동의 공산주의 확산을 막기 위해 경제적, 군사적 지원은 물론 직접 군대를 동원하겠다는 원칙을 밝힌 '아이젠하워 독트린'도 1957년에 발표했다. 그해 7월, 레바논의 친서방 정권을 보호하기 위해

1만 5000명의 해병대가 파병된다. 국방력 강화를 위해 대학과 연구소를 동원하는 것을 핵심으로 하는 '국가방위교육법(Naitonal Defense Education Act)'이 통과된 것도 임기 중이다. 국제학과 지역학 관련 학과가 미국 전역에 들어서게 된 계기다.

펜타곤국방연구소(DARPA)와 항공우주기구(NASA)의 설립 근거도 이 법이다. 널리 알려진 '도미노 이론(The Domino Theory)'을 처음 언급한 사람도 아이젠하워다. 만약 공산주의자들이 인도차이나반도의 일부를 차지하면 여기에 자극을 받은 미얀마, 태국, 말레이시아, 인도네시아가 차례로 공산화될 거라는 우려였다. 형식적으로는 케네디 대통령이 지시했지만, 쿠바에 대한 CIA 공작인 '피그스만 침공' 역시 아이젠하워의 기획이다.

말과 행동이 왜 달랐는지 궁금하지만, 취임 직후 연설에서 그는 이렇게 말했다.

> 장거리 전략 폭격기 하나를 사는 돈으로 서른 개 이상의 도시에 학교를 하나씩 지을 수 있고, 전투기 한 대로는 50만 부셸(1750만 리터)의 밀을 살 수 있고, 구축함 한 대로는 8000명 이상이 살 수 있는 새 집을 지을 수 있다. (……) 모든 총과 군함과 로켓은 결국 배고프고 춥고 헐벗은 사람들로부터 훔친 것이다."[16]

퇴임 연설을 통해서는 '군산복합체(Military Industry Complex)'와 '병영국가(Garrison State)'에 대한 걱정도 털어놓았다. 군대와 방위산업체를 통제하지 못하면 미국은 또 다른 전쟁의 늪에 빠질 수 있다는

베트남전쟁에서 미 공군의 폭격(1966년)

베트남 동쪽 통킹만으로 향하는 미군 군함(1964년)

베트남전쟁에 참여한 미국 해군(1966년)

베트남전쟁의 피란민들(1968년)

예언도 했다. 컬럼비아대학교 총장, NATO 사령관과 대통령을 두루 겪은 역전노장의 입에서 나온 고백이라는 점에서 상당한 무게감이 있었다. 본인이 군대를 잘 알았기 때문에 펜타곤의 예산을 그 정도에서 막았을지도 모른다. 그러나 불길한 예언일수록 잘 맞는다 했던가. 퇴임 후 겨우 3년이 지나면서 2차 인도차이나전쟁이 본격화된다. 과거로 돌아갈 수 있다면 꼭 '수정'이 필요할 만큼 엉터리였다. 발단이 된 통킹만 사건은 조작된 것으로 밝혀졌다. 언론이 폭로하지 않았으면 아예 묻힐 수 있었던 '비밀전쟁'도 포함되어 있었다. 무엇보다 그렇게까지 서로 죽고 죽일 필요가 없었다.

인도차이나반도는 명칭처럼 중국과 인도 사이에 있다. 영국과 프랑스가 사이좋게 나누어 가진 식민지다. 인도네시아 쪽으로 길게 뻗은 말레이시아를 비롯해 미얀마, 태국, 라오스, 캄보디아, 베트남이 있다. 미국의 개입으로 1955년부터 1975년까지 참혹한 전쟁을 겪은 또 다른 반도 중 하나다. 베트남 쪽에서는 '미국에 대한 해방전쟁'이고, 서방에서는 '베트남전쟁'으로 부른다. 라오스와 캄보디아도 함께 휩쓸렸다.

인도네시아 국민 또한 1965년 미국이 후원한 쿠데타에 의해 대량학살을 당했다. 명분은 공산주의자를 물리치는 것이었지만 속내는 탐욕이었다. 독립된 대부분의 나라에서 왜 공산주의를 지지하는 사람이 많은지 생각해 보면 된다. 원래 공산주의자였다기보다 판세가 그렇게 짜였다. 전형적으로 망명정부나 과거의 권력층은 외세를 끼고 있는데 인도차이나반도의 외세는 프랑스와 영국이다. NATO로 자연스럽게 묶여 있는 동맹군이 미국이다. 그래서 평소 별로 사이가 안 좋은 미국의 CIA와 프랑스의 그린베레가 한 편이 되어 싸운다.

맞은편에는 독립투쟁을 해 왔던 민족주의자, 농민과 천민이 있다. 압도적인 적을 상대하기 위해서는 하는 수 없이 '적의 적'에 해당하는 국가의 도움을 받아야 한다. 짧은 시간에 눈부신 성장을 한 소련이나 농민의 힘으로 외세를 몰아낸 중국과 손잡을 수밖에 없다. 전선이 확장되는 것 또한 주로 미국의 기획이다.

지리적으로 베트남은 라오스와 캄보디아와 국경을 접하는 상당히 넓은 지역이다. 미국은 라오스 북부에서 베트남으로 이어지는 호치민 트레일(Ho Chi Min Trail)을 차단하려 했다. 겉으로는 베트남을 폭격한다고 했지만 실제로는 국경 지역을 쑥대밭으로 만들었다. 라오스에만 50만 회 이상, 200만 톤 이상의 폭탄을 퍼부었다. 2차 세계대전 때보다 더 많은 양이라고 한다. 또 접경 지대에 있던 몽족을 용병으로 활용했다. 미군 포로를 구출하고 내분을 조장하는 것이 목적이었다. 대외적으로는 이런 사실을 한 번도 인정하지 않았고, 그래서 '비밀전쟁(Secret War)'으로 불린다.

1955년까지만 해도 캄보디아는 중립을 지키려고 애썼다. 남베트남과 국경을 접하고 있던 이곳을 그냥 놔둘 미국이 아니었다. 1965년부터 폭격이 시작되었고, 닉슨 대통령은 B52 폭격기의 사용을 허락했다. 공산주의 세력인 크메르 루즈 게릴라를 와해시키고, 베트남으로 군수품이 보급되지 못하도록 만드는 것이 목표였다.

1969년에 리처드 닉슨이 대통령에 당선된다. 반전 여론이 점차 높아졌고, 매일 300명 정도의 시신이 공수되던 때였다. 닉슨은 취임 직후만 하더라도 전쟁에서 승리할 수 있다고 믿었다. 캄보디아에 대

리처드 닉슨 대통령(1969년)

한 폭격을 승인한 것도 그런 까닭에 서다. 현장을 직접 방문한 이후 생각을 바꿨다. 평화협상이 시작된다. 1970년 2월에는 '닉슨 독트린'을 발표했다. 트루먼과 아이젠하워 정부의 정책을 수정하겠다는 내용이었다. 미국의 군사력과 경제력이 한계가 있음을 깨달았기 때문이다.

설상가상으로 1960년대 후반부터 프랑스를 중심으로 한 유럽 국가들은 달러 대신 금을 달라고 졸랐다. 국방예산은 4493억 달러로 늘었다. 전체 예산에서 차지하는 비중도 44.9퍼센트에 달했다. 전쟁을 계속하고 싶어도 경제력이 받쳐 주지 못하는 상황이었다. 향후 군사 개입을 가능한 한 피하겠다는 것과 우방은 자신의 힘으로 적을 방어해야 한다는 내용이 핵심이었다. 닉슨은 또 중국과 소련을 방문해 본격적인 '긴장완화(데탕트)'를 추진했다. 1973년 1월 27일에 열린 파리평화조약(Paris Peace Accords)을 통해 전쟁은 끝이 난다. 그렇지만 그해 9월 11일 칠레에서는 CIA의 조종을 받은 군부에 의해 민주적으로 선출된 살바도르 아옌데 정부가 전복된다.

대학 시절에는 꽤나 방탕하게 살았다. 민주화 운동으로 수업이 제때 진행되지 않을 때도 많았다. 대학 강의실보다 친구들과 했던 독서 모임이나 여행을 통해 세상을 배웠다. 정말 술을 많이 마시고 살았다. 졸업 후 직장 걱정을 크게 하지 않아도 되는 때라 가능했던 것 같다. 누구의 주머니에서 돈이 나왔
는지는 모르지만 밤마다 술에 쩔었
다. 혼미한 상태에서 깨어난 어느 날
아침, 친구 녀석은 콘택트렌즈 살 돈
을 다 써 버렸다고 울먹였다. 또 다
른 친구는 석 달 동안 아르바이트
로 모았던 돈을 사흘 만에 탕진했다.
"아…… 그 돈이 어떤 돈인데……."
라는 말에 너무 미안했다. 문득 잠이

살바도르 아옌데 칠레 대통령(1971년)

깬 새벽에 '왜 이렇게 사나?'라고 묻는 날이 잦았다. 평소 꾸지람을
하지 않으시던 부친께서도 "한번 실컷 마음대로 살아 봐라. 뭐든 끝
장을 보겠지."라고 말씀하셨던 때다. 1970년대 초반 베트남에서 패전
할 무렵 미국이 느낀 심정이 이와 같지 않았을까? 인류를 다 죽이고
도 남을 만큼 많은 핵무기를 가졌다. 역사상 최강이라는 군사력과 통
제 불가능한 수준으로 커진 NSA, CIA와 FBI도 있다. 그러나 주머니
사정뿐만 아니라 정신 상태도 피폐해졌다.

2017년을 기준으로 전 세계에는 18만 7200톤 정도의 금괴가 있
다. 1971년 닉슨 대통령이 달러와 금을 더 이상 바꿔 주지 않겠다고
했을 때 1온스당 교환비율은 35달러였다. 지금은 1250달러다. 금괴
와 관련한 통계는 세계금위원회(World Gold Council)에서 발표한다.[17]

미국의 금괴 보유량은 2차 세계대전 중 급증한다. 패전국에
서 압수한 분량도 상당한데, 대략 2만 톤 이상을 보유했다. 켄터키
의 '포트녹스(Fort Knox)', 뉴욕의 '웨스트포인트'와 콜로라도 덴버

(Denver) 군사기지에 보관 중이다. 닉슨 쇼크가 발표될 당시에는 8200톤 수준으로 떨어졌다. 지금도 8134톤 정도를 유지한다. 독일이 3370톤, IMF가 2814톤, 이탈리아가 2451톤 순위다. 프랑스는 2436톤, 러시아는 1909톤, 중국이 1842톤, 스위스 1040톤, 또 일본이 765톤 정도를 보유하고 있다. 금괴만 줄어든 게 아니라 경제력 전반이 약해지고 있었다.[18]

2018년 3월 15일 기준으로 미국의 총부채는 21조 달러가 조금 넘는다. GDP의 104.2퍼센트다. 종전 직후였던 1946년에는 2850억 달러로, 당시 GDP의 119퍼센트였지만 그때는 미국의 경쟁자가 없었다. 1950년대와 1960년대에 꾸준히 빚을 줄였다. 1974년에는 GDP 대비 31퍼센트 정도에 해당하는 4750억 달러 수준을 유지했다. 레이건 정부 이후 40퍼센트대를 넘어설 때까지는 30퍼센트 초반을 지켰다.

문제는 무역적자였다. 해외투자로, 전쟁으로, 과도한 수입으로 흥청망청 살아온 부작용이었다. 1970년 미국은 20세기 접어들어 처음으로 무역적자 시대를 맞았다. GDP의 1.7퍼센트 비중으로 적자가 확대된 것은 1977년이었다. 규모는 314억 달러 정도였다. 전반적으로 봤을 때 그때만 해도 미국의 경쟁력이 없다고 할 단계는 아니었다. 국제유가의 급등과 주요 수입국의 경기 부진 등이 원인으로 지적되었다.[19] 분명 조짐은 있었다. 서독과 일본이 빠르게 미국을 쫓아오던 상황이었다. 미국 형편이 좋았다면 굳이 금으로 바꿔 달라고 아우성치지 않았을 가능성이 높았다. 1980년대 이후 2018년까지 미국은 매년 평균 476억 달러 정도의 적자를 보고 있으며, 고스란히 국가채무로 쌓인다.

일반 국민의 상대적 박탈감과 좌절감은 더 치명적이었다. '심각한 격차(Great Divergence)'란 용어가 있다. 노벨경제학상도 받고 《뉴욕타임스》 칼럼니스트로 유명한 폴 크루그먼이 제시했다. 1970년대 후반부터 미국의 소득 불균형이 큰 폭으로 늘어난 것을 보여 준다. 1979년부터 2007년 동안 상위 1퍼센트 계층의 수익은 275퍼센트 증가한 반면, 하위 20퍼센트 계층은 41퍼센트에 그쳤다. 실제로 1960년대만 하더라도 제너럴모터스(General Motors), 포드 자동차, 스탠더드오일과 베들레헴스틸(Bethlehem Steel) 등에서 일하는 사람들이 많았다. 연봉도 높았고 일자리는 안정적이었다. 1970년대를 지나면서 대형 슈퍼나 패스트푸드가 이런 양질의 직장을 대신한다. 1981년에는 하위 50퍼센트에 비해 상위 1퍼센트가 얻는 수익은 스물일곱 배였지만, 2014년에는 여든한 배로 늘었다. 1974년에는 생필품 가격이 평균 10퍼센트 이상 올랐고, 실업률은 6퍼센트를 웃돌았다. 1960년대에 비해 생활비는 3분의 1 이상 높아졌다.

페미니즘, 성소수자, 인종차별 등 그동안 억눌려 온 불만도 터져 나왔다. 베트남전쟁이 불쏘시개가 되었다. 무려 50만 명에 달하는 파병 군인 중 많은 수는 못 살고 못 배운 흑인이었다. 인권 운동가였던 마틴 루터 킹조차 명분 없는 전쟁에 더 이상 흑인의 피를 흘릴 수 없다고 반전 시위에 나섰다. 영장이 발부된 대학생들은 부도덕한 전쟁에 참가할 수 없다고 데모에 나섰다.

1968년 2월에 실시된 여론조사에서는 전쟁에 찬성한다는 비중이 35퍼센트로 떨어졌다. 애국주의가 강했던 그간의 분위기를 감안하면 놀라운 수치였다. 마침내 1970년 5월, 켄트주립대학교에서 네 명의 학생이 시위 도중 총격으로 사망하는 사건이 발생했다. 전쟁 때는 한통속이던 언론은 재빠르게 여론의 변화를 알았다. "절대권력은 절대 부패한다."는 말이 맞았다. 권력형 비리를 파헤치는 탐사보도(investigative journalism)의 전통이 일부 되살아났다.

1969년 11월 12일. 시모어 허시는 AP통신을 통해 '마이라이 대학살(My Lai Massacre)' 관련 기사를 터뜨렸다. 미군에 의해 500명 가까운 여자와 아이들이 학살을 당했고, 군 당국이 고의적으로 은폐했다는 내용이었다. 한국군에 의한 민간인 학살 사례는 있었지만 미군 범죄는 처음 보도되었다. 펜타곤은 애초 이들이 공산주의 게릴라였다고 속였고, 관련자를 징계하지도 않았다.

환상이 깨지는 속도는 빨랐다. 뒤이어 대니얼 엘스버그가《뉴욕타임스》에 폭로한 내용은 더 놀라웠다. 하버드대학교에서 경제학 박사를 취득한 후 펜타곤에서 전략 분석가로 일하고 있었던 그가 1971년 6월 13일 공개한 '펜타곤 페이퍼' 얘기다. 닉슨 대통령과 헨리 키신저 국무부 장관은 법원에 보도 중지를 요청하는 소송을 제기하지만 결국 공개된다. 전임자 존슨 행정부가 의도적으로 거짓말을 했다는 것과 대량학살을 비롯한 각종 불법 행위가 모두 드러났다. 캄보디아와 라오스의 비밀전쟁도 이때 밝혀진다.

1972년 6월에는 현직 대통령을 자리에서 물러나게 한 '워터게이트(WaterGate)' 스캔들이 터진다. 민주당 선거본부가 있는 워싱턴 D. C.의 워터게이트 호텔에 불법 침입한 다섯 명이 경찰에 구속된 것이 발단이었다. 불법 도청을 위한 침입이었고, 그중 한 명은 전직 CIA 요원으로 밝혀졌다. 대통령의 자문관이던 에드워드 헌트의 전화번호도 갖고 있

베트남전쟁 반대 퍼포먼스(1967년)

었다. 그러나 전쟁 중이었고, 그해 11월 닉슨은 압도적인 표차로 승리한 상태였다. 대통령은 사건을 은폐하기 위해 FBI, CIA 및 연방커뮤니케이션위원회(FCC) 등을 동원했다.

《워싱턴포스트》의 발행인이던 캐서린 그레이엄, 편집주간 벤저민 브래들리, 편집국장 하워드 사이먼스 등 관련자들에게 엄청난 압박이 들어갔다. 무려 2년에 걸친 투쟁 끝에 대통령 자신은 물론 보좌관 존 에일리크먼과 비서실장 밥 핼더먼 등이 모두 관련되었다는 사실이 밝혀진다. 심지어 불법도청만이 아니라 민주당 후보를 대상으로 한 허위정보 유출, 흑색선전, 감시와 같은 불법선거운동도 확인된다. 1974년 8월 8일에 닉슨 대통령은 기자회견을 통해 대통령직 사퇴를 공식 발표했다. 연방수사국(FBI)과 중앙정보국(CIA)의 불법도 속속 드러났다. 앞에서 다룬 '인권'에 미국이 주목하게 된 배경이었다.

1908년에 설립된 FBI는 권한이 막강하다. CIA는 정보 수집만 할 수 있지만, 이 기관은 200가지가 넘는 범죄에 대한 사법권이 있다. 국내에만 지부가 있다고 생각하면 오해다. 전 세계에 있는 미국 대사관과 영사관에도 수사관이 파견된다. 법무부 소속이지만 검찰총장과 국가정보원장에게 직접 보고한다. 2016년 기준으로 87억 달러의 예산을 쓰고, 직원만 3만 5000명이 넘는다.

하늘의 새도 떨어뜨리는 권력을 행사한 사람은 1924년부터 1972년 죽을 때까지 국장을 역임한 존 후버다. 막강 CIA를 주무르던 앨런 덜레스도 함부로 하지 못했던 인물이다. 역대 대통령 누구도 그를 사임시키지 못했다. 그가 승인한 것 중 '첩보대응프로그램(Counter Intelligence Program, COINTELPRO)'이 있다. 반전 운동을 하는 인물과 단체에 대한 뒷조사, 악의적 헛소문 퍼뜨리기, 명예 먹칠하기 등이 모두 포함된 대규모 불법행위다. 필요할 경우 암살 또는 폭행을 했고, 정보원(프락치)을 심었다. 마틴 루터 킹, 흑인인권 단체였던 '블랙팬더(Black Panthers)'와 페미니즘 단체 등이 표적이었다. 박정희와 전두환 시절에 안기부와 기무사가 한 블랙리스트 작업과 온갖 불법 행위를 생각하면 된다. 1971년 3월 '시민위원회(Citizen Committee)'가 FBI 건물을 압수수색하고 관련 자료를 압수함으로써 드러났다.[20]

불법행위로 조사를 받게 된 것은 CIA도 마찬가지였다. 1974년 12월에 '미국내 CIA 활동에 관한 위원회(Commission on CIA activities within the United States)'가 출범한다. 부통령 넬슨 록펠러가 주도하여 '록펠러 위원회'로도 불린다. 한국전 이후 활발하게 전개된 '마인드

베트남전쟁 반전 시위(1968년)

컨트롤'과 관련한 '프로젝트 MKULTRA'의 전모가 밝혀졌다. 곧이어 CIA, FBI, NSI(National Security Agency)와 IRS(Internal Revenue Service) 의 불법 행위에 대한 조사도 시작된다. 공식적인 위원회 명칭은 '정보와 관련한 정부활동에 대한 상원특별위원회(Senate Select Committee to Study Governmental Operations with Respect to Intelligence Activities)' 다. 아이다호 출신의 상원의원 프랭크 처치 3세가 주도했다. 민주당에서 처음부터 베트남전쟁을 공개적으로 반대한 몇 안 되는 인물 중한 명으로, 그의 이름을 따 '처치 위원회'로 불린다.

《뉴욕타임스》등 언론을 통해 외국인 지도자에 대한 암살 시도와같은 일련의 불법 행위가 폭로된 것이 계기였다. 미국 정보기관이 언제, 어떻게 생겨났고, 특히 한국전쟁 이후 얼마나 커졌는지 등에 관한

대통령 사임을 결정한 닉슨 대통령 가족(1974년)

상세한 내용을 담았다. 특히 문제가 된 내용은 콩고공화국, 도미니카 공화국, 칠레와 쿠바 등과 관련한 일이었다. NSA가 만든 불법사찰명 단(blacklist)도 알려졌다. 영화배우 조앤 우드워드, 정치인 월터 먼데 일, 칼럼니스트 아트 버치월드, 또 민권운동가 휘트니 영 등이 대상이 었다. 앞 장에서 다룬 프리즘이나 볼트7과 같은 내용이 그때부터 있 었다.

당시 CIA 청문회 등과 관련해 의회와 협상을 한 인물이 헨리 키 신저와 도널드 럼즈펠드 등이다. 닉슨의 뒤를 이은 제럴드 포드는 운 이 없었다. 잔여 임기만 겨우 채웠다. 경제도 안 좋았고, 특히 닉슨을 사면한 게 결정적이었다. 1976년 대선에서는 민주당 출신의 지미 카 터가 당선된다. 그는 망가진 국제관계를 회복하기 위해 노력했다. 파

흑인 인권단체 블랙팬서(1970년)

나마운하의 관리권을 돌려주었고, 이스라엘과 팔레스타인 분쟁 조정을 위한 '캠프 데이비드 협정(Camp David Accords)'을 이끌어 냈다. 1975년에 체결된 헬싱키선언의 후속 조치로 소련의 브레진스키 서기장과 전략핵무기감축(SALT II) 합의도 이끌어 냈다. 임기 말에 소련의 아프가니스탄 침공과 이란혁명이 발생한다.

한국에서는 카터와 레이건이 상당히 다른 것으로 알지만 대외정책에서는 별로 다르지 않았다. 카터 행정부의 인권 강조는 당시 국내 상황과 관련이 깊다. 언론과 청문회를 통해 잇따라 권력기관의 불법이 폭로된 상황이었다. 1975년의 ILO 탈퇴와 1980년의 UNESCO 탈퇴 등에서 보듯, 국제사회에서 미국의 입김은 눈에 띄게 줄어들고 있었다. 프랭클린 루스벨트가 1933년에 당선된 직후 취했던 '착한 이웃

정책'을 취할 수밖에 없었던 때와 닮았다. 1979년 발생한 소련의 아프가니스탄 침공, 테헤란 미국대사관 인질 사태와 이란-이라크전쟁 등에서 두 사람은 실제로 동일한 전략을 취했다.

페트로달러의 운명이 걸려 있는 걸프유전 지역은 미국의 생명줄이다. 2003년의 이라크, 2011년의 리비아, 2018년의 이란이 갖는 공통점은 석유다. 공통적으로 미국의 달러를 대체할 수 있는 금이나 유로화 같은 다른 결제수단에 눈독을 들였다. 아프가니스탄도 그런 맥락에서 보면 더 많은 부분이 이해된다. 지리적으로 이곳은 파키스탄과 이란 사이에 끼어 있다. 팔레비 왕조가 무너진 상황에서 아프가니스탄까지 소련의 영향권으로 넘어가면 사우디아라비아가 위기에 처한다.

그래서 시작된 것이 CIA가 지원하는 '사이클론 작전(Operation Cyclone)'이다. 미국은 파키스탄과의 불편했던 관계도 다시 개선시켰으며, 1979년 4월에는 아프가니스탄의 무자혜딘 무장그룹을 지원하는 방안을 논의한다. 몇 달 전인 1월에 이란혁명이 성공했다. 그해 12월에 소련의 아프가니스탄 침공이 진행된다. 즈비그뉴 브레진스키의 고백처럼 '미필적 고의'에 해당하는 상황이었다. 그냥 놔두면 CIA의 조종을 받는 허수아비 정부가 들어설 상황에서 소련은 선택의 여지가 별로 없었다. 그 직후 1980년 1월 23일에 "걸프 지역은 미국의 핵심 이해관계가 걸린 지역으로, 소련은 절대 개입하지 말라."는 '카터 독트린(Carter Doctrine)'이 발표된다.

1979년 11월 4일, 반미 데모를 하던 일부 대학생이 테헤란에 있는 미국 대사관을 점령했다. 미국으로 망명한 팔레비 왕이 숨겨 놓은 비자금을 돌려 달라는 게 요구 사항이었다. 미국은 거부한다. 그때부터 무려 444일간 인질사태가 지속된다. 1980년 봄 미국의 인질 구출 작전도 실패로 끝나고 만다. 텔레비전을 통해 매일 인질 상황을 지켜보는 미국의 여론은 급격히 나빠졌다. 대통령 선거는 인질이 아직 갇혀 있는 상황에서 실시되었고, 카터는 무너졌다. 레이건이 압도적인 승리를 거두었다. 늘 그렇듯 전혀 다른 그림이 있다. 해병대를 동원해 군사공격을 하자는 방안은 너무 위험이 컸다. 나약한 대통령이라서가 아니라 합리적인 판단이었다. 협상을 방해한 것은 뜻밖에도 레이건 쪽이었다. 정치적으로 이용하기 위해서는 너무 일찍 문제가 해결되면 곤란했다.

그 무렵 공교롭게도 이라크가 이란을 공격한다. 1980년 9월 22일이다. 표면적으로는 수니파와 시아파 간 종교 갈등이지만, 이면에는 석유를 둘러싼 이권 다툼이 있었다. 후세인은 처음부터 이란의 유전을 원했다. 미국과 유럽은 물론 사우디아라비아를 비롯한 아랍 국가들이 편들어 줄 거라는 계산속이었다. 전쟁 초기에는 이라크가 우세했지만, 이란은 덩치가 훨씬 크고 미국으로부터 물려받은 군사기술을 가진 나라였다. 거의 10년 가까이 지속되었던 이 전쟁에서 많은 이란의 젊은 병사들이 이라크 군대가 남겨 놓은 지뢰에 희생됐다. 이란의 정치 엘리트에 세대 간 단절이 있는 것은 이 전쟁과 관련이 깊다.

후세인은 1982년부터 곤경에 처한다. 구세주로 등장한 인물이 레이건 대통령의 특사로 온 도널드 럼즈펠드다. 전임 제럴드 포드 정권에서 국방부 장관을 역임하고, 당시에는 방위산업체 임원으로 물러나 있을 때였다. 럼즈펠드는 화학무기를 비롯해 이라크가 원하는 지원을 아끼지 않겠다고 약속했다. 미국은 어떻게든 이란을 예전처

테헤란에서 미국대사관 진입을 시도하는 이란 대학생들(1979년)

럼 되돌리고 싶었다. 막대한 석유를 고스란히 뺏기는 것을 용납하지
않았다.[21] 1981년 1월 20일, 테헤란 대사관에 억류되어 있던 미국인
이 모두 풀려났다. 레이건이 취임한 날이었다. 굳이 설명하지 않아도
대강 사정을 짐작할 수 있다. 임기를 시작하기 전부터 무엇을 해야
할지에 대한 청사진이 있었다. 과거 '외교협회(CFR)'가 한 역할을 이
번에는 '헤리티지재단(Heritage Foundation)'에서 맡았다.

　　대선 후보가 결정되기도 전이던 1979년에 이미 '대통령을 위한
지침서(Mandate for Leadership)'라는 프로젝트가 가동했다. 1970년대
의 혼란을 극복하기 위한 전략 청사진으로 레이거노믹스(Reaganomics)
로 더 잘 알려져 있다. 경제정책으로는 달러화의 폭락을 막기 위해 '재
정적자'를 줄이고, 이자율을 높이고, 복지정책을 줄여야 한다는 내용

을 담았다. 대외정책으로는 "중동은 물론 아시아, 아프리카와 남미 지역에 있는 소련의 후원을 받는 정권을 적극적으로 축출"할 것을 제안했다. 루스벨트와 아이젠하워의 정책으로 돌아가자는 얘기다. 방법은 국방비를 대폭 늘리는 것과 해외에 있는 반공세력을 지원하는 것이다. 한국에서 문제가 된 '종말고고도지역방어(Terminal High Altitude Area Defense, THAAD)' 논의가 여기서 출발한다.

'전략방위구상(Strategic Defense Initiative, SDI)'은 1983년 3월 23일에 발표되었다. 그중 하나가 유명한 '스타워즈(Star Wars)' 계획이다. 겉보기에는 아이젠하워의 '대량보복'에 대한 불만 때문이다. 적이 핵으로 공격해서 아군이 죽으면 나중에 천만 배로 복수해도 무슨 소용이냐는 입장이다. 적의 핵 공격을 미리 막는 방법만 찾으면 이 문제를 해결할 수 있다. 그래서 등장한 것이 우주 공간에서 미사일을 파괴하는 시스템을 개발하는 일이다. 날아오는 총알을 그보다 더 빠른 총알로 잡겠다는 발상인데, 황당한 얘기 같지만 천문학적인 돈이 투자된다면 얘기가 달라진다.

펜타곤 예산은 1981년부터 조금씩 늘어나기 시작한다. 1985년에 4050억 달리를 넘어선 후, 1989년에는 4277억 달러로 높아진다. 재임 기간 동안 무역적자는 확대된다. 1987년에는 경상수지 적자가 GDP의 3.5퍼센트에 달하는 1530억 달러로 늘었다. 국방예산은 증가하고 감세로 세금은 줄어들면서 재정도 적자로 돌아섰다. 쌍둥이 적자다. 복지로 돌아갈 돈이 줄어들고, 빚을 갚기 위한 이자는 늘고, 달러의 하락에 따른 인플레가 생겼다. 손쉬운 해결책은 무엇일까? 뺏어오면 된다. 쿠웨이트에 대한 이라크의 침략을 핑계로 했지만 1991년의 걸프전쟁은 이렇게 시작했다. 반공정책에 도움이 된다면 독재를 하든 인권을 탄압하든 마약 거래를 하든 상관없이 재정적, 군사적 지원을 하겠다는 것이 또 다른 전략이다. 전두환 정권은 이 덕분에 민간인을 학살하고도 오히려 지원을 받는다.

대표적인 사건이 '이란-콘트라' 사건이다. 앞서 언급한 바나나 전쟁의 대상국 중 하나가 니카라과다. 미국은 1912년부터 1933년까지 이곳을 점령했다. 그 이후부터 독재자인 소모사 집안이 다스렸다. 제3세계 해방전쟁의 전형적인 특징을 모두 갖추었다. 한쪽에는 식민지를 관리해 주는 대가로 특권을 누리는 세력이 있다. 미국으로 유학을 다녀오거나 그곳 엘리트와 돈독한 인간관계를 맺는다. 다른 쪽에는 더 이상 잃어버릴 것이 없는 가난한 농민이 있다. 해방이라든가 자유를 위해 목숨을 바친다. 다른 희망이 없기 때문에 치열하다.

미국의 식민지로 있으면서 오랫동안 형성된 독재정권에 대한 투쟁은 1972년부터 본격화된다. 독립전쟁의 영웅인 아우구스토 산디노의 뜻을 이어받겠다는 의미에서 '산디니스타 국민해방전선(Sandinista National Liberation Front, FSLN)'을 만들었다. 1979년에 니카라과는 혁명에 성공한다. 하지만 미국이 지켜만 보고 있지 않았다. 특권 계급에 속해 있다가 하루아침에 쫓겨난 사람들을 부추겼다. '반대'라는 뜻의 '콘트라(contra)' 집단은 그렇게 생겼다. 군사훈련도 시켜 주고, 무기 살 돈도 주면서 FSLN과 내전을 벌이도록 부추겼다. 원래 CIA는 음성적인 자금이 많았는데 '처치위원회' 등으로 제약이 많아졌다. 방법은?

이라크와 싸우고 있는 이란에 무기를 팔고 그 돈으로 지원을 하는 것이다. 후세인을 돕겠다고 한 약속을 기억하면 당황스러울 수밖에 없다. 둘이 서로 싸우게 하고 미국은 돈을 벌겠다는 욕심이었다. 당시 적대국인 이란에 무기를 파는 것은 불법이었다. 게다가 '콘트라'에 대한 소문은 정말 최악이었다. 인신매매, 마약과 무자비한 폭력으로 악명이 높았다. 그러나 '악의 제국' 소련의 앞잡이라 하면 뭘 해도 괜찮던 시대였다.

미국은 달러를 무제한으로 찍어 낼 수 있지만 소련은 그렇게 못한다. 똑같이 무역적자를 내도 버틸 수 있는 건 미국밖에 없다. 사우디아라비아를 중심으로 중동산유국(OPEC)은 석유 공급을 큰 폭으로 늘렸다. 당연히 가격이 떨어지고, 소련의 경제 사정은 악화된다. 아프가니스탄은 이제 소련의 '베트남'이 되었다. 전략방어구상(SDI)에 대응을 안 할 수도 없으니 결국은 파산이다.

1980년대 말, 소련의 고르바초츠 서기장은 미국의 레이건과 몰타(Malta)에서 만나 냉전이 끝났다고 밝혔다. 동유럽에서 철수했고, 뒤이어 소련은 해체된다. 독일은 통일되고, 폴란드, 체코, 불가리아 등에는 미국 군대와 기업이 들어갔다. 영화 「스타워즈」에 나오는 것처럼 '악의 제국'이 무너진 행복한 결론이다. 그 뒤 어떻게 되었을까? 그 많은 제다이와 군대는 그냥 해산하고 집으로 돌아갔을까? 제국과 대항하기 위해 준비했던 설비 투자는 어떻게 할까? 펜타곤의 고위 관료를 비롯해 영향력 있는 의원들과 골프도 치고 술도 같이 마시던 이들 기업체 임원들이 밥그릇이 사라지는 것을 그냥 바라만 보았을까? 뭔가 참신한 '악마'를 만들어야 했다. 누가 있을까?

'스타워즈'라는 상상력을 만들어 낸 집단은 '랜드 연구소'로 공군에서 지원하는 싱크탱크다. '불량국가'란 개념은 '국제전략연구소(Center for Strategic and International Studies, CSIS)' 작품이다.[22] 누가 돈을 댔을까? 펜타곤에 군수품을 납부하는 스물여섯 개 방위산업체와 여덟 개의 정유회사가 연구비 출처다. 1985년 레이건 대통령은 갑작스레 '불법적인 국가(Outlaw states)'라는 개념을 꺼낸다. 독재와 화학무기 사용, 인권탄압 등의 죄목으로 피살된 사담 후세인의 이라크가 당연히 포함되었을 것 같지만 당시에는 아니었다. '이란, 리비아, 북한, 쿠바, 니카라과'만 언급되었다. 그 의미도 국내적으로는 자유를 억압하면서 국제사회의 규범을 제대로 지키지 않는다는 정도였다. 그러다 조금씩 실체가 명확해진다.

1988년과 1989년 의회 청문회를 통해 CIA 국장 윌리엄 웹스터는 소련이 미국의 유일한 안보위협이 아니라는 점과 '대량살상무기'를 확보하려는 '제3세계'의 위협에 대응해야 한다고 밝혔다. '불량국가'라는 낙인은 1994년에 등장한다. 대외정책의 공론장 역할을 하는 《포린 어페어》에 앤서니 레이크 당시 클린턴 국가안보보좌관이 기고문을 발표한다. 그는 '북한, 쿠바, 이란, 리비아, 이라크'를 꼭 집어서 이 범주에 넣었다. 죄목은 "대량살상무기를 확보하려 노력한다는 점, 테러리즘을 지원한다는 점, 자국민을 탄압한다는 점" 등이었다. 나중에 추가된 국가로는 1998년 NATO의 공격을 받은 유고슬라비아, 수단, 아프가니스탄이 있다.

1993년에 빌 클린턴이 대통령에 당선된다. 아칸소 주지사 출신으로, 워싱턴 기득권 집단은 아니었는데 파나마 침공과 1차 걸프전을 이끌던 부시 1세를 눌렀다. 그래서 역사학자들은 높은 점수를 준다. 퇴임 당시 국정 지지율은 2차 세계대전 이후 최고였다. 그럴 만한 이유가 있다. 국제경제연구소(Institute of International Economics)와 카네기 재단에서 제안했던 '국가경제회의(National Economy Council, NEC)'가 이때 설립된다. 군사작전을 하듯 경제정책을 폈다. 일본과 한국 등 전통적인 우방을 압박해서 시장을 개방시켰다. 재정적자는 1998년 690억 달러 흑자로 전환한 후, 1999년에는 1260억 달러로, 2000년에는 2360억 달러로 늘었다. 대기업과 부자들에 대한 세금 감면 혜택을 줄인 것과 관련이 있다. 국방비를 대규모로 줄인 만큼 정보통신에 쏟아부었다. 펜타곤 예산은 1990년 4097억 달러에서 1995년에는 3216억 달러, 1997년 3053억 달러, 또 1999년에는 2984억 달러로 줄었다.

대외정책에서도 변화가 진행되었다. 1930년대 프랭클린 루스벨트와 비슷한 접근이었다. 북아일랜드를 비롯해 팔레스타인과 이스라엘의 분쟁 해결에도 적극 나섰다. 1994년 제네바협상을 체결한 데 이어 북한에 대해서도 '협상' 중심의 정책을 폈다. 아프가니스탄과 수단에 대한 폭격을 명령한 적은 있지만 전임자들에 비해 국제사회에 대한 불법적인 간섭은 많이 줄었다. 비유적으로 보면 터미네이터 또는 로보캅으로 가기 직전에 사랑하는 연인으로 인해 훨씬 더 인간적인 측면이 강해진 상태로 보면 될 것 같다.

정치 때문인지 이해관계 때문인지는 명확하지 않다. 역대 어느 대통령보다 훌륭한 업적을 냈으면서도 클린턴은 탄핵 위기에 몰린다. 백악관 인턴과 부적절한 관계를 맺고 위증을 했다는 것이 문제였다. 트럼프 대통령과 비교하면 양반 수준인데 당시에는 심각한 상황으로 전개되었다. 공화당 정권으로 바꾸기 위한 거대 프로젝트 중 하나가 아니었을까 생각해 본다. 대통령을 평가하는 잣대를 바꾸려는 노력이었고 결과적으로 성공했다.

국내 정치와 경제가 안정이 되고, 냉전 이후 큰 위협이 없는 상황에서 미국은 '도덕적'으로 깨끗한, '종교적'인 지도자 조지 부시 2세를 뽑았다. 부친의 후광을 입었고 주변에는 레이건 시대의 실력자들로 붐볐다. 대표적인 인물이 국방부 장관을 맡게 될 '도널드 럼즈펠드'와 부통령 '딕 체니'다. 2001년의 9·11 테러가 미국을 변하게 했다고 하지만 진실은 그 반대에 가깝다. 9·11을 이용해 예전의 정책을 모두 부활시킬 수 있었다. 2002년 1월 29일에 부시 대통령은 '악의 축' 발언을 꺼낸다. 그리고 '북한, 이란, 이라크, 시리아' 등이 지목된다. 펜타곤에서 일찍부터 언급되었던 '정권교체'가 필요한 국가들이 모두 포함되었다. 베네수엘라에서는 불법 쿠데타가 진행 중이었다.

펜타곤 예산은 다시 큰 폭으로 늘었다. 2003년 4049억, 2005년 4953억, 2007년에 5274억 달러에 달했다. 위협이 있으면 미리 공격하겠다는 '부시 독트린'도 발표된다. GDP에서 국가채무가 차지하는 비중도 2000년 18.3퍼센트에서 2005년에는 24.9퍼센트, 또 2009년에는 29.9퍼센트로 높아졌다. 2008년에는 미국발 금융위기가 불거졌고, 이듬해 재정적자는 1.4조 달러라는 기록을 세웠다. 아프가니스탄과 이라크의 전쟁 비용을 비롯해 '테러와의 전쟁' 예산이 급증했기 때문이다. 2017년에는 힐러리 클린턴을 누르고 도널드 트럼프가 당선된다. 대외정책의 기득권층 입장에서 보면 전혀 낯선 인물이다. 미

국 중하층 일반인의 심리를 잘 반영
한다. '보안관' 노릇은 이제 좀 그만
하자는 생각이 지배적이다. 무엇을
위한 무역자유화이고, 누구를 위한
전쟁인지를 진지하게 묻는다. 국제
조약이나 동맹은 필요한 것만 '취사
선택'한다. 그만큼 다급해진 것일 수
도 있고, 달리 다른 선택을 못 하는
상황일 수도 있다.

빌 클린턴 대통령(1993년)

2019년 미국은 여전히 운전석에 앉아 구조적 권력이 주는 '후광
효과'를 누리고 있다. 신체의 절반 이상을 '생체공학'으로 바꾸었지
만 아직은 착한 '터미네이터'의 흔적이 남아 있다. 전성기에 대한 향
수와 그때 형성된 취향과 습성이 고스란히 보존된 상태다. 국제사회
가 예전과 같지 않다는 게 문제다. 상당수는 여전히 미국에 '머리'를
맡긴 채 따라온다. 반역을 꿈꾸는 집단이 너무 많이 생기고 있다는
것은 고민거리다. 달러를 대체할 준비를 갖춘 '유로'화가 이미 안정
적으로 시장에 진입했다. 중국, 러시아, 인도 역시 잠정적인 경쟁자
로 힘을 축적하는 상황이다. 그간 채찍을 너무 많이 휘둘렀고 더 강
력하고 잔인한 '폭력'을 사용해야 예전의 효과가 나온다는 것도 문
제다.

김수영은 「풀」이라는 시를 통해 말한다.

풀이 눕는다

부시 대통령과 딕 체니(2002년)

바람보다도 더 빨리 눕는다
바람보다도 더 빨리 울고
바람보다 먼저 일어난다.
(……)
바람보다 늦게 누워도 .
바람보다 먼저 일어나고
바람보다 늦게 울어도
바람보다 먼저 웃는다.

권력을 대하는 약자의 자세와 닮았다. 국제사회가 미국에 대응
하는 방식도 이와 비슷하지 않을까? 당장 미국의 비위를 정면으로

거스를 바보는 많지 않다. 그러나 후폭풍은 어떤 식으로든 오기 마련이다.

9

복합체

모친은 한글도 제대로 못 깨쳤다. 그래도 어느 곳이든 잘 찾아다니셨다. 뭘 모르면 부끄러워하지 말고 물어보라 했다. 겸손하게 도움을 청하는 사람을 박대하지는 않을 거라는 믿음을 갖고 계셨다. 늘 입버릇처럼 "소금 먹은 사람이 물을 찾는다."는 말씀을 하셨다. 초등학교 5학년 때 일이다. 가을걷이가 얼추 마무리된 11월 어느 날, 당신은 담임 선생님을 방문하자고 길을 서둘렀다. 밤길은 어두웠고, 굳이 왜 가야 하는지 모르던 터라 짜증만 넘쳤다. 자취하는 방에서 어머니는 한동안 선생님과 말씀을 나누셨고, 가져간 푸성귀를 두고 오셨다. "그깟 배추와 무는 뭐 하러 드렸어요?"란 질문에 "사람 사는 게 원래 그렇다."고 답하셨다. 그때는 몰랐다.

보이지 않는 이해관계가 우리의 생각과 행동을 지배한다는 것을 알게 되면서 자주 떠올리는 장면이다. 누군가를 좋아하면 자신도 모르게 말과 행동이 달라진다. 영향력을 가진 사람 앞에 서면 작아지는 것도 당연하다. 국가라고 얼마나 다를까? 대외정책은 결국 국가 이익에 영향을 받는다. 인간과 달리 국가의 이익이 결정되는 방식이 다를 뿐이다. 본능이 아닌 투쟁에 의해 결정된다.

중세 유럽에서 교황은 절대 권력이었다. 교황은 신이 임명한 사람이라 왕도 함부로 대적하지 못했다. 자칫하면 교회라는 집단에서 추방되는 파문(破門)을 당했다. 그러다 국왕의 권한이 커지고 지식이 확산되면서 변화가 따른다. 교황의 말이 먹히지 않는 상황이 생겨났다. 대표적인 사건이 1303년에 일어난 '아비뇽 유수(Avignonese captivity)'다. 프랑스의 필리프 4세가 교황 보니파시오 8세를 제압한 사건이다. 교황은 로마가 아닌 프랑스가 통치하는 아비뇽 지역에 갇혔다. 그때부터 70년간 지속되었고, 추기경 등 주요 요직도 왕이 결정했다.

1597년에는 '왕권신수설'이 등장한다. 제임스 I세(스코틀랜드의 제임스 6세)가 꺼낸 말이다. 왕의 권한은 신이 부여한 절대적인 것이라는 게 핵심이다. 「로마서」(13장 1절)에서 "각 사람은 위에 있는 권세들에 복종하라. 권세는 하느님으로부터 나지 않음이 없나니 모든 권세는 다 하느님께서 정하신 바라."는 구절을 근거로 내세웠다. 교황과 왕은 그 이후 한쪽은 종교를, 다른 쪽은 정치를 맡는 조건으로 타협한다. 집에서 아버지가 하는 행동은 정확하게 자식들에 의해 대물림된다. 왕이 하는 것을 본 일반 국민도 다른 생각을 하기 시작했다.

교황이나 성직자의 권력은 '성경'에 대한 독점 덕분에 유지되어 왔다. 움베르토 에코의 소설 『장미의 이름』(1980)에 관련 내용이 나온다. 교회의 주장과 다른 내용을 발견한 사제들이 이를 공표하려다 죽임을 당하는 얘기다. 겉으로는 인간이 나쁜 생각을 품으면 죄의 유혹에서 벗어나지 못하기 때문이라고 말하지만 속내는 권력을 유지하고 싶은 욕심 때문이다. 그간 교회는 하느님의 이름으로 뭐든지 했다. 덕분에 부자로 살았고 성직자들은 '권력집단'이 되었다. 정치적 목적으로 편찬한 '성경(The Bible)'의 도움을 많이 받았다.

마르틴 루터

그리스어와 히브리어가 아닌 다른 언어로는 번역을 못 하게 한 것은 이런 까닭에서다. 세종대왕이 한글을 만들려고 했을 때 양반들이 목숨을 걸고 반대한 이유와 꼭 같다. 언어는 '사고(思考)'라는 집을 짓기 위한 건축 자재로 보면 된다. 전 국민이 영어를 배워야 한다고 주장하는 사람들은 이 부분을 놓치고 있다. 일상생활에서 끝없이 갈고 닦고 또 사용하지 않으면 결코 온전한 언어를 구사할 수 없다. 그렇게 되면 반쪽 세상을 산다. 제대로 말하지 못하고 못 쓰는 것에 그치는 것이 아니라, 체계적인 생각을 하지 못하고 단순해지고 무식해진다.

1517년에 독일 출신의 신학자 마르틴 루터는 교회의 개혁을 요구하는 95개 조항을 발표했다. 교회가 판 면죄부가 엉터리라는 비판이었다. 오직 하느님만이 그 권능을 가졌으며, 인간이 돈으로 해결할 수 있는 문제가 아니라는 입장이다. 파장이 상당했는데 많은 얘기를 기록해서 전달할 수 있는 방법이 있었기 때문에 가능했다. (많은 문서를 한꺼번에 여러 곳으로 확산할 수 있었던 구텐베르그의 금속활자 덕분이다.) 루터에 대한 탄압이 시작되지만 많은 유럽 사람들은 동조했다.

루터는 또 1522년에 성경을 '독일어'로 번역하는 엄청난 짓을 저지른다. 곧이어 1525년에는 영어 성경이 나온다.

원래부터 다른 해석이 불가능한 담론이 아니었다. 단순하게 봐도 하느님이 직접 쓰신 게 아니기 때문에 '전달' 과정의 오류는 불가피했다. 제국의 통치를 위해 기독교를 수용하는 과정에서 많은 내용 중 일부는 선택하고 일부는 버린 결과물이다. 읽는 사람에 따라 다르게 해석할 수 있고, 전혀 다른 부분에 주목할 수도 있다는 점에서 '열린 교재(open text)' 중 하나였다. 100명이 똑같은 해석을 할 수밖에 없는 '닫힌 교재(closed text)'가 전혀 아니었다. 왕과 교회는 어떻게 대응했을까? 누구의 해석이 더 옳은가 하는 한가로운 얘기가 아니다. '목숨'이 걸린 문제다. 잘못하면 둘도 없는 사기꾼으로 몰릴 상황이었다. 정통성을 잃은 권력은 비참한 종말을 맞았다. 백성이라는 물은 배를 띄울 수도 있지만 전복시킬 수도 있다.

대학에 다닐 때만 해도 전두환 정권의 기세가 등등했다. 교문에 들어가기 전에는 예외 없이 책가방 검사를 당했다. 불온서적이 발각되면 곧바로 닭장차라는 버스에 갇혔다. 당시에는 몰랐지만 지침이 있었다. 광주항쟁, 북한, 공산주의, 노동운동, 종속이론, 해방신학 등을 다룬 책들이 대상이었다. 황석영, 김지하, 리영희, 박노해, 김남주, 강만길 등 블랙리스트도 있었다.

군대는 더 살풍경이었다. 명색이 장교 교육기관이라는 광주 포병학교였지만 사정은 다르지 않았다. 강의 보조나 훈련을 위한 도서관이 있었는데 읽을 만한 책은 거의 없었다. 워낙 심심해서 툭하면 불경이나 성경을 읽었던 기억이 난다. 순수문학이라고 하는 기행문, 수

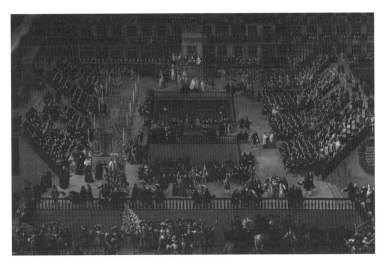

16세기 스페인 종교재판(마드리드)

필, 연애소설, 전기문이 대부분이었다. 정부가 언론사는 물론 출판사도 통제하고 있었기 때문에 가능했다. 지식 차원에서 보면 당시 대한민국 사람은 누구나 지독한 편식을 할 수밖에 없는 상황이었다. 전혀 맥락도 모르는 프랑스와 독일 학자의 책을 정말 진지하게 읽었고, 그것이 취향이 되었다.

　16세기 유럽도 별로 다르지 않았다. 그중 하나가 종교재판이다. 마녀사냥 시대로 거슬러 올라가면 씨앗은 1100년 무렵 뿌려졌다. 권력자가 판단했을 때 불편한 말이나 생각을 못 하게 하려면 '본때'를 보여 주면 된다. 반드시 공개적으로 해야 하며, 그럴듯한 형식도 꼭 필요하다. 죽이거나 구속시킬 필요는 없다. 회개하고 스스로 부정하도록 만들면 된다. 괜히 감옥에 가두어 '양심수'로 만들면 영향력이

1633년 갈릴레오 갈릴레이의 재판

더 커진다. 그래서 만든 게 '종교재판소'다. 본격적인 활동은 교황 바오로 3세가 직접 관리하기 시작한 1542년 이후다. 금속활자가 나온 지 100년 정도 지난 시점이다. 추기경과 교회 간부들을 재판관으로 하는 정식 재판소가 이때부터 만들어졌다. 당시는 식민지 개척시대였고, 자연스럽게 남미와 아프리카 지역으로 확산된다.

또 다른 영역으로는 출판물 통제가 있다. 책을 내거나 인쇄물을 만드는 것은 쉽게 통제할 수 없다. 영국에서는 일찍부터 인쇄업자 조합 같은 게 있었다. 영국의 왕족회의(English Crown)는 이들을 통해 불온사상을 통제하려 했다. 1529년 책에 대한 독점권을 행사할 수 있는 면허를 '스테이셔너스컴퍼니(Stationers' Company)'에 주었다. 또 대학 두 곳과 기존에 있던 스물한 개의 출판사에만 인쇄물을 다룰 수 있는

루소의 사회계약론을 상징하는 그림

권한을 줬다.

　통제는 프랑스에서 더 심했다. 1551년의 '샤토브리앙 칙령(Edict of Chateaubriant)'과 1557년의 '콩피에뉴 칙령(Edict of Compiegne)'이 유명하다. 불온사상 모임에 참가하거나 관련 서적을 출판하면 사형시킬 수 있다는 내용이 포함된다. 언론의 자유와 관련해 등장한 것이 1662년에 나온 '출판면허법(Licensing of the Press Act)'이다. 영국의회가 제정했는데 신문을 발행하려면 허가를 받도록 했다. 미처 막아 내지 못한 책에 대해서는 '금서목록(Index Librorum Prohibitorum)'이라는 울타리를 쳤다.

　교황 바오로 4세가 1559년에 발표한 목록이 본격적인 출발점이다. 교리에 충실한 신자들을 이단 세력으로부터 보호한다는 명분이었다. 과학의 시초에 해당하는 식물학과 의학, 천문학은 물론 지리학과 신학 등 다양한 분야가 탄압을 받았다. 1633년에는 갈릴레오 갈릴레이가 '지동설'을 주장했다는 죄목으로 재판을 받는다. 창조주 하느님을 부정했기 때문이다. 왕의 입장에서는 루소의 『사회계약론』과 같은 책이 더 거슬렸다. 왕과 백성의 관계를 '계약'이라고 말하는 자체를 용서할 수 없었다.

볼테르와 같은 철학자는 한발 더 나아가 '저항권'을 얘기했다. 왕이 계약을 제대로 지키지 못하면 국민이 '쫓아낼' 권리가 있다는 파격적인 주장이다. 인간은 평등하게 태어났고, 누구나 행복할 권리가 있다는 '천부인권설'과 같은 생각도 뿌리를 내렸다. 또한 1748년에는 몽테스키외의 『법의 정신(The Spirit of Laws)』이 발표되었다. 권력을 '행정, 입법, 사법부'로 구분해 '견제와 균형'이 가능하도록 하는 삼권분립이 이 책에 담겨 있다.

로마공화정 이후 공화국(Republic)이 처음 등장한 해는 1789년이다. 영국에서 독립한 미국이 역사를 바꾸었다. 헌법을 중심에 두고 대통령, 의회, 법원이 균형을 이루는 체제다. 유럽과 아시아는 아직 '제국'이나 '왕국'의 시대였다. 그해 프랑스대혁명이 일어났고, 나폴레옹을 통해 공화국 정신은 전 유럽으로 확산된다. 1848년에는 프랑스가 또 1871년에는 독일이 공화국으로 전환했다. 미국의 영향을 받은 라틴아메리카는 그들보다 먼저 움직였다. 스페인에서 독립한 아이티(1804), 멕시코(1810), 베네수엘라(1814), 그랜콜롬비아(1819) 등이 잇따랐다.

나치즘이나 파시즘과 같은 독재정치도 국민의 선택을 받았다. 중화인민공화국 또는 북조선인민공화국 등의 명칭에 있는 것처럼 공산권도 '국민'의 의사를 존중한다. 방식이 좀 다를 뿐이다. 게다가 '국가'라는 집이 그 안에 살게 될 국민보다 앞서 세워졌다. 미국 사람, 독일 사람, 프랑스 사람과 같은 '민족주의(Nationalism)'는 전쟁을 거치면서 자연스럽게 성장했다. 독립전쟁 당시 미국은 '독립파'와 '왕당파' 정도의 구분만 있었다. 영국(1812), 멕시코(1846), 스페인(1898) 전쟁을 거치면서 집단의 정체성이 만들어졌다.

파리혁명이 일어난 1789년만 하더라도 프랑스어를 하는 비중은 12~13퍼센트 정도밖에 되지 않았다. 그 이후 영국, 러시아, 독일 등과 싸우면서 '적과 아군'을 배워 갔다. 그러나 왕국이든 민족국가든 또는 자본주의이든 공산주의이든 변하지 않는 본질이 있는데, '권력' 배분을 둘러싼 갈등이다. 비유적으로 보여 주는 얘기가 하나 있다.

왕에게는 세상 전부를 주고도 바꾸지 않을 소중한 공주가 있었다. 언제부터인가 힘들어하더니 결국은 병석에 눕고 만다. 천하의 명의를 불러 치료했지만 효과가 없었다. 그때 누군가 "공주님의 병은 살아 있는 암사자의 젖을 먹으면 낫는다."고 알려 준다. 왕은 "치료제를 구해 오면 왕국의 절반을 주겠다."고 공표했다. 공주와 결혼하는 조건도 덧붙였다. 용맹하다는 많은 사람들이 시도했지만 결국 실패한다. 젖을 얻으려면 사자를 죽일 수밖에 없었다. 인연이 닿으려고 했는지 마침 그 얘기를 들은 멋지고 착한 청년이 있었다. 청년은 상처 입은 암사자를 발견한 후 정성껏 치료해 주었고, 덕분에 친구처럼 지냈다. 그리고 정성껏 젖을 짜서 서둘러 왕궁으로 향했다.

가는 길에 사달이 생겼다. 신체 각 부위가 서로 자신의 공(功)이

제일 크다고 뽐냈다. 손과 팔은 자신이 부드럽게 어루만진 덕분에 영양가 높은 젖을 얻었다고 자랑했다. 운반을 할 수 있는 것은 자기 덕분이라고 다리도 거들었다. 각자 저마다 일정한 몫의 기여를 한 것이 확인된다. 그런데 '입'이 한 역할은 정말 없었다. 무임승차를 한다고 놀렸고, 나중에 상을 받으면 아무것도 주지 말아야 한다는 결론이 났다. 불만이 없지 않았지만 '입'은 침묵한 채 궁궐에 들어갔다. 왕이 묻는다. "그래 정말 이 젖이 살아 있는 암사자의 것이냐?" 청년은 자신 있게 "예."라고 말하려 했는데 '입'이 도와주지 않았다. 오히려 "암사자가 아닌 돼지의 것입니다."라고 말했다. 포상은커녕 목숨이 위태로운 상황에 처한다. 그제야 '입'이 얼마나 중요한지를 깨닫는다. 용서를 빌고 정당한 몫을 챙겨 주겠다는 약속을 한 다음에야 "잠깐 농담을 했습니다. 암사자의 젖이 맞습니다."라는 답이 나왔다. 연유가 어떻게 되었는지, 그동안 어떻게 보관해 왔는지도 '잘' 설명했다. 공주는 병이 나았고 행복한 결말이 났다.

공동체에 있는 누구나 행복할 자격이 있다는 것을 가르쳐 주는 교훈이다. 그러나 냉정하게 보면 다른 의미도 있다. 본능처럼 움직이는 인간 내부에서도 치열한 '권력' 투쟁이 가능하다는 것을 보여 준다. 권력을 통해, 또 계약을 통해 겨우 유지되는 국가라는 집단은 더 말할 것도 없다. 국제사회는 경쟁과 협력의 무대다. 단합이 잘된 국가는 번영할 수 있지만 내전에 빠지면 희생양이 된다. 약소국이라도 권력을 둘러싼 투쟁이 적고 분배에 대한 합의가 있으면 행복할 수 있다. 강대국이면 훨씬 더 유리하다. 동맹이 든든하고 평판이 좋으면 곤경에 처해도 덜 고생한다.

국제사회주의 구상은 이 점을 놓쳤다. 인간은 누구나 자신의 시대에 갇혀 산다. 카를 마르크스와 엥겔스 등이 활동하던 시대는 아직 '민족국가'라는 개념이 제대로 자리 잡기 전이었다. 그래서 제국 내부의 갈등에만 주목하면 되는 상황이었다. 18세기와 19세기 유럽에서는 왕과 귀족을 대신해 '부르주아'라는 새로운 계급이 모습을 드러냈다. 그들은 의회를 통해 국왕을 압박했고, 자신들에게 유리한 법률과 정책을 이끌어 냈다. 돈으로 고용한 지식인과 군인들이 이 과정에 힘을 보탰다.

맞은편에는 '프롤레타리아'로 불리는 계급이 있다. 노동력 빼고는 팔 게 없는 사람들이다. 정상적인 방법으로 이 질서를 바꿀 수는 없다. 그래서 '계급투쟁'이 나왔다. 부르주아가 없어지고 생산수단을 공유하면 좋은 세상이 될 것이라는 신념이었다. 권력이 작동하는 방식을 너무 쉽게 봤다. 볼셰비키혁명을 했지만 권력은 평등하게 분배되지 않았다. 불평등은 줄었지만 누군가는 양지에서, 누군가는 음지에서 일해야 했다. 공산당이나 노동당이라는 '집단지도체제'가 등장했으나 '상대적 박탈감'은 사라지지 않았다. 혁명 초기에는 공산당 또는 노동당이 그런 특권을 행사하는 것에 대해 불평하지 않았다. 그러나 성과가 좋아도 혹은 나빠도 결국 불만이 나오기 마련이다. 자본주의 국가에서도 동일한 난관을 만났다.

민주국가에서는 더 이상 타고난 계급이 없다. 누구나 공정한 기회를 갖고 한 사람이 한 표씩 행사한다. 직업 선택의 자유도 있는데 겉으로만 그렇다. 보이지 않는 '불평등'이 엄연히 존재한다. 앞 장에서 말했던 것처럼, 단위 시간당 임금과 노동시간, 노동조건 등 모든 현안이 본질적으로 '정치' 문제다. 국회의원은 아무나 되는 게 아니다. 좋은 학벌, 집안과 돈이 받쳐 주어야 한다. 정책과 법률이 제정되는 것도 국민의 이해관계가 골고루 반영되는 것과는 거리가 멀다.

자본을 독점하는 집단은 정치인, 법률가, 학자, 언론인 등에 두루 영향을 미친다. 국가의 규모가 커지고 역할이 많아지면서 권력집단의 분화가 생긴다. 관료, 군인, 기업가, 법률가, 지식인, 종교인, 예술인 등 다양한 '이익집단'이 형성된다. 권력의 핵심에 진입하기는 점점 더 어렵다. 자연스럽게 '독과점' 구조가 만들어지고, 진입 문턱은 높아진다. 극소수 자신들에게 도움이 되는 일부만 '관문'을 통과할 수 있다. 자본가와 노동자라는 계급만으로는 분류하기 어려운 일종의 '복합체(Complex)'는 이런 과정을 통해 만들어진다. 그람시가 말한 '역사적 블록'과 비슷하다고 보면 된다.

군산복합체, 재무부-월가복합체, 지식복합체. 미국의 의사결정 구조를 얘기할 때 자주 나오는 개념이다. 대외정책에 결정적인 영향력을 행사하는 핵심 집단의 '위원회' 정도에 해당된다. 당연히 위원장, 간사와 위원 등으로 구성된다. 대통령이나 장관 또는 재벌 회장이 자동적으로 위원장이 되지 않는다는 점이 중요하다. 내부의 합의가 중요하다. 주제에 따라, 또 상황에 따라 다른 장점을 가진 인물이 선택된다. 의사결정 과정이 '수평적'이라는 점과 일단 합의가 되면 '한 목소리'를 낸다는 것도 특징이다. 당연히 아무에게나 자격이 주어지는 것은 아니고, 엄격한 '관문'을 거쳐야 참가할 수 있다.

과연 복합체는 언제 시작된 것일까? 정확한 문헌은 없지만 1939년의 '전쟁과 평화연구' 위원회를 원형으로 볼 수 있다. 록펠러 재단은 35만 달러를 냈다. CFR 회장인 노먼 데이비스가 지휘를 맡았다. 아직 이사장이라는 지위는 없던 때다. JP모건 동업자 출신으로 국무부 장관이던 코델 헐과 프랭클린 대통령의 친구였다. 재무부차관보와 국무부차관을 거친 인물이다. 연구는 크게 네 그룹으로 나뉘었다. 경제와 금융 분야는 하버드대학교의 앨빈 핸슨 교수가 이끌었다. OSS에서 기밀정보부(Secret Intelligence Branch)의 책임자였던 휘트니 셰퍼드슨은 정치를 맡았다. 군사안보의 팀장은 두 명이었다. OSS에서 유럽을 담당하던 앨런 덜레스와 《뉴욕타임스》 군사담당 기자였던 핸슨 볼드윈이다. 마지막 영토 분야는 존스홉킨스대학교 총장으로 지리학회장을 역임한 아이자이어 보먼이 주도했다. 각 그룹의 대표는 국무부 특별자문위 참석자다. 정부 관료, 은행가, 안보 전문가와 지식인 등은 어떻게 하나가 될 수 있었을까? 나름 이유가 있다.

첫째, 1930년대 말이라는 시대적 상황을 이해해야 한다. 목마른 사람이 우물을 판다. 당시는 대공황이 아직 끝나지 않은 시점이다. 국제사회는 서로 빗장을 내걸기 시작했다. 각자 살길을 찾았다. 1934년 독일은 더 이상 전쟁 배상금을 못 갚겠다고 선언한다. 미국이 프랭클린 행정부도 관세를 높이고 다시 고립주의로 돌아설 조짐을 보였다. 국제사회를 무대로 금융을 중심으로 하는 거대 재벌은 다급해졌다. 정부도 뭔가 청사진이 될 만한, 그래서 합의를 바탕으로 한 대외정책을 찾았다.

둘째, 공감대가 강한 집단이 있었다. 당시 CFR은 아직 본격적인 '두뇌' 집단이 아니었다. 흥미로운 담론을 제기하고 토론하는 정도였지 정책으로 채택될 만한 수준으로 정교화된 상태는 아니었다. 특히 정부의 관심이 부족했다. 그러다 전쟁에 직면하면서 사소한 차이는 줄었다. 재정은 록펠러와 모건 등이 부담하기로 했다. 정부에서는 국무부, 국방부, 재무부 장차관이 합류한다. 대학 총장과 경제학자 등도 뜻을 모은다. 중재 역할은 '법률가' 집단이 맡는다. 결정적으로 '윈윈(win-win)' 할 수 있는 이해관계가 넘쳐 났다.

대통령이라는 자리는 너무 탐났다. 그러나 워싱턴 이후 누구도 3선에 나선 인물은 없었다. 암묵적인 합의였다. 루스벨트 자신도 잘 알았다. 그래서 11월 선거가 임박해도 의도적으로 출마 사실을 공표하지 않는다. 그사이 유럽은 전쟁에 휩싸인다. 1940년 이야기다. 좋게 보면 '험한 세상의 다리'가 되겠다는 순수한 대통령의 모습이고, 부정적으로 보면 '자기만' 문제를 풀 수 있다는 오만이었다. 박정희나 푸틴을 비난하는 논리를 생각하면 된다. 게다가 밖에서는 몰랐지만 내부적으로는 '복합체'를 통해 전쟁 참가와 그 이후 계획도 어느 정도 마련해 둔 상황이었다. 청사진이 모두 마련된 상황에서 굳이 새로운 대통령이 나오는 것을 원하지 않았다. 2차 세계대전에서 승리한 다음에도 권력을 포기할 이유는 없었다.

또 다른 8년이 줄 선물은 엄청났다. 당장 CFR 회원들은 정부에 입각할 수 있었다. 전후 전리품은 상상할 수도 없었다. 원하든 아니든 누군가 세상을 지배해야 한다면 미국이 되어야 한다는 것도 분명했다. 문제는 정권 연장이었고, 결국 루스벨트는 4선에 나선다. 워낙 기득권이 견고했고 2차 세계대전도 승리로 이끌어 낸 직후다. 반대할 명분도 없었고 국민은 그를 지지했다. 1945년 1월부터 네번째 임기가 시작된다. 불과 3개월 뒤 뇌출혈로 사망하게 될 줄은 아무도 몰랐다. 정말 운이 좋은 대통령 트루먼이 잔여 임기를 채운다. 의회는 이 상황을 별로 원하지 않았다. 1951년 대통령 3선을 금지하는 수정 헌법이 정식으로 통과된다.

군산복합체

군수산업은 장점이 많다. 불황을 걱정할 필요가 없다. 슬픈 일이지만 세상은 넓고, 분쟁은 언제 어디서나 그치지 않는다. 국제수지에도 상당한 도움을 준다. 미국과 러시아 등이 최대 흑자를 얻는 분야다. 독과점 시장을 만들어 관리하기도 좋다. 무기 시장을 주도하고 있는 곳은 전부 강대국이다. 북한을 비롯해 약소국이 핵무기와 미사일 등을 개발하지 못하도록 하는 이유는 '안보' 위협도 있지만 장삿속도 크다. 경쟁자가 많아지는 것을 원하지 않기 때문이다. 국방력 강화에도 도움이 되고, 안정적인 일자리도 제공할 수 있다. 또 정부가 합법적으로 참여할 수 있는 사업이다. 굳이 세금을 걷지 않아도 안보에 필요한 비용을 충당할 수 있다. 큰 무리 없이 뒷돈을 챙긴다는 장점도 무시할 수 없다. 의회의 견제나 언론의 비판에 대해서도 국가안보라는 명분을 내세우면 효과적인 방어가 가능하다.

군사비 지출과 관련한 정보는 스톡홀름 국제평화연구소 (Stockholm International Peace Research Institute, SIPRI)에서 발표하는데 최근 2017년 현황이 공개되었다.[23] 전체 국방예산은 1조 7390억 달러다. 전 세계 GDP의 2.2퍼센트에 해당한다. 인구 1인당 대략 230달러 정도다. 전 세계 100대 업체 중에서 상위 10대 기업이 차지하는 매출액은 1948억 달러다. 대략 52퍼센트 수준이다. 매출액 세계 1위는 '록히드마틴(Lockheed Martin)'으로 2016년 기준으로 53억 달러다. 종업원은 9만 7000명이다. 10위에 든 기업 중 미국계는 보잉(Boeing, 2위), 레이티온(Raytheon, 3위), 노스롭그루먼(Northrop Grumman, 5위), 제너럴다이내믹(General Dynamics, 6위), 비에이시스템유에스(BAE System US, 8위), 엘스리커뮤니케이션(L-3 Communication, 8위) 등이다.

영국의 비에이시스템(BAE System)은 4위, 이탈리아의 레오나르도(Leonardo)가 9위, 프랑스의 탈레스(Thales)가 10위다. 유럽 국가의 공동 투자회사인 에어버스(Airbus) 그룹은 7위다. 미국의 독주는 20위권으로 확대해도 변함이 없다. 11위 유나이티드테크놀로지(United Technology), 12위 헌팅턴잉갈스(Huntington Ingalls), 14위 베첼(Bechtel), 공동 15위 텍스트론(Textron)과 프랫휘트니(Pratt & Whitney), 17위와 18위 레이도스(Leidos)와 해리스(Harris), 또 20위 부즈알렌해밀턴(Booz Aleen Hamilton)이 포함된다. 다른 국가로는 러시아의 유나이티드에어크래프트(United Aircraft, 13위)와 유나이티드십빌딩(United Shipbuilding, 19위) 정도만 있다.

1950년부터 2017년을 모두 합했을 때 1위 수출국은 미국이다. 6730억 달러 정도를 팔았다. 러시아가 2위로 5881억 달러다. 뒤이어 영국(1400억 달러), 프랑스(1200억 달러), 독일(850억 달러), 중국(530억 달러), 이탈리아(322억 달러), 체코(312억 달러), 네덜란드(240억 달러)와 이스라엘(167억 달러) 순서다. 냉전이 시작되던 1950년부터 1959년 기간 동안에는 미국과 소련의 차이가 크지 않았다. 점유율은 각각 35.2퍼센트와 34.2퍼센트였다. 영국이 21.4퍼센트로 3위, 체코와 프랑스 정도만 겨우 3.4퍼센트와 2.3퍼센트를 확보했다. 소련이 붕괴된 직후였던 1992년부터 2000년 중에는 미국의 점유율이 50퍼센트로 높아졌다. 러시아는 13퍼센트로 줄었고, 독일과 프랑스가 7퍼센트, 영국이 6퍼센트 정도다.

2012년부터 2016년 기간에는 변화가 있다. 1위는 여전히 미국으로 32퍼센트 수준이다. 그 뒤로 러시아가 23퍼센트, 중국이 6.2퍼센트, 프랑스가 6.0퍼센트, 독일이 5.6퍼센트를 판매한다. 영국, 스페인, 이탈리아, 우크라이나와 이스라엘이 상위 10위권에 포함된다. 최대 수입국은 인도(13퍼센트), 사우디아라비아(8.2퍼센트), 아랍에미리트(4.6퍼센트), 중국(4.5퍼센트), 알제리(3.7퍼센트), 터키(3.3퍼센트) 순서다.

학회 일로 우즈베키스탄을 방문한 적이 있다. 대통령 대변인도 지내고 해외 경험이 많은 교수가 안내를 해 주었다. 일주일 동안 거의 같이 다녔다. 그분은 미국에 대해서는 상당한 호감을 가진 반면, 러시아에 대한 감정은 안 좋았다. 이슬람 문화권에 속하는 자신이 봤을 때 가장 이해가 안 되는 것이 독한 보드카를 너무 많이 마시는 것이라고 했다. 경쟁력 있는 물건이 하나도 없다는 점도 비판 대상이었다. 중국이나 한국과 비교하면 러시아가 세계 시장에서 판매할 수 있는 분야는 석유와 천연가스밖에 없다. 강대국의 실체를 조금 엿볼 수 있었던 대화였다. 그러나 그가 놓친 지점이 있다. 전 세계의 25퍼센트에 해당하는 대략 354억 달러 규모의 군수산업이다. 러시아산 미사일과 잠수함, 전투기의 성능은 명성이 높다.

한때 세계의 공장으로 불리던 미국도 닮은 부분이 많다. 펜타곤이 전 세계 최고의 부동산 부자라는 얘기는 앞에서 했다. 군수업체의 최대 고객이라는 점도 알아야 한다. 보통 국무부가 승인하고 펜타곤이 집행한다. 군수품이라는 특수성으로 인해 펜타곤을 거쳐야 해외 판매가 가능하다. 법적 근거는 1968년의 '해외무기판매법(Foreign Military Sales Act)'과 1976년의 '무기수출통제법(Arms Export Contral Act)'이다. 무슨 종류의 무기를 누구에게 얼마나 판매할 것인지, 또 융자나 신용판매 비중 등을 어느 수준으로 할지를 규정한 법이다.

최종 결정권자는 대통령이다. 미국의 안보와 세계 평화에 도움이 되는 국가를 대상으로 한다. 적에게 넘어가면 국가안보에 위협이 될 만한 첨단 무기나 군사기술에 대한 통제권도 갖는다. 2017년 한 해에만 미국은 464억 달러 정도의 무기를 수출했다. 2018년 현재 전쟁 상태에 있는 시리아와 예멘의 배후로 알려진 사우디아라비아가 미국산 무기의 최대 수입국이다. 무려 46억 달러 규모다. 5대 구매국에는 아랍에미리트(42억 달러), 터키(31억 달러), 한국(31억 달러), 호주(29억 달러)가 포함된다. 그 밖에 대만, 인도, 싱가포르, 이라크, 이집트 등이 규모가 큰 수입국이다.

미국 제조업에서 '항공방위(Aerospace & Defense)' 산업이 차지하는 비중은 10퍼센트 정도로, GDP의 1.8퍼센트에 해당된다. 직접 또는 간접적으로 관련된 고용 인원은 얼추 170만 명이다. 워싱턴주가 그중에서 가장 많은 64만 명의 일자리를 차지한다. 캘리포니아는 43만, 텍사스가 23만, 미시간이 14만, 또 미주리가 11만 명 정도다. 국민이 노동을 통해 벌어들이는 임금소득 중 2.3퍼센트를 담당한다. 정부가 걷는 세금 중 1.7퍼센트에 해당하는 630억 달러가 여기서 나온다. 평균

봉급 수준도 상당히 높은데 대략 9만 3000달러가 넘는다. 중산층이 가장 선호하는 직장 중 하나일 수밖에 없다. 불경기가 없기 때문에 직업 안정성도 뛰어나다. 결정적으로 펜타곤의 분산 정책 덕분에 집에서 멀지 않은 곳에 있다.[24]

미국 대외정책의 많은 부분이 이 사실을 고려하면 설명이 된다. 가령 한미군사훈련이 있다. 우리는 그저 북한을 견제하기 위한 연습 정도로만 알고 있지만 순진한 생각이다. 일종의 '군사무기' 전시장이다. 주요 수입국 관계자들이 첨단 무기 시험을 참관한다. 북한과 평화를 원하지 않는 집단이 있고 이들이 군수업체와 관련이 있다는 주장은 사실일 가능성이 높다.[25] 트럼프 대통령과 러시아의 밀월관계를 적극 부각시키는 것도 신냉전을 위한 작업 중 하나로 보는 시각이 있다. 중국에 대해서도 비슷한 관점에서 접근한다. 화학무기를 사용했다는 핑계를 대지만, 시리아에 미사일을 쏟아붓는 것도 군수업체의 이해관계가 걸려 있기 때문이다. 전쟁이 없으면 터지게 만들 수밖에 없는 구조다. 펜타곤을 대상으로 공을 많이 들인다. 다양한 방식으로 '소금'을 먹게 한 다음 알아서 '물'을 찾도록 만드는 전략이다.

몇 년 전 언론학자들을 중심으로 '곡학아세'의 현장을 한번 짚어 본 적이 있다.[26] 언론을 통해서는 온갖 입바른 소리를 하지만 실제로는 자기 잇속에 더 밝은 학자들이 많다는 문제의식에서 시작했다. 방송통신위원회, KBS 이사회, 방송문화진흥회, 뉴스통신진흥회와 방송통신심의위원회 등 명예와 권력이 주어지는 자리에 누가, 어떤 조건으로 참가하는지에 대한 분석이었다. 정치권이 '가려워'하는 부분을 '긁어' 주는 사람이 결국 그런 노른자위을 차지한다. 연구 능력이나 덕망 같은 것은 별로 중요하지 않다. 여기서도 서울대를 졸업하고 미국 유학을 나온 분들의 비중이 압도적이었다. 정작 연구를 발표하고 난 뒤 중요한 부분을 더 깊이 조사하지 못했다는 아쉬움이 남았다. 신도 모르는 '꿀보직'이라는 기업체의 '사외이사' 자리다.[27]

2014년 9월 16일 자 《한겨레》는 "서울대 교수 아흔두 명 사외이사 겸직…… 한 해 평균 4234만 원 받아"란 제목의 기사를 실었다.

서울대 교수 다섯 중 한 명은 영리·비영리 법인의 대표·감사·이사직 등을 맡고 있는 것으로 조사되었다. 이 가운데 아흔두 명은 거액 연봉을 받는 대기업 등의 사외이사를 겸직하고 있는데, 개인별 찬반 여부가 확인되는 이사회에서 안건 찬성률이 100퍼센트인 것으로 드러났다.

직무수행에 필요한 범위를 벗어나지 않는 교통비, 회의수당과 업무활동비로 1억 원에 가까운 돈을 받는 분도 꽤 있다. 《중앙일보》에서 칼럼을 쓰는 송호근 교수도 '두산엔지니어링'과 '크라운제과'에서 9600만 원을 받은 것으로 밝혀졌다. 왜 이렇게 많은 돈을 줄까? 공짜는 결코 아니다. 본인들이야 회사의 경영을 감독하고 받는 정당한 사례비라고 말할지 모르지만 과연 그럴까? 서울대 교수가 아니었어도 그 많은 돈을 지불했을까? 관료사회와 언론계 곳곳에 포진해 있는 서울대 복합체와 결코 무관할 수 없다.

미국의 군수업체도 별로 안 다르다. 의회를 대상으로 한 로비 자금은 그중 하나다. '오픈시크릿(OpenSecret)'이라는 곳에서 자료를 공개한다.[28] 2018년 한 해 항공산업 분야에서 최대 규모의 로비 자금을 지출한 업체는 노스롭그루먼으로 440만 달러를 냈다. 유나이티드테크놀로지는 403만 달러, 보잉사는 368만 달러, 록히드마틴은 347만 달러, 또 오비탈에이티케이(Orbital ATK)가 129만 달러다.

방위전자(Defense Electronics) 분야에서 선두는 제너럴다이내믹으로 290만 달러를 로비 자금으로 사용했다. 미국과 영국의 합작기업인 BAE가 119만 달러, 레이티온이 105만 달러, 또 해리스가 83만 달러다. 2012년 캠페인 당시 정치 헌금 액수도 나와 있다. 노스롭그루먼이 315만 달러로 최대 기부자다. 보잉사(228만 달러), 록히드마틴(226만 달러), 제너럴다이내믹(156만 달러), 레이티온(125만 달러), 해리스(92만 달러) 등의 순서다.

또 전직 장군이나 펜타곤 고위관료를 이사회에 영입한다. 전국기업이사회(National Association of Corporate Directors)는 매년 신임 이사 명단을 발표한다.[29] 워낙 고액 연봉에 최고 대우와 명예가 주어지기 때문에 이사회에서 신규 인원을 충원하는 사례가 일단 드물다. 공군 출신으로 우선 마이클 헤이든이 보인다. 장군 출신으로 CIA와 NSA 국장을 지냈다. 방위산업체 중 하나인 '아리온(Alion Science and Technology)'에서 영입했다. 이 회사에 들어간 또 다른 인물은 전직 공군참모총장을 지낸 마이클 라이언이다. 육군참모총장 출신의 휴 셸턴과 해군에서 4성장군을 지낸 윌리엄 팰런과 빌 오언스 등도 해당된다.

칼라일그룹(Carlyle Group)도 이 방면에서는 독보적이다. 글로벌 사모펀드로도 유명하지만 자회사로 많은 군수업체를 보유하고 있다.

칼라일 JP모건 컨소시엄은 외환위기 이후 한미은행을 인수해 최대주주가 된 바 있다. 꽤 오랫동안 회장을 맡았던 인물은 프랭크 칼루치다. 레이건 행정부에서 국방부 장관을 지냈다. 회사 창립 당시 국방부, 정보 기관 등 관련자들을 대거 영입했다. 본사 위치가 아예 백악관과 의회 사이에 있는데 로비 대상자들을 쉽게 만나기 위한 목적이다. 밥을 한 끼 먹어도, 차를 한잔해도 이웃에 있으면 서로 덜 부담스럽다. 나중에 문제가 될 소지도 적다. 조지 부시 1세와 영국의 존 메이저 총리 등이 자문위원으로 재직한다. 필리핀의 전직 대통령 피델 라모스도 비슷한 일을 위해 채용된 경우다.[30] 그러나 이런 단편적인 얘기는 '군산복합체'를 둘러싼 공생관계의 극히 일부에 불과하다.

군수산업을 둘러싼 주요 '이해 관계자(stateholder)'는 엄청나다. 그중 먼저 대통령이 있다. 1787년에 헌법이 처음 제정될 당시로 돌아간다. 황제 전성시대에 기획된 직위로 권한이 막강했는데 그중에서도 '군대' 최고사령관이 되도록 한 부분이다. 원칙적으로는 의회에서 전쟁을 선포하도록 되어 있지만 대부분은 대통령이 단독으로 결정할 수 있다. 전면전이 아니면 뭐라 할 말도 없다. 펜타곤이 커지면 손해 볼 일은 없다.

정보기관도 마찬가지다. 공룡 부서를 마음대로 주무를 수 있으니 굳이 반대하지 않는다. 국가 안보를 위한다는 명분을 내세우면 반대할 국민도 별로 없다. 자칫 국방비를 줄였다가 '안보'를 소홀히 했다는 비난을 듣는 것보다 훨씬 낫기 때문이다. 캠페인 과정에 필요한 재정을 확보하기도 쉽다. 한 예로 칼라일 그룹이 조지 부시 2세를 챙기기 시작한 것은 1990년대 초반으로 알려진다. 자회사 중 한 곳의 이사직을 맡겼고, 텍사스 주지사로 갈 수 있는 발판을 제공했다. 2006년 국방부 장관으로 임명된 로버츠 게이츠는 갈루치 회장의 최측근으로 알려진 인물이다. 펜타곤도 중요한 당사자다.

"목구멍이 포도청"이란 말이 있다. 먹고살기 위해서는 뭐든 할 수밖에 없다는 뜻이다. 국가 안보 이전에 밥그릇 문제로 볼 수 있다는 얘기다. 군수산업은 국가경제에 상당한 기여를 한다.[31] 직접 고용 인원만 84만 5000명, 간접 고용은 160만 명에 이른다. 단순히 전투 병력만 생각하면 안 된다. 군수업체를 도와 해외 무기 수출에 종사하는 인물도 있고, 영화와 스포츠 지원과 관련한 일을 하거나 대학과 싱크탱크에도 참여한다. 연구 관련 부서에 종사하는 인원만 50만 명 또 행정 인력은 70만 명이다. 게다가 합법적인 사업이다.

2016년 기준으로 미국은 이 분야에서만 1460억 달러를 수출하고 903억 달러의 흑자를 냈다. 컴퓨터와 같은 가전제품(13퍼센트), 전자장비(11.3퍼센트), 원유 등을 포함한 천연자원(8.9퍼센트)에 이어 가장 많이 수출되는 효자 품목이다. 8.5퍼센트나 된다. 다른 국가는 감히 경쟁할 수 없는 독점 분야가 많다. 뿐만 아니라 군인도 퇴역을 하면 먹고살 길을 걱정해야 한다. 장군이 되더라도 오십 대 중후반이면 전역을 한다. 군인 월급으로 많은 재물을 축적하기는 힘든데 자녀들은 이제 대학에 들어갈 나이다. 펜타곤 계약에 목을 매는 군수업체와 협력관계를 만들 수밖에 없다. 재임 기간 중에 인간관계를 잘 해야 밥값을 한다. 전관예우를 받을 수 있도록 신경 쓸 수밖에 없는 구조다.

또 다른 동반자로 의회가 있다. 국회의원이 되면 3대 거지가 된다고 한다. 우선 유권자의 '표'를 구걸해야 하고, 선거와 지역구 관리를 위한 '후원금'도 필요하다. 결정적으로 주변 사람이나 자신을 위한 '일자리'를 찾아야 한다. 미국도 별반 다르지 않다. 특히 '표'와 '돈'은 같이 간다. 넓은 대륙을 둘러보면 알 수 있지만 변변한 일자리가 정말 없다. 부동산 업체, 차량 딜러, 월마트와 맥도날드와 같은 직장이 대부분이다. 연봉도 4만 달러 정도에 불과하고, 직업 안정성도 낮다.

1950년대만 하더라도 상황이 달랐다. 당시 미국은 전 세계의 공장이었다. 자동차, 의류, 전자제품, 화학과 철강 등 '굴뚝산업'이 번창했다. 하지만 지금은 값싼 인건비를 찾아 해외로 이전하거나 중국, 일본, 한국 상품과 경쟁 자체가 안 될 정도다. 정보통신, 금융, 대학 등 일부는 여전히 경쟁력이 있지만 고용효과는 낮다.

구글, 아마존, 페이스북과 같은 정보통신(IT) 분야는 고도의 전문성을 필요로 한다. 연령도 대체로 낮은, 젊고 머리 좋은 인재를 단기간 활용한 다음에는 대부분 내보낸다. 본인들도 그것을 안다. 마이크로소프트와 같은 곳도 원하면 정년을 채울 수 있지만 눈치가 보여서 그렇게 못 한다. 정년까지 느긋하게 괜찮은 연봉을 받으면서 일할 수 있는 곳은 그나마 '공무원'이나 '군수업체' 정도다. 주(州) 정부는 물론 의원들도 공장을 세우고 계약을 따내기 위해 신경을 쓸 수밖에 없다. 정말 다행스럽게도 펜타곤 일에 의회가 개입할 영역이 많다. 예산을 결정하거나, 군사 활동을 조사하거나, 군수품 구매와 프로젝트 계약에 대한 감시 권한을 행사한다.

한 배를 타게 되는 것은 싱크탱크와 대학도 마찬가지다. 싱크탱크는 일종의 대기소다. 군수업체와 관료 또는 정치인들과 자연스럽게 교류할 수 있는 '창구' 역할을 한다. 그중 일부는 기업체의 이사나 자문위원으로 옮기고, 일부는 연구위원 등으로 있으면서 담론을 생산한다. 한가하게 학문적 진리를 탐구하는 곳이 아니다. 본질이 '고용된 지식(paid knowledge)'이다. 이사장이나 연구소장의 권한이 막강하다. 언론을 통해 공론화시키고 정책으로 연결되도록 돕는다. 그래서 등장한 것이 도미노 이론, 스타워즈와 불량국가 담론 등이다. 지리적으로 워싱턴 D. C.에 위치하고 있으면서 상원 청문회 등에도 적극 참석한다.

언론을 통한 담론투쟁에도 열심이다. 랜드 재단(Rand Corporation)이 그중 하나로, 1945년 전쟁부(War Department)와 더글러스 항공이 공동으로 설립했다. 1948년에 비영리연구소로 독립했지만 목적 자체가 안보 관련 연구와 군사기술 개발이었다. 대학 상황도 비슷하다. 괜찮은 연구소를 유치하거나 프로젝트를 따내야 학교 명성이 유지된다. 산학협력을 할 만한 대상도 이들밖에 없다. 해외 유학생보다 미국 시민권자에게 특혜를 줄 수 있다는 점도 장점이다. 군가안보와 관련한 연구는 '신원조회'를 통과해야 하므로 외국인이 구조적으로 배제된다.

펜타곤이 연간 연구비로 지출하는 돈은 800억 달러다. 그중에서 40억 달러 정도가 대학으로 간다. MIT의 링컨 실험실(Lincoln Laboratory)과 카네기멜론대학교의 소프트웨어엔지니어링연구소(Software Engineering Institute)에만 각각 6억 50000만 달러와 7000만 달러의 후원이 이루어진다. 그 밖에 상위권 수혜 대학으로는 존스홉킨스대학교, 펜실베이니아주립대학교, 조지아공과대학교, 유타주립대학교, 하와이대학교, 워싱턴대학교 등이 포함된다. 지나온 역사를 돌아봐도 이런 관계가 나름 합리성이 있음을 알 수 있다.[32]

당사자에게 전쟁은 엄청난 비극이다. 많은 사람이 죽는 것도 고통스럽지만 건물이나 교량도 모두 파괴된다. 인프라를 다시 세우는 것 자체가 엄청난 일이다. 자급자족을 할 수 없으면 무역을 해야 하는데 그것도 불가능하다. 공장도 새로 세워야 한다. 국제사회가 기다려 주지도 않는다. 내전을 겪거나 외부의 침략을 받은 후 쉽게 재기하지 못하는 것은 이런 사정 때문이다. 그렇다고 전쟁이 모두에게 나쁜 것은 아니다. 전쟁터로 변하지 않으면 오히려 전화위복이 될 수 있다. 군사장비와 군수품을 독점적으로 공급하는 행운도 가능하다.

그런 독특한 위치에 있는 나라가 미국이다. 대공황에서 채 벗어나기도 전에 미국은 세계대전을 만났다. 프랑스가 독일에 점령된 1940년 미국 노동자의 14.6퍼센트는 실업 상태였다. 일본이 진주만을 공격했던 1941년 12월에도 10퍼센트가 넘는 수준이었다. '빌려주고 빌려 쓰기 정책'이 추진되었고, 덕분에 전 세계의 '군수공장' 역할을 맡게 된다. 정점으로 치닫던 1944년에 실업률은 1.2퍼센트로 떨어졌다. 무려 1200만 명 규모로 증가한 현역 군인이 전쟁터에서 새로운 일자리를 찾았다. GDP는 100퍼센트 성장했다.

전쟁 초반 군수공장은 일부 도시에 제한된 상태였다. 록히드마틴, 더글러스항공과 노스롭 사의 공장은 모두 로스앤젤레스에 있었다. 코네티컷의 하트퍼드에는 유나이티드항공이, 뉴저지의 패터슨에는 커티스라이트가, 또 롱아일랜드에는 그루먼이 자리를 잡았다. 워싱턴의 시애틀에서는 보잉사가 B-17과 B-29와 같은 폭격기를 생

산 중이었다. 업체끼리 유기적으로
협력했고, 일자리 또한 크게 늘었
다. 1940년 이전까지 공장 단위 근
로자가 3000명에 불과했지만 1944
년에는 10만 명에 달했다. 워낙 공급
이 부족한 상황이라 공장을 새로 짓
고 설비도 확충한다. 부품공장과 조
립공장도 늘렸다. 미시간호수 주변
에 몰려 있던 많은 자동차 회사들을
군수품 생산 체제로 전환시켰다. 인

매카시즘 당시 FBI 국장이었던 에드거
후버(1953년)

디애나폴리스의 쉐보레(Chevrolet)와 제너럴 모터스(General Motors),
시카고의 닷지(Dodge)와 뷔익(Buick), 또 클리브랜드의 포드(Ford)
등이 포함된다. 폭격기와 자동차가 똑같은 엔진을 쓰기 때문에 복잡
하지 않았다. 정부도 적극 나섰다.

'재건융자공사(Reconstruction Finance Corporation, RFC)'가 설립
된 해는 1932년이다. 제조업과 농업 분야에 필요한 자금을 대출해 주
기 위해서였다. 전쟁이 시작되면서 군수업체로 확장된다. 1940년에
설립된 '방위설비회사(Defense Plant Corporation, DPC)'와 '부지선정
위원회(Plant Site Board)'와 서로 협력한다. FRC의 재정 지원을 받은
업체는 90퍼센트가 넘는다. 1940년부터 1945년 기간 동안 DPC가 집
행한 돈은 90억 달러 이상이다. 마흔여섯 개 주에 걸쳐 2300개의 프
로젝트가 집행되었다.

전국으로 공장이 분산된 이유가 있다. 적이 공격할 때 집중되어

조지프 매카시가 나오는 TV를 보고 있는 가정주부

있으면 피해가 커지므로 분산시키는 게 좋다. 적이 쉽게 침투할 수 있는 해변이나 국경 지역은 피해야 했다. 공장 부지의 조건으로 200마일 원칙이 적용되면서 남부와 중부 지역이 후보지로 떠올랐다. 테네시의 내슈빌, 네브래스카의 오마하, 캔자스시티, 펜실베이니아 비버, 캔자스의 위치토 등 인적도 드물고 은폐하기 좋은 곳이 선정된다.

펜타곤 입장에서는 인건비를 줄이는 장점도 있었다. 1945년에는 많은 장병들이 제대를 했다. 거주할 집과 이동할 자동차, 새로 태어난 아이들의 장난감 등이 전반적으로 부족했다. 전시 물자를 생산하던 설비가 빠르게 민간 분야로 바뀌어 갔다. 그러나 군사용으로 들어선 공장이 문제였다. 보잉사만 하더라도 한꺼번에 7000명을 해고하는 상황을 만났다.

구세주처럼 등장한 것이 1950년부터 1953년까지 지속된 한국전쟁이다. 전쟁 특수가 생겼고, 공장은 다시 활기를 찾았다. 기업가 입장에서는 값진 경험도 얻었다. 많은 자동차 회사들이 심각하게 고민하기 시작했다. 군수품 업체가 되는 편이 훨씬 유리하다는 것을 깨달았기 때문이다. 펜타곤이 전량 구매해 주기 때문에 판매 걱정을 하지 않는다. 정부 계약이기 때문에 손해 볼 일도 없다. 또 맞춤형 주문형 생산이라 군이 '연구 개발'에 투자하지 않아도 된다. 군사물자 생산을 목적으로 세워진 중소도시는 더 절박한 문제였다. 의원들을 압박해서 어떻게든 현상 유지가 가능한 방안을 찾도록 했다. '공산주의'라는 새로운 '악마'도 준비된 상태였다.

2차 세계대전 동안 미국 사회는 '나치즘'과 '파시즘' 또는 일본의 '군국주의'를 적으로 배웠다. 집단 정체성을 형성하는 데 '아군과 적군'의 구분만큼 쉬운 일은 없다. 세상을 인식하는 방식 자체가 변하지 않기 때문에 '적'이 있던 자리는 '공백'이 아닌 다른 '무엇'으로 항상 채워져야 한다. 1947년 3월 21일에 트루먼 대통령은 아직은 명확하지 않았던 '악마'가 누구인지를 알려 주는 조치를 취한다. '충성 명령(Loyalty Order)'으로 알려진 행정명령 9835다. 연방공무원은 반드시 국가에 대한 충성도 검사를 받도록 했다. '적색공포(Red Scare)'는 이렇게 시작된다.

1950년 2월에 조지프 매카시의 연설은 이 광풍을 전국으로 확대시켰다. FBI 국장 에드거 후버도 거들었다. 정부에 비판적인 사람은 누구라도 '빨갱이'란 낙인에서 자유롭지 않았다. 한국전에서 형성된 집단기억도 상당한 역할을 했다. 게다가 적은 '세뇌(brain washing)' 능력을 가진 무서운 존재로 알려졌다.[33] CIA 공작 덕분이다. 대통령, 펜타곤, 의원, 군수업체, 정보기관, 지식인과 언론, 그 누구도 당시 '지배적인 분위기'에서 자유롭지 않았다. 2차 세계대전의 영웅인 '아이젠하워'를 열렬하게 환영한 이유가 있다. 독립전쟁과 유사한 또 다른 형태의 전쟁에서 자신을 이끌어 갈 '장군'을 원했기 때문이다. 때마침 국제사회의 긴장감도 높아졌다. 한국전이 채 끝나기도 전인 1953년 4월에는 라오스에서 내전이 발발했다. 미국은 프랑스를 도왔지만 패배를 돌이킬 수는 없었다. 직접 개입하는 것은 시간 문제였다.

1956년에는 헝가리 민주화 시위가 소련에 의해 진압되는 일이 불거졌다. 그리스, 필리핀, 한국에 이어 동유럽에서도 미소 양국은 충돌했다. 전선은 곧 중동과 남미로 확산된다. 레바논 사태를 수습하기 위해 미국은 1958년에 해병대를 보냈다. 과테말라에 이어 쿠바에서도 미국이 원하지 않는 상황이 전개되기 시작했다. CIA 지원을 받은 민병대가 쿠바의 피그만을 공격한 날은 1961년 4월 17일이었다. 2차 인도차이나전쟁으로 불린 또 다른 전쟁 역시 이미 시작된 상태였다. 1955년에 시작된 이 전쟁은 엄청난 상처를 남긴 채 1975년에 마무리된다. 정말 만들어진 것일까? 암세포처럼 그냥 놔두었으면 인류의 재앙이 되지 않았을까?

전쟁이나 경제 위기는 자연재해와 달리 필연적인 것과는 거리가 멀다. 암세포라고 하더라도 한방과 서양 의학은 다르게 접근한다. 파괴적인 수술이 아니라 몸 전체의 조화를 통해 치유할 길이 있다. 당시 상황을 냉정하게 봐도 위협을 악용했을 개연성이 높다. 우선 1945년 시점에서 봤을 때 소련의 군사력은 대단하지 않았다. 미국 정부의 지원을 받아서 전쟁을 할 정도였다. 독일의 패망을 결정지었던 스탈린그라드 전투에서 보듯, 소련 국토는 전쟁터였고 막대한 희생을 치렀다. 1942년 8월부터 1943년 2월까지 계속된 전투에서 무려 180만 명이 죽거나 다쳤다. 독일이 점령한 영토를 회복한 것은 1944년이다. 1945년에는 만주에 있는 일본군과 싸웠다. 원자폭탄에 이어 수소폭탄, 미사일, 핵잠수함에서도 미국이 앞섰고, 소련은 이에 대한 대응책을 찾을 수밖에 없었다.

전후 군사력 증강이 본격화된 1950년 한국전쟁도 다른 관점이 있다. 우선 본질적으로 그리스와 필리핀 상황과 다르지 않았다. 단독 정부를 지원함으로써 내전의 싹을 뿌린 점은 부정하기 어렵다. CIA가 주도한 마인드컨트롤 실험에서 드러난 것처럼, '붉은 군대' 중국과 북한의 위협을 과장한 것도 사실이다. 북한 지역에 대한 화학무기 공격을 부인하기 위해 의도적으로 '세뇌'와 같은 개념을 발전시켰다.

1967년에는 「강철로 만든 산에서 보낸 보고서(The Report from Iron Mountain)」가 발표되는데 배후에는 미국 정부가 있었다. 전쟁을 정당화시키는 담론의 하나로, 정부가 제대로 작동하기 위해서는 '전쟁'이 불가피하다는 내용이었다. 평화를 달성할 수는 있지만 미국의 국가 이익이 아니라는 주장도 담았다. 전쟁은 일종의 대규모 공공사업이며, 군사비 지출을 늘림으로써 경제성장을 이끌어 낼 수 있다는 군사적 케인스주의(Military Keynesianism)다. 브루스 커밍스 또한 이렇게 말했다.[34]

워싱턴은 한국전쟁을 통해 지구적 차원에서 냉전과 열전의 대가를 지불할 수 있는 든든한 방법을 찾아냈다. 군사적 케인스주의라는 처방전이다. 국내뿐만 아니라 일본과 서유럽에서도 경제를 띄우고 경기를 부양할 수 있는 전략이었다.

냉전 당시 위협을 실질적인 것으로 인정한다 하더라도 의문은 남는다. 1990년 이후 미국의 해외 기지 중 폐쇄된 곳은 단 한 곳도 없었다. 국방비도 비슷한 수준을 금세 회복했다. 봉쇄전략과 도미노이론의 주창자인 조지 캐넌이 "내일 당장 소련이 무너진다 하더라도 미국의 군산복합체는 건재할 것이다. 경제에는 암적 존재가 될 다른 '악마'를 발명할 것이기 때문이다."라고 말한 시기가 1987년이다. 그의 예언처럼 '제3세계' 또는 '불량국가'라는 새로운 위협이 등장했다. 칼라일 사와 긴밀한 관계가 있었던 부시 2세 행정부 때는 '악의 축'이 출현했고, '선제공격'과 같은 훨씬 공격적인 대외정책이 추진되었다.

1994년과 1998년 기간을 2004년과 2008년 기간과 비교했을 때 고액 연봉을 받는 국방 관련 직업은 40퍼센트에서 80퍼센트로 늘었다. 2009년과 2011년 동안 전역한 고위 장성과 제독 중 최소 아홉 명이 록히드, 보잉, 제너럴다이내믹, 레이티온과 노스롭에 자리를 잡았다. 이 기간 동안 펜타곤은 1000억 달러 이상의 계약을 이들에게 몰아주었다.[35] 한국으로 치면 전경련과 비슷한 단체가 중간에 있다. 1919년에 설립된 '국가방위산업협회(National Defense Industrial Association)'다. 펜타곤과 CIA 본사가 있는 버지니아 알링턴 지역에 위치한다. 《국가방어(National Defense)》라는 잡지도 발간하고, 매년 여든 회가 넘는 세미나가 열린다. 기업 회원만 1600곳이 넘고, 일반 회원수는 6만 5000명에 달한다.

달러와 석유가 목적이던 2003년 이라크전쟁도 '위협'이 만들어진다는 것을 잘 보여 준다. '새로운 세기의 미국을 위한 프로젝트(Project for the New American Century, PNAC)'는 윌리엄 크리스톨과 로버트 케이건이 1997년에 설립한 싱크탱크다. 크리스톨은 주간 시사잡지인 《위클리》의 편집장으로, 대표적인 네오콘의 한 명이다. 그의 부친은 CIA가 지

이란-콘트라 사건을 주도했던
엘리엇 에이브럼스

원한 '문화자유회의(Congress for Cultural Freedom)'의 핵심 인물이던 어빙 크리스톨이다. 2011년 리비아전쟁 당시 「자유의 파티(Party of Freedom)」라는 칼럼을 썼고, 최근에는 이란과 전쟁을 해야 한다고 주장한다.

케이건은 브루킹스와 외교협회 연구위원으로 군산복합체의 이해관계를 적극 대변하는 인물이다. 그의 부인은 오바마 행정부에서 국무부차관보를 지낸 빅토리아 뉼런드다. 원래 CIA에서 지원하다 지금은 의회에서 예산을 통제하는 '민주화국가기금(National Endowment for Democracy, NED)'과 밀접한 관련이 있으며, 불량국가의 정권 교체를 적극 주장해 왔다. PNAC는 1998년 '이라크해방법안(The Iraq Liberaton Act)' 통과와 이라크 침공의 일등공신이다.

리처드 펄, 딕 체니, 폴 울포위츠, 제임스 울시, 엘리엇 에이브럼

스, 도널드 럼즈펠드, 로버트 졸릭, 존 볼턴 등이 참여했다. PNAC와 군산복합체의 연결고리는 브루스 잭슨이며, 록히드마틴의 전략기회부 책임자를 겸했다. 부시 행정부에서 요직을 지낸 인물 중 딕 체니는 할리버튼(Halliburton)과, 리처드 펄은 트라이림 파트너(Trireme Partners), 또 제임스 울시는 부즈앨런해밀턴(Booz Allen Hamilton)과 깊은 관련이 있다. 모두 방위산업과 관련된 회사다. 울포위츠와 볼턴은 보수적인 싱크탱크인 '아메리카기업연구소(America Enterprise Institute, AEI)' 인맥이다. 그 밖에 엘리엇 에이브럼스는 '이란-콘트라' 사건의 주역 중 한 명으로, 레이건 행정부 때부터 남미의 정권교체를 주도했던 인물이다.

싱크탱크

싱크탱크의 정확한 기원은 모른다. 유럽의 경우 16세기 이후 왕의 주변에서 정책 자문을 했던 한 무리의 지식인 집단이 출발점이다. 문명의 깊이로 보면 훨씬 선배격인 중국에서도 비슷한 역할을 한 무리가 있다. 『초한지』나 『삼국지』에 보면 모사(謀士)나 책사(策士) 들이 나온다. 대표적인 인물로는 한나라를 세운 일등공신이던 장량과 유방을 도운 제갈공명이 있다. 당시 상황을 가만히 들여다보면 흥미로운게 많다. 우선 그들의 역할이 단순히 전술 자문에 그치지 않았다는 점이다. 천하의 인재를 영입하고 민심을 얻기 위해 취해야 할 법과 제도, 정책에 대한 청사진을 제공하는 것도 그들의 몫이었다. 국정 관리, 작전지휘부, 병참 관리, 정보 수집과 분석 등 각자 맡은 역할도 달랐다.

결정권자와 물리적으로 '근접'한 공간에 머물고 있다는 점도 주목할 필요가 있다. 전쟁 중에는 왕의 막사 바로 옆에서 숙식을 했다. 전선이 항상 유동적이었기 때문에 '신속하고 정확한' 판단을 해야 하는 것과 관련이 있다. 눈앞에 적군이 닥쳤는데 한가하게 조언을 기다리고 있을 시간이 없다. 또한 '책사'라는 직책을 가진 사람이 꽤 많았고, 혼자가 아닌 '집단'으로 작전회의를 했다.

『삼국지』에 보면 이와 관련한 뭉클한 대목이 나온다. 왕과 관료들, 또 책사들 간의 관계를 짐작할 수 있다. 제갈공명은 이인자였지만 실제로는 황제와 다름없었다. 유비가 죽은 후 황제가 된 '유선'은 너무 어렸다. 임종을 앞둔 유비는 아들에게 뭐든 공명과 상의하라는 유언을 남겼다. 공명도 반역을 꿈꾸지 않았다. 왜 그랬을까? 위나라와 최후의 결전을 벌이기 위해 떠나면서 남긴 '출사표'에 그 답이 있다. 공명은 먼저 "재주가 없었던 자신을 그 먼 곳까지 무려 세 번이나 찾아 주셨다."고 운을 뗐다. '삼고초려(三顧草廬)' 얘기다.

정책이나 작전을 두고 합의가 되지 못했을 때 항상 자신을 믿어 주었다는 말도 덧붙였다. 특히 관우와 장비 같은 동생들이 공명과 권력 다툼을 할 때 유비가 중립적인 입장을 취했다는 점을 높이 샀다. 공명의 의견만 좇지 않고 다른 책사에게도 공정한 기회를 주었다는 점과 자신이 틀렸을 때 책임을 나누었다는 점도 적었다. 그러나 '계륵(鷄肋)' 고사에 나오는 것처럼 조조는 유비와 달랐다. 휘하에 있던 양수가 자신의 숨은 의도를 읽어 내는 것을 본 후 칭찬은커녕 누명을 씌워 죽였다. 공명은 이 얘기를 알고 있었고, 무엇이 성숙한 관계인지를 말하고 싶었던 것 같다.

책사 그룹 내부에서도 치열한 경쟁이 있었으며, 일단 작전이 결정된 이후에는 적극 협력하는 분위기였다. 『삼국지』에 보면 중요한 의사결정을 두고 갈등하는 장면이 자주 나온다. 결정은 황제가 하지만 각자의 의견을 자유롭게 내세운다. 담론 투쟁이다. 자신의 의견이 채택되고 성과가 나오면 자연스럽게 직위도 높아진다. 그러니 평소 열심히 공부할 수밖에 없다. 안건이 무수히 많기 때문에 한 번 채택되지 못했다고 해서 실망하지 않아도 된다. 전쟁에서 승리하면 그 몫은 어떻게든 분배가 된다. 유비와 공명의 성격으로 보면 잘한 것과 못한 것에 대한 '대접'이 공정했던 것 같다.

인간의 두뇌가 작동하는 방식도 비슷하다. 결정을 하기 전까지는 온갖 정보를 종합한다. 뭔가 잘못 알고 있는 것은 없는지, 편견 때문에 사실을 왜곡하는 것은 아닌지, 기회비용이 무엇인지 등을 치열하게 고민한다. "좋아, 결심했어!"라고 한 다음에는 가능한 뒤를 돌아보지 않는다. 계획대로 되지 않더라도 결정을 정당화할 수 있는 논리를 스스로 찾아낸다. 일종의 '자기방어'다. 지나간 일을 후회해 봐야 결국 자기만 손해다.

영어 단어로는 '싱크탱크(think tank)'다. 우리가 잘 아는 철갑을 두른 장갑차 '탱크'가 맞다. 전투기, 폭격기, 헬기와 드론이 나오면서 역할이 좀 줄기는 했지만 시가전에서는 지금도 최고의 무기다. 빗발치는 적군의 총알을 막아 내면서 아군이 진격할 수 있도록 돕는다. 또 360도로 회전하면서 소총으로는 공격할 수 없는 곳을 파괴한다. 보통 다섯 명 정도가 같이 탑승하는데, 통제를 맡는 지휘관을 포함해 조종사, 무전수, 탄약수와 포수로 구성된다. 내부에서는 따로 행동하지만 밖에서 봤을 때는 하나다. 전쟁터가 아닌 경기장에 옮겨 놓은 것이 미식축구다. 쿼터백이라는 리더의 지시에 따라 열한 명이 각자 맡은 역할에 집중하며 탱크가 움직이는 것과 비슷한 방식으로 움직인다.

'싱크탱크'의 차이점은 '총' 대신 '담론'을 쏘고, '지식인' 중심이면서, '정책'이라는 게임을 한다는 것 정도다. 본질은 크게 '공동작업', '지성(知性)', '지식을 통한 현실 개입' 정도로 요약된다. 그중에서 '함께하는' 정신이 가장 중요하다. 미국은 일찍부터 '연합'의 중요성을 잘 알았다. "뭉치면 살고 흩어지면 죽는다.(United we stand, divided we fall.)"는 말은 독립전쟁 전후의 시대정신이었다. 건국의 아버지 중 한 명으로 알려진 존 디킨슨이 쓴 「자유의 노래(The Liberty Song)」에 잘 나타나 있다. 1768년 《보스턴 가제트》에 실은 글에서 디킨슨은 이렇게 노래했다.

와서 함께 손을 잡아요, 용감한 모든 미국인이여
자유의 종을 당신의 용감한 가슴으로 함께 울려요
폭압적인 그 어떤 것도 당신의 정당한 주장을 억누를 수는 없어요
그렇지 않으면 미국의 명예를 더럽히게 될 거예요
우리는 자유롭게 태어났고, 자유롭게 살아요
우리는 충만해요. 꾸준하게, 친구들이여, 꾸준하게
노예가 아닌 자유인으로 우리 것을 나눠요.

국가 이름에 '유나이티드(united)'를 쓰고 뭐든 '프로젝트(project)'로 진행한다. '앞으로'를 나타내는 '프로(pro)'와 나아간다는 의미의 '젝트(ject)'가 합쳐진 말이다. 집단이 함께 목표를 향해 돌격한다는 뜻이다. 핵무기를 만든 '맨해튼 프로젝트'를 비롯해 정부가 주도하는 활동 대부분에 이 단어가 붙어 있다. 집단주의를 싫어하고 개인주의를 좋아하는 미국이 설마 그럴까? 개인의 권리와 자유를 그렇게 강조하는데 잘못 아는 것 아닐까?

동전의 양면이라고 보면 된다. 집단주의와 개인주의는 분리될 수 없다. 다르게 보면 '집단'으로 묶는 분위기가 너무 강해서 '개인'을 자꾸 강조하게 되는지도 모른다. 미국 사람들이 개인주의적이라고 생각한다면 미식축구 경기장에 한 번만 가 보면 된다. 독립기념일에는 더하다. 폭죽을 보려는 욕심도 있지만, 동질감을 느끼고 싶은 욕망이 더 강하다. 먼 거리를 마다하지 않고 모이고, 기꺼이 기부를 하고, 우리는 하나라는 것을 느끼고 간다. 영화나 드라마를 봐도 잘 드러난다. 팀플레이를 못 하는 사람은 언제나 배척된다. 각자 역할에 최선을 다하고 공동의 이익을 위해 협력하는 모습이 일상적이다. 재난을 당할 때나, 전쟁을 하거나 부정부패를 처벌할 때도 마찬가지다. 그럴 만한 이유가 '충분히' 있다.

집단기억은 집단으로서 겪은 '경험'이다. 정치적 목적을 위해 인위적으로 관리된다. 권력을 장악한 집단의 관점에서 그들의 의도에 따라 선택과 배제를 한 결과물이다. 일반 국민도 정치력을 행사하면 개입할 수 있다. 5·18기념공원이 대표적인 사례. TK(대구경북) 정권이 지속되었다면 폭도의 무덤으로 기억 속에서 사라질 운명이었다. 국가 공휴일은 왜 광복절과 제헌절 등으로 정할까? 국사는 왜 배울까? 교과서에 나오는 위인은 어떤 기준으로 선정될까? 세종문화회관, 독립기념관, 전쟁기념관은 왜 만들어서 특정한 인물의 이름을 붙일까? 민족국가의 생존과 관련이 있다.

1620년에 개척자들이 메이플라워 호를 타고 신대륙에 도착했을 때는 겨우 100명 정도였다. 인디언의 도움이 없었으면 모두 죽었다. 집단을 이루어야 낯선 땅에서 살아날 수 있다. 농사를 지어도, 사냥을 해도, 건물 하나를 지어도 협력해야 한다. 알렉시 드 토크빌이 『미국의 민주주의』에서 가장 인상 깊게 본 장면도 그랬다. 왕이나 귀족이라는 계급은 이제 없다. 자유민으로 출발점에 섰다. 교회를 짓든 학교를 세우든 도로를 하나 더 내든 뭐든지 논의했다. 대외정책과 같은 외부 일은 연방정부에 맡기지만 자기 주변과 관련한 일은 철저하게 민주적으로 결정하는 전통이 그때부터 자리 잡았다. 한국의 엘리트들이 유학을 나와서 봤을 때 이런 속내는 안 보인다. 미국에서는 아무 문제가 없어 보이는 정리해고나 계약제를 그래서 도입한다. 잘 안 되면 노동귀족 탓을 한다. 맥락과 역사를 몰랐다는 것은 인정하지 않는다.

먹고살기 위해 몇 개의 알바를 했다. 미국에 있는 동안 피자 배달을 하기 전에 한국인 사장이 운영하는 '주류 판매상'(리쿼스토어)에서 일한 적이 있다. 사장은 자신의 친구가 당시 잘나가던 국회의원 모씨라고 늘 허세를 부렸다. 인품도 부드러웠고 합리적이었다. 지나치게 합리적인 것이 문제였지만. 대낮부터 술을 사러 오는 사람은 없다. 금요일과 토요일 저녁이 제일 바빴다. 늦은 밤에는 또 한적해지기 때문에 일손이 필요한 시간은 엄격하게 말하면 금요일 저녁 6시부터 8시와 같은 시간대 토요일이었다. 사장은 정확하게 이 시간이 끝나면 바로 돌려보냈다. 정당하지 못하게 일하던 상황이라 현금으로 최저 시급인 6달러를 받았다. 첫 주가 끝난 다음에는 24달러를 줬다. 농담인 줄 알았다. 그래서 한 주를 더 버텼지만 달라지지 않았다. 알바를 하는 입장에서는 황금시간을 비워야 하고, 먼 거리를 이동하고, 또 다른 곳에서 일하지 못하는 기회비용을 지불한다. 자본가 입장에서는 이런 부분을 전혀 고려할 필요가 없다. 미국을 정말 잘못 배운 경우다.

파파존스에서 일할 때는 전혀 달랐다. 펜실베이니아와 조지아라는 전혀 다른 곳에서 경험한 것이라 전반적인 미국 분위기라고 봐도 될 것 같다. 정리해고를 함부로 안 한다. 미국은 철저하게 지역 '공동' 사회다. 웬만하면 다른 곳으로 옮길 일이 없다. 대학도 그 지역에 있는 곳으로 간다. 로스쿨도 웬만하면 각 주에 다 있다. 가게 사장님과 일하는 학생의 부모가 서로 안다. 공청회에서 만나야 되고, 교회도 같이 가고, 풋볼 시즌에는 같이 술 마시고 망가진다. 잘못이 있다고 금방 해고하면 그 관계가 깨진다. 상당히 조심스러울 수밖에 없으니 다른 직장을 구할 때까지 기다려 준다. 잘못한 일이 있어도 입을 다물어 준다. 한번 낙인이 찍히면 사회에서 매장되는 한국과는 상당히 다르다. 실수 안 하는 인간이 없다는 점을 인정한다. "왜 그런 실수를 했느냐."라고 질책하는 것에 대해 이상하게 생각한다. 실수는 실수다. 누가 실수를 하고 싶어서 하나?

일하는 시간을 분배하는 방식도 다르다. 급전이 필요하거나 상황이 안 좋으면 매니저와 먼저 상의한다. 최소 몇 시간이 필요하다고 얘기하면 배려해 준다. 가장 바쁜 금요일 6시에 투입해서 이튿날 문 닫을 때까지 일하게 한다. 배달이 줄어들면 먼저 온 순서대로 차례로 내보낸다. 주문이 많으면 그중 일부는 좀 더 있다가 퇴근한다. 밤새 일하고 뒷정리하는 수고를 감안해서 시간을 더 주는 셈이다. 집단을 강조한다 해서 '개인'이 희생되는 일은 별로 없다. 퇴근 이후에는 아무도 간섭하지 않는다. '지성'은 그다음으로 중요하다.

17세기 출발 때 신대륙은 모든 게 새로웠다. 영국 사람들이 중심이었지만 앞에서도 얘기했듯 공통점은 많지 않았다. 종교적인 뿌리만 비슷했다. 하느님 앞에서 모든 인간은 평등하다. 그래도 누군가는 머리 역할을 해야 하고, 누군가는 보안관으로, 또 목사로, 교사로 뽑아야 한다. 총싸움이나 주사위로 결정할 수는 없다. 또한 당시는 '계몽주의' 시대였다. 인간의 이성에 대한 무한한 신뢰가 있었다. 결국 감성이 아닌 이성적인 해결 방법을 찾는다. 안건이 생기면 일단 모인다. 각자 의견을 말한다. 일부러 거짓말을 하거나 잘못된 정보를 전달하는 것은 반칙이다. 다른 사람의 말을 중간에 자르거나, 강압적으로 못하게 하면 이상한 사람이 된다. '커뮤니케이션 윤리'를 지키는 것은 기본이다. '표현의 자유'와 '언론의 자유'를 헌법에 넣을 정도였다.

진실은 의견을 자유롭게 교환하는 과정에서 발견된다. 누구든 할 말을 할 수 있게 해야 최선의 결론에 도달할 수 있다. 완장을 찼다고, 부자라고, 목사라고, 연장자라고 더 대접하면 이런 원칙이 깨진다. 그래서 미국에서는 아주 어릴 때부터 자기 의견을 분명히 밝히는 훈련을 한다. 부모가 야단을 치더라도 무슨 잘못을 했고, 어떤 처벌을 받아야 합당한지, 정상 참작을 위해 할 말은 없는지 등의 절차를 거친다. 그런 전통은 지금도 남아 있다. 경찰이 딱지를 끊어도 판사가 최종 결정을 할 때 정황을 들어 본다.

귀찮더라도 법원에 가면 대부분 벌금을 줄여 준다. 교회 다음으로 학교를 많이 세운 것도 이런 분위기 덕분이다. 모든 비교 기준이 자신이 살다 온 유럽이었다. 양식은 비슷하더라도 조금이라도 더 넓고 높게 지었다. 타향살이의 서러움을 극복하려 한 일종의 자존심에서 비롯된 것으로 보면 된다. 안전이 확보되고 경제적 여유가 늘어나면서 주립대학이 들어서기 시작한다. 공동체의 합작품이다. 돈이 있으면 돈을, 땅이 있으면 땅을, 아니면 노동력이라도 보탰다. 조지아대학교는 1785년에, 노스캐롤라이나대학교는 1789년에 문을 열었다.[36] 교육 과정에는 지적 토론과 합리적인 논리 전개 등에 필수적인 '수사학(Rethoric)'을 꼭 포함시켰다. 우리가 알고 있는 '저널리즘'이나 '매스커뮤니케이션'이 아닌 '커뮤니케이션' 학과로 따로 존재한다.

언론은 지성의 산물이다. 논리적인 싸움을 위해 등장했다. '담론 경쟁'을 위한 광장이다. 종이 신문은 1636년 독일에서 등장한 것으로 알려진다. 무슨 내용을 담았을까? 정치적인 내용이 많았다. 앞에서 살펴본 것처럼 '면허 출판법'이 제정된 배경을 생각해 보면 된다. 한쪽은 기득권을 지키려 했고, 다른 쪽에서는 나누자 했다. "펜은 칼보다 강하다."는 말이 이때부터 등장한다. 칼은 한두 사람을 죽일 수 있지만 사상은 세상을 움직인다. 프랑스와 영국 사상가들은 서로 모방하고 경쟁하면서 변화를 주도했다. 신대륙에 건너온 사람들은 그런 분위기를 잘 알고 왔다. 독립이 필요하다고 주장한 사람들이 신문에

벤저민 프랭클린은 1728년 《펜실베이니아 가제트》를 발행한다

주목한 것은 지극히 당연하다.

　벤저민 프랭클린도 그중 한 명이었다. 그는 1728년에는 《펜실베이니아 가제트(Pennsylvania Gazette)》를, 1755년에는 《코네티컷 가제트(Connecticut Gazette)》를 발행했는데, 영국과 갈등이 깊어지면서 애국심에 호소하는 일련의 글이 발표된다. 자신이 익명으로 쓴 글이 상당수였다.

　1756년에는 《뉴햄프셔 가제트(New Hampshire Gazette)》가 발간되기 시작했다. 청교도들이 상륙한 메사추세츠 플리머스에서 차로 두 시간 정도밖에 안 떨어진 뉴햄프셔주 포츠머스에 자리를 잡았다. 입구를 뜻하는 'mouth'라는 이름에서 동북부 해안지대라는 것을 짐작할 수 있다. 최초로 실린 글이 새뮤얼 애덤스의 주장이었다. 독립이

그레이엄 벨의 전화 실험을 묘사하는 캐리커처(1922년)

필요하다는 것과 무장투쟁이 불가피하다는 내용을 담았다. 지성에
호소하는 전략은 연방헌법을 통과시킬 때도 적극 동원된다. '연방주
의자들의 칼럼(Federalist Papers)' 얘기다. 장차 국무부 장관, 대통령과
연방대법원장을 맡게 되는 알렉산더 해밀턴, 제임스 메디슨과 존 제
이가 작성한 무려 여든다섯 편에 걸친 기고문이 실려 있다.

　본질 중 또 다른 요소는 '지식을 통해 세상을 바꿀 수 있다.'는 신
념이다. 분서갱유(焚書坑儒)는 책을 불태우고 학자를 산 채로 묻는다
는 뜻이다. 기원전 200년에 진시황제가 사상을 통제하기 위해 집행
한 것으로 알려진다. 그깟 글이 뭔데 사람을 죽일까 싶지만, 그리 간
단한 문제가 아니다. 원래 지식과 정치는 한 번도 분리된 적이 없다.

　조선을 개국한 정도전도 궁궐과 사대문의 이름은 모두 직접 작

명했다. 예를 들어, 경복궁(景福宮)은 왕과 백성 모두 근심 없이 큰 복을 누린다는 뜻이다. 유교에서 강조하는 인의예지신(仁義禮智信)을 넣어 흥인문(興仁門), 돈의문(敦義門), 숭례문(崇禮門), 소지문(炤智門)과 보신각(普信閣)의 이름을 정했다. 일찍부터 세상을 바꾸려는 욕심이 있었던 것 같다. 혁명을 하기 전부터 사상투쟁을 시작했다. 그중 하나가 『불씨잡변(佛氏雜辨)』이다. 고려 지배계층의 정신적 지주였던 불교를 논리적으로 무너뜨렸다. 왕조가 들어선 이후 '유교'를 적극 확산할 수 있었던 것은 이런 노력들이 선행되었기 때문에 가능했다. 1498년의 '무오사화(戊午士禍)', 또 1519년의 기묘사화(己卯士禍)도 지식 전쟁이다.

앞에 있는 '무오'와 '기묘'는 '연도(年度)'를 가리키고 '사화(士禍)'는 선비들이 죽임을 당했다는 뜻이다. 왜 그랬을까? 질서를 바꾸자는 '담론'을 주장했고 거기에 불만을 느낀 세력이 물리적 폭력을 사용한 경우다. 지식 때문에 죽고 탄압당한 경험은 미국의 조상들도 예외가 아니다. 교황과 왕의 권력 강화에 성경이 어떤 역할을 했는지 한번 떠올려 보면 된다. 종교재판과 금서 목록도 동일한 맥락이다. 할 말을 했다고 죽이지는 말자는 합의가 어느 정도 형성된 것은 이런 교훈이 있었기 때문이다. 그런 면에서 툭하면 명예훼손으로 입을 막는 우리 모습은 참 서글프다. 그것이 『즐거운 사라』를 쓴 마광수 교수이든 『제국의 위안부』를 쓴 박유하 교수이든 본질은 같다. 강만길 교수의 『해방전후사의 인식』이나 조정래의 『태백산맥』을 못 읽게 한 것과 뭐가 다를까?

신대륙 지식인은 과거에 진 빚이 없었다. 왕이나 성직자라는 특

앤드루 카네기

권 계급이 없었다. 지식으로 탄압을 받거나 목숨을 잃을 일도 없었다. 먼저 생긴 하버드대학교 출신이 더 큰 목소리를 낼 수 있는 분위기도 아니었다. 동부 명문사립대로 알려진 프린스턴, 예일, 컬럼비아, 펜실베이니아대학교 등이 잇따라 들어섰다. 중부에서는 시카고대학교와 워싱턴대학교, 서부에서는 버클리대학교와 스탠퍼드대학교 등이 설립된다. 우리처럼 서울대를 나와야 사람 대접을 받는 상황과는 거리가 멀었다. 그런 상황이 되지 않도록 노력했다. 특별한 경우가 아니면 박사학위를 취득한 곳에서 교수를 하는 것을 권하지 않는다. 하버드에는 예일 출신이, 예일에는 프린스턴이, 또 컬럼비아에는 하버드 출신이 자리를 잡도록 안배했다. 교수가 대학 간 이동하는 경우도 잦다. 관점이 다양한 사람이 모여야 제대로 경쟁하고, 결과적으로 지적 토양이 풍부해진다는 것을 알았기 때문이다.

집단이 힘을 합쳐 '담론'을 생산하고 이를 실천하려는 욕망이 성장한다. 혼자 할 수 없다는 것을 안다. 같이 작업할 만한 공간도 필요하고, 먹고살 걱정 안 할 수 있고, 또 정책으로 전환될 기회가 있어야 한다. 대중소설처럼 인기가 있는 것도 아니고, 전기나 전화처럼 생활에 도움이 되는 것도 아니다. 평범한 사람은 전혀 관심도 없고 제대로 이해하지도 못한다. 재정을 지원해 줄 사람, 리더가 될 역량이 있는 사람, 세상에 개입하고 싶은 지식인, 또 여론을 주도할 '해석 공동체'가 모두 필요하다.

1900년대 초반 미국이 그런 시대였다. 테디 루스벨트가 '위대한 선단'을 보내 존재감을 과시하던 때였다. 지성인으로 분류될 만한 집단도 형성된 상태였다. 연방정부는 아직 온전하게 틀이 잡히지 않았다. 그림으로 치면 아직 아무도 손을 대지 않은 빈 도화지에 가까웠다. 낯선 땅에서 살아남고 또 전쟁에서 승리하는

이탈리아 출신의 물리학자 엔리코 페르미

데 필요한 '실용적' 지식(특히 과학)이 대접받을 수 있었던 것도 축복이었다.

벤저민 프랭클린과 토머스 제퍼슨은 건국의 아버지로 알려진 인물들이다. 둘 다 과학에 관심이 많았다. 프랭클린은 피뢰침을 발명한 인물이고, 제퍼슨은 농대를 나왔다. 루이지애나령을 탐색해 이곳에 있는 동물과 식물 자원에 대한 정보를 정리한 대통령이다. 18세기 과학자 중 한 명인 데이비드 리튼하우스는 필라델피아의 방어 진지 구축과 펜실베이니아의 도로와 운하 설계를 맡았다. 적의 침입과 이동을 감시하기 위해 망원경을 설치하고, 항해에 필요한 각종 장치를 만들기도 했다. 특허제를 통해 돈을 벌 수 있는 장치가 마련된 이후에는 발명품이 쏟아졌다. 그레이엄 벨은 1872년에 전화를, 찰스 스타인메츠는 변압기를, 블라디미르 조르킨은 진공관을 개발한다.

유럽 대륙이 전쟁에 휩쓸리면서 독일과 영국의 유능한 과학자들

이 미국으로 건너온 것도 큰 도움이 된다. 1933년에 알베르 아인슈타인이 독일에서, 엔리코 페르미가 1939년에 이탈리아에서 건너왔다. 핵무기와 인터넷, 인공위성과 인공지능 등에서 두각을 나타내는 과학자들 상당수는 이민자 출신이다. 20세기 미국의 실용주의는 이런 분위기에서 발전했다. 윌슨의 '국제주의' 등에 영향을 준 세계개선론 (Meliorism)도 주목을 받았다. 모든 것을 통제할 수는 없지만 인간의 개입을 통해 좀 더 나은 세상을 만들 수 있다는 신념이 지배적인 시대였다.

앤드루 카네기는 피츠버그에서 철강업으로 돈을 벌었기 때문에 별명이 '철강왕'이다. 악독한 자본가였지만 재물을 어떻게 써야 하는지 알았다. 1889년 「재물의 은총(The Gospel of Wealth)」이라는 글에서 카네기는 "재물은 자신의 능력만으로 모은 것이 아니기 때문에 더 나은 세상을 위해 사회에 환원해야 한다."고 말했다. 말년에는 18년 동안 당시 돈으로 3500만 달러를 기부한 것으로 알려지는데, 공공도서관을 비롯해 교육시설과 과학 연구를 지원했다.

카네기뉴욕재단(Carnegie Corporation of New York), 카네기과학재단(Carnegie Institution of Science), 스코틀랜드대학교 카네기재단 (Carnegie Trust for University Scotland) 등이 모두 그의 유산으로 설립된다. 카네기철강회사가 있었던 피츠버그에는 카네기박물관과 카네기멜론대학교도 있다. 국제평화를 위한 카네기기금(Carnegie Endowment for International Peace) 역시 1910년에 카네기가 설립했다. 국제전쟁을 막을 수 있는 방안을 연구하는 것이 목표였다. 재단 운영을 위해 1000만 달러를 내놓았고, 국방부와 국무부에서 장관을 연임한 엘리후 루트를 이사장으로 초빙했다.

로버트 브루킹스는 15년 늦게 태어났지만 카네기의 길을 좇은 또 다른 인물이다. 다른 사람을 돕는 최선의 길은 교육이라고 믿었다. 그래서 세인트루이스에 있는 명문 '워싱턴대학교'의 재단이사로 있으면서 지금 돈으로 8200만 달러(원화 820억 원)를 기부했다. 인물 됨을 알아본 카네기는 그에게 국내 경제 정책을 전문적으로 연구할 기관을 만들어 보라고 권유한다. 1916년에 '정부연구소(Institute of Government Research)'가 들어선 배경이다. 윌슨 대통령은 이듬해인 1917년에 부르킹스에게 '전시물자 가격통제위원회'를 맡긴다. 1928년에는 자신이 직접 번 돈을 보태 브루킹스연구소(Brookings Institute)를 설립했다. 전 세계에서 지금도 가장 큰 영향력을 발휘하는 곳이다.

샌프란시스코는 관광지 명소로 꼽히고는 한다. 영화 「더록(The Rock)」에 나오는 알카트라즈섬과 금문교의 도시다. 다운타운을 기준으로 북쪽으로는 버클리대학교가 있다. 차로 약 30분 정도 남쪽으로 내려가면 닿는 곳이 실리콘밸리(Silicon Valley)다. 한때 반도체 제조 공장이 전성기를 이루던 시대에 붙여진 이름이고, 지금은 첨단 정보통신 업체가 밀집해 있다. 애플, 페이스북, 야후, 이베이, 노키아, 휴렛팩커드 본사가 위치한다.

행정구역으로는 마운틴뷰와 팔로알토 지역에 속하는 이곳에 스탠퍼드대학교가 자리 잡고 있다. 외아들을 교통사고로 잃은 릴런드와 제인 스탠퍼드 부부가 1885년에 설립했다. 멋진 캠퍼스와 이국적인 건물로 유명하다. 미국에서 가장 성공적인 산학협력의 본보기다. 인근에 있는 야후, 휴렛팩커드 등이 모두 동문이 세운 회사다. 기부금으로 지은 건물이 꽤 많다. 캠퍼스 중앙에는 '후버타워(Hover Tower)'가 있다. 대략 30층 정도는 되는데, 동문이면서 대통령을 역임한 허버트 후버를 기념하는 곳이다. 1919년에 세워진 '전쟁, 분쟁해결과 평화를 위한 후버연구소(Hover Instition on War, Revolution, and Peace)'는 그가 상원의원으로 있을 때 세웠다. 전쟁과 관련한 중요 자료를 수집하는 것을 목표로 시작해서 반공주의 연구로 확장된다.

미국외교협회(CFR)는 영국의 채텀하우스(Chatham House)와 거의 동시에 등장했다. 영국의 정보기관 MI6을 모방했지만 나중에 훨씬 큰 조직으로 발전하는 CIA와 비슷하다. 동기와 출발 시기는 비슷하지만 영향력 측면에서는 비교하기 어렵다. 정치인보다 지식인에 더 가까웠던 '우드로 윌슨' 대통령과 밀접하다.

재임 중이던 1917년 9월에 우드로 윌슨 대통령은 '탐색(The Inquiry)'으로 알려진 '집단지성' 프로젝트를 발족시켰다. 책임자는 뉴욕시립대학교 총장으로 재직 중이던 시드니 메지스로, 박사학위를 하버드에서 받은 철학교수였다. 월터 리프먼은 연구 책임자였다. 본격적인 의미에서 미국의 싱크탱크는 여기에서 출발했다. 후원자가 대통령이었고, 국무부 장관이던 엘리후 루트가 간사를 맡았고, 당대 석학인 월터 리프먼이 리더였다. 참가 학자는 무려 150명이나 됐다. 평화를 지속시키기 위한 방안을 모색하고, 제국의 국경선을 정하고, 또 분쟁 해결을 위한 원칙을 모색하는 것을 목표로 삼았다. 보고서를 토대로 발표된 게 윌슨의 '열네 개' 조항이다.

당시 프로젝트의 주역 중 한 명이 리프먼이다. 파리강화회의에 참석하고 윌슨의 제안이 거부되는 것에 꽤나 상심한 것으로 알려진다. 그는 1922년에는 『여론(Public Opinion)』을, 1925년에는 『공중이라는 유령(The Phantom Public)』을 잇달아 출간했다. 합리적인 사고를 할 수 있는 주체적인 인간으로서의 '공중(Public)'은 환상이라는 주장을 담았다. 엘리후 루트 역시 이런 대중을 이끌어 가기 위해서는 '두뇌집단'이 필요하다고 믿었다. 재단 등록 서류는 1921년 7월 29일에 제출된다. 재정을 마련하기 위해 '후'는 자신과 잘 알고 지내던 뉴욕의 기업가와 변호사와 접촉하였고, 대략 100명 이상이 뜻을 모았다. 하버드 경영대 학장이던 에드윈 게이도 합류했다. 재계 인맥을 활용해 12만 달러를 만들었고, 그 돈으로《포린 어페어》를 발간했다.

1930년대에 접어들면서 미국의 많은 기업가들도 비슷한 생각을 한 것 같다. 대공황은 공포 그 자체였다. 루스벨트 정부는 지금껏 단 한 번도 상상하지 못했던 사회주의 정책을 도입하려 했다. 반면 경제개발 5개년 계획을 추진하던 소련의 경제는 폭발적으로 성장했다. GNP는 1925년 3260억 달러에서 1938년에는 7596억 달러로 늘었다. 많은 경제학자들이 사회주의 시대가 올 거라고 믿기 시작했다. 반독점 규제 대상으로 찍혀 법정에 서기도 했던 JP모건, 존 록펠러와 앤드루 카네기 등은 대책을 모색했다. 그들이 주목한 대상이 싱크탱크였다. 점차 막강해지는 정부의 권력을 장악할 필요가 있었다. 관료를 포섭하기보다 실력 있는 전문가를 키워서 정부에 파견 보내는 쪽이 더 낫다고 판단했다. 그러면 연구원으로 있으면서 정부와 재계, 학계 등과 네트워크를 축적할 수 있는 기회도 제공할 수 있다. 담론투쟁을 통해 미국식 모델의 장점을 발굴하고 정당화하는 것도 필요했다.[37]

최적의 후보는 CFR이었다. 미국식 재벌에 해당하는 트러스트들이 다수 참여했고, 권력과 지식이 '일체'가 될 수 있는 조건이 만들어졌다. 불과 몇 년 전 '탐색' 프로젝트를 진행한 경험도 축적된 상태다. 적임자로 선택된 인물은 노먼 데이비스였다. 루스벨트 대통령은 물론 국무부 장관 코델 헐과 가까운 사이였다. 부회장으로 취임한 1933년부터 CFR은 정부와 함께할 수 있는 일을 찾았다. 그리고 1933년 10월에는 '자립경제의 장점과 단점(Pros and Cons of National Self-Sufficiency)'을 주제로 하는 민관토론회를 개최한다. 정부에서는 전직 국무부 장관인 헨리 스팀슨, 전직 재무부 장관 오든 밀스, 나중에 부통령이 되는 헨리 월리스 등이 참석했다. 재계에서는 JP모건과 체이스은행 소속 경제학자들이, 또 학계에서는 하버드와 컬럼비아대학교 교수들이 함께 했다. 결론은 '국제주의 확산'이었다. 관세를 낮추고, 해외시장을 더 개척하고, 국제무역을 활성화하는 방안이 채택된다.[38]

'전쟁과 평화연구' 프로젝트는 1939년에 시작해 1942년에 마무리된다. 트루먼 행정부에 참여하고 NATO 사령관을 지낸 아이젠하워, 국무부 장관 딘 애치슨, 독일점령군 총독을 지낸 존 매클로이와 마셜플랜의 책임자인 애브렐 해리먼 등이 CFR과 관련이 있다. 냉전의 핵심 인물로 알려진 국무부 장관 존 포스터 덜레스와 그의 동생으로 CIA 국장이었던 앨런 덜레스도 해당된다.[39]

미국 기업의 이익을 대변해 줄 또 다른 곳으로 1938년에는 아메리카기업연구소(AEI)가 설립된다. 엘리 릴리, 제너럴 밀스, 브리스톨 마이어스, 케미칼뱅크, 크라이슬러, 페인 웨버와 같은 거대 기업이 돈을 냈다. 목표는 "미국의 자유와 민주적 자본주의 기구들을 개혁하고 원칙을 보호하는 것"으로 정했다. 또한 "작은 정부, 개인의 자유와 책임, 민간기업, 튼튼하고 효율적인 국방과 대외정책, 정치적 투명성과 열린 논의"와 같은 지향점도 밝혔다. 냉전을 비롯해 이라크, 중국, 북한, 베네수엘라 등에 대한 강경 정책이 모두 이곳 출신들의 작품이었다.

전쟁을 통해 미국은 많은 것을 배웠다. 탱크 한 대가 수천 명의 보병보다 전투력이 뛰어나다는 걸 깨달은 것과 비슷했다. 애국심에 불타는 학자들은 인문학, 사회과학, 자연과학 전 분야에서 놀라운 성과를 이끌어 냈다. '맨해튼 프로젝트'를 통해 핵무기를 만들어 낼 정도였다. 공군사령관 출신의 5성장군 헨리 아널드는 어떻게든 이 장점을 살리고 싶어서 절친이던 데이비드 더글러스와 논의했다. 대표적인 군수업체 중 하나인 '더글러스 항공'의 설립자였다. 1946년 3월에 랜드재단(Rand Corporation)이 탄생한 배경이다. 군사무기를 개발하는 것을 넘어 경제학, 수학, 물리학 등 애초부터 '통섭'을 하는 연구소였다. 먹고사는 것에 전혀 신경 쓰지 않고 국가 안보와 관련한 것이라면 뭐든 눈치 보지 않고 할 수 있었다.

대학에서 강의하고 학생들과 실험하던 전문가들이 속속 참가한다. 1948년에는 비영리재단으로 전환했고, 이후 병영국가 미국의 중요한 일부가 된다. 재정의 상당 부분은 국방부, 육군, 해군, 공군, 국토보안부와 정부 산하기관들이 지원한다. 컴퓨터, 인공지능, 미사일방어 시스템과 스타워즈 등과 관련한 연구의 출발점이 된다. 재단 운영에 관여한 대표적인 이사(trustee)로는 도널드 럼즈펠드(1997~2001년)와 콘돌리자 라이스(1991~1997년)가 있다. 『역사의 종언(The End of History)』을 쓴 프랜시스 후쿠야마도 이곳 연구원 출신이다.

군사패권과 핵전쟁 등을 전문적으로 연구하는 곳도 잇따라 등장했다. 허드슨 연구소(Hudson Institute)는 1961년에 랜드 재단 출신으로 수소폭탄 개발에 참가했던 허먼 칸에 의해 설립된다. 그는 당시만 해도 상상하지 않았던 '핵전쟁'의 가능성과 미국의 전략을 고민했다. 대량보복을 하겠다고 말하는 것으로 소련의 핵공격을 막을 수는 없다고 봤다. 병법을 통해 '싸우지 않고 이기는 것이 최선'이라는 것을 알았던 아이젠하워는 그래서 '새로운 관점(New Look)'을 모색했다. 정부는 대규모 프로젝트를 제안했고, 그 재원을 바탕으로 『감히 상상도 못할 것들에 대한 생각(Thinking about the Unthinkable)』과 『점입가경: 비유와 예상진로(On Escalation: Metaphors and Scenarios)』 등이 나왔다.

북한에 대한 강경책을 주도하는 '국제전략연구소(Center for Strategic and International Studies, CSIS)'도 1962년에 등장했다. 미국이 군사패권을 유지하기 위한 전략을 연구하는 것이 목적이었다. 해군제독 출신의 아레이 버크와 조지타운대학교의 데이비드 앱셔가 공동으로 설립했다. 연구소는 캠퍼스 내에 두었다. 이후 앱셔는 레이건 행정부에서 국가정보기관을 총괄하는 책임자가 된다. 랜드재단, AEI 등과 함께 "미국우선주의와 "힘의 논리"를 앞세운다. 정부와 직접적인 관계가 있는 곳으로 '도시연구소(Urban Institute)'도 생겼다. 린든 존슨 행정부가 '정책'에 대한 객관적인 평가를 위해 1968년에 만들었다. 연방정부에서 42퍼센트 정도를 지원하고, 나머지는 민간재단 등에서 보조를 받았다.

1970년대로 넘어가면서 미국 사회는 전환기를 맞는다. 정부와 대기업 등 권력집단에 대한 신뢰는 곤두박질쳤다. 언론의 잇따른 폭로로 보수진영은 위기감을 느낀다. 1972년에는 '탄도미사일방어(Anti-Ballistic Missile, ABM)' 조약이 체결되면서 군수산업의 장래도 불안해졌다. 그러나 브루킹스, CFR, AEI 등은 민주당과 공화당 중 어느 한 편을 노골적으로 편들지 않았다. 외부에서 '고용된 지식'으로 보는 것을 원하지 않았기 때문이다.

1973년에 모습을 드러낸 헤리티지재단(Heritage Foundation)은 그 점에서 달랐다. 제대로 된 담론투쟁(war of ideas)을 선언했다. 원래 지식은 정치적인 것이고 세상에 개입하기 위한 것인데 무슨 '고상한' 소리냐는 입장이었다. 주도자는 공화당을 도왔던 폴 웨이리치와 CSIS 분석가였던 에드윈 풀너였다. 재정은 쿠어스 맥주의 조지프 쿠어스와 스카이프재단(Scaife Foundation) 이사장 리처드 스카이프 등이 맡았다. 1980년에 작성한 「대통령 지침서」에는 B1 폭격기 지원, MX 미사일 프로그램, 친소련 정부에 대한 개입전략, 탈규제정책, 민영화 및 도시구역계획 등이 담겼다. 레이건 행정부 관료 중 150명 정도가 이곳과 '후버연구소' 및 '아메리카기업연구소' 출신으로 채워진다.

대외정책을 좌우하는 영향력 높은 싱크탱크는 모두 워싱턴 D. C.에 몰려 있다. 백악관, 의회, 정부 부처, IMF, WB 등과 걸어서 다닐 만한 거리에 위치한다. 산책을 하거나 식사 또는 커피 한잔을 해도 자주 부딪친다. 연봉이나 대우 수준도 비슷하다. 한 예로, 헤리티지재단이나 외교협회 이사장의 연봉은 100만 달러가 넘는다. 의사결정권자가 자주 바뀌지는 않고 전직 고위관료가 초빙되는 경우가 많다. 부통령이던 딕 체니는 CFR과 AEI 이사다. 그의 부인 린 체니는 록히드마틴 이사로 재직했다. 재무부 장관을 역임했던 폴 오닐은 랜드재단에서, 또 로버트 루빈은 CFR에서 이사장을 맡았다.

퇴직 관료들은 군수업체, 금융권, 대학재단 등에 이사로 가지 않으면 주로 싱크탱크에 둥지를 튼다. 얽히지 않은 사람이 별로 없다. '누이 좋고 매부 좋은' 관계다. 한쪽에서는 정부 유력인사를 통해 내부 정보는 물론 관료 인맥을 확보하고, 다른 쪽에서는 안정된 밥그릇을 기반으로 의회와 언론을 통해 몸값을 높인다.[40] 막대한 이해관계가 걸려 있는 법안이나 정책을 둘러싼 '경쟁'이 치열하기 때문에 담론 생산에 따른 반대급부가 두둑하다. 북한에 대해 강경발언을 쏟아내는 존 볼턴이 대표적이다. 그는 국무부차관보를 지낸 후 클린턴 때는 '이라크전쟁'을 촉구하는 싱크탱크(PNAC)에 몸을 담았다. 부시 행정부 때는 UN에 파견된 미국 대사로 코피 아난과 설전을 벌였다. AEI 부회장으로 있으면서 오바마 정부 시절을 보냈다. 지금은 트럼프 대통령의 국가안보보좌관으로 일한다. 국제사회와 깊숙한 연결고리를 가진 대기업의 입장을 '온전하게' '지속적으로' 반영할 수밖에 없는 구조다.[41]

백악관 주변을 둘러보면 알겠지만 별로 넓지 않다. 광화문 근처라고 생각하면 된다. 정부, 싱크탱크, 국제기구에서 다시 정부로 순환되는 '회전문' 인사가 잦다. 대외정책에서 공화당과 민주당의 차이는 거의 없다. 패권을 유지하는 목표는 같고, 방법론에서만 좀 다르다. '현재 상황(status quo)'을 군이 바꿀 동기도 별로 없다. 「강철산에서 보낸 보고서」에 나오는 것처럼 전쟁과 병영국가를 통해 얻는 이익이 너무 엄청나기 때문이다.[42] 정치권이나 대학이 아닌 싱크탱크에 몸담고 있다는 자체가 '권력'과 '돈'을 더 중요하게 생각한다는 의미다. 간혹 대학 교수를 하더라도 연구실에 붙박이로 있는 경우는 거의 없다. 경험담만 얘기해 줘도 몇 십만 달러의 강연료를 지불하는 곳이 널려 있다. 국제적으로 알려진 싱크탱크 출신이라면 '특급대우'를 해 주는 한국과 같은 나라도 적지 않다. 물론 국내에서 이런 대접을 해 주는 데 따른 반대급부가 있다. 연구원으로 초빙해 주거나 세미나에서 강연하게 해 주는 것만으로도 한국에서는 몸값이 높아진다. 언론도 전문가라고 인정해 준다.[43] 대필 작가를 통한 '자서전' 발간 역시 통과의례다. 정부에 있는 동안 추진했던 각종 대외정책을 '국가안보'를 위한 불가피한 조치였다고 정당화하는 한편, 상당한 액수의 인세도 챙긴다.

10

파워 엘리트

한창 사춘기에 접어든 무렵이었다. 1983년에 이 노래를 처음 들었다. 가수 민해경이 불렀는데, 가사가 참 좋았다.

> 내 인생은 나의 것
> 내 인생은 나의 것
> 그냥 나에게 맡겨 주세요
> 내 인생은 나의 것
> 내 인생은 나의 것
> 나는 모든 것 책임질 수 있어요.

부모의 간섭을 받을 때가 차라리 행복했다는 것은 군대에서 뼈저리게 배웠다. 논산 훈련장에 들어가는 순간부터 '타인'의 손에 의해 휘청거리기 시작했다. 직장 생활을 시작하면서 '자유'라는 게 얼마나 달콤한 '환상'인지를 깨쳤다. 결혼을 하고 아들이 태어나면서 쉽게 사표 쓰겠다는 말을 접었다. 군대에 가기 전에 카투사(KATUSA)

라이트 밀스, 『파워 엘리트』

가 있다는 것도, 팀스피리트 훈련이 있다는 것도 알았지만, 미국에 대해서는 잘 몰랐다. '한국'이라는 국가조차 '제멋대로' 할 자유가 많지 않다는 것을 가르쳐 준 것은 외환위기다.

국제통화기금과 미국은 '점령군' 비슷한 느낌을 주었다. 대통령 후보와 장관이 머리 조아리는 모습을 보면서 보이지 않는 '힘'이 있다는 것을 짐작했다. 그 후 꽤 긴 시간이 지나면서 많이 무뎌졌다. 혼자 뭘 하겠다는 욕심도 많이 내려놓았다. 눈에 보이는 족쇄가 없는 것만 해도 감사하면서 지냈다. 그러다 박근혜 정부 말기에 북미 간 핵전쟁 위협을 만났다. 그전에도 몇 번 반복된 일이었지만 이번에는 달랐다. 최전방 특공대에 근무하는 아들이 눈에 밟혔다. 전쟁이 터지면 적진에 맨 먼저 침투한다고 들었다. 아내도 며칠 잠을 못 잤다. "도대체 왜?"라는 탄식이 절로 나왔다. 아버지와 아들의 운명은 고사하고 8000만 한반도의 운명이 '남'의 손에 의해 결정된다는 것이 정말 아팠다.

외환위기 때 한국의 운명을 좌우한 곳은 백악관, 재무부, IMF 정도였다. 특공대 아들의 목숨을 쥐고 있는 곳은 펜타곤과 CIA다. 의회, 언론, 싱크탱크는 두루 해당된다. 지도를 보면 모두 가까운 거리에 모여 있다. 백악관을 중앙에 놓고 작은 원을 그리면 재무부, IMF, CIA가 그안에 들어온다. 걸어서 5분 이내이고, 반지름을 늘리면 더 많은 기관이 포함된다. 먼저 1시 방향에는 《워싱턴포스트》가 있다. FBI는 3시, 의회와 대법원은 5시, 국무부와 펜타곤은 각각 7시와 9시 방향에 놓인다. 구글 지도로 검색하면 백악관에서 가장 가까운 싱크탱크는 외교협회(CFR)로, 걸으면 채 5분이 안 걸린다. CSIS는 9분, AEI는 18분, 헤리티지는 30분 정도가 소요된다. 권력과 지리적 위치가 관계 있을까? 관계가 깊다. 의도적으로 배치하지는 않았을지 모르지만 권력 서열과 거의 일치한다.

언론을 보면 최측근 또는 측근이라는 표현이 자주 나온다. 권력은 난로와 같아서 너무 가까이 가면 불에 타고, 너무 멀어지면 온기를 못 느낀다고 말하는데 모두 거리 개념이다. 정보가 부족한 북한에 대해 얘기할 때 이런 방법을 많이 쓴다. 김정은 위원장을 중앙에 두고 누가 얼마나 가까이에서 사진을 찍었느냐에 따라 권력 변화를 짐작한다. 설마 싶지만 '의전'을 조금이라도 아는 사람이라면 고개를 끄덕일 수밖에 없다. 헌법과 법령에 의해 공식적으로 규정된 부분도 있고 관례에 따르기도 한다. 영화나 드라마에서 왕이 나오는 장면을 생각해도 좋다. 중앙에 앉은 왕의 입장에서 봤을 때 왼쪽이 좀 더 높은 자리다.

박근혜 대통령 시절에 재미난 얘기를 하나 들은 적이 있다. 최근 1심에서 징역형을 선고받은, 기재부 장관을 역임하기도 한 K의원 일화다. 원래 그는 친박으로 분류되지 않았다. 지역구가 경산이라는 점을 활용해 A비서관 댁을 지성으로 찾았다. 높으신 의원님이 직접 문안 인사도 오고 살뜰하게 챙겨 주는데 고마워하지 않을 사람이 없다. 청와대에 있는 아들에게 이 얘기를 전한다. 의전을 책임지고 있던 아들은 그때부터 행사가 있을 때마다 K의원을 대통령의 최측근에 올 수 있도록 배려했다. 변화는 언론을 통해 알려졌고, 그때부터 '진박' 감별사로 부상했다고 한다. 증거는 없지만 상당히 설득력 있다.

『파워 엘리트(The Power Elite)』는 미국의 사회학자 라이트 밀스가 1956년에 쓴 책이다. 밀스는 '핵심 중의 핵심'에 있는 권력집단으로 미국의 고위직을 꼽았다. 미국이 무엇인가를 결정하거나 또는 결정하지 못하도록 방해하면 전 세계가 영향을 받기 때문이다. 제일 힘이 센 직위는 무엇일까? 밀스는 크게 여섯 그룹으로 분류했다. 그중 하나는 주요 도시의 '명문가' 집단이다. 뉴포트, 로드아일랜드, 볼티모어, 보스턴, 시카고, 클리블랜드, 뉴욕, 뉴저지, 필라델피아, 피츠버그, 포틀랜드, 샌프란시스코, 시애틀, 세인트루이스, 워싱턴 D. C.가 해당된다. 대중스타와 언론인이 속한 '유명인사'가 두 번째 그룹이다. 업종을 대표하는 기업체 대표이사들과 막대한 동산 및 부동산을 소유한 '자산가'가 세 번째와 네 번째다.

대통령과 국방부 장관에게 조언을 해 주는 합동참모본부와 국가안보회의(NSC) 위원 등은 '군부 엘리트'에 속한다. 마지막 그룹에는 대통령을 포함해 행정부에서 일하는 쉰 명 정도의 고위관료들이 포함된다. 물론 당사자는 의식하지 못할 수도 있고, 오히려 그런 권력이 있다는 것 자체를 부인할 것이라는 말도 덧붙였다. 반응은 어땠을까?

전쟁 직후였고 또 다른 전쟁이 지속되던 1950년대였다. 일반 대중은 별로 관심이 없었고, '적색공포'가 유행할 때라 '엉터리 좌파'라는 얘기도 나왔다. 패권이 막 성장하던 시기라 분석을 하기에는 좀 이른 시기이기도 했다. 1960년대를 거치면서 시민운동을 통해 많은 개혁이 일어났다. 1970년대에는 군부와 기업의 이익에 어긋나는 정책이 시작되었다. 대외적으로는 군사적 긴장이 완화되는 움직임이 나타났고, 국내에서도 정보기관의 불법 행위가 줄고 인권 보호를 위한 조치가 취해졌다.

군산복합체에 대한 얘기도 1961년에 처음 공식적으로 등장한 개념이다. 민주화가 확산되면서 권력은 분산되는 것처럼 보였다. 그러나 그의 통찰이 정확했다는 것과 상황이 더 악화되고 있다는 것은 시간이 지날수록 분명해졌다. 윌리엄 돔호프가 선두 주자로 이 관점을 발전시켰다. 그는 1990년 『누가 미국을 다스리는가?(Who Rules America)』(1967)란 책을 냈다.

돔호프는 먼저 주요 정책을 둘러싼 의사결정 과정을 파헤쳤다. '정책기획(Policy Planning)'과 연결망(Network)이라는 개념을 통해 대기업과 그들이 후원하는 재단, 싱크탱크와 정책토론 모임, 연방정부라는 삼각고리를 찾았다. 대기업, 재단, 싱크탱크 등의 '이사회' 구성원이 상당 부분 겹친다는 것, 그들 중 다수가 정부의 각종 위원회에 참여한다는 것 역시 확인된다. 1987년에 발표한 논문에서는 대통령 직속의 각급 '경제자문위원회' 위원장들이 싱크탱크 출신으로 채워진다는 점, 이들이 정책토론 모임에 자문을 할 뿐만 아니라 때로 기업체 이사진으로 복귀한다는 점을 밝혀냈다.

주요 법인과 기업체 '이사'직을 겸직하는 경우가 무려 87.5퍼센트가 넘는다는 통계 역시 드러났다. 2018년 책에서는 그 네트워크를 크게 '경제적, 정치적, 군사적 및 이념적'으로 정리했다.[44] 물리적으로 모이는 장소는 싱크탱크, 의회 청문회 또는 조지워싱턴대학교와 조

쿠바 미사일 위기 당시 케네디 대통령과 국방부장관 로버트 맥나마라(1962년)

지타운대학교 등이 있다. 상징적 광장에 해당하는 뉴스미디어와 학술저널 등을 통해서도 교류한다.

박사 논문을 시작할 당시에는 외환위기를 둘러싼 이런 관계를 전혀 몰랐다. 한국 정부와 언론이 제대로 된 홍보를 하지 못했기 때문에 빚어진 일종의 오해라고 봤다. 진실을 제대로 전달할 수 있는 방법을 찾아보자는 게 논문 쓰기의 출발이었다. 당시 위기와 관련한 다양한 관점이 있었고, 그중 특정한 담론이 지배적인 것으로 자리 잡는 과정을 분석하면서 '재무부-월가 복합체(Treasury Wall Street Complex)' 논의를 진지하게 받아들이기 시작했다. 백악관, 재무부, IMF, 피터슨경제연구소, AEI, 브루킹스연구소, 워싱턴포스트, 월스트리트저널, 골드만삭스, 시티뱅크, 하버드대학교와 MIT 등이 참가

도널드 럼즈펠드와 제럴드 포드(1974년)

하는 일종의 게임이었다. 언론을 제외하면 이들 간 인적 교류가 상당히 활발하다는 것, '회전문'을 통해 '긴밀한 관계'가 형성되어 있다는 것도 알았다.

과연 대외정책 분야의 대표적인 파워 엘리트에는 누가 포함될까? 동부 명문사립대 출신에 명문가 집안, 백인에 남성, 또 기독교라는 공통점은 이미 알려져 있었다.[45] 돔호프가 말한 주요 영역을 중심으로 '의사결정권'을 행사하는 집단을 분석하면 된다. 먼저 '군사와 안보'에는 국방부 장관, 국가안보보좌관(National Security Advisor), CIA와 FBI 등이 있다. '경제와 금융' 분야는 재무부, 국가경제위원회(NEC), IMF, 세계은행 등을 아우른다. '정치와 외교'에는 국무부와 UN이, 또 '담론'에는 공익재단, 싱크탱크와 언론 등이 속한다.

안보 엘리트

미국은 트루먼과 아이젠하워 대통령 시기를 거치면서 국제사회에 적극 개입하기 시작했다. 물론 그전에도 남미는 미국이 관리하는 어장이었지만 전 세계로 확대된 것은 1945년 이후다. 전쟁, 쿠데타, 반공 프로파간다 등에 영향을 받은 사람들이 대폭 늘어났다. 국방부 장관 중에서 재임 기간이 평균보다 훨씬 길고 나중에 다시 고위직에 임용된 경우는 다섯 명 정도다. 로버트 맥나마라가 그중 첫 번째 인물이다. 케네디와 린든 존슨이 대통령으로 있었던 1961년부터 1968년까지 펜타곤의 최고 결정자였다. 태어난 해는 1916년이다. 고향 샌프란시스코에 있는 버클리대학교에서 학부를 마친 후 하버드 경영대학원을 졸업했다. 그곳에서 대학 교수로 잠깐 일하다 2차 세계대전을 만나 공군 장교로 입대한다. 전쟁이 끝난 직후 경영위기에 처한 포드 자동차에 동료 열 명과 같이 입사했다. 공군에서 배운 경험을 토대로 회사를 혁신시켰고 성과는 좋았다. 1960년에는 오너 집안이 아닌 외부인으로는 최초로 회장에 임명된다. 국방부 장관직을 제안받은 것은 그 직후다.

아이젠하워 대통령의 경고처럼 펜타곤의 규모는 다시 증가했다. 한국전쟁이 끝날 무렵 248만 명 수준에 머무르던 현역 군인의 수는 1962년에는 280만 명으로 늘었다. 장관으로서 첫 시험대는 그해 발생한 쿠바 미사일 위기였다. 군사공격 대신 봉쇄를 선택함으로써 핵전쟁의 고비를 넘겼다. 안보의 핵심은 잠정적인 위협에 대한 대비라는 입장으로 '대량보복'에 반대했다. 그리고 소련의 핵 미사일 공격에 대비한 탄도요격시스템(ABM) 설치보다는 '폭격기' 증강과 같은 방안에 우호적이었다. 그가 반대했던 베트남전쟁은 이미 상당 부분 진행 중인 상황이었다.

앞서 얘기한 것처럼 1954년 전에도 미국은 재정지원, 군수품 공급, 군사훈련 등에 개입했다. 인도차이나반도의 연쇄 공산화를 막는다는 것이 목적이었다. 프랑스가 철수한 이후 역할은 더욱 커졌다. 파병 군인의 숫자는 꾸준히 늘었고, 1964년 8월에는 통킹만에서 USS 매독스(Maddox) 호가 북베트남의 공격을 받는 일이 발생한다. 나중에 맥나마라의 펜타곤과 CIA가 조작한 것으로 밝혀진 사건이다. 의회를 설득하는 일에 앞장서서 결국 미국은 본격적으로 베트남전쟁을 시작한다. 그러나 몇 차례 현장 방문 끝에 그는 대규모 파병을 하더라도 전쟁에서 승리할 가능성이 높지 않다는 결론을 내렸다. 결국 자신이 시작한 전쟁이 본격화되던 시점인 1968년에 사임한다.

린든 존슨 대통령은 맥나마라를 무척 아낀 것으로 알려진다. 전쟁에 대한 의견 차이로 사임한 그는 불과 2개월 후 '세계은행' 총재로 임명된다. 원래는 유럽 재건에 필요한 금융지원을 목적으로 설립된 곳이다. 포드자동차와 국방부를 혁신한 경험을 토대로 맥나마라는 이 조직의 과감한 변신을 주도했다. 13년간 재직하는 동안 빈곤구제, 교육지원, 인프라 투자 등의 활동이 추가된다. 1968년에는 IMF와 협의체를 구성해 '구조개혁' 프로그램을 제대로 수행하는 국가를 우선 지원하기로 결정한다. 물론 순수하게 경제적인 요소만 고려한 것은 아니고 대외정책의 목표와 긴밀하게 조율하는 방식이었다.

퇴직 후 그는 유럽에서 선제 핵공격을 하지 않도록 레이건 행정부를 설득하는 한편, NATO가 보유하고 있는 핵무기 감축을 요구하는 활동에 참여한다. 1993년에는 자신의 베트남전 결정과 관련한 내용을 중심으로 다룬 자서전이 발간된다.『공개적 약속과 권력: 로버트 맥나마라의 삶과 시대(Promise and Power: The Life and Times of Robert McNamara)』다. 장관으로서 지배적인 담론이던 '도미노 이론'을 진지하게 받아들였고, 정부의 기존 정책을 존중할 수밖에 없었다는 내용을 담았다. 1995년 발간한 또 다른 회고록『과거를 돌아보며: 베트남전쟁의 비극과 교훈(In Retrospect: The Tragedy and Lessons of Vietnam)』에도 비슷한 내용이 나온다. 제국주의에 대한 반감의 크기를 제대로 이해하지 못했고, 미국의 이익만 앞세웠으며, 또 건국 이후 단 한 번도 패하지 않았던 군사력에 지나치게 도취해 있었다는 반성이 담겨 있다.

또 다른 핵심 인물은 한국과 관련이 많은 도널드 럼즈펠드다. 중국과 협력해서 북한의 김정일 정권을 전복해야 한다고 공개적으로 요구한 인물이다. 포드 행정부와 조지 부시 2세 때 두 번에 걸쳐 펜타곤을 맡았다. 프린스턴대학교에서 정치학을 공부한 이후 해군에서 3년 복무했다. 1962년에는 서른 살 나이로 일리노이 하원의원에 당선된다. 1969년에는 의원직을 그만두고 닉슨 행정부에 합류한다. 빈민구제국(Office of Economic Opportunity) 소장을 잠깐 맡은 다음 NATO 미국대사로 파견된다. 닉슨의 사임 후 제럴드 포드 인수위에 참가한 인연으로 1975년에는 국방부 장관에 취임한다. 그의 나이는 겨우 마흔세 살로 역대 가장 젊은 장관이었다. 당시 CIA 국장으로는 조지 부시 I세가 임명되었으며, 국무부 장관은 헨리 키신저였다.

긴장 완화를 추진했던 키신저와 달리 럼즈펠드는 펜타곤의 확대를 적극 밀어붙였다. 퇴임 후에는 기업체 CEO로서도 성공을 거둔다. 경영능력으로만 된 것은 아니었고, 공화당 의원으로 일했던 시기부터 만들어 온 인연이 작용한다. 일리노이에서 하원의원으로 당선되기 전에 럼즈펠드는 데이비드 데니슨과 로버트 그리핀의 보좌관이었다. 둘 다 공화당 출신이다. 1970년대에 접어들면서 공화당은 위기감을 느낀다. 한국이나 미국이나 바람을 탄다는 점에서 '당선'이 위태로울 상황이었다.

공화당의 대응을 주도한 인물 중 한 명이 폴 웨이리치다. 위스콘신대학교 시절부터 정치에 투신한 인물로, 1966년부터 콜로라도 상원의원 고든 앨롯의 홍보보좌관으로 일했다. 1973년에 그는 '공화당연구 모임(Republican Study Committee)'을 시작했는데, 딕 체니도 초기 회원으로 참가한다. 의회 보좌관 때부터 잘 알고 지냈던 쿠어스 맥주 사장의 도움을 받아 헤리티지재단을 만든 것도 이 무렵이다. 럼즈펠드는 그 직후 장관이 되었고, 주요 현안을 두고 공화당 의원들과 적극 협력했다. 펜타곤은 의회와 같이 할 일이 많다는 점을 기억하면 된다. 퇴임한 후에도 이 관계는 지속된다. 제약회사에서 그를 대표이사로 영입한 것도 이런 사정을 두루 감안한 결정이다. 그는 기대를 저버리지 않았다.

레이건 대통령의 당선은 공화당의 적극적인 노력이 있었기에 가능했다. 연임에 실패하는 대통령이 별로 없다는 점을 감안하면 카터의 낙선은 의외에 가까웠다. 이란 인질 사건을 정치적으로 이용한 점도 있지만 담론투쟁에서 어느 정도 승리한 것이 주요 원인이다. 럼즈펠드는 '화이자(Pfizer)'의 자회사인 'G. D. Searle'에서 대표이사로 근무하는 동안에도 대통령 직속의 '군축통제(Arms Control)', '미-일관계(U.S.-Japan Relations)'와 '전략시스템(Strategic Systems)' 위원회 등을 적극 도왔다. 국방대학교(National Defense University) 이사를 비롯해 '무역적자관리위원회'와 국가경제위원회(National Economic Commission)' 자문위원으로도 일했으며, 외교협회(CFR)에도 회원으로 참가한다. 재직하고 있던 회사의 특허 문제를 해결해 준 것은 1981년이다. 인수위에 참가할 당시 아서 헤이스를 '미국 식약청(Food and Drug Association, FDA)' 책임자로 임명한 인연을 써 먹었다. 최종 승인 과정에서 헤이스는 럼즈펠드 회사의 손을 들어 주었다.

1983년 11월 3일에 럼즈펠드는 국정 현안으로 등장한 이란 문제를 해결할 적임자로 꼽힌다. 중동특사 자격으로 사담 후세인을 만났고 화학무기를 비롯한 전폭적인 군사 지원을 약속했다. 전쟁은 이렇게 해서 1989년까지 이어진다. 대표이사에서 물러나기 전 회사는 다른 곳에 매각되었고, 이때 받은 사례비만 1200만 달러. 당시로서는 엄청난 금액이다. 정계, 관계와 군부에 두루 인맥을 갖고 있는 그를 원하는 기업은 많았고, 2001년 백악관으로 다시 돌아갈 때까지 CEO로 머물렀다. 정치적 야망이 상당했다.

1989년에 레이건이 퇴임한다. 그가 후보로 고른 인물은 럼즈펠드가 아닌 조지 부시 I세였다. 꽤 충격이 컸던 것으로 전해진다. 회고록에 따르면 당연히 자신이 후보가 될 거라고 믿었다. 경제에 발목을 잡힌 부시는 결국 1993년 연임 문턱에서 주저앉았다. 클린턴 임기 동안 공화당은 또 다른 재기 전략을 모색한다. 르윈스키 스캔들을 적극 활용하는 한편 '국방비 감축'과 '중동평화협상' 등을 집중 비판했다. 1997년에는 '새로운 세기의 미국을 위한 프로젝트(PNAC)'라는 싱크탱크를 통해 '이라크' 공격을 앞장서서 주장했다. 공화당은 2001년에 다시 권력을 잡는 데 성공했고, 조지 부시 2세는 앨 고어를 눌렀다. 9월 11일에 테러 공격이 있은 직후 럼즈펠드를 중심으로 한 네오콘들은 '북한, 이라크, 리비아, 시리아' 등을 대상으로 한 '정권교체' 작전에 들어갔다. 웨슬리 클라크가 4성장군 출신 펜타곤 내부에서 들은 얘기라 상당히 믿을 만하다. 럼즈펠드와 관련이 깊은 이라크 '아부그라이브' 감옥의 고문 문제가 터진 것은 2003년 3월이다.

대외정책에서 '인권' 문제는 복잡하다. 미국은 패권국가로서 모범을 보여야 하지만 국가 안보를 위해서는 수단과 방법을 가리지 않아야 하는 모순이 있다. 럼즈펠드와 공화당 강경파는 국가 이익을 가장 우선에 둔다. 국제조약도 미국의 이익에 부합하지 않으면 외면해 왔다. 국제사법재판소의 설치를 막았으며, 지금까지 참여하지 않는 것이 대표적인 사례다. 발가벗긴 채 고문을 당하는 포로 사진에서 촉발된 사건이지만 결코 일회성은 아니었다. 에드워드 스노든이나 위키리크스 등을 통해 확인된 것처럼 이런 일은 쿠바령에 있는 관타나모 기지(Guantanamo Bay)에서도 일상적이었다.

펜타곤과 CIA는 아프가니스탄, 폴란드, 체코 등 국내법이 미치지 않는 곳을 의도적으로 활용한 것으로 알려진다. 관타나모 총괄 책임자는 육군 소장 제프리 밀러다. 2002년 12월 2일에 럼즈펠드는 그가 책임자로 있는 관타나모 기지의 수감자를 대상으로 '일급 특별 수사 계획'으로 알려진 일련의 고문 기술을 승인했다. 이라크전쟁이 뜻대로 진행되지 않았던 2003년 9월에는 밀러 소장을 이라크로 파견한다. 유사한 고문 기술이 이때 전수된다. 베트남전쟁 이후 또 다른 악몽으로 기억되는 이라크전쟁의 책임을 지고 퇴직한 해는 2006년이다. 그 이후 『알려진 것과 숨겨진 것: 회고록(Known and Unknown: Memoir)』이라는 자서전을 냈고, 2014년에는 '럼즈펠드 재단'을 만들었다.

딕 체니는 1941년에 태어났다. 럼즈펠드보다 아홉 살이나 어리다. 1975년 럼즈펠드가 국방부 장관으로 승진하면서 비서실장 자리를 넘겨받는다. 2001년에 부통령이 된 그는 국방부 장관으로 럼즈펠드를 추천했다. 백악관에서 나온 직후인 1979년부터는 공화당 하원의원으로 재직한다. 의원 임기 마지막 무렵인 1987년에는 CFR의 소장을 겸직했고, 1989년에는 국방부 장관에 취임한다.

딕 체니가 곧바로 주도한 작전이 파나마 노리에가를 강제로 압송하는 것과 1차 걸프전쟁이다. 냉전이 끝난 후 중단되었던 '팀스피리트 훈련'을 재개한 것 역시 그의 작품이다. 북한은 여기에 강력하게 맞섰고, 1994년 6월 한반도는 2차 한국전쟁 직전까지 내몰렸다. 민주당 정권이 들어서면서 퇴임했으며, 곧바로 AEI와 CFR로 복귀한다. 1995년부터 2000년까지 나중에 이라크전쟁의 최대 수혜를 보는 핼리버튼(Halliburton)의 회장을 맡았다. 백악관, 의회, 기업에서 다시 백악관으로 가는 '회전문'의 대표적인 사례다. 2001년부터 2009년까지 부통령을 지냈으며, '플레임 사건(Plame Affair)'의 핵심 인물이기도 하다.

2003년 1월 28일에 부시 대통령은 전쟁이 불가피한 '증거'라고 하면서 놀라운 사실을 공표했다. 이라크의 사담 후세인이 나이지리아로부터 대량의 우라늄을 인수하려고 시도했다는 내용이었다. 대량 살상무기가 개발될 때까지 기다릴 수 없으니 '선제공격'이 불가피하다는 여론에 결정적인 단초를 제공한 사건이다. 그러나 2003년 의외의 인물이 《뉴욕타임스》 의견난을 통해 이 의혹을 정면으로 되받았다. 전직 외교관으로 CIA 요청에 의해 나이지리아 현장을 조사하고 돌아온 조지프 윌슨이었다. 전쟁을 이미 결정해 둔 상황에서 럼즈펠드를 중심으로 하는 백악관은 곤경에 빠졌다. 그래서 언론 채널을 동원한다. 칼럼니스트로 활동하면서 CNN의 실세 중 한 명이었던 로버트 노박을 활용했다. 전쟁에 비판적이던 윌슨의 부인 발레리 프레임이 자기 남편을 의도적으로 보냈다는 내용의 기사가 나간다. 전형적인 '앵무새' 죽이기다. 말하는 사람의 신뢰도를 무너뜨림으로써 진실을 은폐하는 프로파간다 수법이다.

이 과정에서 기밀로 분류된 발레리 프레임의 신분이 공개된다. 자칫하면 관련 CIA 직원들이 큰 난관에 직면할 수 있는 상황이었다. 프레임은 사임했고, FBI가 수사에 착수한다. 대통령 정책자문을 맡았던 칼 로브와 체니의 비서실장인 루이스 리비가 배후로 밝혀진다. 기밀 누설죄로 두 사람은 확정 판결을 받았고, 2018년 트럼프에 의해 사면된다. 자서전 『나의 시대: 개인적이면서 정치적인 회고록(In My Time: A Personal and Political Memoir)』이 2011년에 발간되었는데, 이 책에서 이라크전쟁과 NSA 프리즘 프로그램 등에 대해 얘기한다. 내용은 나중에 밝혀진 것과는 달랐다.

딕 체니의 딸인 엘리자베스 체니는 2006년 정부 관료들을 중심으로 설립한 '이란-시리아 정책 및 작전그룹(Iran Syria Policy and

오른쪽부터 제럴드 포드, 헨리 키신저, 넬슨 록펠러(1975년)

Operations Group)'의 공동의장으로 이란과 시리아의 정권교체를 공개적으로 추진해 왔다. 2015년 9월 8일에 막대한 강연료로 구설수에 올랐던 AEI 강연을 통해 딕 체니는 이란과 체결한 핵협상을 '미친 짓'이라고 비난한다. 2018년 5월에 트럼프 대통령은 이란과 체결한 협정을 일방적으로 폐기한다고 발표했다. 그가 후원한 인물로 같은 AEI 일원이었던 존 볼턴은 국가안보보좌관이다. 우연일까?

백악관에서 제일 중요한 모임이 국가안보회의(National Security Council)다. 전쟁이나 국가 안보와 관련한 주요 사항을 이곳에서 결정하는데 대통령이 의장이다. 정부 부처 중에서는 당연직으로 부통령, 국무부 장관, 국방부 장관, 에너지 장관, 재무부 장관이 함께 참석한다. 합참의장, 국가정보원장, 검찰총장과 비서실장도 당연히 포함된다. 대외정책과 필연적으로 관련되기 때문에 UN대사도 참석한다. 국가안보보좌관(National Security Advisor)은 그중에서도 결정적인 역할을 하는 인물이다. 직책 자체는 낮지만 대통령이 특별히 신뢰하는 사람이 맡는다. 역대 보좌관 중에는 대외정책의 실세들이 많다. 케네디와 존슨 행정부의 맥조지 번디와 월트 로스토, 닉슨과 포드 정부의 헨리 키신저, 카터 정부의 즈비그뉴 브레진스키 등이다. 앤서니 레이크, 콜린 파월, 콘돌리자 라이스, 수전 라이스 등도 있다. 영향력 면에서 보자면 세 명 정도가 두드러진다.

그중 한 명이 맥조지 번디다. 케네디 행정부에서 국가안보보좌관으로 5년 정도 일한 다음 곧바로 포드 재단 이사장으로 옮겼다. 명문가 자제로 예일대학교 출신이다. 윌리엄 번디는 그의 친형이다. CIA 분석관으로 국무부 차관보를 지냈고, 데이비드 록펠러의 절친이다. CFR 회장직을 맡아 달라는 제안을 거절하고 대신 《포린 어페어》 편집장으로 오랫동안 일했다. 형제가 나란히 케네디 행정부의 핵심이었다. 맥조지도 정보장교였고, 제대 후에는 헨리 스팀슨의 자서전 집필을 도왔다. 스팀슨은 국방부 장관 두 번에 국무부 장관도 역임한 적 있는 대외정책의 실력자다. CFR을 설립한 엘리후 루트가 그의 멘토다. 번디는 1949년 CFR의 연구원으로 자리 잡았고, 마셜플랜을 연구하기 위한 모임에 참가한다. 장차 대외정책을 주도할 아이젠하워, 앨런 덜레스, 조지 캐넌과 리처드 비셀 등이 함께 했다.

조지 캐넌은 도미노 이론의 제공자이고, 리처드 비셀은 1959년 피그스만 침공의 배후 인물이다. 남다른 인맥과 CFR 경력 등을 인정받아 서른네 살에 하버드대학교 사회과학대 학장에 임명된다. 사십

마오쩌둥과 중국을 방문한 리처드 닉슨 대통령(1972년)

대 초반인 1961년에는 케네디 대통령의 안보보좌관으로 '케네디 독트린'을 주도했다. 뉴욕대학교 석좌교수를 거쳐서 말년에는 카네기 재단에서 지냈다.

닉슨 행정부에 참가했던 헨리 키신저가 또 다른 거물이다. 역시 록펠러와 관련이 깊다. 키신저는 1923년에 태어났다. 부모는 나치 독일의 박해를 피해 이민을 온 유대계다. '방첩부대(Counter Intelligence Corps, CIC)' 요원으로 전쟁을 치렀고, 독일 비밀경찰 색출 작업에도 참가한 것으로 알려진다.[46] 전쟁이 나기 전 잠깐 뉴욕시립대학교에 등록을 했지만 제대로 된 대학 생활과 교수 생활은 하버드대학교에서 했다. 늦깎이 학생으로 박사까지 마친 후 교수로 자리를 잡는다. 대학원에 재학 중일 때부터 '심리전' 보좌관으로 일했으며, 록펠러

재단과 인연을 맺게 된 것은 1956년이다.

　대통령에 출마하려 한 넬슨 록펠러가 국가 운영을 위한 '청사진'을 마련하기 위해 낙점한 인사가 헨리 키신저다. 박사 학위를 받은 해가 1954년이니 불과 2년 만에 엄청난 직책을 맡은 셈이다. 탁월한 능력보다는 '유대계'라는 점이 더 크게 작용했을 가능성이 높다. 독일을 농업국가로 만들 계획을 세웠던 유대인 출신 재무부 장관 헨리 모건소가 넬슨의 후원자였다는 사실을 기억하면 이해가 된다. 공교롭게도 두 사람은 포드 행정부에서 같이 일한다. 한 사람은 부통령으로, 한 사람은 국무부 장관으로. 뒤이어 1959년에는 하버드대학교 교수로 임명되는 행운(?)도 따랐다. 그가 책임자로 진행했던 '특별연구프로젝트(Special Studies Project)'에는 '국제전략 및 목표, 국제안보전략 및 목표, 국제경제사회 전략 및 목표, 미국경제사회정책, 미국인적자본 활성화 전략, 미국민주주의, 국가과제의 도덕적 근간' 등이 포함된다.

　쟁쟁한 인물이 함께했다. 장차 케네디 정부에서 국무부 장관을 맡게 될 딘 러스크, 벨앤하월(Bell & Howell) 사 회장 찰스 퍼시, 린든 존슨 정부에서 보건복지교육부 장관을 맡게 될 존 가드너, 《타임》 회장 헨리 루스와 록펠러 가문의 형제들이다. 1961년에 나온 『미국을 위한 전망: 록펠러 전문가 보고서(Prospect for America: The Rockefeller Panel Reports)』가 그 결과물이다. 대략 10년 동안 공직에 있었다. 닉슨이 취임했던 1969년 1월부터 안보보좌관으로 일했고, 포드 정부가 시작되면서 국무부 장관으로 승진한다. 임기 초반에는 공격적인 대외정책을 폈다. 캄보디아와 라오스 비밀전쟁과 베트남전쟁 확전에도 개입한다. 그 이후 긴장완화 정책으로 방향을 틀었다. 경제력이 급속하게 악화되었다는 점도 배경 중 하나이지만 전략적 계산도 고려한 결정이었다.

제3세계 노선을 걸었던 인도네시아에서는 1965년에 CIA가 지원한 쿠데타를 통해 친미정부가 들어섰다. 공산주의의 영향력이 인도차이나반도를 넘어서는 것은 수하르토 정권 수립을 통해 막았다. 베트남전쟁에만 주력하게 되는 상황을 만든 셈이다. 게다가 중국은 그냥 방치하기에는 너무 거대한 국가였다. 중국은 1964년에 첫 핵실험을 실시한 데 이어, 1967년에는 수소폭탄 실험에도 성공했다. 소련, 중국, 인도로 연결되는 공산권 블록을 어떻게든 통제할 필요를 느꼈다. 때마침 1969년에 중소 국경분쟁이 생겼고, 중국의 핵무장에 대한 소련의 불만도 높아졌다. 닉슨과 키신저는 '중국'이라는 카드에서 실마리를 찾았다. 1971년에 키신저는 두 차례에 걸쳐 중국을 방문해 저우언라이를 만난다. 그해 10월에 UN은 중국의 지위를 회복시켰고, 대만은 안전보장이사회 상임이사국 지위를 잃는다. 닉슨 대통령은 1972년에 중국을 방문해 적대적 관계 청산을 선언했다. 파키스탄이 다리를 놓았다.

인도와 파키스탄은 원래 하나였다. 영국의 식민지에서 분리된 이후 파키스탄이 또 떨어져 나갔다. 힌두교가 아닌 무슬림이라는 종교가 구심점이었다. 인도가 막아섰고, 무력충돌이 불가피했다. 파키스탄이 손잡은 쪽은 미국이다. 사연이 있는데, 인도는 자국을 식민지로 삼았던 영국을 사랑할 수 없다. 영국과 미국은 혈맹이다. 생존을 위해서는 자연스럽게 '소련'과 가까워질 수밖에 없다. 지도를 보면 알 수 있지만 인도와 파키스탄은 규모에서 비교가 안 된다. 큰 집과 작은

즈비그뉴 브레진스키와 해럴드 브라운(1977년)

집이다. 중국 카드가 활용되는 시점은 1971년이다. 독립 당시 파키스탄은 인도를 중간에 두고 서쪽과 동쪽으로 분리된 상태였다. 파키스탄 동쪽 국경에는 '네팔'이 있고, 그 오른쪽에 지금의 방글라데시가 있었다. 1971년 3월에 이곳에서 독립운동이 일어난다.

파키스탄은 혹독하게 짓밟았다. 미국은 못 본 척했다. 해방운동을 주도했던 뱅골인들은 인도에 도움의 손길을 내밀었고, 국제사회는 아무런 조치도 취하지 못했다. 인도 군대가 진입한 날짜는 4월 28일이다. 인도로 탈출했던 독립운동 주축 세력과 함께였다. 미국과 영국의 개입을 우려해 8월에는 소련과 '친선조약(Treaty of Freindship and Cooperation)'을 맺었다. 파키스탄 군부는 인도와 충돌할 수밖에 없다고 판단해 소련의 경고를 무시했다. 미국이 도와줄 수밖에 없을 것이라는 계산이 있었다. 중국과 미국의 협상을 도운 것도 이런 배경에서 나왔다.

1971년 12월 3일에 파키스탄은 열한 개의 공수부대를 투입한다. 잠깐 몰렸던 인도 군대는 즉각 반격에 나섰다. 전쟁은 불과 13일 만에 끝이 난다. 파키스탄의 패배가 확실해질 즈음 닉슨 행정부는 USS 엔터프라이즈 호를 인도양에 전진 배치했다. 파키스탄 서쪽으로 전선을 확대하지 말라는 경고로 미국의 동맹을 지키겠다는 신호였다. 대외정책에서 키신저의 입장은 그 이후에도 변하지 않았다. 1973년에는 칠레의 군부 쿠데타를 지원하는 한편, 1975년에 발발한 인도네시아 정부의 동티모르 학살에는 입을 닫았다.

키신저가 장관에서 물러난 것은 카터 행정부가 시작된 1977년이다. 퇴임 후에도 영향력은 전혀 줄어들지 않았다. 록펠러(David Rofeller) 가문, 덜레스 CIA 국장, 럼즈펠드, 조지 슐츠(전직 재무부 및 국무부 장관) 등과 긴밀한 관계를 이어 갔다. 퇴임 직후 조지타운대학교에 위치하고 있던 국제전략연구소(CSIS)의 석좌교수로 임명된다. 1982년에는 국제사회를 대상으로 한 컨설팅 회사인 '키신저 협회(KIssinger Associates)'를 세웠다. 그 외 언론 기업 '홀링거 인터내셔널(Hollinger International)', 방산업체 '걸프스트림 항공(Gulfstream Aerospace)'과 아이젠하워장학재단 이사로 재직했다. 부시 대통령의 요청으로 9·11 테러 이후 설립된 '미국테러공격대처위원회(National Commission on Terrorist Attacks)' 의장도 맡았다.

키신저는 럼즈펠드와 브레진스키 등으로 대표되는 강경파와도 잘 알고 지냈다. 그러나 데탕트의 기획자로서 무력 사용의 한계를 잘 알았다. 이라크전쟁(2003년)에 대해서도 '미국의 자존심'을 회복시켜 준다는 점은 인정하면서도 비판적인 입장이었다. 상대적으로 진보로 분류되는 조지 슐츠, 윌리엄 페리, 샘 넌 등과 함께 '핵무기 없는 세상'을 주장하는 '핵안보 프로젝트(Nuclear Security Project)'에 참여했다. 2015년에는 『세계 질서(World Order)』라는 제목의 자서전을 냈다. 미국 주도의 국제질서가 '긍정적'이었다는 점과 향후에도 지속될 필요가 있다는 주장을 담았다.

즈비그뉴 브레진스키는 공직에는 별로 오래 있지 않았다. 카터 행정부에서 국가안보보좌관을 맡은 게 전부다. 그러나 그의 그림자는 길고 짙다. 데이비드 록펠러의 제안으로 미국, 일본, 독일의 주요 인사들로 구성된 '삼각위원회(Trilateral Commission)'를 설립한 해는 1973년이다. 당시 조지아 주지사였던 지미 카터를 위원회에 초빙한 인연으로 백악관에 들어간다. 부시 I세 행정부 때는 '해외정보자문위원회'에도 참석했다. 클린턴 정부에서 국무부 장관을 한 매들린 올브라이트는 그의 보좌관 출신이다. 또 콘돌리자 라이스는 올브라이트 아버지의 제자였다. 공통적으로 러시아를 겨냥한 신냉전을 옹호한다. 박사 과정은 하버드대학교에서 마쳤고, 키신저와 동문이다. 둘 다 정년이 보장되는 교수직에 응모했지만 키신저에게 밀렸다. 이후 컬럼비아대학교 등에서 강의를 맡았고, 이때부터 CFR과 관련을 맺었다. 데이비드 록펠러를 사이에 두고 키신저와 관련이 깊다. 빌더버그 클럽, 삼각위원회, CSIS 이사회 등에서 두 사람은 협력관계였다.

'미국 패권(US Hegemony)'의 유지라는 지향점에서 두 사람은 다르지 않다. 그러나 '소련'의 위협을 해결하는 방식은 너무 달랐다. 공화당으로 분류되기는 했지만 키신저는 긴장 완화와 외교를 앞세웠다. 군축합의를 존중했다. 유럽에서 군이 소련을 자극해서 '헬싱키 선언'이 지연되는 것을 원하지 않았다. 폴란드 망명자 출신의 브레진스키는 데탕트가 오히려 소련의 영향력을 높일 것이라고 봤다.

얼핏 보면 일관성이 없어 보이는 그의 입장은 '소련'을 변수에 넣으면 많은 것이 설명된다. 1978년에 브레진스키는 카터를 움직여 대만과 외교관계를 끊게 만들었다. 중국을 보다 적극적으로 포용해야 한다는 입장이었다. 소련에 대해서는 보다 강경한 정책을 밀고 나갔다. 여론 전쟁을 위해 '라디오자유유럽(Radio Free Europe)'과 '자유라디오(Radio Liberty)'의 출력을 높였다. 한국으로 치면 휴전선에서 대북방송을 강화했다는 얘기다.

모국이던 폴란드의 민주화 운동을 적극 지원하는 것이 목표였다. 아프가니스탄의 탈레반 정부를 키운 것도 그의 작품이다. 미국이 베트남전쟁의 수렁에 빠진 것처럼 소련에 비슷한 과제를 주려는 의도였다. 앞에서 설명한 것처럼, 소련이 개입하지 않을 수 없는 상황을 만들었다. 테헤란 미국대사관 인질 사건을 해결하는 과정에서도 무력개입을 앞세웠다. 그러자 카터 행정부와 충돌하는 일이 잦아졌다. 국무부 장관으로 같이 근무했던 사이러스 밴스는 브레진스키의 이런 호전적인 입장을 비판하면서 "악마"라고 불렀다. 전임자들과 달리 공화당 정부인 레이건과 부시 1세 행정부에서 반공투사로 몸값을 높였다. 대외정책에 관한 그의 생각과 전략이 잘 정리된 책이 1997년에 나온 『거대한 체스판: 21세기 미국의 세계전략과 유라시아(The Grand Chessboard: American Primacy and Its Geostrategic Imperatives)』다.

허버트 후버 대통령(1930년)

국가정보원장(Director of Naitonal Intelligence, DNI)과 CIA 국장은 모두 NSC 위원이다. DNI는 9·11테러 이후 신설된 직책으로, 영향력 관점에서 보면 CIA가 훨씬 크다. 앨런 덜레스는 그중에서도 제일 비중이 높다. 루스벨트(FDR) 대통령 때부터 권력의 핵심에 있었다. 태어난 해는 1893년으로 맥조지(1916년), 맥나라마(1916년), 키신저(1923년)보다 훨씬 연장자다. 집안도 좋다. 외할아버지와 처가쪽 삼촌 모두 전직 국무부 장관이다. 그의 친형 포스터 덜레스는 아이젠하워 정부에서 국무부 장관을 지냈다. 법률 전문가로서 UN 헌장 작성에도 참여한 인물이다. 북대서양방위조약(NATO)은 물론 동남아방위조약(SEATO) 등이 모두 그의 손을 거쳐서 문서화된다. 대형 로펌인 '설리번 앤 크롬웰(Sullian & Cromwell LLP)'의 동업자였고 동생이 그를 도왔다. 1879년에 설립된 이 회사의 최대 고객이 록펠러가 세운 '스탠더드오일'이다. 형제는 닮은 점이 정말 많다. 둘 다 학부는 프린스턴대학교에서, 로스쿨은 조지워싱턴대학교에서 마쳤다.

앨런 덜레스의 첫 직장은 정부다. 파리강화회의에 국무부 직원으로 참석했다. 국무부 장관 엘리우 후가 주도한 CFR 설립에 관여하게 된 것이 인연이었다. CFR의 초대 소장을 거쳐서 그 이후에는 회장을 맡았다.《포린 어페어》편집장과 공동으로 『미국은 중립적일 수 있을까?(Can We Be Neutral?)』와 『미국의 중립은 가능할까?(Can America Stay Neutral?)』 등의 책을 냈다. 고립주의를 끝내고 참전을 해야 한다는 내용이었다. 전쟁이 발발하면서 전략사무국(OSS) 유럽 책임자로 임명된다. 영국 MI6과 협력하기 위해 차린 미국 사무소는 록펠러 센터 내에 자리를 잡는다. 1949년에는 기존의 CIA가 가진 문제점을 파헤친 보고서를 냈고 트루먼은 이를 받아들인다. 1952년부터 1961년까지 일인자로 군림했다. 형은 국무부 장관으로, 동생은 CIA 국장으로 국제사회에 많은 흔적을 남긴다.[47] 그중 하나가 쿠데타 배후 조종이다.

1953년 8월 19일에 이란의 모하마드 팔레비 왕조가 복귀한다. 민주적으로 선출된 국민전선의 모하마드 모사데크 수상이 이끈 정부는 붕괴되었다. 미국의 CIA와 영국 MI6의 공동작품이다. 왜? 지금의 BP 자회사인 '앵글로-이란 석유회사(Anglo-Iranian Oil Company)'의 이권을 보호하기 위해서였다. 이 회사는 유대계 자본으로 록펠러 가문과도 밀접했던 로스차일드 가문의 소유였다. 쿠데타 이후 이란 석유는 미국과 영국이 나누어 가진다. 지분은 좀 달라진다. 브리티시오일(British Oil, BP)의 지분은 줄고 그만큼을 '스탠더드오일'이 챙겼다. 존 록펠러가 소유하고 있던 '뉴저지스탠더드, 소코니배큠(전 뉴욕 스탠더드오일), 모바일(전 캘리포니아 스탠더드오일), 걸프(Gulf), 텍사코(Texaco) 등이 그 몫을 가져갔다.[48]

과테말라 쿠데타도 비슷하다. 목적은 남미의 과일을 독점하고 있던 유나이티드 프루트 보호였다. 이 회사가 '설리번 앤 크롬웰'의 주요 고객이었고, 이들 형제가 40년간 월급을 받고 있었다는 사실은 나중에야 밝혀진다. 쿠바의 피그스만 침공도 그의 작품이다. 1976년 「처치 보고서」를 통해 그가 재직 중이던 당시의 많은 불법 행위가 폭로된다. 형제 모두 그전에 사망했기 때문에 청문회에 설 일은 없었다.

FBI를 이끌던 에드가 후버는 이보다 더 전설적인 인물이다. 절대 권력을 누렸다. 국장으로 재임한 기간만 1924년부터 1972년까지 무려 48년이다. 퇴직을 한 게 아니라 심장마비로 갑자기 죽었다. CIA의 앨런과 비슷한 연배인 1895년생이다. 대통령도 감히 그를 해고할 엄두를 못 냈다. 트루먼 대통령은 심지어 "우리는 누구도 비밀경찰을 원하지 않는다. FBI는 그런 방향으로 나가고 있다. 온갖 추문과 협박을 휘두른다. 모든 의원들이 그를 두려워한다."고 말한 것으로 전해진다.[49]

후버는 평생을 워싱턴 D. C.에서 살았다. ROTC 장교 출신으로 조지워싱턴대학교에서 학부와 로스쿨을 마쳤다. 법무부에서 직장 생활을 시작했고, '전시긴급조치팀(War Emergency Division, WEM)'에 소속된다. 때마침 윌슨 대통령의 지시로 간첩 행위를 할 우려가 있는 외국인 체포령이 내려졌고 재판 없이 무수한 사람을 구속하는 일을 맡았다. 1917년에는 간첩법(Espinage Act)이 제정되면서 WEM의 권한은 크게 확대된다. 당시 미국에 살고 있던 1400명의 독일 이민자 중 아흔여덟 명을 체포했고, 1172명을 '불순분자'로 격리시켰다.

볼셰비키혁명이 성공한 해는 1917년이다. 미국이 1차 세계대전에 개입하기로 결정한 원인 중 하나는 '적색공포(Red Scare)'였다. 자본주의라는 이해관계에서 영국, 프랑스와 일치하는 부분이 많았다. 1918년 5월 소련의 붉은 군대(Red Army)가 체코에 진입했을 때는 5000명의 군대를 직접 파병하기도 했다. 윌슨 대통령은 또 국내 공산주의자와 무정부주의자 색출에 나섰다. 당시 검찰총장은 알렉산더 팔머였고, 후버는 실무 책임자였다. '과격분자담당부서(Radical Division)'의 책임자로서, 성향이 의심스럽거나 과격한 발언을 하는 인사들을 체포하거나 추방하는 일을 맡았다. 흑인민족주의자, 페미니즘 운동가, 무정부주의자 등이 공략 대상이 되었다. '수사국(Bureau of Investigation)'이 처음 생겼던 1921년에 부국장으로 임명된다. 1924년에는 국장으로 승진한다. 곧바로 모든 여직원을 해고했다.

대공황이라는 사회적 혼란이 허버트 후버에게는 기회로 작용한다. 자본가에 대한 적개심이 높았던 때라 은행 강도에 대한 동정론도 없지 않던 때였다. 대통령 후버는 재직 중 '범죄와의 전쟁'을 선포하면서 힘을 실어 주었다. 루스벨트 대통령은 그 범위를 사회 불만세력으로 넓혔다. '연방수사국(Federal Bureau of Investigatin, FBI)'은 이제 국내 정치집단에 대한 정보를 수집하는 권한도 부여받았다. 범죄 수사를 위해 지문을 등록하게 한 것도 이때부터다. 전쟁이 끝나 가면서 그의 관심은 조직범죄에서 '공산주의자' 검거로 돌아섰다. 줄어드는

대공황으로 문을 닫은 은행 앞에 모여든 군중(1931년)

범죄 대신 새로운 사냥감을 찾아낸 셈이다.

후버는 영국 정보기관과 손을 잡고 '베로나 프로젝트(Verona Project)'에도 참가한다. 불법 도청을 통해 미국 내에서 활동하는 소련 간첩을 체포하는 '반첩보(anti intelligence)' 활동이었다. 트루먼 대통령과 국무부 장관 딘 애치슨도 몰랐다고 한다. 1952년에야 CIA와 정보를 공유하기 시작했다. 불법 감시, 체포와 위협 등의 수법은 1960년대 중반 이후 시민운동을 계기로 더욱 확산된다. 나중에 의회 청문회에서 폭로되는 'COUNTELPRO'도 그가 직접 지휘한 작업이었다. 맬컴 엑스와 마틴 루터킹을 비롯해 반전운동가 등이 희생양이 된다.

FBI가 국내에서만 활동한 것도 아니다. 일본의 진주만 공격 전까지만 해도 해외 정보를 전담하는 기구는 없었다. 전시기획국(OSS)도 1940년대에 들어섰다. 1947년에야 CIA가 생겼다. 그러나 '루스벨트 추론' 이후 남미는 미국의 감시 대상이었다. 군대가 할 수 없는 정보 관련 역할을 할 누군가가 필요했고, FBI가 이 공백을 채웠다.

1950년대 이후 미국 내에서 '반란(insurgence)'의 위협이 있을 거라고 믿었던 것은 당시 남미 통제 경험과 관련이 있다. 외국 군대가 주둔하는 상황에서 식민지 국민은 저항을 한다. 남미를 두고 FBI와 CIA가 일종의 영역 다툼을 한 것은 이런 배경 때문이다. 미국 시민이 이런 사실을 알기는 어려웠다. 게다가 워낙 FBI는 이미지가 좋았다. 후버가 각별히 공을 들인 할리우드 덕분이다. 그는 일찍부터 워너브라더스(Warner Brothers)의 자문 역할을 맡았다. 1959년의 FBI 스토리, 텔레비전 시리즈물 「The F.B.I.」 등에서 긍정적으로 묘사되도록 각별한 주의를 기울였다. 그가 죽은 후 '권력남용' 사례는 추가적으로 드러났고, 의회는 이를 통제할 방안을 찾았다. 원칙적으로 임기를 10년으로 제한하게 된 것은 이 때문이다.

경제 엘리트

정경유착(政經癒着), 권언유착(勸言癒着), 패거리자본주의(crony capitalism), 천민자본주의는 서구사회에서 한국을 비난할 때 자주 활용하는 단어다. 외환위기 때도 한국은 '천민' 또는 '패거리' 자본주의라는 말을 많이 들었다. 당시 천주교가 주도했던 "내 탓이오.(Mea Culpa)" 운동은 이런 영향을 받아 우리가 스스로 받아들인 '양심고백'이다. 압축성장의 병폐라는 말도 자주 한다. 그러나 국제사회를 냉정하게 보면 이런 모습은 한국만의 문제가 아니라 보편적임을 알 수 있다. 독일도, 미국도, 소련도 압축적으로 성장한 다음에 완만한 기울기를 유지했다. 패거리 관점에서 보면 미국이 오히려 대표적이다. 원래부터 자본가와 정부의 구분이 별로 없었다. 건국의 아버지라 알려진 인물 중 '개천에서 용이 난' 경우는 거의 없다. 대통령 중 극히 일부가 여기에 해당하는데 '전쟁영웅'이라는 공통점이 있다. 경제와 금융 분야는 그중에서도 '복합체' 성격을 가장 잘 보여 준다.

재무부 장관은 NSC와 NEC에 모두 참가한다. 대통령 최측근이 임명된다. 군사력과 더불어 '경제력'은 원래 대통령의 핵심 자산이다. 백악관에서 물리적으로 얼마나 떨어져 있느냐를 기준으로 했을 때도 확인된다. 창문을 열고 부르면 대답할 수 있는 거리에 재무부가 자리를 잡고 있다. 정해진 임기는 8년이지만 제대로 채운 경우는 많지 않다.

앤드루 멜런은 11년간 이 자리를 지킨 최초의 인물이다. 미국이 한참 잘나가던 1921년에 시작해서 대공황에 접어든 직후인 1932년에 물러났다. 멜런이라는 이름이 왠지 낯설지 않은 이유가 있다. 피츠버그에 자리 잡은 유명한 공대 이름이 '카네기 멜런' 대학교다. 철강왕 카네기와 그의 이름 '멜런'을 같이 쓰고 있는 까닭이다. 그의 형과 함께 1913년에 '멜런공업연구소(Mellon Institute of Industrial Research)'를 세웠고, 1967년에 '카네기공대(Carnegie Institute of Technology)'와 합쳤다. 재직 당시 미국에서 세 번째로 부자였다고 알려진다. 1등과 2등은? 존 록펠러와 앤드루 카네기다.

멜런은 피츠버그에서 태어나 그곳에서 대학을 나왔다. 목재와 석탄 사업을 하다 석유, 철강, 조선과 건설로 영역을 넓혔다. 미국알루미늄(Aluminum Company of America, ALCOA), 걸프석유(Gulf Oil), 유니온철강(Union Steel Company), 스탠더드철강자동차(Standard Steel Car Company), 뉴욕조선소(New York Shipbuilding Company) 등이 모두 그의 소유다. 1921년에 장관에 취임해 세 명의 대통령을 거쳤다. 보수적인 공화주의자로 '감세' 정책의 선두 주자다.

임기 초반에는 '멜런 기획(Mellon Plan)'을 실시했다. 전쟁 중 늘어난 연방적자를 줄이는 것과 소득세 비율을 낮춤으로써 더 많은 사람이 세금을 내도록 하는 것이 목표였다. 소득세율은 1921년 73퍼센트에서 이듬해는 58퍼센트, 1925년에는 25퍼센트, 또 1929년에는 24퍼센트로 떨어졌다. 정당한 노동으로 벌어들인 수익과 불로소득을 구분해야 한다는 점도 강조했다. 일해서 번 돈에 세금을 적게 매기면 좀 더 건전한 생활을 유지함으로써 지속적으로 노동할 것이라는 입장이었다. 반면 이자소득 등은 자신의 건강과 상관없이 꾸준히 벌 수 있기 때문에 '높은 세금'을 매기는 것이 당연하다고 봤다.

국가 채무도 1919년에 330억 달러까지 늘었다가 1929년에는 160억 달러로 줄였다. 대공황을 예상하지 못한 게 문제였다. 보이지 않는 손이 해결해 줄 것이라는 믿음이 강했다. 그래서 후버 대통령이 시장에 개입하려 할 때 적극 말렸다. 당시 최고의 석학 집단으로 알려진 외교협회(CFR)도 같은 입장이었다. 의회와 국민은 다른 입장이었다. 당장 한 치 앞을 못 내다보는 상황에서 아무 대책도 내놓지 않는 정부, 특히 멜런 장관에 대한 비판이 높아졌다. 자본가로서 '이해관계' 상충이 집중적으로 공격을 받았는데, 왜 그의 회사는 반독점규제 대상에서 제외되었는지, 왜 알코올을 독점하는 회사에서 자기 이름을 일부러 뺐는지, 극소수의 이익을 위해 왜 다수 노동자가 희생해야 하는지 등에 대한 비난 여론이 높아졌다.[50] 멜런은 의회에서 탄핵안이 준비되고 있을 때 결국 사임하고 영국대사로 떠났다. 일흔여섯 살이라는 고령의 나이였다.

국민은 1933년 선거에서 프랭클린 루스벨트(FDR)를 택했다. 그의 삼촌 '테디' 루스벨트는 사회주의자라는 말을 들으면서도 독점규제와 개혁 법안을 추진한 인물이었다. 집안의 후광이 작용한 선택이다. 약속대로 대규모 공공사업이 추진되었고, 때마침 시작된 전쟁으로 미국은 악몽에서 벗어난다. 1934년부터 1945년까지 재무부 장관을 맡은 인물이 헨리 모건소(Henry Morgenthau)였다. 남아도는 미국의 물자를 전 세계 동맹국과 나누고 그 대신 군사기지와 전쟁 비용 등을 분담하게 했던 '빌려주고 빌려 쓰기 정책'에 결정적인 역할을 한 인물이다. 루스벨트 부부와 일찍부터 친구였다. 크리스마스 트리를 경작하는 농장을 같이 운영하는 사이로, 1929년 뉴욕주지사로 당선되었을 때부터 호흡을 맞추었다.

장관이 된 이후 첫 번째로 취한 정책은 이자율을 낮추는 일이었다. 그리고 공적자금을 대량으로 투입하기 시작했다. 대규모 반부패 운동도 전개한다. 공략 대상은 뉴딜(New Deal)로 알려진 공공사업에 반대하는 윌리엄 허스트와 같은 언론재벌과 고위 공직자였다. 영화 「대부」의 소재로 나오는 조직범죄집단 대부 '알 카포네(Al Capone)'도 이때 조사 대상이 된다. 재무부 산하의 부정부패 조사 기관이 별도로 운영된다. FBI 후버 국장의 반대로 경제사범과 조직범죄, 안보사범 등을 총괄하는 종합적 사법기관을 만드는 데는 실패한다. 재정 운영의 상식에 속하는 균형예산, 안정적 통화, 국가채무의 절감, 민간

투자 활성화 등이 추진된다. 연방예산을 경직성과 재량성으로 구분하는 방안도 받아들였다. 전쟁 이후 브레튼우즈 협상에도 참석했고, 트루먼의 임기가 시작된 후 자리에서 물러났다.

모건소를 압축적으로 설명하는 단어는 유태인이다. '모건소 계획(Morgenthau Plan)'은 패전한 독일이 다시는 전쟁을 하지 못하도록 '공업' 기반을 완전히 몰수해서 농업국가로 만들자는 계획이다. 계획대로 진행되지는 않았지만 유태인으로서 그의 동기를 충분히 짐작할 수 있다. 그는 또 루스벨트 대통령을 설득해 '미주협력국(Office of the Coordinator of Inter-American Affairs)'의 책임자로 넬슨 록펠러가 임명될 수 있도록 도왔다. 당시 록펠러는 서른두 살에 불과했다. 능력을 증명할 수 있는 경력이 없는 상태였으니 상당한 인맥이 작용한 결과로 봐야 한다. 증명은 할 수 없지만 로스차일드와 록펠러 가문의 협력 관계에 답이 있다. 1953년의 이란 쿠데타에서 보듯 두 가문은 운명 공동체에 가까웠다.[51] 퇴임 후에는 전미유대인후원회(United Jewish Appeal), 이스라엘채권위원회(Israel Bond Organization)와 이스라엘을 위한 미국 금융개발회사(American Financial and Development Corporation for Israel) 등의 위원장을 맡았다.

모건소 이후에는 최대 정년 8년을 채운 장관은 없다. 짧게는 1년에서 길어도 5년 정도에 불과하다. 그러나 재직 기간과 상관없이 눈에 띈 영향력을 행사한 인물로는 국내에서 잘 알려진 로버트 루빈이 있다. 골드만삭스(Goldman Sachs) 출신이다. 그곳에서 29년간 근무했고 나중에는 회장직을 맡는다. 학부는 하버드대학교에서, 로스쿨은 예일대학교에서 마쳤다. 클린턴이 당선된 직후 만들어진 NEC의 초대의장을 맡았다. 직책은 대통령경제보좌관이었다. 1995년에는 재무부 장관으로 승진한다. 록펠러 가문과도 인연이 깊다. 장관으로 임명되기 직전에 골드만삭스는 록펠러 센터의 지분 50퍼센트를 인수했다. 록펠러 가문이 소유하고 있는 시티그룹의 임시 회장이 된 것은 2007년이다. 파산 위기에 몰린 이 회사가 2008년 금융위기 때 막대한 정부 지원을 받는 데 상당한 기여를 한 것으로 전해진다.

당시 구제금융을 집행한 인물은 자신을 멘토로 모시는 티머시 가이트너다. 골드만삭스 회장 출신의 헨리 폴슨 장관의 후임으로, 1억 2600만 달러를 퇴직금으로 받았다. 2007년부터 10년간 CFR 공동의장을 맡은 루빈은 2002년에 『불확실한 세계(In an Uncertain World)』란 자서전을 낸다. 한국에서는 2005년 '글로벌 경제의 위기와 미국'이라는 제목으로 번역되었다. 내용을 짐작하기는 어렵지 않다. 당시 IMF의 결정은 불가피한 것이었고, 미국 정부의 헌신 덕분에 최악의 경제위기를 벗어날 수 있었다는 내용이다.

한국의 외환위기 당시 루빈은 장관으로, 로런스 서머스는 차관으로, 티머시 가이트너는 차관보였다. 나중에 둘 다 장관으로 승진한다. 골드만삭스, 록펠러, CFR이라는 공통점이 있다. 하버드대학교에서 경제학 박사를 받은 서머스는 스물여덟 살이라는 최연소 나이로 이 대학의 교수가 된다. 그 이후 세계은행 수석경제학자, 재무부 차관보, 차관을 거쳐 루빈의 후임으로 장관에 오른다. 하버드대학교 총장을 역임한 후 골드만삭스와 인연을 맺는다. 오바마 대통령의 국가경제보좌관을 맡기도 했다. 가이트너는 키신저와 인연이 있다. 재무부에서 공직 생활을 하기 직전까지 '키신저 협회(Kissinger Associates)'에서 일했다. IMF 정책 팀장을 거쳐서 재무부차관보와 차관, 연방준비위 의장을 거치고 오바마 정부에서 재무부 장관이 된다.

루빈과 연결된 또 다른 인물은 진 스펄링이다. NEC 의장을 두 번이나 맡았으며, 언론에도 자주 등장한다. 클린턴 행정부의 주요 경제정책이 모두 그와 관련 있다. 학부는 미네소타대학교에서, 로스쿨은 예일대학교에서 나왔다. 또 MBA는 펜실베이니아대학교 와튼스쿨에서 했다. 클린턴 임기 시작과 함께 백악관에 들어간다. NEC 부의장(1993-1996년)을 거쳐 1996년부터 2001년까지 의장을 맡았다. 퇴임 후에는 곧바로 CFR과 브루킹스의 '보편적교육센터(Center for Universal Education)' 소장으로 옮긴다. 힐러리 클린턴 캠프에서 수석 경제보좌관으로 일한 다음 오바마 행정부에서 다시 NEC 의장이 된다. 가이트너 장관의 자문위원으로 부실금융 지원을 처리했다. 골드만삭스에서는 2008년 자문 비용으로 88만 달러를 받아 문제가 되기도 했다.

IMF와 세계은행은 '자매기관'으로 알려진다. 백악관 인근에 있으면서 건물도 나란히 붙어 있다. 파워 엘리트에 분류할 수 있는 직책은 세계은행 총재와 부총재(수석경제학자), 그리고 IMF 부총재(수석경제학자)와 정책연구소장 정도다. 공직 사다리에서 제일 중요한 자리는 세계은행 수석경제학자로, 승진을 해서 옮기는 곳이 IMF 부총재와 재무부차관보다. 장관까지 가려면 몇 단계를 더 거쳐야 한다. 국내 정치에서는 영향력이 적지만 국제사회와 금융권에서는 상당히 대접을 받는 자리다. 몇몇 인물의 사례만 봐도 잘 드러난다. 한국 사회에서는 잊을 수 없는 인물로 스탠리 피셔가 있다. 독실한 유태인이다.

피셔는 MIT에서 석사와 박사를 받았다. 시카고대학교에서 교수로 일하다 1977년에 MIT로 옮겼다. 그때부터 친하게 지내는 인물이 역시 한국에서 석학으로 대접받았던 루디거 돈부시 교수다. 그가 7년간 IMF 부총재로 재직한 후 잡은 직장은 시티그룹 부회장이다. 그 후 이스라엘 은행장을 거쳐 오바마 행정부에서 연방준비위원회 부의장이 된다. 빌더버그그룹 회원이기도 하다. 특임 연구원으로 CFR에 속해 있다. 피터슨경제연구소(Peterson Institute for International Economics)의 이사로도 재직 중이며, 그의 후임은 앤 크루거다. 역시 세계은행을 거쳐 IMF 부총재가 된다. 현재 존스홉킨스대학교 교수이며, 스탠퍼드대학교에 있을 때 반공연구로 유명한 '후버 연구소' 연구위원을 겸했다. 아시아 위기와 관련해 IMF가 비판을 받을 때도 적극적으로 조직의 입장을 대변했다. 그의 후임으로는 존 립스키로, 체이스맨해튼 투자은행의 부회장 출신이다. CFR과 NBER(National Bureau of Economic Research) 집행위원회 이사로 있다.

인터넷에서 데이비드 립튼의 자료를 찾으면 아시아 외환위기를 성공적으로 극복하고 국제금융시스템을 현대화시킨 인물로 나온다. 1997년에 서울에 온 IMF 허버트 나이스 단장의 배후 지휘자로 당시 직책은 재무부 부차관보였다. 1982년 하버드대학교에서 박사학위를 마친 후 곧바로 IMF에서 일했다. 정부에서 나온 이후에는 '국제평화 카네기 재단(Carnegie Endowment for International Peace)'에서 1년 연구원을 지낸 다음, '무어투자사(Moore Capital Management)'를 거쳐 시티그룹에 합류한다. 국제경제보좌관 자격으로 오바마 행정부 때 백악관으로 복귀했다. 가이트너, 스털링과 더불어 월가와 지나치게 밀착한 인물로 비판을 받았다. 2011년부터 지금까지 부총재로 재직 중이다. 세계은행 총재 중에서는 두 명의 영향력이 압도적이다. 그중 한 명은 앞에 나온 전직 국방부 장관 출신의 로버트 맥나마라이고, 또 다른 한 명은 존 매클로이다.[52]

매클로이는 가난한 집에서 태어났지만 어머니 치맛바람이 대단했다. 미장원에서 일하면서 명문사립대인 '애머스트칼리지(Amherst College)'에 보냈다. 하버드대학교 로스쿨 출신이다. 테니스를 정말 잘한 것으로 알려진다. 권력 내부로 진입하는 데 이 능력이 큰 도움을 줬다. 록펠러 집안과 인연을 맺게 된 것도 아이들에게 요트를 가르쳐 준 것이 계기였다. 데이비드 록펠러가 체이스맨해튼과 CFR을 맡길 정도로 신뢰를 받는다. 그를 키워 준 사람도 록펠러와 관련이 있다.

헨리 스팀슨은 장관만 세 번을 지낸 대외정책의 실력자다. 루스벨트가 국방부 장관을 맡겼을 때는 이미 일흔세 살이었다. 스팀슨은 매클로이에게 차관을 맡기고 자신은 관리만 했다. 2차 세계대전 중 진행된 대부분의 전략이 그의 손에서 결정된 것은 이런 까닭에서다. 지금의 펜타곤 건물을 건축했고, '빌려주고 빌려 쓰기' 정책도 직접 챙겼다. 진주만 공격 이후에는 일본계 미국인 10만 명 이상을 집단수용소에 수용하도록 명령한 것으로 알려진다. 극소수만 알고 있었던 '맨해튼 프로젝트'에도 깊숙이 관여했다.

전쟁을 같이 했던 아이젠하워와는 친구처럼 지냈다. 1958년에는 미국의 해외 군사지원 전략을 논의하기 위해 만든 '드래퍼위원회(Draper Committee)'에 참가한다. 국가안보보좌관, 퇴역장군, 합참의장 등이 포함된 핵심 모임이었다. 밀스의 『파워 엘리트』에서 말하는

"극소수 내부자(inner circle)"의 대표적 인물이다. 케네디 대통령 암살 사건을 조사하기 위한 '워런위원회(Warren Commission)'에도 참여했다. 공직 경력으로는 국방부차관, 패전독일 군정 책임자와 세계은행 총재 등을 거쳤다. 퇴임 후에는 록펠러 가문과 스탠더드오일 자매사들의 전속 법률회사인 '밀뱅크 트위드 해들리 앤 매클로이(Milbank, Tweed, Hadley & McCloy)'의 오래된 수석 동업자였다. 재단 이사로 근무한 곳도 걸프오일, 웨스팅하우스, 얼라이드케미컬(AT&T, Allied Chemical), 유나이티드 프루트 등으로 상당수다. 국방부 장관, 재무부 장관과 UN 대사 등을 꾸준히 제안받았지만 모두 거절한다. 대외적으로 알려지는 것을 좋아하지 않는 성격이었다. 영향력에 비해 별로 알려지지 않은 것은 이 때문이다.

정치 엘리트

권력 서열은 미국에서도 중요하게 챙긴다. 헌법에 의하면 대통령이 잘못되면 부통령이 권력을 승계한다. 다시 선거를 하지 않고 잔여 임기를 채운다. 트루먼은 루스벨트가 사망하면서, 또 포드는 닉슨이 탄핵으로 사임하면서 대통령이 된 경우다. 만약 둘 다 문제가 생기면 누가 대권을 잡을까? 하원의장이다. 부통령이 상원의장을 겸한다는 점과 전체 435명 의원의 대표라는 점에서 그렇다. 장관들 중에서는 국무부가 가장 대접을 받는다. 장관 후 대통령이 된 경우도 많고, 경선에서 패하면 예우 차원에서 배려하는 자리다. 토머스 제퍼슨, 제임스 매디슨, 제임스 먼로, 존 퀸시 애덤스는 국무부 장관을 거친 대통령이다. 힐러리 클린턴이나 존 케리 등은 대통령 선거에서 패한 후이 직책을 맡았다. 국제사회를 상대하는 일이기 때문에 거물급이 간다. NSC와 NEC 모두에 참석한다. 대통령 보좌관이나 비서실장 등을 지낸 다음 승진하는 직책이다. 국방부 장관과 국무부 장관을 번갈아 하는 경우도 적지 않다.

역대 장관 중에서 가장 높이 평가받는 인물은 조지 마셜[53]로 '마셜플랜(Marshall Plan)'에 나오는 그 사람이다. 재직 중일 때 유럽경제 개발을 위한 대규모 원조가 결정되었기 때문에 붙은 명칭이다. 합참 의장을 거쳐 국무부와 국방부 장관을 맡았다. 펜실베이니아에서 태어났고, 버지니아군사학교 졸업생이다. 스페인 전쟁과 필리핀 독립 전쟁을 통해 지휘관으로 인정받는다. 2차 세계대전 중 미국 병력을 불과 3년 만에 40배로 늘린 주역이다. 일본에 원자폭탄을 투하하는 과정에 결정적인 역할을 한 인물로, 1950년 9월에 한국전쟁을 책임지는 국방부 장관으로 다시 임명된다. 건강이 좋지 않아 국무부 장관을 사임한 지 1년 만이다. 중국에 대한 원폭 공격을 주장한 더글러스 맥아더 최고사령관의 해임 과정에서 트루먼 대통령을 편들었다.

토머스 제퍼슨이 그다음으로, 파리대사를 역임한 후 국무부 장관이 된다. 3위로 꼽히는 인물은 존 퀸시 애덤스다. 2대 존 애덤스 대통령의 큰아들이면서 그 또한 대통령이 된 인물이다. 영국과 협의해 캐나다 국경선을 확립하고, 스페인으로부터 플로리다를 얻어 냈다. '먼로 독트린'을 기획한 것으로 알려진다. '자결권, 독립, 비간섭주의, 유럽정책에 대한 거리 유지, 항해와 무역의 자유'와 같은 대외정책의 원칙을 세웠다. 독립과 내전 등과 관련한 장관도 인기가 좋다. 링컨과 앤드루 존슨 정부에서 연속으로 재직했던 윌리엄 수어드가 4위다. 5위와 6위는 제임스 매디슨과 제임스 먼로 대통령이다. 패권 국가로 성장하고 난 이후 뽑힌 인물로는 헨리 키신저, 제임스 베이커와 조지 슐츠 등이 있다. 키신저는 앞에서 다루었다.

제임스 베이커(베이커 3세)는 정부의 핵심 요직을 두루 거쳤다. 레이건 대통령 밑에서 비서실장과 재무부 장관을, 그다음에 취임한 부시 행정부에서는 국무부 장관과 비서실장을 역임한다. 프린스턴대학교에서 학부를, 텍사스대학교에서 로스쿨을 나왔다. 부시 I세의 절친이다. 재무부 장관으로 있을 때 일본 엔화 가치를 큰 폭으로 높이는 '플라자 합의(Plaza Accord)'를 이끌어 냈다. UN 분담금을 거부하는 방식으로 팔레스타인 국가 승인을 막은 장본인이기도 하다. 1995년에는 자서전 『외교정치: 혁명, 전쟁과 평화, 1989-1992(The Politics of Diplomacy: Revolution, War and Peace 1989-1992)』를 펴내기도 했다. 세계적인 사모펀드로, 방위산업의 큰 손으로 알려진 칼라일 그룹(Carlyle Group)의 수석 자문위원이다. 이 회사의 창업자 프랭크 칼루치와는 프린스턴대학교 동창생이다. 레이건 행정부에서 재무부 장관과 국가안보보좌관으로 호흡을 맞춘 사이다.

조지 슐츠는 세 명의 대통령 밑에서 네 개의 장관(급) 보직을 맡았다. 1920년 뉴욕에서 태어났고, 프린스턴대학교 졸업생이다. 경제학으로 박사 학위를 취득한 MIT에서 10년 정도 교수로 지냈다. 1965년부터 공직에 들어왔다. 경제정책보좌관으로 아이젠하워를 도왔다. 시카고대학교 총장을 지낸 다음 닉슨 대통령의 제안으로 노동부 장관에 취임한다. '예산관리국(Office of Management and Budget)' 국장을 거친

후 1972년에 재무 장관으로 옮겼다. 닉슨 행정부가 더 이상 금으로 바꿔 주지 않겠다고 선언했던 닉슨 쇼크를 지지했고, 브레튼우즈체제는 막을 내린다. 레이건 행정부에서 다시 국무부 장관을 맡았다. 1982년부터 1989년까지 7년이라는 긴 세월이다. 레이건 독트린과 함께한 인물로, 후버 연구소, IIE, 워싱턴극동연구소 등의 회원이다. 재임 중에 많은 일이 벌어졌다.

1983년 베이루트에서는 미국과 프랑스 군부대가 공격을 당해 약 300명이 숨졌다. 팔레스타인 독립운동인 '인티파다(Intifada)'가 일어났고, 이란-콘트라 사건(Iran-Contra Affair)도 불거진다. 슐츠는 부시 2세의 자문회의 조직인 '불칸(Vulcans)'에도 적극 참여한 것으로 전해진다. 콘돌리자 라이스, 딕 체니, 폴 울포위츠 등이 함께 한 모임이다. 부시의 '선제공격(Pre-emptive Strike)' 정책에도 깊숙이 개입한다. 닉슨 행정부 때부터 잘 알고 지낸 키신저와 '핵 없는 세상'을 촉구하는 성명에 참가하기도 했다. 모건체이스은행의 회장을 비롯해 '이라크해방위원회(Committee for the Liberation of Iraq)', '당면한 위험 위원회(Committee on the Present Danger)', '이스라엘민주연구소(Israel Democracy Institute)' 등의 자문위원이기도 하다. 트럼프 대통령이 자기 입으로 직접 "존경하는 인물"이라고 밝힐 정도다.

순위에서는 좀 밀리지만 영향력에서는 결코 뒤처지지 않는 장관으로는 딘 애치슨이 있다. 전후 국제질서의 기반을 닦았다. 국무부 차관으로, 1944년에 브레튼우즈 회의에 참석한다. 1947년의 트루먼 독트린과 마셜플랜, 1949년의 NATO 설립도 그의 작품이다. 1948년에는 미국, 영국, 프랑스의 관할 지역을 하나로 통합해 서독을 만드는

과정도 주도한다. 끝까지 중국공산당을 인정하지 않았다. 루스벨트
와 트루먼 행정부를 두루 거쳤으며, 재무부차관으로 일하다 잠깐 공
직에서 물러난다. 윌리엄 번디, 앨런 덜레스 등과 친분이 두터웠다.
당시 잘나가던 '코빙턴 앤드 벌링(Covington & Burling)' 법률회사의
동업자였다.

애치슨이 다시 복직한 해는 1939년으로 곧바로 '전쟁과 평화
연구' 위원회에 참여한다. 트루먼 행정부 때 국무차관이 되었다가
1949년에 장관으로 승진한다. 학부는 예일대학교를 나왔고, 하버드
대학교 로스쿨을 졸업했다. 집무실에 두 명의 초상화를 걸어 두었다
고 한다. 그중 한명은 퀸시 애덤스이고, 다른 한 명은 헨리 스팀슨으
로 알려진다. 프랭클린 루스벨트 대통령 밑에서 스팀슨과 같이 지냈
다. 강력한 군사력을 통한 '패권'의 유지라는 목표 의식이 분명했다.
냉전의 기틀을 마련한 인물로, 한국전쟁이 그중 하나다. 1950년 1월
에는 '방어선(Defense Perimeter)'을 발표한다. '애치슨 라인(Acheson
line)'으로 알려진 이 선언에는 미국의 방어선에서 한반도가 제외되
어 있다.

의회 청문회를 통해 그는 이 결정과 한국전쟁은 '우연의 일치'라
고 변호했다. 북한이 오판할 이유가 없었다는 얘기다. 그러나 속내는
알 수 없다. 단독정부 수립 등을 감안했을 때 '내전'의 가능성을 몰랐
다고 보기는 어렵다. 게다가 냉전은 한국전을 계기로 확산된다. 월터
라페버는 "도미노 이론 자체가 에치슨의 기획"이라고 비난할 정도였
다.[54] '소련 봉쇄'를 구실로 베트남전쟁에 개입하도록 트루먼을 설득
한 인물이기도 하다. 이란과 터키 해협 등에서 소련에 대한 강경책을

주도했으며, 그리스와 터키에 대한 지원을 망설이던 의회를 설득하는 데에도 앞장섰다. 그의 후임자가 포스터 덜레스다. 동생은 CIA 국장이다. 뒤이어 벌어지는 국제사회의 각종 쿠데타에 이들 형제의 흔적이 짙다.

외교 분야에서 영향력 있는 인물이 맡는 직책으로는 UN대사가 있다. 부시 I세도 1971년에 대사로 근무했다. 파워 엘리트 중에서 그나마 여성의 비중이 높다. 중요 인물로는 레이건 행정부의 진 커크패트릭과 클린턴의 매들린 올브라이트 정도가 있다. 먼저 커크패트릭은 반공주의자로 유명하다. 1981년부터 1984년까지 대사로 근무한다. 그는 미국에 반대하는 국가들의 명단을 의회로 보내기 시작했다. 레이건 대통령 선거 캠프에서 대외정책 보좌관을 맡았으며, 워낙 강경한 발언을 해서 국무부 장관들과 충돌한 적이 많다. 당시 국무부 장관은 알렉산더 헤이그와 조지 슐츠 등이었다. 그래서 국가안보 보좌관으로 승진하지는 못했다. '인권' 대신 '반공동맹'을 앞세운 인물이다. '커크패트릭 독트린(Kirkpatric Doctrine)'으로 알려진 이 정책을 통해 아무리 무자비한 독재정권이라도 미국의 안보 이익에 도움이 된다면 지원해야 한다는 일련의 전략이 마련된다. 한국의 전두환 대통령이 광주학살에도 불구하고 미국에서 후한 대접을 받게 된 배경이다. 1982년 이스라엘의 레바논 침공, 1983년 미국의 그레나다 침공과 엘살바로드 군부정권 지원 등에 적용되었다.

진 커크패트릭은 컬럼비아대학교에서 정치학으로 박사를 받았고, 조지타운대학교에서 교수로 일했다. 대학원 때는 사회주의운동에 우호적이었다. OSS 출신의 남편을 만나고 국무부에서 정보 관련 업무를 하면서 궤도를 바꾸었다. 교직에 있으면서 '당면한 위험 위원회'에 참가한다. 앞에 나온 슐츠 장관을 비롯해 레이건 대통령, CIA국장 윌리엄 케이시, 국방부 차관 리처드 펄 등이 회원이다. 철저한 이스라엘 지지자였다. 2003년 이라크 침공에 앞서 아랍 국가를 설득하기 위해 파견된 특사로 활동한 것도 나중에 밝혀졌다. 자서전은 2007년에 나왔는데, 여든 살로 죽음을 맞은 직후였다. 『평화를 유지하기 위한 전쟁(Making War to Keep Peace)』으로 「강철산에서 온 보고서」와 본질적으로 비슷한 내용이다. 군산복합체를 정당화하는 담론으로 보면 된다. 주로 활동한 싱크탱크는 AEI로, 같이 근무했던 존 볼턴의 멘토로 알려진다.

2000년 평양을 방문하면서 한국에서도 잘 알려진 인물이 '올브라이트'다. 역대 국무부 장관 중에서 여성은 그를 포함해 세 명뿐이다. 콘돌리자 라이스와 힐러리 클린턴이 더 있다. 체코에서 망명한 외교관 집안에서 자랐다. 명문사립대 웨슬리(Wellesley)를 졸업했고, 컬럼비아대학교에서 박사를 땄다. 학위 제목이 '프라하의 봄(Prague Spring)'이다. 1968년 프라하 민주화 운동 과정에서 언론이 어떤 역할을 했는지에 대한 논문이다. 조지타운대학교 교수로 있는 동안 클린턴 캠프에서 대외정책 자문을 한다. 그 인연으로 1993년 1월부터 UN대사로 근무하게 된다. 1997년에는 워런 크리스토퍼 후임으로 국무부 장관에 취임했고, 콜린 파월이 그 뒤를 잇는다. 임기 중 NATO의 유고슬라비아 폭격이 일어났다. 1999년 3월부터 6월까지 진행된다. 클린턴 행정부는 슬로보단 밀로셰비치 정부의 알바니아인 학살을 핑계로 댔지만 노암 촘스키는 그 배경이 '신자유주의 확산'에 있었다고 반박했다.[55] 퇴임 후에는 컨설팅 회사인 '올브라이트 스톤 브리지 그룹(Albright Stonebridge Group)'을 설립하는 한편, CFR의 이사로 머물렀다. 제이콥 로스차일드(로스차일드 4세)와 조지 소로스 등과 공동으로 헬리오스 타워스 아프리카(Helios Towers Africa)에 투자했고, 그 자신도 유태인이다.

담론 엘리트

"석유 재벌 존 록펠러, 평생 현재 가치로 145조 원 기부."《주간조선》에 실린 기사다. "1913년 당시 5000만 달러를 기부하여 세계 최대 재단인 록펠러 재단(The Rockefeller Foundation)을 세운 것을 시작으로 록펠러 의학연구소, 시카고대학교, 록펠러 센터 등에 자신의 엄청난 재산을 쏟아부었다. 뉴욕 중심가 알짜배기 땅에 있는 뉴욕현대미술관(MoMA)과 링컨센터 역시 록펠러 가문의 후원으로 세워졌고, UN본부 땅도 록펠러 가문이 기증했다."는 내용을 담았다.《중앙일보》에서는 '포드 재단'과 관련한 덕담이 자주 등장한다. 한 예로, 2016년 6월 19일 자에는 "포드는 이른 혁신적인 기업 활동을 통해 엄청난 재산을 모았다. (……) 그는 그 재산을 후손과 사회 모두를 위해 사용했다. 세상을 떠나면서 자신이 모은 재산의 대부분을 '포드 재단'에 기부한 것이다. (……) 포드는 기업인으로서는 독특하게 1차 세계대전 중 반전 평화주의를 부르짖었다. 전쟁을 통해 엄청난 부를 추가로 축적하는 대신 인류의 평화를 앞세웠다."는 설명이 나온다.[56]

　카네기 재단과 관련한 얘기도 언론에서 빠지지 않고 등장하는 단골 메뉴다. 지난 2009년 8월 10일 자 《경향신문》에는 "1919년 미국의 '철강왕' 앤드루 카네기 사망"이라는 기사가 나왔는데 재벌을 비판하는 반면교사로 그가 등장한다. "카네기의 자선활동은 '천민자본주의'의 본산격이던 20세기 초 미국 사회를 성숙시키는 데 일조했다. 미국에서 5만 6000여 개의 자선재단이 활동하고, 빌 게이츠 등 기업가들이 재산의 대부분을 자선활동에 쓰는 등 '기부 자본주의'가 미국에서 꽃피우게 되는 데 카네기의 영향은 지대했다. 카네기의 가르침이 가장 필요한 이들은 부의 대물림을 위해 불법도 서슴지 않는 한국의 재벌들일 것 같다."고 말한다.

록펠러, 포드, 카네기 재단에는 공통적으로 'philanthropy'라는 단어가 쓰인다. "인간에 대한 사랑" 또는 "삶의 질을 향상하거나 공공의 이익을 목적으로 하는 민간의 자발적 노력"을 뜻한다. 박애주의(博愛主義)로 불리기도 한다. 풀이를 하면, 록펠러 등의 가문이 '박애주의'를 실천하기 위해 설치한 공익재단이 된다. 앞에서 인용한 기사에서 알 수 있듯, 한국에서 이들 재단에 대한 평가는 아주 좋다. 낯부끄러운 갑질로 언론에 오르내리는 한국 재벌과는 정말 비교된다. 그러나 대외정책에서 이들 재단이 '은밀하게' 진행한 무수한 활동은 존경할 만한 것까지는 아니다. 무고하게 죽어 간 사람이 너무 많다.

물론 '선한' 목적으로 지원된 프로젝트는 많다. 하지만 '공짜'가 아니었다는 점을 기억할 필요가 있다. 국제사회 관점에서 봤을 때는 좋게 보면 '이미지' 개선을 위한 공익활동이고, 냉정하게 보면 '지식패권'을 위한 '얼굴마담'에 불과했다. 재단이 설립된 목적, 주요 활동, 핵심 의사결정자를 보면 '미국' 중심의 '자본주의' 질서라는 목표에서 한 발자국도 벗어나지 않았음을 쉽게 알 수 있다.

　재단들이 위치한 곳은 뉴욕 맨해튼 중심가로 록펠러 센터를 중심으로 모두 걸어서 10분 거리에 있다. 재산을 사회에 환원한다는 좋은 취지도 있지만, 동기가 반드시 순수하지는 않다. 1900년대에 접어들면서 정부는 독과점 기업을 규제하기 시작했다. 테디 루스벨트 대통령이 국민을 너무 사랑해서 그런 게 아니다. 당시 록펠러, 카네기와 모건과 같은, 트러스트(trust)로 불린 거대 재벌에 대한 여론이 워낙 안 좋았다. 1904년에는 아이다 타벨이 쓴 『스탠더드오일의 역사(The History of the Standard Oil Company)』라는 책도 발간된다. 석유와 철도를 독점하는 과정에서 동원된 불법과 비리에 대한 고발서다. 만화에서는 거대한 문어가 백악관과 의회는 물론 철강, 구리, 조선, 건설 등 모든 분야를 집어 삼키는 장면이 나올 정도였다. '귀족 강도(robber barons)'로 불렸고, 공통적으로 노동조합을 혐오했다. 돈이라면 물불 가리지 않는 사람들로 사회적 책임과는 전혀 인연이 없었다.

　초거대 자본가들은 공통적으로 노동운동에 매우 적대적이었다. 1892년 카네기 철강에서는 대규모 노동쟁의가 발생했고 회사 측은 잔인하게 진압한다. 펜실베이니아 홈스테드(Homstead)에서 발생한 대규모 분쟁이었다. 1914년에는 록펠러가 고용한 경비대가 콜로라도주 석탄 광부들과 그 가족을 학살하는 사건이 벌어졌다. '루드로 대학살(Ludlow Massacre)'로 알려진 이 일로 무고한 여자와 아이들 수십 명이 죽었다. 또 1921년에는 웨스트 버지니아 지역의 단일 노조 결성을 반대하는 과정에서 대규모 무력 충돌이 벌어졌다. 1만 명에 달하는 광부들이 무장투쟁에 나섰고, 결국 군대의 도움으로 진압할 수 있었다. 미국 노동운동에서 벌어진 가장 대규모 쟁의로 '블레어산 전투(Battle of Blair Mountain)'로 불린다. 1917년 유럽에서는 최초의 사회주의혁명이 성공했다는 것도 기억할 필요가 있다.

1918년 기준으로 존 록펠러의 재산은 210억 달러에 달했다. 카네기는 39억 달러, 포드는 18억 달러 수준이었다.[57] 왕이 죄인들을 풀어주고 먹을 것을 나누어 주던 것과 비슷한 '자선' 사업이 꼭 필요했다. 공공시설에 대한 투자는 로마제국부터 전해지던 전통적인 방법이다. 분노를 한꺼번에 달랠 수는 없지만 대학, 공공도서관, 과학기술을 위한 연구소 등 눈에 보이는 자선 방법을 택할 수밖에 없었다. 결정적인 또 하나는 합법적으로 상속한 수단이 필요했다는 점이다. 박애주의를 표방하는 재단은 이렇게 해서 태어났다. 정부 관료이거나 대학총장, 또는 전직 장군 등 외부 명망가에게 이사장이나 회장직을 맡겼다.

록펠러 재단의 딘 러스크도 이런 틀에서 벗어나지 않는다. 러스크의 고향은 조지아다. 1945년 국무부에 들어갔고, 1950년에는 극동지역 담당 차관이 된다. 록펠러 재단 이사진에 합류하게 되는 것은 이때부터다. 회장을 맡고 있던 중 국무부 장관으로 발탁된다. 당시 이사장은 존 록펠러 3세였다. 1961년부터 1969년까지 상당히 긴 시간 동안 자리를 지켰다. 인도네시아 쿠데타와 베트남전쟁 등이 그의 임기 중에 일어났다.

러스크는 또 남북분단의 원인이 되는 38선 분할을 처음 제안한 인물로 알려져 있다. 당시 상관이 딘 애치슨과 존 매클로이다. 소련의 팽창을 막는다는 명분으로 세상일에 다 간섭하기 시작했다. 미국이 직접 베트남전쟁을 시작하는 결정에도 영향력을 발휘한다. 록펠러 재단과 미국 정부는 어떤 관계를 유지했을까? 전임 회장이 국무 장관이 되었고, 국가는 전쟁 중이라는 점을 생각하면 답이 나온다. 전략적 이해관계가 있는 국가에 대한 각종 후원사업과 반공주의 확산이 주요 업무가 될 수밖에 없었다.[58] 그가 회장으로 있을 때 『미국을 위한 전망: 록펠러 전문가 보고서』가 시작된다. 책임자는 헨리 키신저였다.

포드 재단의 상황도 별반 다르지 않다.[59] 1966년부터 1979년까지 회장을 맡은 인물은 앞에도 나왔던 맥조지 번디다. 그의 형은 국무부차관을 지낸 다음 《포린 어페어》 편집장을 맡았던 윌리엄 번디다. 케네디와 존슨 행정부에서 국가안보보좌관을 지냈다. 피그스만 침공은 물론 베트남전쟁이라는 원죄에서 자유롭지 않다. 딘 러스크와는 NSC에서 같이 일한 사이다. 그가 재직할 당시 하버드대학교, 프린스턴대학교, 컬럼비아대학교, 버클리, 스탠퍼드대학교, 코넬과 미시간대학교 등에 지역학 연구소가 속속 들어섰다. 목적은? 적을 아는 것. 사후 관리가 필요하거나 향후 개입이 예상되는 국가를 선택해 대략 1900만 달러를 쏟아부었다.[60] 한쪽에서는 죽이고 다른 쪽에서는 선행을 베푼 셈이다. 국제사회에도 적극 투자해 대학, 연구소, 연수 프로그램 등을 지원했다. 1970년대 후반까지 남미에만 5000만 달러 이상이 투자된다. '현대화(modernization)'와 '자유시장경제' 등에 필요한 정치, 경제, 언론 등 사회과학적 지식을 이식하는 것이 목표였다.

멕시코의 교육연구센터(Centro de Estudios Educativos, CEE), 브라질의 카를루스 샤가스 재단(Carlos Chagas Foundation)과 아르헨티나

의 교육연구센터 등이 들어선 것은 이 전략 덕분이다. 한국의 고려대학교에 생긴 '아시아연구소'도 다르지 않다. 포드 재단이 재정 후원자다. 하버드대학교에 중국학 연구소를 설립한 페어뱅크와 김준엽 교수의 인연이 연결고리다. 두 사람은 OSS에서 만났다. 1962년에는 고려대 총장, 학술원 원장과 미국대사 등이 참여하는 '포드 재단 원조자금에 의한 특수연구 시무식'이 열렸다. 1967년부터 3년간 20만 달러의 연구 자금이 지원되었고, 교환교수 파견도 진행된다. 구한말 외교문서 정리 및 간행 사업, 북한 연구, 남한의 사회과학 연구, 한국사상 연구, 공산권 연구와 통일문제 연구 등에 대한 지원도 이어졌다.[61]

종전 직후부터 1980년대까지 카네기 재단의 이사장을 맡은 사람은 세 명이다. 1948년부터 1955년까지는 찰스 달러가 맡았다. 켄터키대학교에서 역사학으로 박사학위를 받았다. 디지털 자료를 저장하고 관리하는 분야의 전문가였다. 한국전쟁 이후 냉전이 확산되던 무렵에 존 가드너가 이사장이 된다. 『미국을 위한 전망: 록펠러 전문가 보고서』 작업에 참여한 인물이다. 그래서 록펠러 가문, 헨리 키신저, 딘 러스크 등과 잘 안다. 전후 미국 교육에도 상당한 영향력을 행사한 것으로 알려진다. 대학 총장을 비롯해 주정부의 교육위원회 책임자 등을 선정할 때 자문을 도맡은 인물이었다. 1970년대에는 반전운동과 시민권 운동을 이끌었던 시민단체 '커먼코즈(Common Cause)'를 이끌기도 했다. 카네기 재단에는 1946년에 입사했고, 1955년에 이사장으로 승진한다.

존 가드너는 취임 직후부터 대외정책에 적극 보조를 맞추었다. 특히 자신과 함께 OSS에서 근무했던 동료들이 주축이 된 CIA의 요청으로 러시아연구소 지원에 많은 투자를 했다. 소련 팽창에 대비할 수 있는 전문가를 양성하는 것이 목표였다. 하버드대학교가 첫 수혜자로 선정되었으며, 1956년까지 150만 달러를 지원한다. MIT, 컬럼비아, 듀크대학교 등에 러시아연구소가 설립되는 과정에도 상당한 도움을 준다. 국제분쟁에 투입될 수 있는 어학 전문가를 양성하기 위한 장학금도 상당한 규모로 내놓는다.

1965년에 가드너는 존슨 행정부에서 건강교육보건부 장관을 맡는다. '메디케이드(Medicaid)'와 '메디케어(Medicare)' 등의 복지 프로그램을 담은 '위대한 사회(Great Socieyt)' 정책을 추진하기 위해서였다. 정부가 대학 진학생을 위해 학자금 융자 프로그램을 만든 것도 이때 다. 후임자 앨런 파이퍼도 교육 전문가다. 보스턴 출생으로 하버드대학교 박사다. 닉슨 행정부에서는 교육분과 인수위 의장을 지냈고, 뉴욕주 고등교육위원회 자문위원으로도 참석한다. 뉴욕 연방준비위 이사로 일한 경력도 있다. 교육 분야에 상당한 투자를 했는데, 텔레비전을 활용해 조기 교육을 하는 방안을 연구했다. 그 결과물이 PBS의 「세서미 스트리트(Sesame Street)」 시리즈다. 나중에 미국공영방송(Public Broadcasting System, PBS) 설립으로 이어지는 '교육방송 카네기위원회(Carnegie Commission of Educational Television)'도 만들었다. 해외는 주로 아프리카에 집중했는데, 흑인 법률가들을 대상으로 한 연수과정과 교환 프로그램이 중심이었다.

싱크탱크의 선두주자는 CFR이다. 트럼프 대통령이 대외정책에서 '비주류'라는 애기를 듣는 것도 그가 이곳과 전혀 인연이 없기 때문이다. 모두 여덟 명의 대통령이 CFR 회원이었다. 후버, 트루먼, 아이젠하워, 부시 I세, 카터, 클린턴, 오바마와 부시 2세도 포함된다. 힐러리 클린턴도 주로 이런 사람들과 어울렸다. 최고 의사결정 권자는 이사장(chairman)으로 그 아래에 회장(president), 부회장(vice president), 또 소장(director)과 분과장(manager)이 위치한다. 밖에서 봤을 때는 록펠러가 주도하는 것처럼 보이지만 모건, 카네기, 록펠러 등이 주요 은행가들과 협력해서 운영한다. 초기 이사장과 회장에는 JP 모건 출신이 많았다. 경쟁은 했지만 이해관계가 많이 겹쳐 있는 것과 관련이 있다.

이들의 협력관계는 1900년대 초반까지 거슬러 올라간다. 모건은 금융업으로, 다른 두 사람은 제조업이 주력 분야였다. 은행가로서 또 M&A(인수와 합병) 전문가로 모건은 제너럴일렉트릭, 인터내셔널 하비스트와 AT&T의 합병에 앞장섰다. 1901년에는 당시로서는 세계 최대 규모였던 'U. S. 철강'을 설립했다. 카네기 철강, 페더럴 철강과 내셔널 철강이 합쳐졌다. 록펠러와도 손을 잡았다. 그가 소유하고 있던 스탠더드오일과 U. S.철강의 주식을 맞바꾸는 거래가 성사된다. 록펠러는 이때부터 모건 회사의 이사회에 참석할 권한을 갖는다.

제조업과 금융은 만날 수밖에 없는 운명이다. 은행이 있으면 신규 투자를 하거나 갑자기 재정난이 생겼을 때 문제가 없다. 은행도 든든한 제조업이 있으면 재정이 훨씬 탄탄해진다. 그러나 정부와 국민 입장에서는 별로 좋지 않다. 삼성이나 현대가 '우리은행'이나 '신한은행'을 갖고 있다고 생각해 보면 된다. 산업 자본에 의한 은행 자본의 종속이라는 부작용이 생긴다. 국민이 저축한 돈이 대기업의 쌈짓돈이 될 수 있다. 2018년 7월 현재 논란이 되고 있는 '은산분리'가

이 문제다. 재벌이 은행을 소유하거나 지배하지 못하도록 금융기관의 주식을 4퍼센트까지만 갖도록 제한해 놓은 법이다. 금융산업 내부에서도 이와 비슷한 '규제'가 있다. '상업은행과 투자은행'의 분리 규정이다.

미국의 경우 대공황 직후에 통과된 '글래스-스티걸(Glass-Steagall)' 법안이 근거다. 본질은 한 회사가 증권사와 은행을 같이 소유하지 못하도록 하는 데 있다. 왜? 은행은 수익을 원한다. 제일 좋은 투자처는 결국 '주식'이나 '파생금융상품'이다. 잘만 하면 떼돈을 벌고 운이 나쁘면 파산이다. 그렇지만 고객의 돈은 어차피 국가에서 챙겨 준다. 참새가 방앗간을 그냥 지나칠 수 없는 것처럼 은행은 이 유혹에서 벗어나기 어렵다. 그러니 정부로서는 가능한 반대할 수밖에 없다. 그래서 나온 것이 제3의 영역이라 할 수 있는 '투자은행(Investment Bank)'이다. 외환위기 이후 국내에 몰려온 골드만삭스, 모건스탠리, JP모건체이스 등이 여기에 해당한다. 골드만삭스 출신의 로버트 루빈은 이 법안이 눈엣가시였다. 그래서 1999년에 '금융서비스현대화법(Financial Services Modernization Act)'을 통과시킨다. 그때부터 은행들은 부실한 주택담보 대출을 기반으로 한 신종 금융상품에 막대한 돈을 쏟아붓는다. 그것이 2008년 미국발 금융위기로 이어졌다.

정부의 규제에 따라 JP모건 회사는 부득이 '상업은행' 쪽만 남기고 '증권업' 쪽은 분리했다. 투자금융 분야에서 잘나가던 해럴드 스탠리(Harold Stanley)와 합작 회사를 세운 이유다. 1935년 모건스탠리(Morgan Stanley)는 이렇게 탄생한다. 2018년 현재 기준으로 매출 규모는 379억 달러에, 5만 5000명 정도가 일을 한다. 록펠러 또한 1930년 체이스내셔널뱅크(Chase National Bank)를 세운다. 우리가 아는 일반 은행이다. 체이스내셔널뱅크는 이후 1955년 일시적인 경영난을 겪게 되고 '맨해튼' 사와 합작해 '체이스맨해튼' 은행이 된다. 포드 재단의 회장으로도 일했던 매클로이가 초대 회장이 된다. 1953년부터 1960년까지 기반을 잡은 다음에 데이비드 록펠러가 승계한다. JP모건과 이 회사는 1996년 합병하고 오늘날 JP모건체이스로 이어진다. 2018년 현재 미국에서 제일 크고 전 세계에서는 여섯 번째로 크다. 총 자산이 2조 5420억 달러 정도이며, 종업원은 25만 명에 달한다. 본사는 뉴욕에 있다.

미국외교협회(CFR)의 역대 회장 또한 화려하다. 초대 회장은 존 데이비스로, 영국대사와 법무부 고위관료를 지냈다. JP모건의 법률자문으로 대통령 후보로도 나갔다. 1933년부터 1944년 동안 노먼 데이비스가 맡아 은행의 입장을 적극 대변하면서 정부와 연결고리를 만들었다. CIA 국장으로 승진하기 직전이던 앨런 덜레스는 1946년부터 1950년 기간의 회장이다. 1951년부터 1964년까지 꽤나 긴 시간을 머물렀던 인물은 헨리 리스턴이다. 대통령 자문위원이었고, 브라운대학교와 로렌스대학교 총장을 지냈다. 아이젠하워가 만든 '국가전략위원회(Commission on National Goals)'의 위원장을 맡았고, 시티그룹 월터 월슨의 아버지다. 후임으로는 그레이슨 커크가 왔다. 컬럼비아대학교 총장 출신으로, 아이젠하워가 NATO 사령관으로 이동하면서 그 자리를 이어받았다. 2003년부터 지금까지 회장을 맡고 있는 인물은 리처드 하스다. 국방부와 국무부를 두루 거친 대외정책 전문가다. 그러나 회장보다 더 높은 자리가 있다. 이사장이다.

러셀 레핑웰은 1946년부터 초대 이사장을 맡았다. 직전에는 데이비스의 뒤를 이어 회장으로 있었다. 무려 30년 이상을 카네기 재단 이사로 참여했다. JP모건의 동업자로 은행가 출신이다. 1953년부터 1970년까지 이사장을 맡은 인물은 자주 나오는 존 매클로이다. 체이스맨해튼은행 회장을 겸직했다. 데이비드 록펠러가 그 뒤를 이어 1970년부터 1985년까지 맡는다. 역시 체이스맨해튼은행 회장을 하면서 같이 관리했다.

그 후 피터 피터슨이 1985년부터 2007년까지, 공동 이사장으로 있는 칼라 힐스와 로버트 루빈이 2007년부터 지금까지 이사장이 된다. 마침내 록펠러 가문과 결별한 것일까? 전혀 안 그렇다. CFR 설립에 참여한 금융회사를 보면 답이 나온다. 누가 포함될까? 재무부를 장악하고 있는 골드만삭스와 시티그룹은 당연히 들어간다. 루빈은 이 지분으로 회장이 된다. 록펠러와 모건이 모두 관계 있는 JP모건체이스와 모건스탠리, 또 '스탠더드오일'의 직계인 엑손모빌도 있다. 매클로이와 록펠러가 이사장이 된 배경이다.

그 밖에 뱅크오브아메리카, 매킨지 사, 신용평가사인 무디스 및 다국적투자회사인 인베스트(Invest) 등이 있다. 피터슨은 리먼 브라더스(Lehman Brothers)와 블랙스톤 그룹(Blackston Group) 등 다국적투자회사의 소유주다. 미국 무역대표부(US Trade Representative) 대표를 역임한 힐스는 각종 투자회사의 이사로 재직 중이다. '피터슨국제경제연구소(Peterson Institute of International Economics)'의 공동 대표이기도 하다.[62] 매클로이와 록펠러는 이들 중에서도 핵심이다.

매클로이는 앞에서 설명했다. 파워 엘리트 중 핵심으로 알려진 데이비드 록펠러에 대해서도 좀 더 자세히 알아볼 필요가 있다. 1915년에 출생해 2017년에 사망했으니 102살을 살았다. 해리 트루먼 이후 제국으로 부상하기 시작한 미국의 산역사를 함께한 인물이다. 6남매 중 맨 위는 넬슨 록펠러다. 그보다 일곱 살이 많다. 서른두 살에 공직 생활을 시작해서 뉴욕주지사와 부통령까지 역임했다. 형과 많은 것을 함께한 것으로 알려진다. 이 형이 발탁한 인물이 헨리 키신저다. 매클로이는 두 형제의 요트 선생님이었고, 한가족과 다름없었다. 브레진스키와 함께 '삼각위원회'를 설립했고, 지미 카터를 회원으로 초대한다. 1950년대부터 덜레스 형제와 번디 형제와 친하게 지냈다. 체이스는 형과 상당한 이해관계가 있었던 이란과 칠레에서 왜 쿠데타가 일어날 수밖에 없었는지 짐작할 수 있는 인연이다. 체이스맨해튼은행 회장을 하면서 CFR 이사장도 맡았다. 학부는 하버드대학교에서, 박사는 시카고대학교에서 했다. CFR과 인연을 맺게 된 것은 덜레스가 회장으로 있었던 1946년부터다.

영향력 측면에서 결코 뒤지지 않는 곳으로는 브루킹스연구소 (Brookings Institute)가 있다. 재정적인 뒷받침을 한 곳은 역시 록펠러 재단과 포드 재단이다. 1952년에 취임한 로버트 칼린이 이 후원을 이끌어 냈다. 록펠러가 1902년에 세운 공익재단 '보편적교육위원회 (General Educaton Board)' 소장으로 일하다 회장을 맡았다. 공직은 연방준비위와 국가안보위원회 등에서 경험했다. 그의 후임은 커밋 고든이다. 윌리엄스대학교에서 교수로 일하다 케네디 행정부에서 '연방예산국(Bureau of the Budget)' 청장이 된다. 존슨 대통령이 추진했던 '위대한 사회(Great Society)' 프로젝트를 적극 지원했고, 베트남전쟁에 대해서는 비판적이었다. 그가 재임하는 동안 중도좌파라는 이미지가 만들어졌다. 닉슨 행정부에 접어들면서 보수적인 싱크탱크에 밀렸다가 클린턴 정부 이후 중심이 된다.

스트로브 탤벗이 회장을 맡은 것은 그 직후다. 2002년부터 2017년까지 재직한 그는 1994년부터 국무부 차관을 지낸 후 자리를 옮겼다. 전직 언론인으로 예일대학교 출신이다. 노동부 장관을 역임하고 정치평론가로도 유명한 로버트 라이시와 절친이다. 두 사람이 함께 후원한 인물이 빌 클린턴 대통령이다. 연구소 출신으로는 연방준비위 의장을 역임한 벤 버냉키와 재닛 옐런 등이 있다.

레이건 행정부 이후 빠르게 성장한 헤리티지재단도 주목 대상이다. 회장은 1973년부터 2013년까지 자리를 지킨 설립자 에드윈 퓰러다. 펜실베이니아 와튼스쿨에서 MBA를 했고, 영국 에든버러대학교에서 박사학위를 받았다. 국제전략연구소(Center for Strategic and International Studies CSIS)에서 연구원으로 일한 경험도 있다. 백악관에서 덜레스 국제공항까지 가는 30분 동안에 정책 현안을 이해할 수 있도록 '팸플릿' 형태의 정책보고서를 확산한 인물이다. 담론 투쟁의 연장선에서 언론 홍보에도 상당한 공을 들였다. 덕분에 《포브스》와 《폭스뉴스》와 같은 보수적 언론과 친하다.

대외정책의 또 다른 실력자는 보수적인 AEI 회장으로 있는 윌리엄 바루디 주니어다. 아버지의 뒤를 이어 회장을 맡고 있으며, 닉슨과 포드 정부에서 '대외협력처' 처장을 지냈다. AEI는 레이건 행정부 때 급성장했고 많은 이들이 정부에 들어간다. 반공투사로 유명한 진 커크페트릭도 그중 한 명이다. 헤리티지와 함께 '탈규제, 냉전, 문화전쟁' 등을 핵심으로 하는 '레이건 독트린'의 밑그림을 만들었다.

　냉전이 끝나면서 미국의 관심도 다시 경제로 돌아섰다. 과거와는 조금 다른 대외정책을 추진해야 한다는 목소리도 높았다. 케네디와 존슨 행정부의 복원이라 볼 수 있다. 클린턴 행정부가 등장할 수 있었던 배경이다. 프레드 버그스텐이 대외경제정책과 관련한 파워 엘리트로 부상한 것도 이때다. 한국과 인연이 깊은데, 김영삼 정부 때 '금융자유화'를 설득한 장본인이다. 그때 한국 측 협상자가 사공일과 강만수 등이다. 헨리 키신저의 경제 보좌관으로 공직에 들어섰다. 카터 행정부에서는 재무부 차관보로 승진한다. 그가 1981년에 세운 곳이 '국제경제연구소(IIE)'다. 2012년까지 소장을 맡았으며, 경제 분야에서는 최고의 권위를 자랑한다. 재무부를 잘 아는 인물로 꼽힌다. 학부는 미주리대학교에서, 박사는 '공공외교'로 유명한 플레처대학교에서 했다. 출신 성분 때문인지는 모르지만 재무부나 정부에서 일할 기회는 별로 없었다. 국제평화를 위한 카네기 기금, CFR과 브루킹스 등 싱크탱크와는 인연이 깊다.

언론 엘리트

마지막으로 살펴볼 집단은 언론 엘리트다. 파워 엘리트 중에서 언론을 제대로 활용할 줄 모르는 사람은 거의 없다. 논란은 항상 '언론'이라는 가상의 무대에서 시작한다. 중요한 이슈로 부각하면 다양한 형태의 세미나를 통해 이슈가 확산된다. 권력을 감시하는 역할도 중요하지만, 본질적으로 '담론투쟁'을 위한 무대가 언론이다. '삼각위원회

(Trilateral)', CFR, 빌더버그그룹(Bilderberg Group) 중 어느 하나에 소속되어 있는 언론인 숫자는 상당수다. 그중에서도 두 명이 독보적이다. 연배가 높은 쪽이 헨리 루스다. '만약 그가 없었더라도 미국이 베트남전쟁을 했을까.' 할 정도로 막강한 영향력을 자랑했다. 어떻게? 루스가 소유한 잡지사 《타임》, 《라이프》, 《포천》, 《스포츠일러스트레이트》 등을 통해서다.

헨리 루스는 1898년 중국 산둥에서 태어났으며, 부모는 선교사였다. 예일대학교를 졸업하고 영국 옥스퍼드대학교에서 1년 공부를 했다. 첫 직장은 《시카고데일리뉴스》다. 1923년에 잡지 《타임》을 창간해 1964년까지 직접 편집장을 맡았다. 1941년 「아메리카 시대(The American Century)」라는 칼럼을 통해 미국은 '제국'이 되어야 한다고 강조한다. 덜레스 형제와 친하게 지낸 것도 이 무렵부터다. 1898년 스페인전쟁 때 윌리엄 허스트가 했던 것과 아주 닮았다. 그 연장선에서 중국 국민당에 대한 지원, 쿠바 폭격과 베트남 확전 등에 앞장섰다.

못지않은 인물로 어빙 크리스톨이 있다. 네오콘의 대부로 불리며, 1920년 출생이다. 동유럽에서 이민을 온 유대계로, 그의 아들 빌 크리스톨은 이라크전쟁을 주도한 인물 중 한 명이다. CIA가 간판으로 내세웠던 '문화자유회의(Congress for Cultural Freedom)'와 관련이 깊다. 직접 관여했던 잡지로 《코멘터리(Commentary)》, 《인카운터(Encounter)》, 《리포터(Reporter)》와 《베이직북스(Basic Books)》 등이 있다. 국제사회에서 전혀 의심하지 않고 애독하던 잡지다. 문화냉전의 일환으로 CIA 자금을 받아 운영되었다는 것을 아는 사람은 거의 없었다. 《퍼블릭 인터레스트(Public Interest)》와 《내셔널 인터레스트

(National Interest)》역시 그가 발간했다.

어빙 크리스톨은 CFR 회원이면서 AEI와 아주 가깝다. 《월스트리트저널》의 이사로도 활동한다. 경제이론에도 반드시 '정치철학, 도덕적 교훈 및 종교적인 신념'이 포함해야 된다고 말한 인물이다. 담론의 본질을 정확하게 알고 있었던 셈이다. 『신보수주의: 이념의 자서전(Neo Conservatism: The Autobiography of an Idea)』이라는 책이 1995년에 나왔다. 루이스와 크리스톨 모두 '기독교'라는 종교 관점에서 세상을 봤다. "악마와 화해하는 것은 불가능하며, 영원한 전쟁을 통해 끝까지 싸우는 것이 유일한 해법"이라고 믿었다. 공산주의 이후 등장한 많은 '적'은 그런 면에서 자연스럽다. 2019년 현재 대세가 되고 있는 '중국'을 상대로 한 신냉전도 같은 맥락은 아닐까?

주(註)

1부 알의 세계

1 조우현 외, 『허물어진 국가의 재창조: 합리적 진보주의의 길』, 한울출판사, 2007, 20쪽 재인용.

2 선명수, 「가계빚 급증에 '재미 본' 은행들」, 《주간경향》 1240호, 2017년 8월 22일 자.

3 김선주, 「건강한 가족, 튼튼한 기업구조 100년 가족기업엔 특별한 것이 있다」, 《동아비즈니스리뷰》(DBR), 2013년 6월호.

4 World Bank Policy Research Paper, *The East Asian Miracle: Economic Growth and Public Policy*, Oxford University Press, 1993.

5 주상영, 「금융, 자본자유화에 따른 금융위기 사례와 정책 시사점」, 『대외경제 정책연구원 보고서』, 1996.

6 지주형, 『한국 신자유주의의 기원과 형성』, 2015, 138쪽 재인용.

7 곽진영, 「역대 장관 충원 패턴의 변화: 이승만 정부 — 박근혜 정부」, 《의정연구》 23(3), 2017, 185-215쪽.

8 이찬근 외, 『한국 경제가 사라진다』, 21세기북스, 2004, 16쪽.

9 신세돈, 「두 경제수장의 '환율조작국' 발언 문제다」, 《동아일보》, 2017년 3월

31일 자.

10 미국 조지아대 석좌교수. 1994년 지미 카터 대통령과 함께 북한을 방문했다. 북한에 대한 편견을 깨기 위해 2018년 《서울신문》의 강국진 기자와 『선을 넘어 생각한다』(리디북스, 2018)라는 책을 펴내기도 했다.

11 김종대, "점입가경의 전작권 전환 논쟁과 부실 덩어리 한미군사훈련," http://plug.hani.co.kr/dndfocus/3401(2018년 5월 30일 접속)

12 김성해·김민경, 「공공의 적, 북한은 섬멸되어야 한다」, 《아시아리뷰》 7(1), 2017, 35-69쪽.

13 추광규, 「'주한미군은 황제' 한국군은…… 평택기지를 둘러본 국회의원의 울분」, 《오마이뉴스》, 2017년 8월 25일 자.

14 미국 국방부 장관 도널드 럼즈펠드가 이라크전쟁 이후 주장한 군대 개혁안이다. 최첨단 무기로 무장한 기동성이 강한 군대를 통해 전 세계 어디라도 신속하게 군대를 투입하는 것을 핵심으로 한다. 지상군을 줄이고 공중전 등을 적극 활용하는 것도 포함되어 있다.

15 김성해·류로·김동규, 「관습적 오류 혹은 의도적 포로파간다: 북한관련 '의혹'의 실체적 진실과 담론왜곡의 구조」, 《의정연구》 23(1), 2017, 187-226쪽.

16 진징이, 「북-미 치킨게임, 어디가 끝일까」, 《한겨레신문》, 2013년 4월 23일 자.

17 Hazel Smith, "Bad, mad, sad or rational actor? Why the 'securitization' paradigm makes for poor policy analysis of North Korea", *International Affairs* 76(1), 2000, pp. 111-132.

18 Alexandra Homolar, "Rebels without a conscience: The evolution of the rogue states narratives in US security policy", *European Journal of International Relations* 17(4), 2010, pp. 705-727.

19 2016년 7월 6일, 존 칠콧이 이끈 영국 의회 조사단은 "이라크 조사 결과(The Iraq Inquiry)"를 발표한다. 미국과 영국 정부가 대량살상무기와 관련해 거짓말을 했다는 것과 처음부터 전쟁을 염두에 두고 UN을 압박하는 한편 여론공작을 벌인 내용이 잘 나와 있다.

20 영국의회에서 발간된 보고서 명칭은 "Libya: Examination of intervention and collapse and the UK's future policy options"다. 2016년 9월 6일에 나왔다. 위키

리크스에 의해 드러난 미국 국무부 장관 힐러리 클린턴의 이메일에서도 이 내용은 확인된다. 관련 내용은 Brad Hoff "Hillary Emails reveal true motive for Libya intervention", *Foreign Policy Journal*, 1/6/16.에 나와 있다.

21 Amy Goodman, "Global warfare: We're going to take out 7 countries in 5 yeas: Iraq, Syria, Lebanon, Libya, Somalia, Sudan and Iran", *Democracy Now*, 1/30/17.

22 미국의 프랭클린 루스벨트 대통령이 소련의 프로파간다를 막기 위해 설립한 단체다. 전쟁 중 전 세계에서 반공프로파간다 방송을 했다. '국가민주화기금 (NED)'와 '문화적 자유를 위한 회의(Congress for Cultural Freedom)'의 모태 기관이다. 전현직 이사회 위원들로는 즈비그뉴 브레진스키, 새무얼 헌팅턴, 도널드 럼즈펠드, 폴 울프위츠 등이 있다.

23 김성해·심영섭, 『국제뉴스의 빈곤과 국가의 위기』, 한국언론진흥재단.

24 강명구, 「어떤 학자와 교수를 키울 것인가? 대학평가와 지식생산」, 《커뮤니케 이션이론》, 2014, 10(1), 127-168쪽.

25 위의 강명구 참고.

26 위의 김성해·심영섭 참고.

27 송건호 외(2000) 『한국언론 바보 보기』, 다섯수레, 34쪽 재인용.

28 변상호, 「UC버클리대, 조순, 나웅배, 김기환씨 등 경제인맥 탄탄」, 《매일경제 신문》, 2006년 2월 11일 자.

29 권은영, 「80, 90년대 공무원 유학코스 …… 요직 꿰차며 '공룡급 학맥'」, 《한 국일보》, 2015년 2월 28일 자.

30 이수지, 「중국, 신평사 미국 신용등급 하향」, 《중앙일보》, 2011년 8월 3일 자.

31 한국금융연구원, 「미국 증권거래위원회(SEC)의 신용평가 실태조사 결과」, 《주간금융브리프》, 2011.

32 연합뉴스 2018년 6월 3일 자 기사로 ""째진 눈" "미국에 점령" (……) 대선정 국 터키 친정부언론 한국비하" 관련 내용을 보도했다.

33 오대양, "록히드 마틴에 농락당한 KF-X 사업…… 국익은 없었다." 뉴스타파, 2015년 11월 6일 자.

34 문소영, 『못난 조선 ── 16~18세기 조선. 일본 비교』, 나남출판, 2013.

35 Eichengreen, B. J., *Toward a new international financial architecture: A practical post-Asia agenda,*

Washington D.C. Institue for International Economics, 1999.

36 김용윤, "대북 온정 그만둬야 한다", 「연합뉴스」, 2003년 2월 22일 자.

37 변창섭, 이성윤 플레처 국제대학원 교수, "북한, 민주적 정권교체 없이 핵 포기 못할 것," 자유아시아방송, 2011년 8월 9일 자.

38 홍성민, 「지식과 국제정치: 한국의 민주화와 학문의 과제」, 《사회비평》 37, 2007, 92-121쪽.

39 「뉴욕한인 125년, 신생 한국정부에 공헌한 미국 유학생들」, 《한국일보》, 2009년 6월 1일 자.

40 위의 강명구 참고.

41 이혜정, 「꽃 혹은 벌거벗은 임금님: 미국이 사회과학과 한국의 국제관계」, 《한국국제정치학회소식》 103, 2002, 9-11쪽.

42 《방송통신연구》는 한국방송학회에서 발간하는 학술지로 "방송통신 분야에 관한 연구의욕을 고취시키고, 그 과학적 발전에 기여"하는 것을 목적으로 한다. '보편적 서비스' 개념이 국내에 처음 소개되기 시작한 2000년이며, 이후 2013년까지 이 저널에 실린 관련 논문은 모두 열여덟 편에 달한다.

43 이만열, 「한국인은 왜 독립적 사고를 못하나?」, 《주간논평》, 2017년 6월 27일 자.

2부 패권질서

1 안토니오 그람시, 이상훈 옮김, 『그람시의 옥중수고 II』, 거름, 1991.

2 영국 옥스퍼드대학교가 선정하는 최고의 장학금으로 1902년에 시작했다. 대학원 이상 과정에 진학하는 최고의 외국 학생들을 대상으로 한다. 미국 공공외교의 대표적인 프로그램인 '풀브라이트 장학금(Fullbright Program)'은 이를 모방한 것으로 알려진다. 경제학자 레스터 서로, CIA 국장 겸 세계은행 총재를 역임한 제임스 울시, 미국 4성장군 웨슬리 클라크와 빌 클린턴 대통령 등이 이 장학금을 받았다.

3 차혜영, 「한국 현대소설의 정전화 과정 연구 ─ 중·고등학교 국어교과서와 지배 이데올로기의 관련성을 중심으로」, 《돈암어문학》, 18, 2005, 157-181쪽.

4 주진우 외, 「단독: 건전 애국영화 「국제시장」을 띄워라?」, 《시사IN》, 2017년 5월 4일 자.

5 Edward Said, 1994, 103쪽.

6 이경원, 「프란츠 파농과 정신의 탈식민화」, 《실천문학》, 329-361쪽 중 344쪽 재인용.

7 《경향신문》, 2007년 6월 24일 자 재인용.

8 조갑제, "영국 관료 1000명이 3억 인도인 다스린 비결", 「브레이크 뉴스」, 2006년 4월 2일 자.

9 Katz, E., & Liebes, T., Interacting With Dallas: Cross Cultural Readings of American TV, *Canadian Journal of Communication*, 15(1), 1990, pp. 45-66.

10 Jagdish N. Bhagwati, The capital myth: The difference between trade in widgets and dollars, *Foreign Affairs*, 1998.

11 Heights, C., Interview with Mahathir bin Mohamad. PBS, 07/02/01.

12 Liu, H. C. K., "US dollar hegemony has got to go." *Asia Times*, 04/11/02.

13 국제정치를 공부하면 꼭 배우는 책으로 투키디데스의 『펠레폰네소스 전쟁사』가 있다. 아테네와 스파르타가 전쟁을 한 원인을 분석하면서 그는 '상대적 공포심'이 결정적 역할을 했다고 지적했다.

14 Frank Church & John G Tower, Senate Select Committee to Study Governmental Operations with Respect to Intelligence Activities, US Government Printing Office, Washington, 04/23/76.

15 정식 명칭은 "Committee Study of the Central Intelligence Agency's Detention and Interrogation Program"이다. 다음 사이트에 가면 다운로드 받을 수 있다. https://www.amnestyusa.org/pdfs/sscistudy1.pdf(2018년 6월 9일 접속)

16 백창재, 「패권과 국제정치경제 질서: 패권안정론의 비판적 평가」, 《국제·지역연구》 12(1). 2003, 1-20쪽.

17 Joseph Nye, *The Paradox of American power : why the world's only superpower can't go it alone*, New York:Oxford University Press, 2002.

18 Stephen Walt, "In the national interest." *Boston Review*.

19 Susan Strange, *States and markets*. London;New York, 1994, February/March 2005.

20 스톡홀름평화연구소에서 발간하는 세계군사비 현황자료 참고.
https://www.sipri.org/research/armament-and-disarmament/arms-transfers-and-military-spending/military-expenditure

21 Barry R. Posen, Command of the Commons: The military foundation of U.S. hegemony, *International Security*, 28(1), 2003, pp. 5-46

22 인도가 미국과 군사동맹을 맺을 뻔한 사건도 있다. 1962년 중국과 인도가 티베트를 둘러싸고 전쟁을 했을 때다. 인도군은 상대가 되지 못했고 미국에 구원을 요청했다. 중국이 곧바로 퇴각하면서 더 이상 도움은 필요 없어졌다. 당시의 치욕을 바탕으로 인도는 군사력 증강에 상당한 공을 들인다. 몇 년 후 파키스탄과 분쟁이 터졌을 때 쉽게 이길 수 있었던 것은 이런 노력이 있었기 때문이다.

23 Jesse Dilon Savage & Jonathan D. Caverly, *Foreign Military Training and Coup Propensity*, 2014.

24 Tom Ruby & Douglas Gibler, "US professional military education and democratization abroad", *European Journal of International Relatios*, 20(10), 2010, pp. 1-26.

25 Bruce Bueno de Mesquita and Alastair Smith, "The Pernicious Consequences of UN Security Council Membership", *The Journal of Conflict Resolution*, Vol. 54, No. 5, 2010, pp. 667-686.

26 정의길, 「트럼프 때문에 내가 친미주의자가 된 사연」, 《한겨레신문》, 2017년 12월 20일 자.

27 김상조, 「IMF 구제금융과 한국경제의 미래」, 한국노동이론정책연구소 발제문, 1997.

28 안병진, 「미국 신보수주의의 사상적 배경」, 《한국사회과학》, 26(1), 2004, 37-67쪽.

29 Strom Thacker, "The High Politics of IMF Lending", *World Politics*, 52(1), 1999.

30 Alesina, Alberto, and David Dollar, "Who gives foreign aid to whom and why?", *Journal of Economic Growth* 5(1), 2000, pp. 33-63.

31 Cheryl Payer, "The Debt Trap: The international monetary fund and the third world", New York, *Monthly Review Press*, 1974.

32 Andersen, T. B., H. Hansen, and T. Markussen, US politics and World Bank IDA-lending", *Journal of Development Studies* 42(5), 2006, pp. 112-194.

33 관련 내용은 http://home.ku.edu.tr/~dyukseker/making.WDReport.pdf(2018년 6월 15일 접속)에서 다운로드 받을 수 있다. 스티글리츠의 해고에는 로런스 서머스 재무부 장관이 관여했다. 칸부르가 사임한 후에도 그의 개입설이 나왔다.

34 수전 스트레인지는 '정보' 대신 '지식질서'란 개념을 사용하고 인문사회과학과 과학기술 등을 포괄해서 '지식' 범주에 포함했다. 그러나 지식은 정보를 보다 정교한 형태로 가공한 것으로 논리적인 체계를 갖춘 학문의 형태를 띤다. 정치학, 경제학, 심리학 등은 또한 '정치적' 목적과 관련이 깊다는 점에서 '담론질서'의 일부로 이해할 수 있다.

35 Robert Entman, "Framing U.S. Coverage of International News: Contrasts in Narratives of the KAL and Iran Air Incidents", *Journal of Communication*, 41(4), 1989, pp. 6-27.

36 Ron Theodere Robin, *The making of the Cold war enemy: Culture and politics in the military-intellectual complex*, Princeton University Press, 2003.

37 황우선·김성해, 「한국근대저널리즘 개척자로서의 H. 헐버트 연구」,《커뮤니케이션학연구》25(1), 2017, 239-263.

38 Wayne Madsen, "The Almost Classified Guide to CIA front companies", *proprieties and contractors*, 2017.

39 https://repository.upenn.edu/cgi/viewcontent.cgi?article=1012&context=think_tanks(2018년 6월 18일 접속)

40 David C. Engerman, "Social science in the Cold war", *Chicago Journals*, *History of Science society*, 101(2), 2010, pp. 393-400

41 The Office of Strategic Service: America's First Intelligence Agency, CIA 자료, https://www.cia.gov/library/readingroom/docs/undated-2.pdf

42 정일준, 「미제국의 제3세계 통치와 근대화 이론」,《경제와사회》, 57쪽, 125-147쪽, 2003.

43 Hemant Shah, *The Production of Modernization: Daniel Lerner, Mass Media, and The Passing of Traditional Society*, Temple University Press, 2011.

44 Jeffrey J. Kuenzi, "Foreign Lanaguage and International Studies: Federal Aid Under Title VI of the Higher Education Act", CRS Report for Congress, 2008.

45 David H Price, *Cold war anthropology: The CIA, the Pentagon, and the Growth of dual use*, Duke University Press, 2016.

46 ORO 보고서 중 '거짓말 탐지기' 관련 내용 일부는 다음에서 확인할 수 있으며 연구자, 조사 내용 및 인터뷰 대상자 등이 나와 있다. https://antipolygraph. org/documents/oro-s-85.pdf(2018/7/8 접속)

47 Sigmund Diamond, *Compromised campus the collaboration of universities with the intelligence community, 1945-1955*, Oxford University Press, 1992.

48 미국의 세균전과 관련한 자세한 내용은 다음 사이트를 참고하면 된다. http://www.iadllaw.org/newsite/wp-content/uploads/2017/10/Crime_Reports_I. pdf(2018/6/9 접속)

49 황동연, 「냉전시기 미국의 지역연구와 아시아 인식」, 《동북아역사논총》 33, 2011, 15-56쪽.

50 권보드래, 「《사상계》와 세계문화자유회의: 1950-60년대 냉전 이데올로기의 세계적 연쇄와 한국」, 《아세아연구》 54(2), 2011, 246-288쪽.

51 김상배, 「표준 경쟁으로 보는 세계패권 경쟁: 미국의 패권, 일본의 좌절, 중국의 도전」, 《아시아리뷰》 2(2), 2012, 95-125쪽.

52 Henry A. Giroux, "The militarization of US higher education after 9/11", *Theory, Culture & Society* 25(5), 2008, pp. 56-82

53 Nick Turse, *The Complex: How the Military Invades Our Everyday Lives(American Empire Project)*, Metropolitan Books, 2009.

54 Tanner Mirrlees, "DoD's Cultural Policy: Militarizing the Cultural industries", *Communication+1* Vol.6, 2017.

55 Wes O'Donnell(2016/5/23) NASCAR and Military Sponsorships, https://inmilitary.com/nascar-military-sponsorships/(2018/6/20 접속)

56 미국이 참전한 전쟁에 대한 자세한 기록은 다음을 참고하면 된다. https:// www.globalresearch.ca/america-has-been-at-war-93-of-the-time-222-out-of-239-years-since-1776/5565946(2018년 6월 20일 접속)

57　http://www.esd.whs.mil/Portals/54/Documents/DD/Issuances/dodi/541016p. pdf(2018/6/20 접속)

58　주은우, 「문화산업과 군사주의: 헐리우드 영화산업을 중심으로」, 《진보평론》, 58-93쪽, 2002.

59　Paul Moody, "U.S. Embassy support for Hollywood's global dominance: Cultural imperialism redux", *International Journal of Communication* 11, 2017, pp. 2912-2925.

60　이혜원, 「마두로 베네수엘라 대통령, 6년 임기 재선 성공」, 《AP/뉴시스》, 2018년 5월 31일 자.

61　Edward Said, *Culture and Imperialism*, Vintage, 1994, p. 104.

62　김상배·김유정, 「지수(Index)의 세계정치: 메타지식의 생산과 지배권력의 재생산」, 《국제정치논총》 56(1), 2016, 7-46쪽.

63　국제민주법률가협회의 본부는 벨기에 브뤼셀에 있다. 진보적 성향을 가진 국제변호사 모임으로 UNESCO 자문기관이다. 1952년 미국의 한국 세균전 보고서를 냈고 그 이후 미국으로부터 친사회주의 단체로 비난을 받기 시작했다.

3부 중심축

1　관련 연구로는 권용립(2013)의 「민족주의의 본질 ─ 반사와 투영」(《역사비평》, 82-108쪽)이 있다. 미국을 '글로벌 민족주의'로 규정하면서 그는 '예외'와 '자유'라는 이념을 중심으로 한 민족주의에 주목했다.

2　이민아, 「리더를 만들어 온 미국사립사관학교의 200년 역사」, 《뉴스피플》, 2010년 10월 6일 자.

3　http://www.boxofficemojo.com/alltime/domestic.htm(2018년 6월 27일 접속)

4　http://ew.com/movies/most-patriotic-movies-of-all-time/#2-apollo-13-1995(2018년 6월 27일 접속)

5　Wess Roberts, *Make it So: Leadership Lessons from Star Treck: The Next Generation*, Gallery Books, 1996. 리더십 연구를 빼고도 스타트렉과 관련한 서적은 다양하게 출간되어 있다.

6 Alex Knapp, "Which 'Star Treck' Captain Matches Your Leadership Style?", 2016/7/21; *Forbes* Aine Cane, 2016/7/21. "Leadership styles we can learn from 'Star Trek'", *Business Insider*, 2016/7/21.

7 자본가 중에서 대통령에 도전한 대표적인 인물은 넬슨 록펠러다. 세 번이나 대통령 후보 경선에 나갔지만 떨어졌다. 결국 포드 행정부에서 부통령을 하는 것에 만족해야 했다. 한국의 정주영 회장과 정몽준과 비슷한 경우로 보면 된다.

8 강택구, 「19세기 말 20세기 초 미국 제국주의의 역사적 성격과 동향」, 《경주사학》 26, 2007, 183-198쪽.

9 Ivan Eland, *The empire has no clothes: US foreign policy exposed*, Oakland California, Independent Institute, 2008.

10 Christopher Layne, "The US foreign policy establishment and grand strategy: How American elites objstruct strategic adjustment", *Internaitonal Policits* 54(3), 2017, pp. 260-275.

11 펜타곤에 소속된 MOB와 달리 대통령 직속기관인 '전쟁정보국(Office of War Information, OWI)'이 별도로 운용되었다. 라디오와 신문 등을 활용해 보다 공개적으로 '프로파간다' 활동을 수행한다. 1차 세계대전 중 국민의 애국심을 높이기 위한 목적에서 시작된 '공공정보위원회(Committee on Public Information)'가 원조다. 종전 이후에는 '공보처(United States Information Agency)'로 전환된다.

12 『파워 엘리트』란 책은 1956년에 나왔다. 라이트 밀스는 이 책에서 군인들의 이런 심리를 "군사형이상학"이라고 말했다. "국제현실을 군사적인 관점에서 정의하는 심리 상태"를 뜻한다.

13 윌리엄 도노번 장군이 백악관에 제출한 기밀서류를 참고했다. https://ia801305.us.archive.org/25/items/Budget1945OSS/Budget%201945%20OSS.pdf(2018/6/30, 접속)

14 강정구·박기학, 『G2 시대 한반도 평화의 길』, 평화통일연구소, 2012.

15 Thomas C. Lassman, "*Sources of Weapon Systems Innovation in the Department of Defense: The rold of in-house research and development, 1945-2000*", Center of Military History,

Washington, 2008.

16 박한식·강국진, 『선을 넘어 생각한다』, 부키, 2018.

17 https://www.gold.org/

18 경제지표와 관련한 통계 수치는 회계 방식에 따라 다소 차이가 난다. 작은 오차는 있을지 모르지만 전반적인 추세와 규모는 크게 다르지 않다. 관련 자료는 다음을 참고했다. https://www.thebalance.com/national-debt-by-year-compared-to-gdp-and-major-events-3306287(2018/6/30 접속)

19 Robert Z. Lawrence, "An analysis of the 1977 U.S. trade deficit", *Brookings Papers on Economic Activity*, 1978.
    https://www.brookings.edu/wp-content/uploads/1978/01/1978a_bpea_lawrence_smeal_vonfurstenberg_gordon_houthakker_krause_cline_kareken_maclaury.pdf

20 G. Flint Taylor, "The FBI COINTELPRO Progam and the Fred Hampton Assassination", *Huffingtonpost*, 2013/12/03.

21 후세인에 대한 럼즈펠드의 지원 내용은 최근 정보 공개법을 통해 확인된다. 보다 자세한 내용은 William Lowther "Rumsfeld 'helped Iraq get chemical weapons', 〈Daily Mail〉을 참고하면 된다. http://www.dailymail.co.uk/news/article-153210/Rumsfeld-helped-Iraq-chemical-weapons.html

22 Alexander Homolar, "Rebels without a conscience: The evolution of the rogue states narrative in US security policy", *European Journal of International Relations* 17(4), 2010, pp. 705-727.

23 SIPRI가 발표한 2017년 국제군사비 지출 현황 자료는 다음을 참고하면 된다. https://www.sipri.org/media/press-release/2018/global-military-spending-remains-high-17-trillion

24 2016년 4월 21일에 발표된 자료다. 자세한 내용은 다음 사이트를 참고하면 된다.
    http://news.ihsmarkit.com/press-release/aerospace-defense-security/us-aerospace-and-defense-industry-supported-almost-28-milli

25 이효상, 김경협, 「미 군수업체가 한반도 평화 방해 시도」, 《경향신문》 2018년 7월 5일 자.

26 최낙진·김성해, 「언론학자와 권력: 정치화된 지성의 위험한 줄타기」, 《의정연구》 22(2), 2016, 113-156쪽.

27 법인(法人)에서 최고 의결기구는 이사회다. 민간기업은 물론 비영리단체 등에서도 '이사회'는 인사, 예산, 주요 사업 결정 등에서 결정적인 역할을 한다. 대기업 이사회는 사장, 전무와 상무 등 임원을 뜻하는 사내이사와 회사 업무는 하지 않는 사외이사로 구성된다.

28 https://www.opensecrets.org/lobby/indus.php?id=D

29 Alexandra R. Lajoux, "Looking for one good corporate director? Consider a career military veteran", *BlueSteps*(2015/2/18)

https://www.bluesteps.com/blog/corporate-director-military-veteran

30 Oliver Burkeman & Julian Borger, "The ex-presidents' club", Guradian(2001/10/31)

31 「2017년 사실과 수치: 미국 항공 및 방위산업 보고서」 항공산업협회(Aerospace Industry Association)

https://www.aia-aerospace.org/wp-content/uploads/2017/06/2017_AnnualReport_FF_Final_Web.pdf

32 미국 군수산업의 성장과 관련한 내용은 레베카 트로페(Rebecca U. Thorpe)(2010)가 쓴 박사논문 "The Welfare-Warfare State: Perpetuating the US military economy"(메릴랜드대학교)를 주로 참고했다.

33 관련 내용은 4장 중 '고문(Torture)'에서 다루어진다. MKUltra 프로젝트와 마인드컨트롤 연구에 대한 설명도 여기에 포함되어 있다.

34 브루스 커밍스, 나지원 옮김, 「냉전의 중심, 한국」, 《아시아리뷰》 5(2), 2016, pp. 185-210.

35 Ronald W Cox, "The military industrial complex and US military spending after 9/11", *Class, Race, and Corporate Power* 2(2), 2014.

36 일부 사립대학은 그보다 먼저 설립된다. 영국 왕의 칙령에 따라 식민지 관리에 필요한 인재를 양성할 목적으로 생긴 최초의 대학은 하버드대학교이며, 1636년에 세워졌다. 그 뒤 윌리엄 3세와 메리 2세의 이름을 딴 윌리엄 & 매리 칼리지가 1693년에 들어선다.

37 William Domhoff, "Why and How the Corporate Rich and the CFR Reshaped the Global Economy after World War II," 2013.
https://whorulesamerica.ucsc.edu/power/postwar_foreign_policy.html(2018/7/6 접속).

38 Laurence H. Shoup & William Minter, *Imperial Brain Trust: The Council on Foreign Relations and United Staes Foreign Policy*, New York: London: Monthly Review Press, 1977.

39 David A. Rivera, *Final Warning: A History of the New World Order*, Progressive Press, 2017.

40 Richad N. Haass, "Think tanks and U.S. foreign policy: A policy-makers's perspective," *Electronic Journal of the U. S. Department of State* 7(3). 2003, 1-23.

41 Lawrence R. Jacobs & Benjamin I. Page, Who influences U.S. foreing policy? *American Political Science Review*, 99(1), 2005, pp. 107-123

42 앞에 나오는 Christopher Layne(2017) 참고

43 표정훈, 「미국을 움직이는 두 축, 싱크탱크와 군산복합체」, 《문학과경계》 2(2), 2002, 101-116쪽.

44 William Domhoff et al, *Studying the Power Elite: Fifty Years of Who Rules America?* Routledge, New York & London, 2018.

45 Inderjeet Parmar, *Foundations of the American Century: The Ford, Carnegie, and Rockefeller Foundations in the Rise of American Power*, Columbia University Press, 2012.

46 중학교 때 영어 선생님이 이곳 출신이셨다. 영어 문법은 전혀 몰랐고 수업 시간 때마다 CIC 자랑을 했던 기억이 있다. 뭔가 우리가 모르는 대단한 곳으로 생각했던 기억이 난다. 미군의 지휘를 받는 부대에 있었던 것으로 짐작되는데 제대 후 바로 학교로 옮길 정도의 특혜가 주어졌다.

47 관련 책으로는 스티븐 킨저(Stephen Kinzer)가 2013년에 쓴 *The Brothers: John Foster Dulles, Allen Dulles, and Their Secret World*와 데이비드 탤벗(David Talbot)이 2015년에 쓴 *The Devil's Chessboard: Allen Dulles, the CIA, and the Rise of America's Secret Government* 등이 있다.

48 Murray N. Rothbard, *Wall Street, Banks, and American Foreign Policy*, Mises Institute, 2011.

49 Summers Anthony, "The secret life of J. Edgar Hoover". *Guardian*, London,

2012/1/1.

50 Janet Schmelzer, "Wright Patman and the Impeachment of Andrew Mellon, East Texas Historical Journal 23(1), 1985, pp. 33-46.

51 넬슨은 이를 계기로 공직사회에서 기반을 다져 임기를 마칠 무렵, 남미를 관할하는 국무부 차관보로 승진한다. 뒤이어 보건교육복지부 차관을 거쳐 뉴욕 주지사가 된다. 1960년부터 세 차례에 걸쳐 대통령에 도전하고 마침내 제럴드 포드 시절 부통령이 된다. 그때 같이 일했던 사람들이 럼즈펠드, 딕 체니, 키신저 등이다.

52 Joseph Finder, "Untlimate Insider, Ultimate Outsider", *New York Times*, 1992/4/12.

53 국무부 장관의 평가와 관련한 자료는 다음을 참고했다.
https://www.ranker.com/list/best-us-secretaries-of-state-of-all-time/keaton

54 Robert Kagan(1998/9/14) How Dean Acheson won the Cold War 〈*Weekly Standard*〉 https://www.weeklystandard.com/robert-kagan/how-dean-acheson-won-the-cold-war

55 Danilo Mandic,(2006/4/26) On the NATO Bombing of Yugoslavia, N Chomsky Interview, 국내 연구로는 박종대, 「미국 엘리트 언론이 주장하는 전지구적 책임의 정치적 성격: 보스니아 내전과 코소보 분쟁」, 《한국언론정보학보》 44, 2008, 144-179쪽이 있다.

56 채인택, 「헨리 포드, 혁신으로 거부가 될 수 있음을 보여준 경영학의 교과서」, 《중앙일보》, 2016년 6월 19일 자.

57 미국 《포브스》 잡지가 조사한 1918년대 재계 순위를 참고했다. 자세한 내용은 다음 사이트에서 확인할 수 있다.
https://www.forbes.com/sites/chasewithorn/2017/09/19/the-first-forbes-list-see-who-the-richest-americans-were-in-1918/#6a2376f64c0d

58 1970년대 중반을 지나면서 이들 재단이 CIA 등과 협력했던 사실이 드러난다. 노골적인 협력에서 '표면'에 덜 드러나는 방식으로 활동을 전환한 계기였다.

59 직책으로 보면 이사장이 가장 높고 그다음이 회장이다. 포드 재단과 카네기 재단의 경우 회장이 최고 직위다.

60 Augelli, E. and M. Craig, *America's quest for supremacy and the Third World: a Gramscian*

analysis, London: Pinter, 1998.

61 정문상, 「포드재단과 동아시아 '냉전질서': 한국과 중화민국의 중국근현대사 연구 사례를 중심으로」,《아시아문화연구》36, 179-201쪽, 2014

62 원래 명칭은 '국제경제연구소(IIE)'다. 피터슨이 막대한 후원금을 추가로 내면서 이름을 '피터슨 국제경제연구소'로 바꿨다.

지식패권 1

1판 1쇄 찍음 2019년 6월 10일
1판 1쇄 펴냄 2019년 6월 15일

지은이   김성해
발행인   박근섭·박상준
펴낸곳   (주)민음사

출판등록   1966. 5. 19. 제16-490호
주소   (135-887) 서울시 강남구 신사동 506번지
           강남출판문화센터 5층
대표전화   515-2000 | 팩시밀리 515-2007
홈페이지   www.minumsa.com

ⓒ 김성해, 2019. Printed in Seoul, Korea

ISBN   978-89-374-3946-9 (03300)
       978-89-374-3945-2 (세트)